Grundriss der Statistik

enthaltend

Bevölkerungs-, Wirtschafts-, Finanz- und Handels-Statistik

von

Professor Dr. **Carl Ballod,**

Mitglied des Königlich Preußischen Statistischen Landesamtes und des Internationalen Statistischen Institutes.

Berlin 1913.

J. Guttentag, Verlagsbuchhandlung,

G. m. b. H.

Vorwort.

Der vorliegende Grundriß der Statistik ist aus Vorlesungen entstanden, die der Verfasser von 1900—1912 an der Universität Berlin gehalten hat. Er hat nicht die Aufgabe, statistische Vorlesungen zu ersetzen, sondern er soll dem Studierenden ein Nacharbeiten des in der Vorlesung Gehörten an der Hand eines umfangreichen Zahlenmaterials ermöglichen und erleichtern, hier und da das Gebotene auch ergänzen, sowie die Materialsammlung für kleinere Arbeiten in den „praktischen Übungen“ der Nationalökonomen erleichtern.

Aus diesem Grunde ist von der Theorie der Statistik nur das allerwesentlichste kurz gestreift, ebenso ist die Art und Weise der statistischen Erhebung und die Aufbereitung des Urmaterials nur sehr gedrängt behandelt worden. Mehr Wert ist dagegen auf die bisher in ähnlichen Ausgaben kaum bemerkten wirtschafts-geographischen, klimatischen und technischen Grundlagen der Bevölkerungs- und Wirtschaftsstatistik gelegt worden. Die finanzstatistischen Übersichten sind z. T. eine knappe Auswahl des vom Verfasser bereits früher gelegentlich seiner Mitarbeit an der Denkschrift des Reichsschatzamtes 1908 veröffentlichten Materials. Sonstige früher veröffentlichte Aufsätze des Verfassers sind gleichfalls nur im beschränktem Maße benutzt und zitiert.

Bei den statistischen Tabellen ist versucht worden, größte Vollständigkeit (außer Perioden möglichst viele zusammenhängende Jahresreihen!) mit möglichster Kürze durch Fortlassung der sowieso unsicheren letzten Dezimalen zu erreichen, sowie durch die rechnungsmäßig ermittelten Zahlen der „Mehreinfuhr“ oder „Mehrausfuhr“. Eine Zusammenstellung von handelsstatistischen Tabellen in historischer Folge wie sie hier geboten wird, ist bisher in keiner Spezialarbeit vorhanden.

So hofft denn der Verfasser, daß unbeschadet der bereits vorhandenen vortrefflichen statistischen Werke und Kompendien auch der vorliegende Grundriß Berechtigung besitzt.

Der eng begrenzte Raum des Buches brachte es mit sich, daß eine Menge von bereits gesammeltem und verarbeitetem Material geopfert werden mußte, um nicht das für den Studierenden noch bequem handliche Format und das Erfordernis eines mäßigen Preises wesentlich zu überschreiten. Aus diesem Grunde sind auch meist die Zitate fortgelassen. Soweit angängig ist hauptsächlich die amtliche Statistik verwendet worden, insbesondere die englischen Statistical Abstracts.

Es wird von der Aufnahme der vorliegenden Arbeit abhängen, ob künftig eine Neuauflage in erweiterter Fassung herausgegeben wird. Immerhin hofft der Verfasser, daß auch das hier Gebotene nicht nur dem Studierenden, sondern auch weiteren Kreisen da ein Hilfsmittel sein wird, wo es sich um schnell zu erlangende Übersichten handelt.

Herrn Dr. jur. et rer. pol. Georg Fröhlich spreche ich an dieser Stelle meinen tief empfundenen Dank für seine treue mehrjährige Mitarbeit an der Ergänzung und Vervollständigung der Tabellen sowie der Drucklegung des Werkes aus; Dr. Fröhlich hat auch den Index verfaßt.

Berlin-Grunewald, im Mai 1913.

Der Verfasser.

Man beachte die Berichtigungen S. 348!

Mitteilungen von Druckfehlern usw. zu Händen der Verlagsbuchhandlung, Genthinerstr. 38, erbeten.

Inhaltsverzeichnis.

Seite

Vorwort ... III

Einleitende Bemerkungen über Wesen und Begriff der Statistik ... 1

I. Bevölkerungs-Statistik.

Die neuere Zeit. Die heutigen Volkszählungen ... 15
Die Bevölkerung der Gegenwart ... 18
Bevölkerung in Stadt und Land und die Volksdichtigkeit ... 22
Die Altersgliederung der Bevölkerung ... 29
Die Bewegung der Bevölkerung ... 34
Sterbeziffern der einzelnen Altersklassen. Sterbetafeln ... 47

II. Wirtschafts-Statistik.

Allgemeines ... 67
Die Getreideerzeugung ... 75
Der Weizenhandel ... 85
Entwicklung der Getreideproduktion ... 92
Schwankungen der Ernteerträge ... 97
Getreideverbrauch ... 104
Der Getreidehandel ... 105
Die Kartoffelproduktion ... 115
Der Mais ... 117
Gerste, Hülsenfrüchte ... 118
Die Fleischproduktion ... 119
Der Verbrauch an sonstigen tierischen Produkten ... 126
Weinproduktion ... 127
Das Bier ... 131
Der Branntwein ... 133
Die Zuckerproduktion ... 139
Die Reizstoffe ... 146
A. Der Kaffee ... 146
B. Die Teekultur ... 153
C. Kakao ... 155
Die Südfrüchte, Orangen ... 157
Der Kautschuk ... 158
Der Tabak ... 159
Die Holzproduktion ... 161
Die Baumwollkultur ... 163
Textilrohstoffe ... 171
A. Ramie ... 171
B. Jute ... 171

Seite
C. Lein 172
D. Hanf 173
Manilahanf 173
Sisalhanf 174
E. Wolle 174
F. Seide 176
Kohle 178
Die Eisenproduktion 186
Petroleum 194
Kupfer 197
Blei 199
Zink 200
Zinn 200
Nickel 202
Quecksilber 202
Aluminium 203
Salz und Kali 205
Salpeter 208
Die Edelmetalle 208
Gold 208
Silber 215
Die technische Betriebskraft 220
Textilindustrie 225
Wolleindustrie 233
Seidenindustrie 235
Papierindustrie 236
Industrie der Steine und Erden 241
Porzellan 243
Glasindustrie 243

III. Finanz-Statistik.

Kapitel I
Einleitende Bemerkungen 245
§ 1. Wesen und Bedeutung der Finanzstatistik 245
§ 2. Der Etat 246
Kapitel II
Deutsche Finanzstatistik 246
§ 1. Das Deutsche Reich 246
Die Einnahmen 250
Zölle 254
Steuern und Verkehrsabgaben 258
§ 2. Die Bundesstaaten und Kommunen 262
Kapitel III
Internationale Finanz-Statistik 266

IV. Handels-Statistik.

Außenhandel
Österreich-Ungarn 288
Schweden 290
Vereinigte Staaten von Amerika 292
Belgien 296
England 300
Holland 308

Seite

Italien 312
Spanien 315
Frankreich 318
Rußland 322
Deutsches Reich 328
„ „ Getreide und Futtermittel 332
Außenhandels-Übersichten 334

V. Anhang, Verschiedenes.

Bankstatistik 336
Schiffsbau 337
Bestand der Handelsmarine 337
Eisenbahnstatistik 338
Telegraph 1910 339
Post 1910 339
Landwirtschaftliche Betriebe 340
Anbau und Bodenbenutzung um 1905 343

Index . . . . . 345—348

Einleitende Bemerkungen
über Wesen und Begriff der Statistik.

Das Wort Statistik kommt vom lateinischen status her = Zustand, Lage; im mittelalterlichen Latein bezeichnet man auch damit den Staat. Italienisch ist statista = der Staatsmann. St war die Darstellung des Zustandes der Staaten. Der Helmstädter Professor Hermann Conring hielt 1660 eine Vorlesung „Noticia rerum publicarum", in der das Wort St gebraucht wurde. Die damalige St war mehr Staatenkunde und begriff Geschichte, Geographie, Politik, Staatsverfassung in sich. Conring folgend las Prof. Schmeitzel 1723 in Jena ein Collegium politico-statisticum. Fast 20 Jahre später, 1748, las Achenwall in Göttingen ein Kolleg „Noticia politica vulgo statistica"; er nannte es auch die Lehre von den Staatsmerkwürdigkeiten. Sein Schüler und Nachfolger Schlözer bezeichnet die St als stille stehende Geschichte, die Geschichte als fortlaufende St. Doch kritisierte er schon Achenwall, obgleich er ihn als den Begründer der St verehrte; er verlangte überall exakte zahlmäßige Angaben und verwarf allgemein gehaltene Beschreibungen über „blühenden Handel", „reiche Manufakturen". Die Art der Darstellung bei der Göttinger Schule der Statistiker war die beschreibende; es wurde ein Staat nach dem andern nach einem gewissen Schema hin behandelt. Eine eigentliche, in die Tiefe gehende Kritik fehlte vollständig. Büsching hat die vergleichende Methode eingeführt, indem er seine Staatenbeschreibung nach Gegenständen gruppierte.

Eine tabellenmäßige Darstellung der wichtigsten auf den Zustand der Staaten bezüglichen Zahlen hat zuerst der Däne Anchersen versucht; dieser tabellenmäßigen Darstellung fügte Crome noch die graphische Darstellung hinzu. Die Göttinger Schule verspottete die Tabellenstatistiker als Tabellenknechte. In der Tat lassen sich Tabellen nicht gut in Vorlesungen behandeln. Die Göttinger hielten ihre beschreibende Darstellung für die edlere, vornehmere, wissenschaftlichere. In Wirklichkeit war ihre Darstellungsweise ebensowenig kritisch-wissenschaftlich wie die ihrer Gegner, der Tabellenstatistiker. Eine Krisis brach über die Göttinger Schule herein, als der Jenaer Professor August Lüder 1812 eine Schrift herausgab, in der er mit den Göttingern, deren Anhänger er früher war, scharf ins Gericht ging. Die Staatenkunde derselben hätte nicht das geleistet, was man von ihr vorausgesetzt und erwartet habe; sie habe keine richtige Vorstellung von dem Einfluß, dem Reichtum der Staaten ermöglicht. In der Tat war es zur Zeit, als Lüder schrieb, leicht zu kritisieren. Hatte doch der Zusammenbruch der meisten Staaten während der

Napoleonischen Kriege die Mangelhaftigkeit der bisherigen Vorstellungen über die Bedeutung und Macht derselben allen eindringlich vor die Augen geführt.

Lüder warf der damaligen Universitäts-St die Ignorierung der politischen Arithmetiker vor, welche, wie Graunt, Petty, King, Süßmilch, allein einen wirklichen Fortschritt angebahnt hätten. In der Tat war eine eigentliche induktive Forschung über die Vorgänge und Regelmäßigkeiten bei der Bevölkerungsbewegung erst durch die politischen Arithmetiker geschaffen worden. An diese anlehnend hatten Kersseboom und Deparcieux richtige Methoden bei der Berechnung der Lebemsversicherung eingeführt. Zu Anfang des 19. Jahrhunderts hatten weiterhin besonders Laplace und Fourier die Theorie der Sterblichkeits-St ausgebaut. Es ist nun von vornherein zu bemerken, daß es in der Bevölkerungs-St leicht war, Gesetzmäßigkeiten und Regelmäßigkeiten zu emtdecken, sobald man das Werden und Vergehen der Generationen genauer betrachtete, neben der aus den Kirchenlisten gewonnenen Kenntnis des gleichmäßigen Verlaufes der Zahlen der Geborenen, Eheschließenden und Gestorbenen eine Betrachtung der Gestorbenen nach dem Alter vornahm. In einer Zeit großer Entdeckungen in der Naturwissenschaft konnte man leicht zu der Vorstellung gelangen, auch das soziale Leben der Menschen werde von festen, unabänderlichen Gesetzen, den Naturgesetzen vergleichbar, beherrscht. Insbesondere war es der belgische Statistiker Quetelet, der den Gedanken der sozialen Gesetze vertrat. Quetelet gebührt das Verdienst, die statistischen Kongresse angeregt zu haben, Kongresse, in denen die Vertreter der amtlichen St und der Wissenschaft gemeinsam über die zu erzielenden Fortschritte beratschlagten. Vor allen Dingen wollte man gleichartige internationale Erhebungen veranlassen, um auf diese Art die Grundlagen zu einer wissenschaftlichen Betrachtung und Vergleichung der menschlichen Gesellschaft zu gewinnen. Der erste statistische Kongreß wurde zu Brüssel 1853 abgehalten; darauf folgt der Kongreß in Paris 1855, in Wien 1857, London 1860, Berlin 1863, Florenz 1867, Haag 1869, Petersburg 1872, Budapest 1876.

Es war dies die Sturm- und Drangperiode der St, die glückliche Zeit, in der man mit frischem, fröhlichem Wagemut umfassende Erhebungen und Feststellungen vorschlug, in der man den Dingen mit Hilfe der Massenbeobachtung auf den Grund gehen, gewissermaßen die Ursachen und die Zusammenhänge erforschen, „rerum cognoscere causas", wollte.

Das, was auf diesen Kongressen in bezug auf die Bevölkerungs-St verhandelt und vorgeschlagen wurde, ist geradezu mustergültig und unübertroffen geblieben. Es klingt wie eine der merkwürdigsten Ironien des Schicksals, wie ein Treppenwitz der Weltgeschichte, daß der Fürst Bismarck in den Vorschlägen und Forderungen der statistischen Kongresse etwas Bedenkliches, um nicht zu sagen Staatsgefährliches erblickte, den deutschen amtlichen Statistikern die Beteiligung an den statistischen Kongressen verbot, von der Vorstellung ausgehend, daß die statistischen Kongresse sich unzulässige Übergriffe erlaubt hätten. Eheu Romanus, posteri negabitis. Damit war die Blüte der St auf Jahrzehnte geknickt. Die statistischen Kongresse fristeten über zehn Jahre hindurch ein kümmerliches Dasein als Anhängsel der Kongresse für Hygiene und Demographie.

Erst 1887 wurde wieder in Rom auf Anregung von Bodio ein internationales statistisches Institut begründet. Dieses internationale Institut hielt 1895 eine Sitzung in Bern ab, darauf 1897 in Petersburg, 1899 in Christiania, 1901 in Budapest, 1903 in Berlin, 1905 in London, 1907 in Kopenhagen, 1909 in Paris, 1911 in Haag. Der fröhliche Wagemut, der die Statistiker zur Zeit der statistischen Kongresse auszeichnete, ist freilich gewichen, er hat dem bedächtigen, vorsichtigen, immerfort von diesen oder jenen Bedenken erfüllten Abwägungen des reiferen oder reifsten Alters Platz gemacht; es wird mehr eine kontemplative, beschauliche, beschreibende Art der statistischen Vorträge gepflegt, bei der zweifellos auch noch sehr tüchtige Leistungen zu verzeichnen sind. Nur gegen Neuerungen, neue Vorschläge ist man sehr skeptisch und bedenklich geworden, man betont gern, um einen Ausdruck von Conrad zu gebrauchen, das Erreichbare im Gegensatz zu dem Wünschenswerten, wonach die ersten statistischen Kongresse gestrebt hatten. Es ist der Standpunkt des Opportunismus, bzw. ein gewisses Epigonentum gegenüber dem Tatendrang der früheren Zeit, dem Drang nach dem „rerum cognoscere causas“. Man hat darauf verzichtet, sich wegen der einzuführenden Verbesserungen an die Staatsregierungen zu wenden. Die Folge ist denn, daß der tatsächliche Zustand der Statistik in den meisten Staaten, gemessen am Stande der heutigen Wissenschaft, außerordentlich viel zu wünschen übrig läßt, daß ein Fortschritt nur dann erfolgt, wenn diese oder jene politischen Umstände eine Erweiterung der statistischen Erhebungen erheischen. Exakte internationale Vergleichungen der statistischen Angaben begegnen dabei bedeutenden Schwierigkeiten. Man sammelt ungeheuer viel vermeintliches Baumaterial auf, ohne zu bedenken, daß infolge der Unvergleichbarkeit dieses Baumaterials nach verschiedenen Zeiten und Ländern man in Wirklichkeit nur Bauschutt abgeladen hat. Verhältnismäßig am günstigsten dran ist noch die Bevölkerungs-St, da war durch das Verbot der Kongresse nicht mehr so viel zu verderben, wie auf den anderen Gebieten der St. Die wissenschaftliche Verarbeitung läßt allerdings auch da viel zu wünschen übrig, und die Veranstaltung neuer Erhebungen, das Hinzufügen neuer Zweige an dem Baume der St findet nur selten statt; die vorausschauende biologische und die sozialwissenschaftliche Forschung, die gerade durch die Massenbeobachtung neue, ungeahnte Aufschlüsse erhalten könnte, muß sich mit einem sehr bescheidenen Plätzchen begnügen, man kann sie gewissermaßen des öfteren nur so nebenbei durchdrücken. Was ließe sich nicht alles für die anthropologische Forschung, die heute auf mehr oder weniger kühnen Hypothesen basiert, tun, wenn wir genaue Massenbeobachtungen, z. B. an Schülern, Soldaten usw., ausführten. Insbesondere schlimm bestellt ist es mit der Wirtschafts-St, es fehlt uns noch immer eine genaue vergleichbare Produktions-St, ebenso wie eine umfassende Konsum-St, obgleich gerade die Wirtschafts-St berufen wäre, über die wichtigsten und einschneidendsten Lehren der Nationalökonomie Aufschluß zu geben und deren Kritik zu ermöglichen.

Bevor wir weitergehen, müssen wir uns mit den wichtigsten Definitionen der St bekannt machen, auf die Frage eingehen, ob die St überhaupt als Wissenschaft oder nur als Methode anzusehen ist. Die Auffassung, daß die St nur als Methode anzusehen sei, als ein Teil der angewandten Logik, beruht auf einem logischen Mißverständnis. Die St ist nicht ohne weiteres die bloße Methode der Massenbeobachtung, denn bei dieser Massenbeobachtung selbst führt sie auf eine ganze Anzahl Methoden, sowohl für die Erhebungsschemata als namentlich für die wissenschaftliche Auswertung. Es ist nun nicht eine jede Methode gleich wissenschaftlich einwandfrei und unbedenklich. Die Aufgabe der St ist es, gerade die wissenschaftlich einwandfreien Methoden herauszufinden und auf wissenschaftlichem Wege die durch systematische Massenbeobachtung erlangten Zahlenwerte zu gruppieren, kombinieren und die ursächlichen Zusammenhänge, rerum causas, soweit dies dem menschlichen Verstande möglich ist, zu finden suchen.

Die meisten heutigen Statistiker definieren die St in doppelter Weise, als Methode und als Wissenschaft. So ist die St nach Conrad

I. eine Forschungsmethode, welche systematische, zahlenmäßige Massenbeobachtung verfolgt und durch Vergleichung von Zahlenreihen typische Gruppenmerkmale zu eruieren sucht;

II. die Wissenschaft, welche durch zahlenmäßige, systematische Massenbeobachtung die sozialen und wirtschaftlichen Erscheinungen im Staate nicht nur zu konstatieren, sondern auch durch bestimmte Gruppierung und Vergleichung ihre Ursachen und Konsequenzen zu ergründen strebt.

Zu der Definition I und II ist zu bemerken, daß die Wissenschaft

1. nicht erst bei Ergründung der Ursachen und Konsequenzen durch Gruppierung und Vergleichung anfängt, sondern viel früher, schon bei der Aufstellung der Erhebungsformulare, des Erhebungsschemas. Keine Gruppierung kann das gutmachen, was durch ein unvollständiges oder verfehltes Erhebungsformular verdorben ist. Weiterhin gehört zur Feststellung typischer Gruppenmerkmale durch Vergleichung von Zahlenreihen ebenfalls Wissenschaft: die Wissenschaft der Anwendung richtiger Methoden bei der Kombinierung von Zahlenreihen. Methoden sind in der St wohlfeil wie Brombeeren; leider sind die meisten von Dilettanten ausgeheckten, in der St angewandten Methoden falsch, und es liegt nicht an der St, daß man mit ihr, wie das große Publikum, auch der Gebildeten, gewöhnlich glaubt, alles beweisen kann, sondern an der Anwendung falscher, unwissenschaftlicher Methoden. Auch in der St gibt es nur eine Wahrheit. Endlich ist aber die Definition Conrads zu eng: Durch die Gruppierung und Vergleichung von Zahlenreihen sind bei weitem nicht alle Ursachen und Konsequenzen der sozialen Erscheinungen zu ergründen, sondern meistens müssen auch noch andere Wissenschaften, insbesondere die Naturwissenschaften, befragt werden, die Conrad allerdings ausscheiden will.

Präziser und treffender sind die Definitionen Georg v. Mayrs. Nach v. Mayr ist die St

a) als Methode die erschöpfende Massenbeobachtung in Zahl und Maß in der Gesamtheit ihrer Anwendung auf soziale und andere Massen;

b) als Wissenschaft die auf erschöpfende, in Zahl und Maß festgelegte Massenbeobachtungen gegründete Darlegung der Zustände und Erscheinungen des gesellschaftlichen menschlichen Lebens, soweit solche in den sozialen Massen zum Ausdruck kommt.

Auch hier kann man bemerken, daß die Definition 2. zu eng ist, insofern als sie die Notwendigkeit der Heranziehung anderer Wissenschaften zur Ergründung der Kausalzusammenhänge nicht hervorhebt; man kann, von dieser Definition ausgehend, leicht die bloße Beschreibung als Ziel der St ansehen, wie dies bereits die Kameralisten des 18. Jahrhunderts taten.

Sehr knapp und präzis ist die Definition von Lexis, der der St „die exakte, zahlenmäßige Untersuchung der Erscheinungen der menschlichen Gesellschaft“ zuweist.

Bemerkenswert ist weiter die Forderung von Westergaard: Die St hat nicht nur die Aufgabe, durch genaue Zählung und Messung (Beschaffung von Material) ein getreues Bild der gegenwärtigen Gesellschaft herzustellen, sondern auch die Bedingungen zu ermitteln, unter welchen die Regelmäßigkeit sich zeigen wird, also die Vorausberechnungen rationell zu ergründen.

Ernst Engel stellte bereits 1851 die Forderung auf, daß die St das Leben der Staaten und Völker und ihre Bestandteile in seinen Erscheinungen zu beobachten und arithmetisch aufzufassen, sowie den Kausalzusammenhang zwischen Ursache und Wirkung analytisch darzulegen habe; das heißt also, Engel beschränkt das Gebiet der St auf die Analyse der Erscheinungen.

Später weist Engel der St die Aufgabe zu:

1. die Schilderung und Beschreibung des Zustandes menschlicher Gemeinschaften und ihrer Einrichtungen in einem gegebenen Zeitmoment;

2. die Darlegung und Erklärung der ununterbrochen vor sich gehenden Veränderung dieses Zustandes und der Einrichtungen innerhalb bestimmter Zeitabschnitte zu geben.

Was nun die Tätigkeit der St anlangt, so hat dieselbe nach Conrad eine dreifache Aufgabe:

1. die Beschaffung des Zahlenmaterials = die statistische Erhebung;

2. die Ordnung und Gruppierung der Zahlenreihen und die Berechnung der Verhältniszahlen. Ernst Engel nannte dies die heuristisch-technische Aufgabe der St als beschreibender Zustandsdisziplin, die technische St; Rümelin, Kunstlehre. Es ist zu bemerken, daß die Kunst und Technik da nicht ausreichen, vielmehr die wissenschaftliche Gruppierung der Zahlenreihen, die wissenschaftliche Kombination notwendig ist;

3. die selbständige wissenschaftliche Verwertung des Materials, um Schlüsse daraus zu ziehen, was auf dem Wege der Vergleichung geschehe.

G. v. Mayr unterscheidet ebenfalls zwischen der allgemeinen oder elementaren Beobachtungstätigkeit und der besonderen St, welche die wissenschaftliche Nutzbarmachung des beobachteten Materials zur Aufgabe hat.

Wappäus erklärt, erst die vergleichende St gewinne wirklich wissenschaftlichen Charakter. Das ist etwas einseitig.

Wichtig ist die Abgrenzung der St gegen die verwandten Disziplinen, die sie ursprünglich, bei den Kameralisten, mit in sich begriff, gegen Geschichte, Geographie, Politik, Verwaltungslehre. Noch Wappäus suchte in seinem großen „Handbuche“ alle diese Disziplinen mit hineinzuziehen. In ähnlicher Weise auch Brachelli, von dem eine Neuauflage, durch v. Juraschek besorgt, 1904/07 erschienen ist.

Conrad bemerkt ganz richtig, die St habe die Art der Beschaffung des Materials zu beschreiben und damit den Wert der Zahlen zu kritisieren, außerdem durch Vergleichung der Zahlenreihen der verschiedenen Staaten eine vergleichende Basis zu schaffen.

Die Nationalökonomie habe es mit Qualitäten, die St mit Quantitäten zu tun, sie (die Nationalökonomie) verwerte das statistische Material, schaffe es aber nicht selber. Mit anderen Worten: auch die Nationalökonomie braucht Quantitäten.

In der Tat kann es höchstens bedauert werden, daß die Nationalökonomie sich viel zu wenig der St bedient: Die Entstehung und das starre Festhalten an vielen nationalökonomischen Gesetzen wäre gar nicht möglich, wenn man von vornherein eine gute St gehabt oder sich wenigstens gemüßigt gesehen hätte, die später erlangte statistische Erfahrung in ausreichendem Maße zu verwerten. Um nur z. B. an die wichtige Lehre von der durchschnittlichen kapitalistischen Gewinnrate, der Durchschnittsprofitrate, zu berühren, so braucht man nur einen Blick auf die St der Aktiengesellschaften zu werfen, um sofort zu erkennen, daß es keine Durchschnittsprofitrate gibt, daß vielmehr, ganz abgesehen davon, daß die größten Schwankungen, jahrelange Dividenden von 50—100 % und solche von 0,0 %, auch dem Kurswerte gegenüber nicht unerhebliche Schwankungen vorkommen. Das Streben nach größtmöglichem Gewinn, das jeder einzelne Kapitalbesitzer hat, wird durch die Konkurrenz durchaus nicht auf einen gleichen Durchschnittsgewinn reduziert, sondern da gibt es, entsprechend der geschäftlichen Tüchtigkeit, der Konjunktur u. dgl., die größten Unterschiede. Einen durchschnittlichen Zinsfuß, den sog. landesüblichen Zinsfuß, gibt es zwar für sichere Werte, aber nicht für den Unternehmergewinn.

Eine nicht wenig umstrittene Frage in der St ist die Frage nach der Bedeutung der absoluten und der Relativzahlen. Conrad will nur den Relativzahlen statistische Bedeutung zugestehen, indem er sagt, die Bevölkerungsziffer eines Landes sei wohl eine statistische Angabe, aber noch keine statistische Tatsache: Erst durch die Reduktion auf eine bestimmte Bodenfläche und Vergleichung der dadurch erzielten Zahlen verschiedener Staaten beginne die statistische Forschung. Da kann man bemerken, daß bereits die absoluten Zahlen der einzelnen Staaten in bezug auf Bevölkerung usw. die interessantesten Vergleiche bieten; sie sind sogar in vielen Fällen von ausschlaggebender Bedeutung. Wenn ich wissen will, welches die militärische Bedeutung von Frankreich gegenüber Deutschland ist, so nützt es mir absolut nichts, wenn ich das Heer beider Staaten auf die Bodenfläche, auf das □km oder auf ein Tausend der Bevölkerung reduziere: ich muß die absoluten Zahlen einander gegenüberstellen. Dasselbe ist erforderlich bei der Bevölkerung, sobald man beurteilen will, welcher Staat, Deutschland oder Frankreich größere Aussichten für die militärische, politische, wirtschaftliche Entwicklung besitzt. Bei der Frage nach der Volkszunahme verschiedener Länder ist ebenfalls nicht nur die Relativzahl bedeutsam, sondern noch wichtiger sind die absoluten Zahlen. Das gleiche gilt von der Gegenüberstellung von produktions-, wirtschafts-, handelsstatistischen Angaben: auch da sind bei

Vergleichen in erster Linie von Bedeutung die absoluten Zahlen, und erst beim näheren Eingehen auf die Produktivität der Arbeit, die Größe des Tauschverhältnisses der Waren u. dgl. muß man zu den relativen Zahlen greifen.

Eine große Rolle spielt in der St das sog. „Gesetz der großen Zahlen“. Dies Gesetz geht aus der Erwägung hervor, daß im sozialen Leben bzw. in der Menschenwelt, wie sich Rümelin treffend ausdrückt, alles einzelne individuell zu sein scheint, nur im Reiche der Natur alles einzelne typisch. Summiert man jedoch die Vorgänge in der Menschenwelt, so weicht das Individuelle immer mehr zurück, je größere Zahlen in Betracht kommen, und es kommen typische Regelmäßigkeiten, Gesetzmäßigkeiten zum Vorschein. Man kam also bei statistischen Betrachtungen alsbald zu der Ansicht, daß es nur auf ein hinreichend großes Beobachtungsmaterial ankomme, um auch in der St Gesetze oder doch Gesetzmäßigkeiten zu finden. In der Tat ist dies auch überwiegendermaßen der Fall, man könnte diesem Gesetze sogar eine absolute Geltung zusprechen unter der Voraussetzung, daß immer die etwa eintretenden Veränderungen in den Ursachenreihen und Zusammenhängen der Dinge genau beachtet werden. In der statistischen Praxis verläßt man sich aber zu oft auf das Gesetz der großen Zahlen ohne zu prüfen, ob die Unterlagen einwandfrei sind, bzw. ob sie sich nicht im Laufe der Zeit geändert haben. Man kann z. B. bei den vielfach falschen Altersangaben, die man bei der Volkszählung erhält, sich nicht damit trösten, daß ein Ausgleich auf Grund des Gesetzes der großen Zahlen eintreten würde: vielmehr erscheinen stets die runden Jahre überfüllt. Wenn weiter die weibliche Bevölkerung in einem gewissen Alter die Vorliebe zeigt, sich einige Jahre jünger anzugeben, so hilft uns kein Gesetz der großen Zahlen zur Ermittlung der tatsächlichen Altersverhältnisse. Werden die Erntemengen aus der herkömmlichen Steuerfurcht zu niedrig angegeben, so nützt uns die Summierung dieser falschen, zu niedrigen Angaben auch nichts zur Feststellung der wirklichen Erntemengen. Dagegen tritt dieses Gesetz in Wirksamkeit, wo es sich um die Gegenüberstellung von auf gleiche Art erlangten, sei es selbst unvollständigen und mangelhaften Angaben handelt. So mögen z. B. die Ernteangaben an sich falsch, d. h. zu niedrig oder zu hoch sein — wir dürfen nichtsdestoweniger sie zu Vergleichen benutzen, sobald wir ganze Gebiete miteinander vergleichen, in denen die Erhebungen auf eine ähnliche Weise veranstaltet worden sind, oder sobald es sich um die Vergleichung der relativen Ernteergebnisse verschiedener Jahre miteinander handelt. Es sind dann allerdings nicht die großen absoluten Zahlen, denen wir die Zuverlässigkeit zusprechen können, auch nicht die auf die Fläche bezogenen Relativzahlen, wohl aber die Verhältniszahlen verschiedener Gebiete und Jahre nach Fläche und absoluter Höhe.

Zur Frage nach der Abgrenzung der im vorliegenden Grundriß etwas eingehender behandelten Wirtschafts-St ist zu bemerken, daß sie keine ganz strenge sein kann, wenn man nicht darauf verzichten will, sich über die wichtigsten Ursachen der wirtschaftlichen Vorgänge Rechenschaft zu verschaffen; es darf andererseits das Hineinbeziehen anderer Wissenszweige nur so weit statthaben, als es zur Erklärung der von der St gelieferten Zahlenreihen erforderlich ist. So ist zum Zwecke der Erklärung für die landwirtschaftliche Produktion der einzelnen Länder von Wichtigkeit, die klimatischen Bedingungen wenigstens in allgemeinen Zügen zu kennen, unter denen gewisse Pflanzen ihr Optimum finden oder nur kümmerlich vegetieren können. Desgleichen sind von Bedeutung die Bodenverhältnisse, also die gesamte wirtschaftsgeographische, andererseits auch die wirtschaftstechnische Seite der Frage, wenn man keine bloße Materialiensammlung liefern will, bei der die Frage nach dem Weshalb und Woher unter den Tisch fällt. Notwendig ist meines Erachtens auch ein Ausbau nach der historischen Seite: es kommt darauf an, die Entwicklung der verschiedenen Produktionen in der Zeit wenigstens in allgemeinen Umrissen zu geben, nicht bloße herausgegriffene Zahlen aus der jüngsten Zeit, allenfalls mit einzelnen Stichproben aus früheren Perioden.

I. Bevölkerungs-Statistik.

Die Bevölkerungs-St ist der älteste Zweig der St; ihre Entstehung leitet sich her aus der Notwendigkeit, für die Ausschreibung von Steuern und Aufstellung der Listen der Wehrpflichtigen eine sichere Grundlage zu haben. Erst in der neuesten Zeit ist das rein wissenschaftliche, demologische und biologische Interesse zum Durchbruch gelangt. Aus dieser Entstehungsursache erklärt sich die noch heute bei Ungebildeten vielfach vorhandene Scheu gegen jede statistische Aufnahme der Bevölkerung und ihre Bewegung. Hinter jeder amtlichen Erhebung wittert man neue Steuern.

Die Bevölkerungs-St des Altertums ist infolge ihrer Entstehungsursache eine recht unvollständige. Gezählt und registriert wurde nur der steuer- und wehrpflichtige Teil der Bevölkerung, alles in der Regel unter Ausschluß der Frauen, Kinder und Sklaven. Typisch hierfür ist der technische Ausdruck der Römer: censa sunt civium capita tot . . . praeter orbos orbasque pupillos et viduas.

Wo sich bei alten Schriftstellern Angaben der Bevölkerung und der miteinander kämpfenden Heere finden, begegnen wir des öfteren gewaltigen Uebertreibungen. Es war eine Zeitlang bei allen Schriftstellern geradezu üblich, die Bevölkerung der Vorzeit als außerordentlich blühend und zahlreich darzustellen, die Zeitgenossen gleichsam als herabgekommene Epigonen, sowohl nach Zahl als nach Kraft hervorragender Vorfahren zu bezeichnen. Schon Homer ist das οιοι νυν βροτοι εισιν geläufig. Noch Montesquieu glaubt, daß die Bevölkerung im Altertum zehnmal so zahlreich gewesen sei wie zu seiner Zeit. Bekannt sind die Millionenheere bei den alten Schriftstellern. Semiramis soll mit 3 Millionen Soldaten ausgezogen sein um Asien zu erobern, und Xerxes gleichsam in Anlehnung an Semiramis mit „300 mal 10000“ nach Griechenland. Das kleine steinige Judäa soll zu Davids Zeiten 500000 Streiter haben aufstellen können, das 10-Stämme-Land 800000.

Neben diesen ungeheuerlichen Uebertreibungen finden wir aber auch schon bei den Alten durch und durch kritische Schriftsteller, ja mitunter Autoren, die es an Hyperkritik mit den neuesten aufnehmen können. Das ist z. B. eine durchaus glaubwürdige Angabe, wenn im Deborah-Lied, dem notorisch ältestem hebräischen Sprachdenkmal, erzählt wird, das 10-Stämme-Land habe 40000 streitbare Männer gestellt; als Ergänzung zu diesen Angaben dient der Hinweis in Buch d. Könige II, 15, 20 und in der assyrischen Siegesschrift des Königs Sanherib finden wir die Bevölkerungsziffer Judäas mit 200000 angegeben, so daß wir daraus mit Leichtigkeit auch die Bevölkerungsziffer zur Zeit Davids auf $^1/_{10}$ reduzieren können. Ausgezeichnete und zuverlässige Angaben finden wir bei Thukydides und in den römischen Censusberichten. Athen konnte zur Zeit des Thukydides 13000 Hopliten und 16000 Leichtbewaffnete aufstellen; außerdem hätten noch 16000 Schwerbewaffnete aus dem ältesten und jüngsten Jahrgange sowie aus den Metöken als Reserve aufgestellt werden können, was auf eine Zahl von 30000 Bürgern schließen läßt, so daß die bürgerliche Bevölkerung etwa 150000 Menschen gezählt haben könnte (nach Ed. Meyer sogar 170000).

Um 312 v. Chr. zählte Athen nach dem Census des Demetrios von Phaleron 21000 Bürger über 18 Jahre und 10000 Metöken; die Sklaven schätzt Meyer mit 150000 sicher zu hoch, denn es wäre dann nicht verständlich, weshalb die im dekeläischen Kriege entlaufenen 20000 Sklaven Athens Volkswirtschaft so ungeheuer geschädigt haben könnten (Thuk. 7, 20), Gänzlich unbrauchbar sind natürlich die Darstellungen bei Athenaeus VI 103, daß Athen 400000, Korinth 460000, Aegina 470000 Sklaven zur Zeit des peloponnesischen Krieges gezählt habe. Daß das Heer des Xerxes, wie Herodot erzählt, 170 Myriaden (zu 10000) gezählt habe, ist natürlich unglaubhaft; es dürfte jedoch Hyperkritik sein, wenn Delbrück meint, daß das Heer Alexanders des Großen, der bekanntlich mit 35000 Mann auszog, um das Perserreich zu erobern, stärker gewesen sei als das Perserheer. Es läßt sich gar nicht absehen, weshalb ein Heer, das als Rückendeckung eine mächtige Flotte hatte, nicht 100000 gezählt haben könnte. Daß Mardonios bei Plataiai nicht viel mehr gehabt haben kann als die Griechen, ist freilich wahrscheinlich, denn da fehlte bereits dem Perserheer die Rückendeckung durch die Flotte, und dieser Umstand erklärt natürlich auch die Niederlage.

Um die Feststellung der Bevölkerung des Altertums haben sich insbesondere Beloch und Ed. Meyer Verdienste erworben, indem sie die verschiedenen und zum Teil entgegenstehenden Berichte bei den alten Schriftstellern gesichtet und kritisch durchgearbeitet haben. Die stärkste Bevölkerung unter den vorrömischen Staaten, soweit Feststellungen gemacht worden sind, dürfte Babylonien gehabt haben, dessen Bevölkerungszahl uns allerdings nicht genau bekannt ist, das aber Großstädte von $^1/_2$—1 Mill. Menschen hatte. Das westliche Kleinasien hat nach Beloch im ersten Jahrhundert vor Christi Geburt 8—9 Millionen Menschen gezählt. Griechenland im heutigen Gebietsumfang bei Ausbruch des peloponnesischen Krieges etwa $2^1/_4$ Millionen, darunter etwa 850000 Sklaven. Die Sklavenziffer dürfte sicher zu hoch angenommen sein.

Attika hatte nach Meyer im Jahre 431 v. Chr. eine Gesamtbevölkerung von 360000, darunter 170000 Bürger, 40000 Metöken und 150000 Sklaven.

Der Zensus des alten Roms umfaßt nach Beloch zunächst nur die Zahl der erwachsenen Bürger; zur Zeit des Servius Tullius etwa 80000, beim Ausbruch des 1. punischen Krieges im Jahre 264 292000, im Jahre 234 270000, nach Beendigung des 2. punischen Krieges nur 212000 waffenfähige Bürger. Auf eine Gebietsfläche von 22700 qkm kamen zu Hannibals Zeit etwa 900000 Bürger der freien Gesamtbevölkerung; im übrigen Italien südlich der Apenninen auf 106000 qkm 1800000 Menschen. Diese große Wehrkraft Roms macht uns somit erklärlich, weshalb Hannibal trotz seines Genies Rom nicht erobern konnte. Bis zum Jahre 164 war die Zahl der römischen Bürger auf 337000 gestiegen, bis 136 aber infolge der einschneidenden Latifundienbildung, die mit Bauernlegung verbunden war, auf 318000 gesunken. Diese Tatsache erklärt uns mehr als alle langatmigen Abhandlungen die Bedeutung und den Ernst der gracchischen Reformversuche, deren Mißlingen in allererster Linie für Roms Untergang verantwortlich gemacht werden muß.

Durch den Bundesgenossenkrieg wurde das römische Bürgerreich auf ganz Italien bis an den Po (160000 qkm) ausgedehnt, so daß es leicht begreiflich ist, daß der Zensus des Jahres 69 eine Bürgerzahl von 910000 ergab. Ägypten hatte unter den Pharaonen nach Hekataios von Abdera (erhalten bei Diodor I 31) eine Bevölkerung von 7 Millionen Menschen, unter Ptolemaios I. nach Diodor 3 Millionen. Wenn Beloch danach die Bevölkerung unter den Pharaonen ebenfalls auf 3 Millionen reduziert, so dürfte das ungerechtfertigt sein, denn gerade für Ägypten gilt der Ausspruch Napoleons: „Unter einer guten Verwaltung erreicht der Nil die Wüste, unter einer schlechten die Wüste den Nil". Es kann gar keinem Zweifel unterliegen, daß zur Zeit der schlimmen Herrschaft der Perser die Kulturfläche Ägyptens und damit seine Bevölkerung außerordentlich zurückgegangen war. Wir haben dafür das beste Beispiel an den Bevölkerungsverhältnissen Ägyptens in der neuesten Zeit. Im Jahre 1800, zur Zeit der französischen Invasion, hatte Ägypten eine Bevölkerung von 2,46 Millionen. Damals erreichte die Wüste den Nil, das Kulturland war außerordentlich reduziert. 1821 wurden 2,5 Millionen gezählt, 1846 4,2, 1882 7, 1907 11 Millionen. Wenn daher Flavius Josephus (II 16, 4) annimmt, daß zur Zeit Neros nach Ausweis der Koststeuer Ägypten 7,5 Millionen Menschen gezählt habe, so ist das eine durchaus glaubwürdige Angabe. Unzweifelhaft und glaubhaft ist die Siegesinschrift des Pompejus (Plinius, hist. nat. 7, 97), in der er meldet, daß er 12,81 Millionen Menschen überwunden habe. Soviel dürfte die Bevölkerung Kleinasiens, Armeniens, Syriens damals tatsächlich gezählt haben.

Italien dürfte im Jahre 69 bei 910000 erwachsenen Bürgern eine gesamte bürgerliche Bevölkerung, einschließlich Frauen und Kindern, von 2,7 Millionen gehabt haben. Beloch rechnet zur Zeit des Augustus für ganz Italien bis zu den Alpen eine Gesamtbevölkerung von 6 Millionen einschließlich Sklaven. Die Sklavenzahl nimmt er zu 2 Millionen an. Diese Ziffer ist allerdings eine reine Hypothese. Beloch gelangt zu ihr auf folgendem Umwege: Er überträgt die landwirtschaftlichen Verhältnisse Italiens im Jahre 1880 einfach auf das Altertum, berechnet, wieviel Sklaven für die Bearbeitung der 920000 ha Weinland und 646000 ha Ölwald, die die Halbinsel Italien südlich der Apenninen 1880 besaß, erforderlich waren. Unter Benutzung der Angaben Catos, nach dem für 100 Jugera (= 25 ha) Weinland 16 Arbeiter erforderlich waren, hätte man insgesamt für die obige Fläche Weinland nach Beloch 552000 Arbeiter nötig gehabt, für die Ölpflanzungen 129000, da nach Cato für 240 Jugera Ölwald 13 Arbeiter ausreichen. Nun kommt noch die für den Getreidebau nötige Fläche hinzu! Nach Saserna war beim Getreidebau auf 8 Jugera = 2 ha 1 Sklave erforderlich. Da nun die Produktion auf höchstens 30 Modii (zu $8^3/_4$ Liter) kam, so konnte ein Sklave $30 \times 8 = 240$ Modii, entsprechend 2100 Liter Getreide produzieren, welche bei vegetarischer Lebensweise zur Ernährung von 6 Menschen ausreichten. Da Beloch die Bevölkerung der Halbinsel zu 4 Millionen rechnet, von der 1 Million von fremder

Zufuhr gelebt hätten, so war für den Rest eine Getreideproduktion von $40 \times 3^1/_2 = 140$ Millionen Modii nötig, welche auf höchstens 5 Millionen Jugera erzeugt werden konnten. Es hätten somit etwa 600000 Sklaven in der Getreideproduktion beschäftigt sein müssen. Demgegenüber hat die Kritik einzusetzen. Die heutige Wein- und Öllandfläche des eigentlichen Italien südlich der Apenninen genügt ja für eine Bevölkerung von 15 Millionen und nicht bloß von $4^1/_2$ Millionen; unter Voraussetzung eines sich gleich gebliebenen Konsums würden für die Wein- und Ölproduktion im Altertum bereits 200000 Sklaven gereicht haben. Sodann ist zu bemerken, daß trotz der Latifundienbildung es überall im Gebirge doch noch eine Unzahl von freien Bauern gab, welche ihren gesamten Bedarf an Getreide, Öl und Wein selbst produzierten. Diese Erwägung führt zu folgendem: Gab es auch nur $^1/_2$ Million freier, in Naturalwirtschaft lebender Bauern, so waren nicht $2^1/_2$ Millionen, sondern unter Berücksichtigung der Getreideeinfuhr nur 1 Million städtischer Bürger von den italienischen Sklaven mit Getreide und die ganzen 2 Millionen mit Öl und Wein zu versorgen. Für den Getreidebedarf dieser Stadtbürger wären sonach bereits 166000 Feldsklaven ausreichend gewesen, für den Wein- und Ölbedarf höchstens 100000.

Rechnet man nun noch den Eigenbedarf der in der Produktion von Feldfrüchten, Öl und Wein, tätigen rd. 266000 Sklaven hinzu, so kommt man auf weitere 44—47000 Sklaven für die Getreide- und 27000 für die Wein- und Ölerzeugung. Kurzum, die Gesamtzahl der Feldsklaven könnte kaum viel über $^1/_3$ Million betragen haben — einschließlich der Haussklaven dürften es kaum über $^1/_2$ Million Sklaven gewesen sein. Dies unter der Voraussetzung, daß die damaligen Sklaven ganz überwiegend erwachsene männliche Sklaven waren, deren man ja nach den vielen Kriegen genügend kaufen konnte. Ein Familienleben der Sklaven hat sich jedenfalls erst später im größeren Stile entwickelt, als einerseits man weniger Kriegsgefangene bekam, andererseits mit dem Aussterben der italienischen Stadtbevölkerung der Absatzmarkt kleiner wurde. Was wir an authentischen Berichten über die italienische Sklavenzahl wissen, rechtfertigt keineswegs den Schluß auf eine Sklavenzahl von 2 Millionen im Augusteischen Italien. Es ist bekannt, daß Spartakus aus den sklavenreichsten Distrikten Italiens, dem reichen Campanien und angrenzenden Gebieten, aus denen die freie Bürgerschaft infolge der Habgier der römischen Großen am frühesten verschwunden war, nach den höchsten Angaben 120000 Sklaven gesammelt hat, in Wirklichkeit wohl erheblich weniger. Man bedenke auch, wie schwierig bei den unvollkommenen Transportmitteln des Altertums der Transport von Sklaven von den Kriegsschauplätzen nach Italien war, wie viele Sklaven infolge mangelhafter Ernährung und Überanstrengung unterwegs starben.

Auch war der Verbrauch an Feldsklaven infolge rücksichtsloser Ausbeutung, Überanstrengung ein sehr starker.

Um noch die von Beloch gefundenen, eher noch zu hoch als zu niedrig gegriffenen Ziffern zu vervollständigen, sei bemerkt, daß Beloch für Spanien zur Zeit des Todes des Augustus (14 n. Chr.) eine Bevölkerung von 6 Millionen rechnet, die Bevölkerung von Gallien zu 5 Millionen schätzt, die der Donauländer zu 2, Nordafrikas zu 6 Millionen, insgesamt den der Latinisierung unterliegenden Teil des römischen Reiches mit

26 Millionen ansetzt. Für den hellenistischen Teil nimmt Beloch eine Bevölkerung von $29^1/_2$ Millionen an, und zwar rechnet er Griechenland einschließlich Kreta und Mazedonien zu 3 Millionen sicher zu hoch, denn bereits der Zeitgenosse des Augustus, Diodor, klagt über die furchtbare Verödung der Gegenwart. Für Asien, einschließlich Syrien, nimmt Beloch eine Bevölkerung von 18 Millionen an, für Ägypten eine solche von 8 Millionen, für die Cyrenaica 0,5 Millionen. Von den früheren Historikern schätzte Zumpf die Bevölkerung des Römerreiches zu 120 Millionen, die der Stadt Rom allein zu 2 Millionen. Beloch reduziert die Bevölkerung der Stadt Rom auf höchstens 800000, indem er darauf aufmerksam macht, daß das alte Rom innerhalb der aurelianischen Mauer nur eine Fläche von 830 ha umfaßte, die nie vollständig bebaut gewesen ist. Unter der Annahme der doppelten Bevölkerungsdichtigkeit der heutigen Bevölkerung Berlins lassen sich da in der Tat knapp 800000 Menschen berechnen. (Die am dichtesten bevölkerten Teile von Berlin weisen allerdings eine Bevölkerung von 800 pro Hektar auf. Neapel zählt in Santa Lucia 1200.)

Nach den römischen Zensusberichten gab es römische Bürger:

im Jahre 28 v. Chr. 4003000,
im Jahre 14 v. Chr. 4937000,
im Jahre 8 v. Chr. 4233000,
im Jahre 48 n. Chr. 5984000.

Die Bürgerzahl unter dem Kaiser Augustus ist durch eine Inschrift im Monumentum Ancyranum beglaubigt. Über den letzten römischen Zensus, unter dem Kaiser Vespasian, sind uns keine Zahlenangaben überliefert. Auffallend ist der Sprung in den Ziffernangaben für die römischen Bürger von 910000 im Jahre 69 v. Chr. auf 4063000 im Jahre 28 v. Chr. So stark kann die Vermehrung der römischen Bürger trotz der Ausdehnung des römischen Bürgerrechtes auf viele Provinzialen nicht gewesen sein. Beloch erklärt diesen Sprung so, daß er meint, die weniger vollkommene, nur die erwachsenen Männer umfassende Erhebung des republikanischen Roms hätte einer vollkommeneren, auch Weiber und Kinder berücksichtigenden Erhebung im kaiserlichen Rom Platz gemacht. In der Tat scheint dies die einzig zulässige Erklärung zu sein.

Die Bevölkerung des römischen Reiches scheint im ersten Jahrhundert unserer Zeitrechnung eine beträchtliche Zunahme erfahren zu haben. In der zweiten Hälfte des zweiten Jahrhunderts aber, seit der großen Pest unter Marc Aurel, scheint ein starker Niedergang eingetreten zu sein. Die Stadt Rom selbst hat notorisch den stärksten Niedergang erfahren. Nach Castiglioni soll zur Zeit Konstantins Rom nur etwa 300000 Menschen gezählt haben, zur Zeit Alarichs nur noch 100000. Zur Zeit der Kämpfe der Westgoten mit Belisar und Narses (des „Kampfes um Rom") nur noch 60000. Mehr noch als die Volkszahl war die militärische Leistungsfähigkeit der Römer gesunken. In Italien wurden seit der Kaiserzeit überhaupt keine Aushebungen mehr veranstaltet, daher denn eine Anzahl schwacher Germanenstämme das Römerreich aufteilen konnten. Einer der zahlreichsten Stämme, die Vandalen, zählten bei der Übersetzung nach Afrika etwa 80000 Köpfe, einschließlich Frauen und Kinder. Im ganzen frühen und spätern Mittelalter wurden die Schlachten mit verhältnismäßig kleinen Heeren ausgefochten. Die Araber zählten bei Xeres, als sie die Westgoten besiegten, nur 6000 Mann, später stieg ihre Anzahl auf 18000, welche Zahl zur Eroberung von fast ganz Spanien ausreicht. Die überlieferten Zahlen von 700000 Hunnen auf den katalaunischen Feldern sind natürlich maßlos übertrieben. Wilhelm der Eroberer eroberte 1066 England mit einem Heere, das nach Hans Delbrück 6—7000 Mann zählte, während sein Gegner Harold nur 4000 Mann bei sich hatte. Ganz England hatte nach dem Domesdaybook zu Ende des 11. Jahrhunderts eine Bevölkerung von knapp 1,2 Millionen. Überhaupt wurde die Bevölkerung im Mittelalter durch die vielen Seuchen, insbesondere die Pest, und die barbarische Art der Kriegführung sehr oft auf einen Bruchteil verringert. Noch der 30jährige Krieg brachte derartige Verwüstungen mit sich, daß die Bevölkerung Deutschlands auf ein Drittel, in manchen Gegenden, wie Württemberg, gar auf ein Fünftel reduziert wurde (Württemberg zählte 1622 444000 Menschen, 1639 nur 97000). Um dem Feind zu schaden, verwüstete man feindliche Landgebiete und entzog dadurch der Bevölkerung die Existenzmöglichkeit, trieb sie in den Hungertod. Mit dem 18. Jahrhundert scheint ein großer Umschwung in der Kriegführung eingetreten zu sein. Man erkannte allmählich, daß die Verheerung eines eroberten Landgebietes auch dem siegenden Heere zum Nachteil gereichte, ihm die Existenzmöglichkeit entzog. Man begnügte sich daher, der Bevölkerung Lieferung und Kontributionen aufzulegen, verbot die noch im 30jährigen Kriege übliche schonungslose Ausplünderung und Vernichtung der Vorräte und Produktionsmittel. Es ist dieser humaneren Kriegführung zuzuschreiben, daß die Bevölkerung Preußens im 7jährigen Kriege trotz der ungeheuren Opfer, die sie bringen mußte, nur einen Rückgang von etwa 1 Prozent erfuhr. Während der Napoleonischen Kriege ist selbst in den meistbetroffenen Staaten nur ein Stillstand der Bevölkerung eingetreten.

Aus dem frühen Mittelalter besitzen wir überhaupt keine Nachweise über die Volkszahl der einzelnen Staaten. Im späten Mittelalter und zu Beginn der Neuzeit beginnt das Interesse für die Feststellung der Bevölkerung, insbesondere in den romanischen Staaten zu erwachen. Um 1275 sind für das Königreich Neapel 180000, für Sizilien 60000 Haushaltungen festgestellt.

1465 zählte Neapel 233000 Feuerstellen gleich Haushaltungen, 1561 bereits 483000, 1595 555000. Für Sizilien läßt sich die Bevölkerung auf $^1/_2$ Million berechnen, für 1548 $^3/_4$ Millionen (ohne Palermo, Messina und Catania). Die Gesamtbevölkerung von Sizilien betrug 1570 1 Million, 1748 1,6 Millionen (noch heute zählt Sizilien etwa $3^1/_2$ Millionen). Zur Zeit des Cicero nach Beloch etwa $^2/_3$ Millionen.

Kastilien zählte 1482 $1^1/_2$ Millionen Feuerstellen, Aragonien 1495 nur 50000 Feuerstellen; wahrscheinlich sind bei diesen überlieferten Angaben Fehler unterlaufen. Eine im Jahre 1575 unter König Philipp II. vorgenommene Erhebung ergab für ganz Spanien etwa $6^3/_4$ Millionen Menschen. Daß Kastilien von 7,5 auf 3,5 Millionen zurückgegangen sei (wie im Handwörterbuch der Staatswissenschaften zu lesen ist), ist sicher unwahrscheinlich. 1723 wurde für Spanien eine Bevölkerung von etwa 7,6 Millionen festgestellt, 1768 eine solche von 9,3, 1787 10,27 Millionen. Portugal zählte im Jahre 1732 2,3, 1766 3,35 Millionen Menschen.

Italien zählte zur Zeit der Renaissance etwa 11 Millionen Menschen, um 1800 rund 18 Millionen, welche Zahl sich seitdem fast verdoppelt hat! Die Bevölkerung von Böhmen soll um 1600 etwa 2 Millionen betragen haben, bis 1650 war sie auf 700000 gesunken. Bis 1754 war sie wieder auf 1,94 Millionen gestiegen, um im Laufe des 7jährigen Krieges auf 1,67 Millionen zurückzugehen (die Bevölkerung von ganz Österreich ging gleichzeitig von 6,1 auf 5,3 zurück). Die Bevölkerung Schlesiens dagegen, die 1756 1,16 Millionen betrug, ist bis 1765 auf 1,19 Millionen gestiegen. Für eine ganze Reihe von deutschen Städten ist seitens verschiedener Forscher aus noch vorhandenen Steuer- und Bürgerlisten die Bevölkerung für das Mittelalter zum Teil rekonstruiert worden. Die meisten dieser Städte hatten freilich eine nach heutigen Begriffen geringe Bevölkerung. Der Typus einer deutschen Großstadt im Mittelalter war eine Stadt von etwa 20000 Einwohnern. So zählten

Nürnberg 1449	20165
Straßberg 1473	20721 26198
Augsburg 1475	18300
Leipzig 1474	4000
Lübeck 1400	22300
Ulm 1427	20000
Frankfurt a. M. 1440	9000
Mainz 1500	5000
Dresden 1447	3190
Heidelberg 1439	3200
Danzig 1415	40000
Hamburg 1470	20000
Hamburg 1419	22000
Breslau 1348	21861
Berlin-Cölln 1625	15000
Berlin-Cölln 1645	10000

Die neuere Zeit. Die heutigen Volkszählungen.

Während man sich in der früheren Zeit, auch noch im 18. Jahrhundert, mit recht summarischen, von den Verwaltungsbehörden oft recht oberflächlich vorgenommenen Erhebungen begnügte, bei denen man zufrieden war, wenn man die Gesamtbevölkerung, allenfalls noch nach Geschlecht und Religionsbekenntnis gegliedert, festgestellt hatte, ist erst im 19. Jahrhundert, insbesondere seit Quetelets s. Z. epochemachendem Werk „sur l'homme", das allseitige, wissenschaftlich-biologische Interesse für die Erkenntnis der Vorgänge im Menschenleben erwacht. Man fordert heute Feststellungen nach Alter, Muttersprache, Beruf und Familienstand; man ermittelt Wohn- und Arbeitsort, Kinderzahl, Arbeitslosigkeit usw. Den alten Streit, ob man die rechtliche, die Wohnbevölkerung oder die tatsächlich anwesende Bevölkerung zählen soll, hat man dahin erledigt, daß man neben der Feststellung der tatsächlich Anwesenden auch noch die Frage nach der staatlichen Zugehörigkeit und dem Geburtsort stellt. Man weiß, daß man von Zeit zu Zeit den Stand der Bevölkerung erheben, gleichsam eine Momentaufnahme der Lebenden nehmen muß, als deren Ergänzung die Aufnahme der Bewegung der Bevölkerung, die Geburten-, Heirats- und Sterberegister zu dienen hat. Was bei der heutigen Bevölkerungs-St fehlt, sind Erhebungen über die anthropologisch wichtigen Merkmale, Körpergröße und -gewicht, Farbe des Haares und der Augen u. dgl. — nur in Kolonialländern werden auch Fragen nach der Rassezugehörigkeit gestellt.

Über den Termin und die Häufigkeit der Volkszählungen ist man leider bis heute noch zu keiner Einigkeit gelangt. In Deutschland und Österreich werden die Volkszählungen seit 1870 anfang Dezember vorgenommen, in England und Frankreich im April, in der amerikanischen Union im Juni. In Deutschland und Frankreich werden fünfjährige Perioden der Volkszählung innegehalten, in den meisten anderen Staaten dagegen zehnjährige. Es kann keinem Zweifel unterliegen, daß es nicht nur im wissenschaftlichen Interesse liegt, wenn die Zählungen in möglichst kurzen Zwischenräumen stattfänden, sondern daß es auch für die Verwaltungsbehörden von größtem Belang ist zu wissen, welche Veränderungen sich innerhalb der Bevölkerung vollziehen: Die starke Volkszunahme in den meisten Staaten verteilt sich nicht gleichmäßig über Stadt und Land — wäre dies der Fall, dann könnte man mit Hilfe der Register der Bevölkerungsbewegung stets den genauen Stand der Bevölkerung ermitteln, sondern es kommen außerordentliche Verschiebungen der Bevölkerung vor, es hat eine ungemein zahlreiche Wanderbewegung von Land zu Stadt und von einem Land zum anderen eingesetzt, deren Feststellung man mit verwaltungsrechtlichen Maßnahmen, polizeilichen Ab- und Anmeldungen durchaus nicht in genügendem Maße erreichen kann.*)

Die neuere Entwickelung hat zu der Erkenntnis verholfen, daß nur dann eine volle Genauigkeit der Aufarbeitung, „dépouillement“ des bei Volkszählungen und anderen statistischen Erhebungen gesammelten Urmaterials zu erzielen ist, wenn das gesamte Urmaterial einer statistischen Zentralbehörde zur Aufarbeitung überwiesen wird. Die Verwaltungsbehörden haben die Aufgabe, die richtige, in der Regel gesetzlich festgelegte Vornahme der Zählung zu organisieren, die Zähler ausfindig zu machen und zu überwachen, für Einhaltung des Zähltermins und rechtzeitige Einsendung des Urmaterials an die statistische Zentralbehörde zu sorgen, welch letztere die Zählkarten und Zähllistenformulare aufzustellen und mit Hilfe der Verwaltungsbehörden zwecks Vornahme der Zählung zu verteilen hat. Die Ausführung der Zählung ist in der Regel Sache der Gemeinden (Ortsbehörden). In Preußen werden z. B. den Städten von über 4000 Einwohnern die Zählmaterialien direkt vom Statistischen Landesamte zugesandt, sonst den Kreisbehörden zur weiteren Verteilung und Überwachung übermittelt.

In den Gemeinden werden zumeist ehrenamtliche Zählkommissionen gebildet, die Vorerhebungen über die Anzahl der nötigen Zählformulare vorzunehmen, den Gemeindebezirk in Zählbezirke (von in der Regel 40 Haushaltungen) zu teilen und die ebenfalls in der Regel unentgeltlich

---

*) In Berlin hat sich z. B. wiederholt ergeben, daß die Ermittelung der Bevölkerung mit Hilfe der Ab- und Anmeldungen unter Zugrundelegung der Bevölkerungsziffer einer früher stattgefundenen Volkszählung, bis zur folgenden Volkszählung Fehler von 5 Prozent zutage förderte!

arbeitenden Zähler ausfindig zu machen haben. Die Schlußaufgabe ist dann, die Einforderung, Nachprüfung und gelegentliche Berichtigung der Zählpapiere, Aufstellung der Ortsliste bzw. Feststellung der summarischen Volkszahl und Rücksendung des Gesamtmaterials an die statistische Zentralbehörde, und zwar sind die Vorschriften in dieser Beziehung in Preußen so streng, daß z. B. nach der am 1. Dezember 1910 vorgenommenen Zählung die Einsammelung der Zählbriefe bereits bis zum Abend des 3. Dezember vollendet und das ganze Material nach erfolgter Kontrolle und Eintragung in die Kontrollisten bis zum 6. Dezember an die Zählkommissionen abgeliefert sein sollte. Die letzteren bzw. die Gemeindebehörden hatten nun eine eingehende Nachprüfung vorzunehmen, die Fehler durch nachträgliche Erkundigungen auszumerzen. Die Zählkarten und Haushaltungslisten waren bis zum 31. Dezember an die Kreisbehörden abzuliefern, von den Städten mit über 4000 Einwohnern bis zum 1. Februar direkt an die statistische Zentralbehörde.

Zwecks genauer Ermittelung der Bevölkerung ist es in Preußen üblich geworden, Individualzählkarten zu drucken und auszufüllen, d. h. eine Sonderkarte für jede zu zählende Person; daneben werden noch zwecks Kontrolle Haushaltungslisten verteilt und ausgefüllt. Daneben werden noch Kontrollisten für jeden Bezirk und Ortslisten von den Zählungskommissionen ausgefüllt und von den Ortsbehörden beglaubigt, so daß die denkbar beste Gewähr für die Richtigkeit und Vollständigkeit der Zählungen gegeben sein dürfte.

Charakteristisch ist bei diesem unentgeltlich arbeitenden Zähler- und Zählungskommissionenapparat die außerordentliche Billigkeit der Volkszählungen in Deutschland, da nur die gedruckten Formulare und deren spätere Aufbereitung bezahlt zu werden brauchen. Die Kosten belaufen sich bei den Volkszählungen kaum höher als auf 1,2 bis 1,3 Pf. für jede gezählte Person*), bei den Berufszählungen mit ihren umständlichen Formularen und eingehenden Aufbereitung bis zu 7 Pf. Demgegenüber betrugen die Kosten des amerikanischen Zensus etwa 50 Pf. pro gezählte Person, aus dem Grunde, weil in Amerika Zähler- und Zählungskommissionen gut bezahlt werden müssen.

Die Aufzählung bzw. Aufarbeitung des statistischen Urmaterials fand früher meist nach dem sog. Strichelverfahren statt, indem zunächst für jede auszuzählende Frage Rubriken gebildet wurden, worauf jede gezählte Nummer in die betreffende Rubrik durch einen Strich eingetragen wurde. Bei je vollendeten 5 oder 10 Strichen wurde durch einen Querstrich Abschluß gemacht. Naturgemäß können dabei entstandene Fehler später nicht mehr entdeckt werden. Man ist daher immer mehr zu dem sog. Legeverfahren übergegangen, dessen Voraussetzung das Vorhandensein einer Individualzählkarte für jede zu zählende Person war. Die Vorteile dieses Verfahrens für die Genauigkeit und Kontrolle sind so große, daß man auch da, wo die ursprüngliche Aufnahme nicht nach Individualzählkarten, sondern nur nach Listen erfolgt war, dennoch aus

*) Die Kosten der Volkszählung von 1900 betrugen in Preußen 667 000 M., wovon 130 000 M. auf die Zählpapiere entfielen, so daß die eigentliche „Aufbereitung“ einschließlich Drucklegung 420 000 M. kostete = 1,1 Pf. auf den Kopf der Bevölkerung.

diesen Listen erst Individualblättchen bildete, d. h. die Angaben für jede Person auf besondere Blättchen übertrug und dann erst diese Blättchen aufarbeitete. Beim Legeverfahren wurden nun zunächst alle zu zählenden erst nach dem Geschlecht, dann nach dem Familienstand, dann nach Alter, Religion, Beruf, Muttersprache getrennt. Dabei findet somit eine ständige Kontrolle der ursprünglichen Zählung statt, indem die Gesamtsumme der späteren Auszählungen immer mit der der ersten stimmen muß. Bei der Strichelmethode wird zwar sofort ein Strich in der richtigen Abteilung gemacht, d. h. Geschlecht, Konfession, Alter mit einem Mal vermerkt, aber der außerordentliche Umfang der auszufüllenden Formulare macht Versehen leicht möglich.

Die Nachteile des Strichelverfahrens haften auch der neuerdings so sehr empfohlenen elektrischen Auszählung voll und ganz an. Bei der elektrischen Aufbereitung werden zwar ebenfalls Individualkarten benutzt, indem alle Angaben der Zählliste oder der Individualzählkarte auf die für die elektrische Aufbereitung bestimmte „Lochungskarte" in besonderen Rubriken übertragen werden. Aber die Voraussetzung für die Genauigkeit der später folgenden gerühmten maschinellen Aufbereitung ist eben, daß kein Loch an falscher Stelle gemacht ist; ob dies der Fall, ist aus den Lochungskarten selber nicht mehr festzustellen, sondern nur durch eine sehr mühsame, die Nerven anspannende Vergleichung der Lochungskarte mit der ursprünglichen Individualzählkarte bzw. Zählliste. Auch ist die behauptete größere Billigkeit der elektrischen Aufbereitung gegenüber dem Legeverfahren eine Fabel. Die Gründe sind mannigfach: erstens muß die Lochungskarte aus teuerem, pergamentartigen Papier angefertigt sein, damit die elektrische Zähl- und Tabelliermaschine sie fassen kann (die gebräuchlichen Individualzählkarten für die preußische Bevölkerung kosteten z. B. 85 Pf. pro Tausend, die Lochungskarten 3—4 M.). Sodann erfordert die Übertragung einen beträchtlichen Zeitaufwand und endlich ist von allergrößtem Belang, daß eine Maschine nur bei Massenbetrieb billig sein kann. Die Voraussetzung des Massenbetriebes fehlt aber bei der Verarbeitung des Materials der Volkszählung: da müssen die Karten mitunter bis auf die kleinsten Verwaltungseinheiten, die Gemeinden, aufgearbeitet werden. Wenn z. B. in Amerika fast nur elektrisch aufbereitet wird, so ist dies mit auf die teuere menschliche Arbeit zurückzuführen. Daß die Genauigkeit bei der akkordmäßig betriebenen schnellen Lochung sehr leidet und damit auch die Zuverlässigkeit der statistischen Endergebnisse, unterliegt keinem Zweifel.

Die Bevölkerung der Gegenwart.

Das volle Verständnis für die Bedeutung der Bevölkerungs-St ist erst in der neuesten Zeit, seit Anfang des 19. Jahrhunderts erwacht; die Volkszählungen, die anfangs nur behördliche Schätzungen waren, werden häufiger und genauer; eine gewisse Vollständigkeit, Einteilung nach Altersklassen und Familienstand finden wir allerdings erst seit dem zweiten Drittel, ja erst seit dem dritten Drittel des 19. Jahrhunderts. Die summarischen Ziffern der Zählungsergebnisse können für Deutschland und Frankreich erst seit 1816 als fast völlig zuverlässig angesehen werden; in England finden seit 1801, in der Union seit 1790 Zählungen statt. Schweden hatte schon von 1751 an hinreichend genaue Volksaufnahmen, die Ziffern für die Niederlande und Belgien sind seit 1830/32 genau. Rußland hatte schon von 1725 an sog. „Revisionen", in denen zwar nur die leibeigene und die steuerpflichtige Bevölkerung zu Steuerzwecken gezählt, aber gleichzeitig ein Rückschluß auf die Größe der Gesamtbevölkerung ermöglicht wurde.

Die Ziffern der nachfolgenden Tabelle I weisen auf ein starkes Anwachsen der Volkszahl in allen europäischen Staaten und in Amerika hin; in ganz Europa hat die Bevölkerung in den 110 Jahren von 1800 bis 1910 von 175 auf 458 Millionen, also um etwa das $2^2/_3$fache zugenommen. Die einzelnen Staaten sind freilich sehr ungleichmäßig an diesem Zuwachs beteiligt: Die Bevölkerung Frankreichs hat nur von 27 auf 39,5 Millionen, also um etwa 46 vom Hundert zugenommen, von welcher Zunahme $^7/_{10}$ auf die Zeit bis 1861 entfällt, seitdem ist nur ein Anwachsen von 10 Prozent eingetreten. Der Zuwachs der deutschen Bevölkerung entspricht von 1800 bis 1910 etwa dem europäischen Durchschnitt, der der englischen übertrifft in etwas diesen Durchschnitt. Der italienische, spanische, französische erreicht kaum die Hälfte des Durchschnitts. Seit 1870 hat freilich die Zunahme der deutschen Bevölkerung etwa 60 v. H., der der englischen nur 45 v. H., der französischen 9,3 v. H. betragen. Die Bevölkerung Österreichs ist seit 1870 um 36 v. H., die Italiens um 30 v. H., die Spaniens um 22 v. H. gewachsen, während die Bevölkerung des europäischen Rußlands mit einem Anstieg von etwa 75 auf etwa 136 Millionen (Zuwachs etwa 8C v. H.) den Rekord unter den Großstaaten hält. Von Interesse ist noch, daß die Bevölkerung der Niederlande und Belgiens, die seit Beginn des 19. Jahrhunderts die dichteste in Europa war, auch nach 1870 noch um 60 bzw. 50 v. H. gewachsen ist. Den Rekord unter den Mittelstaaten hält das kleine Königreich Sachsen, dessen Bevölkerung seit 1816 um 400, seit 1870 auch noch um 100 v. H. gestiegen ist.

Alle europäische Staaten an Volkszuwachs läßt weit hinter sich die amerikanische Union, deren Bevölkerung von 1800 bis 1910 um das $17^1/_2$fache gewachsen ist, freilich weitaus zum größten Teil auf Kosten Europas, das von 1820 bis 1910 über 20 Millionen Auswanderer an die Vereinigten Staaten abgegeben hat.

Zu erwähnen ist noch, daß die Bevölkerung Indiens unter englischer Herrschaft sich in 100 Jahren mehr als vervierfacht hat; um 1800 wurde sie auf etwa 70 Millionen geschätzt, 1880 sind 254, 1890 287, 1900 291,6, 1910 315 Millionen gezählt worden. Noch stärker war der Zuwachs auf Java, dessen Bevölkerung von 1800 bis 1910 von etwa 3 auf 30 Millionen gestiegen ist, lediglich durch natürliche Vermehrung. Eine ähnliche Zunahme um das zehnfache im Laufe eines Jahrhunderts durch natürliche Vermehrung (ohne Zuwanderung) finden wir noch bei den französischen Kanadiern.

Die Bevölkerung der meisten asiatischen Staaten und der Türkei ist nur schätzungsweise bekannt. Dabei finden wir mitunter starke Abweichungen: so gibt für das eigentliche China die neueste amtliche

Tabelle 1.

Bevölkerung.

Deutsches Reich		Preußen		Bayern	Baden	Württemberg	Sachsen
Jahr	Millionen	Jahr	Millionen	Millionen	Millionen	Millionen	Millionen
1620	20	1740	2,5				
1650	7—8	1755	3,6				
1750	15—17	1786	6,0				
1800	22	1806	10,0				
1816	24,8	1816	10,3	3,7	1,0	1,4	1,2
1830	29,5	1830	13,0	4,1	1,2	1,6	1,4
1850	35,4	1850	16,3	4,5	1,4	1,7	1,9
1870	40,8	1867	19,7			1,8	2,43
1880	45,2	1867	24,0	4,8	1,43		
1885	46,9	1880	27,3	5,28	1,57	1,97	2,97
1890	49,4	1885	28,3	5,42	1,60	2,00	3,18
1895	52,2	1890	30,0	5,60	1,66	2,04	3,50
1900	56,4	1895	31,8	5,80	1,73	2,08	3,78
1905	60,6	1900	34,5	6,18	1,87	2,17	4,20
1910	65,0	1905	37,3	6,52	2,01	2,30	4,51
		1910	40,16	6,88	2,14	2,44	4,80

Niederlande		Belgien	Frankreich		England u. Wales		Schottland	Irland	
Jahr	Millionen	Millionen	Jahr	Millionen	Jahr	Millionen	Millionen	Millionen	
1830	2,6	3,8	1800	27,0	1086	1,2			
1850	3,1	4,4	1821	29,87	1350	2,5			
1870	3,6	5,1	1831	31,79	1700	5—6			
1880	4,0	5,5	1841	33,41	1750	6,5			
1890	4,5	6,1	1851	34,90	1801	9,9	1,6	5,2	
1900	5,2	6,9	1861	35,84	1821	12,0	2,1	6,8	
1910	5,9	7,5	1871	36,10	1831	13,9	2,4	7,8	
			1881	37,67	1851	17,9	2,9	6,5	
			1891	38,34	1871	23,7	3,4	5,4	
			1901	38,96	1881	20,0	3,73	5,2	
			1911	39,5	1891	29,0	4,03	4,70	
					1901	32,5	4,47	4,46	{ 41,5
					1911				{ 45,2

Verein. Staaten		Italien		Spanien		Schweden		Norwegen	
Jahr	Millionen	Jahr	Millionen	Jahr	Millionen	Jahr	Millionen	Jahr	Millionen
1750	1,5	1600	11	1488	$7\frac{3}{4}$	1751	1,8	1815	0,85
1790	3,9	1700	16	1585	$6\frac{3}{4}$	1800	2,3	1825	1,05
1800	5,3	1788	17,7	1723	7,6	1810	2,4	1835	1,19
1810	7,2	1812	19,8	1787	10,4	1820	2,6	1845	1,33
1820	9,6	1861	25,0	1832	11,4	1830	2,9	1855	1,49
1830	12,9	1871	26,8	1846	12,2	1840	3,1	1865	1,70
1840	17,1	1879	28,4	1857	15,5	1850	3,5	1875	1,81
1850	23,2	1891	30,3	1860	15,7	1860	3.86	1880	1,92
1860	31,4	1901	32,48	1877	16,6	1870	4,17	1891	2,00
1870	38,6	1910	34,75	1887	17,6	1880	4,56	1896	2,04
1880	50,2			1900	18,61	1890	4,78	1900	2,24
1890	63,0			1910	19,59	1900	5,14	1910	2,39
1900	76,08					1910	5,52		
1910	92,03								

Österreich		Ungarn	Rußland			Schweiz	
				europ.	europ. u. asiatisch.		
Jahr	Millionen	Millionen	Jahr	Millionen	Millionen	Jahr	Millionen
1857	18,22	13,77	1725	14		1860	2,50
1869	20,40	15,51	1796	35		1870	2,67
1880	22,14	15,72	1825	45	47	1880	2,85
1890	23,90	17,46	1858	62	68	1888	2,92
1900	26,15	19,25	1883	87	95	1900	3,31
1910	28,57	20,84	1897	115,9	128	1910	3,74
			1912	140,0	168		

Europa

Jahr	Millionen
1350	100
1700	110
1750	140
1800	175
1850	260
1900	406
1910	443
1912	458

im Jahre	Millionen 1900	Millionen 1910
Griechenland	2,5	2,7
Bulgarien	3,7	4,3
Serbien	2,5	2,9
Rumänien	6,0	6,9
Türkei (europäische)		6,0
Dänemark	2,43	2,74
Portugal	5,01	5,37

Asien	Millionen 1900	Millionen 1910
Britisch Indien	294,4	315
Japan	44,8	50,9
China		450
Siam		6,2
Korea, Formosa		13,3
Persien		9,5
Niederländ. Indien		40,0
Russisch Asien		27,0
Französisch Indien		17,0
Zentralasien, Afghan.		5,0
Türkei in Asien		20,0
Philippinen		8,9
Asien		968

Amerika	Millionen 1910
Vereinigte Staaten	92
Kanada	1,2
Mexiko	15
Zentral-Amerika	4
Kolombia	4
Venezuela	2,5
Ecuador	1,5
Peru	3,0
Bolivia	2,3
Chile	3,4
Brasilien	21,0
Uruguay	1,2
Argentinien	6,0
Westindien	6,7
Paraguay	0,5
Amerika	170,3

Australien 1910 etwa 6 Millionen

Afrika	Millionen 1910
Aegypten	11,2
Algier, Tunis	7,2
Französ. Afrika	22
Deutsch Afrika	13
Britisch Afrika	30
Portugies. Afrika	8
Kongoland	15
Marokko	8
Südafrika	2,8
Sudan	2,6
Afrika	120,2

Erde 1910 etwa 1722 Millionen

Schätzung eine Bevölkerung von 407 Millionen, die chinesische Zollverwaltung schätzte für 1909 die Gesamtbevölkerung Chinas auf 439 Millionen. Der amerikanische Gesandte in Peking, Rockhill, glaubte 1904 auf Grund seiner eingehenden Informationen die Gesamtbevölkerung zu nur 270 Millionen annehmen zu dürfen.

Bevölkerung in Land und Stadt und die Volksdichtigkeit.

Die Haupteigentümlichkeit bei der neuzeitlichen Volkszunahme in den alten Ländern ist die, daß fast nur die Stadtbevölkerung zugenommen hat, während die Bevölkerung des flachen Landes sich meist gleich geblieben oder doch nur wenig zugenommen, mitunter sogar abgenommen hat. Die Scheidung der Land- und Stadtbevölkerung kann in doppelter Weise erfolgen: entweder nach verwaltungsrechtlichen Gesichtspunkten oder nach der Bevölkerungszahl. Die deutsche amtliche St betrachtet als Stadtbevölkerung die Bevölkerung der Gemeinden von über 2000 Einwohner, welche Bestimmung nicht ganz genau ist, indem z. B. 1895 bei der Berufs- und Gewerbezählung festgestellt wurde, daß etwa 15% der Bevölkerung der Gemeinden von 2—5000 Einwohner die Landwirtschaft als ihren Hauptberuf angegeben hatten. Andererseits hat auch die verwaltungsrechtliche Teilung Mängel aufzuweisen: auf der einen Seite sind Gemeinden von 5—10000, ja bis zu 20000 Einwohner, die alle Merkmale von Städten aufweisen, als Landgemeinden gezählt, auf der andern Seite dagegen sind eine ganze Anzahl von Gemeinden mit städtischer Verfassung, auch wenn sie fast ausschließlich von Ackerbürgern bewohnt werden und unter 1000, mitunter nur 300—500 Einwohner haben, als Städte nachgewiesen. Trotz dieser Einschränkung werden wir bei der Entwicklung der städtischen Bevölkerung demnach so sehr in die Augen springende Momente gewahren, daß unser Gesamturteil ein ganz sicheres und unzweideutiges wird. Betrachten wir die nebenstehende Tabelle 2, so sehen wir, daß die Bevölkerung des flachen Landes (darunter verstanden Gemeinden von unter 2000 Einwohner) in Deutschland von 1871 bis 1910 selbst absolut nicht zugenommen hat, sondern von 26,22 auf 25,8 Millionen zurückgegangen ist. Allerdings ist zu beachten, daß es 1910 nicht mehr durchweg dieselben Gemeinden waren, die für 1871 als Landgemeinden ausgewiesen waren, sondern daß eine größere Anzahl früherer Landgemeinden in die Kategorie der „Landstädte“ und sogar die der Mittelstädte aufgerückt sind, einige (Neukölln, Schöneberg, Wilmersdorf) sind sogar Großstädte geworden. Weitaus die meisten Großstädte von 1910 waren im Jahre 1871 Mittel- oder Kleinstädte. Aber die Gegenüberstellung bezw. die Betrachtung dieser verschiedenen Kategorien von Bevölkerungszentren bietet doch ein großes Interesse für die Bevölkerungs-St und -Poetik; sie zeigt haarscharf die fortschreitende städtische Agglomeration, die zunehmende „Verstadtlichung“ der Bevölkerung. Betrug doch die großstädtische Bevölkerung 1871 in Deutschland erst 4,8 v. H. der Gesamtbevölkerung, 1910 aber 21,3 v. H.; die Bevölkerung der Mittelstädte ist auch noch von 7,7 auf

Tabelle 2
Bevölkerung in Stadt und Land.

Deutsches Reich

Jahr	Stadtbevölkerung		Landbevölkerung		Stadtbevölkerung in Großstädten üb. 100000	Stadtbevölkerung in Mittelstädten 20—100000	Stadtbevölkerung in Kleinstädten 5—20000	Stadtbevölkerung in Landstädten 200—5000
	Millionen	%	Millionen	%	%	%	%	%
1871	14,79	36,1	26,22	63,9	4,8	7,7	11,2	12,4
1875	16,66	39,0	26,07	61,0	6,2	8,2	12,0	12,6
1880	18,72	41,4	26,51	58,6	7,2	8,9	12,6	12,7
1885	20,48	43,7	26,38	56,3	9,5	8,9	12,9	12,4
1890	23,24	47,0	26,19	53,0	11,4	—	—	—
1895	26,26	50,2	26,02	49,8	13,5	10,5	13,6	12,2
1900	30,63	54,3	25,73	45,7	16,2	12,6	13,4	12,1
1905	34,82	57,4	25,82	42,6	19,0	12,9	13,8	11,6
1910	39,10	60,0	25,80	40,0	21,3	12,9	25,8 (Klein- und Landstädten zusammen)	

Frankreich

Jahr	Städte	Land
	%	%
1846	24,4	75,6
1856	27,3	72,7
1866	30,5	69,5
1876	32,3	67,7
1886	35,9	64,1
1896	39,1	60,9
1901	40,9	59,1
1906	43,0	57,0

Österreich

% der Bevölkerung in Orten mit

Jahr	unter 2000	2000 bis 5000	5000 bis 10000	10000 bis 20000	über 20000
1843	81,1	9,9	3,2	1,6	4,2
1880	70,4	12,7	4,1	12,8 (zusammen)	
1890	67,5	12,6	4,1	15,8 (zusammen)	
1900	61,9	14,8	5,1	3,8	14,4

Vereinigte Staaten

Jahr	Städte mit über 8000 Einwohner absolut Millionen	%	übriges Land Millionen	%
1790	0,13	3,3	3,80	96,7
1800	0,21	4,0	5,09	96,0
1810	0,36	4,9	6,88	95,1
1820	0,48	4,9	9,15	95,1
1830	0,86	6,7	12,00	93,3
1840	1,45	8,5	15,56	91,5
1850	2,90	12,5	20,29	87,5
1860	5,07	16,1	26,37	83,9
1870	8,07	20,9	30,49	79,1
1880	11,32	22,6	38,83	77,4
1890	18,28	29,2	44,34	70,8
1900	24,99	32,9	51,00	67,1

England und Wales

% der Bevölkerung

Sanitäts-Distrikte Städte	1891	1901	1911
über 100000	31,9	34,7	38
50—100000	9,0	9,9	10
20—50000	12,7	13,6	13
10—20000	8,2	9,2	9
3000—10000	8,9	8,3	8 (zusammen)
unter 3000	1,3	1,3	
Sa. städt. Distrikte	72	77	78
Ländliche Distrikte	28	23	22

Städte über 100000 Einw.	1900	38	mit	14,21	Mill. Einw.
	1910	50	„	20,31	„ „
Städte von 25—100000 „	1900	122	„	5,51	„ „
	1910	179	„	8,23	„ „

13 v. H. gestiegen; die Bevölkerung der Kleinstädte hat relativ nur wenig zugenommen, die der Landstädte sogar abgenommen. Ein starkes Drittel der Gesamtbevölkerung ist heute der Scholle völlig fremd geworden, ein weiteres Drittel hat den Zusammenhang gelöst, und nur das letzte Drittel steht zu ihr in unmittelbarer Beziehung. Noch stärker als in Deutschland ist dieses Losgelöstsein von der Scholle in England ausgeprägt. Bereits 38 v. H. der Gesamtbevölkerung leben da in Großstädten, 23 v. H. in den Mittelstädten, 17 v. H. in Klein- und Landstädten, in den eigentlichen ländlichen Distrikten nur noch 22 v. H. In Nordamerika, und das könnte überraschen, hat die „Verstadtlichung" der Bevölkerung selbst 1910 einen fast genau gleich hohen Grad erreicht im Verhältnis zu Deutschland: wir finden daselbst 22 v. H. großstädtische und etwa 9 v. H. mittelstädtische Bevölkerung. Frankreich und Österreich sind demgegenüber noch als stark ländlich anzusehen, wenngleich auch da die Industrialisierung und Verstadtlichung der Volkswirtschaft reißende Fortschritte macht.

Tabelle 3.

Bevölkerungsdichtigkeit auf 1 □ km

	1820	1840	1860	1880	1890	1900	1910
Deutsches Reich	49	61	70	84	96	104	120
Österreich	47	56	61	74	80	87	95
Frankreich	57	63	68	71	73	73	74
Italien	65	80	91	96	104	113	121
England und Wales	80	105	133	171	192	215	234
Schweden	5,7	6,9	8,5	10	10,6	11,5	12,3
Belgien	100	138	162	187	206	227	245
Schweiz	50	—	61	69	73	81	92
Niederlande	80	88	101	122	139	154	175
Sachsen	100	116	133	198	234	280	321
Europäisches Rußland	8	10	12	15	18	20	23
Asiatisches Rußland	0,3	0,5	0,6	0,8	1,0	1,3	1,7
Vereinigte Staaten	1	2,5	4	5,7	6,5	8	10
Europa	20	—	31	36	41	45	50
Asien	12						22
Afrika							4,2
Amerika							4,4
Australien							1,0

Die großstädtische Entwickelung ist ebenfalls ein Produkt der Neuzeit: keine Stadt im Altertum besaß eine Million Einwohner (die Berichte aus dem alten Rom, Ninive, Babylon sind außerordentlich stark übertrieben), und das ist leicht begreiflich, denn die Transportverhältnisse erschwerten außerordentlich die Heranschaffung der zur Existenz großer Volksmassen erforderlichen Nahrungsmittel. Erst die Eisenbahnen und Dampfschiffe haben die großen Bevölkerungsagglomerationen möglich gemacht, wie wir sie in den heutigen „Weltstädten" London, New-York, Paris, Berlin finden. Alle diese „Weltstädte" waren vor 100 Jahren noch recht bescheidene Gebilde: Paris allerdings hatte eine halbe Million Bevölkerung, London zwei drittel Million, die Bevölkerung von Berlin, Wien, Petersburg, Moskau bewegte sich um 200000 herum, New-York hatte kaum 100000 erreicht! Deutschland zählte vor 100 Jahren zwei

Tabelle 4.

Bevölkerung der Großstädte von über 200 000 Einwohner

in Tausenden.

	1910	1900	1890	1880	1850	1800
London *)	4523	4537	4228	3830	2363	959
Liverpool	747	685	630	624	397	82
Manchester	714	544	505	462	336	77
Birmingham	526	522	478	437	242	71
Sheffield	455	381	324	285	135	46
Leeds	446	429	368	309	172	53
Bristol	357	329	289	255	154	61
Westham	289	267	205	129	19	
Bradford	289	280	266	240	140	13
Kingston up. Hull	278	240	200	166	88	30
Newcastle up. Tyne	267	215	186	145	88	33
Nottingham	260	240	214	187	99	29
Stokton on Trent	235	215	184			
Salford	231	221	198	176	85	18
Portsmouth	231	188	159	128	72	33
Leicester	227	212	175	137	63	17
Glasgow	785	762	658	511	329	77
Edinburg	720	317	261	228	162	85
Belfast	385	349	256	208	87	40
Dublin	309	291	245	250		
Kopenhagen	462	401	313	235	127	101
Christiania	243	228	151	119	28	10
Stockholm	342	301	246	169	93	76
St. Petersburg		1133	861	877	485	220
Moskau		989	753	612	365	250
Odessa		405	240	194	90	6
Riga		283	175	169	70	30
Kiew		247	166		61	
Warschau		638	454	252	160	100
Lodz		315	113	34		
Wien	2030	1675	1365	726	444	247
Triest	229	171	147	99	83	29
Prag	225	202	183	162	118	75
Lemberg	207	160	128	110	68	39
Budapest		734	506	371	178	54
Berlin	2071	1889	1579	1122	419	172
Hamburg	932	706	324	290	132	130
München	595	500	349	230	110	40
Leipzig	588	456	295	149	63	30
Dresden	547	396	277	221	97	60
Köln	516	373	282	145	97	50
Breslau	512	423	335	273	114	60
Frankfurt a. M.	415	289	180	137	65	48
Düsseldorf	358	264	145	95	27	10
Nürnberg	333	261	143	100	54	30
Charlottenburg	305	189	77	30		
Hannover	302	236	164	123	29	18
Essen	295	119	79	57	9	4

*) Groß-London 1891 4,23 1901 4,54 1911 4,52

Fortsetzung Tabelle 4.

	1910	1900	1890	1880	1850	1800
Chemnitz	287	207	139	95	32	14
Stuttgart	286	177	140	117	48	18
Magdeburg	280	230	202	98	72	36
Bremen	247	163	126	112	55	40
Königsberg	246	189	162	142	76	60
Neukölln	237	90	36	19	—	—
Stettin	236	211	116	92	49	24
Duisburg	229	93	59	41	—	—
Dortmund	214	143	90	67		
Kiel	211	108	69	44	15	7
Brüssel		517	440	377	184	66
Antwerpen		273	224	169	88	62
Amsterdam	567	511	408	317	224	201
Rotterdam	415	319	202	148	90	53
Haag	273	206	157	113	72	38
Paris	2888	2714	2448	2269	1053	547
Marseille	551	491	404	360	195	111
Lyon	524	459	416	377	177	110
Bordeaux	262	257	252	221	131	91
Lille	218	211	201	178	76	55
Lissabon		356	301	187	240	180
Madrid	572	540	470	398	281	160
Barcelona	560	533	397	346	175	115
Valencia	214	214		144	106	
Neapel	723	564		494	449	350
Mailand	599	491		322	242	170
Rom	539	463		300	175	153
Turin	428	336		254	135	78
Palermo	342	310		245	180	140
Genua	272	235		180	120	100
Florenz	233	206		169	114	84
Catania	212	149		100	69	
New-York	4762	3437	2507	1773	612	64
Chicago	2185	1699	1100	503	30	—
Philadelphia	1549	1294	1047	847	340	69
St. Louis	688	575	452	351	78	—
Boston	671	561	448	363	137	25
Cleveland	561	382	261	160	17	—
Baltimore	558	509	435	332	169	26
Pittsburg	534	452	345	235	68	2
Detroit	466	286	206	116	21	—
Buffalo	424	352	256	155	42	—
St. Franzisko	417	343	299	234	35	—
Milwaukee	374	285	204	116	20	—
Cincinnati	364	326	297	255	115	1
Newark	347	246	182	137	39	—
Neu-Orleans	330	287	242	216	116	—
Washington	331	279	230	178	40	3
Los Angeles	319	102	50	11	2	—
Minneapolis	301	203	165	47	—	—
Jersey-City	268	206	163	121	7	—
Kansas	248	164	133	56	—	—
Louisville	224	205	161	124	43	—

Tabelle 5.

Die Bevölkerung nach dem Geschlecht

in Tausenden.

Jahr	männlich	weiblich	zusammen
	England und Wales		
1841	7777	8136	15914
1851	8781	9146	17927
1861	9776	10290	20066
1871	11058	11653	22712
1881	12639	13335	25974
1891	14052	14949	29002
1901	15728	16799	32528
	Irland		
1861	1450	1612	3062
1871	1603	1757	3360
1881	1799	1936	3736
1891	1943	2083	4026
1901	2174	2298	4472
	Schottland		
1871	2639	2772	5412
1881	2533	2642	5174
1891	2319	2386	4704
1901	2200	2259	4458
	Dänemark		
1801	458	467	926
1834	605	618	1224
1850	692	715	1408
1870	881	904	1784
1890	1059	1113	2172
1901	1193	1256	2450
	Norwegen		
1801	424	460	883
1825	511	540	1051
1855	730	760	1490
1875	891	930	1821
1891	951	1037	1988
1900	1067	1155	2221
	Schweden		
1750	837	943	1781
1800	1121	1227	2347
1830	1391	1497	2888
1850	1687	1795	3482
1870	2017	2152	4169
1890	2317	2467	4785
1900	2506	2630	5136

Jahr	männlich	weiblich	zusammen
	Österreich		
1830	7501	8086	15588
1850	8399	9135	17534
1869	9991	10403	20394
1880	10820	11324	22144
1890	11689	12206	23895
1900	12852	13298	26150
	Eigentl. Ungarn		
1869	6731	6848	13579
1880	6759	6990	13750
1890	7563	7699	15262
1900	8372	8465	16838
	Königr. Ungarn		
1880	7702	7939	15642
1890	8668	8796	17464
1900	9582	9672	19254
	Frankreich		
1801	13312	14037	27349
1831	15950	16619	32569
1851	16905	17325	34230
1872	17982	18120	36102
1881	18656	18748	37405
1891	18932	19201	38133
1901	18917	19533	38450
	Preußen		
1819	5458	5524	10981
1831	6493	6546	13039
1852	8449	8486	16935
1871	12498	12141	24640
1880	13415	13864	27279
1890	14702	15253	29955
1900	16971	17501	34472
1910	19848	20317	40165
	Bayern		
1841	2131	2239	4371
1852	2205	2316	4521
1871	2369	2495	4863
1880	2578	2706	5285
1890	2731	2864	5595
1900	3028	3148	6176

Fortsetzung Tabelle 5.

Jahr	männlich	weiblich	zusammen
	Sachsen		
1840	877	830	1706
1852	970	1018	1988
1871	1249	1307	2556
1880	1445	1527	2973
1890	1701	1802	3503
1900	2043	2159	4202
	Württemberg		
1849	848	896	1744
1861	830	890	1720
1871	836	941	1818
1880	951	1019	1971
1890	982	1055	2036
1900	1053	1116	2169
	Baden		
1849	664	699	1363
1861	669	700	1369
1871	712	749	1462
1880	765	805	1570
1890	811	847	1658
1900	926	942	1868
	Niederlande		
1840	1401	1459	2860
1859	1629	1680	3309
1879	1983	2030	4013
1899	2520	2583	5105
	Rumänien		
1889	2565	2473	5038
1899	3027	2930	5956

Jahr	männlich	weiblich	zusammen
	Belgien		
1846	2163	2173	4337
1866	2419	2408	4828
1880	2758	2761	5520
1900	3325	3369	6693
	Spanien		
1860	7763	7908	15670
1877	8132	8499	16631
1887	8608	8951	17560
1900	9080	9526	18607
	Italien		
1871	13472	13328	26801
1881	14265	14194	28459
1901	16155	16320	32475
	Portugal		
1890	2430	2619	5050
1900	2591	2831	5423
	Griechenland		
1870	733	703	1437
1879	855	798	1654
	Bulgarien		
1888	1605	1555	3154
1900	1910	1835	3744
	Serbien		
1867	627	589	1216
1890	1110	1052	2162
1900	1281	1211	2493

Großstädte, das waren Berlin und Hamburg — heute sind es 48, die zusammen fast 14 Millionen Menschen beherbergen — etwa dieselbe Menschenzahl, die in den 38 englischen Großstädten vorhanden ist, während die 50 amerikanischen Großstädte 1910 über 6 Millionen mehr zählten als die 48 deutschen.

Was die Volksdichtigkeit anlangt, so ist der am dichtesten bevölkerte Erdteil Europa mit 50 Menschen auf 1 □ km; sehr weit zurück steht Asien mit bloß 22. Noch viel dünner besiedelt ist Amerika mit 4,4 bis 4,2 und Australien hat gar nur 1. Innerhalb Europas wie Asiens finden wir allerdings außerordentliche Verschiedenheiten. Das asiatische Rußland hat nur 1,7, das europäische 23. Man kann im allgemeinen sagen, daß bei einer Bevölkerung von 80—100 Menschen auf den □ km noch eine Ernährung von der eigenen Scholle möglich ist, wenigstens ist dies die Regel in Europa, bei außerordentlich fruchtbarem Boden und vorwiegend vegetarischer Ernährung (in China!) finden wir Volksdichtigkeiten von 200—300 Menschen ohne Zufuhr von fremden Nahrungsmitteln. In Europa ist es England und das dicht besiedelte niederländisch-westdeutsch-schweizerische Wirtschaftsgebiet, die bei einer Volksdichtigkeit von über 200 Menschen pro □ km nahezu für zwei Drittel ihres Nahrungsbedarfes auf die Einfuhr aus der Fremde angewiesen sind. Sachsen, die Niederlande hatten bereits vor 100 Jahren eine Volksdichtigkeit von 100 per □ km, welche Dichtigkeit seitdem auf 321 bzw. 245 angewachsen ist. Unter den Großstaaten nimmt den ersten Platz in bezug auf Volksdichtigkeit ein Großbritannien und Irland mit etwa 140 Menschen per □ km, darauf folgen Italien und Deutschland mit fast genau den gleichen Zahlen (121 und 120). Österreich steht mit 95 an vierter, Frankreich mit 74 an fünfter Stelle. Rußland erscheint mit 23 per □ km sehr schwach besiedelt, allein es ist zu bemerken, daß die industriell entwickelten und fruchtbareren Gebietsteile daselbst bereits die mitteleuropäische Volksdichtigkeit erreicht haben: das Königreich Polen hat 100, die Südwestprovinzen und Kleinrußland 70—80 Menschen per □ km.

Die Altersgliederung der Bevölkerung.

Die Ermittelung des Alters bezw. der Altersgliederung der Bevölkerung ist bei den Volkszählungen erst etwa seit der zweiten Hälfte des 19. Jahrhunderts vorgenommen worden. Früher begnügte man sich in der Regel mit der Fesstellung der Gesamtbevölkerung, erfragte höchstens noch das Geschlecht, hin und wieder ermittelte man die Zahl der Wehr- bezw. Waffenfähigen, welche Ermittelung alsdann von Bedeutung für Beurteilung der wirtschaftlichen Leistungsfähigkeit der Bevölkerung war, indem die wehrfähige männliche Bevölkerung sich in der Regel mit der arbeitsfähigen deckte. Allmählich aber fand man, daß eine so rohe Gliederung der Bevölkerung denn doch auch für die Zwecke der Verwaltung nicht ausreichte, man ging zur Erfragung engerer Altersgruppen über, man faßte die dem Kindesalter angehörigen, etwa bis zum 15. Lebensjahr, dann die Angehörigen des Greisenalters, etwa vom 60. oder 70. Lebensjahr zusammen. Erst viel später gelangte man zur Forderung der Ermittelung zehn- und alsdann fünfjähriger Altersklassen, bis endlich von den mathematischen Statistikern die Forderung der Feststellung der Bevölkerung für jedes Altersjahr durchgedrückt wurde, Da es sich dabei ergab, daß der Ungebildete sein Alter mit Vorliebe in runden Jahren angab, so wurde als letzte Stufe der statistischen Genauigkeit die Frage nach Datum und Kalenderjahr der Geburt in die Zählkarten, bezw. Zähllisten aufgenommen. Dapurch wurden fehlerhafte Angaben zwar nicht ganz beseitigt, aber doch erheblich abgemindert. Auch heute müssen wir bei allen Volkszählungen rechnen mit einer unvollständigen Ermittelung der Kinder der zwei ersten Lebensjahre, Überfüllung der auf 0 und 5 ausgehenden Kalenderjahre der Geburt, z. T. zu geringen Altersangaben für die weibliche Bevölkerung vom 30.—50. Lebensjahr, auch zu hohen Altersangaben für Greise, die erst durch genaue Nachprüfung in den Zivilregistern, bezw.

Kirchenbüchern festgestellt werden können. In Preußen ist die Anzahl der Hundertjährigen seit der Anlegung eines Katasters der Hundertjährigen von einigen hundert auf einige dreißig zurückgegangen, während in Osteuropa bei jeder Volkszählung noch Unmengen von Hundertjährigen gezählt und Angaben darüber ohne Nachprüfung veröffentlicht werden.

Der Altersaufbau einer Bevölkerung wird graphisch mit Vorliebe in der Form einer Stufenpyramide dargestellt, bei der die unterste Stufe die Säuglinge, die oberste Stufe, bezw. die Spitze die Hundertjährigen bilden. Es ist nun zu beachten, daß die Basis breiter oder schmäler sein wird, je nachdem die Bevölkerung in einer raschen Zunahme begriffen ist, sich im Gleichgewichte erhält oder gar zurückgeht. Im ersteren Falle sind die höheren Altersklassen aus einer sich ständig verkleinernden Anzahl von Geborenen hervorgegangen, sodaß sie nicht nur wegen des allmählichen Absterbens, sondern der früheren kleineren Basis abgemindert erscheinen. Bei einer sich im Gleichgewicht befindlichen Bevölkerung wird die Basis verschmälert, die Form der Pyramide gedrungener, bei einer zurückgehenden erscheint die Pyramide recht scharf. Wichtig ist ferner der Unterschied, ob eine Bevölkerung sich aus sich selbst aufbaut, d. h. aus Geburten und Sterbefällen entstanden ist, oder ob daneben noch die Wanderungen eine Rolle spielen. Im ersteren Falle sind nämlich stets die höheren Altersklassen an Zahl geringer als die jüngeren; bei einer durch Wanderungen beeinflußten Bevölkerung können aber einzelne Altersstufen über die vorhergehenden jüngeren hinausragen, kann eine Ausbauchung der Alterspyramide eintreten. Bei der Bevölkerung fast aller Großstädte ist die Altersklasse der 20—25 jährigen zahlreicher als die der 15—20 jährigen, bei der Landbevölkerung ist natürlich umgekehrt ein Ausschnitt in der Bevölkerungspyramide bei dieser Altersstufe zu vermerken.

Betrachten wir der Einfachheit halber zehnjährige Altersstufen. Von je 1000 der Bevölkerung standen im Alter

Tabelle 6.

von Jahren	im Deutschen Reich		Österreich		Frankreich		Italien		Vereinigte Staaten	
	1890	1900	1890	1900	1890	1900	1880	1900	1880	1900
0—10	242	245	239	263	175	177	226	237	267	238
10—20	207	198	197	195	175	169	188	215	214	206
20—30	162	169	162	161	163	161	161	132	183	182
30—40	127	131	131	127	138	142	135	123	127	138
40—50	104	101	109	103	123	122	111	107	91	101
50—60	78	78	83	79	101	104	89	89	62	68
60—70	52	50	52	49	76	76	59	61	36	41
über 70	28	28	27	23	49	49	31	36	20	26

Volkswirtschaftlich von Belang ist eine Zusammenfassung der Altersklassen vom 20.—60. Lebensjahr, welche Altersstufe man als die der voll Arbeitsfähigen bezeichnen könnte, während die der 60—70 jährigen als Altersstufe verminderter Leistungsfähigkeit, die der 15—20 jährigen, als die der Jugendlichen, noch nicht voll Arbeitsfähigen betrachtet werden könnte. Wir finden alsdann für 1900 bezw. 1901

Tabelle 7.

in	Voll Arbeitsfähige	Jugendliche	Altersstufe geminderter Leistungsfähigkeit	Greise	Kinder
Deutschland	479	95	50	28	348
Österreich	470	106	49	23	352
Frankreich	529	83	76	49	263
Italien	451	104	61	36	341
Verein. Staaten	489	96	41	26	348

Nehmen wir an, daß die Jugendlichen und die 60—70 jährigen aus ihrem Arbeitsertrage sich gerade selbst erhalten können, die Greise und Kinder als „Belastung“ der voll Arbeitsfähigen anzusehen sind, so gelangen wir zu folgenden „Belastungskoeffizienten“

Tabelle 8.

Deutschland	479 : 376 = 100 : 78,6
Frankreich	529 : 312 = 100 : 59,0
Österreich	470 : 375 = 100 : 79,8
Italien	451 : 377 = 100 : 83,6
Verein. Staaten	489 : 374 = 100 : 76,3

Wir sehen also, Frankreich mit seiner zurückbleibenden Bevölkerung hat den günstigsten d. h. den geringsten Belastungskoeffizienten, Deutschland und Österreich stehen da viel ungünstiger da, am ungünstigsten aber Italien, offenbar wegen der starken Abwanderung der arbeitsfähigen Bevölkerung, die Vereinigten Staaten stehen trotz der gewaltigen Zuwanderung von Leuten im kräftigsten Lebensalter durchaus nicht so günstig da, wie man es erwarten könnte, offenbar infolge des Kinderreichtums der Zuwanderer.

Bemerkenswert ist ferner, daß bei der Gegenüberstellung des Prozentsatzes der militärpflichtigen Bevölkerung Deutschland Frankreich gegenüber viel günstiger abschneidet, als beim Vergleich der voll Arbeitsfähigen: Nimmt man als wehrpflichtige Bevölkerung die Altersklasse vom 20. bis zum 40. Lebensjahr an, so ist der Prozentsatz der männlichen Bevölkerung sogar fast genau der gleiche, es sind in beiden Ländern je etwa 15 v. H. der Gesamtbevölkerung. Selbst für das landsturmpflichtige Alter (17.—45. Lebensjahr) zeigt sich ein geringer Unterschied (20,5 bezw. 21,0 v. H.); erst bei den 40—60 jährigen tritt das Übergewicht Frankreichs stark hervor.

Was die Altersgliederung nach den beiden Geschlechtern anlangt, so überwiegt bei den jugendlichen Altersklassen durchweg in fast allen Ländern die männliche Bevölkerung, was sich in erster Linie aus der bekannten statistischen Regelmäßigkeit erklärt, daß auf 100 Mädchen 105 bis 106 Knaben geboren werden. Für die Lebensalter der Geschlechtsreife ist infolge der höheren Sterblichkeit des männlichen Geschlechts meist das Gleichgewicht wiederhergestellt, in den mittleren und höheren Altersklassen beginnt ein immer stärkeres Überwiegen der Frauen. Weiter aber spielt die Wanderbewegung infolge des Wanderungsdranges der Männer eine große Rolle bei der Alterszusammensetzung der Geschlechter. Im deutschen Reiche kamen im Jahre 1900 auf 1000 männliche Personen

1032 weibliche. Auf die einzelnen Altersklassen verteilen sie sich folgendermaßen: Es entfielen 1900 auf 1000 männliche Individuen weibliche:

Tabelle 9.

Alter	Deutschland	Österreich	England	Frankreich	Verein. Staaten
0—10	995	994	1008	998	
10—15	995	1029	1007	999	
15—20	995				
20—25	1008	1023	1119	1023	
25—30	1008				
30—40	1017	1037	1067	994	
40—50	1055	1037	1078	1014	
50—60	1130	1081	1123	1025	
60—70	1189	1128	1180	1077	
70—80	1259				
80—90	1338	1192	1308	1105	
90—100	1751				

Der Umschwung beim 20.—25. Lebensjahr erklärt sich natürlich in erster Linie aus der stärkeren Abwanderung der jugendlichen männlichen Bevölkerung, der weiterhin immer stärker zunehmende Überschuß der Frauen aus der geringen Sterblichkeit derselben. In den Ländern mit starker Zuwanderung (Amerika!) besteht auch noch in den höheren Altersstufen ein Überwiegen der männlichen Bevölkerung. In Deutschland ist seit dem Rückgang, bezw. Aufhören der Auswanderung das Verhältnis der Frauen zu den Männern ein günstigeres geworden, der Frauenüberschuß ist von 1042 im Jahre 1880 auf 1032 im Jahre 1900 und 1026 im Jahre 1910 zurückgegangen.

Wichtig für die Beurteilung der sozialen Zustände ist ferner die Verteilung der Bevölkerung nach dem Familienstande unter Berücksichtigung der Altersklasse. Im deutschen Reiche gab es im Jahre 1900 auf 1000 jeder Altersklasse

Tabelle 10.

Alter	Ledige		Verheiratete		Verwitwete		Geschiedene	
Jahre	männl.	weibl.	männl.	weibl.	männl.	weibl.	männl.	weibl.
15—20	999	984	0,8	16	0,02	0,2	0,006	0,01
20—25	907	713	92	284	0,6	2,5	0,07	0,4
25—30	483	344	513	645	3,7	9,4	0,5	1,9
30—35	220	189	771	784	8,0	23,0	1,6	3.9
35—40	132	140	853	810	12,6	45,4	2,4	5,0
40—45	102	119	875	792	20,6	83,1	3,1	5,9
45—50	87,5	105	875	751	33,7	139	3,6	6,2
50—55	82	101	857	684	57,2	210	3,9	5,8
55—60	76	98	827	598	93,2	299	3,7	5,1
60—65	72	102	772	490	152	404	3,3	4,4
65—70	70,2	103	692	374	235	519	3,0	3,6
70—75	71,4	108	577	258	349	630	2,7	2,8
75—80	71,0	109	455	165	472	724	2,0	2,3
80—85	70,7	108	336	96	592	794	1,6	2,0
85—90	70,2	102	241	56	688	835	1,1	1,7
90—95	69,0	112	182	43	748	844	1.2	1,1
95—100	103,4	108	216	46	678	844	3,0	1,3

Diese Gegenüberstellung ist in mehrfacher Beziehung lehrreich. Sie zeigt uns, daß der Prozentsatz der Verheirateten innerhalb der Altersklasse von 20—25 bei der weiblichen Bevölkerung mehr als dreimal so hoch ist, wie bei der männlichen, beim Alter von 25—30 nur noch um ein Viertel höher, beim 30.—35. ist das Gleichgewicht erreicht; alsdann aber sinkt der Prozentsatz der verheirateten Frauen durch die immer zahlreicher werdende Witwenschaft und den Umstand, daß ledige Mädchen in reiferem Alter ungünstigere Heiratsaussichten haben als ledige Männer. Der Verhältnissatz der ledigen Männer erreicht bei der Altersklasse von 65—70 mit 70,2 vom Tausend sein Minimum, der der ledigen Frauen mit 98 vom Tausend bereits zehn Jahre früher, zeigt alsdann geringere Schwankungen: es bleiben ständig fast 7 v. H. ledige Männer gegen 10—10,8 v. H. ledige Frauen übrig, was sich aus dem häufigeren Vorkommen der Witwerehen gegenüber den zweiten Ehen von Witwen erklärt.

Internationale Vergleiche der Bevölkerung nach Alter und Familienstand sind leider nur in einem sehr beschränkten Maße durchführbar, weil die Aufarbeitung des statistischen Urstoffes bei verschiedenen Ländern da viel zu wünschen übrig läßt. Immerhin bietet die nebenstehende Übersicht, in der fünf Altersklassen für die Ledigen, drei für Verheiratete und Verwitwete enthalten sind, selbst bei einer Betrachtung der absoluten Zahlen manches lehrreiche. Während in Preußen, Frankreich, Italien bei den 20—39 jährigen Männern die Verheirateten um 10—20 v. H. zahlreicher sind als die Ledigen, sind in den skandinavischen Ländern, in der Schweiz, den Niederlanden, Belgien die Ledigen innerhalb dieser Altersklasse in der Überzahl. Innerhalb des weiblichen Geschlechts sind in dieser Altersklasse die verheirateten Frauen in Preußen um etwa 70 v. H. zahlreicher als die ledigen Frauen, in Frankreich um etwas mehr als das doppelte, in Italien um das $2^1/_3$ fache, während in den skandinavischen Ländern die ledigen Frauen den verheirateten meist das Gleichgewicht halten. Interessant sind die Verhältnisse in Serbien: dort gab es 1900 auf 100 ledige Männer der Altersklasse 20—39 etwa 450 verheiratete, ledige Frauen waren in diesem Alter in einer ganz verschwindenden Anzahl vorhanden, ihre Zahl betrug etwa ein Dreißigstel der verheirateten. Im Alter von 40—59 gab es in Serbien kaum noch ledige Männer und Frauen; in Preußen waren da die verheirateten Männer etwa zehnmal so zahlreich wie die ledigen, in Frankreich und Italien merkwürdigerweise nur etwa siebenmal. Die Anzahl der ledigen Frauen ist aber in dieser Altersklasse durchweg zahlreicher als die der ledigen Männer; ein noch stärkerer Unterschied zu Ungunsten der ledigen Frauen besteht für die über 60 Jahre alte Bevölkerung. Die Zahl der verheirateten Frauen ist in der Altersklasse 40—59 durchweg etwas niedriger als die der verheirateten Männer — dafür ist die Zahl der Witwen innerhalb dieser Altersklasse drei- bis viermal so stark wie die der Witwer, offenbar wieder eine Folge der zahlreicheren Witwerehen, z. T. auch der höheren Männersterblichkeit, die ganz überwiegend die Ursache der zahlreichen Witwen bei der über 60 Jahre alten Bevölkerung ist.

Tabelle 11.

Bevölkerung nach Alter

Länder	Jahr	Ledige: Alter 0—1 männl.	weibl.	1—19 männl.	weibl.	20—39 männl.	weibl.	40—59 männl	weibl.	über 60 männl.	weibl.
Dänemark	1901	33	32	503	495	159	153	19	32	7	13
Norwegen	1900	29	28	476	463	139	156	20	39	10	18
Schweden	1900	65	63	1029	993	388	360	61	101	23	50
Finland	1900	39	38	565	553	198	162	34	40	10	16
Schweiz	1900	38	38	635	630	276	239	49	59	19	29
Preußen	1900	517	506	7276	7177	2383	1914	251	322	80	126
Bayern	1900	87	87	1231	1245	490	412	62	80	24	47
Württemberg	1900	29	29	435	442	165	142	17	28	6	15
Baden	1900	26	26	374	369	155	118	17	24	6	14
Holland	1899	74	72	1063	1050	371	343	58	66	22	31
Belgien	1900	86	84	1302	1286	514	430	99	107	46	56
Frankreich	1901	365	362	6283	6190	2676	1848	467	518	179	273
Italien	1901	535	512	6885	6620	1822	1241	368	370	158	182
Serbien	1900	59	57	593	553	63	9	5	1	1	

Die Bewegung der Bevölkerung.

Die Bewegung der Bevölkerung umfaßt in erster Linie die Geburten und Todesfälle als natürliche Elemente, dazu kommt als soziales Moment die Wanderbewegung; als ein solches sind auch die Eheschließungen und Ehetrennungen aufzufassen. Aus Geburten, Todesfällen, Wanderungen baut sich die Bevölkerung auf — man müßte den Stand der Bevölkerung auch aus einer genauen, durch längere Zeiträume fortgesetzten Registrierung der Bevölkerungsbewegung ermitteln können. Bei dem ungeheuer angewachsenen Verkehr der Neuzeit wird aber eine derartige genaue Registriernng von Land zu Land, von Provinz zu Provinz, Stadt zu Stadt, bezw. Land zur Stadt zur Unmöglichkeit. Um so mehr aber dient die Bevölkerungsbewegung zur Kontrolle und Ergänzung der Momentaufnahmen des Standes der Bevölkerung.

Die Registrierung der Bevölkerungsbewegung hat sich allüberall an den religiösen Ritus angeschlossen; die kirchlichen Handlungen bildeten den Ausgangspunkt. Allerdings hat es längere Zeit gedauert bis überall die Registrierung dieser kirchlichen Handlungen durchgeführt worden ist und sie ist bis in die neuere Zeit stets mehr oder weniger lückenhaft gewesen. Volle Genauigkeit und Zuverlässigkeit in die Bevölkerungsbewegung ist erst durch die Einführung der Zivilstandsregister erfolgt, früher blieben vielfach Juden, Sektierer und andere der Landeskirche nicht angehörende Bevölkerungsschichten unerfaßt. Aber auch die Landeskirche kümmerte sich in der Regel wenig um die Totgebornen, die vor der Taufe gestorbenen Kinder, die Selbstmörder, die Verunglückten usw. Im modernen Staate hat die Verwaltung an der genauen Registrierung der Bevölkerungsbewegung das größte Interesse: aus Eheschließungen, Geburten und Sterbefällen ergeben sich für die

und Familienstand (Tausend).

Verheiratete						Verwitwete und Geschiedene					
20—39		40—59		über 60		20—39		40—59		über 60	
männl.	weibl.	männl.	weibl.	männl.	weibl.	männl.	weibl.	männl.	weibl.	männl.	weibl.
164	196	184	191	72	53	3	7	13	34	30	64
126	158	148	144	74	55	3	6	10	26	27	56
287	341	371	360	181	144	6	11	24	61	70	144
190	221	198	182	65	47	4	8	13	39	24	50
229	270	232	213	81	54	6	11	21	59	40	83
2671	3163	2524	2273	778	513	33	109	140	570	316	796
419	507	456	416	153	99	6	16	30	97	68	140
142	173	165	153	58	38	1	4	10	35	25	52
135	163	136	121	44	28	2	5	10	31	21	52
345	339	355	330	138	106	6	11	26	57	60	115
509	574	466	434	171	127	11	17	40	85	80	155
3021	3833[1])	3474	3084	1432	922	82	203	316	824	613	1370
2177	2868[2])	2557	2315	993	599	48	115	202	539	392	798
283	311	160	127	38	20	10	14	20	41	21	30

[1]) Unter 20: 105. [2]) Unter 20: 158.

Bevölkerung wichtige rechtliche Interessen, insbesondere bei Erbschaftsregulierungen, auch ist der Staat interessiert an der Feststellung der gestellungspflichtigen jungen Mannschaften, wie sie nur durch genaue Registrierung der Geburten und Sterbefälle ermöglicht wird.

Die Einführung der Zivilstandsregister, der Beurkundung der Eheschließungen, Geburten und Sterbefälle durch staatliche Beamte ist in Frankreich 1792, in Italien 1865, in Deutschland 1875 erfolgt. In Rußland ist freilich noch heute die Beurkundung der Bevölkerungsbewegung den Geistlichen der einzelnen Religionsgemeinschaften überlassen und in den Vereinigten Staaten fehlt eine jede gesetzliche Regelung der Registrierung, es sind nur einzelne Staaten, die eine solche durchgeführt haben. Nur beim nur alle zehn Jahre vorgenommenen Zensus wird die Bevölkerungsbewegung mit erhoben, natürlich sind die Feststellungen äußerst unvollständig.

Nach dem deutschen Reichsgesetz von 1874 muß die Beurkundung vor sog. Standesbeamten erfolgen. Meist werden die Gemeindebeamten, in erster Linie Gemeindevorsteher dazu bestellt. Die staatliche Aufsicht führt in Preußen der Landrat, der Regierungspräsident und der Minister des Innern. Die Standesbeamten haben alljährlich den Aufsichtsbehörden ein sog. Nebenregister d. h. eine Abschrift der von ihnen eingetragenen Geburten, Heiraten und Sterbefälle einzureichen, außerdem aber noch den statistischen Zentralbehörden sog. Zählblättchen über jeden Geburts-Heirats-, Sterbefall.

Bei den Eheschließungen, zu deren Vollziehung die Erklärung der die Ehe eingehen wollenden Personen in Gegenwart von zwei Zeugen erforderlich ist, gelangt zur Eintragung: 1. Vor- und Familienname, Religion, Alter, Stand, Beruf oder Gewerbe des Mannes (auch der Frau, wenn sie vorher sich selbständig ernährte); 2. Vor- und Familienname, Stand, Gewerbe und Wohnort der Eltern. Die statistischen Ämter stellen außerdem Zusatzfragen über den bisherigen Familienstand und die etwaige Blutsverwandtschaft, und ob die Namensunterschrift von den Eheschließenden selbst vollzogen ist.

Die Geburten sind in Deutschland innerhalb einer Woche (in England innerhalb sechs Wochen) anzumelden. Zur Anzeige sind verpflichtet 1. der eheliche Vater; im Falle der Behinderung desselben 2. die Hebamme, 3. der anwesende Arzt, 4. jede sonst zugegen gewesene Person, 5. der Hausvorstand, 6. die Mutter. Eingetragen werden: 1. Vor- und Familienname, Stand, Gewerbe, Wohnort des Anzeigenden; 2. Ort, Tag, Stunde der Geburt; 3. Geschlecht des Kindes; 4. Vorname desselben; 5. Vor- und Familienname, Religion, Stand oder Gewerbe und Wohnort der Eltern, bezw. der unehelichen Mutter. Auch die Totgebornen werden in Deutschland genau registriert, in England nicht, in Frankreich unvollständig. Einzelne statistische Ämter haben noch für ihre Zählkarten die in wissenschaftlicher Beziehung wichtige Frage nach dem Alter der Eltern, ev. auch dem Trauungsjahr derselben, sowie die Frage nach der Reihenfolge der Kinder (das wievielste Kind der Mutter).

Die Sterbefälle sind gesetzlich spätestens am folgenden Tage anzuzeigen. Zur Anzeige verpflichtet ist 1. das Familienoberhaupt, 2. der Hausvorstand, in dessen Wohnung der Tod erfolgte.

Die Eintragung muß enthalten die Angaben über den Anzeigenden; sodann: 1. Ort, Tag, Stunde des erfolgten Todes; 2. Vor- und Familiennamen, Religion, Alter, Stand und Beruf, Wohn- und Geburtsort des Gestorbenen; 3. Mann des Ehegatten oder Angabe, daß der Verstorbene ledig war; 4. Angaben über die Eltern des Verstorbenen, falls dieser ein Kind war. Vor der Eintragung darf die Beerdigung nur mit polizeilicher Genehmigung stattfinden. Bei Totgeborenen und Kindern unter fünf Jahren fordern die meisten statistischen Ämter noch die Angaben über die Dauer der Ehe. Die Angaben über den Geburtsort werden von den meisten Ämtern nicht gestellt, wodurch gerade mit die wertvollsten statistischen Feststellungen verloren gehen. Erfragt und aufgearbeitet werden dagegen Angaben über die Todesursachen, obzwar sie nicht im Gesetz vorgesehen sind. Allerdings ist der Wert dieser Angaben in Ermangelung einer obligatorischen ärztlichen Leichenschau vielfach recht fraglich.

Die absoluten Zahlen der Geborenen und Gestorbenen sind für die meisten europäischen Staaten erst etwa seit dem zweiten Drittel des 19. Jahrhunderts einwandfrei und vollständig veröffentlicht. Die nebenstehende Übersicht (Tabelle 12) zeigt, wie die Geburtenzahl in Frankreich bereits in den zwanziger Jahren des 19. Jahrhunderts nahezu eine Million erreichte, dann aber nicht weiter gewachsen ist – seit Anfang der siebziger Jahre ist sogar ein immer schärfer ausgeprägter Abfall zu vermerken; Frankreich hat nur noch etwa dreiviertel Million Geburten. England hat Mitte der siebziger Jahre eine Geburtenzahl von etwa 1,15 Million erreicht, die nur vorübergehend (1903) etwas überschritten, seitdem aber in langsamer Abnahme begriffen ist. In Deutschland bemerken wir in den vierziger und fünfziger Jahren ein Stagnieren der Geburtenzahl, seitdem aber bis zur Jahrhundertwende ein rapides

Tabelle 12.

Geburten und Sterbefälle in Tausenden. Lebendgeborne und Gestorbene ohne Totgeborne.

Jahr	Großbrit. u. Irland		Frankreich		Deutschland		Europ. Rußland		Spanien		Italien		Österreich		Ungarn		Schweden		Niederlande		Belgien		Dänemark		Schweiz	
	geb.	gest.	geb.	gest	geb.	gest.	geb.	gest.	geb.	gest.	geb.	gest.	geb.	gest.	geb.	gest.	geb.	gest.	geb.	gest.	geb.	gest.	geb.	gest.	geb.	gest.
1801/10			918	798													75	67					30	22		
1811/20			943	773													83	63					32	23		
1821/30			975	790									581	427			96	65					36	25		
1831/40			967	828									613	522			94	68			140	108	38	29		
1841/45	528[1])	349	976	785	1233	876							680	514			101	65	102	71	135	98	40	26		
1846/50	569[1])	405	950	848	1243	959							650	641			104	71	97	87	125	110	43	29		
1851/55	624[1])	417	940	867	1242	975							651	613			113	77	106	78	131	101	47	30		
1856/60	774[2])	488	967	866	1329	944							710	524			126	81	110	88	143	103	52	32		
1861/65	835[2])	537	1005	862	1428	1007			620	470			750	577			133	79	121	85	152	111	52	33		
1866/70	1035	656	978	917	1511	1116	3161	2385	605	512	942	773	767	628			124	86	126	90	159	118	54	34		
1871/75	1097	688	929	907	1619	1175	3438	2490	—	—	991	818	823	682	660	700	131	78	134	95	169	122	57	36	82	64
1876/80	1148	693	941	835	1730	1152	3568	2576	—	—	1029	821	841	663	685	538	136	82	144	91	174	118	62	38	88	65
1881/85	1139	682	935	841	1705	1185	3891	2811	627	540	1094	787	862	681	714	530	135	81	156	90	175	118	66	37	82	61
1886/90	1119	692	883	842	1759	1176	4147	2359	635	547	1118	812	885	677	741	543	136	78	150	92	176	122	67	40	81	60
1891/95	1140	719	857	858	1844	1184	4327	3199	638	549	1113	787	912	680	743	368	133	80	155	92	181	126	68	41	84	60
1896/1900	1158	718	819	800	1957	1156	4714	3053	631	530	1085	732	943	651	739	523	135	81	161	87	192	120	71	39	92	58
1901	1163	711	857	785	2032	1174	4801	3218	651	518	1058	715	962	631	732	492	139	83	163	90	200	116	73	39	97	60
1902	1174	693	845	761	2055	1122	4993	3204	667	488	1093	727	984	656	760	528	137	80	169	86	196	119	73	36	96	58
1903	1184	668	827	753	1983	1171	4978	3103	685	470	1042	736	943	638	725	516	134	78	170	74	192	119	72	37	94	60
1904	1182	707	818	761	2026	1163	5119	3150	650	487	1086	699	961	642	741	496	135	80	171	87	192	120	74	36	95	61
1905	1163	670	807	770	1987	1194	4819	3411	671	491	1085	730	922	685	720	561	135	82	171	85	187	118	73	38	95	62
1906	1171	681	807	780	2022	1112			650	499	1071	697	960	620	734	505	137	76	171	84	186	113	74	35	96	59
1907	1149	678	774	794	2000	1117			646	471	1062	700	942	630	741	519	137	78	172	83	185	115	74	37	95	59
1908	1173	675	792	745	2015	1135			658	461	1139	770	941	628	756	516	139	81	172	87	184	119	76	39	96	58
1909	1146	668	770	757	1978	1094			651	467	1116	738	941	646	776	527	140	75	171	80	176	118	76	36	94	59
1910	1123	630	774	704	1925	1046							922	601			136	77					75	35		
1911	1105	672																								

[1]) Bis 1851/55 nur England. [2]) Bis 1856/65 nur Großbritannien.

Fortsetzung Tabelle 12. (Geburten u. Sterbefälle in 1000.)

Jahr	Finland		Norwegen		Bulgarien		Serbien		Rumänien		Portugal		Japan	
	geb.	gest.	geb.	gest.	geb.	gest.	geb.	gest.	geb.	gest.	geb	gest.	geb.	gest.
1841/50	55	36	40	24										
1851/60	60	48	50	25										
1861/70	62	58	52	30			54	37		126				
1871/75	68	40	54	31			57	44		136				
1876/80	73	45	59	31			59	53	162	139			886	632
1881/85	76	47	60	33	76	37	85	45	200	125			974	725
1886/90	79	46	60	33	100	53	90	54	212	149	165	115	1127	815
1891/95	78	50	61	34	125	93	97	65	225	170	167	115	1185	874
1896/1900	85	50	65	34	148	86	97	60	236	161	168	118	1356	906
1901	89	56	66	33	141	87	96	53	241	160	170	105	1502	926
1902	87	51	65	31	149	91	98	57	242	172	—	—	1511	959
1903	85	50	65	34	159	88	106	60	252	156	—	—	1490	931
1904	90	50	64	32	167	84	106	56	256	156	177	105	1440	955
1905	88	53	63	34	174	87	100	65	248	160	180	113	1453	1005
1906	91	51	61	31	179	91	113	66	262	157	—	—	1394	955
1907	92	53	61	33	180	92	111	62	274	176	176	113	1614	1017
1908	92	55	61	33	169	102	104	67	273	185	—	—	1673	1038
1909	95	51	61	32	173	113	110	83	282	188	177	111	1706	1100
1910			61	32					273	173				

Tabelle 13.

Eheschließungen in Tausenden.

Jahr	Großbritan. u. Irland	Frankreich	Deutschland	Rußland	Spanien	Italien	Österreich	Ungarn	Schweden	Holland	Belgien	Dänemark	Schleswig	Finland	Portugal	Serbien	Bulgarien	Rumänien
1841/50	136[1]	280	276				145		25	22	29	10		13				
1851/60	160	288	285				141		27	25	34	14		13				
1861/70	230	294	336	640	125	178	171		27	28	36	13	18	14		14		30
1871/75	252	308	393	670	—	210	191	166	30	31	40	15	22	16		15		31
1876/80	241	282	345	650	—	210	168	150	30	31	38	15	21	16		17		37
1881/85	250	284	355	712	112	232	179	164	30	30	39	16	20	16		20	18	43
1886/90	254	276	381	736	115	232	181	151	29	31	40	15	21	17	36	22	24	39
1891/95	275	287	404	802	146	229	193	160	28	34	47	16	22	16	36	23	27	44
1896/1900	297	293	457	853	141	228	206	159	31	37	55	18	25	19	37	24	30	45
1901	312	303	468	862	158	235	214	170	31	40	57	18	25	18	35	21	33	44
1902	317	295	457	878	164	238	207	169	31	40	56	18	25	17	—	27	36	55
1903	316	296	463	919	154	237	209	160	30	40	55	18	25	18	—	24	37	55
1904	313	299	478	801	146	248	210	182	31	40	57	18	25	19	37	30	45	52
1905	315	303	486	840	137	256	213	171	31	41	57	18	26	19	38	27	43	51
1906	326	306	499		138	261	217	177	33	42	58	19	27	20	—	28	39	67
1907	332	315	504		136	260	210	201	33	43	59	20	28	20	35	30	41	70
1908	320	316	501		141	283	214	189	33	42	58	20	28	20	—	26	37	61
1909	314	308	494		129	266	213	179	33	42	57	20	27	19	35	27	39	63
1910	320	309	496				215		33			20						64

Anwachsen um volle 66—67 v. H. Der Höhepunkt ist 1902 erreicht; seitdem ist ein langsames Absinken zu verzeichnen, das für 1911 und die erste Hälfte 1912 auf nahezu 10 v. H. der Zahl des Jahres 1902 beträgt. Auch in Österreich sehen wir dasselbe Stagnieren der Geburtenziffern in den vierziger und fünfziger Jahren des 19. Jahrhunderts, sodann eine rasche Zunahme von etwa zwei Drittel auf nahezu 1 Million um die Jahrhundertwende, das Maximum im Jahre 1902, darauf ein langsames, fast stetiges Absinken. Von Ungarn ist dasselbe zu sagen. Auch in den skandinavischen Ländern, in den Niederlanden, Belgien scheint seit der Jahrhundertwende der Höhepunkt der Geburten überschritten zu sein. In Italien war ein Maximum der Geburten in den achtziger Jahren mit rund 1,1 Million erreicht, seitdem ist diese Anzahl etwa sich gleichgeblieben, 1908 und 1909 ganz im Gegensatz zu den mitteleuropäischen Verhältnissen sogar etwas überschritten! In Spanien ist ein Maximum im Jahre 1903 mit 685000 Geburten erreicht; in den Balkanstaaten, Rumänien, Bulgarien, Serbien hat etwa bis 1908 ein kleines Ansteigen der Geburten stattgefunden. In ganz Mittel-, West- und Südeuropa betrug 1901 die Geburtenzahl 8,45 Millionen, 1902 8,57, 1909 jedoch nur 8,26 Millionen. Auch der Geburtenüberschuß war von 2,850 auf 2,554 Millionen zurückgegangen. Rußland hat eine beträchtliche Vermehrung (etwa 60 v. H.) der Geburten von den sechziger Jahren bis zur Jahrhundertwende gehabt — ob der Höhepunkt 1901/05 erreicht, bezw. überschritten ist, wissen wir noch nicht.

Die rapideste Zunahme der Geburten hat seit den siebziger Jahren Japan gehabt: wir sehen da die Geburtenzahl im Laufe von knapp 30 Jahren sich geradezu verdoppeln (von 0,886 auf 1,706 Millionen ansteigen), insbesondere ist zu beachten der Anstieg seit 1905.

Was die Sterbefälle anlangt, so ist die Signatur der zweiten Hälfte des 19. Jahrhunderts eine außerordentliche Abnahme der Sterblichkeit, in erster Linie der Kindersterblichkeit. Bei einer Durchsicht der absoluten Ziffern der Gestorbenen merken wir allerdings wenig von dieser Abnahme. Die Ursache ist aber da der Umstand, daß die Bevölkerung ständig gestiegen, die nahezu gleiche, z. T. noch absinkende Anzahl der Sterbefälle auf eine immer größer werdende Gesamtbevölkerung zu verrechnen ist.

Was die Heiratsbewegung anlangt, so sind da die absoluten Zahlen in allen europäischen Staaten noch im langsamen Ansteigen begriffen, eine Folge offenbar der anwachsenden Bevölkerung, bezw. der noch wachsenden Zahl der heiratsfähigen Personen. In Deutschland ist die Anzahl der Eheschließungen seit der Mitte des 19. Jahrhunderts um etwa 70 v. H. angewachsen, in etwa gleichem Maße mit dem Ansteigen der Gesamtbevölkerung. In weit geringerem Maße gestiegen sind die Eheschließungen in Frankreich und England, auch in Österreich und Ungarn scheint die Heiratsbewegung verlangsamt zu sein, während Italien etwa die gleiche Entwicklung aufweist wie Deutschland.

Zwecks besserer Beurteilung der Geburtenhäufigkeit und Sterblichkeit werden Relativzahlen berechnet. Die gewöhnliche Berechnung ist die, daß man die Geborenen und Gestorbenen (auch die Heiratenden) auf 1000 der Bevölkerung bezieht, d. h. fragt, wie viele Geburten, Sterbefälle, Heiraten in einem bestimmten Kalenderjahr, bezw. im Durchschnitt einer Periode von Jahren auf 1000 der Bevölkerung entfielen. Diese gewöhnliche Berechnung hat den Nachteil, daß bei ihr auf den Altersbestand der Bevölkerung, der gerade in der neueren Zeit durch Wanderungen, dann auch durch die Häufigkeit der Geburten beeinflußt wird, keine Rücksicht genommen wird. Immerhin bietet schon die rohe Gegenüberstellung dieser sogenannten „Geburtenziffer", bezw. „Geburtenkoeffizienten", sowie der „Sterbeziffer" (der Sterbekoeffizienten) interessante Vergleiche. Betrachten wir die Wandlungen der Geburten- und Sterbeziffer in der nebenstehenden Tabelle (14).

Wir sehen, daß in Deutschland die Geburtenziffer in den vierziger Jahren 36,1, die Sterbeziffer 26,8 betrug, der Geburtenüberschuß sonach 9,3 auf 1000 der Bevölkerung. Für die fünfziger Jahre bemerken wir ein Absinken der Geburten und Sterberate, zugleich aber auch des Geburtenüberschusses auf 8,9. In den sechziger Jahren tritt ein geringes, in den siebziger ein starkes Ansteigen aller Koeffizienten ein: die Geburtenziffer steigt auf 39,1, die Sterbeziffer auf 27,1, der Geburtenüberschuß auf 12. In den neunziger Jahren geht die Geburtenziffer auf den Betrag der vierziger Jahre zurück, die Sterbeziffer sinkt aber auf 22,2, so daß der Geburtenüberschuß sich auf 13,9 stellt; für 1901/05 sinkt die Geburtenziffer auf 34,3, die Sterbeziffer auf 19,9, der Geburtenüberschuß erhöht sich auf 14,4; 1906/10 tritt ein weiteres Absinken der Geburten- und Sterbeziffer, aber ein Ansteigen des Geburtenüberschusses auf 15,0 ein. Doch ist dieses Ansteigen für die Beurteilung des Fortschrittes der Bevölkerung insofern trügerisch, als gleichzeitig ein Absinken der absoluten Geburtenzahl zu vermerken ist, somit ein Zustand, bei dem zwar die Bevölkerung infolge starken Geburtenüberschusses erheblich anwächst, sich jedoch die Anzeichen beginnender Abnahme der Lebenskraft bemerkbar machen.

In Frankreich ist ein langsames, stetiges, von keinem Aufschwung unterbrochenes Sinken der Geburtenhäufigkeit, allerdings auch der Sterblichkeit zu bemerken. Dabei haben sich Geburten- und Sterbeziffern einander immer mehr genähert. In den vierziger Jahren hatte Frankreich noch einen Geburtenüberschuß von 4 auf 1000 der Bevölkerung, derselbe ist alsdann sukzessive auf 3,0, 2,7, 1,8 und zuletzt (1906/10) auf 0,5 gesunken (Geburtenziffer 20, Sterbeziffer 19,5), wobei sich die Bevölkerung dem stationären Zustande sehr genähert hat. Doch wäre es täuschend, aus der höheren Sterbeziffer auf eine höhere Sterblichkeit zu schließen; diese ist vielmehr (der deutschen Sterbeziffer gegenüber) hervorgerufen hauptsächlich durch die Überzahl der Greise in der Bevölkerung.

England und Wales hat um die Mitte des 19. Jahrhunderts eine niedrigere Geburten- und Sterbeziffer gehabt als Deutschland, zugleich aber einen etwas stärkeren Geburtenüberschuß (10,2 bezw. 11,9 auf 1000); Geburten- und Sterbeziffer ist bis 1906/10 auf 26,1 bezw. 14,6 zurückgegangen, der Geburtenüberschuß etwa sich gleich geblieben (11,5), von dem Deutschlands übertroffen worden, nachdem England in den siebziger Jahren den höchsten Geburtenüberschuß in Westeuropa (14,3) gehabt hatte. Zurzeit ist der Geburtenüberschuß in Westeuropa im Deutschen Reiche nahezu am höchsten, höher auch als in Italien und Österreich, wo er 1901/10 nur 11,0 bezw. 11,6 auf 1000 betragen hat. Nur Holland und Dänemark haben einen ebenso hohen Geburtenüberschuß bei einer etwas geringeren Geburten- und Sterbeziffer.

Tabelle 14.

Geburten und Sterbefälle auf 1000 der Bevölkerung. (Lebendgeborene u. Gestorbene ohne Totgeborene.)

Land	1841/50		1851/60		1861/70		1871/80		1881/90		1891/1900		1901/05		1906/10	
	Geb.	Sterbef.	Geb	Sterbef	Geb.	Sterbef.	Geb.	Sterbef	Geb.	Sterbef	Geb.	Sterbef.	Geb.	Sterbef	Geb	Sterbef.
Deutsches Reich	36,1	26,8	35,3	26,4	37,2	26,9	39,1	27,1	36,8	25,1	36,1	22,2	34,3	19,9	32,2	17,2
Preußen	37,8	26,8	37,6	26,6	38,3	27,0	39,0	26,5	37,4	24,7	36,8	21,9	34,9	19,7	32,4	17,3
Bayern	34,2	27,8	33,5	27,6	36,9	29,8	40,3	30,6	36,8	27,5	36,5	24,5	36,2	23,9	33,2	19,6
Sachsen	39,4	28,4	39,2	27,1	40,4	28,1	42,8	29,0	42,0	27,5	39,5	23,7	34,6	20,1	29,6	16,6
Württemberg	40,8	31,1	35,9	29,5	40,8	31,4	43,1	30,9	35,8	25,3	34,2	22,4	34,3	20,8	31,7	18,5
Baden	37,9	27,8	33,0	25,9	37,0	27,4	38,5	27,5	33,2	23,7	33,2	21,5	34,4	21,5	31,0	18,0
Österreich	38,7	33,3	32,8	30,8	38,5	30,6	41,8	34,6	38,0	29,5	37,2	26,7	35,5	24,1	34,3	22,6
Ungarn	—	—	42,0	—	43,5	34,0	42,7	40,8	44,0	31,5	40,4	29,9	37,4	26,1	36,2	24,8
Bulgarien	—	—	—	—	—	—			37,5				40,5	23,0	41,6	23,5
Serbien	—	—	—	—	44,7	31,0	39,9	32,7	45,1	31,8			37,2	22,4	39,5	25,0
Rumänien	—	—	—	—	33,0	31,0	35,0		41,4		40,6		39,0	24,8	40,8	26,2
Italien	—	—	—	—	37,5	31,0	34,2	29,8	37,8	27,3	35,5	24,3	32,5	22,0	32,4	21,0
Schweiz	—	—	—	—	—	—	27,8	23,5	28,3	21,0	28,4	19,0	27,8	17,7	26,2	16,3
Frankreich	27,3	23,2	26,7	23,7	26,3	23,6	25,5	23,7	23,9	22,1	22,3	21,5	21,0	19,6	20,0	19,5
Großbritannien u Irland	—	—	—	—	—	21,6		20,9	31,2	19,0	29,2	18,3	28,0	16,2	26,1	14,6
England u Wales	32,6	22,4	34,1	22,2	35,2	22,5	34,7	20,4	32,3	19,1	30,0	18,2	28,1	16,1		
Schottland	—	—	33,9	2	35,0	22,1	35,1	21,6	32,5	19,2	30,6	18,7	28,7	16,8		
Irland	—	—	—	—	26,2	16,6	30,2	18,2	23,3	18,0	23,0	18,2	23,1	17,5		
Belgien	30,5	24,4	30,4	22,6	31,6	23,8	29,0	23,0	30,1	20,3	29,1	19,0	28,0	17,1	24,7	16,0
Niederlande	33,0	26,2	33,3	25,6	35,3	25,4	34,3	24,3	34,2	21,0	32,5	18,4	31,6	16,1	29,5	14,3
Dänemark	30,5	20,5	32,5	20,5	31,0	19,9	34,0	19,5	32,0	18,7	30,1	17,1	29,2	14,8	28,2	13,7
Norwegen	30,7	18,2	33,0	17,1	30,9	18,0	31,2	17,0	30,7	17,0	30,3	16,2	28,4	14,9	26,3	13,8
Schweden	30,1	20,6	32,8	21,7	31,4	20,2	30,2	18,3	29,1	17,0	27,2	16,0	26,1	15,5	25,5	14,4
Finland	35,5	33,5	35,9	28,6	34,7	32,6	33,8	22,2	35,0	21,3	32,0	19,0	31,5	19,2	21,2	17,6
Europäisches Rußland	—		—	—	50,0	37,5	48,0	35,8	48,5	34,5	48,1	34,2	48,5	31,5		
Japan	—		—	—	—								31,5	20,8		
Spanien	—		—	—	—										33,6	24,3
Portugal	—		—	—	—											

Ergänzung zu Tabelle 14.

Land	1816/20		1821/30		1831/40	
	Geb.	Sterbef.	Geb.	Sterbef.	Geb.	Sterbef.
Frankreich ..	31,6		30,8		29,0	
Schweden...	33,4		34,8		30,6	
Preußen	43,9		40,7		39,2	

Tabelle 15.
Geburten.

1874/90	Auf 1000 verheiratete Frauen	Auf 1000 unverheiratete Frauen
	im Alter von 15—50 Jahren	
Deutsches Reich ...	270	26,5
Belgien	265	19,8
Italien	251	24,6
England u. Wales ..	250	12,1
Österreich	250	44,4
Schweden	240	
Schweiz	236	10,2
Frankreich	163	16,7
Irland	240	4,1

Tabelle 16.

Preußen. Auf 1000 gebärfähige Frauen (15—40 Jahren) entfielen Geborne

Jahr	Staat		Staat Geburtsziffer		Posen		Berlin	Berlin Geburtsziffer
	Stadt	Land	Stadt	Land	Stadt	Land		
1876/80	160,6	182,9	38,7	39,6	166,3	208,8	149,2	42,2
1881/90	145,2	179,1	35,1	38,3	156,0	203,3	119,6	34,1
1891/95	140,6	181,8	34,3	38,7	154,1	201,6	106,2	30,4
1896/1900	136,6	183,1	33,2	38,9	155,4	210,9	96,7	27,4
1901/05	129,1	178,7	31,7	37,4	156,8	209,6	88,8	25,0
1906/10	118,7	168,9	29,0	35,2	150,0	201,8	82,1	23,5

Tabelle 17.

Frankreich. 1896.

Dauer der Ehe und lebende Kinder pro Familie. (Auf 1000 Familien.)

Dauer Jahre	unbek.	Kinder 0	1	2	3	4	5	6	7 u. mehr	zus.
0—2	14,2	290,4	235,5	52,1	10,4	3,6	1,3	0,6	0,4	608,6
3—4	10,6	143,7	246,6	153,3	47,8	11,3	3,1	1,0	0,6	618,1
5—9	15,0	171,8	316,8	310,0	174,7	75,2	28,8	9,1	4,2	1105,7
10—14	11,8	139,3	242,8	274,1	201,8	124,8	67,4	32,1	17,4	1111,6
15—19	10,0	121,0	206,5	232,3	179,5	124,5	79,5	47,0	38,4	1038,8
20—24	9,1	112,3	187,0	215,0	167,3	117,3	78,6	50,1	52,2	988,9
25—49	16,0	223,0	383,2	400,1	294,0	200,9	130,8	83,7	93,7	1825,4
50 und mehr	1,6	24,3	36,7	36,6	27,2	19,1	13,3	8,6	7,6	175,2
Witwen und Witwer, unben.	143,3	575,1	777,3	701,3	488,2	306,4	184,0	99,1	75,0	3347,3
Summa	234,8	1808,8	2638,7	2379,3	1593,4	984,2	584,6	331,6	289,8	10845,2

Die höchsten Geburten- aber auch Sterbeziffern hat Rußland, Geburtenziffern, die in der Regel 48 bis 50 auf 1000 der Bevölkerung ausmachen, Sterbeziffern von 37,5, 35,8, 34,1 und (1901/05) 31,5. Der Geburtenüberschuß, der in den sechziger und siebziger Jahren etwa 12 bis 13 auf 1000 betrug, ist infolge Rückganges der Sterblichkeit bei sich gleich gebliebener Geburtenhäufigkeit bis 1901/05 auf 17 gestiegen.

Eine genauere Beurteilung der Geburtenhäufigkeit als der allgemeine Geburtenkoeffizient gewähren die sogenannten „Fruchtbarkeitsziffern", die die Anzahl Kinder ausdrücken sollen, welche auf je 1000 Frauen, bezw. Individuen weiblichen Geschlechts im gebärfähigen Alter entfallen. Als gebärfähiges Alter setzt man gemeinhin die Jahre 15—45, bezw. 15—50 an. Noch richtiger ist freilich, auch da kleinere Gruppen zu bilden, die Mütter nach dem 15.—20., 20.—25. usw. Lebensjahr zu trennen. Leider bietet die Statistik der meisten Länder keine so genaue Unterscheidungsmöglichkeit. Nur für einige wenige Staaten und Städte besitzen wir eine genaue Statistik der Altersfruchtbarkeit. Diese genaue Statistik (Tabelle 20), daß die Fruchtbarkeit der 15—25 jährigen Frauen, z. B. in Schweden, um etwa ein Drittel höher war als die der 30—35 jähr., und doppelt so hoch wie die der 30—40 jähr., dreieinhalbmal so hoch wie die der 40—45 jähr., während die Altersklasse der 45 bis 50 jähr. Frauen nur $^1/_{20}$ bis $^1/_{15}$ so fruchtbar ist wie die der 15—25 jähr.

Für Preußen bieten die summarischen Fruchtbarkeitsziffern (die Geburtenhäufigkeit bezogen auf alle Individuen weiblichen Geschlechts im Alter von 15—45 Jahren) immerhin interessante Vergleiche, wenn man sie getrennt nach Stadt und Land zeitlich (seit 1876/80) verfolgt. Wir sehen in den Städten ein stetiges, geradezu unaufhaltsames Absinken der Fruchtbarkeit von 160,6 auf 145,7, 136,6 und zuletzt 118,7 auf 1000; also eine Verminderung der Fruchtbarkeitsrate um 26 %. Auf dem Lande dagegen ist bis 1896/1900 sogar noch ein freilich geringes Ansteigen, von 182,9 auf 183,1, zu bemerken, sodann allerdings auch ein Absinken auf 168,9. Zwischen der Fruchtbarkeit in Stadt und Land ist aber ein stetig sich vergrößernder Abstand eingetreten; in der Anfangsperiode beträgt dieser Unterschied 11, in der Endperiode 30 v. H. zuungunsten der Städte.

Einiges Interesse bietet weiterhin die Verteilung der Geburten auf die einzelnen Kalendermonate. Wir sehen (Tabelle 20) in Westeuropa wie in Osteuropa das Maximum im Februar, das Minimum im Juni eintreten; in Osteuropa ist noch ein zweites Maximum im November zu verzeichnen. Allzuviel kann man freilich aus dieser Verteilung nicht schließen, weil sie in starkem Grade von den Heiratsgewohnheiten bezw. -vorschriften bei den einzelnen Kulten beeinflußt sind.

Von größerem Belang als die Verteilung der Geburten auf die einzelnen Kalendermonate ist die der Sterbefälle (Tabelle 21). Freilich ist auch da zu beachten, daß eine große Anzahl der Sterbefälle (etwa ein Drittel) auf die Kinder im ersten Lebensjahr (die Säuglinge) entfallen, wobei dann die größere oder geringere Geburtenhäufigkeit in den einzelnen Kalendermonaten eine Rolle spielt. In den meisten Ländern sehen wir ein Maximum der Todesfälle im Winter und Frühjahr, ein Minimum im Sommer eintreten, die Anzahl aller Todesfälle ist in der ersten Hälfte eines jeden Kalenderjahres um 10 bis 15 v. H. höher als in der zweiten.

Tabelle 18.

Uneheliche Geburten. Auf 1000 aller Geburten entfielen uneheliche

	1861/70	1871/80	1881/90	1891/1900	1901/05	1906/10
Deutsches Reich ..	115	89	93	91	85	88
Preußen	86	76	81	77	72	
Bayern	211	133	148	139	127	
Sachsen	148	129	129	126	128	
Württemberg ...	151	90	96	120	90	
Baden	145	82	82	81	74	
Elsaß-Lothringen	95	74	81	82	71	
Mecklenb.-Schw. .	185	135	133	125	115	
Oldenburg	55	50	53	54	51	
Österreich	176	144	148	148	143	
Ungarn	—	74	93	88	94	
Serbien	—	—	10	11	11	
Italien	55	72	75	66	57	
Schweiz	54	49	49	46	—	
Frankreich	78	75	84	90	90	
Belgien	73	73	86	85	69	
Niederlande	39	34	32	30	24	
England u. Wales . .	61	50	47	42	40	
Schottland	98	88	82	71	64	
Irland	32	24	27	26	26	
Dänemark	112	106	98	96	102	
Schweden	97	105	103	109		
Norwegen	83	88	80	74		

B a y e r n. 1907/08.

Uneheliche Geburten in % der ehelichen in Gemeinden

bis 2000 Einwohner = 9,76
2000—20000 Einwohner = 10,91
über 20000 Einwohner = 19,94

Tabelle 19.

Uneheliche Geburten.
(Auf 1000 eheliche)

Jahr	Frankreich	Schweden	Bayern
1791/1800		50	
1801/10	51	61	
1811/20	63	68	
1821/30	72	67	196
1831/40	73	67	207
1841/50	71	86	205
1851/60	74	97	218

Tabelle 20.

Geburten. Auf 1000 Ehefrauen jährlich

Altersgruppe	Schweden 1871/80	Schweden 1881/90	Frankreich 1895/97	Dänemark	Finnland	Sachsen 1874/83
15—20	523	508	395	729	408	709
20—25	482	448	317	491	415	549
25—30	391	375	248	391	369	438
30—35	333	322	178	315	328	332
35—40	256	266	113	240	268	247
40—45	146	155	49	120	155	} 62
45—50	32	24	7	13	27	

Tabelle 21.

Geburten. Jahr = 12 000.

Monat	West-Europa	Ost-Europa	Schweiz. 1876/90 eheliche	Schweiz. 1876/90 uneheliche
Januar	1044	830	1010	1100
Februar	1098	1200	1020	1130
März	1060	1064	1030	1080
April	1020	950	1020	1060
Mai	976	870	1000	1050
Juni	930	864	1000	970
Juli	946	905	1010	920
August	964	1075	1010	880
September	1010	1030	1010	950
Oktober	999	1024	970	890
November	990	1110	960	980
Dezember	956	1000	960	990

Tabelle 22.

12 000 Jahressterbefälle verteilt auf die einzelnen Monate.

1889/93	Januar	Februar	März	April	Mai	Juni	Juli	August	September	Oktober	November	Dezember
Italien	1201	1261	1106	971	842	834	978	1028	953	883	919	1024
Frankreich 86/90	1170	1148	1145	1060	972	914	888	922	937	921	910	1013
Belgien	1385	1140	1141	1058	978	899	846	853	852	824	887	1137
Preußen	1165	1039	1044	995	965	935	980	1014	941	898	950	1074
Bayern	1114	1110	1117	1070	1026	956	943	948	916	884	929	987
Sachsen	1032	940	967	970	1015	1006	1129	1197	1019	912	879	934
Württemberg	1141	1083	1103	1056	969	914	923	988	970	893	902	1058
Österreich	1209	1170	1152	1089	995	872	858	888	852	884	986	1045
England u. Wales	3424			2967			2642			2967		
Schottland	1189	1093	1097	1049	990	942	886	844	843	868	1031	1168
Irland	3730			3051			2416			2803		
Schweden	1342	1192	1141	1098	1051	914	847	776	771	810	936	1122
Norwegen 86/90	1124	1120	1142	1082	1043	956	930	845	820	887	976	1075
Dänemark 85/90	1076	1132	1143	1112	1099	1016	960	884	855	849	896	978
Finnland 88/92	1263	1209	1132	1025	989	905	849	830	812	874	991	1121
Rußland 84/89	1102	1062	1062	990	880	996	1252	1148	813	781	949	965
Rumänien 86/90	1199	1270	1271	1107	864	765	804	910	883	890	958	1089
Bulgarien 87/91	1234	1254	1112	940	739	679	770	987	954	950	1047	1334
Serbien 80/87	1265	1518	1524	1211	846	696	690	783	743	755	880	1089

Tabelle 23.

Mehrgeburten. Auf 1000 Geburten

1891/1900		1891/1900	
Preußen	12,9	Spanien 63/70	8,7
Sachsen	12,3	Niederlande	12,9
Bayern	12,3	Belgien	11,1
Württemberg	13,2	Dänemark	13,9
Baden	12,8	Norwegen	13,3
Schweiz	12,6	Schweden	14,7
Österreich	12,6	Finnland	14,6
Ungarn	13,1	Rußland 87/91	12,1
Italien	11,7	Rumänien 71/80	8,8
Frankreich	10,9		

Soziologisch von Belang ist die Anzahl der unehelichen Kinder, wegen der ungünstigeren wirtschaftlichen und rechtlichen Lage derselben. Früher hat man auch aus der Verhältniszahl unehelicher Kinder unmittelbar auf die sittlichen Zustände innerhalb dieser oder jener Bevölkerung schließen wollen — heute wissen wir längst, daß dieser Maßstab trügt, daß vielmehr das größere oder geringere Raffinement in der Anwendung der die Konzeption verhindernden Mittel, die größere oder geringere Verbreitung der Abtreibung von weit größerem Belang sind, daß dies geradezu die ausschlaggebenden Momente sind, denen ja statistisch leider nicht beizukommen ist. (Über die Anzahl der Abtreibungen gibt es vage Schätzungen, die sie für Deutschland und Frankreich zu je etwa 80 bis 100000 beziffern.) Die höchsten Unehelichenziffern beobachten wir in Deutschland in den katholischen Gebietsteilen und in Österreich, Ziffern die auf 12—14 v. H. aller Geburten ansteigen — vielleicht gerade weil da die Verbreitung der antikonzeptionellen Mittel und Abtreibungen eine geringere ist und die Geistlichkeit in ihrem Bestreben auf deren Unterdrückung auf die Bevölkerung Einfluß besitzt. Doch haben auch von protestantischen Gebieten einzelne, wie Sachsen, Mecklenburg, die skandinavischen Länder, eine hohe Unehelichkeitsziffer. In den Niederlanden, in England ist die Unehelichkeit gering, auch in Italien ist sie mäßig, während Frankreich steigende Ziffern aufweist. In Serbien ist diese Rate verschwindend — offenbar infolge der üblichen frühzeitigen Ehen.

Eine seit 200 Jahren bekannte Eigentümlichkeit bei den Geburten ist das Überwiegen der Knabengeburten. Dieser Überschuß der Knabengeburten beträgt bei den Lebendgeborenen in Deutschland mit geringen Schwankungen seit 1870 etwa 5 bis 5,5 v. H., d. h. es werden auf 100 Mädchen 105 bis 105,5 Knaben geboren. Bei den Totgeborenen steigt der Überschuß der Knaben auf 125 bis 130. In England und Frankreich beträgt das Verhältnis der Knaben zu den Mädchen etwa 104 bis 104,5 auf 100. Es ist sehr wahrscheinlich, daß, da die Anmeldung ungenauer ist, eine ganze Anzahl von frühzeitig (bis zu 6 Wochen nach der Geburt) gestorbenen Säuglingen gar nicht zur Anmeldung gelangt. Man könnte fragen, wieso die Nichtanmeldung frühzeitig verstorbener Säuglinge auf die Abminderung des Knabenüberschusses einwirkt. Dies ist leicht zu erhärten: es besteht überall die Eigentümlichkeit einer erheblich stärkeren Knabensterblichkeit. Auf 100 im ersten Lebensjahr gestorbene Mädchen entfallen etwa 125 Knaben. Werden also 100 im Alter von unter 6 Wochen verstorbene Säuglinge nicht gemeldet, so besteht alle Wahrscheinlichkeit, daß darunter nur etwa 44—45 Mädchen, aber 55—56 Knaben waren. Es brauchen somit auf 1000 Geburten nur 50 frühzeitige Sterbefälle unangemeldet zu bleiben, um das Verhältnis der Knabengeburten zu den Mädchengeburten von 105 auf 104 abzumindern. Nun entfällt fast durchweg ein Drittel der gesamten Säuglingssterblichkeit auf die Sterblichkeit im ersten Lebensmonat. Es ist also sehr wahrscheinlich, daß die englische und französische Geburtenziffer um etwa $^1/_{20}$—$^1/_{25}$ zu niedrig angegeben ist, die Säuglingssterblichkeit aber gar um $^1/_3$ bis $^1/_4$ zu gering, woraus dann folgen würde, daß die landläufige Ansicht von der geringen Kindersterblichkeit in England gründlich revidiert werden muß.

Sterbeziffern der einzelnen Altersklassen. Sterbetafeln.

Eine einwandfreie Beurteilung der Sterblichkeitsverhältnisse innerhalb einer Bevölkerung ermöglichen die Sterbeziffern der einzelnen Altersklassen und die aus diesen Sterbeziffern berechneten Sterbetafeln. Die Sterblichkeit weist nämlich neben ihrer Abhängigkeit von den jeweiligen örtlichen sanitären Verhältnissen noch die Abhängigkeit vom Alter auf. Außerordentlich bedroht ist das Säuglingsalter. Wir finden da Sterblichkeitsquoten in ganzen Ländern von 100 bis 200, ja 300, mitunter, bei Unehelichen, bis zu 500 und mehr von 1000 Lebendgeborenen. Im zweiten Lebensjahr ist die Sterblichkeit schon eine außerordentlich viel geringere ($^1/_4$—$^1/_5$ der Sterblichkeit des ersten Lebensjahres). Sie sinkt rasch weiter, bis sie im Alter von 13—14 Jahren ihr Minimum erreicht (in Preußen 1909/10 nur etwa 2 bis 2,5 Todesfälle auf 1000 dieser Altersklasse). Sodann steigt freilich die Sterblichkeit erst langsam, aber stetig an, im Alter von 20—30 Jahren starben 5—6 auf Tausend, im Alter von 30—40 7—10. Ist also eine Bevölkerung zusammengesetzt aus Jugendlichen, hat z. B. eine Stadt eine starke Garnison von 20—22jährigen jungen Mannschaften, so kann die Sterberate außerordentlich niedrig sein. Im Alter von 50 Jahren ist gewöhnlich erst eine Sterbeziffer von 15–20 erreicht, wie sie heute für die meisten Länder Westeuropas bei der Gesamtbevölkerung beobachtet wird. Alsdann aber ist die Zunahme der Sterblichkeit eine sehr rasche: beim 70. Lebensjahr sterben schon 70–80, beim 80. etwa 180 — womit dann die Lebensbedrohung des Säuglingsalters wieder erreicht ist. Bei den noch höheren Altersstufen ist ein Ansteigen der Sterberate bis zu 500 und mehr zu verzeichnen.

In der nachstehenden Tabelle (24) sind die Sterbekoeffizienten der einzelnen Altersklassen innerhalb fünfjähriger Intervalle für Preußen in den Jahren 1905/06 getrennt nach Staat, Land, Kleinstädten, Mittelstädten, Großstädten angeführt. Sie zeigen die Eigentümlichkeit, daß sie für das Land beim männlichen Geschlecht durchweg die niedrigsten, also günstigsten Werte aufweist, sodann folgen der Reihe nach die Klein- und Mittelstädte, während die Großstädte am ungünstigsten. Doch sind die Unterschiede in der Sterblichkeit des männlichen Geschlechts in den Großstädten und Mittelstädten unerheblich, bei einzelnen Altersklassen stehen sogar die Mittelstädte am ungünstigsten da. Es ist daran zu denken, daß die sanitären Verbesserungen, wie sie in der neueren Zeit überall Platz gegriffen haben, als Versorgung mit gutem Trinkwasser, Kanalisation usw., zu allererst in den Großstädten eingeführt wurden und die Mittelstädte meist ziemlich spät nachhinkten. Bei den Kleinstädten jedoch ist das ganze Leben noch so sehr unter dem Einfluß des umgebenden Landes, daß sie auch dessen günstigen gesundheitlichen Verhältnissen nahekommen. Daher ist der Ruf nach Gartenstädten, nach Dezentralisation von Industrie und Handel im Interesse der Hygiene, der Hebung der Volksgesundheit nur zu begrüßen.

Beim weiblichen Geschlecht sind freilich die Unterschiede zugunsten des Landes nicht so ausgesprochen; am ungünstigsten stehen da die Mittelstädte da. Für die Altersklassen vom 5.—15. (schulpflichtige Alter) und 15—40 steht sogar das Land etwas ungünstiger als die Groß-

Tabelle 24.

Sterbeziffern der einzelnen Altersklassen. Preußen 1905/06.

Alter	Staat		Land		Kleinstädte unter 20000 Einw.		Mittelstädte 20—100000 Einw.		Großstädte		Berlin 1901/05	
	männlich	weiblich	männlich	weiblich	männlich	weiblich	männlich	weiblich	männlich	weiblich	männlich	weiblich
0—1	230,46	189,79	228,60	188,58	230,18	191,80	232,00	189,91	235,99	192,27		
1—2	43,92	42,00	42,12	40,17	43,21	41,71	51,57	47,74	47,14	45,89		
2—3	15,42	15,05	14,50	14,31	15,45	15,25	18,17	17,74	17,30	16,10		
3—4	10,15	10,03	9,71	9,69	10,01	10,07	11,01	11,19	11,33	10,45	11,07	10,7
4—5	7,43	7,37	7,17	7,07	7,56	7,64	8,10	8,59	7,86	7,60	8,04	8,05
5—10	4,09	4,24	3,95	4,27	4,22	4,16	4,50	4,38	4,20	4,13	4,04	4,21
10—15	2,41	2,73	2,38	2,80	2,65	3,15	2,39	2,63	2,34	2,45	2,16	2,28
15—20	4,00	3,58	3,72	3,61	4,20	4,04	4,53	3,49	4,25	3,19	3,70	3,30
20—25	5,26	4,64	5,67	4,63	5,97	5,10	4,58	4,61	4,79	4,32	4,38	4,53
25—30	5,32	5,51	4,77	5,46	6,55	6,03	5,85	5,59	5,38	5,21	5,41	5,66
30—35	6,07	6,15	5,07	6,01	6,90	6,58	7,09	6,29	6,95	6,04	6,81	6,06
35—40	7,74	7,01	6,29	6,87	8,95	7,48	9,23	7,39	9,29	6,81	9,90	7,11
40—45	10,61	7,98	8,57	7,46	12,31	8,51	12,82	8,52	13,25	8,49	13,68	8,01
45—50	14,45	9,21	11,65	8,39	16,85	9,91	18,40	10,19	18,40	10,17	18,42	10,18
50—55	19,71	13,14	16,10	12,15	22,56	13,94	24,93	14,63	25,54	14,27	25,48	13,55
55—60	27,10	18,98	22,92	18,13	30,53	19,79	33,97	20,75	34,39	19,62	33,44	18,88
60—65	37,96	29,55	33,14	29,10	43,13	29,97	47,01	30,86	46,65	29,79	46,30	27,13
65—70	54,87	46,39	49,73	46,75	60,16	46,38	64,57	46,94	67,10	44,85	62,78	42,19
70—75	82,87	73,94	78,11	75,31	88,82	74,75	94,80	72,77	93,88	69,28	89,06	65,92
75—80	126,00	114,9	121,2	117,5	132,24	113,9	140,10	113,3	137,26	108,34	132,8	102,1
80—85	189,4	176,6	185,9	179,7	197,1	178,9	204,0	174,1	191,0	164,4	192,2	150,3
85—90	278,9	249,9	279,0	201,6	276,0	256,7	282,4	247,8	286,7	238,9	251,3	240,2
90—95	388,6	346,7	397,0	346,2	346,5	336,9	458,8	349,3	381,2	357,9	362,5	376,5
95—100	475,1	387,0	487,4	362,6	360,7	392,3	460,0	438,5	625,0	464,8		
0—100	19,95		20,25		20,00		18,34		15,92 = allgemeiner Sterbekoeffizient.			

Sterbekoeffizient der Sterbetafel.

Tabelle 25.

Preußen. Allgemeiner Sterbekoeffizient.

Jahr	Stadt	Land	Jahr	Stadt	Land
1891	24,5	24,1	1901	21,6	22,0
1892	24,6	24,9	1902	19,9	20,9
1893	25,4	25,7	1903	20,3	21,5
1894	22,7	23,4	1904	20,2	20,8
1895	23,1	23,2	1905	20,2	21,3
1896	21,9	22,3	1901/05	20,44	21,33
1897	22,1	22,5			
1898	21,5	21,4			
1899	22,6	22,9			
1900	23,1	23,1			
1891/1900	23,15	23,35			

Tabelle 26.

Sterbekoeffizient der Sterbetafel.

Jahr	männlich	weiblich	männlich	weiblich
1891/1900	25,8	22,8	23,5	22,1
1901/05	24,2	21,6	22,2	21,2
1906/10	22	21	20,5	19,5

Säuglings-Sterblichkeit.

(Sterblichkeit der Kinder bis zum vollendeten ersten Lebensjahr.)
Auf 1000 Lebendgeborne.

Tabelle 27.

Preußen.

Jahr	eheliche	uneheliche
1875/80	194,0	353,1
1881/90	195,0	354,7
1891/1900	190,6	355,8
1901/05	179,0	330,6
1906/10	158,2	286,8

Tabelle 28.

Land	1884—1893	1906	Land	1884—1893	1907
Italien	19,04	16,1	Österreich	24,91	23,1
Frankreich	16,71	14,3	England und Wales	14,64	11,8
Schweiz	16,37	12,9	Schweden	10,71	8,1
Belgien	16,29	15,2	Rußland	26,79	
Niederlande	17,50	11,2			
Preußen	20,79	16,8			
Bayern	27,90	22,0			
Sachsen	28,28	20,8			
Württemberg	26,14	18,7			

Tabelle 29.

Lebensmonat	Belgien	Niederlande	Österreich	Frankreich
0—1	51,7	47,0	109,6	66
1—2	17,5	22,9	25,5	28,5
2—3	12,6	20,9	19,6	
3—4	10,7	19,1	34,2	23,9
4—5	8,6	14,8		
5—6	7,6	11,9		
6—7	7,2	17,7	24,0	33,5
7—8	6,6			
8—9	6,5	14,2		
9—10	6,5		27,8	
10—11	6,3	12,9		
11—12	8,0			
Jahr	150,0	181,4	240,7	149,9

städte da — zweifellos infolge der höheren Lebensbedrohung durch die größere Häufigkeit der Geburten. Für das 40.—60. Lebensjahr hat das Land einen entschiedenen Vorzug vor den Großstädten, während die Klein- und Mittelstädte etwas ungünstiger stehen als die Großstädte. Für die Altersklassen vom 65. bis zum 90. Jahr scheinen beim weiblichen Geschlecht die Großstädte die günstigsten Lebensbedingungen zu bieten.

Die Betrachtung der Sterbekoeffizienten der einzelnen Altersklassen hat das Mißliche, daß bei ihr die Gesamtübersicht erschwert ist, man sozusagen den Wald vor lauter Bäumen nicht sieht, namentlich wenn, wie dies tatsächlich der Fall, die Abstände in der Sterblichkeit der einzelnen Altersklassen zwischen den zu vergleichenden Gebieten keineswegs sich gleich bleiben, sondern von Altersklasse zu Altersklasse wechseln. Es ist daher erwünscht, Übersichten bzw. Vergleichsmöglichkeiten zu gewinnen, die einen besseren Gesamtüberblick verschaffen. Solche Möglichkeiten bieten die sog. Sterbetafeln, die sich aus den Sterbekoeffizienten der einzelnen Altersklassen oder, was auf dasselbe hinauskommt, den „Sterbenswahrscheinlichkeiten" der einzelnen Lebensalter, d. h. der statistischen Wahrscheinlichkeit, innerhalb eines Jahres zu sterben, aufbauen. Die Sterbetafeln werden in einer zusammenhängenden Reihe von sog. „Überlebenden" dargestellt, zu einer vollständigen Sterbetafel gehört außerdem die ganze Reihe der Sterbekoeffizienten der einzelnen Altersklassen bzw. der Sterbenswahrscheinlichkeiten; sodann ist noch für ein jedes Lebensalter die sog. mittlere Lebensdauer anzuführen, ev. auch die sog. gleichzeitig Lebenden.

Die Entstehung der Sterbetafeln datiert seit den Bemühungen, für die Lebensversicherung einwandfreie mathematisch-statistische Unterlagen zu gewinnen, gegenüber der bloßen Tontinenversicherung. Es galt da festzustellen, in welcher Reihenfolge eine bestimmte Anzahl von Lebenden einer und derselben Altersklasse allmählich absterben. Der einzelne Mensch kann 100 Jahre alt werden oder am folgenden Tage sterben — bei der Zusammenfassung einer größeren Menschenzahl treten statistische Regelmäßigkeiten zum Vorschein, die eine genaue Vorausberechnung der Geldrisiken und damit der zu zahlenden Prämien ermöglichen. Mit den statistischen Regelmäßigkeiten im Leben und Sterben des Menschen steht es allerdings nicht so, wie sich das frühere Statistiker gedacht haben, die, wie Süßmilch, in der Vorstellung lebten, die Lebensbedrohung des Menschen wäre überall und zu allen Zeiten die gleiche gewesen — Krieg, Pestilenz usw. wären bloß dazu da, die gottgewollte Ordnung im Leben des Menschen zu erhalten. Wir wissen heute, daß die Sterblichkeit durch verbesserte sanitäre Bedingungen sehr stark vermindert ist und daß auch bezüglich der Geburtenhäufigkeit starke Wandlungen eingetreten sind.

Die Berechnung der Absterbeordnung, d. h. der Frage, wie viele von einer gewissen Norm, z. B. 1000, Geborner nach 1, 2, 5, 10 usw. Jahren noch am Leben sind, geschieht in der einfachsten Form in folgender Weise. Zunächst für die Säuglingssterblichkeit, d. h. die Sterblichkeit im ersten Lebensjahr, wird ausgegangen von der Anzahl Geborener eines Kalenderjahres. Alsdann muß man ausfindig machen, wie viele dieser Generation vor Vollendung des ersten Lebensjahres gestorben sind. Gewöhnlich wird die Berechnung so gemacht, daß die im ersten Lebensjahr innerhalb eines Kalenderjahres Gestorbenen einfach auf die in demselben Kalenderjahr Geborenen bezogen werden. Z. B. es waren in Preußen im Jahre 1900 geboren 634234 Knaben; im ersten Lebensjahr starben 145240. Daraus ergibt sich $\frac{145240 \cdot 1000}{634234} = 229$ Gestorbene von 1000 lebendgeborenen Knaben. Die verfeinerte Berechnung, wie sie zur Herstellung von Sterbetafeln angewandt wird, erfordert jedoch einige Weiterungen. Es ist zunächst zu bemerken, daß die im Kalenderjahr 1900 im ersten Lebensjahr Gestorbenen gar nicht alle aus der Geburtengeneration 1900 stammen konnten, sondern eine große Anzahl dieser gestorbenen Säuglinge, namentlich in der ersten Jahreshälfte 1900, stammten aus der Generation des Kalenderjahres 1899. Umgekehrt können noch am 31. Dezember **1901** die letzten Säuglinge der Generation des Jahres **1900** vor Vollendung des ersten Lebensjahres sterben. Es ist somit zwecks genauerer Berechnung eine Scheidung der im ersten Lebensjahr gestorbenen Säuglinge erforderlich; es sind die im Kalenderjahr der Geburt Verstorbenen und die im nächstfolgenden Kalenderjahr Gestorbenen gesondert zu betrachten. Die preußische Statistik trägt seit 1896 diesen Besonderheiten Rechnung; es ist da eine ganz genaue Berechnung der Sterblichkeit der einzelnen Geburtengenerationen möglich. Wir erfahren aus ihr, daß z. B. von den 634234 im Jahre 1900 gebornen Knaben 104766 im Kalenderjahr der Geburt starben. Wie viele starben aber im Jahre 1901 aus der Generation 1900? Darauf gibt uns die Statistik keine direkte Antwort. Sie bietet jedoch die Ziffern, aus denen sich diese Zahl ohne Schwierigkeit berechnen läßt. Es waren nämlich im Jahre 1901 gestorben 138948 Knaben vor Vollendung des ersten Lebensjahres. Weiter erfahren wir aus der Statistik, daß 99827 im Jahre 1901 gestorbener Säuglinge im Kalenderjahr der Geburt gestorben waren, d. h. aus dem Geburtenjahrgang 1901 stammten. Somit ist uns nunmehr klar, daß von den 138948 im Jahre 1901 vor Vollendung des ersten Lebensjahres Verstorbenen $138948 - 99827 = 39117$ aus der Generation des Kalenderjahres 1900 stammen mußten. Nunmehr besitzen wir erst die Zahlen der aus der Generation des Kalenderjahres 1900 im ersten Lebensjahr Verstorbenen, es sind dies 104766 + 39117 = 143833 und nicht 145240, wie bei der gewöhnlichen rohen Berechnung. Somit sind im ersten Lebensjahr verstorben $\frac{143833 \cdot 1000}{634234} = 226{,}8$ und nicht 229 Säuglinge.

Um die von 1000 Geborenen im zweiten Lebensjahr Verstorbenen zu finden, müssen wir bei der genaueren Berechnung folgendermaßen verfahren. Wir müssen auf die Geborenen des Jahres 1899 zurückgreifen. Es waren 1899 geboren 628203 Knaben. Im Kalenderjahr 1900 starben aus der Generation des Kalenderjahres 1899 55398. Diese waren aber nicht sämtlich über ein Jahr alt. Es starben nämlich im Jahre 1900, wie schon bemerkt, 145240 Säuglinge im ersten Lebensjahr, von denen nur 104766 der Generation des Kalenderjahres 1900 angehörten. Folglich gehörten 145240 — 104766 = 40474 im ersten Lebensjahr gestorbene Säuglinge der Generation des Kalenderjahres 1899 an. Weiterhin ist jetzt klar, daß von den 55398 aus der Generation 1899 stammenden verstorbenen Knaben 55398 — 40474 = 14924 das erste Lebensjahr überschritten haben mußten. Es waren diese 14924 aber nicht alle aus der Generation 1899 im Laufe des zweiten Lebensjahres gestorbenen Säuglinge. Um die aus Generation 1899 im Laufe des zweiten Lebensjahres Verstorbenen zu finden, müssen wir schon die Generation 1899 ein Kalenderjahr weiter verfolgen, d. h. zusehen, wie viele aus ihr im Kalenderjahr 1901 innerhalb des zweiten Lebensjahres starben. Im zweiten Lebensjahre starben im Jahre 1901 24611 Knaben. Es fragt sich, wie viele waren davon im Kalenderjahr 1900, wie viele 1899 geboren. Das statistische Urmaterial gibt uns darauf wiederum keine direkte Antwort. Wir müssen daher zunächst zusehen, wie viele aus der Generation 1900 im Kalenderjahr 1901 nach Vollendung des ersten Lebensjahres starben. Dies geschieht folgendermaßen. Wir hatten schon oben gesehen, daß aus den 138948 im Kalenderjahre 1901 gestorbenen Säuglingen 39117 aus der Generation 1900 stammten. Im ganzen stammten aber aus der Generation 1900 im Jahre 1901 53926 gestorbene Knaben. Folglich hatten von diesen 53926 das erste Lebensjahr überschritten: 53926 — 39118 = 14809. Im ganzen waren aber im Kalenderjahr 1901 gestorben 24700 Knaben im Alter von 1—2 Jahren. Da nun 14809 aus dieser Anzahl im Kalenderjahr 1900 geboren waren, so mußten 24800 — 14809 = 9991 im Kalenderjahr 1899 geboren sein. Nunmehr erst haben wir die beiden Elemente für die im zweiten Lebensjahr gestorbenen Knaben aus der Generation 1899. Es sind dies 14924 (im Jahre 1900 gestorbene) + 9991 (im Jahre 1901 gestorbene) = 24915. Bezogen auf 628203 im Kalenderjahr 1899 geborene Knaben ergibt dies $\frac{24915 \cdot 1000}{628203} = 39{,}6$ von 1000 Geborenen im zweiten Lebensjahr gestorbene Knaben. In ähnlicher Weise läßt sich die Berechnung für das 3., 4., 5. Lebensjahr weiter führen. Wird, wie dies gewöhnlich der Fall ist, die Berechnung für eine ganze Periode, z. B. 5 oder 10 Kalenderjahre ausgeführt, so müssen natürlich die Zahlen der einzelnen Kalenderjahre addiert werden. Für die weitere Rechnung versagt aber diese zuerst von dem Mathematiker Zeuner und von Becker angewandte Methode der Berechnung der Sterblichkeit aus den Geborenen-Gestorbenen. Dies aus dem Grunde, weil die Wanderbewegung die Ziffern der Gestorbenen verschiebt, sehr viele nicht mehr in dem Lande bezw. dem Gebiet (Stadt, Provinz) sterben, in dem sie geboren waren. Es ist aber bereits von Becker-Zeuner für die späteren Lebensalter die folgende Berechnung angewandt unter der Voraussetzung, daß die Ziffern für die Bevölkerung nach dem Alter und für die Gestorbenen getrennt nach dem Kalenderjahr der Geburt und dem Altersjahr gegeben sind. Es seien wiederum in Preußen gegeben die Ziffer der im 19.—20. Lebensjahr stehenden jungen Männer am 1. Januar 1901. Diese Zahl betrug 307617. Diese waren alle im Jahr 1881 geboren. Im Laufe des Jahres 1901 starben von diesen 865 vor ihrem Geburtstage, d. h. bevor sie noch ihr 20. Lebensjahr vollendet hatten. Das 20. Lebensjahr vollendeten somit $307617 - 865 = 306752$. Es fragt sich nun, wie viele von diesen 306752 20jährigen starben vor Vollendung des 21. Lebensjahres, das heißt also zugleich statistisch, wie groß war die Sterbenswahrscheinlichkeit dieser 20jährigen. In der „Preußischen Statistik" finden wir wiederum, daß 1901 im Alter von 20 bis 21 Jahren gestorben sind 1745 männliche Personen. Von diesen waren aber bloß 814 nach ihrem (scil. 20.) Geburtstag Gestorbene, d. h. solche, die aus der Generation 1881 stammten. Der Rest starb erst im Jahre 1902. Wir finden dafür 830 im Jahre 1902 „nach ihrem Geburtstage" Verstorbene. Die Gesamtzahl der 1901 und 1902 aus der Generation 1881 im Alter von 20 bis 21 Jahren Verstorbenen betrug also $814 + 830 = 1644$. Bezogen auf 306752 ergibt sich $\frac{1644 \cdot 1000}{306752} = 5{,}36$ auf Tausend als die „Sterbenswahrscheinlichkeit" der 20jährigen männlichen Bevölkerung in Preußen im Jahre 1901/02. Um nun die Zahlen der das 21. Lebensjahr Überlebenden zu finden, muß man die das 20. Jahr Überlebenden mit der „Lebenswahrscheinlichkeit", d. h. mit $1 - \frac{5{,}36}{1000}$ (= Sterbenswahrscheinlichkeit) multiplizieren. Die Anwendung dieser Becker-Zeunerschen Methode bei der Berechnung von Sterbetafeln setzt die Zweiteilung der Gestorbenen nach Lebensjahr und Kalenderjahr der Geburt voraus. Auch dann noch muß die Wanderbewegung berücksichtigt werden, sowie Ausgleiche vorgenommen bei den überfüllten runden bezw. auf 0 und 5 ausgehenden Altersjahren.

Eine bequemere Methode zur Berechnung von Sterbetafeln bietet die von Farr in England und Bertillon in Frankreich angewandte Methode, zufolge der der Übergang zu den Lebenswahrscheinlichkeiten und der Absterbeordnung direkt aus den Sterbekoeffizienten der einzelnen Altersklassen geschieht. Es seien p die das 20. Lebensjahr Überlebenden, m der Sterbekoeffizient der Altersklasse von 20—21 (ganz gleich, ob derselbe sich auf ein einzelnes Jahr oder auf eine ganze Periode von Jahren bezieht — am bequemsten ist es, die Sterbekoeffizienten für eine zwischen zwei Volkszählungen liegende Periode zu berechnen). Alsdann ist die Sterbenswahrscheinlichkeit gleich $\frac{m}{p + \frac{m}{2}}$, die Überlebenswahrscheinlichkeit $1 - \frac{m}{p + \frac{m}{2}}$, natürlich nur annäherungsweise.

In den Übersichten der Absterbeordnung Tabelle 9 sind für 1891/1900 die betr. Zahlen der Überlebenden für Deutschland, England, Frankreich, Italien zusammengestellt. Aus dieser Gegenüberstellung geht hervor, daß das Land der geringsten Geburtenhäufigkeit, Frankreich, zugleich die günstigsten Ziffern der Überlebenden aufweist: in Deutschland blieben 1891/1900 von 1000 Lebendgeborenen bis zum 20. Lebensjahre übrig 650,49 Individuen männlichen, 682,01 weiblichen Geschlechts; in Frankreich sind diese Zahlen 729,48 bezw. 752,46, also um 12 v. H. höher! Selbst Italien mit seiner verhältnismäßig niedrigen Lebenshaltung hat eine günstigere Absterbeordnung als Deutschland, doch sind da die Unterschiede wenig erheblich. In England ist die Zahl der Überlebenden beim 20. Lebensjahr um nahezu 10 v. H. höher als die Deutschlands — doch ist diese günstigere Zahl in England (wie übrigens z. F. auch in Frankreich) fiktiv — eine Folge der bereits erwähnten weniger vollständigen Registrierung der Geborenen und in den ersten 6 Lebenswochen Gestorbenen.

Die Gegenüberstellung der nach Land, Klein-, Mittel-, Großstädten getrennten Überlebenden in Preußen für 1905/06 zeigt, wie da die Unterschiede bis zum 20. Lebensjahr nicht so erheblich sind, wie dies ein Vergleich der Sterbekoeffizienten der einzelnen Altersklassen wahrscheinlich machte; die Ursache dafür ist der Umstand, daß die Sterblichkeit in den jugendlichen Altersklassen nicht sehr erhebliche Unterschiede aufweist, diese sich vielmehr erst auf den mittleren und höheren Altersstufen geltend machen. So sehen wir denn, daß beim männlichen Geschlecht beim 20. Lebensjahr bei getrennter Betrachtung nach Land, Klein-, Mittel- und Großstädten die Zahl der Überlebenden 711,05, 704,85, 693,10 und 696,62 beträgt, die Unterschiede kaum 2 v. H. ausmachen, beim 50. aber 576,3, 528,6, 518,7, 521,1, also die Differenzen auf mehr als 10 v. H. angestiegen sind, beim 70. Lebensjahr treffen wir auf 312,7, 241,0, 220,1, 217,2 Überlebende — die Unterschiede betragen da schon 30 v. H.! Beim weiblichen Geschlecht sind allerdings die Unterschiede auf allen Altersstufen gering, doch macht sich eine kleine Überlegenheit der Landbevölkerung auch hier geltend.

Einen zutreffenderen Vergleich als die Zahl der Überlebenden auf den einzelnen Altersstufen gewährt die Gegenüberstellung der sog. „mittleren Lebensdauer". Diese „mittlere Lebensdauer" wird aus einer Kombination der „Überlebenden" der Sterbetafel mit den sog. „gleichzeitig Lebenden" gewonnen. Die „gleichzeitig Lebenden" sind die zu Beginn eines Kalenderjahres auf einer jeden Altersstufe aus einer Einheit Geborener am Leben Gebliebenen bezw. die von 1000 Geborenen unter Berücksichtigung der während einer gewissen Periode herrschenden Sterblichkeit im Alter von 0—1, 1—2, 2—3 usw. Jahren stehenden Individuen. Für das erste Lebensjahr kann die Zahl der „gleichzeitig Lebenden direkt aus dem statistischen Urmaterial gewonnen werden, man braucht bloß von den in einem Kalenderjahr Geborenen die innerhalb desselben Kalenderjahres Gestorbenen abzuziehen. In Preußen wurden z. B. 1900 634234 Knaben geboren, im Kalenderjahr der Geburt starben 104766; die Zahl der „gleichzeitig Lebenden" des ersten Lebensjahres betrug sonach 634234 — 104766 = 529468. Auf 1000 Lebendgeborene kamen sonach $\frac{529468 \cdot 1000}{634234} = 834{,}9$ „gleichzeitig Lebende". Für das zweite Lebensjahr müßte man entsprechend von der Geburtengeneration des Jahres 1899 ausgehen und davon die in den beiden Kalenderjahren 1899 und 1900 Geborenen abziehen. Es waren 1900 geboren 628203 Knaben; es starben 1899 98966 Knaben im Kalenderjahr der Geburt, 55398 im Kalenderjahr 1900. Sonach lebten am 1. Januar 1901 aus der Generation 1899 $628203 - 98966 - 53398 = 473839$ und diese Anzahl bezogen auf die Geborenen, also $\frac{473839 \cdot 1000}{628203} = 754{,}3$ von 1000 Lebendgeborenen ergibt die gleichzeitig Lebenden des zweiten Lebensjahres. Für die Lebensalter vom 3. bezw. vom 5. Lebensjahr an ist jedoch eine solche direkte Berechnung wegen der Verschiebungen durch die Wanderbewegung nicht angänglich, man kann da die „gleichzeitig Lebenden" in summarischer Weise berechnen aus der halben Summe der Überlebenden der angrenzenden Lebensjahre. Ist z. B. (Preußen) 757,14 die Anzahl der das 3., 749,48 der das 4. Lebensjahr Überlebenden, so ergibt $\frac{757{,}14 + 749{,}48}{2} = 753{,}31$ annäherungsweise die Anzahl der im 3.—4. Lebensjahre befindlichen Individuen. Addiert man nun die „gleichzeitig Lebenden" aller Altersklassen, so gewinnt man den Bestand der Sterbetafel, d. h. die Gesamtzahl der Individuen, die bei der herrschenden Sterblichkeit unter Voraussetzung einer sich gleich bleibenden Geburtenzahl leben würden. Für Preußen stellt sich dieser Bestand der Sterbetafel für 1905/06 bei einer gleichbleibenden Geburtenzahl von 1000 jährlich auf 44810 Individuen männlichen, 48592 weiblichen Geschlechts; für 1906/10 hatte sich dieser Bestand der Sterbetafel infolge andauernden Absinkens der Sterblichkeit auf 46420 Individuen männlichen, 50030 weiblichen Geschlechts erhöht. Da von diesem Bestande der Voraussetzung gemäß 1000 starben, so betrug der Sterbekoeffizient der Sterbetafel, der allein einer wissenschaftlichen Betrachtung der Höhe der Sterblichkeit zugrunde gelegt werden darf, $\frac{1000 \cdot 1000}{46420} = 21{,}5$ für das männliche, $\frac{1000 \cdot 1077}{50030} = 19{,}9$, im Durchschnitt für die Gesamtbevölkerung etwa 20,8. Der Sterbekoeffizient der wirklichen Bevölkerung betrug aber für 1906/10 nur 18,1. Dies scheint auf den ersten Blick überraschend, erklärt sich aber sehr einfach daraus, daß die wirkliche Bevölkerung in Preußen 1906/10 eine Überbesetzung der kräftigen Altersklassen (vom 5.—30. Lebensjahr) aufwies, die niedrige Sterbekoeffizienten haben. Frankreich hat z. B. trotz an sich in den einzelnen Altersklassen meist geringerer Sterblichkeit einen erheblich höheren Sterbekoeffizienten in der wirklichen Bevölkerung als Preußen — eine Folge des sich dem stationären Zustand nähernden Altersaufbaues der französischen Bevölkerung. Betrachtet man den Altersbestand der Sterbetafel und den der wirklichen Bevölkerung für 1905/06 in Preußen (Tabelle 9), so ergibt sich, daß der Bestand der 0—5jährigen Kinder männlichen Geschlechts 8,69 vom Hundert des Bestandes der Sterbetafel, aber 13,42 des Bestandes der wirklichen Bevölkernng ausmachte.

Tabelle 30.

Absterbeordnung für 1891—1900.

Überlebende von 1000 Lebendgeborenen.

Lebensjahr	Deutsches Reich		Preußen		Berlin		Bayern		Sachsen		Württemberg		England		Frankreich		Italien	
	männl.	weibl.	männl.	weibl.	männl.	weibl.	männl.	weibl.	männl.	weibl.	männl.	weibl.	männl.	weibl.	männl.	weibl.	männl.	weibl.
0	1000	1000	1000	1000	1000	1000	1000	1000	1000	1000	1000	1000	1000	1000	1000	1000	1000	1000
1	766,14	801,38	780,47	812,75	745,24	785,90	712,89	747,47	699,45	746,58	735,19	771,81	828,14	859,34	836,74	863,51	824,81	841,28
2	726,31	761,37	738,23	770,60	698,79	738,84	676,63	719,16	661,10	709,18	701,63	745,68	784,09	816,81	808,39	836,17	762,31	776,22
3	709,99	744,82	720,85	753,10	681,47	721,64	662,55	704,35	647,66	695,08	690,66	731,10	767,75	800,36	793,10	821,50	735,74	747,59
4	699,45	734,06	709,72	741,81	669,89	710,31	653,77	695,02	638,92	685,85	680,68	720,57	757,63	789,68	783,65	812,00	721,58	732,65
5	691,94	726,23	701,77	733,57	661,73	702,20	647,55	688,53	632,95	679,64	673,32	712,42	750,28	782,14	776,92	804,96	712,22	722,32
10	673,69	706,41	682,05	712,36	643,11	681,52	632,92	672,47	619,92	665,24	655,06	692,65	734,30	765,27	759,44	786,16	691,36	699,15
15	664,62	695,62	672,27	700,89	635,16	673,15	625,56	662,98	613,81	658,12	646,45	682,40	725,37	755,15	748,18	772,48	680,54	686,09
20	650,49	682,01	657,58	687,45	622,19	662,10	613,08	649,84	603,40	647,25	633,31	668,64	711,71	741,77	729,48	752,46	665,24	667,82
25	631,68	664,67	638,73	670,67	607,00	647,37	594,66	632,38	588,34	630,73	614,64	651,93	693,89	725,39	702,30	727,32	643,18	645,10
30	612,74	643,85	619,78	650,55	588,70	629,81	575,50	610,70	572,87	611,33	596,40	632,02	673,20	705,82	676,53	700,68	621,88	621,03
35	591,11	620,47	597,82	627,32	564,87	609,06	553,70	585,57	553,76	590,44	576,64	609,50	648,17	682,15	648,39	673,77	601,18	596,88
40	564,02	594,67	570,38	601,72	533,48	586,14	528,12	557,70	528,68	567,61	552,80	584,01	615,96	653,01	616,41	645,83	578,74	571,71
45	530,37	567,51	536,00	574,62	494,38	560,55	496,78	529,29	496,74	543,26	522,90	556,70	577,01	619,18	580,33	616,61	552,30	546,01
50	490,02	537,68	494,72	545,08	449,06	530,95	459,42	499,06	456,88	515,50	485,98	527,00	530,81	580,32	538,18	583,85	521,24	519,74
55	441,33	499,38	445.62	507,07	396,42	495,20	413,80	460,85	409,64	480,96	440,57	487,48	475,85	533,11	490,04	544,52	482,74	487,94
60	383,08	448,14	386,71	456,10	335,42	450,37	358,95	410,50	351,75	435,11	384,18	433,31	409,52	473,04	431,99	494,41	434,08	445,51
65	312,94	378,28	316,48	387,74	266,69	390,17	291,26	341,78	284,33	372,12	315,11	358,65	332,34	398,30	359,98	426,94	366,89	381,27
70	231,95	289,17	235,28	297,52	194,80	315,39	213,37	256,18	208,58	288,31	233,28	267,48	246,63	309,17	274,65	340,53	283,78	297,06
75	147,30	189,00	150,64	197,92	122,68	224,41	130,23	161,08	129,80	190,45	145,54	169,05	158,61	210,69	178,15	234,54	185,35	192,12
80	73,30	97,73	77,62	105,00	63,43	132,02	60,07	76,74	61,34	97,64	69,58	83,42	82,30	118,07	87,74	127,89	94,01	95,49
85	24,97	35,68	27,70	40,28	22,91	56,07	18,02	24,67	20,16	34,34	21,87	27,82	31,32	49,93	30,37	50,36	32,00	32,31
90	4,92	8,21	5,87	10,07	5,82	15,48	2,89	4,67	3,50	7,13	3,78	5,57	7,72	14,33	7,28	14,52	6,47	6,83
95	0,46	1,07	0,69	1,51			0,20	0,45	0,41	0,69	0,29	0,59	1,06	2,49	1,22	3,34	0,84	1,00
100	0,02	0,08	0,04	0,13			0,00	0,02			0,01	0,03	0,07	0,24	0,11	0,59	0,08	0,10

Tabelle 31. Preußen. 1905/06.

Lebensjahr	Staat männl.	Staat weibl.	Land männl.	Land weibl.	Kleinstädte bis 20000 Einw. männl.	Kleinstädte bis 20000 Einw. weibl.	Mittelstädle 20—100000 Einw. männl.	Mittelstädle 20—100000 Einw. weibl.	Großstädte männl.	Großstädte weibl.
0	1000	1000	1000	1000	1000	1000	1000	1000	1000	1000
1	802,86	833,12	804,26	834,09	803,24	831,70	801,27	832,69	798,63	831,06
2	768,79	799,25	771,47	801,60	769,80	898,18	761,53	794,37	762,52	794,24
3	757,14	787,41	760,46	790,30	758,16	786,23	747,96	780,54	749,57	781,66
4	749,48	779,54	753,10	782,67	750,23	778,34	739,78	771,85	741,12	773,53
5	743,95	773,82	747,70	777,16	744,95	772,43	733,82	765,25	735,33	767,68
10	728,88	757,60	733,08	760,75	729,40	756,52	717,50	748,67	720,05	752,00
15	720,17	747,13	724,40	750,17	719,82	744,70	708,97	738,90	711,67	742,87
20	705,92	733,87	711,05	736,75	704,85	729,83	639,10	726,12	696,72	731,10
25	687,59	717,05	691,18	719,90	684,12	711,45	677,40	709,58	680,23	715,48
30	669,54	697,57	674,88	700,50	662,07	690,32	657,89	690,02	662,19	697,09
35	649,53	676,46	657,99	679,77	639,60	667,96	634,97	668,67	639,57	576,37
40	624,89	653,16	637,63	656,81	611,61	643,44	606,31	644,40	610,53	652,72
45	592,60	627,61	610,87	632,76	575,09	616,63	568,67	617,51	571,39	626,54
50	551,28	599,35	576,30	606,75	528,59	586,80	518,66	586,83	521,14	595,46
55	499,49	561,23	531,70	570,98	472,15	547,28	457,79	545,41	458,59	554,44
60	436,11	510,38	474,07	521,48	405,19	495,68	386,13	491,62	385,98	502,59
65	360,52	440,16	401,52	450,74	326,32	426,58	304,91	421,19	305,35	432,91
70	273,54	348,68	312,72	356,41	240,99	337,94	220,15	332,72	217,62	345,62
75	179,65	239,88	210,54	243,47	153,41	231,52	135,79	230,29	134,89	243,57
80	93,56	132,81	112,62	132,92	77,18	128,88	65,15	128,62	65,96	139,75
85	33,43	51,47	41,16	50,52	26,22	49,23	21,15	50,60	23,33	58,33
90	5,97	11,89	7,33	11,50	4,81	10,74	3,65	11,89	3,85	14,71
95	0,09	0,85	0,03	0,63	0,35	0,92		0,80	0,09	0,82
100										

Tabelle 32. **Gleichzeitig Lebende.**

Preußen.

Alter	männl.	weibl.	Prozentsatz der Bevölkerung: Sterbetafel männl.	Sterbetafel weibl.	wirkl. Bevölkerg. männl.	wirkl. Bevölkerg. weibl.
0—1	855,41	879,31				
1—2	775,81	806,40				
2—3	755,73	786,51				
3—4	753,31	783,48				
4—5	746,72	776,68	8,69		13,42	
5—10	3682,08	3828,55	24,98 { 8,21		36,08 { 11,84	
10—15	3622,63	3761,83	8,08		10,82	
15—20	3565,23	3702,50	7,95		9,85	
20—25	3483,78	3627,30	7,77		8,50	
25—30	3392,83	3536,55	7,57		8,17	
30—35	3297,68	3435,08	7,36		7,16	
35—40	3186,05	3324,05	7,11		6,24	
40—45	3043,73	3201,93	6,79		5,45	
45—50	2859,70	3067,40	6,38		4,74	
50—55	2626,93	2901,45	5,86		3,85	
55—60	2339,00	2679,09	5,22		3,16	
60—65	1991,58	2376,35	4,44		2,57	
65—70	1585,15	1972,10	3,54		1,92	
70—75	1132,98	1471,40	2,53		1,25	
75—80	683,03	931,73	1,52			
					0,67	
80—85	317,48	460,70	0,71		0,31	
85—90	98,50	158,40	0,22		0,09	
90—95	15,15	31,85	0,04		0,01	
95—100	0,23	2,13				
			99,99		100,02	

Tabelle 33.

Gleichzeitig Lebende. Preußen.

Alter	Sterbetafel 1905/06 1055 Knaben auf 1000 Mädchengeburten				Wirkliche Bevölkerung 1. Januar 1906			
	Tausende		%		Tausende		%	
	männl.	weibl.	männl.	weibl.	männl.	weibl.	männl.	weibl.
0—5	4100,70	4032,40	8,69		2472,8	2434,3	13,42	
5—10	3884,59	3828,55	8.21		2183,9	2167,7	11,84	
10—15	3821,93	3761,83	8,08		1995,6	1978,5	10,82	
15—20	3761,32	3702,50	7,95		1816,7	1790,2	9,85	
20—25	3675,39	3627,30	7,77		1567,9	1588,4	8,50	
25—30	3579,43	3536,55	7,57		1507,7	1512,7	8,17	
30—35	3479,05	3435,08	7,36		1319,2	1318,4	7,16	
35—40	3361,28	3324,05	7.11		1152,6	1167,6	6,24	
40—45	3211,13	3201,93	6,79		1004,8	1034,8	5,45	
45—50	3016,98	3067,40	6,38		872,0	926,6	4,74	
50—55	2771,41	2901,45	5,86		709,9	777,4	3,85	
55—60	2467,64	2679,09	5,22		583,3	676,2	3,16	
60—65	2101,12	2376,35	4,44		474,7	567,5	2,57	
65—70	1672,34	1972,10	3,54		353,6	437,5	1,92	
70—75	1195,29	1471,40	2,53		230,4	290,0	1,25	
75—80	720,59	931,73	1,52		124,5	164,1	0,67	
80—85	334,93	460,70	0,71		57,7	78,3	0,31	
85—90	103,91	158,40	0,22		17,2	25,1	0,09	
90—95	15,98	31,85	0,04		2,6	4,4	0,01	
95—100	0,24	2,13			0,03	0,065		
Zusammen	47275,20	48502,71	100,00		18447,5	18930,3	100,00	

Tabelle 34.

Mittlere Lebensdauer. Preußen 1905/06.

Alter	Staat		Land		Kleinstädte		Mittelstädte		Großstädte	
	männl.	weibl.	männl.	weibl.	männl.	weibl.	männl.	weibl.	männl.	weibl.
0	44,81	48,50	46,32	48,90	43,56	47,84	42,58	47,64	42,74	48,35
1	54,75	57,16	56,52	57,58	53,16	56,46	52,07	56,15	52,43	57,12
2	56,17	58,58	57,92	58,90	54,46	57,82	53,78	57,85	53,92	58,75
3	56,03	58,46	57,76	58,74	54,31	57,71	53,75	57,88	53,85	58,70
4	55,60	58,04	57,32	58,31	53,85	57,29	53,34	57,53	53,46	58,31
5	55,01	57,47	56,73	57,72	53.25	56,72	52,77	57,02	52,88	57,75
10	51,09	53,65	52,81	53,91	49,34	52,86	48,92	53,22	48,95	53,91
15	46,68	49,36	48,41	49,64	44,96	48,66	44,47	48,90	44,50	49,54
20	42,57	45,21	44,27	45,50	40,86	44,60	40,44	44,71	40,40	45,29
25	38,64	41,21	40,47	41,50	37,02	40,69	36,31	40,70	36,32	41,23
30	34,62	37,29	36,39	37,58	33,17	36,86	32,32	36,78	32,24	37,25
35	30,61	33,38	32,26	33,65	29.25	33,01	28,39	32,87	28,29	33,31
40	26,71	29,48	28,21	29,74	25,47	29,17	24,62	29,02	24,52	29,38
45	23,03	25,58	24,34	25,78	21,93	25,33	21,08	25,17	21,82	25,55
50	19,57	21,67	20,65	21,77	18,64	21,49	17,87	21,36	17,81	21,75
55	16,34	17,97	17,17	17,98	15.57	17,86	14,92	17,79	14,90	18,18
60	13,35	14,51	13,95	14,45	12,73	14,46	12,22	14,46	12,23	14,79
65	10,63	11,42	11,02	11,33	10,21	11,40	9,81	11,46	9,80	11,77
70	8,22	8,77	8,44	8,66	7,94	8,73	7,63	8,84	7,74	9,11
75	6,20	6,61	6,33	6,52	6,04	6,60	5,81	6,67	5,96	6,89
80	4,61	4,92	4,65	4,86	4,53	4,86	4,40	4,96	4,57	5,14
85	3,41	3,74	3,39	3,72	3,48	3,68	3,36	3,75	3,34	3,83
90	2,58	2,86	2,52	2,86	2,86	2,93	2,50	2,84	2,62	2,78

Tabelle 35.

Mittlere Lebensdauer. 1891—1900.

Alter	Deutsches Reich		Preußen		Bayern		Sachsen		Württemberg		England		Frankreich		Italien		Österreich	
	männl.	weibl	männl.	weibl.	männl.	weibl.	männl.	weibl.	männl.	weibl.	männl.	weibl.	männl	weibl.	männl.	weibl.	männl.	weibl.
0	40,56	43,97	41,07	44,60	37,91	41,06	37,55	42,06	39,74	42,74	44,13	47,77	45,35	48,72	42,83	43,17	37,77	39,87
1	51,85	53,78	51,54	53,80	52,07	53,11	52,48	55,16	52,97	53,87	52,22	54,53	53,10	55,34	50,67	50,08	49,17	49,31
2	53,67	55,59	53,47	55,72	53,81	54,92	54,50	57,04	64,25	55,17	54,12	56,34	53,94	56,14	53,92	53,33	51,52	51,63
3	53,89	55,81	53,74	56,00	53,98	55,06	54,61	57,19	44,33	55,26	54,26	56,49	53,97	56,13	55,00	54,42	52,00	52,13
4	53,70	55,62	53,58	55,85	53,69	54,80	54,35	56,95	54,12	55,06	53,98	56,25	53,62	55,78	55,08	54,58	51,96	52,09
5	53,27	55,22	53,18	55,47	53,21	54,31	53,86	56,47	53,71	54,69	53,50	55,79	53,08	55,26	54,75	54,33	51,62	51,78
10	49,66	51,71	49,66	52,06	49,39	50,56	49,95	52,65	50,15	51,19	49,63	51,97	49,25	51,53	51,25	51,00	48,22	48,57
15	45,31	47,47	45,35	47,87	44,94	46,24	45,42	48,19	45,78	46,92	45,21	47,61	44,95	47,40	47,08	47,00	44,03	44,56
20	41,23	43,37	41,30	43,76	40,80	42,12	41,16	43,96	41,68	42,83	41,02	43,44	41,03	43,59	32,08	43,17	40,08	40,78
25	37,38	39,43	37,44	39,78	36,98	38,22	37,15	40,04	37,87	38,87	37,01	39 37	37,52	40,01	39,50	39,67	36,53	37,22
30	33,16	35,62	33,52	35,94	33,13	34,48	33,08	36,23	33,95	35,01	33,07	35,39	33,86	36,44	35,67	36,00	32,86	33,70
35	29,59	31,87	29,65	32,17	29,33	30,85	29,14	33,42	30,03	31,21	29,24	31,52	30,22	32,79	31,92	32,42	29,15	30,17
40	25,89	28,14	25,95	28,43	25,63	27,27	25,40	28,62	26,21	27,46	25,64	27,82	26,65	29,10	25,00	28,67	25,51	26,64
45	22,37	24,37	22,45	24,66	22,08	23,60	21,86	24,79	22,56	23,69	22,20	24,20	23,15	25,36	24,42	21,83	22,02	23,05
50	19,00	20,58	19,11	20,85	18,67	19,88	18,55	20,99	19,07	19,88	18,90	20,64	19,76	21,64	20,50	21,08	18,64	19,40
55	15,81	16,96	15,93	17,22	15,45	16,31	15,38	17,31	15,78	16,27	15,79	17,24	16,45	18,02	17,00	17,33	15,48	15,93
60	12,82	13,60	12,96	13,85	12,41	12,99	12,49	13,85	12,71	12,98	12,93	14,10	13,31	14,58	13,58	13,67	12,58	12,77
65	10,12	10,62	10,27	10,83	9,69	10,07	9,85	10,75	9,94	10,13	10,34	11,27	10,46	11,47	10,58	10,58	9,92	10,02
70	7,76	8,10	7,93	8,33	7,30	7,58	7,51	8,11	7,53	7,71	8,05	8,78	7,92	8,72	7,92	7,83	7,61	7,65
75	5,80	6,07	6,00	6,26	5,37	5,57	5,56	5,98	5,56	5,75	6,15	6,70	5,84	6,50	5,92	5,83	5,74	5,86
80	4,23	4,48	4,38	4,66	3,88	4,08	4,13	4,34	4,00	4,19	4,62	5,05	4,37	4,89	4,33	4,17	4,39	4,47
85	3,05	3,32	3,18	3,49	2,77	2,99	3,00	3,17	2,87	3,08	3,45	3,80	3,41	3,89	3,25	3,17	4,36	3,67
90	2,23	2,52	2,41	2,66	2,00	2,25	2,44	2,37	2,08	2,32	2,58	2,87	2,79	3,34	2,50	2,58	2,87	3,08
95	1,68	2,00	1,83	1,99	1,49	1,76	2,57	2,12	1,55	1,83	1,95	2,23	2,16	2,83	2,00	2,08	2,65	2,74

Auch bei der Altersklasse 5—10 und 10—15 bemerken wir außerordentliche Unterschiede: Sterbetafel 8,21 und 8,08 v. H., wirkliche Bevölkerung 11,84 und 10,82! Noch im Alter von 25—30 Jahren macht der Bestand der wirklichen Bevölkerung einen höheren Prozentsatz, 8,17 der Gesamtbevölkerung, aus als der der Sterbetafel, 8,17 v. H. Nimmt man als die für die militärische Kraftentfaltung und Macht eines Staates allein in Betracht kommende Bevölkerung die Altersklasse vom 20. bis 45. Lebensjahr an, so sehen wir, daß diese Altersklasse 36,60 v. H. des Bestandes der männlichen Individuen der Sterbetafel, 35,53 der wirklichen Bevölkerung Preußens ausmachte. Also bietet die stationäre Bevölkerung im Verhältnis nur wenig mehr militärtüchtige Individuen als eine wirkliche, stark wachsende Bevölkerung.

Die Berechnung der „mittleren Lebensdauer“ ist nunmehr für den Neugeborenen eine einfache: Da auf 1000 Lebendgeborene ein Altersbestand von 44 810 kam, so ist diese Anzahl zugleich die Anzahl Jahre, die die 1000 Lebendgeborenen bei der herrschenden Sterblichkeit zusammen verleben, der einzelne Neugeborne hat sonach 1905/06 eine mittlere Lebensdauer von $\frac{44\,810}{1000} = 44{,}81$ Jahren. Für die folgende Altersklasse, den 1 Jahr alt gewordenen Säugling, kommt in Betracht, daß der Bestand der Sterbetafel sich um die im ersten Lebensjahr stehenden verringert hat, nur noch $44810 - 855 = 43955$ umfaßt, der zugleich die Anzahl Jahre bedeutet, die die 1 Jahr alt gewordenen Knaben noch zu durchleben haben. Die Anzahl dieser Knaben beträgt aber nur noch 802,86 v. Tausend, die mittlere Lebensdauer beträgt also $\frac{43\,935}{802{,}86} = 54{,}75$. Die Lebensdauer des einjährigen hat sich also gegenüber der der Neugeborenen um volle 10 Jahre erhöht! Das ist ganz natürlich: es sind eben im ersten Lebensjahr von 1000 Lebendgeborenen 197,14 der schwächlichsten Individuen weggestorben, und die übrig gebliebenen haben nun zusammen eine größere Anzahl von Jahren zu durchleben. Auch beim 2. Lebensjahr erhöht sich noch die Lebensdauer — erst für die folgenden Jahre geht sie allmählich zurück. Doch ist die „mittlere Lebensdauer“ des 15jährigen noch höher als die des Neugeborenen, der 20jährige hatte in Preußen 1905/06 noch 42,51, der 40jährige hat im Mittel noch 26,71, der 60jährige 13,35, der 80jährige 4,61 Jahre zu leben.

Betrachten wir die „mittlere Lebensdauer“ für das Jahrzehnt 1891/1900 in Deutschland, England, Frankreich, Italien und Österreich (Tabelle 35), so sehen wir, daß die Bevölkerung Frankreichs fast durchweg die günstigste Lebensdauer aufweist: Der lebendgeborene Knabe hatte in Deutschland 40,56, in Frankreich aber 45,35, in England 44,13, in Italien 42,83 Jahre zu leben, nur in Österreich stand er mit 37,17 Jahren erheblich zurück. Bei den 20jährigen jungen Männern war aber ein gewisser Ausgleich eingetreten: Deutschland 41,23, Frankreich 41,03, England 41,02, Österreich 40,08 — Italien stand ungemein günstig da (43,08!). Bei den 40jährigen erscheint Frankreich wieder vor Deutschland bevorzugt: 26,65 gegen 25,89; England und Österreich sind sich einander nahe gerückt, stehen aber etwas ungünstiger da als Deutschland (25,64 und 25,51); Italien steht nach wie vor an erster Stelle (28,0).

Von großem Belang ist es, die Wandlungen der Sterblichkeit in der Zeit, bezw. die Veränderungen in den Zahlen der Überlebenden und der mittleren Lebensdauer zu verfolgen (Tabelle 36). Wir sehen da, daß in Preußen die Anzahl der von 1000 Lebendgeborenen das 20. Lebensjahr überlebenden Individuen männlichen Geschlechts in der Periode 1867/77 591,2 betrug, welche Zahl sich fast stetig bis auf 729,1 in der Periode 1906/10 gesteigert. Damit hat Preußen die Stellung errungen, die Frankreich bereits 1891/1900 besaß: es ist ein Ansteigen der Überlebendenziffern um etwa 23 v. H. eingetreten. Man kann also sagen, daß der Rückgang der Geborenen bezw. des Geburtenkoeffizienten zu nahezu $^3/_4$ durch die größere Anzahl der Überlebenden ausgeglichen worden ist.

Noch stärker als beim 20. Lebensjahr sind die Unterschiede beim 30. und 40: 540,4 bezw. 481,6 Überlebende in der Anfangsperiode, 693,5 und 648,3 in der Endperiode, diese Unterschiede sind bereits auf 28 bezw. 33 v. H. der Anfangsperiode angestiegen. Für das 50., 60., 70. Lebensjahr finden wir noch stärkere Differenzen.

Die mittlere Lebensdauer für den neugeborenen Knaben hat um rund 11 Jahre, für das neugeborene Mädchen um über 12 Jahre zugenommen. Beim 20jährigen ist jedoch der Unterschied auf 4,73 Lebensjahre verringert (38,08 gegen 42,81), beim 30jährigen auf 3,52, beim 50jährigen auf 1,44 Jahre, beim 70jährigen sind es nur noch 0,30 Jahre. Für das noch höhere Alter ist gar eine Umkehr in der Länge der mittleren Lebensdauer eingetreten, der 75, 80, 90jährige hatte vor 30 Jahren ein längeres Leben vor sich! Die Erklärung dieser scheinbaren Anomalie dürfte darin liegen, daß durch die außerordentliche Abnahme der Sterblichkeit auf den mittleren Altersstufen eine große Anzahl an sich schwächlicher Individuen ein höheres Alter erreichen, nun aber doch in um so höherem Grade dahingerafft werden. Eine weitere Erklärung dürfte in der steigenden „Urbanisierung“ (Verstadtlichung) des Wirtschaftslebens liegen, der starken Zunahme der städtischen Bevölkerung, die eine stetig steigende Quote der Gesamtbevölkerung ausmacht und auf die Sterblichkeit der Gesamtbevölkerung drückt. In der stärkst urbanisierten Bevölkerung Europas, der englischen, bemerken wir bei einer genauen Betrachtung der Perioden 1838/54 bis 1891/1900 eine Zunahme der mittleren Lebensdauer bis zum 30. Lebensjahre, jedoch ist diese Zunahme erheblich geringer als in Preußen: beim Neugeborenen beträgt sie nur 4,22, beim 20jährigen 1,54, beim 30jährigen 0,31 Jahre. Bei den 60jährigen ist aber ein nicht unerheblicher Umschwung zuungunsten der späteren Periode eingetreten, ein Rückgang der mittleren Lebensdauer von 13,53 auf 12,93 Jahre, also um etwa $5^1/_2$ v. H.! In Schweden und Frankreich scheint allerdings die mittlere Lebensdauer für alle Altersklassen noch zugenommen zu haben, wenngleich auch da die Hauptzunahme nur für die jugendlichen Altersklassen zu verzeichnen ist, die höheren Alter weit weniger begünstigt erscheinen.

Tabelle 39 gibt endlich noch die Sterblichkeit (Sterbeziffer) getrennt nach dem Familienstand für Preußen in den Jahren 1891/1900. Diese Übersicht zeigt deutlich, einen wie überragend günstigen Einfluß das Familienleben bezw. das Verheiratetsein auf Mann und Frau ausübt, wie ungünstig die Witwenschaft und das Geschiedensein einwirken.

Tabelle 36.

Entwicklung der Lebensdauer in Preußen.

A. Überlebende.

Alter	1867/77		1881/90		1891/1900		1901/05		1906/10	
	männl.	weibl.	männl.	weibl.	männl.	weibl.	männl.	weibl.	männl.	weibl.
0	1000	1000	1000	1000	1000	1000	1000	1000	1000	1000
1	771,5	801,1	776,8	807,8	780,5	812,7	796,8	827,4	818,7	846,6
5	654,3	683,4	673,0	702,0	701,8	733,6	732,8	762,6	765,6	793,7
10	622,9	650,9	644,0	670,9	682,0	712,4	716,5	745,1	751,6	778,9
15	608,6	635,6	632,1	656,9	672,3	700,9	707,4	734,3	743,3	769,5
20	591,2	618,7	617,1	642,4	657,6	687,5	693,2	720,9	729,1	756,6
25	566,0	596,8	595,6	623,9	638,7	670,7	675,0	704,1	711,4	740,1
30	540,4	571,1	573,3	600,6	619,8	650,5	656,7	684,5	693,5	721,1
35	513,2	541,8	546,7	574,3	597,8	627,3	636,0	662,6	673,5	700,0
40	481,6	510,7	515,0	544,9	570,4	601,7	610,1	638,6	648,3	676,4
45	444,9	478,0	478,6	515,6	536,0	574,6	576,9	612,7	616,4	651,2
50	403,1	442,0	435,9	484,5	494,7	545,1	534,9	583,1	575,0	621,7
55	355,9	400,5	388,5	446,6	445,6	507,1	482,9	545,0	522,8	582,8
60	301,6	348,8	334,5	395,5	386,7	456,1	419,8	493,4	456,1	529,6
65	240,7	283,7	268,1	328,1	316,5	387,7	345,1	423,0	376,4	455,7
70	173,4	208,1	195,5	246,1	235,3	297,5	259,3	331,1	283,9	358,6
75	107,0	130,4	124,9	161,5	150,6	197,9	168,3	224,6	184,9	244,1
80	53,6	64,5	63,9	87,6	77,6	105,0	87,3	122,7	95,4	132,7
85	20,1	22,1	26,3	36,2	27,7	40,3	32,0	48,3	34,8	52,1
90	5,7	5,6	7,8	11,6	5,9	10,1	6,6	11,4	7,2	12,3
95	1,1	1,1	0,4	1,07	0,7	1,5	0,7	1,65	0,6	1,5
100	0,09	0,1			0,04	0,13	0,09	0,18	0,04	0,18

B. Mittlere Lebensdauer in Jahren.

Alter	1867/77 männl.	1867/77 weibl.	1881/90 männl.	1881/90 weibl.	1891/1900 männl.	1891/1900 weibl.	1901/05 männl.	1901/05 weibl.	1906/10 männl.	1906/10 weibl.
0	35,38	37,99	37,60	40,70	41,07	44,59	43,72	47,33	46,42	50,03
1	44,78	46,36	47,30	49,30	51,54	53,80	53,79	56,64	55,63	58,03
5	48,56	50,11	50,40	52,50	53,18	55,47	54,40	56,82	55,41	57,83
10	45,90	47,51	47,60	49,90	49,66	52,06	50,59	53,11	51,40	53,89
15	41,92	43,59	43,40	45,90	45,35	47,87	46,21	48,85	46,95	49,52
20	38,08	39,71	39,40	41,90	41,30	43,76	42,10	44,71	42,81	45,32
25	34,66	36,07	35,70	37,90	37,44	39,78	38,17	40,71	38,81	41,27
30	31,18	32,58	32,00	34,40	33,52	35,94	34,16	36,81	34,75	37,29
35	27,70	29,20	28,40	30,90	29,65	32,17	30,19	32,94	30,71	33,34
40	24,35	25,83	25,10	27,40	25,95	28,43	26,36	29,08	26,80	29,41
45	21,15	22,42	21,80	23,80	22,45	24,66	22,73	25,20	23,05	25,45
50	18,08	19,04	18,70	21,50	19,11	20,85	19,31	21,35	19,52	21,54
55	15,13	15,75	15,60	16,70	15,93	17,22	16,11	17,66	16,24	17,80
60	12,40	12,69	12,80	13,50	12,96	13,85	13,15	14,24	13,21	14,32
65	9,89	10,01	10,30	10,80	10,27	10,83	10,44	11,17	10,47	11,22
70	7,75	7,73	8,20	8,50	7,93	8,33	8,05	8,55	8,05	8,55
75	6,04	5,86	6,40	6,70	6,00	6,26	6,05	6,41	6,02	6,38
80	4,69	4,40	5,20	5,20	4,38	4,66	4,43	4,71	4,41	4,68
85	3,77	3,52	4,00	4,20	3,18	3,49	3,15	3,39	3,13	3,37
90	3,00	3,00	2,70	2,90	2,41	2,66	2,34	2,62	2,17	2,44
95	2,17	2,32			1,83	1,99	1,85	2,00	1,58	1,85
100	1,44	1,67			0,75[1]	0,82[1]	0,78		0,75	0,83

[1]) Beim 99. Lebensjahr.

Die folgende Übersicht der Berufssterblichkeit in England 1890/92 und in Preußen für 1906/07 zeigt, wie die Landwirtschaft allgemein den günstigsten Beruf bildet, wie dann innerhalb der Industrie sich starke Verschiedenheiten zeigen, die im Bergbau Erwerbstätigen am günstigsten dastehen, die Textilindustrie ungünstiger dran ist, die höchste Sterblichkeit aber die in „Beherbergung und Erquickung“ (Gast- und Schankgewerbe) aufweisen (höchster Alkoholkonsum!).

Tabelle 37.
Berufssterblichkeit in England 1890/92.
Von 1000 einer jeden Altersklasse starben

	25—35	35—45	45—55	55—65
Allgemeine Bevölkerung	7,7	13,0	21,4	39,0
Ackerbaudistrikte	6,0	8,9	13,8	26,1
Industriebezirke	8,6	15,0	27,8	50,1
Bäcker	6,5	11,0	22,2	35,4
Müller	5,1	9,3	18,9	38,8
Metzger	7,5	15,7	22,6	43,3
Brauer	10,8	19,1	30,8	54,4
Schneider	6,9	13,7	22,0	35,3
Schuhmacher	7,7	11,3	19,9	35,2
Textilindustrie	7,5	12,3	22,3	46,1
Maschinenbau	7,1	12,4	23,8	46,4
Schmiede	5,8	10,8	20,7	9,1
Ziegler	4,9	8,0	16,0	34,1
Maurer	6,6	13,5	22,1	40,2
Zimmerleute	5,8	9,4	17,2	32,2
Dachdecker	12,1	17,2	27,5	50,3
Tischler	6,9	13,1	21,1	38,7
Kohlenarbeiter	12,4	20,0	29,3	62,6

Tabelle 38.
Berufssterblichkeit in Preußen 1906/08.
Von 1000 jeder Altersklasse sterben jährlich

Beruf bezw. Gewerbe	15—20	20—25	25—30	30—40	40—50	50—60	60—70	70 etc.	überhaupt
Landwirtschaft	3,18	4,75	4,21	5,14	8,60	16,30	38,20	148,5	14,11
Bergbau, Hütten, Salinen	5,68	6,54	6,06	6,74	10,20	20,54	40,68	83,5	8,66
Steine u. Erden	2,89	3,50	3,65	5,91	9,78	18,95	41,08	158,4	8,63
Metallverarbeitung	4,19	6,49	5,55	7,13	13,56	27,34	65,79	251,3	11,47
Maschinen, Werkzeuge	2,59	3,53	3,28	3,86	7,17	16,79	42,29	178,8	7,09
Chemische Industrie	2,69	3,77	3.16	4,13	7,02	13,65	30,50	111,7	6,53
Textilindustrie	3,30	4,66	3,79	4,69	9,00	20,85	55,17	250,5	13,66
Papier, Buchbinderei	3,76	5,80	3,75	4,66	7,46	18,88	36,35	162,4	8,66
Leder	4,05	5,41	4,54	5,63	11,30	26,24	56,28	211,0	11,93
Holz- u. Schnitzstoffe	3,99	5,85	5,14	6,45	12,57	26,02	58,85	238,9	14,53
Nahrungs- u. Genußmittel	3,36	5,17	4,41	6,33	12,41	27,31	62,54	232,1	11,33
Bekleidung u. Reinigung	5,09	8,11	6,42	7,72	13,64	28,30	62,66	230,8	18,87
Baugewerbe	3,42	4,92	4,76	6,77	14,77	27,16	60,92	221,2	12,66
Polygraph. Gewerbe	4,48	6,59	4,94	7,00	11,93	25,15	60,32	135,4	9,37
Handelsgewerbe	4,44	6,97	6,52	8,54	15,09	30,33	59,25	153,4	15,66
Verkehrsgewerbe	6,74	5,96	5,29	6,80	11,67	23,94	48,81	177,8	11,91
Beherbergung u. Erquickung	2,80	4,67	5,80	10,17	19,86	35,70	62,42	150,5	17,28
Industrie und Handwerk	3,94	5,47	4,88	6,32	11,41	24,35	56,31	216,7	11,50
Handel u. Verkehr	4,69	6,30	5,83	7,85	14,02	28,26	55,54	155,0	14,25

Tabelle 39.

Sterblichkeit nach Familienstand und Beruf.

Auf 1000 einer jeden Altersklasse starben in Preußen 1891—1900

Alter	Ledige		Verheiratete		Verwitwete		Geschiedene	
	männl.	weibl.	männl.	weibl.	männl.	weibl.	männl.	weibl.
Staat								
15—20	4,41	3,88	2,83	5,08	3,23	6,48		
20—30	6,53	4,96	4,43	6,04	12,66	9,81	9,45	6,08
30—40	12,83	8,05	7,10	7,64	18,16	9,16	18,80	8,34
40—50	22,71	12,57	12,73	9,32	26,44	11,04	27,50	11,59
50—60	33,70	21,92	22,17	16,00	36,96	19,30	33,93	19,31
60—70	57,09	45,18	42,80	36,91	62,58	43,74	48,96	41,55
70—80	103,49	97,44	89,72	85,80	121,70	100,20	88,51	112,80
80—90	188,30	197,60	186,50	173,60	243,90	213,80	175,30	284,50
Städte								
15—20	4,56	3,75	2,53	5,54	—	8,33		
20—30	6,39	4,76	5,18	6,19	14,16	9,96	10,79	6,52
30—40	15,41	7,43	8,65	7,88	22,42	9,51	20,03	8,69
40—50	28,58	11,98	15,87	9,94	35.00	11,81	31,08	12,07
50—60	21,48	20,47	26,83	16,83	48,35	19,27	40,07	19,77
60—70	66,74	41,48	48,87	36,44	72,77	41,11	55,49	41,30
70—80	111,40	92,70	96,50	84,60	127,70	93,60	90,00	109,30
80—90	192,50	200,70	192,50	174,80	246,30	207,00	185,10	301,00
Land								
15—20	4,29	3,98	2,95	4,78	4,35	5,00	—	—
20—30	6,70	5,14	3,83	5,93	11,35	9,65	6,53	5,01
30—40	10,58	8,78	5,91	7,48	14,43	8,76	15,77	8,17
40—50	18,10	13,24	10,55	8,90	20,30	10,24	20,25	10,43
50—60	28,76	23,37	19,40	15,51	30,76	19,33	23,76	18,34
60—70	51,82	48,90	36,69	37,15	57,99	45,68	40,26	41,26
70—80	99,40	102,50	86,50	86,40	119,30	104,80	86,60	118,30
80—90	186,00	193,90	183,60	173,00	242,80	218,60	165,20	217,60

Tabelle 40.

	im Jahre	Geburten-koeffizient	Sterbe-koeffizient	Differenz	Geburten-koeffizient	Sterbe-koeffizient	Differenz
		der wirkl. Bevölkerung			der stationären Bevölkerung		
Paris	1891/92	24,47	22,50	+ 1,97	20,89	24,47	— 3,58
Wien	1891/92	34,24	25,54	+ 8,70	28,41	27,46	+ 0,63
Budapest	1891/92	35,60	28,90	+ 6,70	28,33	32,09	— 3,76
München	1881/90	35,70	29,00	+ 6,70	28,90	31,79	— 2,83
Frankfurt a.M.	1890/91	25,72	17,53	+ 8,19	20,25	24,44	— 4,19
Berlin	1886/90	33,22	22,45	+ 10,77	26,06	27,19	— 1,03
London	1881/90	33,10	20,40	+ 12,70	29,00	23,40	+ 5,70
St. Petersburg	1881/85	31,20	28,60	+ 2,60	27,20	45,70	— 18,50
Moskau	1880/84	30,30	29,90	+ 0,40	25,00	42,80	— 17,80

Tabelle 41.

Wandlungen der Lebensdauer. A. Mittlere Lebensdauer in Jahren.

		Männliches Geschlecht						Weibliches Geschlecht					
		0	10	20	30	60	80	0	10	20	30	60	80
England und Wales	1838/54	39,91	47,05	39,48	32,76	13,53	4,93	41,85	47,67	40,29	33,81	14,34	5,26
	1871/80	41,35	47,60	39,40	32,10	13,14	4,79	44,62	49,76	41,66	34,41	14,24	5,20
	1881.90	43,66	49,00	40,27	32,52	12,88	4,52	47,18	51,10	42,42	34,76	14.10	5,00
	1891/1900	44,13	49,63	41,02	33,07	12,93	4,62	47,77	51,97	43,44	35,39	14,10	5,05
Schweden........	1816/40	39,50	45,21	37,32	30,25	12,07	4,03	43,56	48,59	41,51	33,40	13,22	4,46
	1861/70	42,80	48,90	41,00	33,60	13,10	4,30	46,40	51,80	43,90	36,20	14,40	4,70
	1891/1900	50,94	52,79	44,75	37,50	15,44	4,88	53,63	54,61	46,76	39,31	16,56	5,40
	1901/10	54,55	54,05	45,88	38,57	16,06	5,23	57,00	55,58	47,67	40,20	17,18	5,64
Frankreich	1817/31	38,30	47,00	40,00	34,00	13,25	4,75	40,80	49,90	43,80	33,40	13,20	4,75
	1861/65	39,10	48,70	41,20	34,65	13,55	4,40	40,55	48,75	41,60	35,10	13,90	4,66
	1877/81	40,83	48,25	40,42	33,83	13,58	4,83	43,42	49,75	42,25	35,50	14,58	5,00
	1898/1903	45,74	49,75	41,53	34,35	13,81	4,87	49,13	52,03	44,02	36,93	15,08	5,38
Italien	1876/87	35,10	47,85	40,35	33,50	13,10	4,60	35,40	47,25	40,00	33,40	12,85	4,50
	1899/1902	42,85	51,25	43,10	35,65	13,60	4,35	43,15	51,00	43,15	36,00	13,65	4,15

B. Überlebende von 1000 Lebendgeborenen.

		Männliches Geschlecht							Weibliches Geschlecht						
		1	10	20	30	40	60	80	1	10	20	30	40	60	80
England und Wales....	1838/57	836,4	689,8	651,9	595,0	531,6	356,3	80,3	865,3	715,7	674,1	612,8	545,8	384,0	100,4
	1871/80	841,4	709,0	680,0	630,0	563,1	365,0	77,3	771,3	738,4	707,9	658,4	596,1	422,8	100,9
	1881/90	814,1	740,0	713,7					872,4	768,3	740,0				
	1891/1900	828,1	734,3	711,7	673,2	616,0	409,5	82,3	859,3	765,3	741,8	705,8	653,0	473,0	118,1
Schweden	1816/40	820,3	707,2	671,8	615,5	541,9	327,8	54,0	845,1	736,0	701,2	652,3	589,6	408,9	84,9
	1891/1900	882,9	805,6	773,6	723,7	673,6	519,5	161,7	907,9	824,6	790,0	744,5	695,0	564,0	203,9
	1901/10	907,5	847,6	816,7	766,5	719,3	565,7	193,6	924,1	865,2	830,6	784,0	735,2	604,3	237,2
Frankreich............	1840/49	821,5	677,0	635,8	564,8	514,0	369,6	83,2	847,0	698,1	650,2	592,4	539,4	391,4	88,4
	1877/81	801,8	693,6	660.3	601,8	543,5	382,9	85,8	832,7	719,6	680,7	625,8	567,4	424,8	112,9
	1898/1903	836,7	759,4	729,5	676,5	616,4	432,0	87,7	863,5	786,2	752,5	700,7	645,8	494,4	127,9

Tabelle 42.

Mittlere Lebensdauer in Ost- und Westeuropa. Rußland 1892—1901.

Männliches Geschlecht.

Alter	Zentral Landw.Gebiet	Mittl. Wolga	Untere Wolga	Indust. Geb.	Ural	Weißrussl.	Seengebiet	Ostseeprov.	Neurussl.	Südw. Gebiet	Kleinrussl.
0	27,3	26,5	26,6	27,1	28,3	36,6	30,4	41,8	35,8	34,3	34,6
5	46,8	47,0	47,3	47,9	49,9	51,7	48,5	52,9	50,4	48,9	50,0
20	38,6	39,2	39,7	37,7	40,4	41,8	38,1	42,8	41,8	40,4	41,2
30	31,7	32,4	32,9	30,7	33,4	34,5	31,1	35,1	34,9	33,5	34,4
40	24,9	25,5	26,2	24,0	26,3	27,0	24,4	27,6	27,9	26,2	27,1
50	18,6	19,3	19,9	17,9	19,7	20,3	18,4	20,5	21,3	19,7	20,3
60	13,1	13,8	14,2	12,5	13,9	14,7	13,4	14,2	15,4	13,9	14,4
70	8,8	9,6	9,2	8,4	9,1	10,5	9,4	9,2	10,6	10,1	9,9
80	6,6	6,5	7,1	7,0	6,4	8,6	7,7	6,3	7,9	8,7	8.6

Weibliches Geschlecht.

Alter	Zentral Landw.Gebiet	Mittl. Wolga	Untere Wolga	Indust. Geb.	Ural	Weißrussl.	Seengebiet	Ostseeprov.	Neurussl.	Südw. Gebiet	Kleinrussl.
0	28,7	27,9	28,0	31,4	29,8	37,7	34,5	46,0	37,1	35,2	35,5
5	46,4	46,4	47,4	52,0	49,1	50,5	51,9	56,1	50,1	47,2	48,3
20	38,3	38,8	40,0	41,9	39,4	40,4	41,7	45,6	41,7	38,5	39,3
30	31,7	32,3	33,8	34,6	32.9	33,3	34,5	37,7	35,0	31,8	32,5
40	25,2	26,0	27,7	27,4	26,5	26,1	27,4	29,7	28,3	24,9	25,7
50	18,7	19,5	21,3	20,3	19,8	19,4	20,4	22,0	21,5	18,2	19,1
60	13,0	13,8	15,4	13,8	13,8	13,8	14,3	15,0	15,2	12.6	13,5
70	9,1	9,5	10,5	9,5	9,2	10,2	10,1	9,6	10,5	9,5	9,9
80	7,3	7,3	7,6	7,9	6,6	8,8	8,3	6,7	8,0	8,6	8,9

Männliches Geschlecht.

Alter	Europ. Russl.	Deusch. Reich 1891—1900	Preuß. Land 1891—1900	England	Frankreich	Moskau 1892—1901	St. Petersb. 1892—1901	Berlin 1896—1900	Rumänien	Serbien	Bulgarien	Schweden
0	30,9	40,6	42,8	44,1	45,3	27,0	30,6	39,9	34,2	38,8	41,2	50,9
5	48,9	53,3	54,7	53,5	53,1	47,2	46,4	52,5	47,0	48,1	51,6	56,2
20	40,0	41,2	43,0	41,0	41,0	36,5	36,3	40,1	37,5	38,7	42,7	44,7
30	33,0	33,5	35,1	33,1	33,9	28,7	29,2	32,0	30,6	32,3	36,7	37,5
40	26,0	25,9	27,7	25,6	26,6	21,9	22,7	24,6	23,8	25,3	29,8	29,9
50	19,5	19,0	19,9	18,9	19,8	15,8	17,0	18,2	17,6	19,0	23,6	22,4
60	13,9	12,8	13,4	12,9	13,3	10,8	12,2	12,6	12,6	13,7	17,6	15,4
70	9,5	7,8	8,1	8,1	7,9	7,5	8,7	8,0	8,0	9,7	12,2	9,4
80	7,5	4,2	4,4	4,6	4,4	6,2	6,1	4,7	4,4	7,1	9,8	4,9

Weibliches Geschlecht.

Alter	Europ. Russl.	Deusch. Reich 1891—1900	Preuß. Land 1891—1900	England	Frankreich	Moskau 1892—1901	St. Petersb. 1892—1901	Berlin 1896—1900	Rumänien	Serbien	Bulgarien	Schweden
0	32,8	44,0	45,2	47,8	48,7	31,1	36,4	45,9	34,5	36,9	41,3	53,6
5	49,0	55,2	55,5	55,8	55,3	51,5	52,7	57,8	46,4	45,1	50,6	57,9
20	40,1	43,4	43,9	43,4	43,6	41,0	42,4	45,6	37,1	36,0	41,8	46,8
30	33,3	35,6	36,0	35,4	36.4	33,4	35,0	37,6	30,6	30,5	36,4	39,3
40	26,5	28,1	28,5	27,8	29,1	26,1	27,8	29,9	23,9	24.5	30,6	31,8
50	19,8	20,6	20,8	20,6	21,6	19,4	20,9	22,4	17,2	17,9	24,1	24,0
60	13,9	13,6	13,7	14,1	14,6	13,4	14,7	15,3	11,3	12,2	17,5	16,6
70	9,7	8,1	8,2	8,8	8,7	8,8	9,9	9,3	6,7	8,6	11.8	10,1
80	1,8	4,5	4,6	5,1	4,9	6,0	6,8	5,2	3,4	6,3	9,6	5,4

II. Wirtschafts-Statistik.

Allgemeines.

Die Genauigkeit und Zuverlässigkeit der Wirtschaftsstatistik ist nicht absolut. Die Wirtschaftsst. kann an Genauigkeit ihrer Resultate bei weitem nicht mit der Bevölkerungsst. und schon ganz und gar nicht mit der Finanzst. auf eine Stufe gestellt werden. Die Theorie der Wirtschaftsst. liegt noch so ziemlich im Argen; die amtlichen Erhebungen sind noch lange nicht so vervollkommnet, wie sie es sein müßten; es ist gewissermaßen eine Kunst, aus dem vorhandenen Rohmaterial brauchbare Vergleichswerte zu gewinnen.

Verhältnismäßig genaue, bis auf wenige Hundertstel richtige wirtschaftsstat. Angaben besitzen wir über die St. des Außenhandels; es ist ganz naturgemäß, denn hier ist der Fiskus infolge der Zollerhebungen interessiert; allerdings sind wieder die Einfuhrmengen genauer angegeben. Ein Buch über die Theorie der Wirtschaftsst. ist noch nicht geschrieben, ganz im Gegensatz zur Bevölkerungsst., für die es eine ganze Anzahl von vortrefflichen theoretischen Lehrbüchern gibt; es sind bloß einzelne, zum Teil vortreffliche Abhandlungen vorhanden. Unter einer Theorie wäre zu verstehen zunächst eine Lehre darüber, wie die wirtschaftsstatistischen Materialien eingesammelt, wie sie erhoben werden müßten, um richtige Resultate zu ermöglichen, andererseits eine Lehre, wie die Bearbeitung zu geschehen hätte, um richtige Schlüsse zu ermöglichen. Der Grund, weshalb es an einem umfassenden Buche der Wirtschaftsst. fehlt, liegt darin, daß die Wirtschaftsst. eine jüngere Wissenschaft ist, als die Bevölkerungsst.; man ist ja vielfach noch nicht über das Stadium des Experimentierens hinausgekommen. Das Ideal wäre, wenn alle Konsumenten und alle Produzenten verpflichtet wären, genau Buch zu führen über das, was sie hergestellt und was sie konsumiert haben; wenn sie den staatlichen Statistikern genau Auskunft geben müßten über ihre wirtschaftlichen Verhältnisse und zugleich eine genaue Kontrolle ihrer Abgaben gestatten müßten. Der Landwirt hätte — wie dies bereits Ernst Engel gefordert hat — z. B. genau anzugeben, wieviel er geerntet, einen wie großen Teil der Ernte selbst verbraucht, wieviel ans Vieh verfüttert, wieviel verkauft und zu welchem Preise. Der Industrielle hätte sich genau über den Verbrauch an Rohstoffen, den daraus hergestellten Produkten und deren Verkauf auszuweisen. Eine genaue Buchführung der stat. Daten wird zwar von allen rationell arbeitenden Unternehmern für den eigenen Gebrauch durchgeführt, aber nur zu einem ganz geringen Teil veröffentlicht. Weitaus die größte Anzahl von Landwirten und kleinen Meistern haben aber überhaupt keine Buchführung. Die staatlichen stat. Organe haben nicht das Recht, Einblick in die Bücher der Unternehmer zu verlangen. Die heutigen stat. Erhebungen bieten selten die Möglichkeit einer ausgiebigen Kontrolle und Nachprüfung der von den einzelnen Produzenten abgegebenen Aussagen. Der Grad der Zuverlässigkeit der heutigen stat. Daten schwankt in ziemlich weiten Grenzen.

1. Als absolut genau sind zu bezeichnen die Finanzst., die Ausweise über Staats- bzw. Gemeindeeinnahmen und Ausgaben; da wird jeder eingenommene und ausgegebene Heller und Pfennig gebucht.

2. Als zuverlässig kann im allgemeinen angesehen werden die St. derjenigen Produktionen, die vom Staate besteuert werden bzw. für die ein Staatsmonopol vorliegt. Zuverlässig ist daher in den meisten Ländern die St. über Branntwein-, Bier-, Zucker-, Salz-, Tabakproduktion und -Konsum. Es kann allenfalls Steuerhinterziehung stattfinden und die wirkliche Produktion etwas größer sein als die angegebene.

Weniger gut als mit den Mengen- steht es mit den Wertangaben bei der Aus- und Einfuhr, gleichviel ob, wie in England und Rußland, Selbstdeklaration der Exporteure und Importeure besteht, oder, wie in Deutschland, der Wert von Sachverständigen geschätzt wird. Da können oft Fehler von 10 bis 20 und mehr Prozent entstehen. In Deutschland wird z. B. geschätzt nicht der wirkliche Wert bzw. Preis der Ware im Moment der Ausfuhr, sondern es werden die Einfuhrmengen mit den durchschnittlichen Jahres- und Monatspreisen kombiniert. Die Preisangaben der Importeure und Exporteure können bei großen Stapelartikeln, die an der Börse gehandelt werden, leicht kontrolliert werden. Auch die Wertangaben der Sachverständigen können naturgemäß nie ganz genau sein. Der Zollbeamte ist da, wo spezifische Zölle, d. h. also Gewichtszölle bestehen, und dies ist in Deutschland der Fall, bloß daran interessiert, daß die Quanta stimmen, während der eigentliche Wert und Preis ihn nichts angehen. Aber selbst bei einer Kombination von Wertzöllen mit spezifischen Zöllen, wie in Amerika, ist noch nie volle Genauigkeit zu erreichen.

Am schlimmsten steht es mit der landwirtschaftlichen St. Allerdings ist hier insofern eine Einschränkung zu machen, als die Größe des Fruchtlandes und die Verteilung des Grundbesitzes in allen Kulturländern sehr genau bekannt und registriert ist. Desgleichen gibt es über die Höhe des Viehstandes sehr genaue Angaben, fast überall finden Viehzählungen statt, deren Ergebnis an Genauigkeit kaum hinter den Resultaten der Volkszählungen zurückstehen. Das eigentliche Schmerzenskind der Produktionsst. ist die Erntest. Diese ist notorisch in allen Ländern recht ungenau. Bezüglich der Erntest. hat einer der Altmeister der Statistiker, Ernst Engel, das Scherzwort gebraucht, „sie zeichne sich dadurch aus, daß die Dezimalen zwar richtig seien, die Ganzen jedoch falsch“. Ganz so schlimm steht es jedoch mit der Erntest. nicht. Erstens hat man es doch im Laufe der letzten Jahrzehnte dahin gebracht, Kontrollverfahren anzuwenden bzw. Nachprüfungen vorzunehmen. Es wurde z. B. auch in Deutschland bis 1899 vielfach geklagt, daß die Erntest. überhaupt nicht den landwirtschaftlichen Fortschritt widerspiegele, sondern lediglich die Schwankungen der Ernten bzw. Erntedifferenzen angebe, die durch die wechselnde Witterung entstanden sind.

Es sei aber nicht die andere Tatsachenreihe zu ersehen, nicht festzustellen, welche Hebung der Produktion durch Anwendung von Kunstdünger hervorgebracht sei. Bemerkenswert ist, daß bei dem früheren Verfahren in Preußen, als man von den Landwirten nicht die absoluten Zahlen verlangte, sondern Angaben, auf wieviel Prozent einer Mittelernte sie ihre jedesmalige Ernte schätzten, sich herausstellte, daß für ein ganzes Jahrzehnt die Ernten zu nur 80 % einer Mittelernte angegeben waren. Hier hat der Statistiker die Kontrollmöglichkeit, daß er für die gefundenen 80 % 100 % einsetzt und alsdann zuzieht, wie hoch in jedem Jahr die Abweichungen von 100 der Mittelernte des betreffenden Jahrzehnts waren.

In Deutschland wird die amtliche St.[1]) von der Landesst. unter Zuhilfenahme der Gemeindevorstände und der Vorstände der Gutsbezirke erhoben, seit 1899 werden von etwa 7000 „landwirtschaftlichen Sachverständigen" den statistischen Landesämtern Angaben über die wahrscheinliche Durchschnittsernte einer jeden Getreideart innerhalb ihres Bezirkes zugesandt, diese dort mit den vorher von den Vorstehern der Gutsbezirke und der Gemeinden erfragten Anbauflächen derselben Getreidearten multipliziert, alsdann zunächst für jeden Kreis summiert und als „Erntestatistik" veröffentlicht. Korrekterweise müßte diese St. als Summierung „einzelner Ernteschätzungen" bezeichnet werden. Es ist bekannt, daß als 1899 die Methode der Erhebung der erntestat. Angaben geändert, die frühere Methode der Summierung der Angaben der Gemeindevorstände verlassen und das Zwischeninstitut der landwirtschaftlichen Sachverständigen geschaffen wurde, eine Erhöhung der früheren Angaben um 12 bis 19 v. H. eintrat. Wie weit diese Tatsache auf einer wirklichen Unterschätzung der Ernte bei den früheren Angaben beruht, ist nicht mit absoluter Genauigkeit festzustellen; es bleibt nun die vielfach geäußerte Vermutung zu erwähnen, daß die landwirtschaftlichen Sachverständigen, da sie selbst aus den tüchtigsten und am intensivsten wirtschaftenden Landwirten genommen werden, zu leicht geneigt sind, die von ihnen selbst erzielten Ernten zu verallgemeinern und die Durchschnittsangaben damit zu erhöhen. Es ist auch allzu schwierig für einen ganzen Bezirk von 50 bis 100 Quadratkilometern eine wirklich einwandfreie Durchschnittsschätzung vorzunehmen — ganz kleine Abweichungen summieren sich da zu erheblichen Fehlern. Soweit bloße Zufallsabweichungen eine Rolle spielen, könnte ja das Gesetz der großen Zahlen geltend gemacht werden, nach welchem Gesetz sich solche Abweichungen annähernd ausgleichen müßten. Ob aber die große Mehrzahl der Sachverständigen aus psychologischen Gründen nicht zu hohe Angaben machen, bleibt dahingestellt. Eine Kontrolle könnte wirksam durchgeführt werden, wenn wenigstens die Inhaber der 300000 größeren Betriebe (von über 20 ha landwirtschaftlicher Fläche) die allein rund die Hälfte des deutschen Ackerbodens besitzen, über die von ihnen tatsächlich geernteten Getreide-, Heu- usw. Mengen befragt würden. Daran ist bis jetzt noch nicht einmal gedacht worden. Die heute vorhandenen Fehler dürften bis zu 15—20 % betragen. Manche überstrenge Nationalökonomen werden sagen, daß selbst solche Abweichungen schon vom Übel sind und daher überhaupt nicht mit den vorhandenen Zahlen operieren wollen. Nun, ein derartiger hyperkritischer Standpunkt ist sicher ungerechtfertigt. Vorhandene Zahlenwerte sind, selbst wenn man ihre Fehlergrenzen bis zu 20 bis 25 % in Plus oder Minus ausdehnen müßte, noch immer besser als gar keine Werte. Jedenfalls sind wir heute in Bezug auf die Wertschätzung der wirtschaftlichen Tatsachen viel besser daran, als unsere Väter

---

[1]) wie ich S. 610f. der Ehrengabe für Georg von Mayr, „Die Statistik in Deutschland . . ." hg. von F. Zahn, 1911, ausführte (Güterbedarf und Konsumtion S. 605ff.). Vgl. hierzu auch wegen der Frage der Unterschätzung Fröhlich in Schmollers Jahrbüchern XXXVI 2, S. 66. — Vgl. auch S. 97.

und Vorväter, die vielfach auf bloße Mutmaßungen angewiesen waren. Zwar können wir auch heute noch in vielen Beziehungen die Konjekturalst. nicht entbehren, immerhin besitzen wir Anhaltspunkte und Ausweise, die den früheren Statistikern fehlten. Schließlich gebraucht man Näherungswerte selbst in der Mathematik. Wir müssen uns nur stets eingedenk bleiben, daß es eben Näherungswerte sind und versuchen, alle Kontrollverfahren heranzuziehen.

Bezüglich der Produktionsst. einer ganzen Menge von Fabrikaten waren und sind wir für viele Staaten auf bloße Schätzungen angewiesen; es fehlt an einer allgemeinen Produktionsst. für Fabrikate (abgesehen, wie bemerkt, für diejenigen Produkte, die vom Staate besteuert werden). In Deutschland ist bekanntlich zuerst eine ausführliche Produktionsst. für das Jahr 1897 aufgenommen und verarbeitet worden, dann für 1907. Freilich ist dasjenige, was davon in die Offentlichkeit gedrungen ist, ziemlich dürftig, wir haben nur sehr allgemeine Angaben, und es wäre sehr erwünscht gewesen, die Details zu wissen. Die Amerikaner veranstalten bekanntlich alle zehn Jahre sehr ausführliche produktionsstat. Erhebungen sowohl für die Landwirtschaft als für die Industrie, die in den voluminösen Bänden des amerikanischen Zensus niedergelegt werden. Freilich wird die Genauigkeit dieser Angaben vielfach in Zweifel gezogen.

Es wäre zweifellos möglich, für die landwirtschaftliche Produktionsst. sehr genaue Kontrollverfahren einzuführen. Die Getreideproduktion findet z. B. ihre Kontrolle in der Müllerei. Der Fleischverbrauch in den Städten läßt sich genau nachweisen (Oktroi und Schlachthäuser). Leider fehlt eine Kontrolle des Fleisches auf dem Lande. Es ist selbst möglich, in solchen Ländern, in denen es an einer genauen Produktionsst. fehlt, auf Umwegen zu erfahren, wieviel tatsächlich an einigen Stoffen produziert worden ist. Wenn wir z. B. wissen, wieviel Baumwolle in einem Lande ein- und ausgeführt wird, welches selbst keine Baumwolle produziert bzw. nur geringe Mengen davon hervorbringt, so können wir mit absoluter Genauigkeit die Menge der produzierten Baumwollwaren berechnen, da auf den Abfall stets ein bestimmter, sich nahezu stets gleichbleibender Prozentsatz gerechnet werden kann.

Schwieriger als über die absoluten und damit zugleich relativen Mengen der Erzeugnisse ist es, über den Zusammenhang der Wirtschaft mit der Technik Ausweise zu erlangen, bezw. Daten zu erlangen, über das Verhältnis von Arbeitszeit zur Arbeitsleistung bei fortgeschrittener und zurückgebliebener Technik. Gerade solche Vergleiche könnten ungemein lehrreich wirken. Ist doch die Intensität der Arbeit und ebenso die Produktivität derselben in jedem Lande anders.

Unter Intensität der Arbeit verstehen wir die Anspannung der menschlichen Arbeitskraft gegenüber einem zu behandelnden Material bzw. die dauernde Anspannung des arbeitenden Subjekts gegenüber den Naturstoffen. Unter Produktivität der Arbeit verstehen wir das geleistete Quantum im Verhältnis zur Zeit. Eine sehr intensive Handarbeit kann z. B. sehr wenig produktiv sein, d. h. sehr wenig hervorbringen, eine sehr produktive Maschinenarbeit braucht nicht gleichzeitig sehr intensiv zu sein. Die Maximalleistungen wird man natürlich erst erreichen, wenn die vervollkommnetste Technik bzw. fortgeschrittenste Maschinenanwendung mit der höchsten Itensität der menschlichen Arbeit Hand in Hand geht.

Bezüglich der Intensität der Arbeit besitzen wir leider noch zu wenig Erfahrung, während es doch ungemein wichtig wäre, die Streitfrage über die Länge der Arbeitszeit, die normale Arbeitsdauer auf eine wissenschaftliche Basis zu stellen. Wir sind leider stat. noch lange nicht im Klaren darüber, bei welcher Länge der Arbeitszeit ohne Ruin der Gesundheit die höchste Intensität zu erreichen ist. Es wird sich dies natürlich für die verschiedenen Gewerbe sehr verschieden stellen:

Besser steht es mit den Nachweisen bezüglich der Produktivität. Freilich sind wir auch da des Öfteren genötigt, die wirtschaftsstat. Daten auf mühsamen Umwegen aus technischen Zeitschriften und Lehrbüchern zusammenzusuchen, wobei naturgemäß die größte Vorsicht geboten ist. Sehr oft finden wir unzutreffende Angaben, ja direkt falsche Zahlen.

Sehr verdienstvoll sind in dieser Beziehung die Schriften des Vereins für Sozialpolitik, namentlich die Untersuchungen über das Handwerk. Das wertvollste bietet der 13. Band des Com. of Labor „Hand and machine labour". Freilich müssen wir immer im Auge behalten, daß diejenigen Notizen, die für eine verflossene Periode gültig waren, es oft heute nicht mehr sind, weil die Technik Fortschritte macht. Doch ist hier zu bemerken, daß, wenn wir an der Hand der Produktivität einer verflossenen Periode Vergleiche anstellen zwischen Hand- und Maschinenarbeit, wir dabei den erzielten Fortschritt nicht zu hoch einschätzen können. Freilich muß ja gerade bei solchen Vergleichen mit der größtmöglichen Vorsicht verfahren werden, und alle möglichen Kontrollverfahren eingeführt werden.

Von sozialistischen und optimistischen Schriftstellern wird da vielfach in der unglaublichsten Weise gesündigt, mitunter an einzelnen, für die gesamte volkswirtschaftliche Produktion unerheblichen Zweigen der Fortschritt der Technik demonstriert. Wenn z. B. die Arbeit des Maschinenspinners, wie mitunter behauptet wird, 700 mal produktiver geworden ist als die des Handspinners, so bedeutet dies ja nicht, daß wir nun auch nur um 70 oder 7 mal billigere Kleider bekommen, sondern wir müssen außerdem berücksichtigen, daß die Textilfaser nach wie vor in der Landwirtschaft erzeugt werden muß, in der die Produktivität verhältnismäßig wenig gestiegen ist, und daß endlich der Webstuhl und die Arbeit des Webers vielleicht nur einigemal produktiver geworden ist. Die Pessimisten betonen ja mit besonderer Schärfe, daß es für die Steigerung des menschlichen Wohlstandes sehr wenig ausmache, ob ein Mensch 100 oder 100000 Nähnadeln täglich herstellen könnte, da der Bedarf an diesen Gegenständen doch ein verhältnismäßig sehr geringer sei.

Während die Optimisten in der Entwicklung der Produktion überall die Lichtseiten sehen, auch die Störungen im Wirtschaftsleben, die Wirtschaftskrisen als bloße geringfügige Übel betrachten, die das Gesamtbild dieser herrlichsten, besten aller Welten nur wenig zu trüben vermögen, ist die Parole der Pessimisten, die Behauptung von dem Handinhandgehen des Fortschrittes mit Armut und Verelendung. Zum Teil erklären sich diese Richtungen aus der verschiedenen Betrachtungsweise, der konsumierten und produzierten Güter. Wenn man die Gesamtmasse der produzierten Güter betrachtet und diese Unmenge, diesen Bergen von allerhand Waren und Konsumgegenständen den einzelnen, winzigen Menschen gegenüberstellt, so könnte man leicht vermeinen, in einem Meer von Überfluß zu schwimmen. Ebenso nehmen wir einen gewaltigen Fortschritt wahr, wenn wir die heute produzierten Mengen von Lebensmitteln mit der früheren Produktion vergleichen, wenn wir betrachten, wie die Ernteerträge gestiegen sind. Bei solchen Betrachtungen wird häufig aus dem Auge gelassen, daß auch die Menge der Menschen, unter die die Gesamtproduktion zu verteilen ist, bedeutend angewachsen ist.

Berücksichtigen wir dies, so sehen wir allerdings die immensen Massen von erzeugten Gütern an Bedeutung gewaltig zusammenschrumpfen. Wir werden uns vielfach sehr wundern, wenn wir sehen, wie klein eigentlich der Tages- und selbst der Jahresanteil des einzelnen Erdenbürgers an den verschiedenen Gütern ist. Denn was will es besagen, wenn auf jeden Menschen für 1,20 Mark Gold und für 40 Pf. Silber produziert werden, für ein paar Pfennige Edelsteine? Der einzelne Weltbürger müßte 16 Jahre sparen, um es zu einer Doppelkrone zu bringen. Zum Besitz von Edelsteinen würden überhaupt die wenigsten kommen. Hier haben gewissermaßen die Pessimisten Recht: wenn wir die Menge der produzierten Edelmetalle zerlegen, müssen wir sagen, daß die relativen Mengen äußerst dürftig sind und stets gering bleiben werden, einfach weil die Ausdehnung der Produktionsmöglichkeit gar nicht in der Macht des Menschen steht, weil die auf unserer Erdkugel vorhandenen Schätze an gleißendem Metall außerordentlich beschränkt sind. Da wird es stets heißen müssen „Fortschritt und Armut“[1])! So sehr auch die Goldproduktion ansteigen mag, auf jeden Erdbürger wird immer nur eine Kleinigkeit entfallen.

Wollen wir also zusehen, wie weit der Fortschritt und Reichtum gehen können, so müssen wir von der Edelmetall- und Edelsteinproduktion völlig absehen und uns an die Produktion der beliebig vermehrbaren Güter halten, d. h. derjenigen Güter, die wenigstens noch heute mittelst Anwendung von Arbeitskraft und Kapital beliebig vermehrbar sind, wenn diese Vermehrbarkeit auch nicht für alle Zukunft fortgesetzt werden kann. Ebenso wie dies ist bei der Frage nach der Vermehrbarkeit der Bevölkerung auch sehr von Belang der Maßstab, den man an den Bedarf des Menschen legt,[2]) ferner das Klima.

Die Menschen können sich vermehren, sie können Kapital bilden, ist aber das das Klima unwirtlich, der Boden ungünstig und unergiebig, so ist alle menschliche Kunst vergeblich.

Gesetzt den Fall, es würden in Deutschland infolge eines blutigen Krieges alle Kapitalien und Maschinen vernichtet, alle Fabriken und sonstigen Gebäude dem Erdboden gleichgemacht, so genügte vielleicht schon die Arbeit eines einzigen Jahrzehntes, sicher aber einiger Jahrzehnte, um alles wieder neu zu schaffen. Angenommen, die Bevölkerung wird durch Krieg, Seuchen und Hungersnot auf ein Zehntel ihres Bestandes vermindert, so genügt ein Jahrhundert, um sie wieder auf die alte Höhe zu bringen. Zieht jedoch eine neue Eiszeit über Europa heran, wird wiederum, wie in der geologisch gar nicht weit zurückliegenden Vorzeit, die Hälfte Deutschlands mit Gletscherfeldern bedeckt, so ist alle menschliche Kunst vergebens, der Mensch muß auswandern, er muß wohnlichere Gefilde aufsuchen, solche Landstriche zu gewinnen trachten, die in einer „glücklicheren Natur“ gelegen sind. Der Naturfactor repräsentiert so recht die schlummernden produktiven Kräfte eines Landes.

Der Bodenkoeffizient ist durchaus nicht, wie einige Autoren (Otto Effertz) Glauben machen wollen, von Bedeutung bloß für die Beschaffung von Nahrungsmitteln. Er ist auch vielfach für die Beschaffung von Kulturmitteln geradezu von ausschlaggebender Bedeutung. So konstruiert Otto Effertz gegenüber den Behauptungen der Sozialisten, daß das Wesentliche in der Volkswirtschaft die menschliche Arbeitskraft sei, indem mittels Anwendung von Arbeit geradezu unbegrenzte Mengen an Nahrungsstoffen produziert werden können, die These, daß bei den Nahrungsmitteln von wesentlicher Bedeutung der Bodenfaktor sei. Bei den Kulturmitteln komme es allerdings nur anf die Menge der Arbeit an. Dies trifft jedoch auch noch nicht ganz den Kern des Problems. Sämtliche für die Bekleidung notwendigen Faserstoffe müssen erst in der Landwirtschaft erzeugt werden. Man kann sie nicht direkt aus der Erde graben oder im Meere erlangen. Vielmehr gehört zu den meisten dieser Faserstoffe ein sehr bedeutender Bodenkoeffizient. Den größten Bodenkoeffizienten beanspruchen unter den Faserstoffen Wolle und Seide. Man kann z. B. pro ha besten Bodens, richtiger bester Weide kaum 10 bis 15 Schafe halten, die vielleicht 20 bis 30 kg Wolle hervorbringen. Wollte man also die in Deutschland eingeführte Wolle im Inlande produzieren, so brauchte man dazu bei den heutigen Ernteerträgen sicher 4 bis 5 Mill. ha Wiesen und Weid-

---

[1]) „Progress and poverty“ ist der Titel des berühmten Werkes des 1890 verstorbenen Amerikaners Henry George.

[2]) Genau ausgeführt bei Ballod: „Wieviel Menschen kann die Erde ernähren?“ in Schmollers Jahrb. XXXVI 2, S. 81 ff.

land. Sehr groß ist der Bodenkoeffizient bei der Seide. Relativ geringer ist er bei den Pflanzenfaserstoffen, die mindestens das zehnfache pro Fläche ergeben. Es werden in Amerika 200 bis 250 kg Baumwolle pro Hektar erzeugt. Immerhin beansprucht die in Deutschland verbrauchte Baumwolle ziemlich 2 Mill. ha Boden. Desgleichen ist für den Bau von Gebäuden und zur Feuerung Holz unentbehrlich. Die deutschen Wälder umfassen z. B. 26 % der Bodenfläche, trotzdem muß noch alljährlich eine Menge Holz eingeführt werden, zu deren Produktion nach deutschen Durchschnittsverhältnissen einige Millionen Hektar Waldboden nötig wären. [Einfuhr 1909 und 1910 etwa je 6 bis 7 Mill. t Nutzholz). Auch zur Produktion von Papier ist Land erforderlich, indem das Papier aus Pflanzenfaserstoffen, Holz, Gras, Lumpen hergestellt wird. Lediglich bei der Eisen- und Kohlenproduktion, für die Ziegelei, Glas- und überhaupt die keramische Industrie, in der Zementindustrie dürfte annäherungsweise die Behauptung stimmen, daß es lediglich auf die angewandte Arbeitskraft ankommt, um die Menge der Produktion zu bestimmen, allerdings unter der Voraussetzung, daß ein Land überhaupt das Rohmaterial besitzt. Auch da werden, je nach Reichhaltigkeit und Abbauwürdigkeit der Mineralien, die Arbeitserfolge differieren.

Es machen sich nicht nur die Sozialisten einer Unterschätzung des Bodenfaktors schuldig, sondern wir begegnen ihr sehr häufig selbst bei Staatsmännern, welcher Umstand gerade von den schwersten Folgen für die Zukunft sein kann. Hat doch einmal ein hochstehender Staatsmann öffentlich erklärt, es könnte Deutschland gar nichts schlimmeres passieren, als wenn es eines schönen Tages ganz Afrika geschenkt bekäme! Man wird in Zukunft sehr scharf urteilen über eine Staatskunst, die von einer souveränen Verachtung der „nahrungsprossenden Erde" geleitet war. Es herrscht heute neben einer Geringschätzung des Bodens gleichzeitig eine gewaltige Überschätzung mancher historischer Fleckchen Erde. Man kann freilich behaupten, und es ist dies tatsächlich oft geschehen, daß es ganz gleichgültig sei, wie der Bodenfaktor heute unter den einzelnen Nationen verteilt sei: sie stünden ja alle miteinander in Handelsverkehr: was die eine weniger habe, könnte sie mit Leichtigkeit von der anderen beziehen. So einfach liegen nun die Dinge doch nicht. Wir erleben es auch heute oft genug, daß die beati possidentes unter den Nationen auch wirtschaftlich gern von den anderen Vorteile ziehen wollen und sich zu keinem gerechten Austausch der Produkte, nach Maßgabe etwa der gleichen Arbeit entschließen mögen.

Es ist jedenfalls von größter Bedeutung, zu betrachten, nicht nur wie heute der Bodenfaktor auf der Erde unter den einzelnen Nationen verteilt ist, sondern wieviel kulturfähigen Boden es überhaupt gibt. Die

Tabelle 1.

Bevölkerung der Erde Anfang 1912 und anbaufähige Fläche.

	Bevölkerung Millionen	Fläche	davon anbaufähig
		Millionen Quadratkilometer	
Europa	455	9,7	7,9
Asien	955	44,1	15,0 davon Tropen 7,0
Nordamerika	125	20,5	7,0 „ „ 1,5
Südamerika	50	17,8	13,5 „ „ 12,0
Afrika	140	29,8	11,2 „ „ 10,0
Australien	7	8,9	2,9 „ „ 1,8
	1732	130,8	55,9 davon Tropen 30,6

Frage ist eingehend behandelt vom Verfasser dieses in Schmollers Jahrbüchern XXXVI 2 [1911] S. 87—98 [denen auch die Tabellen Nr. 1 und 2 entnommen sind]. Mangels einer genauen Katastrierung und Bodenbonitierung der gesamten Erde kommen wir an der Hand der genügend ausgebildeten Klimatologie zu folgenden annäherungsweisen Feststellungen, denen die Bevölkerungsziffer vorgesetzt ist.

Es gibt demnach

in den Tropen 30,6 Mill. qkm anbaufähige Fläche (mit rd. 60 Mill. Bevölkerung)
in d. gem. Zone 25,3 „ „ „ „ („ 1130 „ „)

In den einzelnen Staaten verteilt sich Boden und Bevölkerung etwa folgendermaßen:

Tabelle 2.

	Gesamtfläche Millionen qkm.	Anbaufähige Fläche		Bevölkerung in Millionen			Summa Millionen	Auf 1 qm anbauf. Fläche	
		Gem. Zone	Tropen	Europäer	Mongolen Inder	Neger Malay. usw.		Gem. Zone	Tropen
Rußland	22,086	4,300	—	140(Eur.) 12(Asien)	15	—	167	38,5	—
Britisches Reich	27,882	2,600	8,000	60	323	34	400	23	44
ohne Ägypten	3,030	0,050	—	—	15	—	15	—	—
Frankreich	10,808	1,000	4,000	40	—	—	92	48	10
China	11,000	4,300	—	—	433	—	433	100	—
Verein. Staaten	9,600	4,000	0,400	82	10	10	102	23	40
Deutsches Reich	3,400	0,540	1,200	66	—	15	81	120	8
Belgien-Holland	4,362	0,062	4,300	13,6	—	50	64	220	12
Südamerika	20,200	12,900	12,000	20	30	—	50	7	3
Spanien und Portugal	2,714	0,588	1,000	25	—	9	34	45	9
Türkei	2,900	1,300	—	6	18	—	24	18	—
Österreich	0,726	0,726	—	52	—	—	52	72	—
Italien	1,536	0,336	0,100	35	1	0,2	36	120	2
Skandinavien	0,518	0,240	—	10,6	—	—	10,6	44	—
Balkanstaaten und Rumänien	0,350	0,350	—	16	—	—	16	46	—
Schweiz	0,041	0,020	—	3,5	—	—	3,5	175	—
Japan	0,624	0,624	—	—	67,5	—		108	—

Hiervon sind wiederum nur zwei Drittel landwirtschaftlich, d. h. als Acker, Wiese und bessere Weiden entsprechend den Verhältnissen in Mitteleuropa, nutzbar. Das Klima ist fernerhin auch aus dem Grunde für die Beurteilung der Anbaufähigkeit in den Vordergrund zu stellen, weil ihm gegenüber der Mensch machtlos ist, den Boden dagegen in ziemlich weitgehendem Maße durch Düngung und Meliorationen seinen Zwecken dienstbar machen kann. Die ausschlaggebeneen Momente sind die mittlere Jahrestemperatur eines Landstriches (also derart, daß das Getreide z. B. regelmäßig, nicht nur in besonders günstigen Jahren oder an geschützten Stellen reift) und die jährliche Niederschlagsmenge. Hier sind erforderlich in der gemäßigten Zone über 400 mm im Jahre, bezw. über 220—250 mm in der „Vegetationsperiode", etwa April bis

August einschließlich; in der subtropischen Zone mit ihrer stärkeren Verdunstung über 500—600 mm; in den Tropen über 750—1000 mm; bei über 2000 mm Regenfall geben die letzten in der Regel zwei Jahresernten auf derselben Fläche.

Die Getreideerzeugung.

Bei der Betrachtung der Getreideerzeugung müssen wir zunächst die Produktionsbedingungen und Möglichkeiten untersuchen. Hängt doch von der Höhe der Getreideernten die Ernährung des Menschen, die Zunahme der Bevölkerung ab. Es ist von größter Wichtigkeit, zu wissen, nicht allein die Ausdehnung des anbaufähigen Bodens, sondern auch die Erntehöhe bei zurückgebliebener und fortgeschrittener Kultur. Es ist ferner zu fragen, ob überall hohe und höchste Flächenerträge möglich sind, ob nicht vielmehr Klima- und Bodenverschiedenheiten Einschränkungen bedingen.

Wenn List vor 60 Jahren meinte, die Erde könnte mit Rücksicht auf die noch unausgenutzten Flächen und die Fortschritte der Agrikulturchemie dereinst wohl das zehn- bis hundertfache ihrer damaligen Bevölkerung (d. h. der Bevölkerung von 1840 als List schrieb) ernähren, so können wir heute mit ziemlicher Sicherheit sagen, daß schon die unterste von List angenommene Grenze zu hoch sein dürfte, da auch die Bäume der Agrikulturchemie nicht in den Himmel wachsen, andererseits wir nicht einmal wissen, ob die zu einer bedeutenden Hebung der landwirtschaftlichen Produktion nötigen chemischen Düngemittel dauernd in genügenden Mengen beschafft werden können. Was wir namentlich bis heute über das Phosphorsäurevorkommen wissen, berechtigt uns durchaus nicht zu sehr optimistischen Anschauungen. Weitaus die meisten Landgebiete sind arm an Phosphorsäure bzw. bedürfen eines bedeutenden Zuschusses an künstlichen Düngemitteln, wenn hohe Ernten erzielt werden sollen.

Von Natur reiche Landstriche sind auf der Erde recht dünn gesät und gerade die regenreichsten besitzen meistens keinen fruchtbaren Boden. Die Erträge in vielen „jungfräulichen“ Landgebieten mit angeblich fruchtbarem Boden sind durchaus nicht so außerordentlich hoch. Die „wunderbare“, „erstaunliche“ Fruchtbarkeit der amerikanischen Prärien oder der „üppigen“ Schwarzerde Rußlands und Argentiniens erscheint in einem eigentümlichen Lichte, sobald man erfährt, daß die Erträge daselbst nur etwa halb so hoch sind wie in Deutschland, außerdem aber der Boden bei mangelndem Ersatz an Pflanzennährstoffen in der Fruchtbarkeit sehr bald stark nachläßt. Die Durchschnittsernte an Getreidekörnern erreicht in Deutschland 17—20 dz auf den ha, in Amerika sinkt sie auf 8—10, in Rußland auf 6—8, in Indien und Australien auf 4—6 dz. Dabei wird in den Exportländern häufig Raubbau getrieben. Zum Teil auch ist die Ursache der niedrigen Ernten der geringe Regenfall, die häufigen Dürren.

Interessant sind die Versuche von Lawes und Gilbert in Rothamstead in England. Daselbst wurde ein guter Ackerboden, der bei regelrechter Düngung im Fruchtwechsel rund 20—22 dz Weizen pro ha brachte, alljährlich mit Weizen bestellt, jedoch ohne Düngung belassen. Nach 30 Jahren waren die Durchschnittserträge auf 6—8 dz herabgesunken, wobei die Schwankungen bedeutend größer geworden waren. Diese 6—8 dz konnten also aus den im Boden selbst befindlichen Pflanzennährstoffen dauernd erzeugt werden. Der Versuchsboden war von Natur fruchtbarer Lehmboden.

Wir werden nunmehr verstehen, warum die fruchtbaren Striche in den Ländern extensiver Kultur keine hohen Erträge bringen. Es gibt allerdings zwei Länder auf der Erde, in denen seit Jahrhunderten, stellenweise seit Jahrtausenden regelrechte Ersatzwirtschaft getrieben wird. Es sind dies China und Japan. Man hat lange Zeit und mit Recht die chinesische und japanische Landwirtschaft der europäischen gegenüber als vorbildlich hingestellt. So noch Justus von Liebig, der namentlich darauf hinwies, daß die Chinesen die Pflanzennährstoffe dem Boden vollständig ersetzten. Bekannt ist außerdem die außerordentliche sorgfältige Bodenbearbeitung in China, das Behacken und Behäufeln der Pflanzen.[1]) Allein wenn man nun glauben wollte, daß bei der dortigen sorgfältigen, gartenmässigen Pflege und Bestellung der Acker Maximalerträge liefert, so würde man sich stark täuschen.

Über die Ernteerträge Chinas besitzen wir vor der Hand allerdings keine Statistik, allein nach vorurteilsfreien Berichten scheinen die Ernten durchaus nicht so übermäßig hoch zu sein. Von Japan aber wissen wir aus der Statistik recht genau, daß die Mittelernten durchaus nicht über die deutschen hinausgehen. Selbst für Reis, der nur auf bestem, künstlich bewässertem Boden gezogen wird, betragen die Ernteerträge nicht über 15—18 dz pro ha. Von wirklichen Maximalernten weiß man erst, seit man, wie dies in den deutschen Zuckerrübenwirtschaften der Fall war, zu Überschußdüngung und Tiefkultur übergegangen ist.

In Deutschland sind erst in den letzten zwei bis drei Jahrzehnten Mittelernten von 30 und selbst 36 bis 40 dz Körner a. d. ha erzielt worden und es scheint, daß noch eine weitere kleine Steigerung um vielleicht sechs bis zehn dz a. d. ha bei sorgfältigster Bestellung und Sortenauswahl möglich ist, wie die Ergebnisse in der Versuchswirtschaft Lauchstädt bewiesen haben (1896 — 1906 Winterweizen 40,0, Hafer 36,2 dz pro ha durchschnittlich). Die Frage ist nur, ob eine solche Kultur wie sie in den besten Zuckerrübenwirtschaften eingeführt ist, überall durchführbar ist, vor allen Dingen, ob sie auf die Dauer aufrecht erhalten werden kann.

Es scheint nämlich, daß die Pflanzen bei der Hochkultur durchaus nicht alle ihnen gebotenen Nährstoffe verarbeiten, sondern ein Teil dieser Nährstoffe nutzlos von den Atmosphärilien fortgeschwemmt, ein anderer in schwerlösliche Verbindungen übergeführt wird. Bis jetzt hat man wenigstens noch stets in den hochintensiven Wirtschaften mit Überschußdüngung gearbeitet, d. h. dem Boden mehr gegeben, als ihm in den Ernten entzogen worden war. Nun ist es zweifellos richtig, daß ein angereicherter Boden an sich höhere Erträge bieten kann als ein armer oder ausgeraubter. Aber es wird vielfach behauptet, daß selbst auf den besten Böden, in den Zuckerrübenwirtschaften die Erträge sofort sinken, sowie man glaubte, mit der Bodenanreicherung genug getan zu haben und bloße Ersatzwirtschaft treiben wollte. Vielfach werden in intensiven Wirtschaften 50 % und mehr Phosphorsäureüberschuß für wünschenswert erklärt. Es fragt sich daher: sind diese Massen von Phosphorsäure und Kali, die zur Erzielung von Maximalernten benötigt werden, überhaupt auf die Dauer zu beschaffen? Es sind vielfach selbst von Wissenschaftlern sehr optimistische Ansichten geäußert worden, das Gespenst der Bodenverarmung, wie es Liebig und andere heraufbeschworen hätten, habe heute an Bedeutung verloren, denn den nötigen Stickstoff könne man durch Anbau von Zwischenfrüchten (Bohnen, Erbsen, Wicken, Lupinen, Klee, Luzerne, Seradella) in enormen Mengen aus der Luft entnehmen. Nun ist es richtig, daß die Schmetterlingsblütler, also

---

[1]) Neuerdings in Deutschland nach dem Buche des Russen Demtschinsky als „Demtschinsky-Kultur" zu Ehren gekommen.

Klee, Wicken und Erbsen, Bohnen die Fähigkeit haben, in Symbiose mit einigen Bakterienarten sich dem Luftstickstoff anzueignen, während die eigentlichen Getreidepflanzen, also Weizen, Gerste, Roggen, Mais, Hafer, Buchweizen nur den bereits im Boden vorhandenen oder ihm in Form von Dünger zugeführten Stickstoff verarbeiten können. Die Kleearten verarbeiten aber selbst nicht nur Stickstoff, sondern sie hinterlassen davon auch bedeutende Mengen im Boden, welche den folgenden Getreidepflanzen zugute kommen. Baut man also Feldfrüchte in regelmäsigem Fruchtwechsel, so kann es allerdings an Stickstoff kaum fehlen und jede Furcht über Stickstoffmangel ist unangebracht. Außerdem sind ja in der neuesten Zeit Verfahren ausgebildet, die mittels Elektrizität Stickstoff aus der Luft entnehmen. Schlimm ist aber, daß auch Phosphorsäure und Kali nicht weniger wichtige Pflanzennährstoffe vorstellen als der Stickstoff und die Pflanzen sich nach dem Gesetz des Minimums richten, d. h. sie bringen nur immer so hohe Erträge, als es der im Minimum vorhandene Nährstoff gestattet: Alle Nährstoffe können im Überschuß vorhanden sein, ist aber Phosphorsäure nur in der halben Höhe vorhanden, die zur Erzielung von Maximalernten nötig ist, so wird man keine Maximalernte, sondern nur die halbe Ernte erzielen können. Die Phosphorite sind nun durchaus nicht sehr reichlich auf der Erde vertreten. Der amerikanische Phosphoritvorrat soll sich nur auf 130 Mill. t belaufen, der russische auf 40 Mill., die algerischen Lager sind auf 250 Mill. t geschätzt worden. Auf einigen Südseeinseln sollen noch 40—100 Mill. t vorhanden sein. Das ist außerordentlich wenig, damit kann die heutige Kulturmenschheit in einem Menschenalter fertig sein. Daß so wenig Phosphate vorhanden sind, ist ja sehr erklärlich. In der Hauptsache kommt Phosphor in größeren Mengen lediglich in der Pflanzenasche vor, besonders aber in den Knochen von Tieren. Die größten Phosphoritvorkommen stammen von den Sauriern der Vorzeit. Diese Saurier hausten wiederum hauptsächlich in flachen Landseen und Flüssen während einer ziemlich beschränkten Erdepoche der Jura- und Kreidezeit in größeren Mengen, bis sie „zu tief in die Kreide kamen", d. h. während der Kreideformation wegstarben. Es gibt allerdings noch Phosphorsäure im Apatit, einem Mineral, das hauptsächlich in Kanada gefunden wird und in phosphorhaltigen Eisenerzen; allein auch deren Lager sind nicht unerschöpflich. Die Minettelager in Deutsch- und Französisch-Lothringen sollen allerdings 5 bis 6 Milliard. t umfassen, jedoch ist davon höchstens ein Zehntel als phosphorsaurer Kalk bzw. Thomasschlacke bei der Eisenfabrikation zu gewinnen. Man könnte also sagen, daß die Minettevorkommen allein soviel Phosphorsäure enthalten, wie alle Phosphoritlager der Erde zusammengenommen. Das Schlimmste aber ist, daß man ja nicht Eisenproduktion betreiben kann, um lediglich die Phosphorsäure zu gewinnen. Außerdem aber dürften auch diese Lager sowieso in ein paar hundert Jahren aufgearbeitet sein. Es werden z. B. in den letzten Jahren nur in Deutsch-Lothringen 20 bis 25 Mill. t Minetteerze gefördert. Das Vorhandensein von Phosphorsäure im Knochenmehl ist bekannt. Allein es handelt sich nicht um den bloßen Ersatz von Phosphorsäure, sondern um die Beschaffung von überschüssigen Mengen. Einerseits müßten an sich arme Böden durch Vorratsdüngung überhaupt erst in den Stand gesetzt werden, höhere Ernten zu bringen, andererseits aber scheint zur dauernden Erzielung von Maximalernten wie bemerkt, an sich Überschußdüngung nötig. Es ist daher wohl möglich, daß man mit der Zeit sich genötigt sehen wird, auf der Suche nach Phosphorsäure die Urgebirgssteine, insbesondere die Basalte, Phonolite usw. zu zerkleinern bzw. zu pulverisieren. Bedenklich ist, daß dieselben relativ wenig Phosphorsäure enthalten. Granit enthält in der Regel kaum $^1/_2$ %, selbst die phosphorsäurereichsten Basalte enthalten davon kaum über $^1/_2$ bis 1 %. So wahrscheinlich es ist, daß man in der ferneren Zukunft, d. h. in 100 bis 200 Jahren, zur Steinmehldüngung greifen muß, so schwierig ist die Frage zu beantworten, ob diese Düngung zu erträglichen Kosten zu beschaffen sein wird, ob außerdem die Schwerlöslichkeit der Phosphorsäure nicht ein schlimmes Hindernis bilden wird.

Günstiger steht es nun mit dem Kali. Erstens sind nämlich die Lehmböden an sich sehr reich an Kali. Für die Sandböden und Wiesen aber können wenigstens in Deutschland die Staßfurter Abraumsalze noch Jahrtausende vorhalten, wo nach früheren Berechnungen von Meizen rd. 80 Milliarden t an Kalisalzen vorhanden sein sollen. Es hat sich zudem herausgestellt, daß die Kalisalzlager noch weit ausgedehnter sind als man früher annahm, daß ein großer Teil der Provinz Sachsen und der Mark Brandenburg sowie z. T. Elsaß auf Salz ruhen. Ähnliche reiche Kalilager scheinen in manchen anderen Ländern, namentlich auch in Rußland vorhanden zu sein. Rußland braucht z. B. nur den Karabugasbusen im Kaspischen Meer abdämmen und austrocknen zu lassen, um gewaltige Salz- und Kalimengen zu gewinnen. Auch das tote Meer dürfte austrocknen, sobald die Wässer des Jordans zur Bewässerung des Jordantales verwandt werden würden; im toten Meer würden alsdann enorme Mengen Salz zurückbleiben, darunter auch Kali.

Nun ist es, sofern die Europäer die Tropen beherrschen und ausbeuten, allerdings möglich, mittels aus den Tropen eingeführter Futtermittel in der gemäßigten Zone einen sehr starken Viehstand zu erhalten und damit die Felder reichlicher zu düngen. Es kann gewissermaßen die Landwirtschaft eines Gebietes auf Kosten der Landwirtschaft eines anderen in Flor gebracht werden. Schon heute sehen wir, daß der Boden einzelner Agrikulturexportstaaten verarmt, der Boden der Importstaaten dagegen reicher wird. Die Anreicherung des Bodens dieser Importstaaten tritt unter den heutigen Verhältnissen allerdings nicht voll in Erscheinung. Der störende Umstand ist, daß die Bevölkerung sich zum größten Teil in den Städten konzentriert hat und man es bis jetzt in geradezu unbegreiflicher Kurzsichtigkeit nicht für nötig gehalten hat, die Fäkalien und sonstigen Abfälle der Landwirtschaft zugute kommen zu lassen, wie dies in China und Japan geschieht. Stellenweise hat man allerdings Rieselfelder eingerichtet, leider aber dieselben viel zu klein bemessen. Man hat sich nicht gefragt, wie man die städtischen Fäkalien am besten verwendet, sondern man hat bloß gefragt danach, wie man sie am schnellsten los wird. So ist es denn dahin gekommen, daß man den Rieselfeldern z. T. geradezu das Zehnfache an Pflanzennährstoffen zukommen läßt, was durch Maximalernten verbraucht werden könnte. Dadurch hat man in zweifacher Weise gesündigt: ein so übermäßig gedüngter Boden bringt durchaus keine Maximalerträge, sondern sehr mittelmäßige Erträge; andererseits hat man den Boden geradezu vergiftet, die Umgebung der Rieselfelder verpestet. Also es gibt in dieser Hinsicht noch sehr viel zu verbessern und umzugestalten.

Bei der Getreidestatistik werden wir zuerst längere Zeit bei der folgenden Tabelle 3 über die Weltweizenproduktion aus der neuesten Zeit verweilen, um sodann auf die Details näher einzugehen, da Weizen das für den menschlichen Konsum weitaus wichtigste Getreide ist; wir werden daher hierbei auch einen Blick auf die Wachstums- und Produktionsbedingungen des Weizens werfen.

In neuerer Zeit hört man oft die Behauptung, die Maßregeln früherer Zeiten, wie sie vorsichtige Staatsverwaltungen mitunter vornahmen, Getreide in den Jahren des Überflusses als Vorbeugungsmittel gegen die Not der Mißjahre aufzuspeichern, sei für unsere Zeit vollständig überflüssig geworden, weil die Vervollkommnung der Transportmittel bei noch so schwerem Mißwachs in einzelnen Ländern die Möglichkeit biete, Getreide aus anderen Weltgegenden heranzuführen. Sie wird begründet: Auf der ganzen Erde käme niemals gleichzeitig Mißwachs vor, die Welternten glichen sich vielmehr in der Regel aus. Diese Ansichten sind nur zu einem Teil richtig.

Allerdings sind die Ernteschwankungen auf der ganzen Erde niemals so stark wie die in einzelnen Ländern, besonders in solchen, die eine extensive Kultur beibehalten haben. Dennoch kommen noch Schwankungen in der Weltweizenernte um ganze 30 % und mehr vor. Dabei folgt durchaus nicht immer ein reiches Erntejahr auf ein schlechtes, sondern häufiger lösen mehrere reiche Jahre erst mehrere schlechte Jahre ab. Man kann sagen, die Schwankungen der Welternte sind ebenso große wie die der Ernten in den landwirtschaftlich fortgeschritteneren Ländern, d. h. in Gebieten mit einer intensiveren landwirtschaftlichen Kultur. Die Aufspeicherung eines gewissen eisernen Vorrates an Getreide seitens öffentlicher Institutionen wäre daher selbst für unsere Zeit durchaus keine verfehlte oder gar überflüssige Maßnahme. Es könnte dabei sehr wohl eine gewisse Regulierung der Getreidepreise bewirkt werden. Vor allem könnte ein übermäßiges Hochgehen der Preise in Mißjahren verhindert werden. Bekannt sind ja frühere Bestrebungen in England und neuere in Deutschland, größere Weizenvorräte aufzuhäufen, um der Aushungerungsgefahr im Kriegsfalle zu begegnen [1]). Die preußischen Könige des 18. Jahrhunders hielten etwa ein Neuntel der Jahresernte in Kriegsmagazinen zurück und konnten so in Mißjahren außerordentlich segensreiche Maßnahmen treffen. Der Mangel öffentlicher Getreidevorräte machte es möglich, daß im Jahre 1898 die Chikagoer Getreidespekulanten, an ihrer Spitze Leiter, imstande waren, alle vorhandenen „sichtbaren" Getreidevorräte aufzukaufen und durch das Zurückhalten derselben den Weizenpreis nahezu um das Doppelte in die Höhe zu treiben. Erst die Aussicht auf eine außerordentlich reiche Ernte ließ den Weizenring („Corner") 1898 Ende Juni zusammenkrachen.

Natürlich kann heute infolge der Vervollkommnung der Transportmittel nicht mehr eine solche Not und Teuerung entstehen wie früher; die Preisschwankungen betragen nicht mehr das 10- und 15 fache wie im Mittelalter, sondern variieren nur um 50 bis 100 %.

Der Weizen bietet die schmackhafteste und zugleich nahrhafteste und daher begehrteste Nahrung. Vor allem enthält er mehr Eiweiß, den wertvollsten Nährstoff, als andere Getreidearten.

Über die hohe Wertschätzung des W belehren uns bereits Inschriften aus dem grauen Altertum. Trotz seiner Begehrtheit breitete sich aber doch anscheinend der Konsum von Wbrot nur sehr langsam aus. In Rom scheint erst nach der Eroberung von Sizilien und insbesondere Ägyptens das Wbrot vorherrschend geworden zu sein. Dagegen weisen manche Nachrichten darauf hin, daß auch bei ihnen die Gerste die ursprüngliche Brotnahrung bot, wurde sie doch bei religiösen Zeremonien angewandt, insbesondere bei Hochzeiten (confarreatio). Daneben scheint die Hirse im Altertum eine große Rolle gespielt zu haben. Eduard Hahn erklärt sie für die älteste Getreidepflanze der Indogermanen. Der Grund, weshalb der Wbau in vielen Gebieten trotz des Verlangens nach Wbrot sich nur langsam eingebürgert hat, ist in der Hauptsache wohl darin zu suchen, daß der W eine ungemein anspruchsvolle Pflanze ist, zwar nicht in dem Sinne, als ob er dem Boden bedeutend mehr Pflanzennährstoffe entzieht als der Roggen (immer die gleichen Quantitäten Körner verglichen); das tut der W nicht. Aber er verlangt die Pflanzennährstoffe (Stickstoff, Phosphorsäure, Kali) im Überschusse; andernfalls kann er sich nicht kräftig und freudig entfalten und wird häufig von aufkommendem Unkraut erstickt, das ihn namentlich im mageren Boden verdrängt. Interessant ist übrigens, daß der W zwar auf mittelmäßigen und mitunter selbst auf besseren Böden geringere Erträge liefert als der Roggen, solange man in der herkömmlichen Art wirtschaftet, also bei zurückgebliebener Kultur. Wirtschaftet man daher hochintensiv, wendet Überschußdüngungen an, so ergibt sich die auf den ersten Blick frappante Tatsache, daß der W von allen in unserem Klima gebauten Getreidearten, was den Nährwert anlangt, die höchsten Flächenerträge liefert, höhere als der Roggen. Mit dem W kann in bezug auf die Höhe des Ertrages bei der Hochkultur nur der Hafer konkurrieren, der aber in bezug auf den Nährwert stark zurück-

---

[1]) Vgl. Georg Fröhlich, Deutsche Volksernährung im Kriege, Schmollers Jahrbücher XXXVI 2, S. 61 ff., der vorschlägt, 2 Mill. t Weizen aufzuspeichern.

Tabelle 3.

Weizenproduktion der Erde in Millionen Tonnen.

	1878	1879	1880	1881	1882	1883	1884	1885	1886	1887	1888	1889	1890	1891	1892	1893	1894
Deutsches Reich	2,61	2,28	2,34	2,06	2,55	2,35	2,48	2,60	2,67	2,83	2,53	2,37	2,83	2,33	3,16	2,99	3,01
Frankreich	7,15	5,98	7,35	7,57	9,35	7,93	8,82	8,52	8,24	8,71	7,50	8,32	8,97	5,85	8,46	7,56	9,37
Großbritannien	2,19	2,19	2,19	2,24	2,24	2,24	2,33	2,26	1,80	2,16	2,11	2,15	2,15	2,12	1,72	1,44	1,72
Italien	3,97	3,97	3,97	3,97	4,26	3,42	3,39	3,27	3,29	3,47	3,03	2,99	3,61	3,89	3,18	3,72	3,34
Österreich-Ungarn	4,35	2,53	3,43	3,70	4,96	3,66	4,26	4,60	4,20	5,62	5,34	3,76	5,50	5,15	5,55	5,82	5,57
Rumänien.............	1,30	1,30	1,30	1,40	1,40	1,40	1,40	1,50	1,50	1,50	1,50	1,37	1,47	1,33	1,98	1,67	1,20
Rußland..............	5,14	4,43	4,23	6,85	6,91	6,20	7,13	4,85	4,52	7,78	8,05	4,74	5,76	4,67	8,70	12,38	12,19
Europa...............	31,97	27,97	30,33	33,10	37,08	32,62	35,27	32,99	31,70	37,56	35,73	31,47	36,02	30,83	38,46	44,29	42,27
Indien						6,94	6,94	8,14	7,03	6,49	7,26	6,46	6,22	6,41	5,62	7,31	6,88
Argentinien	0,30	0,30	0,30	0,50	0,50	0,50	0,50	0,50	0,80	0,80	0,96	0,96	0,90	0,90	0,82	1,55	2,04
Vereinigte Staaten......	11,44	12,21	13,57	10,43	13,72	11,46	13,96	9,72	12,44	12,42	11,32	13,35	10,87	16,65	14,04	10,78	12,53
Weltproduktion	54,04	51,10	55,16	54,43	62,50	55,63	61,29	55,31	56,18	61,44	59,15	56,03	57,95	57,56	59,31	65,26	68,36

	1895	1896	1897	1898	1899	1900	1901	1902	1903	1904	1905	1906	1907	1908	1909	1910	1911	1912
Belgien..........	0,52	0,52	0,52	0,48	0,30	0,37	0,38	0,40	0,34	0,31	0,32	0,34	0,36	0,38	0,42	0,34	0,40	0,42
Bulgarien........	1,00	1,31	0,83	0,93	0,59	0,73	0,65	1,15	1,00	1,15	1,05	1,40	0,85	0,99	0,87	1,34	1,96	1,73
Dänemark	0,10	0,10	0,10	0,08	0,10	0,10	0,03	0,12	0,12	0,11	0,12	0,12	0,12	0,12	0,10	0,11	0,12	0,11
Deutsches Reich..	2,81	3,01	2,91	3,61	3,85	3,84	3,00	3,90	3,55	4,25	3,70	4,38	3,56	3,77	3,76	3,86	4,07	4,36
Frankreich.......	9,24	9,26	6,59	9,93	9,75	8,86	8,46	8,92	9,98	8,10	9,19	8,90	9,40	8,62	9,77	7,18	8,77	9,12
Griechenland	0,11	0,13	0,08	0,11	0,07	0,08	0,08	0,08	0,08			0,25	0,22	0,15	0,10	0,10	0,10	0,10

Großbritannien ...	1,11	1,65	1,60	2,12	1,91	1,54	1,53	1,65	1,38	1,02	1,65	1,66	1,45	1,49	1,72	1,58	1,75	1,61
Italien	3,24	3,95	2,37	3,77	3,79	3,68	4,52	3,74	5,07	4,15	4,20	4,80	5,00	4,18	5,17	4,17	5,24	4,51
Niederlande......	0,11	0,15	0,12	0,13	0,14	0,12	0,12	0,14	0,11	0,12	0,12	0,13	0,15	0,14	0,12	0,12	0,15	0,13
Österreich-Ungarn	5,88	5,59	3,35	5,14	5,54	5,32	4,92	6,39	6,17	5,46	5,85	7,16	5,00	6,20	5,41	6,96	5,80	6,80
Portugal	0,19	0,15	0,24	0,21	0,17	0,22	0,22	0,28	0,28	0,24	0,23	0,24	0,24	0,24	0,24	0,24	0,32	0,29
Rumänien	1,89	1,96	1,00	1,61	0,72	1,56	1,99	2,09	2,03	1,70	2,70	3,13	1,45	1,51	1,60	3,02	2,60	2,43
Rußland	11,25	11,21	9,26	12,50	12,36	11,51	12,13	16,53	16,91	18,10	17,30	13,72	12,87	15,43	21,50	21,14	13,87	20,41
Schweden-Norweg.	0,11	0,14	0,14	0,13	0,13	0,16	0,12	0,13	0,16	0,15	0,15	0,16	0,16	0,20	0,19	0,21	0,23	0,19
Schweiz	0,09	0,08	0,10	0,12	0,14	0,14	0,15	0,14	0,14	0,12	0,12	0,13	0,18	0,09	0,10	0,10	0,10	0,08
Serbien	0,26	0,24	0,16	0,30	0,27	0,22	0,27	0,31	0,30	0,32	0,38	0,36	0,30	0,31	0,30	0,30	0,42	0,38
Spanien	2,23	1,98	2,46	3,40	2,66	2,74	3,73	3,63	3,08	2,50	2,75	2,80	3,00	3,26	3,92	3,74	3,06	4,04
Türkei	0,59	0,65	0,48	0,63	0,41	0,54	0,60	0,52	0,59	0,60	0,60	0,60	0,60	0,60	0,60	0,60	0,60	0,60
Europa	40,63	42,10	32,32	45,06	43,09	41,75	42,40	50,46	51,23	34,27	36,95	34,89	30,40	33,65	40,87	42,98	34,14	41,47
Algier	0,75	0,62	0,34	0,74	0,61	0,63	0,68	0,66	0,64	0,70	0,70	0,70	0,97	0,80	0,95	1,07	1,00	0,74
Ägypten.........	0,37	0,33	0,33	0,35	0,35	0,35	0,33	0,35	0,35	0,33	0,33	0,40	0,45	0,50	0,93	0,89	1,04	0,79
Argentinien	1,63	1,40	1,50	1,45	2,86	2,76	2,03	2,28	2,48	4,00	4,50	3,67	4,92	4,25	3,82	3,71	4,52	5,40
Australien	0,68	0,73	0,92	1,48	1,32	1,50	1,16	1,54	2,23	1,54	2,00	2,01	1,94	1,70	2,23	2,44	2,17	2,40
Canada..........	1,34	0,90	1,28	1,56	1,34	1,18	1,96	2,15	1,61	1,90	2,90	3,17	2,49	3,01	4,54	4,08	5,87	5,60
Cap und Natal...	0,07	0,06	0,06	0,06	0,06	0,05	0,05	0,06	0,06	0,06	0,06	0,06	0,06	0,06	0,06	0,06	0,06	0,06
Chile............	0,41	0,33	0,29	0,38	0,35	0,33	0,25	0,33	0,31	0,43	0,40	0,43	0,43	0,43	0,64	0,98	1,05	1,10
Indien	6,38	5,60	4,97	7,32	6,95	5,44	7,30	6,19	6,64	7,58	7,00	8,43	8,51	5,54	7,71	9,72	10,20	9,99
Japan	0,55	0,50	0,48	0,58	0,58	0,59	0,61	0,54	0,50	0,53	0,50	0,55	0,62	0,61	0,61	0,64	0,68	0,67
Tunis	0,20	0,15	0,16	0,18	0,13	0,15	0,17	0,16	0,15	0,15	0,15	0,15	0,17	0,10	0,18	0,15	0,23	0,12
Uruguay	0,27	0,16	0,10	0,16	0,20	0,19	0,10	0,21	0,17	0,20	0,19	0,28	0,22	0,24	0,26	0,24	0,24	0,24
Vereinigte Staaten	12,71	11,64	14,43	18,38	14,89	14,21	20,37	18,24	17,36	16,00	18,50	20,16	17,50	17,57	20,06	18,96	16,91	19,61
Welt............	66,02	64,51	57,19	77,71	72,73	69,13	77,41	81,84	85,20	83,64	87,44	93,84	85,99	68,46	82,86	83,07	98,87	105,56

steht. Zur Römerzeit war auch Sizilien wegen seiner Wkultur berühmt, wogegen der teils magere, teils steinige Boden Palästinas und Griechenlands genügsamere Kulturpflanzen erforderte. Von Babylonien erzählt Herodot, daß der W daselbst zwei- bis dreihundertfältige Erträge lieferte. Allerdings müssen wir ja bei den Angaben über hundertfältige Erträge in den Südländern stets vor Augen halten, daß der hundertfältige Ertrag in Wirklichkeit bloß auf eine Ersparnis an Saatgut hinweist. Man braucht dort weniger dicht zu säen. In Argentinien und im Nillande sät man z. B. bloß 50 bis 80 kg per Hektar, mitunter selbst nur 30 bis 40 kg.

In Mittel- und Nordeuropa scheint der W recht spät heimisch geworden zu sein. Noch um 1700 lebten etwa 70 % der französischen Bevölkerung von Roggenbrot, 30 % von Wbrot. 1850 war dieses bereits umgekehrt, und gegenwärtig macht der Roggenbrotkonsum nur noch etwa 15 % aus. In England ist Roggenbrot im Laufe der letzten zwei Jhde. gänzlich verschwunden. Auch in Deutschland scheint sich ein allmählicher Übergang zur Wbrotnahrung vorzubereiten, indem der Wkonsum in den letzten drei Jahrzehnten sich verdoppelt hat. Der Wkonsum ist von 51 auf 75 und zuletzt 93 kg pro Kopf der Bevölkerung gestiegen. Es dürfte heute wohl die Hälfte der Brotnahrung aus W hergestellt sein. Die Anbaufläche des W ist in Deutschland freilich nicht gestiegen, was sich wohl zum Teil aus dem Grunde erklären mag, daß der W als anspruchsvollere Pflanze bei den gesunkenen Preisen den Anbau auf schlechteren Bodenarten nicht lohnte. Allerdings scheint ja nach der deutschen Statistik auch die Roggenerzeugung bedeutend gestiegen zu sein. Der mehrproduzierte Roggen dürfte aber bis 1906 höchstwahrscheinlich in der Hauptsache verfüttert worden sein. Seit 1906, dem Inkrafttreten eines neuen Zolltarifes und der „Einfuhrscheine“ (1902) wird er ausgeführt. Außerdem ist zu beachten, daß die Menschen heute besseres Brot genießen. Während man noch vor einigen Jahrzehnten Rogenmehl verbuk, welches nur etwa 5 % Abfallkleie geliefert hatte, werden heute in den Großmühlen nur etwa 65 % vom Roggengewicht als Brotmehl gewonnen, der ganze Rest als Futtermehl und Kleie verkauft. Die Besserung der Lebenshaltung des Menschen vollzieht sich eben in doppelter Richtung, indem der Mensch nicht nur mehr animalische Nahrung an Stelle der vegetabilischen zu sich nimmt, sondern auch innerhalb der Vegetabilien die schmackhaftesten und nahrhaftesten auswählt.

Zu den reinen Wbrotländern kann man heute rechnen die Länder englischer Zunge, England, Australien, Kanada, die Vereinigten Staaten mit Ausnahme der Südstaaten, in denen der W schlecht fortkommt und wo er daher nur von den wohlhabenderen Klassen genossen wird, während die unteren Volksklassen, insbesondere die Neger, sich von Maisbrot nähren. In Italien ist zwar der Wanbau heute allgemein, aber die unteren Klassen müssen sich doch häufig mit Mais begnügen. Der Mais wird angebaut aus demselben Grunde, aus welchem man früher den Gersteanbau bevorzugte. Er liefert einen höheren Flächenertrag als W und Gerste, ist daher billiger. Den teuren W kann der italienische Bauer oder Teilpächter häufig nicht für den eigenen Gebrauch behalten, sondern muß ihn verkaufen. Ähnlich steht es in Rumänien wegen der Belastung mit Steuern und Abgaben[1]). Auch Spanien und Portugal bieten einen recht ausgedehnten Roggenbau, der sogar ausgedehnter ist als in Frankreich. Es ist dies zugleich ein Bild für die kulturelle Rückständigkeit beider Länder.

Auch die russische Bevölkerung ernährt sich in der Hauptsache von Roggenbrot. Es ist ein weitverbreiteter Irrtum, daß die russische schwarze Erde den meisten W hervorbringe, vielmehr beginnt der Wbau erst dort, wo die eigentliche Schwarzerde aufhört, der Lehm- und Tonboden beginnt.

Auch Österreich-Ungarn gehört zu den überwiegend Roggen konsumierenden Ländern. Das Verhältnis von W- zur Roggennahrung stellt sich da wie 1 : 2.

---

[1]) Daher in Italien und Rumämien die große Verbreitung der Pellagrakrankheit, bei der der Mensch abmagert und schließlich unter allgemeinen Ernährungsstörungen zugrunde geht.

Indessen kommen auch da starke Verschiedenheiten vor, indem Südungarn fast ausschließlich W baut.

In Indien dürfte etwa endlich $^1/_{10}$ der gesamten Bevölkerung sich von W ernähren, und zwar in Nordindien, im nördlichen Gangesgebiet. In Japan ernährt sich etwa $^1/_{15}$ der Bevölkerung von W, $^2/_{15}$ von Roggen, dagegen $^{12}/_{15}$ von Reis Für China sind die Verhältnisse mangels einer landwirtschaftlichen Statistik nicht genau bekannt, doch dürfte der W nicht sehr verbreitet sein, da gerade die dichtbevölkertsten Landesteile den Reis bevorzugen, namentlich in der großen Ebene.

Alles in allem genommen dürfte der englische Naturforscher Crookes recht haben mit der Behauptung, daß zurzeit nur etwa 300 Millionen Menschen, rund $^1/_5$ der Bevölkerung der Erde, von Wbrot leben, d. h. sofern man sich den gesamten Brotbedarf durch W gedeckt denkt. Die Gesamtzahl der Menschen dagegen, die überhaupt an Wbrot teilhaben, dürfte sich zurzeit etwa auf 600 Mill. erheben.

Über die Urheimat des W herrscht sowenig Sicherheit wie über die Urheimat des Menschengeschlechts, oder aber der einzelnen Rassen. In Deutschland ist der W ziemlich sicher in den Agri decumates angebaut worden, in der Schweiz ist sogar W in den Pfahlbauten gefunden worden.

Dem W ist eine außerordentliche Variabilität und Anpassungsfähigkeit an das Klima eigen, und zwar scheint es weit weniger die Kunst des Menschen zu sein, durch welche die verschiedenartigsten Spielarten mit kurzer und langer Vegetationszeit entstanden sind als vielmehr das Klima. Es gibt heute WinterW, der 330 Tage zur Reife braucht, andererseits SommerW, der in 92 oder bei Jakutsk sogar in 75 Tagen zur Reife gelangt. Der WinterW mit der längsten Vegetationsdauer kommt im feuchtkühlen Schottland und England vor, SommerW mit kurzer Vegetationsdauer im östlichen Rußland und Sibirien.

Als mittlere Jahresextreme, innerhalb deren W noch gedeihen kann, werden in den meisten Handbüchern angegeben $3^3/_4$ ° C an der Nordgrenze und 20° C an der Südgrenze. Indessen wird auch W noch gebaut in Jakutsk bei einer mittleren Jahrestemperatur von — 12° C, andererseits in Tropengebieten mit 24—25° C (im Sudan, im Orinokogebiet in 400 m Meereshöhe). Es sind also nicht alle Tropengebiete vom Wbau ausgeschlossen, sondern nur die feuchtheißen, da der W eine Steppenpflanze ist und trockenes Klima liebt.

Nach den Forschungsergebnissen Schindlers (in „Der Weizen und das Gesetz der Korrelation“, Leipzig, 1893) scheint der W im großen und ganzen insofern eine ebenso launische Pflanze zu sein wie der Wein, als ein jedes Gebiet nur eine bestimmte Wspielart hervorzubringen imstande ist. Den schwersten W erzeugen Gebiete mit feuchtem Klima, wo das Hektolitergewicht auf 77/78 kg ansteigt. Die Körner sind voll, rund, das Mehl ist jedoch ziemlich kleberarm. Der Hart- oder GlasW dagegen hat meist kleine Körner, das Hektolitergewicht sinkt auf 72 bis 73 kg. Von deutschem und englischem W gehen gewöhnlich nur 25 Körner auf ein Gramm, während bei GlasW 35 bis 40 und mehr Körner zu einem Gramm Gewicht nötig sind. Wenn man also oft von idealem Wklima hört und Behauptungen vertreten sieht, wie die, daß England ein solches ideales Wklima besitze, so ist diese Behauptung dahin zu verstehen, daß England allerdings sehr hohe Erträge aufweist, dabei aber der W den geringsten Proteingehalt (= Eiweißstoffe) hat. Die ertragreichsten englischen Wspielarten, die gegenwärtig auch sehr viel in Deutschland angebaut werden, enthalten nur bis 10 % Protein, während die besten russischen Wspielarten, Bjeloturka, Pererod, Kubanka, 18—20 % Protein aufweisen. Es ist dies insofern wichtig, als bei Genuß von proteinreichem Wbrot der Fleischbedarf herabgesetzt werden kann. Der deutsche und englische W enthält bei 9—10 % Protein ca. 66 % stickstofffreie Extraktstoffe (Stärkemehl) und $1^1/_2$ % Fett. Ein solches Verhältnis reicht nicht aus zur zweckmäßigen Erährung des Menschen. Protein muß sich in der menschlichen Nahrung zu Stärkemehl verhalten wie 1 : 4,5 bis 1 : 5, während beim englischen W das Verhältnis wie 1 : 6 bis 1 : 7 ist. Dagegen finden wir im Hart- oder GlasW dieses für den menschlichen Magen günstige Verhältnis von Stärkemehl zu Protein bzw. sogar Proteinüberschuß. Schindler führt darauf den geringen Fleischverbrauch der Mittelmeerländer, des südlichen Frankreichs und Vorderasiens zurück, da eben diese Länder einen so vorzüglichen W besitzen, daß der Fleischbedarf herabgesetzt werden kann. Indes dürfte er darin zu weit gehen. Auch die Armut der dortigen Bevölkerung bzw. die Kulturrückständigkeit spielen eine sehr große Rolle.

Wenn wir die Wproduktion Europa näher betrachten, so gewahren wir, daß die Erträge von Westen nach Osten abnehmen, dagen die Güte ansteigt. Dasselbe ist der Fall, wenn wir in Mitteleuropa von Norden nach Süden wandern. Englischer W enthält, wie bemerkt, 9 bis 10% Protein, deutscher LandW 12%, deutscher SommerW, der sich schon einigermaßen dem HartW nähert, 12 bis 14%. Ungarischer W bringt es auf 16 bis 17, kleinrussischer W auf 18%, und ostrussischer, SamaraW auf 20 bis 22%.

Nach Schindler kommt der hohe Proteingehalt des W zustande durch das schnelle Ansteigen der Wärme im Frühjahr und die bei klarem Himmel beschleunigte Reife; kühle Witterung und bedeckter Himmel ziehen die Reife hinaus. Es ist interessant, daß in Dakota und Maintoba der W 130—140 Tage zur Reife braucht, in Samara dagegen, bei fast genau derselben Sommerwärme, nur 92 Tage. Am 20. April gesät, ist er gewöhnlich am 20. Juli schon schnittreif, während in Dakota, dem berühmten amerikanischen Hartweizengebiet, die Reife sich bis in den September hinauszieht, wobei aber der W nicht mehr 20% Protein enthält, sondern bloß 15—16%. Der Unterschied in der Bewölkung bewirkt auch, daß man mit einer viel geringeren Wärmesumme zur Reife des W auskommt. (Unter Wärmesumme versteht man die Menge Wärme, die sich ergibt, wenn man die Temperatur der einzelnen Tage der Vegetationszeit addiert, dabei jedoch diejenigen Tage ausläßt, die eine geringere Wärme aufweisen als 6° C, da unter gewöhlichen Verhältnissen das Wachstum erst bei 6° beginnt.) Als Wärmesumme kommt nun heraus für Samara 1620°, während der SommerW bei Paris bereits 1870° Wärme braucht, seine Vegetationsperiode auf 115 Tage ansteigt. Die kürzeste Vegetationszeit haben bekanntlich alle Pflanzen hart an der Nordgrenze ihres Verbreitungsgebietes; die Länge der Tage ersetzt hier die fehlende Wärme. Schweden und Finnland haben ja im Sommer Tageslängen von 18—20 Stunden, während im nördlichen Deutschland die Tageslänge nicht über 17 Stunden hinausgeht, im südlichen nur 16—16½ Stunden beträgt.

In bezug auf die Nord- und Südgrenze läßt sich als allgemeine Regel aussprechen, daß die Nordgrenze nur durch den Mangel an Wärme gebildet wird, während die Südgrenze in der Hauptsache durch den Überschuß an Feuchtigkeit bestimmt wird, obgleich auch der W sengende Wärme nicht gut verträgt; in Ägypten und Nordindien wird er ja nicht etwa im Sommer, sondern während des Winters gebaut. Im Oktober—November gesät, ist er im Februar reif (Vegetationsdauer 120—180 Tage). In den eigentlichen feuchtheißen und subtropischen Gebieten schießt der W, wie überhaupt alles nordische Getreide, zu sehr ins Gras und geht an Rost und Brand zugrunde. Den wertvollsten W erzeugen neben Rußland die Mittelmeerländer, die Balkanhalbinsel, Italien, Spanien, Nordafrika. Dort nimmt der Proteingehalt von Ost nach West ab. Der W der Mittelmeerländer ist weder Sommer- noch WinterW, sondern hält die Mitte zwischen beiden Varietäten. Als ein bevorzugtes Wgebiet wird Kalifornien und Oregon angesehen; dort liefert der W schweres Korn und gibt sehr weißes Mehl. Der Proteingehalt und damit der eigentliche

Nährwert des kalifornischen W ist jedoch nicht sehr hoch, übersteigt kaum den des englischen W. Übrigens nimmt in Nordamerika der Proteingehalt von Süden nach Norden zu. Den größten hat der ManitobaW, der wie der russische 18 bis 20% Protein enthält.

Zur Theorie von Schindler, daß hohe Erträge und hohe Qualität unvereinbar sei, ist zu bemerken, daß Erfahrungen der neuesten Zeit sie zu durchbrechen scheinen. In Lauchstädt, der preußischen landwirtschaftlichen Versuchsstation, hat man Wvarietäten gezüchtet, die 12% Protein enthielten und zur Brotbereitung vollständig genügten. Dabei ergab sich die eigentümliche Tatsache, daß ein W, der nur 3100 kg Körner pro Hektar geliefert hatte, bei 12% Proteingehalt ein höheres Gesamtquantum an Protein bot als eine andere Wvarietät, die bei 4350 kg Kornertrag nur 9,6% Protein besaß. Jedenfalls scheint der landwirtschaftlichen Forschung bei der Frage der Züchtung wertvoller Wspielarten noch ein sehr weiter Spielraum geboten.

Beim australischen W rühmt man ebenfalls sehr die Schwere des Korns und des Mehls, die chemische Analyse hat jedoch ergeben, daß sein Nährwert den des englischen W nur wenig übertrifft, da er nur 10—12% Eiweiß enthält. Über den argentinischen W enthält das Werk eines so hervorragenden Kenners der landwirtschaftlichen Zustände Argentiniens, wie Professor Kärger, keine Angaben.

Es ist überhaupt zu bemerken, daß im Getreidehandel viel zuviel Routine herrscht und namentlich die Nährstoffe nicht nach ihrem Nährwert bezahlt werden. Für Deutschland, das ja selbst eiweißärmere W erzeugt, wäre es von Wichtigkeit, wenn es lediglich eiweißreichen W einführte, da ein hoher Eiweißgehalt nicht nur den Nährwert, sondern auch die Backfähigkeit hebt. Wissenschaftlich betrachtet, dürfte die Frage nicht lauten, aus welcher Gegend beziehe ich den billigsten W, sondern aus welcher Gegend beziehe ich den W mit dem höchsten Nährwert. Am richtigsten wäre es, wenn der W nicht nach dem äußeren Ansehen, sondern nach der chemischen Analyse gehandelt würde. Bei der heutigen Art des Getreidehandels kann es leicht kommen, daß man für geringwertige Sorten höhere Preise bezahlt als für hochwertige.

Der Weizenhandel.

Der Whandel ist nahezu so alt wie die menschliche Kultur überhaupt. Der Handel im Altertum war freilich, entsprechend den Schwierigkeiten des Verkehrs und der geringen damaligen Bevölkerung, verhältnismäßig gering; die Weinfuhr in Athen betrug zur Zeit des Demosthenes etwa 3200 t; Rom führte zur Zeit der ersten Kaiser 300000 bis 400000 W ein.

Im Mittelalter war der Getreidehandel noch unbedeutender als im Altertum. Die herrlichen Römerstraßen hatte man in Verfall geraten lassen, die Städte konnten ihren Getreidebedarf nur aus der unmittelbaren Umgebung beziehen, sofern sie nicht gerade am Wasser gelegen waren. Am frühesten entwickelte sich ein blühender Getreidehandel in den Niederlanden, die zuerst eine ziemlich dichte gewerbtreibende Bevölkerung herausgebildet hatten und daher fremder Getreidezufuhren bedurften. Es sollen bereits im 15. und 16. Jhd. 200000 t dorthin eingeführt worden sein. Das ist allerdings auch nicht gerade übermäßig viel. Einen blühenden Ausfuhrhandel aus Polen betrieb im 17. und 18. Jhd. die Stadt Danzig. Indessen war doch der Getreidehandel im 18. Jhd.

noch verhältnismäßig klein; Turgot schätzt in der zweiten Hälfte des 18. Jhd. den gesamten Getreidehandel zu 10 bis 11 Mill. hl, gleich 700000 t. England ist im 18. Jhd. noch ein Getreide ausführender Staat; Haupteinfuhrgebiet sind die Niederlande. England hatte zuerst seine Landwirtschaft auf eine hohe Kulturstufe gehoben, so daß hinreichend Getreide für die eigene Bevölkerung erzeugt wurde. Erst mit dem Anwachsen der Bevölkerung gegen Ende des 18. Jhd. hörte die Getreideausfuhr auf. Zum letzten Male hat England 1792 Getreide ausgeführt, seitdem steigende Mengen eingeführt. Der steigende Wbedarf Englands ließ einen ziemlich ausgedehnten Wbau am Nordufer des Pontus, in derselben Gegend, aus welcher schon die Griechen W bezogen hatten, entstehen. 1792 war erst Odessa gegründet worden. 1800 bis 1810 wurden bereits mehrere Mill. hl W ausgeführt. Bis 1787 waren die heute so reichen südrussischen Steppengebiete menschenleere, „heulende" Wildnis. Erst nach der Bändigung der krimschen Tataren begann die Besiedelung.

Die Vereinigten Staaten haben trotz ihres Landüberflusses im 18. und in der ersten Hälfte des 19. Jhd. noch verhältnismäßig wenig W ausgeführt. Dies aus dem Grund, weil die zunächst urbar gemachten Strecken in den Neu-England-Staaten für den Wbau durchaus nicht geeignet waren. Erst mit dem Fortschreiten der Besiedelung über die Alleghannys begann stärkerer Getreidebau und -export. 1831 bis 1840 betrug die Ausfuhr aus den Vereinigten Staaten im Durchschnitt 6500 t, zu welcher Zeit die russische Ausfuhr bereits eine Höhe von 420000 t erreicht hatte. Die großen Konkurrenten auf dem Weltgetreidemarkt waren damals nicht Rußland und Amerika, sondern Deutschland und Rußland. Deutschland hatte 1838 bis 42 im Mittel noch eine Mehrausfuhr an Getreide von 350000 t, im Jahre 1839/40 allerdings nur 80000. Auch Österreich-Ungarn und Frankreich gehörten damals zu den Wausführenden Ländern. Roggen und Hafer hat freilich damals Frankreich überwiegendermaßen eingeführt. Einfuhrstaaten waren die Niederlande und England, z. T. auch Schweden-Norwegen und die Schweiz. Erst seit den siebziger Jahren überwiegt in Deutschland die Weinfuhr (die Roggeneinfuhr bereits seit 1858). In den Jahren 1871, 72 und 75 überwiegt in Deutschland die Wausfuhr. 1878 dagegen erreicht die Weinfuhr 1060000 t, während die Ausfuhr 785000 t beträgt, also bereits ein Einfuhrüberschuß von 275000 t festzustellen ist. Seitdem ist die Weinfuhr Deutschlands auf 2 Mill. t im Mittel der Jahre 1906/12 gestiegen.

In den siebziger Jahren hat, mit der Erschließung der ungeheuren, fruchtbaren Prärien durch den Eisenbahnbau, die amerikanische Ausfuhr die russische überflügelt. 1861—70 wurden im Mittel aus Amerika ausgeführt 766000 t W, aus Rußland 1,3 Mill., 1871—80 gehen aus Amerika 2,76 Mill., aus Rußland 2,12. Es erfolgte eine enorme Ausdehnung des Wbaues in Amerika, worauf ein ebenso gewaltiger Preissturz eintrat, der die amerikanischen Farmer zum Teil von einer übermäßigen Ausdehnung des Wbaues zurückhielt. 1881—90 hatte die russische Ausfuhr die amerikanische überholt, da Amerika 2,5, Rußland 2,97 Mill. t W ausführte. Zu Anfang der neunziger Jahre hat die russische Ausfuhr der amerikanischen zunächst das Gleichgewicht gehalten, um darauf von der amerikanischen um das Doppelte überflügelt zu werden. 1908/09 bis 1911/12 ha Rußland 4,85, die Union nur 2,1 Mill. t ausgeführt, dafür ist die Ausfuhr Kanadas auf 2,2 Mill. t gestiegen.

Mit der Ausdehnung des Eisenbahnbaues traten neue Ausfuhrländer auf den Wmarkt, von denen man vorher kaum etwas gewußt hatte, ja von denen man glaubte, daß sie überhaupt keinen W erzeugen könnten, Indien und Argentinien. Die indische Wausfuhr begann erst Anfang der siebziger Jahre, mit geringen Mengen, 20 bis 30000 t, erreichte jedoch Anfang der achtziger Jahre eine für die Landwirtschaft der anderen Länder gefahrdrohende Höhe, $^3/_4$ bis 1 Mill. t. 1881/85 wurden im Mittel ausgeführt 930000 t. 1886/90 dagegen 820000, 1891 bis 95 750000, 1896/1900 ist die Ausfuhr freilich auf 480000 t zurückgegangen, um sich 1901/05 wieder auf 1 Mill. t zu erheben, 1909/12 betrug der Durchschnitt 1,3 Mill. t. Während man nun schon glaubte, an der indischen, amerikanischen und russischen Konkurrenz genug zu haben, erwuchs den westeuropäischen Wproduzenten ein Gegner, der an Gefährlichkeit alle anderen zu übertreffen schien, Argentinien. Argentinien ist als bedeutendstes Getreideausfuhrland erst seit 1893 aufgetreten, wo es aber auch geradezu plötzlich, zum Erstaunen der Welt gewaltige Wmassen auf den Markt warf und geradezu eine Preisrevolution hervorrief. 1893 wurde ausgeführt 1 Mill. t, 1894 1,6, 1895 1 Mill. Darauf ist die Ausfuhr wieder infolge von Heuschreckenfraß bedeutend zurückgegangen, um 1899/1900 sich auf 2 Mill. t zu erheben, womit Argentinien bereits Rußland geschlagen hatte und als zweiter Wproduzent auf dem Weltmarke erschienen war. 1901/05 betrug die argentinische Ausfuhr 1,6 Mill. t, 1906/12 2,6 Mill. t. Zu gleicher Zeit, in den achtziger, zum Teil erst in den neunziger Jahren haben die Balkanstaaten angefangen, Getreide auszuführen, Rumänien z. B. bereits in den neunziger Jahren 1 Mill. t, 1901/05 1,2 Mill. t, 1906/12 ca. 1,7 Mill. t,die Ausfuhr schwankt je nach dem Ernteergebnis außerordentlich. Für die Nähe der Zukunft haben wir außerdem eine anschwellende Wausfuhr aus der asiatischen Türkei, insbesondere Kleinasien und Syrien zu erwarten, noch etwas später auch aus Mesopotamien und Babylonien. Kanada führte um die Jahrhundertwende jährlich 300 bis 400000 t aus und ist in rapider Steigung auf $1^1/_2$ bis 2 Mill. t, 1911/12 und 1912/12 gar auf 3 Mill. t gelangt. Der kanadische W kommt hauptsächlich aus dem Manitobagebiet, weniger aus Ontario, in neuerer Zeit aus dem Saskatscharwangebiet. Auch Australien ist in immer stärkeren Maße als Wexportland auf den Platz getreten, hat 1909/12 bereits 1,45 Mill. t ausgeführt.

Die Frage nach der weiteren Ausdehnungsmöglichkeit des Wbause hängt eng zusammen mit der der landwirtschaftlichen Konkurrenz verschiedener Länder. W macht allein etwa die Hälfte des Gesamtumsatzes mit Getreidefrüchten aus, der Whandel beträgt 12—15 Mill. t. W bietet die edelste Brotnahrung und wird für die Zukunft eine steigende Bedeutung beanspruchen; es kann sich keine andere Brotfrucht mit ihm messen.

Von der Ausdehnungsmöglichkeit des Wbaues behauptete 1897 der berühmte amerikanische Naturforscher Crookes in einer glänzenden Versammlung, in der ihm niemand widersprach, daß man zu der bereits heute bestellten Fläche, die, wie wir gesehen, haben ca. 86 Mill. ha beträgt, noch weitere 100 Mill. Acres, gleich 40 Mill. ha, hinzufügen könne. Das heißt also, daß man den Wbau um noch etwa 50 % ausdehnen könne. Des weiteren führte Crookes aus, daß bei der heutigen Mittelernte von rund 12 bushels pro acre gleich 800 kg pro ha es in 30 Jahren mit der Ausdehnungsmöglichkeit des Wbaues zu Ende sein werde, späterhin Mangel an W eintreten würde. Diese Annahme von Crookes ist eine Schätzung, die etwas zu pessimistisch ist, aber doch der Wahrheit viel näher kommt als die Dithyramben von optimistischen Schriftstellern, die wir auch in der letzten Zeit häufig zu hören bekommen haben. Bei der Beschränkung der Ausdehnungsmöglichkeit des Wbaues auf 40 Mill. ha dürfte Crookes insofern zu niedrig gegriffen haben, als er nur die Ausdehnungsmöglichkeit des Wbaues ohne Zuhilfenahme künstlerischer Bewässerung in Betracht gezogen zu haben scheint. Die Frage nach der Ausdehnungsmöglichkeit des Wbaues auf nicht bewässertem Boden erschöpft natürlich noch nicht das Problem, ist aber doch wichtig für die Frage nach der landwirtschaftlichen Konkurrenz verschiedener Länder. Es ist nämlich ohne weiteres klar, daß die Konkurrenz für die einzelnen Kulturländer am fühlbarsten sein muß, solange es in den neuen Ländern noch jungfräulichen Ackerbau gibt, der keine Bewässerungen erfordert, überhaupt keiner Melioration bedarf. Sobald man zu Meliorationen, zur regelrechten Düngung übergehen muß, wachsen die Kosten beträchtlich. Die Hochkultur, der Anbau von Kulturpflanzen zum Zwecke der Erzielung maximaler Erträge lohnt nur dort, wo Kunstdünger verhältnismäßig billig, Feldfrüchte, insbesondere Getreide, dagegen teuer sind. Wenn z. B., wie das in Deutschland ausgerechnet ist, die Mehrproduktion pro Tonne Getreide 60—70 M Auslagen für Kunstdünger erfordert, und diese Auslagen unter günstigen Bedingungen, falls die übrigen Kosten nicht zu hoch steigen, noch als rentabel erscheinen, so ist es klar, daß in Ostrußland oder Amerika, wo man den Kunstdünger von weitem her zuführen muß, wo er also teurer wird als in Deutschland, die Bedingungen für die Hochkultur außerordentlich ungünstiger sind. Man wird unter Umständen allein für Kunstdünger 100 M anwenden müssen, um für das mehrproduzierte Getreide 50 M zu erlösen. Jedenfalls ist heute die wirtschaftliche Möglichkeit der Fruchtkultur in weiten Gebieten Rußlands und Amerikas völlig ausgeschlossen.

Dies ist sehr wichtig für die Frage nach der Fortdauer der landwirtschaftlichen Konkurrenz und der Getreidezölle. Bekanntlich hat man in Deutschland und Frankreich die Getreidezölle eingeführt, hauptsächlich mit der Motivierung, es komme darauf an, der eigenen Landwirtschaft über ein vorübergehendes Stadium der stärksten Konkurrenz mit dem Auslande hinwegzuhelfen. Es ist ausgeführt worden, man könne es unmöglich zulassen, daß die heutigen Landwirte infolge der niedrigstehenden Getreidepreise ruiniert würden, während doch schon nach einem Menschenalter sich stabile Verhältnisse bei höheren Getreidepreisen herausbilden würden. Von großer Bedeutung ist natürlich die Verschuldung des landwirtschaftlichen Bodens. Der unverschuldete Landwirt kann bei noch so niedrigen Preisen nicht leicht ruiniert werden. Wer aber zu 50 oder gar 75 % verschuldet ist, der kann beim Heruntergehen der Getreidepreise alles verlieren. Es kann dazu kommen, daß nicht einmal die Hypothekengläubiger voll zu ihrem Gelde gelangen. Weiter muß bemerkt werden, daß die Freihändler mehr Optimisten sind in bezug auf die Ausdehnungsmöglichkeit des Getreidebaues, die Schutzzöllner mehr Pessimisten. Ist die Ausdehnungsmöglichkeit praktisch nahezu „unbegrenzt“ und für eine unabsehbar lange Zeit gegeben, so wird gefolgert und müßte alsdann auch zugegeben werden, daß es höchst irrationell sei, der heimischen Landwirtschaft die teuren Preise zu zahlen, da sie doch früher oder später reduziert werden müßten. Es sei besser, daß dies früher geschehe, damit die gesamte Volkswirtschaft, die breiten Volksmassen von den niedrigen Preisen profitieren. Würden dann später, in einer heute noch nicht absehbaren Zeit, die Produktionsbedingungen überall auf der Erde sich schwieriger gestalten, so könne ja dann wieder die einheimische Landwirtschaft davon profitieren. Das seien jedoch Dinge, über die man sich heute nicht die Köpfe zu zerbrechen brauche.

Gehen wir genauer ein auf die Ausdehnungsmöglichkeit des Wbaues, so steht in dieser Hinsicht Amerika an der Spitze. Sering schätzt sogar auf Grund sehr sorgfältiger Forschungen (in seinem Buche über die amerikanische Getreidekonkurrenz, das zwar schon 1887 erschienen ist, jedoch noch heute als standard work in bezug auf diese Frage gelten kann), daß in ganz Nordamerika einschließlich Kanada etwa 90 Mill. Acres im eigentlichen Wgebiet mit W bestellt werden könnten. Tatsächlich sind auch heute erst wenig über 50 Mill. Acres bestellt. Es wäre also eine Zunahme des Wbaues in Nordamerika um 40 Mill. Acres möglich, lediglich in den Gebieten, in denen der W sein klimatihsces Optimum findet, abgesehen von dem Anbau in den Südstaaten, in denen er zwar auch noch gedeiht, die Körner jedoch klein und verkrüppelt bleiben und der Anbau nicht mehr rentabel ist. Allerdings hatte Sering die Möglichkeit der Ausdehnung des Wbaues unter Zuhilfenahme von künstlicher Bewässerung noch nicht in Betracht gezogen. Nun haben später, in den neunziger Jahren, der Major Powell und eine amerikanische Kommission festzustellen geglaubt, daß im amerikanischen Trockengebiet 75—100 Mill. Acres mit Hilfe von künstlicher Bewässerung für den Ackerbau gewonnen werden können, von welcher Fläche ungefähr ein Viertel bis ein Fünftel für den Wbau in Betracht käme, d. h. 6—10 Mill. ha.

In Mexiko dürfte die Ausdehnungsmöglichkeit ziemlich gering sein, weil die Hochebenen zum Teil wüstenartig und unfruchtbar sind, die Terrassenränder und Tiefebenen jedoch nur tropische Kulturen tragen können. Dasselbe ist der Fall in Zentralamerika, in Venezuela und den Anden. Auch einige andere Gebiete Südamerikas haben wenig Bedeutung für den Wbau. In Chile ist die Ausdehnung des fruchtbaren Bodens gering, die etwaige Mehrproduktion wird von der anwachsenden Bevölkerung absorbiert. In Südbrasilien dürfte der Wbau aus klimatischen Gründen, dem zu feuchten Klima, sich als ebenso unrentabel erweisen wie in den Südstaaten der Union. In den früheren Jesuitenmissionen des Uruguayflusses hat man zwar im 18. Jhd. W gebaut, es sind jedoch sehr geringe Erträge erzielt worden, etwa nur das achte Korn, was bei der üblichen dünnen Aussaat von kaum 50 kg pro ha sehr wenig besagt. Immerhin dürfte die südliche Hälfte der Provinz Riogrande do Sul für den Wbau gewonnen werden können. Von dort ist tatsächlich zu Anfang des 19. Jhd. W nach Westindien ausgeführt worden. Ebenso bietet Uruguay dem Wbau an sich noch zuträgliche Verhältnisse, wenn auch der Boden ziemlich steinig und wenig fruchtbar ist. Argentinien hat dagegen nach allen Forschungen (die besten Forschungsresultate sind von dem leider so früh, 1903, verstorbenen deutschen landwirtschaftlichen Sachverständigen in Buenos-Aires, Karl Kärger, zusammengefaßt in dem zweibändigen Werk: Landwirtschaft und Kolonisation im spanischen Amerika, Leipzig 1902) zum großen Teil einen Boden von geradezu märchenhafter Fruchtbarkeit; die argentinische Pampa übertrifft vielleicht sogar die berühmte russische Schwarzerde. Allerdings haben nur die Provinzen Santa Fe und Buenos Aires ein eigentliches Weizenklima. In Cordoba wird es dagegen bereits zu trocken, es beginnt daselbst die argentinische Trockenzone; in Entre-Rios und Corrientes dagegen zu feucht. Die „fertile“ Pampa wurde früher von Fließ auf 96 Mill. ha geschätzt, Kärger schätzt sie auf 64 Mill., was vielleicht auch noch etwas zu hoch sein dürfte. Kärger meint nun, daß im ganzen wohl 46 Mill. ha von der fertilen Pampa mit W bestellt werden könnten, während 1901/02 erst 3,4 Mill. ha mit W besät waren.

In Australien ist in Viktoria und Südaustralien ohne Bewässerung fast keine Ausdehnung des Wbaues möglich. Die mittlere Ernte auf dem Kontinent beträgt nur 300—400 kg pro ha, ist also noch geringer als im östlichen Rußland. In Neu-Südwales und Queensland sind die Verhältnisse schon günstiger, da wenigstens das vor der Küstengebirgskette liegende Land reichlichen Regenfall empfängt, jedoch ist Queensland schon zu warm für den Wbau. Doch dürfte die Ausdehnungsmöglichkeit des Wbaues in Australien keine sehr große sein, da die Flüsse sehr wenig Wasser für die Bewässerung bieten. Es können vielleicht zu den heute bestellten 1,9 Mill. ha noch einige Mill. hinzukommen. Dagegen bietet Neuseeland 14 Mill. ha für den Ackerbau geeignete Ländereien; auch Klima und Boden sind für den Wbau sehr günstig. Die Erträge sind sehr hoch: die mittlere Wernte steigt daselbst auf 1500 kg pro ha, also ein Betrag, wie er sonst nur in den landwirtschaftlich fortgeschrittensten Ländern erzielt wird. Wir können mit einiger Wahrscheinlichkeit rechnen, daß in Neuseeland 3 Mill. ha mit W bestellt werden könnten. In Tasmanien ist dagegen die Ausdehnung des anbaufähigen Bodens recht beschränkt; den größten Teil der Insel nehmen Hochebenen und Berge ein.

In Südafrika kann der W nur unter Zuhilfenahme künstlicher Bewässerung gebaut werden, ferner haben nur die südlichsten Striche und die Karroo-Ebene eigentliches Wklima. In den früheren Burenrepubliken herrschen Sommerregen vor, was auf den W ungünstig wirkt, da er häufig von Rost und Brand befallen wird. In Europa bietet der nördliche Kaukasus die Möglichkeit einer beträchtlichen Ausdehnung des Wbaues. Würde man in Südrußland und Nordkaukasus von der wilden Feldgraswirtschaft zur regelrechten Dreifelderwirtschaft übergehen, so könnten 6—8 Mill. ha mehr mit Getreide bestellt werden, davon die Hälfte mit W. Im südlichen Sibirien liegen ungefähr 40—50 Mill. ha anbaufähigen Landes innerhalb der Wzone (und zwar nur in West- und Mittelsibirien und Transbaikalien, das Amurland hat ein überfeuchtes Klima und erzeugt keinen W), von denen mit der Zeit vielleicht 4—5 Mill. ha für den Wbau in Betracht kommen könnten. In Westeuropa ist vielleicht noch in Spanien und Portugal der Wbau etwas auszudehnen. Beachten wir, daß in Deutschland und Frankreich etwa 8 Mill. ha mit Brotgetreide (W und Roggen) bestellt werden, in Spanien und Portugal im ganzen wohl 5 Mill. ha, so leuchtet ohne weiteres ein, daß hier noch eine Zunahme des Wbaues um mindestens 2—3 Mill. ha möglich sein muß, da die Ausdehnung der Pyrenäenhalbinsel an Fläche Deutschland wie Frankreich übertrifft. Allerdings ist sie gebirgiger. Auch in der Balkanhalbinsel und in Kleinasien dürften vielleicht noch weitere 3—4 Mill. ha mit W bestellt werden können. Algier, Tunis, Marokko haben ebenfalls noch beträchtliche wüste Ländereien, wo der Wbau wahrscheinlich um mehrere Mill. ha gesteigert werden kann. In Ägypten ist das Kulturland beschränkt, das Niltal und Nildelta umfaßt nur ungefähr $2^1/_2$ Mill. ha bewässertes Land, der W nimmt davon eine halbe Mill. ha ein. Die riesigen Bewässerungsarbeiten, die die Engländer durch Aufstauung und Abdämmung des Nils bei Assuan vorgenommen haben, haben auch nur 200000 bis 250000 ha Kulturland geschafft, ebensoviel dürfte durch eine Bewässerung am früheren Mörissee an Kulturfläche gewonnen werden. In Indien enthalten die Nordprovinzen Pendschab und die Nordostprovinzen etwa 40 Mill. Acres anbaufähigen, für den W geeigneten Boden, der jedoch der Bewässerung bedarf. Wenn also heute in Indien 20 Mill. Acres mit W bestellt sind, so dürfte diese Fläche in Zukunft sich vielleicht verdoppeln lassen.

Zählen wir nun die Landgebiete zusammen, in denen der Wbau ohne künstliche Bewässerung noch weiter ausgedehnt werden könnte, so kommen wir kaum auf über 50 bis 60 Mill. ha, d. h. der Wbau kann gegenüber den heutigen Verhältnissen bereits um 60 bis 70% weiter ausgedehnt werden. Unsere Schätzung ist um $^1/_3$ günstiger als die von Crookes. Zieht man jedoch diejenigen Gebiete mit hinein, auf denen mit Hilfe von künstlicher Bewässerung W gezogen werden könnte, so gestaltet sich das Bild noch bedeutend günstiger. Es kann dann zunächst mit eingezogen werden das älteste und auch heute noch fruchtbarste Kulturland der Erde, Babylonien. Dasselbe enthält nach den neuesten Feststellungen (von Hermann Wagner, Göttingen) kaum 10 Mill. ha, von denen jedoch nahezu die Hälfte mit W bestellt werden könnten. Desgleichen könnten in Zentralasien und Persien noch einige weitere Mill. Hektar mit W bebaut werden. Insgesamt dürfte unter Zuhilfenahme künstlicher Bewässerung eine weitere Ausdehnungsmöglichkeit für den Wbau um ca. 40 Mill. ha vorliegen. Mit anderen Worten: die gesamte Weizenfläche auf Erden könnte etwas mehr als verdoppelt werden: anstatt der 86 bis 90 Mill. ha mit W bestellten Flächen könnten mit der Zeit 180 bis 200 Mill. mit W bestellt werden. Dies allerdings nur unter erhöhten Produktionskosten, weil die noch mit W bestellbaren Flächen klimatisch weniger begünstigt sind, als die bisher bestellten.

Bei dem heutigen Anwachsen der Bevölkerung in den W verzehrenden Ländern, die rund 1 bis $1\frac{1}{2}$% pro Jahr beträgt, dürfte es bereits in einem Menschenalter mit dem extensiven Anbau zu Ende sein, und es müßte alsdann zur künstlichen Bewässerung in großem Stile übergegangen werden. Es kommt hinzu die Möglichkeit der Intensivierung des Wbaues in den heute noch recht extensiv wirtschaftenden exotischen Gebieten. Sicher ist, daß bereits bei regelrechtem Fruchtwechsel unter Zuhilfenahme von künstlicher Bewässerung die heutigen Mittelerträge von ca. 800 kg per ha sich mindestens verdoppeln lassen, wobei der Gefahr der Bodenverarmung noch sehr wohl vorgebeugt werden kann, da solche Erträge, von ca. 1500 kg pro ha der Boden bereits bei bloßer Ersatzwirtschaft liefern kann. Für die W ausführenden Länder ist freilich von großem Belang die Frage nach dem Ersatz der durch die Ausfuhr entzogenen Mineralstoffe, insbesondere Kali und Phosphorsäure. Heute bedeutet ja die Ausfuhr gleichzeitig Verarmung des Bodens der Ausfuhrländer, da die dem Boden entzogenen Pflanzennährstoffe unersetzt bleiben. Bei Überschußdüngung dürfte es freilich möglich werden, sogar Ernten von 3000 bis 4000 kg pro ha zu erzeugen. Fraglich bleibt nur die Möglichkeit der Beschaffung der Düngemittel. Bei Lösung dieser Frage würden unter Berücksichtigung der klimatischen Momente mindestens doppelt soviel Menschen sich von Wbrot nähren können, als heute die Erde überhaupt Bewohner zählt. Wenn also die Ausdehnung des Wareals lediglich für die heutigen Wbrotesser und deren Nachkommen in Frage käme, so wäre die Gefahr, daß Mangel an Wnahrung eintreten könnte, auf 100 bis 200 und mehr Jahre hinausgerückt. Etwas anders aber stellt sich die Sachlage, wenn man berücksichtigt, daß nicht alle Nationen der Erde an den Anbaumöglichkeiten in gleicher Weise partizipieren, und es sehr fraglich ist, ob namentlich die Engländer und Amerikaner nicht in einer relativ nahen Zukunft den andern Nationen harte Bedingungen für deren Versorgung mit Brotgetreide stellen werden. In den alten Kulturländern ist die Ausdehnungsmöglichkeit des Wbaues, was die Fläche anlangt, fast nur auf Kosten der anderen Getreidearten gegeben. Zudem gedeiht auch bei Hochkultur der W nicht überall da, wo bis jetzt Roggen oder Hafer gezogen werden. Selbst wenn die klimatischen Bedingungen an sich günstig liegen, so muß doch noch ein fruchtbarer Boden vorhanden sein, oder aber es müssen beträchtliche Kosten für Bodenmelioration, Kunstdünger u. dgl. aufgewendet werden. Eine Zurückdrängung des Hafers und des Haferanbaues ist freilich bereits in der nächsten Zukunft ziemlich wahrscheinlich, weil allmählich ein Ersatz der animalischen Arbeitskraft, bzw. der Gespanne, durch mechanische Kraft stattfinden dürfte. Es dürfte sicher möglich werden, in weitaus den meisten Fällen anstatt Pferde- oder Ochsenkraft Dampf- oder elektrische Motoren anzuwenden.

Deutschland besitzt allein ungefähr 4 Mill. Pferde, zu deren Ernährung 4 Mill. ha mit Hafer bestellt werden müssen (dabei wird noch Hafer eingeführt). Diese Fläche dürfte mit der Zeit für den Anbau von Brotgetreide oder aber für den Futterpflanzenbau frei werden. Der Übergang zur Motorenbenutzung wäre zweifellos auch in den Städten als ein gesundheitlicher Fortschritt zu begrüßen, da der Straßenstaub in der Hauptsache ausgetrockneter Pferdemist ist. Allerdings kann man weiter argumentieren, daß bei Freiwerdung der Haferfläche zu anderen

Zwecken höchstwahrscheinlich der Futtermittelbau forciert werden würde und damit die Fleischration pro Kopf vielleicht um 50 und mehr % gesteigert. Eine Ausdehnung der Wkultur wäre wohl nur denkbar in dem Falle, wenn gleichzeitig eine starke Einfuhr von Futtermitteln aus anderen Gebieten, besonders den Tropen, stattfände.

Entwicklung der Getreideproduktion.

Werfen wir einen Überblick über die Getreideproduktion, so müssen wir unterscheiden zwischen den relativ dicht bevölkerten Ländern Westeuropas einerseits und den dünner bevölkerten Osteuropas und Amerikas andererseits. Das Anwachsen der Erträge in Westeuropa ist eingetreten weniger durch eine Ausdehnung der Fläche, als vielmehr durch die Intensivierung des Getreidebaues. In Osteuropa und Amerika dagegen nahm die Erntemenge zu entsprechend der Anbaufläche. Als Beispiel wäre zu nennen, daß in Frankreich von 1815 bis 1865 eine Zunahme der Getreidefläche von 11,65 Mill. ha auf 13,89 Mill. ha, seitdem noch eine weitere Zunahme um nahezu eine Mill. ha eingetreten ist. In Deutschland dürfte die Zunahme der Getreidefläche noch etwas größer sein. Lediglich England verzeichnet seit dem Preissturz für Getreide, d. h. seit 1870, eine Abnahme der Getreidefläche um etwa 20—25 %.

Wie sehr aber auch für Westeuropa die Produktionszunahme not tat, ist schon daraus ersichtlich, daß i. J. 1800 nach den Berechnungen des schwedischen Statistikers Sundbärg Westeuropa nur 122 Mill. Bewohner zählte (Westeuropa einschl. Österreich berechnet, jedoch ausschl. der Balkanstaaten und Ungarn), um 1900 jedoch 240 Mill., 1910 etwa 270 Mill. Es hatte mithin eine Verdoppelung der Bewohner stattgefunden. Wir geben hier eine kurze Tabelle.

Die Einwohnerschaft Westeuropas zählte:

Tabelle 4.

im Jahre	Millionen Menschen
1800	122
1830	151
1850	171
1875	200
1900	240
1910	270

In den einzelnen Staaten waren folgende Veränderungen eingetreten. Es zählten:

Tabelle 5.

	1800	1900	Ende 1910
		Millionen	
Deutsches Reich	22	56,3	66
Frankreich	27,3	39	40
Großbritannien	16,2	40	45,5
Italien	16	33	34,5
Spanien, Portugal	13	23	25
Schweden u. Norwegen	3,2	7,5	8
Dänemark	1	2,4	2,5
Schweiz	1,8	3,3	3,5
Belgien	3	6,5	7,6
Holland	2,5	5,5	6
Österreich	25	26	29

In Deutschland und Frankreich ist etwa rund eine Verdoppelung der Erntemenge eingetreten, gleichzeitig aber der relative Konsum bedeutend gestiegen, so daß noch eine Einfuhr von Getreide sich als notwendig herausgestellt hat.

Gehen wir zu einer näheren Betrachtung der Anbauflächen in den einzelnen Ländern über, so ist zu bemerken, daß wir leider für Deutschland nicht imstande sind, die Entwicklung der Anbauflächen für einen längeren Zeitraum zu verfolgen. Eine allgemeine Reichsstatistik für den Getreidebau gibt es erst seit 1878. Die früheren Erhebungen, die auch im preußischen Staat stattfanden, waren recht mangelhaft. Es kommen die größten Schwankungen in den Angaben vor. Die früheren Schätzungen hat Meitzen in dem großen Werke „Der Boden des preußischen Staates“, im 4. Bande in vorzüglicher Weise zusammengefaßt. Leider differieren die Ernteschätzungen nahezu um das Dreifache. Sicher ist jedoch, daß die Getreideanbauflächen in Deutschland bis zum Beginn der neunziger Jahre stark gewachsen sind.

Seit 1893/94 ist Stillstand eingetreten. 1893 erreichte die Wfläche in Deutschland 2440000 ha, die Roggenfläche 6045000 ha, 1893/94 erfolgte bekanntlich ein gewaltiger Preissturz, veranlaßt durch überreiche Ernten und eine Herabsetzung des Zolles, von 5 auf $3^1/_2$ M per dz für Brotgetreide. In den Jahren 1895/97 waren die Ackerflächen um einige Prozent reduziert. 1898/99 nahm wieder das Wareal um ungefähr 100000 ha zu. Die Ursache ist der gewaltige Hochgang der Preise im Frühjahr 1898; man kann also sagen, daß auch die deutschen Landwirte durchaus nicht so konservativ sind, um auf das Anziehen der Preise nicht zu reagieren. Seitdem ist die Wfläche mit geringen Schwankungen konstant geblieben.

Recht lehrreich ist für die Preislehre das Beispiel von Großbritannien, Hier ging die Ackerfläche im Durchschnitt der Jahre 1867—72 bis zum Durchschnitt 1893/97 von 17,8 auf 14 Mill. acres zurück (von 7,1 auf 5,6 Mill. ha). Gleichzeitig nahm nicht nur das Grasland um 5 Mill. acres zu, sondern auch die Holzungen stiegen von 0,8 auf 3 Mill. acres. Allerdings ist ja diese Vergrößerung des Wlandes und der Holzungen zu einem Teil dadurch entstanden, daß weite, früher wüste Flächen Unland irgendeiner Kultur unterworfen worden sind. Interessant ist aber doch, daß gerade die wertvollste und gleichzeitig anspruchvollste Kulturpflanze, der W, von 3,8 auf 1,8 Mill. acres, zeitweilig (1895) sogar auf 1,5 Mill. acres zurückgegangen ist. Zu bemerken ist noch, daß Behauptungen, welche dahin gehen, daß wenigstens die Intensität des britischen Landbaues nicht gelitten hätte, sondern lediglich ein Übergang von weniger rentablen zu rentableren Kulturen stattgefunden hätte, indem ein Teil der Ackerfläche in außerordentlich ertragreiche Fettweiden verwandelt worden seien (wie dies Goldstein und König behaupten), bei näherer Betrachtung und Nachprüfung der statistischen Daten völlig in der Luft schweben. Die englischen Wiesen sind weniger ertragreich als die deutschen. Es scheint, daß man die künstliche Düngung für die Wiesen zu kostspielig gefunden hat.

In Belgien scheint der Getreidebau seit mehreren Jahrzehnten ziemlich stationär geblieben zu sein. Die anscheinend nicht zuverlässige amtliche Statistik widerspricht sich selbst und ergibt kein klares Bild.

In den Niederlanden hat sich die Wfläche in den Jahren 1882—97 von 93000 auf 63000 ha verkleinert, 1909 waren es nur noch 51000 ha. Das Roggen- und Haferland hat sich dagegen etwas vergrößert

Auffallend verringert hat sich der Wbau auch in Dänemark, bei gleichzeitig ansteigendem absoluten und relativen Konsum.

In Österreich nehmen wir bei allen Getreidearten ein Wachsen der Anbauflächen wahr bis Ende der achtziger Jahre, seitdem ist wieder ein Rückgang eingetreten. Die Gerste- und Haferfläche ist noch bis Mitte der neunziger Jahre an-

Tabelle 6.

Roggenproduktion

	1887	1888	1889	1890	1891	1892	1893	1894	1895	1896	1897
Europ. Rußland	18,37	18,27	13,84	17,76	12,95	15,44	18,73	21,96	19,63	19,20	15,79
Deutsches Reich ...	5,82	5,52	5,36	5,87	4,78	6,82	8,94	8,34	7,72	8,48	8,17
Österreich-Ungarn ..	3,10	3,19	2,76	3,37	2,73	3,35	3,45	3,60	2,85	3,19	2,53
Frankreich	1,74	1,58	1,66	1,73	1,54	1,70	1,64	1,90	1,82	1,77	1,21
Rumänien			0,15	0,13	0,10	0,12	0,20	0,15	0,24	0,31	0,18
Schweden	0,52	0,50	0,52	0,54	0,53	0,56	0,58	0,48	0,47	0,59	0,58
Belgien	0,46	0,39	0,47	0,51	0,40	0,57	0,49	0,54	0,53	0,56	0,53
Niederlande	0,29	0,24	0,28	0,28	0,21	0,31	0,32	0,30	0,32	0,34	0,27
Dänemark.........	0,46	0,42	0,47	0,44	0,51	0,53	0,51	0,43	0,48	0,52	0,47
Spanien...........											
Vereinigte Staaten .	0,55	0,72	0,72	0,65	0,81	0,71	0,68	0,68	0,69	0,62	0,69
Japan.............	0,53	0,67	0,84	0,37	0,83	0,79	0,80	0,95	0,91	0,77	0,80

Gerste-

	1887	1888	1889	1890	1891	1892	1893	1894	1895	1896	1897
Europ. Rußland	3,48	3,47	2,52	3,63	3,10	3,89	6,53	5,35	4,92	4,90	4,77
Deutsches Reich ...	2,20	2,26	1,94	2,28	2,52	2,42	2,36	2,85	2,79	2,73	2,56
Österreich-Ungarn ..	2,72	2,45	1,91	2,57	2,60	2,71	2,71	2,82	2,65	2,70	2,13
Frankreich	1,23	1,15	1,15	1,25	1,85	1,19	0,89	1,25	1,24	1,19	1,06
Italien	0,20	0,17	0,19	0,25	0,22	0,18	0,18	0,19	0,17	0,23	0,20
Belgien	0,08	0,08	0,08	0,10	0,08	0,08	0,07	0,08	0,09	0,09	0,08
Niederlande	0,11	0,09	0,10	0,09	0,09	0,10	0,10	0,07	0,09	0,10	0,10
Rumänien			0,36	0,38	0,51	0,47	0,82	0,39	0,52	0,73	0,49
Schweden	0,33	0,29	0,29	0,33	0,29	0,30	0,29	0,32	0,31	0,30	0,31
Großbritannien.....	1,67	1,77	1,78	1,92	1,89	1,83	1,56	1,87	1,79	1,85	1,73
Dänemark.........	0,51	0,52	0,46	0,53	0,53	0,58	0,40	0,50	0,51	0,50	0,45
Algier	0,82	0,69	0,83	1,00	0,92	0,82	0,72	1,04	9,84	0,58	0,68
Canada	0,41	0,51	0,53	0,32	0,42	0,33	0,27	0,30	0,39	0,35	0,33
Vereinigte Staaten .	1,24	1,39	1,70	1,46	0,89	1,74	1,52	1,34	1,90	1,52	1,45
Japan.............	0,80	0,80	0,81	0,61	0,92	0,77	0,81	0,96	0,96	0,88	0,90

Hafer-

	1887	1888	1889	1890	1891	1892	1893	1894	1895	1896	1897
Europ. Rußland	9,90	9,23	7,87	8,89	7,11	7,39	10,82	10,88	10,41	10,40	8,55
Deutsches Reich ...	4,30	4,65	4,20	4,91	5,28	4,74	4,18	6,58	6,24	5,97	5,72
Österreich-Ungarn .	2,74	2,65	2,00	2,59	2,85	2,86	2,53	2,47	2,98	2,80	2,38
Frankreich	3,64	3,86	3,88	4,26	4,83	3,82	2,85	4,18	4,32	4,19	3,65
Großbritannien.....	2,49	2,61	2,71	2,83	2,75	2,78	2,79	3,16	2,87	2.69	2,70
Belgien	0,39	0,46	0,45	0,49	0,52	0,43	0,33	0,45	0,48	0,42	0,47
Niederlande	0,18	0,19	0,20	0,20	0,28	0,22	0,18	0,22	0,23	0,25	0,25
Schweden	0,98	0,94	0,70	0,97	0,85	1,06	0,93	1,07	1,05	0,90	0,92
Rumänien			2,10	0,12	0,12	0,18	0,25	0,16	0,17	0,24	0,16
Dänemark.........	0,56	0,63	0,50	0,66	0,61	0,72	0,50	0,68	0,71	0,68	0,62
Canada	0,82	0,95	0,98	0,80	1,30	1,01	0,99	1,19	1,54	1,39	1,41
Vereinigte Staaten .	9,57	10,19	10,91	7,60	10,72	9,60	9,28	9,81	11,97	10,27	10,15

(Weizen vgl. S. 80/81 Tabelle Nr. 3.)

der Erde in Millionen Tonnen.

1898	1899	1900	1901	1902	1903	1904	1905	1906	1907	1908	1909	1910	1911	1912
17,79	23,05	23,17	18,77	22,72	22,00	25,60	19,00	17,00	20,20	19,81	22,81	22,06	19,36	25,00
9,03	8,67	8,55	8,16	9,45	9,60	10,06	8,50	9,60	9,76	10,74	11,35	10,51	10,87	11,60
3,23	3,35	2,48	3,03	3,58	3,40	3,53	3,30	3,90	4,25	4,20	4,09	4,25	2,95	4,34
1,67	1,68	1,51	1,59	1,35	1,56	1,35	1,56	1,27	1,43	1,31	1,46	1,22	1,19	1,30
0,20	0,05	0,15	0,24	0,17	0,18	0,06	0,20	0,22	0,07	0,07	0,08	0,19	0.13	0,09
0,54	0,63	0,62	0,57	0,55	0,64	0,52	0,61	0,66	0,54	0,63	0,65	0,62	0,65	0,59
0,54	0,43	0,52	0,59	0,48	0,50	0,55	0,50	0,52	0,60	0,55	0,58	0,56	0,59	0,57
0,30	0,33	0,30	0,28	0,35	0,34	0,35	0,33	0,35	0,37	0,40	0,45	0,38	0,42	0,41
0,42	0,48	0,59	0,48	0,43	0,50	0,46	0,45	0,49	0,42	0,49	0,48	0,48	0,50	0,47
		0,53	0,72	0,65	0,65	0,54	0,59	0,78	0,69	0,67	0,88	0,90	0,73	0,65
0,65	0,65	0,65	0,65	0,92	0,75	0,70	0,77	0,85	0,80	0,81	0,82	0,84	0,84	0,84
0,89	0,84	0,86	0,95	0,83	0,90	0,89	0,86	0,90	0,96	0,95				

produktion.

5,97	4,90	5,13	6,21	7,11	6,00	7,50	6,20	6,81	7,69	8,26	10,32	10,00	9,02	9,98
2,83	2,98	3,00	3,32	3,10	3,12	2,95	2,60	3,11	3,50	3,06	3,49	2,90	3,15	3,48
2,78	2,84	2,63	2,63	3,04	2,90	2,60	2,75	3,09	3,19	2,85	3,36	2,89	3,29	3,24
1,25	0,90	0,70	0,85	1,04	1,04	0,86	0,96	0,80	0,98	0,88	1,04	1,00	1,09	1.14
0,20	0,18	0,15	0,18	0,14	0,22	0,15	0,14	0,22	0,20	0,16	0,24	0,21	0,24	0,80
0,09	0,08	0,07	0,07	0,10	0,09	0,08	0,07	0,09	0,11	0,10	0,10	0,08	0,10	0,09
0,11	0,08	0,08	0,08	0,07	0,08	0,08	0,08	0,07	0,09	0,09	0,07	0,07	0,08	0,09
0,68	0,10	0,33	0,53	0,54	0,69	0,27	0,58	0,78	0,47	0,30	0,45	0,65	0,57	0,46
0,33	0,26	0,33	0,30	0,27	0,40	0,30	0,29	0,29	0,30	0,36	0,30	0,34	0,32	0,32
1,78	1,67	1,55	1,53	1,69	1,50	1,45	1,50	1,44	1,60	1,47	1,56	1,47	1,31	1,36
0,48	0,47	0,43	0,45	0,54	0,55	0,56	0,57	0,52	0,57	0,47	0,51	0,46	0,50	0,59
0,84	0,68	1,20	0,73	1,20	0,73	1,28	1,06	1,04	0,90	0,76	1,09	1,06	1,04	0,72
0,41	0,47	0,45	0,54	0,78	0,72	0,90	0,90	0,81	0,84	0,85	1,20	0,98	0,88	0,96
1,21	1,66	1,36	1,42	2,90	3,50	3,19	2,90	3,90	3,34	3,63	3,71	3,53	3,49	4,89
0,98	0,93	0,96	1,01	0,92	0,97	1,01	0,96	1,06	1,15	1,05	1,94	1,95	2,07	2,08

produktion.

8,93	13,20	11,82	8,13	12,82	9,30	16,30	11,50	10,37	13,15	13.52	17,12	15,20	12,45	14,90
6,75	6,89	7,09	7,05	7,47	7,53	6,94	6,20	8,43	9,15	7,69	9,13	7,90	7,70	8,52
3,17	3,21	2,78	2,75	3,11	3,12	2,58	3,81	3,49	3,74	3,15	3,93	3,21	3,67	3,51
4,65	4,42	4,20	3,58	5,10	5,20	4,20	4,67	4,20	5,12	4,17	5,56	5,21	5,07	5,45
2,85	2,88	2,87	2,79	3,18	2,52	2,52	2,50	2,05	3,04	2,91	3,16	3,15	2,88	2,78
0,53	0,29	0,49	0,41	0,52	0,70	0,50	0,40	0,66	0,67	0,62	0,63	0,59	0,60	0,51
0,29	0,26	0,28	0,28	0,22	0,31	0,38	0,37	0,31	0,36	0,33	0,31	0,30	0,30	0,21
1,19	0,90	1,16	0,98	0,86	1,21	1,26	1,18	1,12	1,12	1,23	1,17	1,29	1,10	1,23
0,28	0,10	0,19	0,28	0,37	0,50	0,20	0,32	0,42	0,29	0,25	0,40	0,44	0,40	0,31
0,67	0,61	0,85	0,62	0,61	0,60	0,72	0,70	0,71	0,71	0,72	0,73	0,67	0,73	0,79
1,90	2,07	1,77	2,01	2,62	2,50	2,65	2,21	2,81	3,32	4,03	5,45	4,99	5,37	5,88
10,62	13,72	13,97	11,48	17,10	12,90	13,05	13,13	13,90	12,00	10,91	14,62	16,35	13,39	20,57

gestiegen. Seither sind keine bedeutenden Veränderungen eingetreten (W 1200000, Roggen 2078, Gerste 1131, Hafer 1851 ha i. J. 1909).

Noch ausgeprägter ist eine Tendenz zum Wachstum in Ungarn zu bemerken. Das Wland hat seit 1870 fast um eine Mill. ha und das Maisland um $^1/_2$ Mill. ha zugenommen. Seit 1893 aber ist die Anbaufläche wieder zurückgegangen. Seit 1898 scheint wieder ein kleines Anwachsen eingetreten zu sein (i. J. 1908 W 3,83 Mill. ha, Gerste 1,14, Roggen 1,11, Hafer 1,16 Mill. ha).

Günstiger als mit dem Anwachsen der Anbaufläche steht es in Westeuropa mit dem Anwachsen der Ernteerträge. Wenn wir für Deutschland auch keine genaue Statistik für weiter zurückliegende Perioden besitzen, so ist doch nach den Aufzeichnungen der Wirtschaftsbücher vieler Landgüter, an der Hand der Beschreibung der Landwirtschaft bei Thaer und anderen Schriftstellern in der ersten Hälfte des 19. Jhd. eine Verdoppelung der Ernteerträge in den letzten 100 Jahren wahrscheinlich. Für Frankreich gibt es seit 1815 eine vergleichbare Statistik. Die Ernteerträge sind daselbst um 75 und mehr % gestiegen.

Für Österreich ist die nachweisbare Zunahme sehr gering. Wenn für Ungarn ein auffallendes Hochgehen der Ernteerträge vermerkt wird, so dürfte dies wohl weniger auf einer tatsächlichen Intensivierung der Landwirtschaft als auf genauerer Registrierung beruhen.

Nur zwei Länder machen gleichsam eine Ausnahme in der Aufwärtsbewegung der relativen Erträge, Großbritannien und Italien. Wir geben zunächst eine Tabelle über den Ertrag sämtlicher Getreidearten.

Wir sehen also überall eine enorme Zunahme der Produktion, die erreicht worden ist einerseits durch die Ausdehnung der Anbaufläche, andererseits durch die Intensivierung der Landwirtschaft.

Zu bemerken ist, daß in der letzten Zeit von ernsthaften Gelehrten als auf ein Hauptmoment für die Zunahme der Produktion auf das Eintreten einer günstigen Klimaperiode in den neunziger Jahren hingewiesen worden ist. Namentlich ist es der Berner Professor Brückner, der eine Theorie von 30—35 jährigen klimatischen Perioden aufgestellt hat. Er wählte als Ausgangspunkt die vielfachen Klagen der Landwirte beider Hemisphären über das fortschreitende Austrocknen des Bodens. Bald hörte man solche Klagen aus Ostrußland, bald aus Amerika. Es wurden alle möglichen Gründe angeführt, die unselige Raubwirtschaft der Menschen verdammt, die Verwüstung der Wälder beklagt, es wurde behauptet, die Zunahme der Ackerfläche und die Bearbeitung des Bodens förderten die Austrocknung. Einige meinten überhaupt, die Erde gehe einer rapiden Austrocknung entgegen. Das Merkwürdige war aber, daß aus manchen Gebieten von Zeit zu Zeit ganz entgegengesetzte Nachrichten einliefen. Aus Australien wurde in den siebziger und achtziger Jahren berichtet, daß die schonungslose Ausrottung der Wälder für den Menschen von großem Nutzen sei: es regne seitdem weit mehr. Mit der Ausdehnung des Ackerfeldes hätten die Niederschläge zugenommen. Desgleichen wurde aus Kansas berichtet, daß das Umbrechen der Prärie, das Vorrücken des Ackerlandes die Niederschläge vermehrt habe, so daß man bereits in früher ganz dürren Gegenden auf befriedigende Getreideernten rechnen könne. Brückner hat nun das Verdienst, diese verschiedenen Berichte gesammelt und gesichtet zu haben. Sein Resultat ist, es steht keine Austrocknung unseres Planeten bevor, keine Vernichtung der menschlichen Kultur. Es sind einfach Berichte aus verschiedenen klimatischen Perioden, die einander entgegenstehen. Berichte aus Trockenperioden malen alles grau in grau, solche aus feuchten Perioden erwecken die glänzendsten Hoffnungen. So wenig ein Vordingen der Wüste stattfindet, so wenig gibt es ein Zurückdrängen derselben. Allerdings ist die Theorie Brückners von den 30—35 jährigen Perioden nicht ganz genau, sondern sie bedarf weiteren Ausbaues. Bemerkenswert war, daß in Rußland unmittelbar nach den furchtbaren Hungersjahren 1891/92 überreiche Erntejahre folgten, 1893/94/95, in denen die russische Schwarzerde den Weltmarkt mit Getreide überschüttete, in denen sich die russischen Bauern den Luxus erlauben durften, reines, nicht mit Spreu vermischtes Brot zu genießen, und ihre während der Hungerjahre fast vollständig vom Vieh aufgezehrten Strohdächer neu einzudecken. Die australischen und zum Teil auch amerikanischen Farmer haben freilich bald daran glauben müssen, daß ein vorwitziges Hinausschieben der Kultur nicht zum Heile ausschlagen konnte. Allerdings gingen die Amerikaner nunmehr mit gewohnter Rührigkeit daran, wo es nur irgend möglich war, künstliche Bewässerung einzurichten, um dadurch die schlimmen Folgen der eingetretenen Trockenperiode wenigstens zum Teil auszugleichen. Wir können vorderhand den Einfluß der Klimaperioden noch nicht ganz genau bestimmen. Jedenfalls ist die Witterung als störendes oder förderndes Moment von der größen Bedeutung. Glücklicherweise bedingt die Intensivierung der Landwirtchaft eine Zurückdrängung des Einflusses der klimatischen Faktoren, wenn sie sie auch nie ganz ausschalten kann. Es ist zu hoffen, daß bezüglich der Klimaschwankungen und Klimaperioden in den nächsten Jahrzehnten an der Hand der fortschreitenden meteorologischen Forschungen Genaueres festgestellt werden wird. Für Europa dürfte namentlich eine Feststellung der Schwankungen der Temperatur des Golfstromes von großer Bedeutung sein, es lassen sich daran Vorraussagen der Temperatur wenigstens für einige Monate knüpfen[1]).

Schwankungen der Ernteerträge.

Sehen wir uns die Schwankungen der Ernteerträge näher an, so ist es vor allem Frankreich, wo wir ganz eklatanten Differenzen begegnen. Es ist ein Ansteigen der Werträge von 40—45 auf 80 und später auf 100 und 120 Mill. hl eingetreten, und wenn die französische Wproduktion nicht noch stärker angestiegen ist, so dürfte dies daran liegen, daß die französischen Landwirte gar nicht mehr produzieren wollten, um nicht die Preise zu sehr sinken zu lassen. Hat doch Frankreich in den letzten Jahren nur noch ganz minimale Wmengen eingeführt.

Bei einer Betrachtung der deutschen Erntedaten ist die Methode der Erntestatistik zu berücksichtigen. Diese ist völlig Konjekturalstatistik. Seit 1878 wurde sie von den statistischen Landesämtern unter Zuhilfenahme der Vorstände der Gemeinden und Gutsbezirke erhoben; seit 1899 machen rd. 7000 „landwirtschaftliche Sachverständige" Angaben über die wahrscheinliche Durchschnittsernte jeder Getreideart. Die statistischen Landesämter multiplizieren diese Schätzungen mit der Anbaufläche der betreffenden Getreidearten, die von den Gemeinde- und Gutsvorstehern angegeben werden, addieren die Ergebnisse zunächst für die einzelnen Kreise, dann für das ganze Reich. Dieses so erzielte Resultat nennt man dann „Erntestatistik", während es richtigerweise nur als „Summierung einzelner Ernteschätzungen" bezeichnet werden dürfte. Mit der Änderung der Erntestatistik trat eine Erhöhung der früheren Ernteergebnisse um 12 bis 19% ein[2]). (Vgl. S. 69.)

---

[1]) Wie dies von Wilhelm Meinardus bereits festgestellt ist. Verhandlungen des VII. Internat. Geographenkongresses. Berlin 1900 S. 421 ff.

[2]) Das Kaiserlich Deutsche Statistische Amt hat dann die früheren Erntedaten bis 1893 nach Maßgabe der neuen Schätzungen zurückkorrigieren lassen, was bei Vergleichungen der Daten der früheren und späteren Periode zu beachten ist.

Wie weit diese Tatsache auf einer wirklichen Unterschätzung der Produktion bei den früheren Angaben beruht, ist nicht mit absoluter Genauigkeit festzustellen; man nimmt vielfach an, daß die Sachverständigen, die ja aus den tüchtigsten und am intensivsten wirtschaftenden Landwirten genommen werden, zu leicht geneigt sind, ihre eigenen Ernteresultate zu verallgemeinern und so die Durchschnittsangaben zu erhöhen. Man darf auch nicht die Schwierigkeiten einer wirklich einwandfreien Durchschnittsschätzung eines Bezirkes von 50—100 qkm verkennen — ganz kleine Abweichungen geben da schließlich erhebliche Fehler. Es bleibt ferner dahingestellt, ob nicht die große Mehrzahl der Sachverständigen aus psychologischen Gründen zu hohe Angaben macht. Eine wirksame Kontrolle könnte durchgeführt werden, wenn wenigstens die 300000 größeren Betriebe von über 20 ha landwirtschaftlicher Fläche, also rund die Hälfte des deutschen Ackerbodens, die tatsächlich geernteten Mengen angeben müßten[1]).

Nach dieser Statistik hat seit 1879 eine Produktionszunahme von 100% stattgefunden, tatsächlich dagegen wohl nur eine solche von etwa 75%. Diese Zunahme dürfte in der Hauptsache durch die Mehranwendung der künstlichen Düngemittel erzielt worden sein, insbesondere die Anwendung von Thomasschlacke und Kalisalz, die erst seit den achtziger Jahren in der Landwirtschaft verwendet werden, so daß unbeschadet der Ausfuhr von Getreide und des vollständigen Verlorengehens der menschlichen Fäkalien doch noch eine Anreicherung des Ackerbodens stattgefunden hat.

Für Österreich besitzen wir Daten über Ernteergebnisse bereits aus der Zeit des Abschlusses der Josephinischen Katastralvermessung im Jahre 1789, ebenso von den Katastralerhebungen in der ersten Hälfte des 19. Jhds.

Diese Angaben beruhten freilich nur auf Schätzungen und umfaßten zudem ein zu kleines Produktionsgebiet. Bei den Schätzungen im 18. Jhd. rechnete man gewöhnlich für guten Boden das vierte, höchstens das fünfte Korn, für geringern Boden sogar nur das dritte Korn[2]). Immerhin sind diese Daten sehr belehrend. Es wurden in Österreich mit Galizien und ohne die damaligen italienischen Besitzungen der Ertrag einer Ernte geschätzt:

Tabelle 7.

Millionen österreichische Metzen

	Weizen	Roggen	Gerste	Hafer	Mais	Summa
1789	8,2	31,6	19,3	36,7	—	95,8
1829	9,37	32,7	21,4	39,5	—	103,0
1859	18,77	48,2	25,9	51,8	—	144,6
1878/82	23,3	31,0	10,3	15,9	7,0	—
1893/97	25,0	34,5	10,0	17,1	7,4	—

[1]) Nach C. Ballod, „Güterbedarf und Konsumtion", S. 610, Aufsatz XXXXIII der „Statistik in Deutschland nach ihrem heutigen Stande". Ehrengabe für Georg von Mayr. Hg. von F. Zahn. 1911.

[2]) V. d. Goltz in seiner Geschichte der deutschen Landwirtschaft, Bd. II, führt übrigens aus, daß die Aussaatmengen in früherer Zeit bedeutend größer waren und es infolge der mangelhaften Bodenbearbeitung sein mußten, als heute, so daß in Wirklichkeit das „dritte bis vierte" Korn eine größere Erntemenge vorstellte, als wir heute darunter verstehen.

In Osteuropa ist von allen Produktionsgebieten das bei weitem wichtigste Rußland. Korrekte Angaben über die Anbauflächen in früheren Perioden fehlen fast gänzlich; genauer verfolgt werden kann nur die Entwicklung der Anbauflächen von 1881 an. Im europäischen Rußland betrug die 1881 gesamte mit Getreide bestellte Fläche 64,6 Mill. ha und war bis 1897 nur auf 67,6 gestiegen, d. h. nur um 4,5%; 1907 betrug sie 75,2 Mill. ha. Im Königreich Polen hat gar die Ackerfläche für alle Getreidearten, abgesehen von Hafer, zwischen 1883 bis 1897 etwas abgenommen, 1907 betrug sie 4,5 Mill. ha. Gewaltig zugenommen hat dagegen die Anbaufläche im nördlichen Kaukasus, Sibirien und in Zentralasien. Die beiden ersteren Gebiete zählten 1894 6,4, 1897 bereits 8,2 Mill. ha Anbaufläche, i. J. 1907 Nordkaukasien 5,6, Sibirien 4, Zentralasien 1,4 Mill. ha. Mit Sibirien zusammen hatte Rußland 1899 81,5 Mill. ha Getreideland, 1907 sogar 91 Mill. ha; die Bevölkerung allerdings ist in stärkerem Maßstabe gestiegen.

Wenn wir die älteren Daten über den russischen Getreidebau durchgehen, so finden wir, daß das Gesamtquantum sich zwar stark vergrößert hat, der relative Betrag pro Kopf der Bevölkerung jedoch nicht gestiegen, sondern ungefähr stationär geblieben ist. Nach den älteren Daten, die Gulischambaroff verarbeitet hat, betrug nämlich die Produktion in Polen und im europäischen Rußland:

Tabelle 8.

		Mill. hl	pro Kopf hl
1810/13	155 Millionen Tschetwert	325	7,83
1831/40		377	—
1851/60		462	6,98
1893/97		781	7,50

Wir sehen also, die absolute Menge hat sich in den letzten 90 Jahren mehr als verdoppelt, der relative Ertrag ist sich gleich geblieben. 1810 hatte Rußland eine Bevölkerung von etwa 41,5 Mill., bis 1862 war sie auf 66 Mill. angewachsen. 1897 betrug sie nach der Volkszählung 104 Mill. Von den relativen Erträgen von 7,83 resp. 6,98 und 7,50 hl ist jedoch abzuziehen erstens die Aussaat, sodann die Ausfuhr. Nach Abzug der Aussaat verblieben pro Kopf 6,3 bzw. 5,6 und 6 hl; die Ausfuhr betrug jedoch in der ersten Periode 0,1 hl pro Kopf, in der zweiten 0,5, in der dritten gar 1,5, so daß für den eigenen Konsum des russischen Volkes übrig blieben pro Kopf je 6,2, später 5,1 und zuletzt 4,5 hl, gewiß ein höchst überraschendes Resultat. Auch für die neueste Zeit hat sich hieran nichts geändert.

In der ersten Hälfte und sogar dem zweiten Drittel des 19. Jhd. war die Getreideausfuhr aus den Vereinigten Staaten gering. Solange erst die östlichen Staaten besiedelt waren, führten die Nordamerikaner fast gar kein Getreide aus. Erst als die für die Getreideproduktion viel geeigneteren östlichen Prärien erschlossen waren, begann eine starke Getreideproduktion und -ausfuhr. Ein stärkeres Anwachsen derselben trat erst ein in den siebziger und achtziger Jahren, nachdem die fruchtbaren westlichen Prärien durch Eisenbahnen aufgeschlossen waren. Alsdann aber setzte die Getreidekonkurrenz gleich mit einer so furchtbaren Wucht ein, daß die Landwirte Westeuropas in große Sorgen gerieten.

Besonders wurde die rapide Besiedelung der westlichen Prärien durch die Heimstättengesetzgebung gefördert. Es konnte ein jeder, der erklärte, Bürger

Tabelle 9. **Weltgetreidehandel**

Ausfuhr

	Verein. Staaten	Rußland	Indien	Balkan, Serbien, Rumänien und Bulgarien	Argentinien	Canada	Australien
1861/70	580	1000				80	
1871/80	2000	1600	144			170	
1881/85	2260	1960	960		48	190	
1886/90	1760	2460	860	980	160	126	
1891/95	2720	2800	750	1200	896	306	
1896/1900	2884	2760	480	940	984	350	
1901/05	2800	3804	982	1212	1566	840	
1905/06	3414	3600	844	2090	2300	1110	
1906/07	3200	2300	801	1475	2681	1480	
1907/08	3711	1650	880	760	3636	1290	490
1908/09	2200	5147	109	1300	2514	1637	—
1909/10	2300	6050	1050	1070	1800	1865	1300
1910/11	1960	6000	1500	2370	2520	1700	1620
1911/12	2040	2130	1495	2080	2550	3050	1420
1912/13 [1]	2500	4500	1300	900	3500	3000	1500

Roggenausfuhr. **Roggeneinfuhr.**

	Rußland	Balkan	Vereinigte Staaten	Deutsches Reich	Holland	Schweden, Norwegen	Dänemark
1893/98	1270	180		580	225	260	90
1898/99	980	150	240	433	145	360	80
1899/1900	1400	180	55	560	140	330	85
1900/01	1736	90	50	910	215	280	80
1901/02	1400		—	720	270	250	120
1902/03	1800		—	810	285	476	132
1903/04	1060		72	244	280	330	100
1904/05	750		25	240	254	350	110
1905/06	870		34	480	237	336	130
1906/07	856		19	400	700 [2]	300	130
1907/08				219	683	300	130
1908/09	582			— 620	629	306	165
1909/10	600			— 360	586	300	
1910/11	1065			— 48	663	280	
1911/12	380			— 480			

Haferausfuhr. **Hafereinfuhr.**

	Rußland	Vereinigte Staaten	Canada	Argentinien	Großbritann.	Deutsch. Reich	Frankreich	Holland	Belgien
1893/98	1060	430	75		820	370	346	28	30
1898/99	400	530	180		780	266	110	34	18
1899/1900	980	680	120		960	272	180	35	72
1900/01	1280	640	80		1140	410	280	126	60
1901/02	1030	300	90		1000	120	380	10	16
1902/03	1316	90	155		460	440	130	25	18
1903/04	730	170	170		823	180	350	40	20
1904/05	1850	20			800	440		30	130
1905/06	1540	480		49	890	966		105	100
1906/07	427	58		147	800	32		69	120
1907/08	420	31		440	554	— 233	20	22	80
1908/09	825	30	58	421	721	180	165	49	83
1909/10	1200				890	— 44		102	
1910/11	1620				870	— 370		93	
1911/12	900				910	202			

[1]) Geschätzt. [2]) einschließl. Mais.

in 1000 Tonnen.

Einfuhr

Groß-britannien	Deutsches Reich	Frank-reich	Belgien	Holland	Italien	Schweiz	Spanien u. Portugal	Schweden, Norwegen, Dänemark
3650	554	1050		224	260			
3950	468	994	592	248	820	300		
4600	1062	1306	843	280	632	340	340	
4766	1220	578	930	240	670	380	300	
5540	1956	260	1283	272	1048	430	250	
5704	1808	302	1420	287	1197	450		
5782	2096	357	1352	244	931	468		
5662	2151	193	1280	219	745	385	420	
5333	1812	115	1260	280[1]	913	447	—	
5920	2313	245	1140	540	1100	470	195	400
5680	2191	2390	1520	545	1610	480	195	400
5615	1801	660	1500	545	1090	480	65	450
5300	1900	500	1600	650	1600	500	750	450

Gersteausfuhr. | **Gersteeinfuhr.**

Rußland	Vereinigte Staaten	Österreich	Balkan	Groß-britannien	Deutsches Reich	Frank-reich	Belgien	Holland
1860	200	350	420	1215	1105	230	215	150
1800	80	370	446	1160	1276	144	240	80
800	520	420	220	780	900	54	230	70
1000	130	260	360	1090	800	104	200	60
1350	240	300	300	1180	900	185	225	120
2110	190	330	350	1225	1300	90	280	186
2450	250	400	330	1390	1480	23	275	200
2260	300	300	350	1600	1485		320	200
2200	386	450	350	1400	1484		314	250
1980	180			1014	2165			212
2800	220			1006	2166		276	223
3590	169	60		930	2243		304	152
3652				1080	2740			223
4300				914	3485			253
3080				1227	3362			287

Maisausfuhr. | **Maiseinfuhr.**

Vereinigte Staaten	Balkan	Rußland	Argen-tinien	Groß-britann.	Frank-reich	Deutsch. Reich	Belgien	Holland	Däne-mark
2920	850	500	600	2250	310	860	200	260	160
4400	1350	620	720	2850	515	1470	336	360	480
5200	500	330	1200	2920	435	1550	330	435	440
4260	1200	250	870	2870	280	1396	360	340	370
770	1470	1200	1090	2500	250	970	255	285	340
1700	1250	675	1300	2090	270	860	180	312	340
2140	930	620	1475	2620	216	1000	130	323	366
1882	790	188		2200		773	260	207	
2590	460	180	2616	2168		923	414	306	
2380		650	1296	2512		1240	348	472	
1000			1717	2754	244	940	380		202
976	840	674	2273	1734	310	644	385	76	192
		480		1980		607			
		950		1850		806			
		1000		1930		920			

[1]) einschließl. Mehl.

der Vereinigten Staaten werden zu wollen, für eine nominelle Gebühr von 10 Dollar 160 acres (65,6 ha) Land erwerben. Vor 1860 verkaufte der Staat nur große Landkomplexe von wenigstens 23,6 qkm an die Meistbietenden. Es ist ein weitverbreiteter Irrtum, daß die edlen Nordstaatler lediglich aus tiefster moralischer Empörung über den Zustand der Negersklaven in den Südstaaten zu den Waffen gegriffen hätten, um für die schwarzen Brüder die Freiheit zu erkämpfen. Gewiß wirkte auch dieses Moment mit ein, es war aber nicht das ausschlaggebende. Der eigentliche Grund für die Entstehung der Todfeindschaft zwischen Nord und Süd war ein wirtschaftlicher, die übliche Form des Landverkaufs an Spekulanten, gegen die namentlich die Einwanderer, aber auch die ärmeren alteingeborenen Farmer und Farmersöhne des Nordens eine immer heftigere Opposition erhoben. Wären die Vereinigten Staaten bei der alten Politik geblieben, so wäre die Besiedelung der Prärien viel langsamer erfolgt. Andererseits aber wäre der relative Getreideexport ein viel bedeutenderer, wenn man eine höhere Grundrente aufzubringen hätte. Wir sehen Rußland und Nordamerika seit den sechziger Jahren sich in ganz verschiedener Richtung entwickeln, jedoch mit dem gleichen Resultat: In Rußland veranlaßt das Steigen der Grundrente, der fortschreitende Eisenbahnbau, das Entstehen des „Kulacken"-Wesens (der Dorfwucherer) eine Ausdehnung des Getreidebaues, Rückgang des relativen Konsums, gewaltige Steigerung der Ausfuhr. In Nordamerika hat die Heimstättengesetzgebung eine rapide Besiedelung des fruchtbaren Westens und damit zugleich ebenfalls ein ungeahntes Anschwellen der Ausfuhr zustande gebracht. Nordamerika exportiert pro Kopf der Bevölkerung mehr Getreide als Rußland. Aber dies Getreide stammt aus der Überschußproduktion und kann mit Leichtigkeit entbehrt werden.

Es läßt sich feststellen, daß der Amerikaner bei niedrigen, verlustbringenden Preisen den Anbau einschränkt und mit dem Verkauf zurückhält, während in Rußland gerade die Notverkäufe des russischen Bauern im Herbste die Preise drücken. In Nordamerika beträgt die Gesamtproduktion über 1000 kg pro Kopf, nach Abzug der Ausfuhr bleiben immer noch 900 kg pro Kopf übrig für den inneren Konsum. In Rußland wird zweieinhalbmal weniger geerntet, und es bleibt dreimal weniger zurück. Wenn man gar die landwirtschaftliche Produktion auf die landwirtschaftliche Bevölkerung verteilt, so ergeben sich für Amerika etwa 1901/10 rund 2500 kg pro Kopf, in Rußland dagegen nur 450 kg.

Auch in den anderen Exportländern hat erst die moderne Verkehrsentwicklung den Anbau ermöglicht, und zwar dürften in Indien die Verhältnisse bis zu einem gewissen Grade Rußland ähneln: die durch Steuern und Grundrente schwer belastete Bevölkerung muß Getreide um jeden Preis verkaufen.

In Indien werden mit W bestellt etwa 20 Mill. Acres, mit Reis und anderen Getreidefrüchten 162 Mill. Acres. Es ist ein Irrtum, wenn man glaubt, die Inder lebten hauptsächlich von Reis. Mit Reis sind in Indien 70 Mill. Acres bestellt, mit anderen Brotfrüchten, auch abgesehen vom W, 92 Mill. Im südlichen Indien wird Hirse als Brotnahrung gebraucht. Es wurden im Jahre 1908/09 30,3 Mill. ha mit Reis, 8,5 mit W, 41 mit sonstigem Getreide (bes. Hirse) bestellt. Man kann eine mittlere Jahresproduktion von 70 Mill. t dieser Brotfrüchte schätzen, von denen rund 6 zur Aussaat verwandt und 5 bis 6 Mill. ausgeführt werden, so daß für die Deckung des Bedarfs für die Bevölkerung kaum über 60 Mill. übrig bleiben dürfte, woraus eine außerordentlich dürftige Volksernährung sich ergibt, kaum 200 kg pro Kopf der Bevölkerung (ähnlich wie übrigens in Japan). Bedeutend höher als in Indien sind die Ernten in Birma und Assam. In Assam nehmen die Reisfelder 8,8 Mill. Acres ein. Indien leidet sehr oft an Hungersnot, weil häufige Dürren an der Tagesordnung sind, in denen von den gesamten 20 Mill. Acres betragenden Ackerländern nur 18 Mill. bewässert sind.

Indien, Rußland, Rumänien bieten traurige Belege dafür, wie die Einführung der modernen Technik und die Aufschließung eines Landes durch Eisenbahnen die Lebenshaltung der einheimischen Bevölkerung herabzudrücken geeignet sind. Man muß sich vergegenwärtigen, daß in den Nordprovinzen Indiens der Großgrundbesitz herrscht (allerdings nicht Großbetrieb, es sind kleine Betriebe) und die Grundrente sehr gestiegen ist. Nicht so schlimm steht es mit der indischen Reisausfuhr, da sie großenteils aus fruchtbaren, dabei aber dünn besiedelten Gebieten, Birma und Assam, stammt, wo fast ausschließlich Kleingrundbesitz herrscht. Auch der Export aus Madras zehrt nicht so sehr an der eigenen Ernährung der Bevölkerung, denn es herrscht starke Mischung von Groß- und Kleingrundbesitz.

Es ist höchst eigentümlich und auffallend, daß man das Problem der Grundrente noch gar nicht zur Grundlage von Studien über die Exportverhältnisse gemacht hat. Rußland hat allerdings in der letzten Zeit die internationale landwirtschaftliche Konkurrenz als ein kapitalistisches Problem bezeichnet; das Kapital sei interessiert an der Erschließung neuer Länder, die nun mit ihrem Angebot auf den Weltmarkt treten und die Preise drücken. Es ist jedoch zugleich ein Problem der Bodenbesitzverhältnisse, bzw. der Grundrente. Wo Klein- oder Mittelbesitz herrscht, da wird niemals eine so hohe Quote der Gesamtproduktion exportiert als aus Gebieten mit vorherrschendem Großgrundbesitz. Zum Teil ist auch die argentinische Ausfuhr durch die eigentümlichen Besitzverhältnisse erzwungen. Argentinien hat nie ein Heimstättengesetz gekannt. Alles Land war schon früh von Großgrundbesitzern ersessen, aufgeteilt worden. Allerdings ist ja auch sehr viel Land an Kolonisten verkauft worden und nicht einmal sehr teuer, sondern zu nur 40—100 M per Hektar. Immerhin bedeuteten schon diese Landpreise eine Steigerung um das Doppelte und mehr gegenüber den Preisen der Latifundien. Sie erzwangen enorme Arbeitsanstrengungen und damit ein starkes Anschwellen der Ausfuhr. In der neuesten Zeit sind die Landpreise in Argentinien gar auf 400—600 M per ha hinaufgegangen, d. h. sie sind etwa gleich hoch, wie im südrussischen Wgebiet.

Wenn Ruhland auf Kleinasien und Mesopotamien verweist als die gefährlichsten Konkurrenten für die europäische Landwirtschaft, so dürfte dem kaum beizupflichten sein. Das Land befindet sich daselbst zum großen Teil im Besitz des Staates, und der türkische Staat versteht es bei aller Brutalität und Grausamkeit im einzelnen nicht seine Untertanen systematisch so zu schröpfen, daß eine bedeutende Mehrproduktion entstehen könnte. Gewiß wird die Ausfuhr steigen, aber schwerlich in einem sehr bedrohlichen Maße, zumal in Babylonien künstliche Bewässerung erforderlich ist, was die Produktion verteuert. Von einer Überschwemmung mit Getreide, von Wlieferungen zu 59 M für die Tonne bis an die Häfen Westeuropas dürfte schwerlich jemals die Rede sein. Heute führt die Türkei mehr Getreide ein als aus. Die Ausfuhrziffer von 1,3 Mill. t aus der asiatischen Türkei ist völlig unzutreffend. Auch ist der türkische Bauer viel zu indolent, um aus eigenem Antriebe eine Überschußproduktion zustande zu bringen. Vorläufig wird der Bau der kleinasiatischen Bahn die Türkei von der Getreideeinfuhr unabhängig machen.

Getreideverbrauch.

Unter allen europäischen Ländern stehen am niedrigsten Rußland und Italien, die nur 200—250 kg Getreide jährlich auf den Kopf der Bevölkerung verbrauchen. Die Ursachen sind mehrere. Hauptsächlich sind es das Vorwalten des Großgrundbesitzes und die hohe Grundrente, die die Volksernährung stark herabdrücken. Landwirtschaftlicher Großbetrieb ist in Italien selten, die Grundbesitzer sind außerordentlich rückständig, da sie nicht selbst wirtschaften, sondern das Land auf kurze Termine verpachten und dadurch dem Pächter jede Lust und Möglichkeit nehmen, etwas für landwirtschaftliche (lw) Meliorationen zu tun. Sind doch die mittleren Ernten in Italien trotz des im ganzen recht fruchtbaren Bodens kaum halb so hoch als in Deutschland oder Frankreich. Die italienische Landwirtschaft (Lw) steht gegen die deutsche oder französische gerade um 100 Jahre zurück.

Das nächst ungünstig stehende Gebiet ist Rußland und Rumänien, die einen eigenen Verbrauch von 230—300 kg auf den Kopf aufweisen. Wenn man aber die fruchtbaren Gebiete ausschließt, so kommt für den Rest noch bedeutend weniger heraus.

Nach Rußland kommt unmittelbar Österreich. Auch da steht die Lebenshaltung niedriger als in Westeuropa. Einzelne Gebiete, insbesondere Galizien, stehen hart an der Grenze der relativen Übervölkerung. Der Brotgetreideverbrauch scheint in Österreich noch niedriger zu sein als in Rußland. Es kommen nur 140 kg Roggen und W auf den Kopf. Hier muß in den südlicheren Teilen offenbar der Mais aushelfen. Namentlich die rumänische Bevölkerung des Südens lebt großenteils von Maisspeise „Mamaliga“, genau wie der Italiener von seiner „Polenta“. Der Gesamtkonsum an Mais erhebt sich in Österreich auf 33 kg.

Es folgen Schweden-Norwegen, die Niederlande, Großbritannien, Deutschland und Frankreich. Indessen ist ja der Getreidekonsum nur bis zu einem gewissen Grade ein Maßstab für die Lebenshaltung. Es ist immer die Größe des Viehstandes und der Fleischkonsum mit zu beachten. In der Wirklichkeit steht England trotz geringeren Getreidekonsums vor Deutschland und Frankreich. Den höchsten Gesamtkonsum an Getreide unter den europäischen Staaten hat Dänemark mit 800 kg pro Kopf. Zu beachten ist aber, daß Dänemark enorme Mengen Viehzuchtsprodukte, Butter, Käse, Fleisch, ausführt. (Dänemark führt für 100 Mill. ℳ Nahrungsmittel jährlich ein und für 200—230 Mill. ℳ aus.) Fast gleich hoch stehen in neuester Zeit in bezug auf den Getreidekonsum Deutschland und Frankreich. In Wirklichkeit jedoch dürfte Deutschland bereits Frankreich in der Höhe der Lebenshaltung überflügelt haben. Man muß sich nämlich vergegenwärtigen, daß Frankreich relativ mehr Erwachsene, aber weniger Kinder zählt als Deutschland. Dazu kommt noch, daß der französische Viehstand geringer ist als der deutsche. Es gibt in Frankreich 6 Mill. Milchkühe gegen 10 Mill. in Deutschland. Interessant ist auch, daß der relative Getreideverbrauch sich in Deutschland im Laufe der letzten 35 Jahre beträchtlich gehoben hat, in Frankreich sich gleich geblieben ist.

Der Getreidehandel (GH).

Das G ist heute der vornehmste Handelsartikel auf dem Weltmarkte. Der internationale GH setzt Werte von etwa 3 Milliarden ℳ um. Das G hat also den „King cotton“ (König Baumwolle), der in den sechziger und siebziger Jahren die größte Rolle im Welthandel spielte, beträchtlich überflügelt. Der Gesamtwert der Baumwolle, die in den Welthandel kommt, beträgt nur $1^1/_2$ bis 2 Milliarden. Selbst für Nordamerika ist der Export von G und Futtermitteln sowie Fleisch bereits wichtiger als der Baumwolleexport.

Die eigentümliche Wertsteigerung der Nahrungsmittel in Fällen von Knappheit derselben hat schon sehr früh dahin geführt, daß Preisordnungen, bzw. Preistaxen erlassen worden sind, um der Masse der Bevölkerung die Lebensmittel zu erschwinglichen Preisen zu sichern. Am bekanntesten ist die Diocletianische Preisordnung (edictum de pretiis, i. J. 301), in der nicht nur die Preise der Produkte geregelt waren, sondern auch die Arbeitslöhne, was an sich ganz konsequent war. Indessen führte doch das wirkliche Leben dazu, daß sowohl die Preis- wie die Arbeitssätze in Vergessenheit gerieten. In den mittelalterlichen Städten und selbst bis in die neuere Zeit hinein waren fast überall Brot- und Fleischtaxen festgesetzt worden, um einer Ausbeutung der Bevölkerung seitens der Händler vorzubeugen. Indessen nützten solche Taxen in Jahren schlechter Ernten nicht viel. Bei den mangelhaften Transportverhältnissen gingen die Nahrungsmittelpreise oft rapide in die Höhe. Die neue Zeit, bzw. das 19. Jhd. brachte einen völligen Umschwung in bezug auf die Anschauungen über den Wert aller behördlichen Maßnahmen: sie wurden für schädlich und untauglich erklärt. Im freien Spiel der Kräfte, durch Angebot und Nachfrage sollten die Preise sich allein regulieren. Die rosigen Erwartungen, die man an die Entfesselung der freien Konkurrenz geknüpft hatte, haben sich allerdings nur zu einem kleinen Teile erfüllt, da die Selbstregulierung der Volkswirtschaft bei freier Konkurrenz durchaus nicht so leicht bewirkt wird, wie die Theorie lehrt. Es können gar nicht Kapitalien aus unvorteilhaften Erwerbszweigen in vorteilhafte ohne weiteres überführt werden, wie man annahm. Der Bäcker, der Schneider, der Schuster können nicht ohne weiteres einen anderen Beruf ergreifen, einfach weil ihnen dazu die Handfertigkeiten und Kenntnisse fehlen. Sodann aber steckt in einem jeden Unternehmen eine bestimmte Kapitalsumme, die bei Aufgabe des Unternehmens leicht verloren geht. Das Wichtigste aber war, daß man in früherer Zeit gar nicht daran gedacht hatte, daß auch in Städten sich eine bedeutende Grundrente gleichsam als eine Steuer für das Wohnrecht bilden könnte, und dies nicht nur an den recht günstigen Plätzen und Straßen, sondern auch in Arbeitervierteln.

Die hochgehende Grundrente hat ein immer stärker werdendes Mißverhältnis zwischen Groß- und Kleinhandelspreisen erzeugt. Es ist kaum zulässig, Großhandelspreise aus früherer Zeit mit denen der Jetztzeit zu vergleichen, um daran zu zeigen, um wieviel besser es die Menschen jetzt haben. Das Steigen und Sinken der Großhandelspreise ist wesentlich bloß für die Produzenten und Großhändler. Für die Konsumenten sind nicht die Großhandelspreise, sondern die Detailpreise maßgebend. Es ist nicht so wichtig, wieviel ein Ochse oder ein Wispel G in früherer und in späterer Zeit gekostet haben, sondern um welchen Preis man ein Pfund oder einige Pfund Fleisch oder Brot im Laden kaufen konnte. Namentlich der städtische Konsument vertilgt ja nicht ganze Ochsen oder ganze Waggonladungen Getreide, sondern er kauft kleine Quantitäten Fleisch und Brot im Laden.

Für Berlin kann man z. B. nachweisen, daß vor zwei Menschenaltern Brotpreis gleich Kornpreis galt. Der Gewinn des Bäckers resultierte aus dem Unterschied zwischen Mehlgewicht und Brotgewicht, der die Arbeits- und Backkosten deckte. Heute beträgt der Aufschlag im Preise von Mehl und Brot 60—70% bei Roggen; bei Weizenbrot (Berliner Schrippen) dagegen 120—150%; bei Knüppeln sogar 300—400% mindestens.

Es ist also völlig verkehrt, wenn man urteilen wollte, der Preis dieser oder jener Lebensmittel ist um 25% gefallen, die Löhne aber sind um 75% gestiegen; also stehen sich die Arbeiter noch einmal so gut als früher. Wenn man genau sein will, muß man nach den Preisen aller Lebensbedürfnisse fragen und dabei die Kleinhandelspreise feststellen, die bedeutend gestiegenen Wohnungsmieten mit einbeziehen. Mit andern Worten: man muß Haushaltsbudgets aufstellen. Das Hochgehen der Grundrente und die Überfüllung der Nahrungsmittelzweige haben nicht geringere Mißstände zur Folge gehabt als die frühere Reglementierung. Völlig unbrauchcar sind Angaben über das Ansteigen des Konsums an Rohstoffen, wenn die aus den fraglichen Rohstoffen hergestellten Industrieprodukte nicht im Inlande verbraucht, sondern zu einem Teil ausgeführt werden, wie dies z. B. in England der Fall ist (für das R. E. May[1]) eine Konsumsteigerung von 45% feststellt, während tatsächlich der W-konsum sich gleichgeblieben ist und der Fleischkonsum um 25% zugenommen hat; lediglich der Zuckerkonsum ist um 100% angestiegen). Ganz unzulässig ist es, die Veränderungen in der Lage der Arbeiter an dem Preise eines Nahrungsmittels messen zu wollen. So ist es ein Trugschluß, wenn z. B. gezeigt wird, daß der englische Arbeiter zum Schluß des 19. Jhd. sich geradezu sechsmal günstiger gestellt habe als zu Anfang desselben; damals habe er mit seinem Jahreslohn sich nur 45 Bushels W kaufen können, heute jedoch 300[2]).

Zur Ermittelung der Produktionskosten bzw. der Umstände für ihre Schwankungen ist es nützlich, die Theorie von Thünen kurz vorzuführen, wie er sie in seinem „isolierten Staat" dargestellt hat. Der isolierte Staat geht aus von der Annahme, es befinde sich irgendwo eine große Ebene mit völlig gleichen natürlichen Bedingungen. In der Mitte liegt der einzige Marktort, eine große Stadt, welche den Überschuß der landwirtschaftlichen Produkte ganz allein aufnimmt. Alsdann wird der Getreidepreis so hoch steigen müssen, daß die Produktions- und die Transportkosten von dem entlegensten Ort noch gedeckt werden können, welcher noch zur Lieferung von Getreide an den Mittelpunkt herangezogen werden muß. Je mehr nun die Bevölkerung hier wächst, desto weitere Kreise müssen zur Deckung des Bedarfs herangezogen werden, desto höher müssen die Getreidepreise steigen, denn maßgebend für dieselben sind die Produktions- und Transportkosten

---

[1]) „Die Wirtschaft in Gegenwart, Vergangenheit und Zukunft". Berlin-Bern. 1901.

[2]) Eine wissenschaftliche Berechnung der Preisveränderungen und der Konsumsteigerung ist zuerst vom Verf. versucht worden in dem Aufsatz „Das Problem der Preisbewegung und Konsumsteigerung", I., England; Zeitschr. d. k. Preuß. Statist. Landesamts, 1912.

aus dem entlegensten Kreise. Die Getreidepreise werden also reguliert einerseits durch die Nachfrage des Mittelpunktes, andererseits durch die Produktionskosten in den Gebieten, die unter den ungünstigsten Verhältnissen produzieren, jedoch noch zur Deckung des Bedarfes herangezogen werden müssen. Jede Ermäßigung der Produktions- und der Frachtspesen muß auf die Preise drücken, jede Transporterschwerung sie in die Höhe treiben.

Es ist interessant, zu beobachten, wie die Entwicklung der Verkehrsmittel ein Herabgehen der Frachten und dadurch eine stetige Erweiterung des Kreises der Produktionsgebiete ermöglicht hat, die heute zur Versorgung der alten, dicht bevölkerten Gebiete Westeuropas mit Getreide herangezogen werden. Von großer Bedeutung ist aber noch ein zweites Moment in der Frage nach der Höhe der Produktionskosten, die Grundrente. In der früheren Zeit der hohen Transportspesen war ein starkes Hochgehen der Grundrente und der Güterpreise eingetreten. Als nun eine Änderung der Frachtkosten eintrat, die Eisenbahntarife, namentlich aber die Schiffsfrachten gewaltig heruntergegangen waren, erschienen immer entferntere Gebiete mit ihren Angeboten auf dem Weltmarkt. In den Wettbewerb traten Gebiete, in denen nicht nur die Grundrente niedriger, sondern auch die Lebenshaltung der Bevölkerung eine sehr dürftige war. Der Hauptpreissturz trat ein in der zweiten Hälfte der siebziger Jahre. Da entstand die Not der Landwirtschaft, und als Schlußergebnis die Forderung landwirtschaftlicher Schutzzölle in den getreideeinführenden Ländern. Es erfolgte eine Bekehrung der Landwirte vom Freihandel zum Schutzzoll, ein Kompromiß der Landwirtschaftsinteressenten mit den industriellen Schutzzöllnern, denen dann andere Gruppen, die Interessenten der städtischen Grundrente, des Handels, der Börse, sowie die Arbeiterscharen gegenübertraten.

Die Getreidepreise (GPr) lassen sich auf Jahrhunderte zurück verfolgen. Es wechseln mehrfach Perioden wachsender und sinkender Preise. Im ganzen Mittelalter war der GPr außerordentlich niedrig. Erst die Entdeckung Amerikas und der darauf folgende Edelmetallstrom bewirkte ein Hochgehen aller WarenPr. In England stand der WPr um 1400—1450 auf 7 sh. das quarter = 32,60 ℳ die Tonne, betrug also ein Viertel bis ein Fünftel des heutigen WPr. 1451—1500 war der WPr sogar auf 28 ℳ heruntergegangen. Nun erfolgte der Gold- und Silberzufluß aus Amerika. 1501—1555 stand der WPr auf 55 ℳ, er hatte sich also geradezu verdoppelt, 1551—1580 war er sogar auf 80 ℳ hinaufgegangen und erreichte 1581—1600 120 ℳ, stand also bereits so hoch wie dreihundert Jahre später. Im Laufe des 17. Jhd. fand eine weitere Preiserhöhung statt, die Pr. stiegen auf 180—190 ℳ. Freilich ist zu bedenken, daß der W damals noch nicht so ausschließlich Volksnahrung geworden war wie heute. Zur Zeit der Napoleonischen Kriege, als die Zufuhren vom Festland stockten, erreichten die WPr 300, ja 400 ℳ für die Tonne. Der Höchststand i. J. 1812 betrug sogar 126 sh. das quarter = 586 ℳ die Tonne. Nach dem Kriege sanken zwar die Pr, waren aber doch noch relativ hoch. Der große englische Dichter Byron wirft nicht mit Unrecht der englischen Aristokratie vor, sie habe absichtlich den Krieg in die Länge gezogen, um das Land nicht zur Ruhe kommen zu lassen, denn Krieg bedeutete Teuerung und Teuerung des Getreides bedeutet Rente. („Krieg war Rente, Rente, Rente", Byron).

Zur genaueren Übersicht genügt die folgende Tabelle.

Tabelle 10.

Getreidepreise. Mark per 100 kg.

	England	Frankreich	Preußen	Berlin		
	Weizen			Roggen	Gerste	Hafer
1401/1500	32	34				
1501/1600	60	68				
1771/1790	210	134				
1791/1800	293	173				
1801/1810	388	190				
1811/1820	414	234	206			
1821/1830	266	192	128	127	76	80
1831/1840	254	199	138	100	88	92
1841/1850	240	207	168	123	111	101
1851/1860	250	231	211	165	150	144
1861/1870	248	224	204	155	146	140
1871/1875	246	249	235	179	171	164
1876/1880	207	229	211	176	161	153
1881/1885	180	225	189	160	156	146
1886/1890	140	193	174	143	138	135
1891/1895	128	178	165	148	142	143
1896	123	157	152	120	129	121
1897	141	205	164	123	133	134
1898	159	206	184	147	144	147
1899	126	160	155	139	132	125
1900	133	154	152	143	133	124
1901	125	162	164	141	133	132
1902	132	174	163	144	127	140
1903	126	182	161	132	128	150
1904	138	170	174	135	130	134
1905	145	182	175	152	140	143
1906	138	182	176	157	143	171
1907	147	186	205	189	167	188
1908	155	184	209	184	167	172
1909	186	198	234	176	168	170
1910	158	213	211	152	144	153
1911	155	212	204	168	166	168

Es geht aus der Tabelle klar hervor, wie außerordentlich zur Zeit der Revolutionskriege und der Napoleonischen Kämpfe die Pr in England in die Höhe gegangen waren, wie sie aber auch später unter dem Einfluß eines Hochschutzzolles sich in bedeutender Höhe erhielten. Als in England 1790 mit dem wachsenden Eigenkonsum der Bevölkerung die Ausfuhr von G aufgehört hatte, wurde dieser Umstand von den praktischen englischen Landlords dazu benutzt, um einen Zoll auf G einzuführen. Zunächst war der Schutzzoll allerdings noch sehr niedrig, betrug anfangs nur 3 sh. auf die Tonne, wurde dann auf 15 sh. erhöht für den Fall, wenn der WPr unter 55 sh. per quarter = 255 ℳ a. d. Tonne sinken sollte. Bei einem WPr von unter 55 sh. = 230 ℳ a. d. Tonne sollte der Zoll auf $3^1/_2$ sh. = 17 ℳ a. d. Tonne steigen. Man fand jedoch bald, daß dieser relativ geringe Zoll keinen Einfluß auf die Pr übte und erhöhte den Zoll auf $4^1/_2$ sh. (21 ℳ a. d. Tonne). Nach dem Friedensschluß 1815 ging das Bestreben dahin, den WPr auf 80 sh. = 372 ℳ a. d. Tonne (also das Dreifache des heutigen Pr) zu normieren. Selbst aus den nordamerikanischen Kolonien durfte W erst ausgeführt werden, wenn der Pr über 67 sh. für das quarter = 312 ℳ pro Tonne betrug. Sonstiges G durfte eingeführt werden, bei einem Pr von mindestens 44 sh. = 205 ℳ f. d.

Tonne. Man kann sagen, daß damals dem englischen Volke kaum das Existenzminimum blieb. 1828 wurde die berühmte „gleitende Skala" eingeführt, von welcher man gleichmäßige Preise erhoffte. Man wollte einen WPr von mindestens 80 sh. per quarter erzielen und setzte fest, daß bei einem Pr von 68 sh. der Zoll 18 sh. betragen sollte, bei höherem Pr jedoch stetig sinken sollte, bis mit 80 sh. WPr der Zoll auf 1 sh. gesunken wäre. Tatsächlich erreichte man, daß am Ende der dreißiger Jahre die WEinfuhr eine minimale war, aber die Pr auf 50—55 sh. im Inlande herabgesunken waren. 1842 wurde das Prinzip dahin geändert, daß bei einem WPr von 51 sh. per quarter der Zoll mit 20 sh. begann, um bis 73 sh. auf 1 sh. zu fallen. Den gewünschten Zweck erreichte man aber doch nicht.

Mittlerweile war die Lebenshaltung des britischen Volkes so sehr gesunken, daß eine heftige Agitation sich geltend machte, welche jedoch erst dann ihr Ziel, den Übergang zum Freihandel, durchsetzen konnte, als die reichen Fabrikanten ins freihändlerische Lager übergegangen waren. Die berühmte Cobdenbewegung begann. Sie brachte es dahin, daß der Schutzzoll bedeutend ermäßigt wurde, 1849 erfolgte ein neues Herabsetzen auf 1 sh. per quarter = 5 ℳ a. d. Tonne. 1869 ist der Schutzzoll vollständig aufgehoben worden. Eingeführt sind bereits in den Jahren 1846—50 nach England etwa 800000 t W. Dieses Quantum fiel 1857 auf 700000 t, um alsdann stetig anzusteigen. Die Eigenproduktion betrug in dieser Zeit bzw. 1852—59 etwa 2—2½ Mill. t, so daß also drei Viertel des Bedarfs im Inlande erzeugt wurden. Seitdem haben sich die Verhältnisse allmählich dahin verschoben, daß nur noch ein Viertel bis ein Fünftel im Inlande produziert, drei Viertel bis vier Fünftel dagegen eingeführt wird. Die Eigenproduktion ist auf 1,4 bis 1,5 Mill. t gefallen, die Einfuhr auf 5—5,5 Mill. t gestiegen.

In Deutschland brachte der Beginn der Eisenbahnära und der städtischen Entwicklung zunächst der Landwirtschaft große Vorteile. Die Getreidepreise stiegen im Laufe eines Menschenalters nahezu um das Doppelte, worauf ein schnelles Ansteigen der Grundrente folgte. Es entwickelte sich eine lebhafte Spekulation in Landgütern. Conrad weist nach, daß für einige Güter der Pr von den zwanziger Jahren bis zu Anfang der siebziger Jahre geradezn um das Siebenfache gestiegen ist. Selbst für den Durchschnitt der Güter wird man mit einem Ansteigen um das Drei- und Vierfache rechnen können. Als dann der aufsteigenden Konjunktur eine niedergehende folgte, als in den siebziger Jahren infolge der amerikanischen Konkurrenz die GPr heruntergingen, kam eine große Anzahl Landwirte tatsächlich in bittere Not, hauptsächlich allerdings nur solche, die bei Erbteilungen ihre Güter zu hohen Pr übernommen hatten, bzw. mit einer geringen Anzahlung gekauft hatten und nun kaum imstande waren, die Hypothekenzinsen zu bezahlen. Es wurde nun in Deutschland 1879 (Gesetz vom 15. 7. 79) ein Zoll von 10 ℳ pro Tonne eingeführt, der zunächst lediglich den Zweck haben sollte, gegen eine vorübergehende Schleuderkonkurrenz, wie man annahm, der überseeischen Länder zu schützen. Man glaubte nämlich, daß die WAusfuhr aus den Präriestaaten nur infolge des Raubbaues kurze Zeit möglich sein werde, und darauf zurückgehen müsse, was indessen nicht eingetroffen ist. Der amerikanische Farmer hat seine Produktionskosten so sehr herabgesetzt, daß er immer noch exportieren kann. Als die Pr immerfort noch mehr sanken, wurde der Zoll (Z)

1884 auf 30 ℳ und 1887 auf 50 ℳ erhöht, um dann in den Handelsverträgen 1892/94 (v. Caprivi) auf 35 ℳ ermäßigt zu werden. Die Großhandelspreise fielen jedoch weiter, erreichten 1893/94 einen Tiefstand, wie er seit 70 Jahren nicht vorgekommen war. Die agrarischen Kreise (Bund der Landwirte) traten daher mit großer Schärfe für eine Erhöhung der Getreidezölle ein, die dann auch im neuen Zolltarif (Gesetz vom 25. 12. 1902, in Kraft seit dem 1. 3. 1906) durchgeführt wurde.

Die folgende Tabelle gibt eine Übersicht der früheren und jetzigen GZ des Deutschen Reiches.

Tabelle 11.

Es betrug der Zoll auf die Tonne in Mark

für	am 1. Januar				1. März 1906
	1880	1885	1887	1891	
Weizen	10	30	50	35	75— 55
Roggen	10	30	50	35	70— 50
Gerste	5	15	22,5	20	70— 13[1])
Hafer	10	15	40	28	70— 50
Mais	5	10	20	16	50— 35
Buchweizen	5	10	20	16	50
Mühlenfabrikate	20	75	105	73	187,5—102

Zu den vom 1. März 1906 ab geltenden Z ist zu bemerken, daß die Sätze des autonomen Tarifes, z. B. 75 ℳ a. d. Tonne W, nicht zur Erhebung gelangen, sondern für die praktische Beurteilung nur die Miniwalsätze, also 55 ℳ für W usw., in Betracht kommen, da infolge der Handelsverträge nur diese erhoben werden.

Die Folge des neuen ZTarifes ist gewesen, daß anstatt einer Mehreinfuhr an Roggen von ¾ Mill. t eine Mehrausfuhr von rd. ½ Mill. t stattfindet, wogegen die Einfuhr von Futtergerste infolge des niedrigen ZSatzes sich fast verdoppelt hat, auf rd. 3 Mill. t.

In Frankreich hat die Landwirtschaft größere Erfolge erzielt. 1881 wurde ein WZ von 30 Fr. a. d. Tonne eingeführt, bei außereuropäischer Herkunft sogar von 66 Fr.; 1887 wurde dieser Satz erhöht auf 50 bzw. 86 Fr. Zugleich wurde ein Z von 30 Fr. auf Gerste, Roggen und Hafer eingeführt. Um einem ZKrieg mit Amerika auszuweichen, wurde 1894 ein gleichmäßiger Z von 74 Fr. = 58 ℳ für ausländischen W festgesetzt, während der W aus den eigenen Kolonien, insbesondere Algier und Tunis, Zfrei eingeführt wurde. Als Folge hat sich denn ein so bedeutendes Ansteigen der WProduktion ergeben, daß die WEinfuhr von 1—1¼ Mill. t, wie sie im Durchschnitt der Jahre 1870—98 stattfand, seit 1899 auf geringe Mengen, auf 50—200000 t gesunken ist, dazu stammt noch der größte Teil hiervon aus Algier und Tunis. Italien hat 1892 einen WZ von 62 Fr. a. d. Tonne, 1893 einen solchen von 67 Fr. eingeführt.

Die Schwankungen des GPr sind sehr viel geringer geworden als in früheren Jahren. Wenn sich auch die Optimisten mit ihrem Hinweis auf den Ausgleich der Pr, der durch den modernen Weltverkehr eingetreten sei, mancher Übertreibung schuldig machen, so ist immerhin zu bemerken, daß nach den Nachweisen für England bei Thorold Rogers, Tooke and Newmarch, die GPr in England im 13. Jhd. geradezu um

[1]) d. i. Futtergerste, für Malzgerste 40 ℳ.

das Sechsundfünfzigfache schwankten, im 14. Jhd. um das Vierzigfache, im 15. Jhd. um das Zwanzigfache, im 16. Jhd. noch um das Achtfache, um alsdann, als der Aufschwung der englischen Landwirtschaft eingesetzt hatte, im 17. und 18. Jhd. nur noch um das Dreieinhalb- bis Viereinhalbfache zu schwanken. Ähnliche Schwankungen sind auch noch im 19. Jhd. vorgekommen. Der Notstandspreis v. J. 1812, der rd 580 ℳ a. d. Tonne betrug, fiel Anfang der dreißiger Jahre, als mehrere reiche Ernten eingetreten waren, trotz des Hochschutzzolles auf 180 ℳ. Der SchutzZ konnte seine erhoffte Wirkung nicht zur Geltung bringen, weil nur geringe Mengen eingeführt wurden. Das Aufheben der GZ 1846 bewirkte zunächst keinen erheblichen Rückgang der GPr. Es hatte ein starker Aufschwung der Industrie eingesetzt, wobei der WKonsum stark stieg, das Angebot vorläufig ein geringes war. Bis zur zweiten Hälfte der siebziger Jahre hielten hohe WPr, von 200 bis 250 ℳ an, wobei die englische Landwirtschaft trotz erhöhter Arbeitslöhne sich in blühendem Zustande erhielt. Der PrSturz, der seit 1880 eingetreten ist, hat jedoch die englische WFläche auf weniger als die Hälfte zurückgehen lassen. Die WPr sanken auf 140—150 ℳ, ja zeitweilig, 1893/94, auf ca. 100 ℳ, um dann vorübergehend, Juni 1898 infolge der großen Chikagoer Wschwänze („corner"), einen Hochgang auf 240 ℳ zu erfahren. Man kann nicht sagen, daß der GH imstande gewesen ist, die Prschwankungen auf ein Minimum zu reduzieren. Jedenfalls haben die preußischen Könige im 18. Jhd. es besser verstanden, die GPr zu regulieren, indem sie ein Neuntel einer Jahresernte in sogenannten Kriegsmagazinen aufspeicherten.

Es ist noch darauf hinzuweisen, daß bei der ungeheuren Ausdehnung der Produktionsgebiete und der Verschiedenheit der Erntezeiten die Prschwankungen geringer werden müssen. Es gibt nämlich kaum einen Monat im Jahre, in dem nicht irgendwo auf der Erde Brotkorn geerntet würde. Die wesentlichsten Unterschiede in der Erntezeit bestehen ja zwischen den Ländern der nördlichen und südlichen Halbkugel, aber auch auf der nördlichen wechselt die Erntezeit sehr stark.

Je weiter man nach Süden fortschreitet, desto früher beginnt sie. Der äußerste Norden von Europa, Schweden, Norwegen, Finnland, erntet im September und selbst noch im Oktober. Etwas südlicher beginnt die Brotkornernte im August, in ganz Mitteleuropa im Juli. In Südeuropa wird bereits im Juni geerntet. In Nordafrika, Syrien, Babylonien schon im Mai, war doch Pfingsten bei den alten Hebräern das Erntefest. Noch südlicher, in Indien, wird der W im Februar und März geerntet. Auf der südlichen Halbkugel, in Argentinien und Chile, erntet man im November und Dezember. Indessen muß bemerkt werden, daß die Menge des geernteten G durchaus nicht in jedem Monat die gleiche ist. Weitaus die Hauptmasse des G, das auf den Weltmarkt gelangt, wird im Juli und August geerntet. Daneben ist noch das Erscheinen des indischen W auf dem Weltmarkt von Belang, dann des argentinischen, weniger des australischen. Freilich dürfte die südliche Halbkugel für die GZufuhr mit dem Ansteigen des WBaues in Argentinien eine erhöhte Bedeutung bekommen, indem in Zukunft nicht eine, sondern zwei große Flutwellen von G über die Importländer in regelmäßigen Zwischenräumen sich ergießen werden.

Über die Höhe der Produktionskosten sind verschiedene Berechnungen aufgestellt worden. Freilich kranken sie alle an dem Fehler, daß lokale Bedingungen und der Wechsel der Grundrente die Verhältnisse außerordentlich unübersichtlich machen. Die Angaben über die

Höhe der Produktionskosten gelten stets nur unter besonderen Bedingungen, sind stets mit einer gewissen Reserve aufzunehmen. Eine Statistik der Produktionskosten für ganze Länder, die allein ausschlaggebend wäre, gibt es noch nicht.

Für Deutschland gibt Rudolf Meyer an, daß die ProdKosten a. d. Tone G in den letzten Jahrzehnten eine Senkung erfahren hätten, weil die Produktivität der menschlichen Arbeit gewachsen sei; von der Cotz und Bugenberger dagegen machen mit mehr Recht geltend, daß eine Steigerung der ProdKosten eingetreten sein müsse, weil die Arbeitslöhne gestiegen seien. Ganz genau läßt sich diese Frage nicht entscheiden [1]). Sehr viel kommt auf die Methode an, mittels der man die ProdKosten berechnet. Es macht einen großen Unterschied aus, ob man lediglich Arbeitskosten, oder aber Arbeitskosten und Generalunkosten für Aufsicht u. dgl. rechnet, oder ob man noch Grundrente und Unternehmer gewinn hinzurechnet. Gewöhnlich wird so gerechnet, daß man in die ProdKosten all diese Dinge hineinbezieht, und von einem Reinertrag nur da spricht, wo der Landwirt über die Grundrente und den landesüblichen Zinsfuß für das umlaufende Kapital, sowie die Entschädigung für seine eigene Arbeitskraft einen Reingewinn erzielt hat.

In den vom Weltmarkt abgelegenen Gebieten sind die ProdKosten nahezu gleich Arbeitskosten. Je mehr der Landwirt seine eigenen Bedürfnisse durch die Naturalwirtschaft befriedigt, zu desto geringeren Pr kann er seine ProdÜberschüsse auf den Weltmarkt werfen. Bei fast vollständig durchgeführter Geldwirtschaft, wie sie in Nordamerika statthat, sind die Arbeitskosten und überhaupt die ProdKosten etwas höher als in Rußland, Indien und Argentinien, wo der GBauer sein Entgelt in der Hauptsache in natura empfängt. In Nordamerika spielt der übliche hohe Arbeitslohn mit, der in den menschenleeren Gebieten mit geringer Grundrente durchaus nicht geringer wird, sondern noch steigt. Für die Beurteilung der ProdKosten in Nordamerika sind zunächst zu beachten die Berechnungen der Comission of labour, die nicht nur die Lohnbedingungen in den verschiedenen Gebieten Nordamerikas erforscht, sondern auch Untersuchungen über die Arbeitskosten in den verschiedensten Erwerbszweigen bei vorwiegender Hand- und Maschinenarbeit veranstaltet hat. Nach den Berechnugen dieser Commission of labour betrugen die Arbeitskosten bei vorwiegender Maschinenkultur pro acre nur 1,9 Dollar (bei der üblichen Kultur mit Pferden und Selbstbindemaschinen); bei Bearbeitung mittels Dampfpflug und Mäh-Dreschmaschinen 1,2 Dollar, und dabei ist die Ernte zu 20 bushl. gerechnet. Mit anderen Worten, es wäre 1 t W mit 16 ℳ, in dem anderen Falle sogar mit 9—10 ℳ Arbeitslohn produziert worden. In Deutschland behaupten die meisten Landwirte, sie könnten sie nicht unter 180—200 ℳ mit Gewinn produzieren. Allerdings muß man bei diesen amerikanischen Angaben zunächst eine Reduktion der „mittleren“ Ernte vornehmen. 20 bushel pro acre sind für Amerika hohe Erträge. Der mittlere WErtrag beträgt nach der amerikanischen Statistik bloß 12,5—13 bushels = 750—800 kg pro ha. Wenn man nun weiter berücksichtigt, daß 2 1/4 für die Aussaat abgehen, so darf

---

[1]) Vgl. dazu Ballod, Die Produktivität der Landwirtschaft, in den Schriften des Vereins für Sozialpolitik, 1909.

man die gefundenen Arbeitskosten nicht auf 20, sondern auf 10 bushels verrechnen. Alsdann aber kommt man im ersten Fall auf 30—32 ℳ, im zweiten Fall auf 18—20 ℳ Arbeitslohn pro t W. Indessen wäre auch das ein außerordentlich geringer Betrag, es würde daraus folgen, daß bei einem Pr von ca. 50 ℳ a. d. Tonne auch die übrigen Kosten und die recht hohen amerikanischen Steuern noch gedeckt würden, ja selbst eine kleine Grundrente übrig bleiben könnte, sodaß ein Anreiz zur Ausdehnung der Produktion vorhanden wäre. In Zusammenhang damit ist von Interesse, daß tatsächlich von manchen Bonanzafarmen behauptet wird, dieselben hätten überhaupt nur 35 cents pro bushel ProdKosten einschl. Grundrente = 54,6 ℳ pro t. Einige Farmer in Kalifornien sollen sogar einen bushel W um 22 cents, 1 t also um 42,4 ℳ geliefert haben. Nach offiziellen Angaben der Statistical Reports für 1884 sollen freilich die ProdKosten eines bushels W in den neunziger Jahren in Amerika 3 sh. 10 d., 1 t also 145 ℳ betragen haben, was sich sehr stark den deutschen ProdKostenangaben nähern würde. Änliche Angaben über die ProdKosten finden wir bei Sering. Es ist allerdings zu bemerken, daß für Grund und Boden in Amerika sehr hohe Pr angegeben werden mitunter in den Prärien sogar gleich denen im östlichen Deutschland.

Für England werden die ProdKosten von Crawford zu 151.5 ℳ a. d. t angegeben (einschl. Grundrente).

Für Rußland waren die ProdKosten nach den Daten des russischen Landwirtschaftsministeriums im ganzen Gebiet der schwarzen Erde um 1881/90 um 15—18% höher als in Indien, jedoch um 12% niedriger als in den Vereinigten Staaten. Die Tagelöhne sind in Rußland nahezu drei- bis viermal höher als in Indien, auch die Grundrente erreicht eine beträchtliche Höhe. In den besten Gebieten der schwarzen Erde kostet der ha guten Bodens 500, ja 800 ℳ, und selbst im südlichen Rußland, wo häufige Dürren vorkommen, ist gegenwärtig (1912) der Pr auf 500 ℳ hinaufgegangen. In den 90er Jahren durchlebte auch Rußland eine schwere Agrarkrisis, der Produzent mußte mitunter im östlichen Rußland W zu 30, Roggen sogar zu 20 ℳ liefern (1894/95).

In den Vereinigten Staaten sollen Jahre mit extrem niedrigen WPr regelmäßig eine Einschränkung der WAnbauflächen zur Folge haben. Tatsächlich ist nach der amerikanischen Statistik die amerikanische WFläche von 40 Mill. acres i. J. 1891 auf 34 Mill. i. J. 1895 (als die Tonne W in London 103 ℳ kostete) heruntergegangen, um sich dann wieder ganz allmählich zu heben. Der Bericht des Agrikulturamtes in Kalifornien für 1895 bezeichnete sogar die WProduktion für die Ausfuhr als eine Industrie der Vergangenheit; die grausame Wirklichkeit hat indessen die Farmer gezwungen, den WBau in den letzten Jahren wieder mehr auszudehnen, ohne Rücksicht auf den Erlös. Die Ausfuhr ist nicht gesunken, sondern noch gestiegen.

Sehr wesentlich für die Konkurrenzfrage ist das Herabgehen der Frachten[1]). Vor der Eisenbahnära konnten die GFrachten nur da herabgesetzt werden, wo man Kanäle zu bauen imstande war. Tatsächlich ist England und Frankreich bereits im 18. Jhd. mit einem großen Netz

[1]) Vgl. „Das Getreide im Weltverkehr", Wien 1900, Nachtrag 1905, III, 104 ff. Vgl. auch Bagster im Journal of the Statistical Society, Dez. 1866, S. 563.

von Kanälen durchzogen worden. Auch kann man ja heute noch zu Wasser billiger befördern als zu Lande, ungeachtet des stetigen Herabgehens der Eisenbahnfrachten. Freilich macht es einen sehr großen Unterschied, ob die Eisenbahn in Konkurrenz tritt mit natürlichen oder künstlichen Wasserstraßen. Künstliche Wasserstraßen können, namentlich wenn ihre Dimensionen gering sind, lange nicht so billige Frachten gewähren wie die Flüsse und vor allem der Ozean.

Im Durchschnitt der Jahre 1873—75 kostete die Beförderung einer Tonne W von Neuyork nach Liverpool 30 sh.; 1891/95 war dieser Pr auf 8 sh. gesunken, um dann im Laufe des Burenkrieges wieder etwas anzusteigen, später jedoch wieder zu sinken. Die Frachten von Indien nach Europa betrugen um 1877 noch 50 sh. pro Tonne und mehr. I. J. 1891/95 waren sie auf 21/25 sh und weniger herabgesunken, wozu jedoch die Suezkanalgebühr mit 15 Fr. pro Tonne hinzutrat, die erst 1912 auf 6 Fr. herabgesetzt ist. Desgleichen haben die Frachten aus Südamerika einen starken Rückgang erfahren, von 30—40 ℳ sind sie auf 15 ℳ und weniger gesunken, wie sich aus der Tabelle des näheren ergibt.

Tabelle 12.

Getreidefracht. Mark pro 1000 kg.

Schiffsfracht	1896/97	1900/01	1906/07	1911/12
New York—Liverpool ..	$9\frac{3}{4}$	$7\frac{3}{4}$	6	6
San Francisko—England	$20\frac{7}{8}$	$38\frac{5}{6}$		
Odessa—England	$9\frac{1}{2}$	10	9	10
Laplata—England	$9\frac{5}{9}$	15	10	10
Ostsee—Rotterdam	6,6	5,6		
Mannheim—Rotterdam ..	3,7	4,2		

Eisenbahnfracht	Pfennige per Tonne und Kilometer
Deutsches Reich	4,5
Rußland	4,5—1,4
Amerika	4,5—1,0

In den Jahren 1900/01 waren die Frachtsätze infolge der afrikanischen und Chinakriege enorm in die Höhe gegangen; gegenwärtig haben sie wieder den normalen Stand erreicht.

Die Eisenbahnfrachten bewegten sich auf den wichtigsten nach Berlin führenden Bahnen im Jahre 1846 zwischen 7,4 und 16,9 ₰ pro t und km. Jetzt sind dieselben allgemein auf 4,5 ₰ für G herabgesetzt worden. Immerhin ist auch dieser Satz sehr hoch im Verhältnis zu den Beförderungskosten auf den Eisenbahnen der Ausfuhrländer, insbesondere Rußlands und Amerikas. Eine GFracht von 4,5 ₰ a. d. Kilometertonne würde für die Ausfuhr aus den entfernteren Ländern, den amerikanischen Prärien oder der russischen Schwarzerde, völlig prohibitiv wirken, die Fracht allein würde bis zum Seehafen 50—100 und mehr Mark ausmachen. Tatsächlich betragen jedoch die amerikanischen Frachten auf weite Entfernungen nur 1,2—1,5 ₰, also nur ein Drittel oder ein Viertel der deutschen Eisenbahnfrachten. Nur für die Durchfuhr von russischem G gilt auf deutschen Eisenbahnen der russische Eisenbahntarif, sofern die direkte Beförderung bis zu den Seehäfen in Frage kommt. Darüber beklagen sich bitter die deutschen Landwirte, weil dabei die Durchfuhrware dreimal billiger befördert wird als das im Inlande erzeugte G. Tatsächlich sind die Durchschnittssätze für den GVerkehr so hoch, daß man um den Pr, den die GBeförderung auf deutschen Eisenbahnen auf Entfernungen von 120 km kostet, direkt G von New York nach Rotterdam, also auf Entfernungen von 6000 km befördert. Der deutsche Eisenbahntarif ist also etwa fünfzigmal höher als die Ozeanfracht; aber selbst die russischen und amerikanischen Eisenbahnfrachtsätze sind noch sieben- bis zehnmal höher als der Seetransport.

1868/70 betrug in Amerika die Eisenbahnfracht von Chikago bis New York 42 cents pro bushel = 65 ℳ pro t. Da nun die Ozeanfracht damals noch 30 ℳ betrug, so daß die gesamten Frachtkosten einschl. Versicherung sich auf nahezu 100 ℳ pro t stellen, woraus denn ohne weiteres klar ist, daß diese Fracht wirksamer sein mußte als ein hoher Schutzzoll. 1891/95 betrug aber die Eisenbahnfracht Chikago—New York nur noch 12 cents a. d. bushel = 18,4 ℳ a. d. Tonne. Die Kanalfracht war sogar noch um die Hälfte billiger. Rechnet man nun noch die Seefracht hinzu, so ergibt sich, daß die Gesamtfracht von Chikago nach England sich nur noch auf 20—27 ℳ pro t stellte, also ein Unterschied allein im Frachtpreise von 73—80 ℳ a. d. Tonne.

Die Kartoffelproduktion.

Die Kartoffel (K) ist im Laufe der letzten hundert Jahre ein wichtiges Volksnahrungsmittel geworden, allerdings nicht in dem Sinne wie das G, welches alle dem menschlichen Körper unentbehrlichen Stoffe enthält, vor allem einen ausreichenden Prozentsatz an Eiweiß, wenn auch sein Fettgehalt zu wünschen übrig läßt. Die K ist dagegen ein sehr einseitiges Nahrungsmittel, da sie an verdaulichen Stoffen fast nur Stärkemehl enthält. Früher glaubte man der K einen beträchtlichen Nährwert zuschreiben zu können, da man gefunden haben wollte, daß sie neben 20 Teilen Stärkemehl $1\frac{1}{2}$—2% Protein enthalte. Bei genauerer Untersuchung stellte es sich aber heraus, daß dieses Protein zu zwei drittel Amid (d. h. ein Spaltungsprodukt des Eiweißes) ist, das man bei der Schätzung des Nährwertes zu den Kohlehydraten zu zählen hat.

Die besseren Sorten BrotG enthalten Eiweiß und stickstofffreie Extraktstoffe in dem von Voit-Pettenkofer für die menschliche Ernährung gefundenen notwendigen Verhältnis von 1 : 5 oder 1 : 5,5. Schwierigkeiten macht nur der Fettbedarf. Voit-Pettenkofer[1]) verlangen ein Verhältnis von Fett zu Eiweiß zu Kohlehydraten gleich 1 : 2 : 10. G enthält nun diese Stoffe nur im Verhältnis von $\frac{1}{4}$: 2 : 10, also viermal weniger Fett, als eigentlich notwendig wäre. Der gesamte Nährwert der K verhält sich nun zu dem des G höchstens wie 1 : 5. Man darf daher, wenn man weiß, daß die K höhere Ernten liefern als das G, nicht gleich auf bedeutend höhere Nährwerte schließen, sondern man muß fragen, wieviel Nährwerteinheiten bringt ein Morgen G, wieviel ein Morgen K? Unter Nährwerteinheit versteht man zunächst die Anzahl kg an verdaulichen Stoffen, die in 100 kg eines Nahrungsstoffes enthalten sind. Eine Nährwerteinheit vom Eiweiß setzt man gewöhnlich zum dreifachen, nach Kühn selbst zum sechsfachen Wert an, Fett zum zweieinhalbfachen gegenüber einer Nährwerteinheit stickstofffreier Extraktstoffe.

Eine mittlere Ernte an K enthält an Nährwerteinheiten allerdings um ein Drittel mehr als Getreide, wenn man die deutschen Durchschnittsernten von 15 dz G und 110 dz K zugrunde legt. Allein es ist zu bedenken, daß die K als Hackfrucht bedeutend mehr Arbeit erfordert.

Sehr wesentlich ist, daß sie von allen Kulturpflanzen am weitesten nach Norden geht, sogar bis Island, wo der Getreidebau völlig unmöglich ist, ebenso

---

[1]) Sie setzen für einen Mann bei mittlerer Arbeit als Norm an 118 g Eiweiß, 56 g Fett, 500 g Stickstoff täglichen Bedarfs.

nach den kalten Punas, den ca. 4000 m hohen Hochebenen Perus und Bolivias. Andererseits pflanzt man die K auch in den heißen Ländern, allerdings faulen ihre Knollen dort leicht.

Die K wurde zum erstenmal nach Europa gebracht im Jahre 1560, doch wurde ihr Anbau erst viel später allgemein. Seit dem Dreißigjährigen Kriege wurde sie vereinzelt in Deutschland angebaut. Allgemeiner wurde der Anbau erst 1770 bis 1780, kurz vor der Französischen Revolution.

Als Zuschußkost und Gemüse ist die K sehr wertvoll. Von Bedeutung ist sie für den armen Sandboden, auf dem sie, was Qualität und Quantität anlangt, die höchsten Ernten bringt. Nicht vergessen werden darf, daß die K während der Zeit der noch unentwickelten Verkehrswege mitunter außerordentlich segensreich gewirkt hat, da sie bei Mißernten Aushilfe für Korn bot.

Der Handel mit K ist recht unentwickelt. Sie ist zu voluminös, um die heutigen Transportkosten tragen zu können. Sie kann nur auf kurzen Entfernungen innerhalb ein und desselben Landes transportiert werden.

Tabelle 13.

Kartoffelproduktion in Millionen Tonnen.

im Jahre	Deutsches Reich	Frankreich	Österreich	Ungarn	Europ. Rußland	Polen	Belgien	Niederlande	Vereinigt. Staaten	England u. Irland
1881	25,6	10,1								
1882	18,1	9,2								
1883	25,0	10,3								
1884	24,1	10,7								6,78
1885	28,0	11,2								6,37
1886	25,1	11,3								5,84
1887	25,3	11,7								7,13
1888	21,9	10,3	8,1	3,0	10,3					5,58
1889	26,6	10,7	9,0	3,2	10,7		2,9	1,8		6,44
1890	23,3	11,0	8,2	2,3	11,6		2,8	1,5		4,62
1891	18,6	11,2	6,3	2,4	10,2		2,4	1,2		6,09
1892	28,0	13,6	9,5	3,0	16,2		4,6	2,7		5,63
1893	40,7	11,8	8,3	3,6	20,4		4,1	2,5	5,0	6,54
1894	33,6	12,8	9,6	3,1	18,9		2,7	1,6	4,8	4,66
1895	37,8	12,9	9,8	3,6	20,7		3,3	2,0	8,3	7,06
1896	32,3	12,9	8,8	2,4			3,0	2,4	7,0	6,26
1897	33,8	11,3	8,0	2,5	22,4		2,8	2,2	4,7	4,10
1898	36,7	11,8	11,6	3,2	16,5	6,1	3,2	2,2	4,8	6,22
1899	38,5	12,3	10,8	3,9	17,7		3,3	2,7	6,8	5,84
1900	40,6	12,2	11,7	4,9	16,4	8,2	2,4	2,4	6,0	4,58
1901	48,7	12,0	11,9	4,8	15,4		2,7	2,2	5,1	7,04
1902	43,5	11,2	11,5	4,1	29,0		2,3	2,2	7,7	5,92
1903	42,9	11,6	9,5	4,9	18,0	5,2	2,3	1,7	7,0	5,28
1904	36,3	12,3	10,7	3,2	18,8	4,8	2,4	2,5	9,0	6,23
1905	48,3	14,6	15,6	4,9	18,3	8,8	1,5	2,2	7,0	7,18
1906	42,9	10,1	13,8	5,2	16,8	7,9	2,4	2,5	8,4	6,09
1907	45,5	13,7	14,4	5,5	18,6	8,7	2,4	2,5	8,1	5,22
1908	45,6	16,7	12,7	4,3	18,2	9,8	2,2	2,6	7,6	7,12
1909	45,9	16,4	12,8	5,4	20,4	10,8	2,4	2,6	11,0	6,18
1910	42,8	8,3	13,2	5,6	24,0	10,7	2,8	2,7	9,2	6,45
1911	34,6	11,5	11,6	5,0	31,1	.	.	.	8,0	7,64
1912	50,2	.	.	.	.	.	.	.	.	.

Der Mais.

Der Mais (M) erfordert von allen GPflanzen die höchste Sommerwärme und die längste Vegetationsperiode, er braucht wenigstens 20° C Sommerwärme, so daß er erst in den wärmsten Strichen Süddeutschlands zur Reife gelangt. Im Gegensatz zum W ist der M eine echte Tropenpflanze, der es nie zu heiß und nie zu feucht werden kann. Der M unterscheidet sich dadurch vorteilhaft von den anderen GPflanzen, daß er die höchsten Flächenerträge liefert und den geringsten Saatbedarf hat. Aber er ist auch die geringwertigste aller GPflanzen, enthält nur 7—8 % an verdaulichem Eiweiß, 4 % Fett und 66 % Kohlehydrate.

Tabelle 14.

Maisproduktion in Millionen Tonnen.

im Jahre	Verein. Staaten	Argentinien	Frankreich	Italien	Rumänien	Österr.-Ungarn	Rußland
1881	30,35	0,50	0,61	2,28	1,55	2,90	0,47
1882	41,07	0,50	0,70	1,91	1,55	3,63	0,47
1883	39,39	0,50	0,73	1,95	1,55	3,21	0,52
1884	45,60	0,50	0,71	2,54	1,55	3,23	0,43
1885	49,18	0,50	0,65	2,18	1,55	3,77	0,46
1886	42,30	0,60	0,64	2,25	1,65	3,17	0,60
1887	36,99	0,60	0,76	2,17	1,65	2,74	0,34
1888	50,49	0,60	0,72	1,89	1,65	3,40	0,50
1889	53,66	0,60	0,66	2,13	2,00	3,60	0,30
1890	37,85	1,00	0,60	1,94	1,60	3,40	0,65
1891	52,32	0,84	0,68	1,88	1,54	4,94	0,78
1892	41,36	0,84	0,69	1,87	2,37	4,20	0,68
1893	41,13	0,84	0,65	2,15	1,87	4,56	1,15
1894	30,80	0,61	0,68	1,55	0,77	2,64	0,59
1895	54,64	1,80	0,67	1,83	1,83	4,92	0,80
1896	58,00	1,80	0,78	2,03	1,68	4,53	0,60
1897	48,33	1,50	0,78	1,52	2,05	3,60	1,32
1898	48,80	1,42	0,60	2,08	2,62	4,47	1,22
1899	52,70	1,83	0,65	2,31	0,71	3,90	0,78
1900	53,30	1,52	0,57	2,29	2,19	4,33	0,87
1901	38,70	2,75	0,68	2,62	3,00	4,45	1,74
1902	49,40	2,13	0,62	1,85	1,76	3,53	1,24
1903	56,60	3,78	0,62	2,26	2,06	4,67	1,29
1904	54,00	4,45	0,47	2,30	0,50	2,28	0,66
1905	59,00	3,57	0,60	2,47	1,52	3,52	0,85
1906	63,00	4,95	0,60	2,36	3,36	5,35	1,80
1907	69,00	3,40	0,60	2,24	1,54	4,34	1,04
1908	64,00	4,43	0,60	—	2,08	4,16	1,24
1909	66,50	4,38	0,60	2,48	1,88	4,59	0,73
1910	75.00	0,70	0,59	2,54	2,72	5,33	1,57
1911	64,30	—	—	2,28	3,00	3,79	2,08
1912	76,61	—	—	2,35	2,25	5,25	1,56

Der M dient als Volksnahrungsmittel in Rumänien, zum Teil auch in Italien, wo geklagt wird, daß er die schreckliche Krankheit, die Pellagra, erzeuge. Weitaus die größte Bedeutung als Produktionsland haben die Vereinigten Staaten gewonnen, die in guten Jahren 2500 bis

3000 Mill. bushel = 62—75 Mill. t hervorbringen, die vierfache Menge im Verhältnis zum W. Während aber die Vereinigten Staaten nahezu $^1/_3$ der WErnte ausführen, werden von dem produzierten M in der Regel nur 5 % ausgeführt, das übrige wird als Viehfutter verwandt, und liefert die kolossalen Fleischmengen für die eigene Ernährung und zur Ausfuhr. In Europa ist die MProd nicht sehr bedeutend.

Gerste, Hülsenfrüchte.

Von allen GArten geht am weitesten nach Norden die zweizeilige Gerste, darauf folgt der Hafer, noch anspruchsvoller ist der Roggen und am anspruchsvollsten der W.

Gerste wird in großem Maße zur Bierbrauerei benutzt. Man rechnet auf 1 hl Bier im Deutschen Reich 18 kg Gerste. Im ganzen werden in der Bierbrauerei verwandt in Deutschland etwa $1^1/_4$ Mill. t, aus denen 70 Mill. hl Bier bereitet werden; im übrigen Europa werden zur Bierbrauerei noch weitere $2^1/_2$ Mill. t verwandt.

Relativ gering neben dem G ist die Prod von **Hülsenfrüchten.** Sie war bis zur Neuzeit zu gering, da das im wesentlichen nur hieraus, aus Stroh mit ungenügenden Mengen von Heu bestehende Viehfutter zu wenig Eiweiß enthielt. In den letzten 10—15 Jahren hat man angefangen, immer mehr eiweißreiches Kraftfutter, Baumwollsaat-, Erdnuß-, Sesam-, Sonnenblumenkuchen und andere Ölfrüchte (Sojabohnen aus der Mandschurei) einzuführen und an das Vieh zu verfüttern. Diese Nährstoffe haben 30—45 % Eiweiß und dienen im wesentlichen Maße zur Verbesserung der tierischen Futterstoffe.

Die Fleischproduktion.

Der Welthandel mit Fleisch spielt eine geringere Rolle als der mit G. Selbst in England, wo doch die Fleischeinfuhr sich ganz ungehindert hat entfalten können, bildet der Gesamtwert derselben 1901/10 nur ungefähr 48 Mill. £, während die GEinfuhr rd. 80 Mill. erreicht. Allerdings kommt noch hinzu lebendes Vieh für rd. 12 Mill. £, für 25 Mill. £ Butter, für rd. 10 Mill. £ Käse und für 6 Mill. £ Eier. In Deutschland beträgt die Fleischeinfuhr rd. 20 Mill. ℳ und Schmalzeinfuhr 100—130 Mill. ℳ, während der Betrag der GEinfuhr sich noch viermal so hoch stellt. Außerdem werden noch eingeführt für ca. 160 Mill. ℳ Eier und für 40—50 Mill. ℳ Geflügel. Wenn also Jurascheck behauptet, daß auf keinem Gebiet des Wirtschaftslebens sich ein so scharfer und fast ständig weiterwachsender Widerstreit zwischen der örtlichen Prod. und dem örtlichen Bedarf zeige als bei der Fleischversorgung, so ist dies unzutreffend. England führt drei Viertel bis vier Fünftel seines WBedarfs, aber nicht mehr als etwa 40—50 % seines Fleischbedarfs ein. Es hat eingeführt etwa 15—20 Mill. Zentner Fl, dazu noch etwa 15—17 Mill. Zentner lebendes Vieh. Der FlKonsum in England betrug um die Jahrhundertwende jedoch 122 Pfund (55,27 kg) pro Kopf und dürfte weiter nicht gestiegen sein, die Einfuhr alles in allem gerechnet nur etwa 50 bis

55 Pfund. Deutschland führt nur 5—10% seines Fl- und Viehbedarfs ein, an G ungefähr 24—30%, **an Futtermitteln bis zu 60% seines Bedarfs.** Das Wachsen der Bevölkerung bedingt eine steigende Nachfrage nach animalischer Nahrung, besonders dann, wenn zugleich die Lebenshaltung ansteigt. Unrichtig ist, daß die Ausdehnung des städtischen und industriellen Lebens eine Einschränkung der Viehzucht nach sich zieht. Gerade das Gegenteil ist der Fall. Allerdings muß zur Versorgung der Bevölkerung der industriereichen und dichtbevölkerten Gebiete mit Nahrung auf einen immer weiteren Umkreis hinausgegriffen werden; dies ist aber doch mehr für die G- als für die FlVersorgung der Fall, und zwar aus naheliegenden Gründen. Der Transport von lebendem Vieh (V) über den Ozean ist sehr beschwerlich. Das gefrorene Fl ist weniger haltbar, nicht so schmackhaft wie von frisch geschlachtetem V, seine Einfuhr zudem in Deutschland durch das sog. Fleischbeschaugesetz (§ 12) vom 3. 6. 1900 sehr erschwert. Alle diese Umstände wirken darauf hin, daß man lieber G und Futtermittel aus den überseeischen Ländern kommen läßt und das V damit zu Hause füttert. Gewiß ist auch der VStand in fernen Ländern von größter Bedeutung. Vreiche Gebiete treten indes bei Pr von 10 ₰ pro ℔ Fl mehr als Lieferanten von FlExtrakt, FlFuttermehl und Häuten auf, als von frischem Fl (Argentinien und Uruguay).

Das Fl gewährt eine sehr konzentrierte Nahrung, da es fast lediglich Fett und Eiweiß enthält mit einem geringen Zusatz von Salzen (FlExtrakt enthält fast nur Salze). Fl enthält im Mittel ungefähr 16—20% Eiweiß, welches zu ca. 98% verdaulich ist, während Pflanzeneiweiß (Protein) nur zu 75%, mitunter, im „Kommißbrot", nur zu 55% verdaulich ist. Außerdem enthält Fl etwa 2—20% Fett (mageres Rindfl enthält nur 1½—3% Fett, fettes Schweinefl 20—25% Fett und 15—20% Eiweiß). Das Fl ist daher ein sehr wertvoller Nährstoff, es verbessert die pflanzliche Nahrung ganz wesentlich, da bei reichlichem FlGenuß ein geringeres Gesamtquantum an Nahrungsmitteln verbraucht wird.

Zur FlProd, bzw. zur VProd gehören Futterstoffe in verschiedenen Mengen und verschiedenen Quantitäten. Um beim Rinde 1 ℔ FlZuwachs zu erzeugen, braucht man ungefähr 13 ℔ Trockensubstanz. Das richtige Verhältnis von Eiweiß : Kohlehydrate : Fett ist dabei 1 : 6 : 1/5. Die Natur ist dabei eine arge Verschwenderin: um 1 ℔ FlEiweiß zu erzeugen, braucht man etwa 8 ℔ Pflanzeneiweiß und die 6 bis 6½fache Menge, d. h. etwa 50 ℔ Stärkewert. Bei Schafen genügen schon 8—9 ℔ Trockensubstanz, um 1 ℔ FlZuwachs zu erzeugen, bei Schweinen und Geflügel sogar nur 4—5 ℔. Man rechnet etwa 5 ℔ Getreide auf 1 ℔ SchweineFlzuwachs, sodaß dabei 1 ℔ FlEiweiß bereits mit 2—2½ ℔ Getreideeiweiß und 18 ℔ Stärkewert erzeugt wird. Wesentlich ist auch die Schwierigkeit der Hebung des Rinderbestandes, weil das Rind 2—3 Jahre alt werden muß, um schlachtreif zu werden und der Fortpflanzung dienen zu können, während das Schaf in 2 Jahren, das Schwein sogar schon in 1 Jahr dazu kommt. In der neuesten Zeit züchtet man immer frühreifere Rinder- und Schweinerassen, weil man die Erfahrung gemacht hat, daß alsdann weniger Futtermittel auf die produzierte Einheit Fl nötig sind.

Eine allgemeine Wahrnehmung ist, daß mit zunehmendem Volkswohlstande der FlKonsum ansteigt, der relative Brotkonsum dagegen sinkt.

Die folgende Tabelle gibt die genaueren Daten über den Viehbestand.

Tabelle 15.

Viehstand in Millionen Stück.

Land	Jahr	Pferde	Rinder	Schafe	Schweine	Esel und Maultiere	Ziegen
Europ. Rußland	1870	15,60	21,4	45,30	9,00		
	1888	19,70	24,6	44,50	9,20		
	1906	22,50	34,4	42,90	11,20		
	1912	23,86	34,55	42,73	11,94		10,30
Norwegen	1835	0,11	0,64	1,00	0,08		
	1890	0,15	1,00	1,42	0,12		
	1900	0,17	0,95	0,99	0,16		
Schweden	1860	0,40	1,92	1,64	0,46		
	1898	0,52	2,58	1,29	0,82		
	1904	0,55	2,54	1,10	0,80		
	1907	0,56	2,63	1,02	0,79		
	1909	0,58	2,73	1,02	0,92		
Dänemark......	1866	0,35	1,19	1,87	0,38		
	1898	0,45	1,75	1,07	1,17		
	1903	0,49	1,84	0,88	1,46		
	1910	0,53	2,25	0,73	1,47		
Deutsches Reich	1859	3,19	14,99	28,01	6,46		
	1873	3,35	15,77	24,99	7,12		
	1883	3,52	15,78	19,19	9,20		
	1892	3,84	17,55	13,59	12,17		
	1897	4,04	18,49	10,87	14,27		
	1904	4,26	19,33	7,90	18,92		
	1907	4,35	20,63	7,70	22,15		
	1912	—	—	—	—		
Holland	1860	0,25	1,25	0,86	0,27		
	1890	0,27	1,53	0,82	0,58		
	1904	0,30	1,69	0,61	0,86		
Belgien	1856	0,28	1,26	0,58	0,46		
	1880	0,27	1,38	0,36	0,65		
	1905	0,24	1,79	0,23	1,04		
	1909	0,25	1,86	—	1,11		
Frankreich	1852	2,87	13,95	33,28	5,25	0,70	
	1873	2,74	11,72	25,93	5,75	0,71	
	1905	3,17	14,31	17,78	7,56	0,56	
	1909	3,24	14,30	17,36	7,30	0,55	1,42
Italien	1875	0,66	3,49	6,98	1,55	0,79	
	1890	1,30	5,00	6,90	1,80	0,72	
	1905	1,85	5,67	10,88	2,22		
Österreich......	1869	1,39	7,42	5,02	2,55		
	1880	1,48	8,58	3,84	2,72		
	1890	1,51	8,64	3,19	3,55		
	1900	1,71	9,51	2,62	4,68		
	1910	—	9,16	2,43	6,43		
Ungarn	1870	2,16	5,28	15,08	4,44		
	1880	2,08	5,31	9,84	4,16		
	1895	2,31	6,74	8,12	7,33		
	1911[1]	2,00	6,18	7,70	6,41		0,33
Rumänien	1884	0,53	2,38	4,65	0,89		
	1890	0,59	2,52	5,00	0,93		
	1900	0,86	2,59	5,65	1,71		

[1]) Ausschließlich Kroatien und Slawonien.

Land	Jahr	Pferde	Rinder	Schafe	Schweine	Esel und Maultiere	Ziegen
Verein. Staaten . .	1840	4,33	14,97	19,31	26,30		
	1850		17,78	21,72	30,35		
	1860	6,25	25,62	22,47	33,51		
	1870	7,14	23,82	28,48	25,13		
	1880	10,36	35,92	35,19	47,68		
	1890	14,98	52,89	43,43	50,62		
	1900	18,05	66,22	61,49	62,22	3,30	1,86
	1905	18,72	66,86	50,63	52,10		
	1908	19,99	71,27	54,63	56,08		
	1910	19,73	61,23	51,81	58,00	4,18	2,80
Japan	1889	1,54	1,02		0,21		
	1893	1,51	1,29				
	1907	1,50	1,24		0,32		
	1909	1,55	1,35		0,29		
Großbritannien . .	1867		4,99	28,92	2,97		
	1871/1875	1,29	5,83	28,78	2,48		
	1876/1880	1,40	5,81	27,90	2,27		
	1881/1885	1,41	6,11	25,31	2,48		
	1886/1890	1,42	6,37	25,93	2,44		
	1891/1895	1,52	6,64	26,64	2,48		
	1896/1900	1,52	6,64	26,74	2,54		
	1908	1,54	6,90	27,11	2,82		
	1911	1,48	7,11	26,49	2,82		
Großbrit. u. Irland	1905	2,12	11,67	29,08	3,60		
Irland	1871/1875	0,47	4,08	4,33	1,28		
	1896/1900	0,42	4,49	4,26	1,32		
	1911	0,54	4,71	3,91	1,41		
Uruguay	1901	0,57	6,33	17,62	0,05		
	1908	1,00	9,00	26,00	—		
Argentinien	1895		28,70	74,38	0,55		
	1908		29,11	67,21	1,40		
	1909		29,12	67,28	1,40	0,75	3,95
Australien	1861	0,46	4,00	23,70	0,36		
	1891	1,78	11,70	124,10	1,07		
	1901	1,92	9,80	91,50	1,00		
	1907	2,21	10,50	107,80	1,01		
	1909	2,02	11,04	91,66	0,76		
	1911		11,83	93,00			
Spanien	1901	—	2,21	13,36	1,93		
	1910	0,51	2,37	15,12	2,42	1,76	3,22
Serbien	1905	0,17	0,95	3,07	0,87		
Bulgarien	1900	0,49	1,60	7,01	0,37		
Schweiz	1906	0,13	1,50	0,21	0,55		
Algier	1905	0,22	1,07	9,06	0,09		
Kanada	1908	2,12	7,55	2,83	3,70		
Kapland	1904	0,25	1,95	11,80	0,38		
Brit. Indien	1907	1,31	92,04	18,03	18,00		
Neuseeland	1908	0,36	1,77	23,48	0,25		
	1911			24,00			

Der Viehstand ist also in Amerika und in Europa am größten, ersteres hat eine bedeutend größere Anzahl Rinder. Da aber Europa außerdem noch eine dreieinhalbmal größere Bevölkerung besitzt, so geht daraus klar hervor, um wieviel günstiger der Amerikaner in der Rindfleischversorgung dasteht. Noch interessanter ist eine Betrachtung des Rinderbestandes a. d. Tausend der Bevölkerung. Bei einem Vergleich der amerikanischen und europäischen Zahl muß jetzt berücksichtigt werden, daß das mittlere Lebendgewicht in Amerika nicht mehr ein geringeres ist als in Europa, da auch die Amerikaner sich mit Erfolg die Züchtung von Kulturrassen haben angelegen sein lassen. Die größten relativen Viehmengen haben die südamerikanischen Staaten, insbesondere Argentinien und Uruguay. Brasilien ist schon ungünstiger gestellt. Argentinien hatte um 1890 fast die gleiche Anzahl Schafe wie Australien, während es heute nur etwa zwei drittel soviel hat (67 Mill.). Dagegen tritt die Rinderzucht in Australien gegenüber der Schafzucht zurück. In der Union spielt die Schweinezucht eine hervorragende Rolle, zugleich sind die Milchkühe erheblich stärker vertreten als in Europa.

In Europa ist das Vreichste Land Dänemark, namentlich wenn man den großen Schweinebestand in Rechnung zieht. Freilich darf man aus den vorliegenden Tabellen nicht zuviel schließen. Es kommt nicht nur auf die Dichte der Bevölkerung an, sondern auch auf die Versorgung mit MolkereiProd, sowie auf das Lebendgewicht der Rinder. In den Kulturländern England, Deutschland, Dänemark und den Niederlanden besitzt es ein ungefähr 50—100 % höheres Lebendgewicht als in den Ländern extensiver Kultur. Am ungünstigsten gestellt ist zweifellos Rußland. In den Kulturländern hat sich in den letzten Jahrzehnten infolge der Veredelung der VRassen eine starke Zunahme des Lebendgewichts vollzogen.

Tabelle 16.

In Frankreich betrug das Lebendgewicht bei

	Im Jahre 1840	1873	1897
Ochsen	413	500	526
Kühen	140	372	360
Schafen	24	36	35
Schweinen	91	116	98

Auch in Deutschland hat man von 1890—1900 eine Zunahme des Lebendgewichtes bei Rindern von 392 auf 416 kg berechnet.

Es ist übrigens interessant, daß im Innern der einzelnen Landesteile ganz bedeutende Differenzen im Lebendgewicht vorkommen. In Deutschland hatten 1900 die Rinder das höchste Lebendgewicht in Sachsen, und zwar 448 kg, in Preußen 430, während Bayern mit seinen 368 kg den Durchschnitt des Deutschen Reiches auf 416 herunterdrückt. Auch das Lebendgewicht der Schweine schwankt in Deutschland von 102 kg in Bayern bis 130 kg in Sachsen und beträgt im Mittel 119 kg.

Um ganz genaue Schlüsse ziehen zu können, müßten wir nicht nur das Lebendgewicht kennen, sondern auch das Schlacht- und Fl-Gewicht der Tiere genau berücksichtigen, feststellen, wie hoch der Teil des vom Fleischer bezahlten Fl ist.

Bei magerem Schlachtvieh, namentlich schlechtgenährten Rindern, macht das FlGewicht nur 50 %, mitunter nur 47 % des gesamten Lebendgewichtes aus, Knochen und Haut beanspruchen ungebührlich viel Gewicht. Das Fl ist fettarm. Bei gutgenährten Ochsen steigt dagegen das FlGewicht bis zu 60 ja 62 % des Lebendgewichtes, zugleich enthält dieses Fl bedeutend mehr Fett, ist also gleichzeitig wertvoller. In den Niederlanden wurden 1871/80 79 % des gesamten Schweinebestandes geschlachtet, 1896 dagegen bereits 96%. In Deutschland wurden 1904 und 1907 100% des gesamten Schweinebestandes geschlachtet.

Gehen wir an die Berechnung der gesamten FlProd, bzw. auch des FlKonsums in den einzelnen Ländern, so stehen wir vor erheblichen Schwierigkeiten. Es gibt da keine genaue Statistik. Man ist gezwungen, aus der Anzahl des V, dem Lebendgewicht und den mutmaßlichen jährlichen Schlachtungen die Prod zu berechnen. Dabei erhält man nur Annäherungszahlen, bzw. Schätzungswerte.

Die Anzahl des V ist zwar für alle Länder bekannt, das Lebendgewicht nur in den Kulturländern. Schwierigkeiten macht auch die Schätzung der jährlichen Schlachtungen. Nur für die Großstädter kann man den FlVerbrauch genauer angeben, aber auch nur da, wo es Schlachthäuser mit Schlachtzwang gibt. In den französischen, österreichischen, italienischen Städten, wo zugleich Oktroi (Nahrungsmittelsteuer) besteht, läßt sich der Konsum fast genau berechnen.

Wenn wir die Entwicklung des FlKonsums für längere Perioden zurückverfolgen, so läßt sich konstatieren, daß er in der ersten Hälfte des 19. Jhd. fast überall recht gering war. Es hing dies zum Teil damit zusammen, daß die Napoleonischen Kriege eine starke Verwüstung des VBestandes mit sich gebracht hatten. Die preußischen schlachtsteuerpflichtigen Städte haben nach Reinecke[1]) Fl 1836/46 rd. 38 kg pro Kopf verbraucht, in der ungünstigsten Periode 1846/50 nur 32 kg, um erst 1857/60 wieder auf 38 kg zu kommen. In ähnlicher Weise berechnet Hoffmann den FlVerbrauch 1833/38 auf 33 kg. Schmoller schätzt ihn zu Anfang unseres Jahrhunderts auf 70 alte ℔ (zu 0,469 kg), also fast ebenso hoch. Für das ganze Land Preußen ergibt sich dagegen noch ein viel geringerer FlVerbrauch. 1802 betrug er 17 kg a. d. Kopf. 1816 war er auf 11 kg gesunken. Erst 1840 betrug er wieder 17 kg. Für Berlin hat Conrad (Jahrb. f. Natök. Nr. FIII, S. 515) eingehende Schätzungen angestellt. Er berechnet den FlVerbrauch 1778/84 zu 78 kg a. d. Kopf, glaubt jedoch, daß diese Zahl etwas zu hoch sei. Für 1860/64 betrug der FlKonsum nur 45 kg, 1874/77 bereits 52 kg, 1875/76 64 kg. Ein starker Hochgang des FlKonsums hat sich dann in den achtziger Jahren eingestellt, er stieg auf rd. 80 kg, um während der teuren Jahre 1890/92 auf 70/71 kg zu sinken, alsdann aber 1895/96 wieder auf 75/76 kg anzusteigen. Neuere Feststellungen lassen jedoch diese Angaben als unsicher erscheinen, da sie nicht auf tatsächlichen Wägungen beruhen, sondern auf der Multiplikation der Zahl der geschlachteten Tiere mit einem ziemlich hypothetisch angenommenen Durchschnittsgewicht.

Bemerkenswert ist, daß auch der Fischkonsum infolge der leichteren Angliederung an den Verkehr bedeutend gestiegen ist, 1895/96 18 kg betragen hat. Für manche andere deutsche Städte ist keine Zunahme der Konsumtion zu bemerken. Breslau stand (nach zuverlässigen amtlichen Zahlen) z. B. schon 1870/80 auf 47 kg, welches Quantum 1890/93 auf 43 kg herabsank, um 1893/94 erst wieder auf 44 kg zu steigen.

Sehr zuverlässige Angaben über den FlVerbrauch auf Grund der Schlachtsteuer besitzen wir aus dem Königreich Sachsen. Dort betrug der FlKonsum 1834/44 erst 16 kg pro Kopf, um alsdann progressiv auf 25, 30, 35 und i. J. 1896/98 auf 41 kg für 1901/04 auf 42 kg ohne Kalbfleisch anzusteigen. Für Baden ist in gleicher Weise der relative Verbrauch in den Jahren 1890/96 auf 37 kg festgestellt. Berechnungen über den FlKonsum gibt es außerdem für eine ganze Reihe deutscher Städte. Zu unterst steht Breslau mit 43/44 kg, dann folgt Chemnitz mit 41/45, Leipzig mit 51/54, Bremen, Magdeburg, Augsburg mit 60 kg, während Straßburg, Kassel, Stuttgart, München, Berlin es auf 70/75 kg bringen. Für ganz Deutschland hat bereits v. Scherzer[2]) um 1880 den FlVerbrauch auf 35 kg ange-

[1]) Zeitschr. des K. Preuß. Statist. B. 1863, S. 218.

[2]) Das wirtschaftliche Leben der Völker, Leipzig 1895.

nommen. Lichtenfelt[1]) hat für 1893 den FlKonsum auf 39,9 kg geschätzt, für 1897/98 schätzt ihn die amtliche Denkschrift über die FlNot auf 43 kg.

Seit 1904 ist für die öffentlichen Schlachthäuser in Deutschland die obligatorische Fleischbeschau eingeführt und seit 1904 wird die Anzahl der in ihnen geschlachteten Tiere registriert und vierteljährlich veröffentlicht. Die Hausschlachtungen sind nur zweimal (1904 und 1907) erhoben. Aus der Zahl der geschlachteten Tiere berechnet das Kaiserl. Gesundheitsamt unter Annahme sich gleichbleibender Durchschnittsgewichte der Tiere was folgt:

Tabelle 17.

Jahr	Gesamte Inlandprod. Mill. kg	Einfuhr inkl. Schmalz Mill. kg	Konsum auf den Kopf der Bevölkerung
1904	2919	167	52,05
1905	2886	217	51,47
1906	2853	236	50,52
1907	3097	185	52,93
1908	3177	172	53,28
1909	3203	170	52,94
1910	3247	200	54,00
1911	3380	230	56,00

Es ist ganz unwahrscheinlich, daß im Futtermißjahr 1911 die Schlachttiere das gleiche Durchschnittsgewicht hatten wie früher.

Die Ermittelung der Durchschnittsgewichte ist auch an sich nicht einwandfrei: es ist dazu aus im Jahre 1906 in 300 Schlachthäusern gemachten Stichproben das arithmetische Mittel gezogen, das auf um etwa 6% höhere Gewichte führen, als sie aus dem Statist. Jahrbuch Deutscher Städte errechnet werden können. (Vgl. Eßlen, die Fleischversorgung des Deutschen Reiches, Stuttgart 1912; Ballod, Die Frage nach der wissenschaftlich richtigen Ermittelung des Fleischkonsums in der Zeitschr. „Verwaltung und Statistik" 1912, S. 360).

In Frankreich ist der FlVerbrauch seit Anfang des 19. Jhd. ebenfalls bedeutend gestiegen und hat sich mehr als verdoppelt. Es hatte nach Block[2]) 1812 einen FlVerbrauch von rd. 17 kg a. d. Kopf, der nach dem Kriege schnell auf 20 kg stieg, was weiter nicht wundernehmen kann, da Frankreich durch die Kriege wenig gelitten hatte. Bis 1840 scheint dann der Verbrauch nicht weiter gestiegen zu sein. Um 1852 erreichte er 23 kg, 1862 26 kg und ist bis 1892 bis auf rd. 35 kg angestiegen. Auf dem Lande ist auch in Frankreich wie überall der FlVerbrauch ein bedeutend geringerer als in der Stadt. Derselbe betrug i. J. 1892 26, in den Städten 58 kg. Paris hat sogar einen FlVerbrauch von 80 kg. Die amtliche französische Stat hebt hervor, daß unter den Ursachen, welche die Steigerung des FlKonsums veranlaßt haben, hauptsächlich zu nennen seien die Zunahme des Genusses alkoholischer Getränke, welche regelmäßig einer Aufnahme fester Nahrung parallel läuft. Allerdings ist für die Städte der verschiedene Altersaufbau der Bevölkerung in Betracht zu ziehen; die Städte haben einen größeren Prozentsatz erwachsener Männer, die bedeutende FlMengen verbrauchen. Interessant ist, daß auch in den französischen Städten, je nach dem Grade der Wohlhabenheit der Bevölkerung, sich bedeutende Abstufungen im FlVerbrauch zeigen. 1888 hatte Lille nur 34 kg, Nantes 48 kg, Roubaix 50 kg, Lyon 52 kg, während Marseille

[1]) in Thiels Landwirtschaftlichen Jahrbüchern, 1899.

[2]) Block, Maurice, L'Europe politique et sociale, 2. éd. 1892.

bereits 61 kg, Bordeaux 77 kg FlVerbrauch hatte. Die für die letzten Jahre von seiten des französ. Ackerbauministeriums errechneten Konsumziffern die auf einen Fleischkonsum von 52 bis 57 kg auf den Kopf führen, dürften noch erheblich stärker überhöht sein als die Ziffern des deuschen Kaiserl. Gesundheitsamtes.

In Großbritannien ist der FlVerbrauch seit 1840 von 80 auf ca. 122 und 128 Pfund um 1901/05 gewachsen (englisches Pfund = 453 Gramm), also von 36 auf 56 kg pro Kopf. Wenn man noch Irland mit seiner armen Bevölkerung ausschließt, die ja relativ kaum halb soviel Fl verzehren dürfte wie die englische, so dürfte das eigentliche Großbritannien einen FlVerbrauch von rd. 60 kg a. d. Kopf aufweisen. Trotzdem ist die Armut auch in England sehr verbreitet, der ärmste Teil der Bevölkerung wird sehr wenig Fl verzehren. Der Fischkonsum ist in England ebenfalls sehr hoch, da von englischen Fischern jährlich etwa $1^1/_6$ Mill. t Fische gefangen werden (an den deutschen Seeküsten nur $^1/_5$ Mill. t), so daß auf den Kopf ein Fischkonsum von über 24 kg entfällt, gegen bloß 3—4 in Deutschland (einschl. Heringe etwa 7).

Versuchen wir noch, eine Aufstellung für Rußland zn machen, so ergibt sich, daß daselbst der FlKonsum kaum auf über 20 kg per Kopf hinausgeht, dabei in den letzten Jahrzehnten noch bedeutend zurückgegangen sein muß. Seit 1860 dürfte er nahezu um ein Drittel gesunken sein. Eine Verelendung der Masse der Bevölkerung daselbst ist Tatsache. Österreich-Ungarn scheinen in bezug auf den FlKonsum in der Mitte zwischen Deutschland und Rußland zu stehen und weisen weder Rückgang noch Zunahme des FlVerbrauches auf. In Italien, Spanien, überhaupt in Südeuropa ist der FlKonsum noch sehr gering.

Für die Vereinigten Staaten berechnete Murray[1]) den Verbrauch an SchweineFl und Schmalz, soweit derselbe aus den riesigen Schlachthäusern in Chikago und einiger anderer Städte gedeckt wird, auf 1,1—1,2 Mill. t, was auf den Kopf der Bevölkerung erst 36 ℔ ausmacht. Allerdings ist noch zu berücksichtigen, daß diese FlMenge fast lediglich von Städten konsumiert wird und die Farmer abgerechnet werden müssen. Aber auch in den Städten, namentlich im Süden, gab und gibt es eine Menge kleinere Schlachthäuser und FlHändler. So schätzt denn auch Mullhall[2]) den tatsächlichen FlVerbrauch für die Vereinigten Staaten auf 160 englische Pfund (0,453 kg) pro Kopf. Es wurden nach dem Zensus in den großen Schlachthäusern geschlachtet

	1905	1910	1905	1910
	Millionen Stück		im Gewicht von Millionen lbs	
Rinder	7,15	8,11	4066	4410
Kälber	11,56	2,50	161	262
Schafe......	10,87	12,25	465	497
Schweine....	30,98	33,87	5048	5201
Zusammen ..			9740	10370

Auf den Kopf der Bevölkerung entfielen 1905 $\frac{4600}{84} = 54{,}8$ kg; dazu kamen die sonstigen Schlachtungen, die man bei Rindern und Schafen zu $^1/_5$—$^1/_6$, bei Schweinen zu $^2/_3$ der Schlachthausschlachtungen ansetzen kann. Man kommt alsdann zu weiteren 1800 Mill. kg Schlachtgewicht, bzw. 21,5 kg auf den Kopf. Gesamtkonsum wäre somit 76,3 kg; es wurden jedoch 1905 etwa 750 Mill. kg an Fl, Speck und Schmalz ausgeführt, so daß für den tatsächlichen Eigenkonsum etwa 5650 kg bzw. 67,3 kg auf den Kopf verblieben.

Noch höher ist der FlVerbrauch in Australien und Argentinien, wenn es auch kaum gerechtfertigt ist, mit Mullhall ihn für Australien auf 270 ℔, für Argentinien dagegen nur auf 160 ℔ anzusetzen. Er dürfte auch in Argentinien

[1]) The Cincinnati Price Current's annual stat. report 1890. 1899.

[2]) Dictionary of statistics, 1900.

und Südbrasilien kaum unter 260 ℔ betragen. Das ist übrigens der Betrag, den Schmoller für einige deutsche Städte (wie Straßburg) im Mittelalter einsetzt.

Betrachten wir die Fleischpreise, so ergibt sich die eigentümliche Tatsache, daß dieselben weit mehr in die Höhe gegangen sind als die GetreidePr, und auch nach dem Sinken der GPr kein entsprechendes Abflauen der FlPr eingetreten ist.

Die Preisentwicklung war die folgende:

Tabelle 18.

Fleischpreis Pf. pro kg.

	Rindfl. Berlin	Schweinefl. Berlin	Rindfl. Frankreich	Schweinefl. Frankreich	Rindfl. London	Schweinefl. London
1811—1820	89	90				
1821—1830	61	56				
1831—1840	63	66				
1841—1850	71	79			88	114
1851—1860	85	106			100	110
1861—1870	100	108	111	122	112	120
1871—1880	125	127	129	132	131	124
1881—1890	117	124	126	126	112	108
1891—1900	125	132	130	125	97	100
1901—1910	136	123			91	92
1911	154	114				

Der Verbrauch an sonstigen tierischen Produkten

scheint am höchsten in den Vereinigten Staaten zu sein. Nach Serings Zitat in seiner „Landwirtschaftlichen Konkurrenz Nordamerikas" (Leipzig 1887, S. 654 ff.) betrug bereits zu Anfang der achtziger Jahre der Butterkonsum 17 ℔ pro Kopf, zu einer Zeit, als er in Deutschland erst 9 ℔, in England 13 ℔ betrug, in Holland 6 ℔, in Frankreich sogar nur 4 ℔, in Rußland und Italien vollends nur 1 ℔. Für 1892 wurde in Frankreich die ButterProd amtlicherseits auf 113 Mill. kg geschätzt, wozu noch eine Einfuhr von 5 Mill. kg kamen. Es wurden jedoch 35 Mill. kg ausgeführt, sodaß im Lande nur $5^1/_2$ ℔ pro Kopf blieben. Der Käseverbrauch ist dagegen in Frankreich größer gewesen. Es wurden produziert 134 Mill. kg, eingeführt 6 Mill. und ausgeführt $12^1/_2$ Mill. kg, so daß rd. 140 Mill. kg bzw. $7^1/_2$ ℔ Käse im Lande blieben. Für England wurde Anfang 1890 der Milchertrag der 6 Mill. Kühe auf 1437 Mill. Gallons[1]) geschätzt, die Einfuhr an Molkerei-Prod auf 1226 Mill. Gallons = 6500 Mill. Liter. Was die Anzahl der Michkühe anlangt, so hatte Deutschland um 1900 ca. 10 Mill., um 1910 rd. $10^1/_2$ Mill., während Frankreich erst 5,4 Mill. besaß, die Union freilich hatte über 16 Mill. Den mittleren Milchertrag schätzt v. Scherzer[2]) für Deutschland auf 1500 Liter. Schrott-Fiechte nimmt ihn zu 2400 Liter[3]) an, was etwas zu hoch sein dürfte; eine Schätzung von 1800 Liter dürfte der Wahrheit am nächsten kommen. Setzen wir die letzte Zahl ein, so kommen wir auf einen Milchertrag von rd. 19 Milliarden l, bzw. 330 l pro Kopf der Bevölkerung. Dagegen wurde die MilchProd der

---

[1]) 1 Imperial-Gallon = 4,543 Liter.

[2]) Das wirtschaftliche Leben der Völker, Leipzig 1885.

[3]) In Fühlings Landw. Zeitung.

5,4 Mill. französischer Milchkühe amtlicherseits für 1882 auf 6,8, für 1892 auf 7,9, für 1902 auf 8,4 Milliarden l geschätzt, so daß nur etwa 220 l a. d. Kopf der Bevölkerung entfallen. Noch ungünstiger als Frankreich würde sich England in der Versorgung mit Milch und MolkereiProd stehen, wenn es nicht große Mengen einführte; bei Berücksichtigung der Einfuhr steht die englische Bevölkerung freilich am günstigsten da.

Weinproduktion.

Der Weinbau ist so alt wie die beglaubigte Geschichte. Die Rebe ist die kapriziöseste von allen Kulturpflanzen. Der Wbau erfordert eine mittlere Jahresisoterme von mindestens 10° C, dabei aber eine mittlere Sommerwärme von mindestens 19—20°, sofern noch ein für den heutigen Kulturmenschen genießbarer W hergestellt werden soll. Im Mittelalter hat man zwar bis nach Ostpreußen hin W gebaut, der aber dem berühmten „Dreimännerwein" an Säure nichts nachgegeben haben dürfte.

Der W liebt vorwiegend trockenes Klima. Nach Süden hin kann er gebaut werden in einem Klima, in dem noch der Weizen gedeiht. Feuchtwarme Sommer beeinträchtigen das Aroma. Winterregen dagegen verträgt der W sehr gut, daher liefern die Mittelmeerländer, Gebiete mit ausgesprochenem Winterregen, Südfrankreich, Italien und Spanien, auch die Hauptmasse des auf der Erde produzierten Weines. Im Kaplande, bei einer Niederschlagsmenge von 1600 mm, welche diejenige Italiens und Spaniens um das Doppelte und Dreifache übertrifft, gedeiht der W vorzüglich und gibt hohe Erträge (32 hl pro ha), wenn auch die Angaben Scherzers von 200 hl pro ha längst als Phantasiegebilde nachgewiesen sind. Es ist zu beachten, daß im kapländischen Anbaugebiet Winter- und Frühjahrsregen herrschen, während der Sommer, besonders während der Traubenreife, absolut trocken ist. In Europa gibt der W im Durchschnitt nicht mehr als 10—20 hl pro ha. Nach Deutschland ist der W bekanntlich durch die Römer gekommen. Kaiser Probus (276—282) soll bereits W an der Mosel und am Rhein angepflanzt haben. Die heutigen besten und berühmtesten Lagen im Wbaugebiet sollen allerdings erst um 900—1000 angelegt worden sein. Auch nach Ungarn ist der W bereits zur Römerzeit gekommen. Berühmt wurde der UngarW indes erst im 17. Jhd., als man anfing, den sogenannten „Ausbruch" [1]) zu bereiten. Die meiste Verbreitung hat der WBau in Italien, Frankreich und Spanien gewonnen. Der französische WBau hat in den letzten Jahrzehnten durch die Verwüstungen der Phylloxera, d. h. der Reblaus, sehr gelitten; die WProd ist erst gestiegen, seitdem man in größerem Umfange die amerikanische Rebe angepflanzt und durch die Reiser der edelsten französischen Reben veredelt hat. Die französische WProd trat während einer ganzen Reihe von Jahren vollständig zurück hinter der spanischen und italienischen.

Frankreich führte 1881—1900 vier- bis fünfmal soviel W ein wie aus. Selbst in den letzten Jahren hatte die Menge der eingeführten W die der ausgeführten weit überschritten. Es hatte bereits Ende der siebziger Jahre eine WProd von

---

[1]) „Ausbruch" wird aus den besten, auf Stroh getrockneten Trauben bereitet, die nur schwach gepreßt werden.

50—70 Mill. hl, im günstigsten WJahr 1875 sogar 83 Mill. hl. Als nun die Reblaus mit ihren Verwüstungen einsetzte, sank die Prod vorübergehend auf 23 Mill. hl, um erst in den letzten Jahren wieder auf 40—50 Mill. hl, im reichen Wjahr 1900 sogar auf 68 Mill. hl anzusteigen. Im Herbst 1900 war der WPr in Italien und Spanien so sehr gesunken, daß W billiger war als Wasser, d. h. als Selterwasser, und die Kunstweinfabrikanten bankrott wurden. Der echte W war um ein Mehrfaches billiger als KunstW. Italien und Spanien haben eine WProd von 25—30 Mill. hl, und es ist bemerkenswert, daß in diesen beiden Ländern die Reblaus lange nicht solche Verwüstungen anrichten konnte als in Frankreich. Allerdings ist die Rebe daselbst aus klimatischen Verhältnissen widerstandsfähiger. In der ersten Zeit nach dem Verwüstungszuge der Reblaus führte Italien enorme Mengen W nach Frankreich aus. Die italienischen W dienten in Frankreich zum Verschnitt. 1890 brach jedoch der Zollkrieg aus, und die Franzosen führten nun 10—12 Mill. hl spanische und portugiesische W ein. Italien geriet in starke Bedrängnis. Als dann endlich wieder zwischen Frankreich und Italien ein Handelsvertrag abgeschlossen wurde, hatte sich der französische WBau mittlerweile wieder erholt, und die Franzosen brauchten nicht mehr viel zu kaufen.

Die gesamte WProd der Erde belief sich im Durchschnitt der Jahre 1890/95 auf 124 Mill. hl, 1900 stieg die Prod auf über 150 Mill. hl, wobei ein enormer Preissturz einsetzte. Das Nähere ergibt die Tabelle 19[1]).

Tabelle 19.

Weinproduktion in Millionen Hektoliter.

	1891 bis 1895	1896 bis 1900	1901 bis 1905	1906	1907	1908	1909	1910	1911[2])	1912[2]
Deutsch. Reich	2,22	2,89	3,19	1,63	2,49	3,10	2,00	0,85	2,92	
Österreich	3,67	3,99	4,64	4,30	4,30	8,10	6,30	2,55		
Ungarn	1,48	1,63	3,48	3,65	3,80	8,00	4,36	2,76		
Schweiz	1,38	1,21	1,20	1,28	0.68	0,92	0,41	0,41	0,85	0,90
Frankreich....	35,22	44,66	51,80	49,50	66,05	60,50	54,40	28,50	44,90	59,30
Italien	30,64	30,92	39,40	29,80	53,90	51,78	61,77	29,30	42,65	44,00
Spanien	22,03	18,84	17,80	18,30	21,00	18,60	26,90	21,70	14,75	14,00
Portugal......	4,84	4,36	.	.	.	.	.	.		
Rußland	2,46	2,97	.	.	.	.	.	2,20		
Rumänien .. .	2,49	3,45	1,28	0,76	0,97	2,28	1.27	1,71	0,99	1,25
Serbien	0,40	0,51	0,15	0,57	0,54	0,86	0,39	0,15		
Bulgarien	0,80	0,89	1,40	0,78	0,87	1,64	1,31	0,77	0,55	
Griechenland..	1,50	1,40								
Türkei	2,50	2,23								
Kapland	0,25	0,23								
Algier........	3,66	4,88	6,27	7,35	7,85	7,80	8,23	8,41	8,70	6,50
Tunis	0,14	0,18	0,23	0,36	0,35	0,35	0,25	0,25		
Verein. Staaten	0,82	0,95								
Argentinien...	1,50	1,48	1,85	2,62	2,84	3,35	3,90	3,88		
Chile.........	0,72	2,34	1,18	1,00	1,89	2,26	2,23	.		
Australien	0,18	0,20	0,26	0,27	0,20	0,25	0,21	0,27		
Europa	114,23	121,92								
Erde	123,66	134,46								

[1]) Nach den Mitteilungen des Internationalen Landwirtsch. Instituts zu Rom für 1910 (Rom 1912, S. 196ff.) für das Deutsche Reich, Österreich-Ungarn, Schweiz, Frankreich, Italien, Rumänien, Serbien, Algier, Argentinien, Chile; sonstige Angaben nach dem Moniteur vinicole.

[2]) Nach dem Moniteur vinicole.

Weitaus der meiste W wird in Europa produziert, und zwar 120—170 Mill. hl. Außerhalb Europas sind früher nur 6—8, in den letzten Jahren 12—16 Mill. hl produziert worden. Neben den drei Hauptproduzenten Frankreich, Italien und Spanien, die zusammen etwa 80 % der europäischen WErnte liefern, bringen andere Länder nur recht bescheidene Mengen hervor, Österreich-Ungarn ungefähr 5—6, in den besten Jahren 9—10 Mill. hl, 1908 16 Mill. hl. Das Deutsche Reich, Rußland und Portugal etwa je 2—2½ Mill. hl (Portugal hat in den besten Jahren bis 6 Mill. hl geliefert), Griechenland 1½ und 2 Mill. hl.

Die griechische WProd könnte größer sein, wenn Griechenland nicht soviel Korinthen baute, eine kleine Abart der WTraube, die getrocknet ausgeführt werden. Die gewöhnliche WTraube gibt in getrocknetem Zustande Rosinen. In der Türkei ist der WBau nicht sehr bedeutend, der Ertrag dürfte kaum 2—2½ Mill. hl betragen, und zwar ist die Prod gering aus dem Grunde, weil den Mohammedanern das WTrinken nicht gestattet ist. Dafür werden um so vorzüglichere Rosinen ausgeführt. Auch die kleine Schweiz bringt es zu 1¼—1½ Mill. hl, Rumänien auf 2—4, Serbien auf 1 Mill. hl.

Die bedeutendste Prod in den außereuropäischen Ländern hat Algier mit 8 Mill. hl. Als zweitwichtigstes außereuropäisches Ausfuhrland ist zu nennen Chile mit rd. 1,8 Mill. hl. Erst dann folgt die Union, die in Kalifornien ein wirklich vorzügliches WKlima besitzt, wo auch die europäische Rebe sehr gut fortkommt. Indessen beträgt auch die kalifornische WProd erst ungefähr 1,1 Mill. hl trotz der Riesenweinberge, die in der letzten Zeit dort angelegt worden sind. Australien hat großenteils ein vorzügliches WKlima, indessen beläuft sich die Prod nicht über 300000 hl. Der Grund ist wohl der, daß der Wein eine sehr mühsame Behandlung erfordert und man nicht genug Leute für die WKultur finden kann, insbesondere solange andere Erwerbszweige, wie die Schafzucht, rentabler sind. Das Kapland bringt es trotz seiner hohen Flächenerträge auf nur ¼ Mill. hl Gesamtproduktion.

Die geringsten WErträge in Europa trotz eines zum Teil ausgezeichneten WKlimas hat Italien, da es auf 4 Mill. ha Land nur 30—40 Mill. hl W gewinnt. Doch dürfte ein Teil des Weinlandes zu anderen Zwischenkulturen benutzt sein. Im Durchschnitt werden nicht mehr als 10—12 hl a. d. ha produziert. Frankreich hat schon bedeutend größere Flächenerträge. Das Areal ging daselbst infolge der Verwüstung der Reblaus von 1880—1890 von 2,6 auf 1,6 Mill. ha zurück. Seit 1896 hat Frankreich wieder Durchschnittserträge von 25—40 hl a. d. ha. Spanien und Portugal sollen im ganzen eine Fläche von 2 Mill. ha mit W bestanden haben (Spanien allein 1,4 Mill. ha).

Den größten Wert hatte die WProd in Frankreich in den Jahren 1870/79, in denen im Durchschnitt 50 Mill. hl jährlich gewonnen sind, deren Wert, im Mittel mit 30 Fr. berechnet, 1½ Milliarden Fr. ausmachte. Die französische WErnte hatte damals einen höheren Wert als die Weizenernte, ihr Werte war kaum 1 Milliarde Fr., wobei zu bemerken ist, daß mit Weizen 2½ mal soviel Land bestanden war wie mit W.

Daraus kann man den furchtbaren Schaden ermessen, den die Reblaus dem Lande brachte. Es handelt sich bei den französischen Winzern geradezu um eine Jahreseinbuße von ¾ Milliarden Fr. Frankreich mußte jährlich 9—12 Mill. hl W im Werte von ungefähr 300 Mill. Fr. einführen. Die Phylloxeragefahr ist nunmehr durch das Anpflanzen amerikanischer Reben überwunden, indessen soll doch die Qualität des W trotz der Veredelung mit Hilfe amerikanischer Pfropfreiser sehr gelitten haben. Die hochfeinen Sorten der früheren Jahre sollen zur Mythe geworden sein. Dagegen haben die Flächenerträge bedeutend zugenommen.

Tabelle 20.

Frankreichs Weinproduktion und -Handel.

Jahr	Anbaufläche 1000 ha	Ertrag Millionen hl	hl per ha	Preis Frank per hl	Ausfuhr	Einfuhr
					Millionen hl	
1866/1870	2303	55,92	24,3	28,0	2,92	0,24
1871/1875	2412	59,62	24,7	29,0	3,54	0,46
1876/1880	2320	42,13	18,2	30,5	2,95	2,63
1881/1885	2153	38,13	17,7	39,5	2,56	8,14
1886/1890	1863	27,41	14,7	35,5	2,30	11,33
1891/1895	1749	35,22	20,1	27,0	1,78	7,68
1896/1900	1631	44,61	27,3	24,2	1,76	7,73
1901/1905	1600	51,80	32,4	28,0	1,80	4,40
1906/1910	1600	52,00	32,0		2,35	3,55
1911		44,90	28,0			
1912		52,30	37,0			

Den Gesamtwert der WErnte schätzte Jurascheck unter Zugrundelegung der französischen Pr für 1891/1900 auf rund 4 Milliarden Fr. Dies dürfte entschieden zu hoch gegriffen sein, namentlich wenn man beachtet, daß die italienischen W entschieden minderwertig sind. Der mittlere Wert pro hl wird für die neueste Zeit angegeben für Italien zu 12 ℳ, für Frankreich und Spanien zu 16 und 17, für Österreich nur zu 12 ℳ; Ungarn bringt es infolge der edlen AusbruchW auf 24 ℳ, im Deutschen Reiche betrug um die Jahrhundertwende gar der Pr 57 ℳ a. d. hl.

Die größten Verwüstungen hat die Reblaus, abgesehen von Frankreich, in Ungarn angerichtet, wo der WErtrag von 4 Mill. hl in den siebziger Jahren auf 0,8 Mill. i. J. 1892 zurückging. Seitdem hat sich der Ertrag wieder auf 4 Mill. hl gehoben (1908 sogar 8 Mill.). Die ganze mit W bestandene Fläche beträgt in Österreich und Ungarn je $^1/_4$ Mill. ha. Früher hat Österreich und Ungarn eine große Menge W ausgeführt. Heute ist jedoch die WEinfuhr größer. Es waren ungefähr $^1/_4$ Mill. guter AusleseW ausgeführt, 1—$1^1/_2$ Mill. hl billiger italienischer W eingeführt worden.

In Deutschland beträgt die dem WBau eingeräumte Fläche 120000 ha, 1911 nur 110053 ha. Der WErtrag schwankt von $^3/_4$ Mill. hl i. J. 1891 bis $2^3/_4$ Mill. hl i. J. 1897 und gar 5 Mill. hl i. J. 1896. Der Wert des W beträgt in Deutschland 67 bis 132 Mill. ℳ, rd. 500—1200 ℳ a. d. ha, während der Wert des französischen W a. d. Flächeneinheit nur etwa halb so hoch ist. Die Kultur dürfte im Deutschen Reiche mit am höchsten stehen. Die enormen Schwankungen in den Erträgen dürften hauptsächlich dem Klima zur Last zu legen sein. In Italien werden vielfach die Rebenpflanzungen nicht in den Berghängen, sondern in den Tälern angelegt, um künstliche Bewässerung — allerdings auf Kosten der Güte — durchführen zu können. Auch in Deutschland ist die mit Reben bestandene Fläche seit 1896 um 8000 ha zurückgegangen, es sind die ungünstigeren Lagen aufgegeben worden, zum Teil in Obstpflanzungen verwandelt. In der letzten Zeit ist am Rhein der Anbau von Kirschen sehr stark verbreitet, weil diese an Stellen, wo die WTrauben sauer bleiben, noch vorzügliche Erträge geben. Von Bedeutung ist, daß gerade beim WBau die Erträge um nahezu das Zehnfache gesteigert werden können gegenüber den heutigen Durchschnittserträgen.

(Während des Druckes: In dem „Weinjahr“ 1911 wurden in Deutschland auf nur 110053 ha nicht ganz 3 Mill. hl [2,923] W im Werte von 178,3 Mill. ℳ geerntet!)

Das Bier.

Die Biererzeugung geht genau wie der WBau in die graueste Vorzeit zurück. Herodot berichtet, daß bereits im alten Ägypten B bereitet worden sei. Xenophon fand in Armenien beim Rückzug der 10000 Griechen B. Als die Griechen das Perserreich erobert hatten, wurde der WGenuß überallhin verbreitet. W galt als das edlere Getränk, während dem B etwas Barbarisches anhaftete. Tatsächlich scheint in den südlicheren Ländern das B sich erst in unserer Zeit wieder Bahn brechen zu wollen, nachdem es eine lange Zeit durch den W vollständig verdrängt war. Die alten Ägypter haben bereits eine regelrechte Malzbereitung gekannt, dagegen scheinen sie keinerlei Zusätze verwandt zu haben. Der Hopfen ist erst seit der Zeit Karls des Großen aufgekommen. Früher verwandte man vielfach Wacholder und Tannensprossen als Würze, daher der Name „Sprossenbier“, das freilich unserem heutigen Gaumen etwas barbarisch vorkommen würde. Allerdings dürfen auch die heutigen Griechen mit ihrem „Resinat-“, d. h. Harzwein, keinen Anspruch auf zivilisierten Geschmack erheben. In England wurde die Verwendung des Hopfens für die BBrauerei erst sehr spät, seit dem 16. Jhd., allgemein. Bei den osteuropäischen Volksstämmen soll der Hopfen bereits sehr früh kultiviert worden sein.

Ursprünglich war das BBrauen ein Bestandteil der Hauswirtschaft, erst mit der Ausbildung der Städte kam die Handelsbierbrauerei auf, wobei zugleich die Art der Zubereitung sehr verbessert wurde.

Die strengste BGesetzgebung ist im 16. Jhd. in Bayern durchgeführt worden. Bereits 1516 wurde festgesetzt, daß zu B nur Gerste, Malz und Hopfen verwandt werden dürfen, alle anderen Zusätze dagegen strafbar sein sollten. Es ist zweifellos, daß das Bayrische B seinen hohen Ruf gerade diesen strengen gesetzlichen Bestimmungen verdankt.

1738 erfand Hovard in England die Bereitung des „Porter“. Es ist das ein stark eingebrautes B, daß zum Transport sehr geeignet ist, weil es auch in der Wärme nicht leicht verdirbt. Übrigens wird in der neuesten Zeit auch das Bayrische B für die Ausfuhr zum Teil „äquatorfest“ eingebraut. Dies geschieht durch das sogenannte „Pasteurisieren“, d. h. das bereits in Flaschen eingefüllte B wird vorübergehend einer Wärme von 60—70° C ausgesetzt, wodurch alle Bakterienkeime getötet werden und so das B nicht mehr sauer werden kann, was bei gewöhnlichem LagerB leicht geschieht.

Das B gehört zwar nicht unmittelbar zu den Erzeugnissen der Landwirtschaft, steht aber doch mit derselben in innigem Zusammenhang. In Deutschland werden etwa 1¼ Mill. t Gerste zur BFabrikation verbraucht. Die Produktion dieser Gerstenmenge beansprucht etwa rd. ¾ Mill. ha Ackerland, so daß man sagen kann, daß zur BErzeugung in Deutschland eine 6mal so große Bodenfläche verwandt wird wie zur WProd. Das Umgekehrte ist der Fall in Frankreich. Dort hat die BBereitung eine zehnfach geringere Bedeutung als die WProd. Die größte BProd. von allen europäischen Ländern hat Deutschland, dann folgt Großbritannien, darauf die nordamerikanische Union, in vierter Reihe steht Österreich-Ungarn.

BErzeugung und Verbrauch stehen am höchsten bei der germanischen Rasse. Man kann sagen, das B ist ein ausgesprochen germanisches Getränk, während die romanischen Rassen den W vorziehen, die slavischen sich mehr an den Branntwein halten. Allerdings liegen die Gründe für den BKonsum hauptsächlich im Klima: in Deutschland und England, ebenso in der Union kann nur sehr wenig W gebaut werden.

Die BErzeugung der Erde ist in den letzten Jahren nahezu doppelt so hoch gewesen wie die WProd. Den 120—130 Mill. hl W stehen rd. 200—250 Mill. hl B gegenüber. Die BErzeugung ist sehr stark und stetig angestiegen, was sich wohl aus dem zunehmenden Volkswohlstand erklärt.

1872/73 wurden in Deutschland erst 32 Mill. hl B verbraucht, also rd. 78 l a. d. Kopf der Bevölkerung, seit 1898/99 erreicht die BProd. 68—70 Mill. hl, 124—125 l a. d. Kopf. Seit 1909 kommen infolge der Antialkoholbewegung nur noch 100 l a. d. Kopf der Bevölkerung. In ziemlich gleicher Weise hat sich der BKonsum in Großbritannien entwickelt. 1872 wurden nach privaten Schätzungen gebraut 35,7 Mill. hl, 100 l a. d. Kopf. 1898/99 jedoch 55 Mill. hl = 137 l a. d. Kopf und dann 1905 128 l. Der Engländer trinkt also noch mehr B als der Deutsche, sein Verbrauch geht aber ebenfalls zurück. Die rapideste Entwicklung der BBrauerei hat in der amerikanischen Union stattgefunden. Dort betrug der BKonsum 1866/70 erst 7,7 Mill. hl; nach 10 Jahren war eine Verdoppelung eingetreten, nach weiteren 12 Jahren, 1892/93, wurden bereits 40 Mill. hl B konsumiert, i. J. 1909 sogar trotz der offiziellen Mäßigkeitsbestrebungen einiger Staaten, in denen alkoholische Getränke überhaupt nicht geduldet werden, dennoch auf 72 Mill. hl gestiegen (das sind beinahe 78 l a. d. Kopf der Bevölkerung), z. T. auch aus der starken Verbreitung des Branntweingenusses (die Südstaaten scheiden für den BGenuß fast ganz aus). In Österreich-Ungarn hat sich die BProd. in den Jahren 1870/96 ebenfalls verdoppelt, ist von 10,5 auf 20 Mill. hl angestiegen.

Den größten relativen BKonsum hat Bayern, mit 250 l a. d. Kopf der Bevölkerung, i. J. 1909 nur noch 230 l, alsdann Belgien, wo i. J. 1906 220 l a. d. Kopf verbraucht wurden; in dritter Reihe steht England, dann Deutschland. Die Schweiz bringt es nur auf 60 l a. d. Kopf, die Niederlande gar nur auf 30. (Dafür ist in den Niederlanden der Branntweingenuß ein um so höherer.)

Das B galt von jeher als eins der ausgiebigsten Steuerobjekte. Eigentümlicherweise wird in den Ländern, die höhere Steuern haben, nicht weniger B getrunken. Erhebt doch England eine BSteuer von 4 ℳ per hl und hatte trotzdem bis zur deutschen Reichsfinanzreform einen höheren BKonsum als Norddeutschland (Brausteuergebiet), wo das hl B nur mit 80 ₰ belastet war. Seit der Reichsfinanzreform vom 15. Juli 1909 beträgt die BSteuer für den dz der verarbeiteten Braustoffe, Malz und Zucker, 14 ℳ von den ersten 250, 18 ℳ von den folgenden 1250, 16 ℳ von den folgenden 1500, 18 ℳ von den folgenden 2000 dz, 20 ℳ vom Rest mit einigen Modifikationen. Der Zoll beträgt 9,65 ℳ auf den dz. Die belgische BSteuer beträgt rd. 2 ℳ. In der Union werden 3,13 ℳ a. d. hl gezahlt, in Rußland 5,3 ℳ. Die höchste BSteuer hat Italien, und zwar 12,9 ℳ, wodurch allerdings dem BGenuß ein Riegel vorgeschoben ist.

Der Branntwein.

An Bier und Wein schließt sich eng an der Branntwein (Br). Der Br wurde ursprünglich, als seine Bereitung aufkam, wie schon der Name sagt, aus W bereitet: es war der gebrannte W.

Der W wurde über Feuer verdampft, die dabei gewonnenen flüchtigen Bestandteile nannte man Geist des Weines (spiritus vini). Bei den Russen hat W und Br den gleichen Namen. Die BrBereitung aus W ist zuerst bei den Arabern um das Jahr 1000 aufgekommen. Etwas später erfand man die BrBereitung aus Früchten. Auf der Balkanhalbinsel ist jetzt das Brennen von Pflaumenwein

(Slibovitz) bekannt, die man zum Zwecke der BrBereitung gären läßt, wobei sich aus dem Traubenzucker Alkohol bildet.

Man kann heute eine dreifache Art der BrBereitung unterscheiden:

1. die BrBereitung aus solchen Produkten, in denen der Alkohol bereits fertig vorliegt, also aus W;

2. die BrBereitung aus solchen Früchten, die Traubenzucker enthalten, den man vergären lassen muß, also aus Früchten, Rüben, aus Melasse, die besonders zur Rumbereitung dient.

3. Am schwierigsten ist es, den Br aus solchen Stoffen zu gewinnen, die nur Stärkemehl enthalten, also aus Getreide und Kartoffeln. Es war naturgemäß, daß die BrBrennerei auf diese Stoffe zuletzt verfiel. Am allerschwierigsten waren die Kartoffeln zu behandeln. Das in Kartoffeln und Getreide enthaltene Stärkemehl muß erst durch Zusatz von Malz, evtl. auch durch Kochen mit Säuren in eine zuckerartige Gärung übergehen. Erst dann wird die so gewonnene Maische in Gärung übergeführt, darauf aus der vergorenen Flüssigkeit durch Destillation Alkohol gewonnen. Zu dieser Art gehört heute der im Großbetrieb hergestellte Alkohol.

Die aus den verschiedenen Rohstoffen bereiteten BrArten zeigen im Geschmack und Charakter erhebliche Unterschiede. Es gehen stets in den Rohstoffen enthaltene Bestandteile bei der Destillation in den Br über und beeinflussen dessen Geschmack. Weiterhin bilden sich auch bei der Bearbeitung Stoffe, die die Qualität des Br bestimmen. Der Typus des Wein-Br ist bekanntlich der Kognak. Er ist von allen BrArten für den Menschen am zuträglichsten, weil er eine gewisse Menge Weinbestandteile mit enthält. Diese WBestandteile, der WFusel, verleiht als „Önanäther" dem Kognak erst seinen Wert. Auf den Kognak folgt an Bekömmlichkeit für den Menschen der aus Früchten bereitete Br. Am unzuträglichsten ist der KartoffelBr, dessen Fuselbestandteile, obwohl sie nur $^1/_2$ % des Alkohols ausmachen, außerordentlich schädlich wirken und schweren Rausch erzeugen. Daher hat sich denn bei der neueren BrFabrikation das Bestreben herausgebildet, den KartoffelBr von diesem schädlichen Fusel nach Möglichkeit zu reinigen, was indessen nicht vollständig gelingt. Zum Teil allerdings wird das Reinigen der Unkosten wegen nicht einmal durchgeführt, was sehr zu bedauern ist. Es wäre unbedingt notwendig, auf gesetzgeberischem Wege eine möglichst vollständige Rektifikation des Br zu erzwingen. Freilich dürfte dies in vollständiger Weise erst durch die Einführung eines Branntweinmonopols erreicht werden können. In Rußland hat die Einführung des BrMonopols wenigstens die gute Wirkung gehabt, daß das Volk jetzt besser gereinigten Br trinkt, der weniger berauschend wirkt und infolgedessen nicht so schädlich ist.

Man unterscheidet im Handel QualitätsBr und IndustrieBr, aus W und Früchten bereitet bzw. aus Kartoffeln. Im Deutschen Reich sind i. J. (1900) 1910 zur BrBereitung verwandt worden: (2,5) 2,54 Mill. t Kartoffeln, (0,38) 0,34 Mill. t Getreide und (0,03) 0,03 Mill. t Melasse. Produziert sind i. J. 1900 366, 1907/08 408, 1909/10 296 Mill. l.

Die Benutzung des Br ist bekanntlich eine äußerst mannigfache. Außer zum direkten Konsum wird er zum Verschnitt der Durchschnittsqualitäten spanischer und portugiesischer W gebraucht, die hierdurch haltbarer gemacht werden. Um eine hochfeine WQualität zu erzielen, muß man freilich Kognak zusetzen, wodurch natürlich der Preis bedeutend steigt. Früher wurden erhebliche Mengen KartoffelBr in Spanien eingeführt und als WZusatz verbraucht, jetzt ist diese Einfuhr stark zurückgegangen. Jedenfalls stammt der Fuselgeschmack junger PortW aus dem Zusatz von Kartoffelspiritus. Außer zu Trinkzwecken wird der Br in sehr starkem Maße zu technischen Zwecken benutzt, insbesondere zu Brennzwecken und in den Spiritusmotoren.

Tabelle 21.

Bierverbrauch in den wichtigsten europäischen

Jahr	Deutsches Reich		Österreich-Ungarn		Großbritannien und Irland [1])		Frankreich		Italien		Rußland	
	im ganzen Mill. hl	pro Kopf Liter	im ganzen Mill. hl	pro Kopf Liter	im ganzen Mill. hl	pro Kopf Liter	im ganzen Mill. hl	pro Kopf Liter	im ganzen 1000 hl	pro Kopf Liter	im ganzen Mill. hl	pro Kopf Liter
1879	36,6	.	.	.	.	.	7,6	.	155	.	.	.
1880	37,7	.	.	.	.	.	8,5	.	163	.	.	.
1881	38,1	84	.	.	.	.	9,0	.	182	.	.	.
1882	38,3	84	.	.	43,7	124	8,6	.	187	.	.	.
1883	39,8	87	.	.	43,4	121	9,0	.	184	.	.	.
1884	41,2	90	.	.	44,6	124	8,8	.	197	.	.	.
1885	40,7	88	12,8	33	43,9	121	8,3	21	243	0,80	3,47	3,8
1886	44,1	94	12,2	31	43,9	121	8,2	22	248	0,80	3,54	3,8
1887	46,1	98	12,9	32	44,8	122	8,4	21	233	0,80	3,60	3,9
1888	46,9	97	12,7	32	45,1	122	8,1	20	241	0,80	3,72	4,0
1889	51,9	106	13,0	32	48,3	131	8,5	22	237	0,79	3,91	4,1
1890	52,4	105	13,6	33	50,6	136	8,6	22	260	0,86	3,91	4,1
1891	52,8	105	14,1	34	51,3	137	8,4	22	252	0,83	3,72	3,8
1892	54,5	107	15,8	38	51,1	153	9,0	24	175	0,57	3,80	3,9
1893	55,4	108	16,9	40	51,2	134	9,0	24	167	0,54	3,40	3,5
1894	55,2	106	17,4	41	51,4	133	8,5	22	140	0,45	3,72	3,7
1895	60,5	115	17,9	42	52,2	134	8,9	23	163	0,52	4,72	4,6
1896	61,5	116	19,5	45	54,9	139	9,0	24	149	0,47	5,30	5,1
1897	66,3	123	19,8	45	56,3	142	9,2	24	164	0,52	5,55	5,3
1898	67,9	124	20,0	45	57,7	144	9,6	25	173	0,55	5,20	5,8
1899	69,4	125	20,2	45	59,7	148	10,1	26	186	0,58	5,84	5,4
1900	70,6	125	20,6	45	58,5	143	10,3	27	209	0,64	5,80	5,3
1901	70,9	124	20,6	45	57,6	139	14,5	37	218	0,67	5,74	5,2
1902	67,4	116	19,9	43	57,1	137	14,3	37	232	0,71	5,70	5,1
1903	68,8	116	19,5	42	56,7	134	13,7	35	255	0,77	6,67	5,8
1904	69,9	117	20,3	43	55,4	130	14,3	37	292	0,93	6,63	5,8
1905	72,4	119	20,6	41	53,8	128	14,4	34	300	0,98	7,29	.
1906	72,8	117	.	.	55,6	.	14,5	34	300	.	.	.
1907 [4])	69,3	111	22,6	.	55,4	.	14,2	33	401	.	9,30	.
1908	66,7	105	22,5	.	54,0	.	14,7	34	473	.	8,76	.
1909	63,5	99	22,0	.	53,0	.	14,2	33	547	.	8,92	.
1910	64,1	99	23,0	.	53,9	.	15,3	35	567	.	9,83	.
1911	64,5	98	25,4	.	55,9	.	17,9	45	598	.	.	.

[1]) Bis 1888 ausschließlich Einfuhr von ausländischem Bier.

[2]) Einschließlich Konsum an sonstigen Malzgetränken.

[3]) Bis 1900 ausschließlich Konsum an Essig.

[4]) Von 1907 nach der neuen Berechnungsmethode, die auf eine Verringerung des Betrages um etwa 8 v. H. (Verlust bei der Gärung usw.) führt.

und in den Vereinigten Staaten von Amerika.

Vereinigte Staaten		Norwegen		Schweden[2])		Dänemark		Schweiz		Belgien[3])	
im ganzen	pro Kopf	im ganzen	pro Kopf	im ganzen	pro Kopf	im ganzen	pro Kopf	im ganzen	pro Kopf	im ganzen	pro Kopf
Mill. hl	Liter	1000 hl	Liter	Mill. hl	Liter	Mill. hl	Liter	Mill. hl	Liter	Mill. hl	Liter
13,0	.	.	.	.	.	.	.	.	.	8,7	158
15,7	.	.	.	.	.	.	.	.	.	9,3	169
16,8	.	.	.	.	.	.	.	.	.	9,4	169
20,0	.	.	.	.	.	.	.	.	.	9,2	163
20,9	39	.	.	.	.	.	.	.	.	9,4	165
22,4	40	.	.	.	.	.	.	.	.	9,8	170
22,6	40	.	.	.	.	.	.	.	.	9,5	162
24,4	42	.	.	.	.	.	.	.	.	9,5	162
27,2	42	.	.	.	.	.	.	.	.	10,2	172
29,1	48	.	.	.	.	.	.	.	.	10,2	170
29,6	48	309	15	1,34	28	.	.	1,20	41	10,7	176
32,5	51	373	18	1,31	27	.	.	1,32	45	10,8	179
37,1	58	432	21	1,48	30	.	.	1,40	48	10,3	178
37,5	57	414	20	1,48	30	1,79	81	1,48	50	10,9	181
40,8	57	420	20	1,52	31	1,85	84	1,55	52	11,4	182
39,3	57	402	19	1,61	33	1,91	86	1,55	51	11,6	183
39,6	59	363	17	1,74	35	1,95	86	1,74	57	12,3	192
42,3	56	337	16	2,10	42	2,07	91	1,92	63	12,8	198
40,6	60	376	17	2,25	45	2,18	94	2,06	67	13,3	202
44,2	57	462	21	2,53	50	2,21	94	2,17	70	13,8	207
43,1	60	503	23	2,96	58	2,35	99	2,19	70	14,4	213
46,4	61	498	22	2,89	56	2,36	98	2,21	67	14,7	219
47,8	66	446	20	3,12	60	2,34	95	2,02	61	14,8	219
52,5	68	398	17	2,94	56	2,31	94	2,06	62	14,5	214
55,0	69	318	14	3,06	58	2,34	91	2,20	65	14,9	217
56,9	69	298	13	2,77	52	2,39	93	2,22	65	15,4	219
58,4	76	312	13	3,20	.	2,41	93	2,26	.	15,9	222
64,6	85	400	.	.	.	2,49	.	.	.	15,7	220
68,7	.	420	.	3,15	.	2,54	.	2,46	.	16,2	215
69,0	.	400	.	3,11	.	2,58	.	2,25	.	15,8	210
66,4	.	450	.	2,94	.	2,33	.	2,20	.	15,5	205
70,2	.	460	.	2,67	.	2,52	.	2,45	.	16,0	210
74,6	.	490	.	2,87	.	2,66	.	2,90	.	17,8	230

Tabelle 22.

Verbrauch von Trinkbranntwein, reduziert auf 100 % Alkohol.

Jahr[1])	Deutsches Reich		Österreich-Ungarn		Großbritannien und Irland		Frankreich		Italien		Rußland		Vereinigte Staaten	
	im ganzen 1000 hl	pro Kopf hl	im ganzen 1000 hl	pro Kopf hl	im ganzen 1000 hl	pro Kopf Liter	im ganzen 1000 hl	pro Kopf hl	im ganzen 1000 hl	pro Kopf hl	im ganzen 1000 hl	pro Kopf hl	im ganzen 1000 hl	pro Kopf hl
1879..	.	.	.	.	.	.	1186	3,2	162	0,6	.	.	1030	2,1
1880..	.	.	.	.	.	.	1371	3,7	253	0,9	.	.	1206	2,4
1881..	.	.	.	.	.	.	1444	3,8	362	1,2	.	.	1341	2,6
1882..	.	.	.	.	.	.	1420	3,8	278	1,0	.	.	1397	2,6
1883..	.	.	.	.	.	.	1484	3,9	364	1,3	.	.	1491	2,8
1884..	.	.	.	.	.	.	1489	3,9	207	0,7	.	.	1541	2,8
1885..	.	.	.	.	.	.	1445	3,8	412	1,4	3111	3,5	1341	2,4
1886..	.	.	.	.	.	.	1420	3,7	211	0,7	2986	3,3	1373	2,4
1887..	1694,7	3,6	.	.	.	.	1468	3,9	239	0,8	3081	3,4	1350	2,3
1888..	2195,3	4,5	.	.	.	.	1468	3,9	103	0,4	3120	3,4	1441	2,4
1889..	2291,0	4,7	.	.	805	2,2	1517	4,0	140	0,5	2967	3,2	1532	2,5
1890..	2197,2	4,4	.	.	863	2,3	1663	4,4	215	0,7	2920	3,1	1669	2,7
1891..	2189,9	4,4	.	.	830	2,2	1669	4,4	218	0,7	2717	2,9	1732	2,7
1892..	2252,5	4,5	.	.	888	2,3	1735	4,6	227	0,7	2746	2,8	1868	2,9
1893..	2260,8	4,4	.	.	848	2,2	1642	4,3	171	0,6	2761	2,8	1923	2,9
1894..	2219,2	4,3	.	.	832	2,1	1539	4,1	190	0,6	2982	3,0	1720	2,6
1895..	2286,4	4,4	.	.	880	2,3	1549	4,0	154	0,5	3000	3,0	1494	2,1
1896..	2280,8	4,3	.	.	909	2,3	1591	4,1	172	0,5	2949	2,9	1344	1,9
1897..	2294,7	4,2	.	.	925	2,3	1634	4,2	189	0,6	3087	3,0	1387	1,9
1898..	2446,0	4,4	.	.	955	2,3	1799	4,6	175	0,5	3131	3,0	1550	2,1
1899..	2449,8	4,4	.	.	1080	2,6	1754	4,5	183	0,6	3454	3,2	1661	2,2
1900..	2417,4	4,3	.	.	1020	2,5	1783	4,6	200	0,6	3420	3,1	1850	2,4
1901..	2399,2	4,2	.	.	946	2,2	1347	3,5	200	0,6	3234	3,0	1966	2,5
1902..	2352,9	4,0	.	.	974	2,3	1259	3,2	203	0,6	3292	2,9	2048	2,6
1903..	2351,9	4,0	.	.	948	2,2	1369	3,5	211	0,7	3572	.	2236	2,7
1904..	2228,9	3,7	.	.	901	2,1	1514	3,9	.	.	3459	.	2301	2,5
1905..	2289,6	3,8	1832	.	887	2,0	1382	3,6	.	.	3691	.	2297	2,7
1906..	2457,4	4,0	1985	.	895	2,0	1378	3,5	.	.	4202	.	2428	2,8
1907..	2389,6	3,8	2006	.	.	.	.	.	.	.	4274	.	3260	.
1908..	2650,6	4,2	1741	.	995	.	.	.	.	.	4180	.	2480	.
1909..	1783,0	2,8	1885	.	812	.	.	.	.	.	4146	.	2600	.
1910..	1969,2	3,0	2137	.	765	.	.	.	.	.	4405	.	3040	.
1911..	.	.	.	.	.	.	.	.	.	.	4509	.	3400	.

[1]) Im Deutschen Reiche: Betriebsjahre, 1. Oktober beginnend; Österreich-Ungarn desgl., Frankreich und Rußland Kalenderjahre, Großbritannien und Vereinigte Staaten Fiskaljahre, 1. Juli beginnend.

Zweifellos ist die Verwendung zu Industriezwecken noch einer großen Ausdehnung fähig. Spiritus hat zwar weniger Kalorien als Benzin und Petroleum (ca. 6000—6500 gegen 11000), bei der Verbrennung vergast er aber vollständig und hinterläßt keine übelriechenden Rückstände. Seine Verwendung ist daher vielfach zweckmäßiger. Auf eine Pferdestärke wird kaum mehr Spiritus verbraucht als Benzin. Vorläufig wird in Deutschland erst ein Drittel des gesamten Br zu technischen Zwecken verwandt, zwei Drittel dagegen zum Trinken.

Der Br ist in hohem Maße Objekt der Steuergesetzgebung. Nach der Reichsfinanzreform vom 15. Juli 1909 wurde eine Verbrauchsabgabe und eine Betriebsauflage erhoben. Erstere betrug auf das Liter Alkohol — abgesehen von Befreiungen und Ermäßigungen für kleinere Betriebe — 1,05 ℳ von der innerhalb des „Kontingents" hergestellten, 1,25 ℳ von der darüber hinausgehenden Menge. Diese Differenz von 0,20 ℳ a. d. Liter bildete die sog. „Liebesgabe", d. h. den Mehrgewinn, den die Brennereien von dem kontingentierten Teil der von ihnen hergestellten BrMenge erzielen können. Das „Kontingent" wurde für die gesamte Inlandproduktion alle 10 Jahre festgestellt und auf die einzelnen Brennereien verteilt. Die Betriebsauflage betrug — unter Schonung der kleineren Betriebe — 4 bis 14 ℳ a. d. Hektoliter Alkohol je nach der Größe der Brennereien. Für vergällten („denaturierten", d. h. ungenießbar gemachten) und ausgeführten Br wird aus den aus der Betriebsauflage fließenden Einnahmen eine Vergütung gewährt.

Durch das Gesetz vom 14. Juni 1912 ist das BrKontingent beseitigt, außer für Bayern, Württemberg und Baden, die Verbrauchsabgabe überall ermäßigt. Aus dem Ertrage der Verbrauchsabgabe werden der Einnahme an Betriebsauflage jährlich 16 Mill. ℳ zugeführt und zur Erhöhung der Vergütung für vergällten Br verwendet.

Die Belgier und Dänen stehen im Alkoholgenuß allen Nationen voran, darauf folgen die für nüchtern gehaltenen Franzosen, alsdann die Deutschen und Engländer und dann erst in weitem Abstande die für trunksüchtig gehaltenen Russen. Dies erklärt sich so, daß der Franzose, der Deutsche, der Engländer fast regelmäßig zu den Mahlzeiten einen Schoppen B oder ein Glas W genießt, während der Russe nur bei besonderen Gelegenheiten trinkt, dann sich aber auch betrinkt. Allerdings hatte bis vor kurzem der Russe, und das muß hervorgehoben werden, den größten Alkoholkonsum im Br, in welchem Alkohol in der höchsten Konzentration vorhanden ist. Dann hat ihm diesen Rang der Deutsche abgelaufen; ob er ihn lange behalten wird, ist infolge der Antialkoholbewegung zweifelhaft. Br enthält gewöhnlich 40—50 % Alkohol, während W nur 6—8, höchstens (die schwersten spanischen Weine) 15—16 % enthalten. B enthält gar nur 4—4½ % Alkohol. Jedenfalls bleibt nur zu wünschen, daß der BrGenuß durch den weniger schädlichen B- und WGenuß verdrängt wird. Die gewöhnlichen Tischweine enthalten nur 5—6 % Alkohol, also nicht viel mehr als B.

Ob es dagegen den Mäßigkeitsbestrebungen gelingen wird, den Genuß aller geistigen Getränke zu verdrängen, dürfte fraglich sein. Der Mensch hat bis jetzt noch immer mit Vorliebe Reizmittel gesucht. Es dürfte schon viel erreicht sein, wenn wenigstens die schädlichste Form des Alkoholgenusses, der BrKonsum, zurückgedrängt würde, Tatsächlich ist in dieser Beziehung in Schweden und Norwegen, ebenso in den Vereinigten Staaten viel erreicht, wenn auch das absolute Verbot des Alkoholgenusses, wie es in einigen amerikanischen Staaten besteht, von der Bevölkerung als zu lästig empfunden und umgangen wird. Auch in Deutschland ist, wie aus den obigen Anführungen ersichtlich, die Wirkung dieser Mäßigkeitsbestrebungen deutlich zu merken.

Tabelle 23.

Rübenzuckerproduktion in 1000 Tonnen.

Jahr	Deutsches Reich	Frankreich	Rußland	Österreich-Ungarn	Belgien	Niederlande	Dänemark	Schweden	Rumänien	Italien	Spanien	Vereinigte Staaten	Zusammen
1852/1853	84	50	25	30	9	3							201
1859/1860	145	111	30	84	17	3							390
1864/1865	170	169	48	110	27	3							527
1869/1870	217	289	132	151	43	12							844
1871/1875	250	410	213	273	97	25							1296
1876/1880	418	332	296	403	80	25							1582
1881/1885	883	367	374	517	103	37							2300
1886/1890	1126	542	476	600	157	52							2945
1891/1895	1452	626	593	848	208	70							3920
1896/1900	1800	813	762	975	250	150							4980
1901/1902	2072	1052	1070	1159	304	179	58	125	34	74	87	166	6370
1902/1903	1610	776	1177	944	180	95	39	72	28	95	84	198	5400
1903/1904	1729	727	1328	1038	190	112	46	107	34	121	116	211	5760
1904/1905	1445	563	1243	791	168	124	44	84	20	110	107	213	4910
1905/1906	2161	985	1054	1343	314	187	65	122	31	94	98	288	6753
1906/1907	2018	676	1391	1197	278	164	66	156	32	106	97	439	6625
1907/1908	1925	657	1261	1270	208	159	52	111	24	136	126	447	6370
1908/1909	2079	792	1240	1387	257	214	65	138			108	384	6508
1909/1910	2037	803	1124	1246	248	195	65	127			85	451	6092
1910/1911	2570	714	2115	1542	280	215	109	171	50	183	170	455	8016
1911/1912	1504	511	2026	1130	249	268	109	121	26	155	107	541	6283
1912/1913	2750	963	1381	1900	292	303	155	132				625	8271

Die Zuckerproduktion.

Der Zucker (Z) ist lange Zeit nur Genußmittel gewesen, erst in der jüngsten Zeit ist er in die Klasse der Nahrungsmittel übergetreten. Allerdings ist er ja ein einseitiges Nahrungsmittel, weil fast nur Kohlehydrat, aber doch wertvoll dadurch, daß er dem menschlichen Körper leicht und schnell einverleibt wird, dem Magen und Darm wenig zu arbeiten gibt und fast keine unverdaulichen Bestandteile enthält.

Z ist als Nahrungsmittel gleich zu setzen dem Getreide, immer mit der Betonung, daß er ein einseitiges Nahrungsmittel ist, keine Eiweiß- und Fettsubstanzen enthält. Mit diesem Vorbehalt kann man im allgemeinen sagen, daß ein Gewichtsteil Z einen Gewichtsteil Brot ersetzen kann, bzw. 5 Gewichtsteile Kartoffeln. Bis in die neueste Zeit wurde der Z unter dem Gesichtspunkt eines Genuß- und Luxusmittels betrachtet. An der Zunahme des ZKonsums wurde zu erweisen gesucht, wie sehr die materielle Lage der breiten Volksschichten sich gegen früher gebessert habe. Im Mittelalter hätten ja kaum die Fürsten und Könige Z gegessen, während jetzt jeder einfache Tagelöhner ihn sich beschaffen könne. Derartige Auslassungen beruhen auf einem argen Mißverständnis. Süßstoffe waren bereits den Alten bekannt, am meisten natürlich der Honig, der auch in früheren Jahrhunderten nicht nur den Vornehmen und Reichen, sondern auch den breiten Massen zugänglich war, allerdings nicht in sehr beträchtlichen Mengen. Honig ist sogar wertvoller als Z: er enthält neben Geschmackserregern noch einige Prozent Eiweiß, ist also kein so einseitiges Nahrungsmittel wie der Z. Allerdings sind die ZMengen, die in Europa und Amerika konsumiert werden, in den letzten 200 Jahren ganz enorm gestiegen.

Um 1700 wurde der gesamte ZKonsum in Europa auf kaum 50 000 t geschätzt, um 1730 auf 200 000 t. Heute verbraucht allein Deutschland über $1^1/_4$ Mill. t Z, England gar $1^3/_4$ Mill. t, Frankreich und Rußland je eine halbe bis eine Mill. Ganz Europa verbraucht über 6 Mill. t. Mithin hat sich der ZVerbrauch in Europa in den letzten 200 Jahren geradezu um das Zweihundertfache vermehrt. Zu berücksichtigen ist allerdings, daß mittlerweile auch die Bevölkerung sich etwa vervierfacht hat.

Z ist bekanntlich zuerst aus Zuckerrohr hergestellt worden. Uralt ist die ZFabrikation in Indien und China. Im frühen Mittelalter brachten Araber das ZRohr nach Ägypten, dann nach Cypern, Rhodos, Kreta, Sizilien. Die Prod war im Mittelalter eine recht primitive. RohrZ enthält eine ganze Anzahl von Verunreinigungen bzw. fremden Bestandteilen; letztere schmecken aber aromatisch und sind eher imstande, den Wert des Z zu erhöhen, natürlich nur solange derselbe nicht verdorben, nicht sauer geworden ist. Um 1420 kam das ZRohr nach Madeira, um 1503 nach den Kanarischen Inseln. Von da ist es nach Brasilien und um 1530 nach Westindien gelangt. In Haiti, Santo Domingo wurde es durch die Spanier eingeführt. Bald darauf kam es nach Mexiko. Französische Flibustiers bauten es auf Guadaloupe und 1650 auf Martinique an. Im Mittelalter kannte man nur den gewöhnlichen braunen Z, der Objekt eines äußerst schwunghaften Handels war. Venetianische Schriftsteller berichten, daß man Z billiger aus Ägypten beziehen könne. Die Kunst des Raffinierens und der ZBrotbereitung erfanden die Venetianer um die Wende des 15. oder zu Anfang des 16. Jhd. Der Z war nunmehr, nach Ausscheidung der fremden Bestandteile, nicht so leicht der

Säurebildung ausgesetzt, also haltbarer und konnte weithin transportiert werden. Sehr schnell blühte die ZRohrkultur in Westindien auf. Man hatte billigen, fast kostenlosen Boden, in einem für den ZBau vorzüglich geeigneten Klima, die eingeführten Negersklaven gaben billige Arbeitskräfte. Diese drei Gründe, Boden, Klima, Arbeitskräfte verliehen Westindien gewaltige Vorzüge gegenüber Kreta, Sizilien, Madeira. Mit dem Aufblühen des westindischen ZBaues war die ZRohrkultur auf den erstgenannten Inseln vernichtet. Um die klimatischen Vorzüge Westindiens zu verstehen, muß man sich vor Augen halten, daß das ZRohr durcl Frost ungemein leidet, wenigstens sinkt der ZGehalt sehr stark. Die alten ZGebiete hatten nun im Winter ziemlich viel unter Nachtfrost und Reif zu leiden, wodurch der Flächenertrag bedeutend sinken mußte. Sie besaßen aber auch ein zu trocknes Klima, hatten namentlich im Sommer lange Dürrperioden, die schädlich wirkten. Das ZRohr braucht 10 bis 12 Monate zur Reife, im subtropischen Klima dagegen 15—18 Monate. Außerdem aber geben die einzelnen Varietäten einen sehr verschiedenen Ertrag. Die ertragreichste Art, das Otaheitirohr, wurde, wie Humboldt erzählt, erst Ende des 18. Jhd. nach Westindien verpflanzt. Das Otaheitirohr gab nach Humboldt einen um $^1/_3$ höheren Flächenertrag als das kreolische oder Guinearohr, nämlich bis 25 Zentner vom Acre, bzw. 30 dz vom ha, das kreolische dagegen nur 20. Es ist nun eigentümlich, daß die ZErträge in Westindien bis in die achtziger und neunziger Jahre hinein auf derselben Höhe geblieben sind, auf der sie bereits Humboldt angetroffen, während die Kultur der Rübe rapide Fortschritte gemacht hatte. Anfänglich gab die Rübe viel geringere Flächenerträge als das Rohr. Nach und nach überflügelte sie das Rohr. Das Rohr kam ins Hintertreffen. Es hatte zuletzt sehr schwer um seine Existenz zu kämpfen[1]).

Die Zuckerrübe ist ein Kind der neuesten Zeit. Bis zu Anfang des 19. Jhd. herrschte das Rohr.

Nun aber fand der deutsche Chemiker Marggraf bereits 1759, daß die schlesische Rübe (R) bedeutenden ZGehalt hatte. Aber erst seinem Schüler Achard gelang es zu Ende des 18. Jhd., aus der R kleine Mengen Z darzustellen. Achard wandte sich um Hilfe an den preußischen König und erhielt sie auch. Indessen waren doch die Mittel, die man ihm bewilligte, zu unbedeutend, als daß er hätte größere Versuche vornehmen können. Doch wurden die Engländer durch die Erfindung Achards so in Angst gesetzt, daß sie fürchteten, ihren einträglichen ZHandel zu verlieren und Achard 200 000 Taler anboten, wenn er öffentlich erklärte, daß er die Überzeugung gewonnen habe, daß es doch nicht lohnend sei, aus der R im großen Z darzustellen. Achard schlug dieses Anerbieten mit echtem Gelehrtenstolz aus, obgleich seine Erfolge anfänglich sehr dürftig waren. Erst die von Napoleon durchgeführte Kontinentalsperre sowie seine direkten und bedeutenden Unterstützungen verhalfen dem RübenZ zu schnellem Fortschritt. Die bis in das 20. Jhd., bis zur Zeit der Brüsseler Konferenz (1902), hinein bestehenden hohen Schutzzölle auf eingeführten RohrZ sind Überbleibsel aus früheren Jahrzehnten, in denen die R des Schutzes dringend bedürftig war. 1836/37 betrug die gesamte deutsche RübenZProd erst 1400 t, die Einfuhr von KolonialZ 50 000 t. Zehn Jahre später war die einheimische Prod auf 15 000 t gestiegen, aber auch die Einfuhr stieg auf 70 000 t. Dann aber trat ein schnelles Ansteigen der einheimischen Prod und ein Rückgang

---

[1]) Die ZPreise waren ungeheuer; im Mittelalter kostete 1 ℔ 5—10 ℳ, seit dem Anbau des ZRohres auf Madeira sank der Preis auf 1,2 ℳ, durch den Anbau auf Westindien bis Ende des 18. Jhd. bis auf 0,50 ℳ. Im Jahre 1812 konnte man in England 1 ℔ Z für 10 ℳ kaufen.

der Einfuhr ein: 1851/55 werden bereits im Durchschnitt 75 000 t erzeugt, die Einfuhr sank auf 40 000 t.

Von Bedeutung für den Erfolg der ZRübenindustrie war, daß das Heranzüchten von zuckerreichen RVarietäten eine lange Zeit durch die ZSteuergesetzgebung begünstigt wurde. Die Steuer wurde nicht erhoben vom erzeugten Z, sondern nach dem Gewicht der verarbeiteten R. Je weniger R man verbrauchte, bzw. je höher der ZGehalt der R war, je vollkommener dabei die technische Ausbringungsmethode, ein desto geringerer Steuersatz entfiel auf den Zentner produzierten Z. Gegenwärtig hat man diese Steuermethode, nachdem sie ihre Schuldigkeit getan, verlassen.

Das Hochgehen der RübenZProd in den verschiedenen Ländern veranschaulicht recht gut die eingefügte Tabelle Nr. 23 auf S. 138.

Zur Herstellung von 1 kg RohZ sind z. Zt. erforderlich 6,7 kg R. Den R war in den letzten Jahren in Deutschland eine Anbaufläche von 440 000 ha eingeräumt. Man sieht also, daß die deutsche ZRübenProd nur etwa 1,6 % des deutschen Ackerbodens beanspruchte. Es muß außerdem noch berücksichtigt werden, daß auch die Abfälle der ZProd, die sog. Diffusionsschnitzel, ein recht wertvolles Viehfutter bilden, da dieselben den ganzen Eiweißgehalt der R, außerdem aber 1/5 der stickstofffreien Extraktstoffe, im ganzen rund 1/4 des ursprünglichen Nährwertes der R enthalten.

Auf die vielfachen Hinweise, daß an Stelle der RProd besser der KornBau ausgedehnt werden könnte, ist entgegnet worden, daß der RBau infolge der starken Düngung und sorgfältigen Bearbeitung, die die Kultur der R erfordere, auch den übrigen Ackerfrüchten zugute gekommen, ja die Entwicklung der Landwirtschaft in hohem Grade gefördert habe. Vor allen Dingen sei es wichtig, daß der RBau den Boden nicht erschöpfe, sondern noch anreichere, im Z würden lediglich Kohlehydrate ausgeführt, sämtliche Mineralstoffe dagegen blieben in der verfütterten Melasse und in den verfütterten Schnitzeln zurück. Um die Jahrhundertwende war freilich sehr über ÜberProd und Sinken der RPr geklagt worden. Es war vorübergehend tatsächlich für die RübenZIndustrie eine Notlage eingetreten, da sie 1/2—2/3 ihrer Prod ausführen mußte, der Absatz in das Ausland (1 Mill. t) hatte mit immer größeren Schwierigkeiten zu kämpfen. Den RZüchtern brachte die R anfänglich reiche Gewinne, für die Tonne R sind 33/34 ℳ bezahlt worden, später 24, dann sogar nur 16, 14 ℳ, wobei jedoch in der Regel die Schnitzel frei zurückgeliefert werden. Seit 1907 ist der Preis infolge Nachlassens der Ausfuhr wieder auf 20—24 ℳ gestiegen. Der ZPr betrug Anfang der achtziger Jahre 300—340 ℳ a. d. t, sank dann auf 200—210 ℳ, später auf 180 und zuletzt gar auf 140 ℳ. Mit anderen Worten: Z war billiger geworden als G. Seit 1907/08 haben die Pr wieder angezogen, zum Teil weil die erwartete ProdSteigerung auf Kuba ausblieb, zum Teil infolge von RMißernten (1904, 1908, 1911, aber bei hohem ZGehalt!).

1896/97 wurde bei der Neuregulierung der ZSteuer für die Ausfuhr eine Prämie von 2,5 ℳ a. d. Doppelzentner festgesetzt, die RSteuer dagegen aufgehoben. Beibehalten wurde nur eine kleine Betriebssteuer im Betrage von 10—15 ₰ a. d. dz R. Dagegen wurde von raffiniertem Z, der für den freien Inlandverkehr bestimmt war, eine Verbrauchs-

Tabelle 24.

Rohrzuckerproduktion

Jahr	Kuba	Java	Hawaii	Vereinigte Staaten	Portorico	Philippinen	Mexiko
1898/1899	350	725	247	321	55		68
1899/1900	313	762	156	253	35	78	68
1900/1901	646	744	313	151	81	56	75
1901/1902	864	804	327	278	86	68	68
1902/1903	1015	897	351	330	86	112	82
1903/1904	1084	931	334	338	128	75	102
1904/1905	1219	1055	378	221	147	114	102
1905/1906	1273	1039	338	309	216	126	88
1906/1907	1486	991	399	272	202	120	97
1907/1908	962	1270	473	353	216	152	120
1908/1909	1513	1242	478	355	245	129	143
1909/1910	1613	1200	462	325	308	126	148
1910/1911	1348	1229	485	300	300	160	150
1911/1912	1659	1435					

steuer von 21 ℳ a. d. dz erhoben. Für eingeführten Z wurden jedoch 40 ℳ a. d. dz Zoll erhoben, wodurch die Gründung eines ZKartells ermöglicht wurde, welches die InlandPr beträchtlich höher hielt als die AuslandPr. Als Resultat hatte sich ergeben, daß in den Jahren 1897—1903 etwa 36/37 Mill. ℳ für den ins Ausland ausgeführten Z vergütet wurden, während der Gesamtbetrag der Inlandsteuer etwa rund 148 Mill. ℳ betragen hat. Der Reinüberschuß bei der ZSteuer betrug also 112 Mill. ℳ. Es wurde nun behauptet, daß man die eigenen Staatsangehörigen besteuere, um dem Auslande desto billigeren Z bieten zu können. Das Prämiensystem war aber überall in Europa üblich. Tatsächlich überboten sich alle Staaten gegenseitig in der Gewährung von ZAusfuhrprämien. In Frankreich betrug die Prämie sogar 5 Fr. a. d. dz.

1902 wurde, hauptsächlich auf Verlangen von England und Amerika, die *Brüsseler ZKonferenz* einberufen, deren wichtigste Bestimmungen dahin lauteten, daß die ZPrämien überall abgeschafft werden sollten, dabei die „Surtaxe“ für eingeführten Z, d. h. derjenige Betrag, der für eingeführten Z mehr bezahlt werden sollte, als die Inlandsteuer ausmachte, auf höchstens 6 Fr. = 4,87 ℳ festzusetzen sei. Im Anschluß an die Bestimmungen der Brüsseler Konferenz wurde denn auch in Deutschland die ZSteuer von 21 auf 14 ℳ a. d. dz ermäßigt, da man ja jetzt keine Prämien zu bezahlen brauchte, wobei der Z immer noch bei der Ausfuhr günstiger dastand als der französische oder österreichische, weil die französischen und österreichischen Produzenten vorher an höhere Prämien gewöhnt waren. Die Erfolge dieser Ermäßigung der Inlandsteuer waren für die einheimischen Verbraucher außerordentlich günstige. Infolge der niedrigen Surtaxe war der Einfuhrzoll von 40 auf 18,8 ℳ gesunken, und das ZKartell mußte die InlandPr so stark ermäßigen, daß der Unterschied im Kleinhandel geradezu ungeheuer wurde: von 40 ₰ a. d. kg sank der Pr für Raffinade (VerbrauchsZ) auf 25 ₰. *Die Folge war ein enormes Ansteigen des inneren Verbrauches:* von 12,5 auf 17,2 kg a. d. Kopf der Bevölkerung. Allerdings sank er

in 1000 Tonnen.

Peru	Argentinien	Brasilien	Mauritius	Britisch Indien	Australien	Britisch Westind.	Zusammen
110	79		154	2110	196	139	
109	93		165	1890	141	134	
118	116		175	2313	114	120	
120	165	367	157	2055	143	151	
124	126	317	150	1937	100	147	
147	141	202	170	1902	113	138	
157	130	188	198	2204	167	128	
160	137	218	164	1753	175	113	
159	119	265	186	2241	209	153	
145	110	197	196	2085	220	119	6924
150	162	248	115	1872	231	90	7638
150	123	253	180	2127	218	112	8325
150	148	310	152	2226	294	112	8457

infolge einer RMißernte wieder auf 14,4 kg. Auch die Reineinnahme des Staates aus der ZVerbrauchssteuer stiegen trotz der Millionenvergütungen bei der Ausfuhr bedeutend. In den Folgejahren ist bei niedrigerem Preis der Verbrauch wiederum bis über 19 kg a. d. Kopf gestiegen. Es ist zu erwarten, daß der Verbrauch weiter bedeutend ansteigt, wenn es auch kaum wahrscheinlich ist, daß die gesamte deutsche RZProd so bald vollständig im Inlande aufgebracht werden wird.

Tabelle 25.

Zuckerkonsum in kg pro Kopf.

	1906/1908
Deutsches Reich	17[1])
Frankreich	12
Österreich	12
Italien	4
Großbritannien	35
Vereinigte Staaten	35

Es ist darüber geklagt worden, daß die Differenz von 4,8 ℳ zwischen Einfuhrzoll und Inlandsteuer nicht ausreiche, um Deutschland gegen die Konkurrenz des TropenZ zu schützen. Diese Befürchtungen dürften indessen übertrieben sein. Allerdings besitzen wir Berichte, welche sehr niedrige Produktionskosten angeben. So wird z. B. bei Kärger[2]) angegeben, daß die besten Fabriken an der Küste von Peru 1 t RohZ bereits für 80—90 ℳ produzierten. Im Durchschnitt freilich betrugen die Produktionskosten 110 ℳ. Selbst unter Zugrundelegung der niedrigsten Produktionskosten dürfte unter Berücksichtigung von Überzoll und Fracht die Konkurrenzgefahr im Inlande gering sein.

[1]) 1909/1911 auf 19 kg gestiegen.

[2]) Kolonisation im spanischen Amerika, Leipzig 1902.

Die schwierigste Frage ist die nach der Konkurrenz des RZ und des RohrZ auf dritten Märkten. Man muß sich vergegenwärtigen, daß in den zuckerrübenbauenden Gegenden Deutschlands der Grund- und BodenPr 3000 und 4000 ℳ per ha beträgt, während in den Tropen ausgedehnte Gebiete fast umsonst erworben werden können. Dabei sind aber die Arbeitskosten bei RohrZ entschieden niedriger als bei RZ. (Vgl. den 13. „Report of the Commission of labour".) Es betragen die Kosten bei Maschinenanwendung nur 3,4 ℳ pro t, wobei der Ertrag zu 20 t a. d. acre angegeben ist. Als Tagelohn sind dabei allerdings nur 65 cents = 2,73 ℳ gerechnet. Rechnen wir nun auf die Grundrente selbst weitere 8 Dollars, so kommen wir erst auf 5,1 ℳ a. d. t Rohr. Und selbst wenn die Verhältnisse tatsächlich weit ungünstiger liegen sollten, wenn 10 ℳ a. d. t bezahlt werden müßten, so wäre die Konkurrenz des RZ noch sehr erschwert. Unter günstigen Umständen aber ist die RohrProd a. d. Flächeneinheit eine 2—3 mal so große als die der R. Einen weiteren Vorzug des Rohres bildet, daß das Rohr nur 3 Tausendstel Salze enthält, die R dagegen 6 pro Mille. Das bedeutet, daß die R für die gleichen Mengen einen mehr als doppelt so hohen Düngebedarf hat, während zugleich ihre Verarbeitung kostspieliger ist als die des Rohrs. Das Rohr enthält pro 1000 kg Kali 0,9 kg, die R 2,1 kg, an Phosphorsäure enthält das Rohr 0,3, die R 0,7 %, an Kalk Rohr 0,7, R 1,6. Daher ist denn auch in einigen Tropengebieten in den letzten Jahren die ZProd bedeutend in die Höhe gegangen. Auf Java hatte in den achtziger Jahren die Serehkrankheit des Rohrs die ZProd auf 367 000 t zurückgehen lassen. 1896 wurden jedoch bereits wieder 563 000 t produziert, 1900 stieg die Prod auf 744 000, 1901/02 auf über 800 000 t, 1910/11 auf 1 230 000 t. Dabei wurde dieser enorme ZErtrag von nur 91 000—100 000 ha Rohrland gewonnen, so daß also bereits der ZErtrag per ha auf Java 9000—12000 kg betrug, rund das Doppelte bis $2^1/_2$ fache des Ertrages der deutschen ZRFelder.

Als Produktionskosten des RübenZ in Deutschland berechnete Prof. Märcker für 1894/95 106 ₰ per Zentner Rüben, 40 ₰ für die Verarbeitung eines Zentners, da damals 8 Zentner Rüben zu einem Zentner Z gehörten, 8 × 148 = 1168 ₰ per Zentner RübenZ, resp. 233,6 ℳ a. d. Tonne RübenrohZ. Tatsächlich verhielten sich aber und verhalten sich die Produktionskosten bei verschieden großen Anlagen durchaus nicht gleich, sondern die ganz großen Anlagen können billiger produzieren. Nach den Berechnungen der „Zeitschrift für die deutsche ZIndustrie" betrugen die Produktionskosten Mitte der neunziger Jahre:

Zentner Zucker täglich	Pfennig pro Zentner
200—300	53—45
350—450	45—38
500—700	38—33
750—1000	33—30
1000—1500	30—28
1500—2000	28—25

Wir sehen also, die großen Fabriken fabrizierten beinahe um die Hälfte billiger als die kleinen Fabriken. Wir können es daher sehr wohl verstehen, weshalb da einerseits von einzelnen Fabriken geklagt werde, daß sie bei 24 ℳ a. d. dz nicht bestehen könnten, während andere kaum über 18 ℳ Produktionskosten hatten. Es gab Fabriken, die 8,6 Zentner Rüben zu einem Zentner Z gebrauchten; andere haben dagegen aus 7 Zentner Rüben einen Zentner Z produziert.

Gegenwärtig verbraucht man bereits im Durchschnitt sogar nur 6,7 Zentner Rüben. Rechnen wir den tatsächlichen Preis, der um die Jahrhundertwende für Rüben bezahlt wurde, nämlich 80—85 ₰ per Zentner und dazu 25—30 ₰ Produktionskosten, so betragen die Produktionskosten bei einer Ausbeute von einem Zentner aus 7 Zentnern Rüben 145 Mark per Tonne RohZ. Selbst bei 90 ₰ für die Rübe und 30 ₰ für die Umwandlung kommen wir erst auf 168 ℳ, bei 1 ℳ Rübenpreis auf 182 ℳ ZKosten für 1000 kg RohZ. Unter den günstigsten Umständen wurden nach einer Notiz der „Zeitschrift des Vereins Deutscher Zuckerindustriellen" (1902, S. 183) aus 100 Zentnern Rüben 14,7 Zentner Z im ersten und zweiten Produkt und in der Melasse erzielt, wobei nur 128,8 ℳ Kosten aufzuwenden waren, während der Erlös bei nur 136 ℳ für erstes, 104 ℳ für zweites Produkt in Hamburg inkl. der Verwertung der Schnitzel und der Melasse bloß 99,2 ℳ betrug. Trotz der Exportbonifikation von 18,4 ℳ entstand ein Defizit von 11,3 ℳ, das aus dem „Kartellnutzen" (d. h. also auf Kosten der deutschen Konsumenten) zu decken war.

In den neunziger Jahren überragte die Prod des RübenZ die des RohrZ, namentlich seitdem die RohrZIndustrie auf Kuba in den Aufständen gegen Spanien und im spanisch-amerikanischen Krieg stark gelitten, auf der Insel Java die Serehkrankheit schwere Verwüstungen angerichtet hatte. Gegenwärtig steht jedoch die ZRübenindustrie am Scheidewege. Der Fortschritt der Technik, der jahrzehntelang fast nur die ZRübe betroffen hatte, hat sich in der letzten Zeit wiederum dem RohrZ zugewandt. Die Kultur des ZRohrs ist mächtig gefördert worden.

Die meisten Schriftsteller, die über Rohr- und RübenZ geschrieben haben, waren über die Zukunft des RübenZ in einem großen Optimismus befangen. Unter anderem wurde darauf hingewiesen, daß die Tropen, die den RohrZ erzeugen, an der Schwierigkeit der Arbeiterbeschaffung laborierten. Diese Schwierigkeit war allerdings eine Zeitlang sehr groß, d. h. die Zeit nach der Aufhebung der Negersklaverei. Namentlich die Gebiete, in denen die Pflanzer den alten Gewohnheiten treu blieben, haben einen starken Rückgang der Prod erfahren und die ZRohrkultur einschränken müssen. Eine lange Zeit waren auch die Fortschritte der Ergiebigkeit der ZRübe gegenüber dem Rohr ungeheuerlich. Von 17 Zentnern Rüben, welche man in der ersten Zeit für die Darstellung von einem Zentner Z brauchte, konnte man bald auf 8 und zuletzt auf 7 Zentner heruntergehen. Dagegen brauchte man in Westindien bis in die achtziger Jahre 20 Zentner Rohr zur Darstellung eines Zentners RohrZ. Selbst die neuen eisernen ZRohrpressen haben bis zu Anfang der neunziger Jahre es nur bis auf eine Ausbeute von $7^{1}/_{2}$ % gebracht, d. h. man brauchte noch immer $13^{1}/_{3}$ Zentner Rohr, um einen Zentner Z zu erhalten. Erst Mitte der neunziger Jahre ist man so weit gekommen, daß man bereits aus 9—10 Zentnern Rohr einen Zentner Z gewinnen konnte. Die größten Fortschritte sind auf Java und an der Küste von Peru gemacht. Zum Teil erklärten sich die geringen Fortschritte der ZRohrindustrie gegenüber der RübenZIndustrie daraus, daß man die vollkommenste Methode der ZAusbringung, die sogenannte Diffusionsmethode, nicht ohne weiteres auf das ZRohr übertragen konnte. Hierbei werden die Rüben in feine Scheibchen zerschnitten, diese dann durch Wasser ausgelaugt und dieses Wasser eingedampft. In den Tropen ergab sich jedoch die Schwierigkeit, daß das Brennmaterial zum Verdampfen des ZSaftes, bzw. die Kohle zu teuer war; es erwies sich als praktischer, mit dem ausgepreßten Rohr, der sog. „Bagasse", die noch immer etwa 10 % des gesamten ZGehaltes enthielt, zu heizen. Bei der Anwendung des Diffusionsprozesses auf das Rohr, d. h. dem Zerschneiden des Rohres in kleine Scheibchen, ließen sich keine für die Feuerung brauchbaren Rückstände gewinnen.

Der Abstand zwischen Rohr und R in der letzten Zeit ist ein minimaler geworden, und dürfte sich vielleicht in Zukunft noch mehr verkleinern.

Die besten R enthalten bei Hochkultur 16–18% Z, der Saft des ZRohrs dagegen 18–20%. Das ZRohr enthält ferner ungefähr 15% Holzfasern, so daß nur 80–82% Saft gewonnen werden. Wie rückständig die Tropen eine lange Zeit waren, darüber das Folgende: Auf Kuba wurde 1882 auf einer Fläche von 430000 ha nur 600000 t Z erzeugt. Es gab damals 3000 ZFabriken, die im Durchschnitt 200 t Z produzierten, während in Deutschland eine jede Fabrik im Mittel 4000–4500 t Z herstellte. Die besten Sachkenner, wie Scherzer und Zimmerman, erwarteten damals einen starken Rückgang der kubanischen ZIndustrie. Sie hat sich jedoch in der Folge sehr schnell erholt. Man ging zu verbesserten Methoden über, baute sog. ZentralZFabriken, die mit den besten Maschinen ausgestattet waren. So ist denn die kubanische ZKultur im Jahre 1892/94 auf 1¼ Mill. t gekommen, um erst nachher, infolge der eintretenden Wirren, zu sinken. Während des spanisch-amerikanischen Krieges war die ZProd auf Kuba bis auf 25000 t gesunken. 1900/01 erreichte sie wieder eine viertel Mill., 1904/05 bereits 1 Mill., 1910/11 1½ Mill. t, d. h. die kubanische ZRohrkultur hat bereits den Stand überschritten, den sie vor den Kriegswirren besaß, und hat weitere Fortschritte gemacht. Es ist sehr wahrscheinlich, daß gerade von Kuba aus der furchtbarste Konkurrenzkampf gegen den RübenZ ausgehen wird, vielleicht der Todeskampf der RübenZAusfuhr anheben wird. Denn gegenwärtig kann das Rohr pro Flächeneinheit ganz erheblich höhere Erträge bringen als die R.

Nach den Züchtungsversuchen von Dafert in Sao Paulo, also in einem Gebiet, das noch kein ideales ZRohrklima besitzt, sind durch reichliche Düngung (24000 kg Stallmist a. d. ha) Ernten von 130—140000 kg Rohr erzielt worden, welche 20—30000 kg an kristallisierbarem Z enthielten. Dies allerdings nur von den besten Rohrvarietäten; es hatte sich gleichzeitig gezeigt, daß die schlechtesten Varietäten 3—4mal weniger Ertrag gaben als die besten. Wenn nun auch von dieser theoretisch gewonnenen ZMenge von 20—30000 kg bei der praktischen Verarbeitung ein Teil ausscheiden würde, so sind doch bereits ZMengen von 15—20000 kg a. d. ha imstande, eine jede Konkurrenz des RübenZ auf dem Weltmarkte tot zu machen. Tatsächlich sind auf Hawaii auf ganzen großen Plantagen von 1000 ha ZRohrland Erträge von 30000 kg Z per ha gewonnen, allerdings bei sehr hohen Produktionskosten (Dampfpflugkultur, künstliche Bewässerung, starke Düngung). Im Inland hat man es natürlich in der Hand, durch die Zollgesetzgebung die einheimische ZIndustrie genügend zu schützen.

Die Reizstoffe.

A. Der Kaffee.

Zu den wichtigsten Reizstoffen gehört der K. Der K und Teekonsum, der früher lediglich als Luxusbedürfnis der oberen Klassen galt, ist in den letzten Jahren zum allgemeinen Volksbedürfnis geworden, und in gewissem Sinne freudig zu begrüßen insofern, als die Zunahme des K und Teeverbrauchs vielfach mit einem Rückgang des Genusses alkoholischer Getränke verbunden ist. Auch K und Tee sind in konzentrierten Dosen nicht unschädlich, aber in den gewöhnlich genommenen geringen Mengen unvergleichlich gesünder und angenehmer.

Der K ist der Kern einer Beere der KPflanze. Die KPflanze bildet einen Strauch, der in 1—1½ m Höhe bleibt oder aber eine Höhe von 8—10 m erreicht. Die KPflanze ist sehr anspruchsvoll in bezug auf Boden und Klima, neben dem Kakao wohl die anspruchsvollste Kulturpflanze der Tropen. Ein wenig zuviel oder zuwenig an Feuchtigkeit und Wärme läßt den Ertrag außerordentlich stark sinken. Ein Zuviel an Wärme und Feuchtigkeit läßt sie zu sehr ins Holz schießen; der gelindeste Nachtfrost tötet sie. Wir können bei der KPflanze die eigentümliche Beobachtung machen, daß sie in der feuchten Wärme der Tropenniederungen sehr schlecht gedeiht, der Kern wird weich und schwammig. Der K ist durchaus Gebirgspflanze und verträgt kein Grundwasser, er ist empfindlicher als der W. Es gibt zwei Arten, den arabischen und den LiberiaK. Der LiberiaK gedeiht auch in wärmeren Gebieten, der arabische nur in gebirgigen Lagen und gibt die höchsten Erträge in den Gebieten, die hart an der Frostgrenze liegen. Der KBaum treibt eine lange Pfahlwurzel von über einem Meter, er muß also bis zu dieser Tiefe eine fruchtbare lockere Bodenkrume finden, andernfalls stirbt er ab. Das für den KBau geeignete Gelände erscheint zunächst insofern sehr ausgedehnt, als man ja die gesamte Tropenzone dazu rechnen kann; die eigentlichen günstigen Lagen sind jedoch recht beschränkt. Lagen unter 500 und über 1500 m Meereshöhe sagen dem K nicht zu, auch darf der Regenfall nicht unter 1000 mm im Jahre betragen. Der K verträgt, wie schon bemerkt, nicht den geringsten Frost, schon ein geringer Reif vernichtet nicht nur die Ernte, sondern den ganzen Baum. Ja es ist bereits für den KBaum schädlich, wenn die Wärme andauernd unter 5° sinkt. Kakao allerdings verträgt nicht einmal ein Sinken der Wärme unter 10°; nahezu ebenso empfindlich ist die Kokospalme. Dagegen ist das ZRohr schon klimahärter, da ein geringer Frost von 2—3° das Rohr noch nicht tötet, aber doch den ZGehalt stark zurückgehen läßt. Am klimahärtesten unter den subtropischen Früchten ist die Orange, die in Südeuropa noch angebaut werden kann, während die ZRohrkultur daselbst zwar noch möglich, aber unrentabel ist, der Anbau des KBaumes ausgeschlossen erscheint. Ebenso kann der KBaum nicht in den amerikanischen Südstaaten gezogen werden, wo zwar Regenfall und Jahreswärme genügen, aber Nachtfröste bis tief nach Florida vorkommen. Die weitere Eigentümlichkeit des arabischen K, daß er eine Gebirgspflanze ist und kein Grundwasser verträgt, verteuert in erheblichem Maße den Anbau. Der KBaum muß, wenn er einigermaßen gute Erträge bringen soll, wenigstens fünf- bis sechsmal im Jahre behackt und von Unkraut gereinigt werden, was in steilen Gebirgsgegenden natürlich nur mit der Handhacke geschehen kann. Nur selten und an flach geneigten Hängen kann zu diesem Zweck die Pferdehacke benutzt werden.

Der K ist ein Genußmittel der neuesten Zeit. Die älteste bekannte Quelle über den KGenuß datiert kaum 300 Jahre zurück. In einer Handschrift aus dem Jahre 1587 erzählt der Medinese Scheich Ab-del-Kader, daß man sich in Yemen eines Trankes bediene, der die Nachtwachen erleichtere und die Gläubigen in den Stand setze, das Lob Allahs freudiger zu singen, als es sonst der Fall wäre. Ursprünglich stammt der K aus Afrika, aus der Gegend von Schoa und Kaffa (daher der Name). Von da soll ihn zuerst ein Mufti Dhabani nach Yemen gebracht haben, zu Nutz und Frommen der Gläubigen. Reisende, die Harrar bereist haben, berichten, daß daselbst die KPflanze in den Urwäldern als Unterholz wild wachse.

Bekanntlich hatte der K in der ersten Zeit seines Gebrauchs mächtige Anfechtungen zu bestehen.

Selbst in Mekka und Medina erklärten manche Frommen, der K störe das Gehirn und berausche, gerade wie der Wein, somit müsse derselbe als verpönte Frucht angesehen werden. Tatsächlich sind KVerbote erlassen worden, die erst allmählich in Wegfall kamen. Um 1600 scheinen in Konstantinopel die ersten KHäuser errichtet zu sein. In London entstand das erste KHaus um 1652; noch später in Marseille und Paris, und zwar 1670 und 1672.

Der KHandel befand sich zunächst in den Händen der Venetianer, die ihn über Ägypten bezogen. Naturgemäß war ja zunächst das gesamte Anbaugebiet ein sehr geringes. Auch der KHandel war zunächst nicht bedeutend. Es wurde eben nur in der Gegend von Mokka der K als Kulturpflanze gebaut. Daher der alte Ruf des MokkaK.

Das Anbaugebiet des MokkaK ist ein sehr geringes, es werden nur 5000 t jährlich ausgeführt. Anbauversuche mit K fanden auf Ceylon um 1690 statt, bald darauf auch auf Java; desgleichen in Surinam bereits 1720, doch konnte sich der KBau dort nicht recht entwickeln, weil Surinam zu eben und dabei feuchtheiß ist. Günstiger gedieh der K im gebirgigen Westindien. Nach der gewöhnlichen Erzählung soll das erste KPflänzchen von dem Schiffsleutnant Dellieux 1720 nach Martinique gebracht worden sein. Von Westindien aus verbreitete sich die KKultur nach Venezuela und Mittelamerika, gewann daselbst eine große Bedeutung.

In dem heute bedeutendsten Anbaugebiet, Brasilien, wurde die KKultur zuerst 1762 durch den damaligen Vizekönig Marquis Lavradio eingeführt, aber erst um 1808 fand die erste Ausfuhr, und zwar von 480 t statt. Zunächst wurde der K in der Provinz Rio de Janeiro angepflanzt, allmählich drang die Kultur mit der Erschöpfung der alten Plantagen immer weiter ins Innere und nach dem Westen vor. Gegenwärtig ist der Hauptproduzent die Provinz St. Paulo. In Brasilien erleichterte der Fortbestand der Negersklaverei die Ausdehnung der KKultur. Um 1832 wurden nach Moreira überhaupt auf der Erde nur 95 000 t produziert, davon ein Drittel in Brasilien. Dagegen brachte Brasilien i. J. 1855 bereits 160 000 t K hervor. Um 1880 war die Prod auf 380 000 t gestiegen, von welcher zwei Drittel in der Provinz Rio de Janeiro erzeugt wurden. Seither ist die KAusfuhr aus Rio de Janeiro stationär geblieben, während sich die KKultur von St. Paulo mächtig entwickelt hat. Der Grund ist, daß St. Paulo weit fruchtbareren Boden besitzt und, obwohl es an der klimatischen Grenze des KBaues liegt, die höchsten Flächenerträge aufweist, und zwar von 1000 – 1500 kg a. d. ha, während in der Provinz Rio de Janeiro kaum über 400 kg a. d. ha produziert werden. Um 1897 stammte die Hälfte von der brasilianischen Gesamtausfuhr, die 550 000 t betrug, aus St. Paulo. Gegenwärtig beträgt die Ausfuhr aus St. Paulo, obwohl daselbst der K am entferntesten von der See angebaut wird, 70—75 % der brasilianischen Gesamtausfuhr; d. h. da Brasilien etwa drei Viertel der ErdProd liefert, stammt über die Hälfte des auf der Erde verbrauchten K aus dem Staat Sao Paulo. Die folgende Tabelle[1]) zeigt die KProd Brasiliens im Vergleich zu der anderer Länder und seit 1903 auch das Verhältnis zum Bedarf.

Die Zahlen der letzten Jahre zeigen, daß die GesamtProd größer war als der Bedarf; daher gerieten die brasilianischen Pflanzer und mit ihnen, was ziemlich dasselbe ist, die ganze brasilianische Volkswirtschaft in eine bedrängte Lage, da i. J. 1902 infolge der Riesenernte 1901/02 von 16 Mill. Ballen die Pr von z. B. 60 – 80 ℳ pro Zentner loco Hamburg auf 24 ℳ für „Santos good average“ zurückging. Wenn nun auch infolge geringerer Ernten in den späteren Jahren der Pr wieder auf 35—40 ℳ stieg, so nützte dies den brasilianischen Farmern doch nichts,

[1]) Quelle für 1852 bis 1897/98 Lecomte, Le café, Paris 1902, S. 240; dieser schöpft aus Lacerda u. dem Indischen Merkur; vgl. dazu Dafert, Die Kultur des Kaffees, 1898.

da infolge der eigenartigen, hier nicht zu erörternden[1]) Währungsverhältnisse des Landes das Steigen des Wechselkurses in Rio auf London es mit sich brachte, daß der KPr in brasilianischer Münze sank; es entsprachen i. J. 194 z. B. einem KPr von 38,25 ℳ in Hamburg 64000 Reis, im Januar 1906 stieg der Hamburger Pr auf 38,75 ℳ, infolge des steigenden Wechselkurses entsprach dies jedoch nur 4250 Reis.

Tabelle 26.

Jahr	Kaffeeproduktion in 1000 Sack (à 60 kg)					(Preis per 50 kg Fr.)		
	Brasilien	Zentral-amerika und Antillen	Asien	Afrika	Erde	Santos		Java
						niedrigster	höchster	höchster
1852/53	2 353	562	1630	21	4 567	—	49	—
1853/54	2 126	521	1718	21	4 387	—	49	—
1854/55	2 557	576	2061	23	5 218	—	62	—
1855/56	2 841	487	1944	23	5 301	—	44	—
1856/57	3 205	485	1869	25	5 585	—	66	—
1857/58	2 369	487	1988	26	4 871	50	69	87
1858/59	2 735	613	1890	28	5 267	40	59	67
1859/60	2 499	593	1840	28	5 070	52	73	79
1860/61	3 568	611	2056	29	6 265	73	75	82
1861/62	2 568	525	1986	29	5 227	69	72	90
1862/63	2 163	631	2102	31	4 928	73	84	95
1863/64	2 003	648	2169	31	4 852	88	86	97
1864/65	2 338	651	2195	34	5 567	75	84	97
1865/66	2 433	777	2407	33	5 561	73	75	96
1866/67	3 093	790	2400	38	6 322	63	73	93
1867/68	3 500	987	2348	42	6 879	54	63	86
1868/69	3 221	827	2421	50	6 520	48	55	75
1869/70	3 513	777	2706	56	7 052	51	67	88
1870/71	3 796	1017	2346	51	7 211	52	63	73
1871/72	2 522	1057	2363	73	6 016	59	84	87
1872/73	3 588	1291	2553	68	7 501	80	95	99
1873/74	2 804	1213	2316	77	6 411	95	132	130
1874/75	4 035	1460	2460	73	8 036	100	148	150
1875/76	3 621	1415	2499	63	7 599	102	112	128
1876/77	3 500	1475	2762	67	7 805	96	108	120
1877/78	3 814	1455	2001	62	7 333	100	106	112
1878/79	4 921	1643	2565	54	8 965	75	95	107
1879/80	4 120	1544	2643	83	8 647	72	90	105
1880/81	5 551	1815	2390	72	9 568	76	92	99
1881/82	5 567	1685	2316	89	10 391	60	76	80
1882/83	6 094	1628	2446	118	11 070	42	55	64
1883/84	5 117	1618	2403	92	9 767	40	69	73
1884/85	6 501	2562	2196	186	11 440	48	73	76
1885/86	5 586	2293	1553	133	9 448	45	53	59
1886/87	6 161	2261	1780	108	10 312	45	77	86
1887/88	3 330	2588	905	73	7 077	76	123	124
1888/89	6 506	2503	1575	118	10 598	67	108	109
1889/90	4 622	2341	1599	130	8 658	82	109	114
1890/91	5 547	2800	905	114	9 297	101	132	124
1891/92	7 596	2850	1150	215	11 858	79	108	130
1892/93	6 541	3105	1475	210	11 283	81	102	121
1893/94	4 810	3321	960	156	9 202	86	106	118

wenden!

[1]) Genaueres über diese Frage bei A. Norden, Die Berichterstattung über Welthandelsartikel, Leipzig 1910, S. 131 ff.

Jahr	Kaffeeproduktion in 1000 Sack (à 60 kg)					(Preis per 50 kg Fr.)		
	Brasilien	Zentral-amerika und Antillen	Asien	Afrika	Erde	Santos niedrigster	Santos höchster	Java höchster
1894/95	6 977	3107	1386	181	11 501	86	104	122
1895/96	5 969	3050	1017	244	10 454	58	97	117
1896/97	8 500	3150	858	249	12 102	84	89	125
1897/98	7 250	3100	1171	275	12 210	43	65	120
1898/99	10 248	—	—	—	—	Durchschnittspreis ℳ per 100 kg		
1899/1900	9 284	—	—	—	—	—	—	—
1900/01	10 893	—	—	—	—	—	—	—
1901/02	15 273	—	—	—	—	—	—	—
1902/03	13 012	—	—	—	—	—	64	—
1903/04	11 101	—	—	—	15 992	—	57	—
1904/05	10 523				14 446	—	76	—
1905/06	10 844		3580		14 792	—	82	—
1906/07	20 190		3828		23 786	—	82	—
1907/08	11 113		3612		14 876	—	77	—
1908/09	12 912		3936		16 915	—	77	—
1909/10	15 353		3822		19 175	—	80	—
1910/11	10 956		3710		14 666		90	—
1911/12	13 014		4555		17 569		133!	
1912/13	11 500		4500		16 000			

Anfang des Jahres 1906 beschlossen die Staaten Sao Paulo, Rio de Janeiro und Minas Geraes nach vorausgegangener Riesenernte von 20 Mill. Sack die sog. „Valorisation", die nacheinander zwecks Hebung des KPr u. a. MinimalPr festsetzte, Neuanpflanzungen verbot, Zuschlagszölle von 20% ad valorem von dem bestimmte Mengen überschreitenden KExport erhob und zwecks Kontrollierung des KMarktes über 8 (rd. 480 Mill. kg) Mill. Ballen K ankaufte, und zwar zu Pr, die den späteren MarktPr beinahe um 100% übertrafen. Die „Valorisation" erschien anfangs als ein bedenkliches Unternehmen, aber die Mißernte der Jahre 1907/08 und 1908/09 11,1 und 12,9 Mill. Sack ermöglichte es dem Staate Sao Paulo einen großen Teil seiner Vorräte zu guten Preisen abzustoßen; 1909/10 gab es zwar eine gute Ernte, aber die Fehlernte 1910/11 und die mittelmäßige Ernte 1911/12 und 1912/13 ist in rücksichtslosester Weise zu enormen Preistreibereien ausgenutzt worden, wobei die Valorisationsvorräte bis Ende 1912 auf etwa 3 Mill. Sack gesunken sind.

Der gewaltige Aufschwung des KBaues in St. Paulo wurde erst möglich, nachdem das fruchtbare und hierfür sehr geeignete Hinterland durch den fortschreitenden Eisenbahnbau aufgeschlossen war. Die Aufhebung der Negersklaverei in Brasilien 1888 ging an St. Paulo und überhaupt an Brasilien spurlos vorüber, und zwar aus dem Grunde, weil Brasilien und hauptsächlich St. Paulo gleichzeitig eine großzügige Einwanderungspolitik begann. Es wurden europäischen Auswanderern in freigiebigster Weise umsonst Überfahrt gewährt und hiermit tatsächlich in den Jahren 1882 und 1892 etwa rd. $^3/_4$ Mill. Menschen hinübergezogen. Die meisten Einwanderer waren Italiener, für die es in erster Linie darauf ankam, möglichst schnell etwas zu verdienen, und die willig in die KPflanzungen gingen, um an Stelle der befreiten und faulgewordenen Neger zu arbeiten. Es ergab sich dabei die merkwürdige Tatsache, daß die freien italienischen Arbeiter dem brasilianischen Pflanzer billiger kamen, als vorher die Negersklaven. An niedrige Tagelöhne und niedrige Lebenshaltung gewöhnt, haben die italienischen Arbeiter die Blüte des brasilianischen KBaues hervorgerufen. Ihr Los war durchaus kein

Tabelle 27.

Kaffeekonsum.

Staat	Jahr	Mill. kg	kg pro Kopf
Vereinigte Staaten......	1899/06	400	5,00
	1907/10	430	5,00
Deutsches Reich	1836/40	26	0,90
	1866/70	83	2,20
	1900/05	180	3,00
	1906/10	189	2,99
Niederlande............	1900/05	45	8,50
	1906/10	40	7,60
Österreich-Ungarn......	1885/89	35	0,87
	1899/1905	50	1,00
	1906/10	57	1,15
Großbritannien.........	1903/05	15	0,33
	1906/10	18	0,35
Frankreich	1885/89	67	1,76
	1901/05	93	2,40
	1906/10	104	2,50
Italien	1900/04	15	0,45
	1905/10	23	0,70
Rußland	1900	9	0,07
	1910	11	0,07

beneidenswertes, namentlich als mit dem Niedergang des brasilianischen Papiergeldes infolge der wahnsinnigen Verschwendungssucht und der Raubpolitik der republikanischen Politiker der reale Arbeitslohn auf ein Minimum gesunken war. Die Einwanderer waren nun einmal da. Der Landerwerb in den KProvinzen war schwer, fast unmöglich, weil aller kulturfähige Boden von Großgrundbesitzern okkupiert war. Die Geringfügigkeit des Arbeitslohnes einerseits und die guten KPreise andererseits bewirkten anfangs bis Mitte der neunziger Jahre ein gewaltiges Ansteigen der Grundrente in den KPlantagen, die z. T. teurer als Obstpflanzungen im Herzen Europas waren. Etwas später, um die Jahrhundertwende, ist freilich ein enormer Niedergang der KPreise erfolgt und damit zugleich die Grundrente auf ein Minimum zusammengeschrumpft. Der Wiener Professor Dafert gibt nach Lacerda den Preis einer Pflanzung von 1000 ha auf eine Mill. Milreis an, den Preis der KPflanzung jedoch auf 4000 Milreis, das sind zum damaligen Kurs 2400 ℳ. Die ProdKosten waren die folgenden: fünfmal Behacken der Bäume à 20 \$ [1]) = 100 \$ a. d. ha; das Abpflücken der KBohnen zu $^{3}/_{4}$ \$ per Alqueire (à 50 l) machte 107 \$ aus. 5000 kg KBeeren liefern wohl 1000 kg fertige Bohnen. Da nun eine Arbeiterfamilie rd. 3—4 ha KPflanzung bearbeiten konnte, so betrug ihr Gesamtverdienst aus dem Behacken und Abpflücken zusammen 620 \$. Das weitere Bearbeiten brachte derselben einen zuschüssigen Verdienst von 200 \$. Eine Arbeiterfamilie verdiente zusammen 820 \$, was beim Kurs von 1895 492 ℳ ausmachte, beim Kurs von 1900 rd. 700 ℳ. Die Arbeitskosten für 1 kg K betrugen also 16 bzw. 23 ₰. Mit anderen Worten: der KArbeiter bekommt nur ein Zehntel oder ein Zwanzigstel von dem, was der europäische Konsument im Detailhandel für den K bezahlt. Es ist übrigens auch interessant, daß seitens der Eisenbahngesellschaften bis in die neueste Zeit eine furchtbare Ausbeutungspolitik getrieben wird; die Frachtspesen sind so hoch, daß es gerade um einige Prozent lohnender ist, den K auf der Eisenbahn anstatt wie früher auf Eselsrücken be-

[1]) Die Brasilianer bezeichnen mit \$ Milreis.

fördern zu lassen. Die Fracht beträgt nämlich 25—40 ₰ pro t und km = das Sechs- bis Zehnfache deutsche GetreideFracht. Für eine 300 km lange Strecke von der Pflanzung bis zum Meere betrug die Fracht 80—100 ℳ a. d. t, die Kommissionsgebühr in Santos und die weitere Fracht nach Europa erforderte kaum halb soviel. Dazu kam allerdings noch der brasilianische Ausfuhrzoll, der 12—20%, in den letzten Jahren allerdings nur 11% betragen hat. Man kann also eine interessante Skala aufstellen, wie gewaltig der K vom Produzenten bis zum Konsumenten verteuert wird. Der Arbeitslohn betrug wie bemerkt 8—12 ₰ a. d. kg, der Eisenbahntransport und andere Spesen machten weitere 8—12 ₰ aus, der Ausfuhrzoll betrug 3—4 ₰, der Preis kam in Hamburg unverzollt 30—40 ₰, verzollt um 20 ₰ teurer. Der deutsche Kleinhandelspreis beträgt jedoch das Doppelte. Es muß bemerkt werden, daß der brasilianische K die billigste Sorte ist. Der westindische K ist um 50%, der JavaK um 100% teurer.

Es zählte Sao Paulo 1901/02 15075 Kaffeepflanzungen, und zwar:

11234	unter 50000 Bäumen	= 30 Mill. Bäume
1844	mit 50—100000 Bäumen	= 140 Mill. „
999	mit 100—200000 Bäumeu	= 150 Mill. „
597	mit 200—500000 Bäumen	= 210 Mill. „

Die Pflanzungen waren mit 240 Mill. $ = 8 Mill. £ verschuldet.

Minas Geraes 2739 Kaffeepflanzungen:
64 über ½ Mill. Bäume
744 mit 100—500000 Bäumen.

Sehr interessant ist die Geschichte der KKultur auf Java. Sie wurde daselbst im ersten Drittel des 19. Jhd. durch den Gouverneur Van den Bosch, der die Eingeborenen zur KKultur zwang, eingeführt.

Was die Entschädigung für die geleistete Arbeit anlangt, so stellen sich in Wirklichkeit die unterdrückten Javanen besser als die freien italienischen Arbeiter in den brasilianischen KPlantagen. Die Javanen bekommen pro Pikul K 12, jetzt 15 Gulden gleich 34 bzw. 42,6 ℳ pro dz: sie verdienten rund doppelt so viel auf die Gewichtseinheit K wie die freien brasilianischen Arbeiter. Es ist daraus zu ersehen, daß es zweifellos in der Hauptsache die scharfe Ausnutzung der menschlichen Arbeit war, welche Brasilien so schnell ein gewaltiges Übergewicht auf dem KMarkte verschaffte. Während zu Anfang des 19. Jhd. die Ausfuhr Brasiliens erst begann, beträgt sie gegenwärtig 60—65% der Gesamtausfuhr aus allen ProdLändern. Sind die auf Java produzierten KMengen auch klein, so gehören sie doch zu den vorzüglichsten Sorten. Es wurden geerntet in den Regierungsplantagen i. J. 1907 30000 Ballen zu 60 kg (1906 171000), auf den Privatplantagen 205000 Ballen (314300).

Sehr rasch kam die KKultur auf Ceylon empor. Die Ausfuhr erreichte in den siebziger Jahren bereits den Betrag von 1 Mill. Zentner. Die Pflanzer auf Ceylon haben ihre Pflanzungen sehr stark gedüngt, und dabei auch sehr günstige Erträge erzielt. Erträge von 2000—2500 kg a. d. ha waren nichts Seltenes. Anfang der siebziger Jahre trat aber die Hemileia vastatrix auf. Die KPflanzungen wurden nahezu vernichtet. Gegenwärtig führt Ceylon fast keinen K mehr aus. An Stelle der KPflanzungen sind Teekulturen getreten. Es wird behauptet, daß die zu dichte Pflanzung und der wenig fruchtbare Boden auf Ceylon der Hemileia gewaltigen Vorschub geleistet hätten.

Der zweitwichtigste KProduzent ist Zentral-Amerika und Westindien einschl. Venezuela und Kolumbia. Der Kbau wird daselbst durch den fruchtbaren Boden und das Klima sehr begünstigt; der dort erzeugte K ist Qualitäts-K und steht im Preise dem JavaK etwa gleich; er ist 1½ bis zweimal teurer als der BrasilK.

Ein bedeutender KProduzent ist in neuerer Zeit Venezuela geworden, das bereits 1895/96 rd. 70 000 t ausführte, jedoch keine weiteren Fortschritte, z. T. sogar eine rückwärtige Bewegung aufweist: der Export ist 1908/10 auf den halben Betrag gesunken.

Eine bedeutende Ausdehnung hat auch die KProd in Guatemala erfahren, wo namentlich die fruchtbaren vulkanischen Hänge nach dem Stillen Ozean zu den KBau außerordentlich begünstigen.

Kolumbia hatte 1895 eine KProd von 21 Mill. kg, die nicht weiter gestiegen ist. Guatemala brachte es auf 31, i. J. 1896 sogar auf 36 Mill. kg, 1909/10 nur 22 Mill. kg.

B. Die Teekultur.

Der früher bedeutendste TProduzent China hat seine ursprüngliche Bedeutung stark eingebüßt. Der chinesische TExport ist sogar absolut zurückgegangen. China führte nach 1880 etwa vier Fünftel des gesamten in den Welthandel kommenden T aus, gegenwärtig jedoch noch kaum 40%, und zwar etwa 90 Mill. kg, während 1880 die Gesamtmenge 133 Mill. kg betrug, vorübergehend auf 88 und 146 Mill. kg anstieg.

Die TStaude ist ein ziemlich niedriger Strauch, der nur etwa 2 m Höhe erreicht. Sie ist lange nicht so empfindlich gegen die Kälte wie der Kaffee oder selbst die Orange. T kommt noch in Japan bei einer Temperatur von kaum 12° C vor, also einer Temperatur, wie sie im westlichen Frankreich auch vorkommt, bei einem Winterdurchschnitt von 3 und 4°. Wäre dies allein ausschlaggebend, so müßte im nördlichen Spanien und ebenso in den Südstaaten der Union der T ausgezeichnet gedeihen. Indessen sind bis jetzt alle Versuche, den T außerhalb Asiens zu züchten, mißlungen. Nur in Natal ist ein bedeutender TBau entstanden.

In China ist die ganze TKultur ausschließlich Kleinbetrieb. Dagegen hatte man in Ostindien, insbesondere in Assam, große TPlantagen angelegt und damit außerordentlich günstige Erfolge erzielt. 1896 gab es bereits 433 000 acres TPflanzungen, die 1863 kg T lieferten, so daß a. d. ha ungefähr 400 kg geerntet wurden, zu einem Geldwert von etwa 500 ℳ, da 1 kg T bei der Ausfuhr aus Indien 1,25 ℳ wertet.

Der indische T ist herber und bitterer als der chinesische. Er hat nicht den feinen Geschmack. Dafür ist er freilich unvermischt und sorgfältiger zubereitet. Einen vorzüglichen milden T, der von manchen Kennern noch über den chinesischen gestellt wird, liefern Ceylon und Java. Namentlich auch auf Ceylon ist der TBau an Stelle der KKultur sehr stark ausgedehnt, weil der T, wohl infolge eines herben Saftes den die TStaude enthält, kaum von tierischen und pflanzlichen Schmarotzern angegriffen wird.

Zum Teil mag allerdings der rasche Fortschritt des TBaues auf Ceylon durch die Mode verursacht sein. 1880 betrug hier die Ausdehnung der TKulturen erst 5156 acres, 1887 aber 199 000, 1893 waren dieselben auf 3 300 000 angestiegen, mit einem Gesamtertrag von etwa 50 Mill. kg im Werte von 65 Mill. ℳ. Weniger bedeutend als die Ausfuhr aus Ceylon ist die aus Java, mit jährlich nur 4—5 Mill. kg.

Der T ist wie der Kaffee eine Gebirgspflanze, nur geht er noch höher hinauf wie der K; man findet TKulturen in Ceylon und auf Java in Gebirgslagen bis zu 2000 m, während der K bereits bei 1300 m aufhört. Außer den letztgenannten Ländergebieten hat in der letzten Zeit Japan eine bedeutende TAusfuhr entwickelt. Die Prod hat etwa 32—36 Mill. kg betragen, die Ausfuhr dürfte nur die Hälfte davon ausgemacht haben, im Werte von etwa 17 Mill. M.

Tabelle 28.

Teeausfuhr.

Jahr	China				Indien		Ceylon		Japan	Java[1])
	Wert in Mill. Haikwan Taels[2])	schwarzer	grüner	Ziegel	Mill. kg	Wert Mill. Rupies[3])	Mill. kg	Wert Mill. ℳ	Mill. kg	Mill. kg
		Millionen kg								
1871	40,2	80,5	13,9	5,0	6,0					
1872	44,7	85,2	15,4	6,0	7,9					
1873	39,3	76,5	14,1	6,4	8,1					
1874	41,2	86,5	12,7	4,5	8,6					
1875	37,6	86,2	12,6	10,0	9,7					
1876	36,6	84,9	11,4	9,2	11,1					
1877	33,2	93,1	11,8	8,8	12,6					
1878	32,0	91,0	10,4	11,7	15,1					
1879	33,2	91,4	11,0	16,5	15,7					
1880	35,7	99,7	11,3	13,9	17,4					
1881	32,9	98,2	14,3	14,8	21,2					
1882	31,3	96,7	10,7	13,2	22,3	36,6	0,7	1,0	14,1	
1883	32,2	94,2	11,5	13,2	26,5	37,4	0,8	1,5	14,5	
1884	29,1	93,8	12,1	14,7	27,4	41,3	1,1	2,3	14,0	
1885	32,3	97,1	12,9	16,8	29,6	41,4	2,0	4,3	16,1	
1886	33,5	99,2	11,6	21,7	31,6	44,0	3,5	7,8	18,7	
1887	30,4	97,8	11,1	19,9	36,5	48,8	6,3	12,0	18,0	
1888	30,3	92,4	12,6	24,7	40,8	53,0	10,8	18,0	20,0	
1889	28,3	81,4	11,5	18,6	45,0	54,7	15,5	25,0	19,4	
1890	26,7	69,2	12,0	17,8	47,8	54,5	20,7	35,0	22,3	
1891	31,0	72,2	12,4	19,7	49,9	55,0	30,6	45,2	24,0	
1892	26,0	66,1	11,3	19,4	56,1	62,8	32,7	42,8	22,5	
1893	30,6	71,4	14,2	22,9	53,5	66,2	37,3	51,0	21,9	
1894	31,8	73,0	14,0	23,7	58,8	69,3	38,5	52,0	22,5	
1895	32,5	67,5	14,6	28,9	60,4	79,9	44,6	55,5	22,3	
1896	30,2	54,7	13,0	34,6	65,6	80,2	49,8	51,1	29,5	
1897	29,2	45,9	12,1	33,5	69,2	84,9	52,0	60,5	28,8	
1898	28,9	50,8	11,1	29,9	69,8	82,7	55,5	64,2	27,8	
1899	31,5	56,2	12,8	28,4	72,5	81,9	58,7	70,5	29,3	
1900	25,5	51,8	12,0	19,2	79,5	91,8	67,7	73,1	27,5	6,6
1901	18,5	39,9	11,3	17,4	87,1	96,8	65,4	64,5	27,6	7,1
1902	22,9	41,2	15,2	34,2	81,8	82,3	68,4	73,8	29,2	7,5
1903	26,3	45,0	18,1	37,2	83,0	74,7	67,7	79,2	32,0	10,7
1904	30,2	45,0	14,5	27,0	94,2	86,2	72,0	77,5	31,0	9,5
1905	25,5	35,8	14,5	32,2	96,4	85,3	77,1	81,0	28,0	11,2
1906	26,6	36,1	12,4	35,4	97,4	89,0	77,2	83,4	28,1	12,0
1907	31,7	42,5	15,9	36,0	106,0	98,9	81,4	101,5	28,2	11,5
1908	32,9	41,1	17,0	35,4	103,2	103,6	81,2	100,0	26,0	15,2
1909	33,6	37,2	16,9	35,4	106,3	104,5	85,4	110,2	28,8	12,7
1910	35,9	38,0	17,8	37,2	113,2	117,4				

Wie groß der TVerbrauch in China ist, läßt sich nicht einmal annäherungsweise sagen. Interessant ist übrigens, daß der Anteil der T im Welthandel sich im Laufe der letzten 30 Jahre mehr als verdoppelt

[1]) Produktion. [2]) 1 Haikwan Tael = 2,6—3 ℳ. [3]) 1 Rupie = 1,33 ℳ.

hat. 1872 betrug die gesamte TAusfuhr 120 Mill. kg damals noch fast allein aus China, heute beträgt sie ungefähr 250 000 kg. Der T wurde ursprünglich in Japan und China ohne Z genossen; er war dazu da, um das schlechte Fluß- oder Brunnenwasser, das in China vielfach einen salzigen und brackigen Beigeschmack hat, genießbar zu machen. Erst in der letzten Zeit haben die Japaner Geschmack am Z bekommen und zunächst steigende Mengen eingeführt, seit der Erwerbung Formosas von China (1895) aber die Eigenproduktion so gesteigert, daß die Einfuhr von 300 auf 150 Mill. kg zurückgegangen ist. China führte 1906/10 etwa $^1/_4$ Mill. t Zucker ein, die Eigenproduktion und damit der Konsum an Zucker zum Tee sind äußerst gering.

Über THandel, Verbrauch und Pr der wichtigsten Länder geben die Tabellen Nr. 28 und 29 Auskunft.

Tabelle 29.

Teeverbrauch auf den Kopf der Bevölkerung in engl. Pfund (lbs) zu 0,453 kg.

Jahr	England	Frankreich	Deutschland [1]	Vereinigte Staaten	Niederlande
1888/1892	519	0,03	0,09	1,34	1,21
1893/1897	562	0,04	0,11	1,40	1,33
1898/1902	601	0,06	0,11	0,01	1,45
1903/1907	611	0,07	0,12	1,16	1,58
1909	637	0,05	0,17	1,24	1,73
1910	639	0,07	0,11	0,89	2,07
1911		0,07			
Tee-Einfuhr in Mill. engl. Pfund.					
1907	273,7	2,5	8,6	84,8	9,1
1908	275,2	2,5	8,8	93,1	10,2
1909	283,3	2,7	10,9	114,1	10,2
1910	286,8	2,8	6,8	83,3	12,4

C. Kakao.

Der Kakaobaum ist der empfindlichste von allen Tropenbäumen; er geht gerade wie die Kokospalme nicht über 5—600 m Meereshöhe hinauf. Der KoBaum erreicht eine Höhe von 5—6 m und gedeiht am besten in den fetten Flußniederungen, verträgt völlig im Gegensatz zum Kaffee auch sehr gut Überschwemmungen. Die KoBohnen sind in einer Frucht von der Größe eines Kindskopfes eingebettet und bilden die Kerne der Frucht. Die Frucht selbst ist ähnlich wie die des Kaffees ungenießbar, jedoch läßt sich daraus ein Branntwein destillieren.

Der KoBaum stammt aus Amerika. Die Spanier fanden bereits den KoGenuß in Mexiko und in Peru vor. Das wichtigste Anbaugebiet ist heute die Republik Ekuador mit einer Jahreserzeugung von 32—40 Mill. kg. Allerdings ist es nicht die feinste Qualität, die dort produziert wird. Ferner produzieren Ko Brasilien, Kamerun und Ceylon, den besten Venezuela.

[1]) Man berücksichtige bei Deutschland die Verteuerung durch die Reichsfinanzreform.

Tabelle 30.

Kakaoproduktion in Millionen kg (nach der Zeitschrift Gordian).

	1903	1904	1905	1906	1907	1908	1909	1910	1911
Goldküste	2,3	5,2	5,2	9,0	9,5	12,9	20,5	23,1	40,4
Ekuador	23,0	28,6	21,1	23,4	19,7	32,1	31,6	36,3	39,5
S. Thomé	22,4	20,5	25,4	24,5	24,5	28,7	30,3	36,7	35,0
Brasilien	20,2	23,2	21,1	25,1	24,5	33,0	33,8	29,2	35,0
Trinidad	13,8	21,9	22,0	13,0	18,6	21,4	23,4	26,2	21,2
S. Domingo	7,8	13,6	12,6	14,3	10,2	19,0	14,8	16,6	19,8
Venezuela	12,6	13,0	12,7	12,8	13,5	16,3	16,8	17,3	17,4
Granada	4,7	6,0	5,2	3,7	5,2	5,2	5,4	5,8	5,9
Deutsche Kolonien	0,9	1,1	1,4	1,4	2,0	2,7	3,8	4,1	4,4
Ceylon	3,1	3,2	3,2	2,5	4,7	2,8	3,6	4,1	3,1
Farnando Po	1,7	2,0	1,9	1,6	2,6	3,0	2,7	2,3	3,0
Jamaika	1,7	1,7	1,4	2,5	2,2	2,7	3,2	1,7	2,8
Haiti	2,5	2,4	2,2	1,8	2,2	2,7	2,1	1,8	1,5
Surinam	2,2	0,9	1,7	1,5	1,6	1,7	1,9	2,0	1,6
Kuba	2,5	2,7	1,8	3,3	1,7	0,8	1,9	1,4	1,3
Lagos	0,3	0,5	0,5	0,7	0,9	1,4	2,3	3,0	4,5
Holl. Ostindien	1,5	1,0	1,0	1,8	1,8	2,4	2,5	2,6	2,7
Französ. Kolonien	1,0	1,1	1,2	1,3	1,4	1,4	1,4	1,6	1,4
Andere Länder			2,8	3,1	3,6	3,5	4,2	3,7	4,5
Welternte	126,5	150,7	144,4	147,5	150,4	193,7	206,3	219,6	244,5

Tabelle 31.

Kakaoverbrauch in Millionen kg.

	1903	1904	1905	1906	1907	1908	1909	1910	1911
Vereinigte Staaten	27,3	32,3	35,2	37,9	37,5	42,6	53,4	50,8	59,0
Deutschland	21,6	27,1	29,6	35,3	34,5	34,4	40,7	43,9	50,9
Frankreich	20,7	21,8	21,7	23,4	23,2	20,4	23,2	25,1	27,3
England	18,7	20,5	21,2	20,1	20,2	21,1	24,3	24,1	25,4
Holland	10,7	12,2	10,7	11,2	12,2	15,8	19,4	19,2	23,5
Schweiz	5,8	6,8	5,2	6,5	7,1	5,8	6,7	9,1	9,8
Spanien	6,0	5,8	6,1	5,6	5,6	6,6	6,0	5,5	6,4
Oesterreich-Ungarn	2,0	2,5	2,7	3,3	3,5	3,7	4,2	5,0	5,9
Belgien	2,8	2,8	3,0	3,9	3,3	4,5	5,0	4,8	5,5
Rußland	1,9	2,1	2,2	2,7	2,5	2,6	2,9	3,7	4,0
Italien	0,5	0,5	1,0	1,4	1,5	1,4	1,6	1,9	2,2
Kanada	0,6	0,6	0,7	1,0	1,1	1,1	1,2	1,5	2,1
Dänemark	1,2	1,0	1,1	1,2	1,2	1,2	1,5	1,6	1,7
Schweden	0,8	0,9	0,9	1,1	0,7	1,0	1,1	1,2	1,5
Andere Länder	2,0	2,0	2,1	2,1	2,5	2,7	3,5	4,2	4,6
Weltverbrauch	122,5	138,8	143,6	156,8	156,6	165,1	194,8	201,1	230,0

Den besten Ko, der in den Welthandel gelangt, liefern Venezuela und Trinidad. Es ist übrigens interessant, daß seit der Unabhängigkeitserklärung die KoKultur in Venezuela lange Zeit nicht gewachsen, sondern noch zurückgegangen war, 1894 betrug die Ausfuhr nur 4 Mill. kg, der Ko war zugunsten des Kaffees zurückgedrängt; 1908/11 hat aber die

Produktion wieder 16 Mill. kg betragen. Trinidad hat bereits i. J. 1892 12 1909/11 25 Mill. kg Ko geliefert; es ist vor den anderen westindischen Inseln dadurch bevorzugt worden, daß es außerhalb des Orkangürtels liegt, der die Pflanzungen auf den anderen Inseln so häufig verwüstet.

Die KoEinfuhr nach Deutschland ist in den letzten Jahren gestiegen auf 50000 t (darunter über 1000 t aus Kamerun), womit wir unter die größten KoVerbraucher getreten sind, was nur zu begrüßen ist, da der Ko bedeutend mehr Eiweißstoffe enthält als der Kaffee. Entölter Ko enthält bis 30% Eiweiß, 15% Öl oder Fett und nur 5% Teobromin, rohe KoBohnen jedoch 48% Öl, 12–15% Eiweiß und 30% Stärke. England verbraucht etwa 25 ebenso Frankreich, die Vereinigten Staaten 61 Mill. kg Ko. Der bedeutendste Schokoladenproduzent ist in der neuesten Zeit die Schweiz geworden.

Die Südfrüchte.

A. Orangen.

Unter den Südfrüchten nimmt den bedeutendsten Rang die ursprünglich aus China stammende Orange ein. Die bedeutendsten Produktionsländer sind heute Spanien und Italien, letzteres zählte im Jahre 1895 ca. 5 Mill. Apfelsinen- und ebensoviel Zitronenbäume, 1903 bereits 16,7 Mill. Orangenbäume. Als mittlere Prod werden 200—300 Stück a. d. Baum gerechnet, so daß in Italien im Jahre ungefähr 3,2—4,8 Milliarden Früchte geerntet werden, was im ganzen etwa 400—600 Mill. kg gibt, da ungefähr 8 Orangen auf 1 kg gehen. Anbau im großen findet nur im Süden von Italien, hauptsächlich auf der Insel Sizilien, statt. An der Riviera kommt der Baum zwar fort, aber die Früchte sind nicht groß und nicht süß. Zwei Drittel der ganzen italienischen OProd findet auf Sizilien statt. Die Prod an O und Apfelsinen hat sich seit 1880 mehr als verdoppelt. Damals wurden erst 93000 t ausgeführt, 1906/10 dagegen 370000 t. Weitaus den größten Teil der sizilianischen Ausfuhr ziehen die Vereinigten Staaten an sich.

In den letzten Jahren ist der Preis für OPflanzungen in Italien außerordentlich gesunken, und zwar hauptsächlich wegen der zunehmenden Konkurrenz von Florida und Kalifornien, die z. T. noch günstigere natürliche Bedingungen darbieten.

Frankreichs OProd beträgt nur 6000 t, d. h. also ein Siebzigstel der italienischen Prod, was ja auch ganz natürlich erscheint, da in Frankreich nur an der Riviera O gebaut werden. Wichtiger als die Prod von O ist in Frankreich

Tabelle 32.

Ausfuhr an Südfrüchten.

		1901		1902		1903		1904		1905	
		Mill. kg	Mill. ℳ	Mill. kg	Mill. ℳ	Mill. kg	Mill. ℳ	Mill. kg	Mill. ℳ	Mill. kg	Mill. ℳ
Italien ...	Orangen	243	20	318	21	302	21	347	24	309	21
	Mandeln	16,8	26	10	8	17,4	24	10,0	13	19,0	24
Spanien ..	Orangen	285	35	369	45	396	48	409	49	314	39
	Mandeln	7,0	9,2	8,0	11,8	12,0	17,0	13,1	20,0	9,9	14,4
	Rosinen	31	16	28	14	31	17	27	15	30	22
	Trauben	30	8	34	10	47	13	47	13	48	13

		1906		1907		1908		1909		1910	
		Mill. kg	Mill. ℳ	Mill. kg	Mill. ℳ	Mill. kg	Mill. ℳ	Mill. kg	Mill. ℳ	Mill. kg	Mill. ℳ
Italien ...	Orangen	346	26	380	27	366	27	367	28	379	35
	Mandeln	15,2	21	16,6	24	20,0	28	11,7	18	20,6	34
Spanien ..	Orangen	393	47	469	58	466	46	468	46	497	48
	Mandeln	8,6	12,5	10,9	15,6	10,2	15,2	14,7	21,0	11,7	16,4
	Rosinen	20	11	27	15	26	15	29	12	25	11
	Trauben	41	7	68	9	38	8	45	12	56	24

die Prod von OBlüten. In Nizza und Umgebung werden alljährlich zur Zeit der Blütenernte ungefähr 15—20000 t OBlüten eingesammelt. Spanien exportierte in den Jahren 1906/10 469000 t O im Werte von 62 Mill. Pesetas (= Frcs.); das Hauptanbaugebiet befindet sich in Valentia und auf den Balearischen Inseln, obgleich Andalusien und die Südküste bei Malaga günstigere Bedingungen aufweisen. Berühmt für die Prod von O sind die Azoren. Die amerikanische Union verbraucht ihre große Südfruchtproduktion in Florida und Kalifornien fast vollständig selbst, sie importierte 1906/10 für 35 Mill. $ Früchte und Nüsse, exportierte gleichzeitig solche für 16 Mill. $.

Die Tabelle 32 gibt eine Übersicht der Südfruchtausfuhr aus Spanien und Italien.

Der Kautschuk.

Von den tropischen Rohstoffen hat in der neueren Zeit infolge des Fahrrad- und Automobilbaues der Bedarf an Gummi und Kautschuk (K) eine ungeheuere Steigerung erfahren. Allerdings verbrauchte man auch schon früher wachsende Mengen K für die Telegraphenkabel, in der Gummischuh- und Gummimäntelindustrie. Indessen begann die verstärkte Nachfrage erst seit 1895.

Der K ist das Produkt einer ganzen Anzahl von Bäumen und Schlinggewächsen. Hauptsächlich gelangt in den Handel der südamerikanische ParaK, sowie die Guttapercha, das Produkt einer Schlingpflanze in Insulinde. Aber auch Afrika führt steigende Mengen Gummi aus. Der K wird gewonnen, indem man die Bäume bzw. Schlinggewächse anzapft, und den Saft ausfließen läßt, mitunter haut man sie auch ganz um. Verständigerweise wäre natürlich ein loses Anzapfen und nachheriges Verstopfen der Bohrlöcher in Anwendung zu bringen, vorläufig wird aber infolge der starken Nachfrage geradezu Raubwirtschaft getrieben, und die KWälder werden schonungslos verwüstet. Bis jetzt ist hauptsächlich nur wildwachsender K in den Handel gelangt. Während um die Jahrhundertwende rd. 50 Mill. kg im Werte von rd. 250 Mill. ℳ produziert wurden, war es 1911/12 fast das Doppelte (94 Mill. kg). Gegenwärtig teilen sich Amerika und Europa je zur Hälfte in den Bezug und Verbrauch des K. 1887 betrug die Gesamteinfuhr in England und auf dem Kontinent erst 12 Mill. kg. 1899 führte Deutschland allein 13,7 Mill. kg ein, 1900 rd. 13,4 Mill. kg und 1910 rd. 32 Mill. kg im Werte von 265 Mill. ℳ. Am stärksten beteiligt an der KProd ist Brasilien, das 1867 erst 3,5 Mill., das 1897/98 rd. 27 Mill. und 1909 39, 1912 etwa 40,5 Mill. kg K im Werte von 1897 100 Mill. ℳ, 1909 rd. 380 Mill. ℳ ausführte. Hauptsächlich gewonnen wird der K an dem oberen Amazona- und Madeirastrom. Afrika war früher der bedeutendste KProduzent und führte 1876 bereits 3,4 Mill. kg aus, 1898 betrug sie 20 Mill. kg 1912 nur noch 17,8 Mill. kg; heute liefert die größten Mengen für die Ausfuhr Westafrika (1912 etwa 13,8 Mill. kg) Ostindien und Zentralamerika führen nach wie vor etwa 3 Mill. kg aus.

Die Bedeutung des K dürfte in der Zukunft immer mehr steigen, man ist daher seit ungefähr 1870, anfänglich langsam und zögernd, daran gegangen, KPflanzungen anzulegen. Besonders auf Ceylon und im Malaiischen Archipel haben die KPlantagen eine große Ausdehnung gewonnen: Ceylon besaß 1912 rd 90000 ha, die Straits Settlements 280000 ha Kautschukpflanzungen in Indien und Burma waren 16000, in den deutschen Kolonien, Samoa und Westafrika 17000, in Mexico und Zentralamerika 32000 ha mit K bepflanzt. Ihre Prod macht sich schon recht bemerkbar, betrug doch i. J. 1910/11 von der WeltProd von 79 Mill. kg K die Menge des PlantagenK rd. 10 Mill. kg, für 1912 rechnet man 23,5 Mill. kg, für 1917 sogar auf 100 Mill. kg. Trotz der voraussichtlich nicht abnehmenden Mengen des wildgewachsenen K wird diese steigende Prod benötigt werden, da der Konsum jährlich um rd. 5% wächst und i. J. 1911/12 auf fast 100 Mill. kg geschätzt wurde gegen 74 Mill. kg 1910/11, 76 Mill. kg i. J. 1909/10, 72 Mill. kg i. J. 1908/09. Der Kautschukpreis betrug 1910 noch 17 ℳ für das kg, 1911 12,25 und 1912 10,85 ℳ; er dürfte alsbald noch eine weitere starke Senkung erfahren, sobald der Plantagenkautschuk in größeren Mengen auf den Markt kommt; die Grenze der Rentabilität der besten Kautschukpflanzungen soll erst bei einem Preise von 1—2 ℳ per kg erreicht werden.

Über die Versuche, synthetischen K herzustellen und vor allem über die Frage der Rentabilität dieser künstlichen Prod kann zurzeit Sicheres noch nicht gesagt werden.

Der Tabak.

Der T stammt aus Amerika, wo ihn die Spanier bereits bei den Indianern vorfanden. Er ist namentlich in der neueren Zeit in fast allen Kulturländern Gegenstand einer ausgiebigen Besteuerung geworden. Dabei sind denn auch die verbrauchten und aus- oder eingeführten Mengen genau nach Art und Zahl festgestellt.

Im Deutschen Reich betrug der TVerbrauch vor der Steuererhebung von 1870 etwa 1,8 kg a. d. Kopf, sank allmählich auf 1,3 kg, um wieder auf 1,8 kg anzusteigen. Heute (1909/12) beträgt er 1,4 kg. Von den im Deutschen Reich i. J. 1901/10 gerauchten rd. 87 Mill. kg T sind etwa 23 Mill. im Inlande erzeugt, 70 Mill. kg eingeführt. Die gesamte Ernte an getrockneten Blättern betrug im Inlande 43 Mill. kg, es wurden a. d. ha geerntet 21—23 dz. Das Hauptproduktionsgebiet für T ist die Union, in der ungefähr 500000 ha mit T bestanden sind, und 1910 eine Erntemengen von 445 Mill. kg im Werte von 380 Mill. ℳ erzielte. Die relative Ernte ist also 3 mal geringer als in Deutschland. Es werden nur 6—7 dz a. d. ha geerntet. Der Eigenverbrauch dürfte in Amerika etwa 3—3,3 kg per Kopf betragen, dabei führt Nordamerika nahezu $^1/_3$—$^1/_2$ seiner Ernte aus, und zwar 1901/10 148 Mill. kg im Werte von 120—140 Mill. ℳ. Allerdings führen die Amerikaner auch bedeutende Mengen hochfeinen T ein, und zwar für etwa 50 Mill. ℳ, insbesondere aus Kuba und Mexiko.

In Rußland beträgt die Anbaufläche 45—50000 ha, die Erträge 50—80 Mill. kg. Es sind jedoch, vom Kaukasus und der Krim abgesehen, geringwertige Qualitäten, die daselbst erzeugt werden. Der TBau ist namentlich verbreitet in Klein-Rußland, wo die sog. Machorka gebaut wird, ein ganz furchtbares Kraut. In der Krim und im Kaukasus wird jedoch feiner ZigarettenT erzeugt. Der russische ZigarettenT hat sich in steigendem Maße den Weltmarkt geradezu erobert, es werden jährlich mehrere Mill. kg ausgeführt.

In England wie in Spanien ist der TBau verboten. Es wird nur eingeführter T verarbeitet.

Die gesamte europäische TProd beträgt ungefähr 200 Mill. kg. Es werden jedoch noch ca. 150 Mill. kg eingeführt. Eine Mehrausfuhr in Europa haben nur Rußland und Griechenland (6—7 Mill. kg im Werte von 7—8 Mill. ℳ) und die Türkei, die besonders hochwertigen Zigarettentabak ausführt (1906/10 15,2 Mill. kg im Werte von etwa 50—60 Mill ℳ), die asiat. Türkei führte gleichzeitig 12 Mill. kg aus.

Den hochwertigsten T erzeugt die Insel Kuba, vornehmlich ist es die im Südosten der Insel gelegene Ebene Vuelta abajo; sie ist etwa 110 km lang und im Durchschnitt 30 km breit, umfaßt also nur 300000 ha. Es befinden sich daselbst ungefähr 9000 TPflanzungen. Wirklich mit T angebaut dürfte nur der 20. Teil der Ebene sein. Die Gesamternte ist auch in den besten Jahren nicht viel über 10—15 Mill. kg hinausgegangen. Auch ist nicht aller kubanische T in der Vuelta abajo gewachsen. Die Ausfuhr der Insel Kuba betrug um 1890 9—10 Mill. kg, außerdem 200 Mill. Zigarren und 700 Mill. Zigaretten im Werte von 120 Mill. ℳ, für 1906/10 waren die Ausfuhrwerte wenig höher (140 Mill. ℳ); dabei sind viele Zigarren aus eingeführtem mexikanischen Blatt erzeugt.

Auf den anderen Inseln ist der TBau bedeutend geringer. Der Grund liegt nicht einmal so sehr in den natürlichen Verhältnissen, als vielmehr in der sorgloseren Behandlung der Ernte. Auf Kuba sind die TPflanzer sämtlich Weiße, gewissermaßen weiße Kleinbauern, die jedoch nach altererbten sorgfältigen Methoden den T pflegen und verarbeiten. Im übrigen Westindien betreiben den TBau lediglich Schwarze, die sich durch große Nachlässigkeit auszeichnen. Ein bedeutendes Ausfuhrgebiet für den T ist Brasilien, das im Jahre ungefähr 20—25 Mill. kg ausführt. Einen vorzüglichen T erzeugen auch die Philippinen. Ausgeführt werden 9—10 Mill. kg TBlätter und 100 Mill. Zigarren.

Rasch emporgeblüht ist im Laufe der letzten Jahrzehnte die TProd auf Sumatra, seitdem man erfahren hatte, daß daselbst ein hochwertiges feines Deckblatt erzeugt wird. Hauptanbaugebiet ist die Umgebung von Deli. Die Feinheit des DeliT läßt sich danach beurteilen, daß vom DeliT 300 Blätter auf das Pfund gehen, während von anderen TSorten bereits 50—60 Blätter zu einem Pfunde genügen. Dabei haben die Deliblätter ein schönes Aussehen, eignen sich vorzüglich zur Umkleidung der Zigarren. Der DeliT ist tatsächlich das begehrteste Deckblatt geworden und erzielt hohe Preise. Ganze Zigarren werden aus DeliT nicht gemacht, weil es den Blättern an Aroma fehlt. Die Prod betrug auf Sumatra 1897/99 ungefähr 17,1 Mill. kg, auf Java 16,3 Mill. kg 1906/08 23, bzw. 33 Mill. kg. Da nun im ganzen auf Sumatra und Java 1897/99 100000 ha mit T bestanden waren, so betrug die Ernte nur 3,4—4 dz a. d. ha, was sich in der Hauptsache aus der Feinheit des Blattes erklärt. Der dz DeliT kostet gewöhnlich 300—400 ℳ, während Brasildeckblatt für 80—100 ℳ zu haben ist. Für Havannadeckblatt werden geradezu horrende Preise, 2000—2400 ℳ für den Zentner, bezahlt; im Jahre 1900 wurden sogar 4000 ℳ bezahlt.

Die Holzproduktion.

Das Holz diente bis zum 19. Jahrhundert fast allenthalben als einziger Brenn- und Heizstoff, kam auch allein in Betracht für die Erzeugung des Eisens. In der neuesten Zeit ist nun da ein bedeutender Umschwung eingetreten. Fast überall ist die Steinkohle an die Stelle von Brennholz getreten, sowohl für die Wärme als für die Krafterzeugung und Eisenproduktion. Zwar sind nun Kohlenfelder in sehr reichlichem Maße vorhanden, aber sie sind erschöpfbar. Die Kohle ist kein Produkt, das sich stetig ersetzt, stetig von neuem zuwächst wie das H. Es ist daher von der größten Bedeutung, beizeiten an Ersatz für die Kohle zu denken. Für die Beschaffung von Kraft dürfte allerdings in nächster Zukunft ein großer Fortschritt insofern stattfinden, als man in immer steigendem Maße die Kraft des Wassers und des Windes auszunutzen suchen wird. Für die Wärmeerzeugung wird man freilich stets zu irgendeinem Brennstoff greifen müssen. Die elektrische Heizung ist nicht nur viel zu teuer, sondern sie wäre auch gar nicht in ausreichendem Maße zu beschaffen, wenn man sie sich durch Wasser oder Wind erzeugt denkt. Eine Pferdestärke liefert pro Stunde nur etwa 635 Kalorien. Ein kg Kohle hat aber 6—8000 Kalorien. Selbst bei Berücksichtigung des Umstandes, daß unsere besten Öfen nur etwa 30—40 % der Kohlenwärme ausnutzen, würde sich herausstellen, daß man im Winter, um ein kleines Zimmer zu heizen, ständig mehrere Pferdestärken verbrauchen müßte. Der jährliche Holzzuwachs der Erde ist in seinem Wärmewert zweifellos erheblich höher als die gesamte jährliche Kohlenprod. Die Gesamtprod oder wie Eduard Hahn vorschlägt „Eduktion“ an Kohle beträgt gegenwärtig über 1000 Mill. t. Die HProd ist zurzeit noch lange nicht in vollem Maße entwickelt. Ungeheure Wälder können der Entfernung wegen überhaupt nicht ausgenutzt werden. Bei der Kohlenprod hat man den Vorteil, daß man auf einer kleinen Fläche große Mengen Energie anwenden kann, während man das Holz mühsam auf weiten Flächen zusammensuchen muß.

Unter allen Ländern haben wohl die größten Wälder Rußland und Amerika. Das europäische Rußland hat noch etwa 120 Mill. ha im Norden, der fast völlig unangerührt ist. Außerdem aber gibt es noch rd. 480 Mill. ha Wald in der sibirischen Waldzone. Diese 600 Mill. ha können nach den vorsichtigsten Berechnungen $2^1/_2$ cbm a. d. ha gleich 1500 Mill. cbm im Jahre liefern bzw. 750 Mill. t H. Eine t NadelH wiegt selten unter 500 kg, was ein Äquivalent für 250 kg Steinkohle ausmacht. Der russische HZuwachs ist also gleichwertig der deutschen plus englischen Kohlenprod. Gegenwärtig wird in Rußland kaum ein Viertel bis ein Fünftel des Jahreszuwachses verbraucht. Freilich aber wird im mittleren und südlichen Rußland, namentlich in den Privatwäldern, geradezu Raubwirtschaft betrieben, so daß bereits an manchen Stellen empfindlicher HMangel eingetreten ist. In den südlichen Gouvernements muß mit Stroh und Dünger geheizt werden.

Die amerikanische Union hat nur etwa 300 Mill. ha (1300000 square miles) Wald. Die Wälder der Union sind jedoch weit günstiger gelegen als die russischen. Freilich sind sie dafür auch viel mehr verwüstet. Der jährliche HAbtrieb beträgt nahezu das Doppelte des jährlichen Zuwachses. Insgesamt sollen in der Union noch 66 Milliarden cbm vorhanden sein, so daß in 100 Jahren, auch unter Berücksichtigung des Zuwachses, die Wälder abgeholzt sein werden. Drei Viertel der nordamerikanischen Wälder bestehen aus NadelH, nur ein Viertel aus LaubH. Wenig ausgenutzte Wälder hat Kanada. Sie sind kaum weniger ausgedehnt als die amerikanischen, jedoch nur etwa halb so groß wie die sibirischen, mit denen man sie in bezug auf den Jahreszuwachs gleichstellen kann. Insgesamt dürfte die nördliche Waldzone einen Brennwert von 625 Mill. t Steinkohlen besitzen, d. h. ziemlich zwei Drittel der Steinkohlenprod gleichstehen. (1909—1911 sind im Jahresdurchschnitt über eine Milliarde Stein- und Braunkohlen gefördert worden.) Außer diesen Gebieten der nördlichen gemäßigten Zone gibt es eigentlich nur noch bedeutende Wälder in der feuchtheißen Tropenzone, deren Gesamtausdehnung aber keine allzu große ist. Dennoch wird man sagen können, daß für die fernere Zukunft die HProd der Tropen keine geringere Bedeutung beanspruchen dürfe, als die in der gemäßigten Zone, vor allem, weil in den Tropen infolge der bedeutend höheren Jahreswärme und der größeren Niederschlagsmengen der HZuwachs um das Doppelte und Dreifache höher ist als in der nördlichen gemäßigten Zone. Man wird jedenfalls mit der Zeit zur regelrechten Waldwirtschaft in den Tropen gelangen müssen, während gegenwärtig nur Raubwirtschaft getrieben wird. Übrigens stellt man sich für gewöhnlich einen tropischen Urwald viel mächtiger vor als er in Wirklichkeit ist. Der tropische Urwald enthält keineswegs so gewaltige HMassen, wie der nordische Nadelwald Es ist viel verkrüppeltes H zu sehen, oft sind es ungleichmäßig gewachsene Stämme, was ja sehr erklärlich ist, da niemand für zeitiges Ausholzen gesorgt hat. Neben Urwaldriesen gibt es ganz kleine Stämme, die Bäume ersticken vielfach durch die Üppigkeit einander, können zu keiner rechten Entfaltung gelangen. Namentlich aber kommt in Betracht, daß der tropische Urwald eine Unmenge, gewöhnlich hunderte der verschiedensten Baumarten beherbergt. Die meisten dieser Baumarten taugen nicht einmal zur Feuerung. Die eigentlichen Edelhölzer, als Ebenholz, Mahagoni, Polisander, Eisenholz, Sandelholz, sind auch im feuchten tropischen Klima durchaus nicht in größerer Anzahl vorhanden. In Brasilien findet man oft auf 10 ha Wald keinen einzigen Stamm EdelH bzw. HartH. Selbst im Durchschnitt wird man annehmen können, daß von 200—250 cbm HMasse, die in einem tropischen Urwald a. d. ha vorhanden sind, kaum über 5—10 cbm EdelH enthalten sind. Dagegen enthalten unsere nordischen Kultur-Wälder bei 100—150jährigem Bestande nicht selten 600—800, ja 1000 cbm HMasse. Den höchsten HBetrag a. d. Flächeneinheit enthalten die kalifornischen Nadelhölzer, wo Mammutbäume mitunter bis zu 10000 cbm a. d. ha HMasse ergeben, RotHwälder 3—4000 cbm HMasse a. d. ha.

Der mittlere Jahreszuwachs von H ist sehr verschieden. In Sachsen rechnet man als mittleren Jahreszuwachs 5—6 cbm a. d. ha, in den preußischen Staatsforsten jedoch kaum über 4,4 cbm, im nördlichen Rußland nur 2—$2^1/_2$ cbm. Auf fruchtbarem Boden kann man dagegen in Deutschland einen Jahreszuwachs von 10—12 cbm erzielen. In der feuchtheißen Tropenzone dürfte man bei regelrechter Waldkultur auf 15—20 cbm rechnen können. In den Kulturländern Europas trägt bekanntlich nur der wenig fruchtbare Boden Wald. Insbesondere sind es die Sandflächen, alsdann die zu steilen, für den Ackerbau nicht geeigneten Gebirgshänge, die in Deutschland, Frankreich und Rußland H tragen. Alles bessere Land wird dagegen rationellerweise als Ackerland und Wiese genutzt.

Die Jahresprod an allen HArten beträgt in Deutschland und Österreich je etwa 45—50 Mill. cbm. Die französische HProd ist geringer und dürfte kaum über 30 Mill. hinausgehen. Spanien und Italien sind infolge der Raubwirtschaft außerordentlich waldarme Länder geworden; die früher dichten Waldbestände sind vernichtet. Heftige Regengüsse haben die fruchtbare Bodenkrume von den Berghängen abgeschwemmt, talwärts getragen, so daß auf ungeheuere Flächen der nackte Fels zutage tritt, wodurch natürlich das Wiederanpflanzen außerordentlich erschwert ist. Und dabei könnte gerade Südeuropa große Mengen wertvoller Edelhölzer, insbesondere Nußbaum und Eiche, tragen. Man kann sagen, daß Südeuropa wohl 40 % absoluten Waldboden und Unland besitzt, das unbedingt wieder bepflanzt werden müßte.

Die Preise für Edelhölzer sind recht hoch. Der Preis des cbm Teak- und MahagoniH beträgt 110—150 ℳ. Selbst für Eiche steigt er auf 100—150 ℳ. Am teuersten ist das BuchsbaumH, welches namentlich zu HSchnitten verwertet werden kann. Es wird mit 250 ℳ die Tonne und teuerer bezahlt. Dagegen wertet gewöhnliches NadelH in Deutschland bei der Einfuhr nur 30—40 ℳ gesägt, RundH 15—20 ℳ, BrennH nur 6—8 ℳ a. d. cbm.

Tabelle 33.

	Holzausfuhr in Mill. ℳ Wert,				in Mill. cbm.	
	1891/95	1896/1900	1900/05	1906/10	1901/05	1906/10
Schweden	128	162	165	175	6,75	
Norwegen	32	44	42	44	1,70	
Finnland	42	71	94			
Oesterreich-Ungarn	104	170	198	215	4,00[1])	4,12[1])
Rußland	92	113	140	240		
Vereinigte Staaten	87	129	186	262		
Kanada	103	127	138			
Zusammen	588	816	963			

Die Baumwollkultur.

Die Baumwolle (B) ist derjenige Faserstoff, der im Laufe der letzten hundert Jahre aus einem Luxusartikel ein sehr gewöhnlicher billiger Gebrauchsartikel geworden ist. BGewebe, die noch vor hundert Jahren teurer waren als Wolle- und Leinengewebe und außerordentlich hoch geschätzt wurden, sind jetzt zum gewöhnlichsten, billigsten Webstoff geworden. Bereits Leinwand ist teurer; Wollengewebe werten das Doppelte und Dreifache im Verhältnis zu den BGeweben, Seide kostet gar das 10–20fache.

Die Preisermäßigung der BGewebe ist so recht der eigentliche Tummelplatz der Fortschrittsenthusiasten. An der Hand der ungeheuren Verbilligung von BGarn und BGeweben läßt sich allerdings leicht zeigen, wie herrlich weit wir es gebracht haben. Näher betrachtet verblassen allerdings die glänzenden Farben. Gewiß ist die B ein sehr brauchbarer Faserstoff, aber sie steht doch an Festigkeit und Haltbarkeit der Leinwand weit nach, an wärmender Wirkung erreicht sie bei weitem nicht die Wolle oder die Seide. Es ist daher durchaus natürlich und gerechtfertigt, wenn heute die BGewebe billiger sind als Leinwand oder wollene Zeuge, wenn bereits unter „feiner Wäsche“ Leinenwäsche verstanden wird. Am besten geeignet für Wäsche und Kleidung sind die baumwollenen Stoffe in den Tropen. Leinenwäsche würde daselbst bei der starken Schweißabsonderung leicht zu Erkältungen führen. Für die Oberkleidung sind allerdings daselbst leinene Stoffe besser, während wollene Stoffe allzusehr wärmen. Die B ist seit alters her auf der ganzen Erde verbreitet. Sie fand sich sowohl in Indien als in Amerika vor. Zur Zeit der ägyptischen Pharaonen galten baumwollene Gewebe als Luxus. Nur die Großen durften solche Kleider tragen. Bekanntlich ehrte Pharao den Joseph durch ein baumwollenes Gewand. In Indien scheint freilich die B auch im Altertum allgemein gewesen zu sein: traten doch Alexander dem Großen auf seinem indischen Feldzuge Krieger entgegen, die in BGewebe gehüllt waren. Alsdann entwickelte sich bald ein schwunghafter Handel mit indischen feinen BGeweben. Namentlich bezogen die vornehmen Römerinnen aus Indien den „gewebten Wind“, d. h. Musselingewebe. Im Mittelalter ist dann besonders die Stadt Mossul am Tigris für die Fabrikation von leichten BGeweben von Bedeutung gewesen, daher der Name Musselin.

[1]) Tonnen zu 1000 kg; in cbm wäre das etwa das Doppelte, da Nadelholz, das überwiegend von hier ausgeführt wird, 500—600 kg per cbm wiegt.

Daß die B auch in Amerika heimisch gewesen ist, konnten bereits Cortez und Franzisko Pizarro feststellen. Der erste sandte aus seiner mexikanischen Beute 30 Ballen baumwollene Mäntel dem Kaiser Karl V. Vielleicht deutet diese weite Verbreitung der BFaser mit auf den gemeinsamen Ursprung des Menschengeschlechts bzw. die Herkunft der Indianer aus der alten Welt.

Die baumwollenen Gewebe waren und blieben das ganze Mittelalter hindurch und bis in das 19. Jhd. hinein Luxusartikel. Die Ursache ist leicht einzusehen. Der Anbau der B erfordert viel Arbeitskraft. Insbesondere mühsam aber war in der früheren Zeit die Entkörnung der B, Trennung von Samen und Faser. Die einzelnen BKapseln, in denen Samen und Faser eingeschlossen sind, sind ja sehr klein und leicht. Mit dem früheren Entkörnungsgerät, der indischen Hurka, welche bereits einen Fortschritt darstellte gegenüber der Entkörnung mit der bloßen Hand, konnte man kaum über 5 Pfund BFaser täglich gewinnen. Das änderte sich gewaltig, als zu Ende des 18. Jhd. das „cotton gin" erfunden wurde, mittels dessen ein Arbeiter bereits das Zehnfache leisten konnte. Eine außerordentliche Verbilligung bei der Herstellung baumwollener Gewebe trat ein mit der Erfindung der Spinnmaschine durch Arkwright und dann des mechanischen Webstuhles. Die B eignet sich in vorzüglicher Weise zum maschinenmäßigen Verspinnen. Es ist bedeutend leichter und bequemer, als das von Wolle oder Leinen. Nur die größere Billigkeit des Verspinnens erklärt es, weshalb heute baumwollene Garne billiger sind als Wollengarn, baumwollene Gewebe billiger als Leinwand. Der Rohstoff, d. h. der Lein, ist ja billiger als die B. Ein großer Unterschied besteht auch in den Kosten der Spinnmaschinen. Eine Feinspindel kostet in den englischen BSpinnereien 20—25 ℳ, eine Leinen- oder Wollespindel kommt jedoch auf 80 und 100 ℳ.

Die BStaude gedeiht am besten in den Tropen, doch findet man sie auch überall in den Ländern, wo die Sommerwärme 25° C erreicht. Sie kann noch sehr gut gebaut werden in Süditalien und Südspanien, an der West- und Südküste von Kleinasien, in Griechenland, aber nicht mehr in Norditalien. Sie geht weniger weit nach Norden als der Mais. Die B gedeiht sowohl im trockenen als im feuchten Klima. Die vorzüglichste Qualität, die Sea Island B, braucht freilich feuchtwarmes Klima. Sie gedeiht am besten auf den Küsteninseln, die Nord- und Südkarolina und Georgia vorgelagert sind. Auch auf Neuguinea wächst eine gute B, doch hat man der zu geringen Flächenerträge wegen den Anbau aufgegeben. Das trockne Ägypten liefert eine wertvolle langstapelige B, dabei die höchsten Massenerträge. Eine kurzstapelige B liefern Indien und Zentralasien (als kurzstapelig bezeichnet man im allgemeinen Sorten, die im Durchschnitt nur 2,5—3,5 cm Faserlänge besitzen; sie wertet am niedrigsten; indische B). Die amerikanische Uplandstaude hat gewöhnlich 3,5 cm, die ägyptische 5 cm Faserlänge. Dies ist von Bedeutung insofern, als aus der langstapeligen B festere, haltbarere Stoffe angefertigt werden können als aus der kurzstapeligen. Die Länge der Fasern überhaupt ist ja meistens ausschlaggebend für die Festigkeit der Gewebe. Die Leinenfaser ist geradezu 10 mal länger als die der B. Allerdings ist das Leinengarn nicht 10 mal fester, sondern die Unterschiede betragen kaum das Doppelte. Den längsten Faden überhaupt besitzt die Seide, nämlich bis zu 250 m Länge, dagegen ist die Flockseide sehr wenig fest.

Die B liefert in Amerika etwa 1000 ℔ Samen B a. d. acre, d. h. kaum 1000–1200 kg mit etwa nur 250 kg reine Faser a. d. ha, jedoch kaum 250 ℔ LintB, d. h. reine Faser. Die BSamen sind ein außerordentlich öl- und stickstoffreiches Futtermittel, enthalten 20% Eiweiß und etwa 30% Fett. Früher warf man den BSamen in die Flüsse. Erst seit ein paar Jahrzehnten erkannte man ihren Wert als Futtermittel.

Die Verbilligung der BGewebe infolge der Erfindung des cotton gin und der Spinnmaschine hat gleichzeitig ein gewaltiges Ansteigen des Verbrauches zur Folge gehabt. Zu Anfang des 19. Jhd. sind nach Scherzer auf der ganzen Erde erst 108 Mill. kg produziert worden, heute (um 1911) sind es etwa 5 Milliarden kg. Nach Neumann-Spallert und Ellison sind allerdings unter Einschluß von Indien und China bereits 1790 über 210 Mill. kg B produziert worden. Dagegen ist die FlachsProd nur von etwa 285 auf 700–800 Mill. kg gestiegen. Die Wollproduktion ist von 220 Mill. kg auf 1100 kg gestiegen.

Das bedeutendste BProdGebiet, das über die Hälfte aller B auf der Erde hervorbringt, ist die amerikanische Union. Und zwar sind es die Südstaaten, welche außerordentliche Mengen B, 2000—2700 Mill. kg, jährlich erzeugen.

Die amerikanischen BStaaten sind bekanntlich die früheren Sklavenstaaten. Die B ist bereits in Nordamerika seit den Anfängen der Kolonisation, d. h. seit dem 17. Jhd., angebaut worden. Eine große Bedeutung erlangte sie erst durch die Erfindung des cotton gin und des mechanischen Webstuhles. Es ist interessant, daß die Negersklaverei in den Südstaaten der Union erstarkt ist zu einer Zeit, als sie in den englischen und französischen Kolonien aufgehoben wurde. Die primäre Ursache davon war der große Nutzen, den der BBau abwarf. Vor der Erfindung des cotton gin war die Sklaverei unrentabel, ja man meint, daß sie ganz von selbst verschwunden wäre. Nach der Erfindung dagegen war es sehr vorteilhaft, den BAnbau immer mehr auszudehnen. Es kam bald dahin, daß der Hauptwert in der amerikanischen Ausfuhr in B bestand. Galt doch „King Cotton" geradezu als Sprichwort. Bereits in den sechziger Jahren, vor Aufhebung der Sklaverei, wurden in den Südstaaten 4—5 Mill. Ballen B (zu je 200 kg) produziert, etwa 800—1000 Mill. kg, welche rd. einen Wert von einer Milliarde ℳ darstellen. Es war nicht einmal die Negersklaverei, welche den südländischen Pflanzern zum Unheil gereichte, sondern die Überspannung ihrer Herrschaftsgelüste gegenüber den Nordstaatlern[1]. Seit mehr als zwei Menschenaltern waren alle Präsidenten Südstaatler. Dieses Übergewicht des Südens drohte nach der Wahl Lincolns verloren zu gehen. Daher entschlossen die Südstaatler sich zum Abfall. Der wesentlichste Grund seitens der Nordstaatler für die Bekämpfung der Sklaverei war nicht das Mitleid mit den unterdrückten und ausgebeuteten Sklaven, sondern der Umstand, daß die Pflanzer des Südens gemeinsame Sache machten mit den Landhaien, Landspekulanten des Nordens, die die landbedürftigen Kolonisten ausbeuteten. Das Widerstreben dieser Landspekulanten und Pflanzer gegenüber der Forderung nach einem gerechten Landgesetz war es, was die Präsidentenwahl Lincolns veranlaßte und die Übermacht des Südens vernichtete. Es is ein Irrtum, wenn man glaubt, daß die Sklavenbevölkerung im Süden vorgeherrscht hätte. Dies war nur in einigen wenigen Gebieten der Fall. Die Südstaaten hatten im ganzen eine Bevölkerung

[1]) Eingehend behandelt bei Ernst von Halle, Baumwollproduktion und Pflanzungswirtschaft in den Nordamerikanischen Südstaaten, 2. Bde. 1897, 1906 in Schmollers Forschungen, Bd. XV_1, XXVI_1.

von 12 Mill. Menschen, von denen nur etwas über 4 Mill. Sklaven waren. Freilich aber führte auch die arme weiße Bevölkerung ein Schmarotzer- und Drohnendasein. Sie arbeitete nicht. Der arme Weiße, der die Hauptmasse der Bevölkerung ausmachte, lebte von der Jagd und vom Fischfang, bebaute nur sehr wenig Boden und trieb etwas Viehzucht. Die ganze B- und zum Teil auch Lebensmittelprod wurde von den Schwarzen besorgt, die sehr hart zur Arbeit angehalten wurden. Zum Teil auch wurden Nahrungsmittel aus den mittleren Nordstaaten, insbesondere aus Ohio, eingeführt. Die Nordstaatler, die zur See das Übergewicht besaßen, hatten gleich nach Beginn des Krieges die Blockade der Südhäfen ins Werk gesetzt, verhinderten die BAusfuhr und die Lebensmitteleinfuhr, und erreichten dadurch tatsächlich mehr als durch ihre Waffen. Wären die Häfen der Südstaaten frei gewesen, so wären die Südstaatler in bezug auf Geldmittel den Nordstaatlern überlegen gewesen, und es ist sehr fraglich, wie der Krieg dann geendet hätte. So aber mußten die Südstaaten langsam, aber sicher verbluten.

In Europa aber entstand die berüchtigte „Cotton famine“, der Baumwollehunger. In Lancashire mußten wegen der mangelnden BEinfuhr 485000 Menschen feiern, wobei man sie denn aus öffentlichen Mitteln unterstützen mußte. Gleichzeitig gingen die BPreise mächtig in die Höhe. Ein Pfund B hat vor dem Kriege einen halben Schilling gekostet, während des Krieges stieg der Preis auf das Fünffache. Dieser Umstand bewirkte eine gewaltige Ausdehnung der BKultur in anderen Tropenländern.

Indien hat seine Ausfuhr in den Jahren 1860—66 verdreifacht, sie stieg von 200 auf 600 Mill. Pfund englisch[1]), sogar Japan und China führten damals B aus. Auch in Ägypten und Brasilien ging die Prod in die Höhe. Die Öffnung der amerikanischen Südhäfen nach dem Kriege ließ sofort wieder den BPreis auf den früheren Stand zurückgehen. Es hatten sich eben während des Krieges in den Südhäfen riesige BMassen angesammelt. Der BAnbau ging nach Befreiung der Negersklaven stark zurück, sank auf die Hälfte der früheren Prod und weniger. Die Neger waren ja nun frei geworden und wollten möglichst wenig arbeiten. Da sie aber kein Land erhalten hatten, solches vielmehr den früheren Eigentümern den Weißen, verblieben war, so haben die weißen Besitzer doch diesen Umstand, nachdem die erste Panik vorüber war, weidlich ausgenutzt, indem sie von den Negern beträchtliche Pachtzahlungen für das von ihnen benutzte Land erhoben. Außerdem kam nun aber in Betracht, daß jetzt die arme weiße Bevölkerung gezwungen war zu arbeiten, die Arbeit war nunmehr auch nicht mehr schimpflich. Nach einiger Zeit hatte die Prod wieder die frühere Höhe erreicht, gegenwärtig wird geradezu drei- bis viermal soviel produziert als vor der Aufhebung der Negersklaverei, und diese Prod rührt überwiegend von weißen Farmern her. Die mit B bestellte Fläche in den Südstaaten stieg von 4 Mill. ha i. J. 1870 auf 7 Mill. ha 1880, auf 9,4 Mill. ha 1900 und beträgt zurzeit über 12 Mill. ha. Der Wert der BErnte 11—14 Mill. Ballen zu 500 lbs. (zu je 0,453 kg) = 3,3 Milliarden kg. Die etwas überhastete Ausdehnung des Anbaues in den achtziger Jahren bewirkte einen starken Preissturz, die den Gesamterlös aus der B stark reduzierte. Immerhin betrug der Gesamtwert der amerikanischen BErnte rd. 1200 Mill. ℳ. der der BAusfuhr im Durchschnitt der Jahre 1907—09 445 Mill. $ =

[1]) 1 libra [lb] = 0,453 kg.

1870 Mill. ℳ, die Menge 4300 Mill. lbs. = 1930 Mill. kg, der Eigenverbrauch auch noch 800—1000 Mill. kg. Die Ausdehnung der BKultur hatte für den Farmer eine Zeitlang in der Hauptsache die Bedeutung der Mehrarbeit, nicht des Mehreinkommens. Geerntet wurden im Jahrzehnt 1871/80 im Durchschnitt 4,4 Mill. Ballen oder 2560 Mill. lbs., nur wenig mehr als vor 1860. Im Jahresdurchschnitt 1881/90 betrug die Ernte bereits 6,5 Mill. Ballen oder 3351 Mill. lbs., 1891/96 3 Mill. Ballen oder 4138 Mill. lbs., 1897/1900 dagegen 11,2 Mill. Ballen oder 5750 Mill. lbs., 1906/10 etwa 13 Mill. Ballen. Der bedeutendste BStaat ist heute Texas, der vor 1860 keine sehr starke Bevölkerung hatte, es folgen Georgia, Mississippi, Alabama, Südkarolina, Nordkarolina, Arkansas, Louisiana und Virginia. Der BBau hat sich mehr nach dem Süden zurückgezogen.

Die Prod auf den ha beträgt 200—250 kg. Die B wird im Frühjahr ausgesät, die Erntezeit beginnt Ende Juli bis Ende August. Das Abernten der BStauden wird aber dreimal wiederholt. Die dritte und letzte Nachernte dauert bis in den November hinein, was ja den Vorteil hat, daß die Ernte auf eine lange Zeit verteilt scheint, womit die Leistungen eines jeden Arbeiters sich beträchtlich erhöhen. Die Tagesleistung eines Negers bei der Ernte wurde früher, zur Sklavenzeit, auf 100—150 Pfund geschätzt. Diese Quantität der SamenB ergab 20 bis 30 Pfund reiner BFaser. In vereinzelten Fällen stieg die Tagesleistung des Negersklaven auf 200—250 Pfund, bei Frauen und Kindern betrug sie oft nur 50 Pfund. Es ist daraus zu entnehmen, daß der Arbeitsbedarf sich richtete nach dem Bedarf bei der Ernte. Bestellen konnte man sehr große Flächen, bei der Ernte aber kam in Betracht, daß ein Arbeiter im Durchschnitt zur Aberntung eines ha BPflanzen 20 Tage gebrauchte. Wenn man nun die gesamte Erntezeit auf 100 Tage rechnete, so ergibt sich, daß ein Arbeiter bis 5 ha abernten konnte bzw. 1000 bis 1200 kg reiner Faser lieferte, welche vor dem Kriege 1000—1500 ℳ wert war, heute nur 1000 ℳ. In Wirklichkeit hat auch die BKultur vor 1860 nur rd. 4 Mill. ha eingenommen, auf welcher Fläche ebensoviele Mill. Ballen produziert wurden. Da nun die Negerbevölkerung 4 Mill. Köpfe betrug und von dieser Bevölkerung wohl ³/₄ im BBau beschäftigt war, so betrug der Wert der B a. d. Kopf der Negerbevölkerung kaum über 200—300 ℳ. Wenn man nun weiter rechnet, daß von dieser Bevölkerung nur 30—32 % arbeitsfähige Männer waren und die Arbeitsleistung der Frauen auf die Hälfte von der der Männer rechnet, so dürfte allerdings ein erwachsener Neger im Durchschnitt nicht über 2½—3 Ballen produziert haben, welches Quantum einen Wert von 600—900 ℳ hatte. Gegenwärtig rechnet man, daß unter günstigen Umständen eine Familie von Weißen etwa eine Fläche von 6 ha bestellen kann. Die größte Schwierigkeit liegt im Abernten, wofür es bis in die neueste Zeit keine passenden Maschinen gibt. In den letzten Jahren ist eine BPflückmaschine erfunden, die brauchbar sein soll. Jedoch fehlen noch wirklich zuverlässige Nachrichten hierüber. Immerhin scheinen die Leistungen der freien weißen Arbeiter beträchtlich höher zu sein als die der Negersklaven, trotz der Peitsche, mit der man jene zur Arbeit zwang. Ein tüchtiger weißer Arbeiter soll imstande sein, im Laufe der 100 Erntetage 20 acres gleich 8 ha abzuernten, die rd. 8 Ballen B liefern, die in den neunziger Jahren 1000—1200 ℳ Wert hatten, heute bis 1800 ℳ.

Von der wertvollsten BSorte, der Sea-Island B, werden selbst in guten Jahren nicht mehr als 100000 Ballen gewonnen, und zwar in Georgia 64000, in Florida 26000, in Südkarolina 10000, in Texas nur 2500 Ballen (offenbar ist da das Klima bereits zu trocken).

Als zweites BProdLand kommt Indien in Betracht. Die mit B bestellte Fläche ist wenig geringer als in der Union; es sind 1910 bestellt gewesen 220 Mill. acres, nahezu 9 Mill. ha mit 1642 Mill. lbs. = 740 Mill. kg Ernte, a. d. ha nur etwa 84 kg, also nur 1/3 des amerikanischen Ertrages. Ausgeführt wurden aus Indien 1909/11 990 Mill. lbs. = 449 Mill. kg. Danach also müßte in Indien selbst nur etwa 2 Pfund B a. d. Kopf der Bevölkerung zurückbleiben, was allerdings sehr geringfügig erscheint. Trotz der Einfuhr von rd. 520 Mill. ℳ für Zeuge müßte alsdann der Verbrauch der indischen Bevölkerung an BGeweben dreimal geringer sein als der der deutschen oder englischen Bevölkerung.

Auffallend sind die geringen Flächenerträge gegenüber Nordamerika, obgleich doch die Kultur an sich in Indien kaum extensiver sein dürfte als in Amerika, der Boden aber fruchtbarer ist. Ist doch gerade in den BGebieten Indiens die indische Schwarzerde, der Regur, sehr verbreitet. Die Kurzstapeligkeit der indischen B dürfte natürlich eine gewisse Rolle spielen, aber doch kaum eine Einbuße von zwei Drittel zuwege bringen. Übrigens wird auch in offiziellen und nichtoffiziellen indischen Quellen behauptet, es lohne nicht in Indien die B im Großbetrieb anzubauen: man könne nicht mit den kleinbäuerlichen Betrieben konkurrieren. Es wird behauptet, daß die Kleingrundbesitzer an die Arbeiter überhaupt keine Löhne zahlten, sondern die Hilfe ihrer Dorfgenossen unentgeltlich erhielten. Indessen ist dies wohl nicht buchstäblich zu verstehen. Sicher geben sie dafür Landnutzung. Man müßte denken, daß der Großbetrieb bei den ungemein niedrigen Löhnen in Indien noch aussichtsreicher sein müßte als in Nordamerika, wo die Tagelöhne in der Erntezeit selbst für die Schwarzen kaum unter 3—4 ℳ betragen, gegenüber 40—50 ₰ in Indien. In der Hauptsache wird wohl die Rückständigkeit in der Kultur schuld sein an den geringen Erträgen und der geringen Konkurrenzfähigkeit der indischen B. Die Kurzstapeligkeit könnte durch Anbauen besserer Sorten zum Teil gehoben werden, wie es die Versuche der Russen in Zentralasien (Fergana) beweisen. Jedenfalls haben die Engländer in Indien sich nicht bemüht, die Kultur durch Verbreitung von guter Saat nach russischem Beispiel zu heben. Angebaut wird die B in Indien hauptsächlich in den zentralen Gebieten, in Bombay, Madras und Hayderabad. In den Nordwestprovinzen spielt die BKultur eine geringere Rolle.

Als drittwichtigstes Anbaugebiet kommt Ägypten in Betracht. Hier haben die früheren Vizekönige, vor allem Ismael (um 1860) zunächst im eigenen Interesse, um seinen immer leeren Geldbeutel zu füllen, die BKultur weit ausgedehnt und tatsächlich große Erfolge erzielt. Ägypten weist die höchsten BErnten auf und hat dabei die langstapeligste B, die einen gewissen Glanz besitzt und auf dem Weltmarkte am höchsten bewertet wird. Mit B bestanden sind in Ägypten etwa 600000 ha. Der Ertrag erreicht jedoch rd. 300 Mill. kg, also zwei- bis zweieinhalbmal so große Flächenerträge als in der Union und sechs- bis siebenmal soviel als in Indien.

Von den übrigen Baumwollenländern hat in der letzten Zeit eine besondere Bedeutung gewonnen Russisch-Turkestan, besonders die Provinz Fergana. Rußland hat durch einen enormen Schutzzoll auf RohB, der rd. 53 ℳ a. d. dz gleich 50—60% vom Werte beträgt, eine starke BKultur ins Leben gerufen und besonders von seiten der Regierung gute amerikanische Saat verteilt und für rationelle Behandlung gesorgt. Der Durchschnittsertrag per ha beträgt rd. 300 kg, ist also höher als in Amerika. Die russische BErnte hat im letzten Jahrzehnt 11 Mill. Pud (zu je 16,4 kg) gleich 180 Mill. kg betragen. Ebensoviel wurde eingeführt. Angebaut wird die B in Fergana nur auf bewässertem Lande, welches daselbst nur über 1 Mill. ha umfaßt.

Wollte man die BKultur noch weiter ausdehnen, so wäre es erforderlich, von seiten des Staates große Bewässerungsanlagen herstellen zu lassen, da die arme einheimische Bevölkerung von sich aus hierzu völlig außerstande ist. Bemerkt worden ist in Turkestan, daß die eingeführte amerikanische B in wenigen Jahren entartet, kurzstapelig wird, genau wie die ursprüngliche zentralasiatische B. Man muß daher, um eine brauchbare B zu erlangen, mindestens alle drei Jahre mit der Saat wechseln, d. h. neue Saat einführen. Allerdings erreicht auch die erste amerikanische Aussaat nicht ganz die Länge der amerikanischen BSorten. Gewonnen wurden in Turkestan in den Jahren 1896—1900 bereits rd. 60 Mill kg B, gleich einen Viertel des russischen BBedarfs, 1910/12 aber nahezu das Dreifache. Außer in Turkestan besitzt Rußland noch in Transkaukasien am Unterlauf des Kur und Araxes rd. 2 Mill. ha bewässerungsfähigen Boden, der sich für die BKultur zweifellos noch mehr eignen würde als die Böden Zentralasiens. Allerdings ist die Voraussetzung ebenfalls die Herstellung künstlicher Bewässerung.

Von den übrigen BProdGebieten hat die größte Bedeutung China und Japan. Leider besitzen wir für China keine Statistik. Ellison schätzt den Konsum in China auf etwa $2^1/_2$ englische ℔ a. d. Kopf (unter Berücksichtigung der eingeführten Quantitäten; eingeführt wurden in den 1870er Jahren um etwa 100 Mill. lbs. Gewebe, heute etwa das Dreifache). In China selbst soll gleichzeitig die Prod nur 450 Mill. lbs. betragen haben, für die Jetztzeit können keine zuverlässigen Zahlen gegeben werden. Die Eigenprod Japans reicht nicht für den Bedarf, es führte 1909 230 Mill. kg ein. Es steht ja auch an der Nordgrenze des BBaues. Nur auf Formosa dürfte der BBau eine Zukunft haben. Für die übrigen Länder schätzte Ellison den BKonsum in Afrika zu $^1/_4$ ℔ per Kopf und kam so auf eine Prod von 68 Mill. lbs. Natürlich schwebten hier drei Dinge in der Luft: 1. die Bevölkerung von Afrika, 2. der Pro-Kopf-Konsum, 3. die Prod! Westindien hat es in unserem Jhd. seit der Zeit des Aufkommens des BBaues in der Union fast vollständig aufgegeben, B anzubauen. Dies war eine rationelle Arbeitsteilung, da es vorteilhafter ist, in Westindien andere tropische Produkte, als Zuckerrohr und Kaffee, anzubauen, die in der Union nicht mehr fortkommen. Ähnliche Gründe haben auch die BProd in Südamerika zurückgehen lassen. Zur Zeit des BHungers in den sechziger Jahren war namentlich die brasilianische Prod enorm angeschwollen; seitdem ist jedoch ein Stillstand eingetreten. Noch 1871/75 wurde die ProdMenge in Brasilien auf 50 Mill. kg geschätzt, 1896 jedoch nur noch auf 20 Mill., heute 35 Mill. kg. Bemerkenswert ist, daß bei Versuchen in der Provinz Santa Catharina, in der Kolonie Blumenau eine der Sea Island ähnliche Qualität erzielt worden ist, die 1867 in Paris mit dem höchsten Pr gekrönt wurde. Die Kultur ist jedoch nicht hoch gekommen, wohl weil dazu die ausgedehnten ebenen Flächen fehlten. Der Hektarertrag ist in Brasilien nach den meisten Berichten geradezu dreimal so hoch wie in der Union.

Eine ganz besonders wertvolle BArt wird in der peruanischen Provinz Piura erzeugt, und zwar in den Tälern von Ica, Pulpa, Nasca.

Diese B fühlt sich rauh, wollig an und ist sehr geschätzt zur Vermischung mit Wolle. Sie erhöht bedeutend die Stärke der wollenen Zeuge, verbilligt sie dabei ganz erheblich. Namentlich zur Fabrikation von Strümpfen und gestricktem Unterzeug verwandt, erhöht sie die Haltbarkeit und verhindert das Einlaufen; außerdem erlangen die Fabrikate durch Zusatz von PiuraB einen schönen Glanz, die Farben kommen besser heraus und bleiben in der Wäsche echt. Die Prod der PiuraB war früher eine außerordentlich geringe, heute ist sie von 2 auf 16 Mill. kg gestiegen. Die Kultur erschwert die Regenlosigkeit der peruanischen Küste: es regnet nur alle sieben Jahre einmal. Die Ausdehnung ist unter Zuhilfenahme von künstlicher Bewässerung ermöglicht, was jedoch große Kapitalien erfordert.

Zur Zeit des BHungers in den sechziger Jahren sind auch in Südeuropa erhebliche Mengen B gebaut worden, namentlich in Sizilien. 1864 waren 88 000 ha mit B bepflanzt, die einen Ertrag von 25 Mill. kg geliefert haben sollen. Der Aufschwung des BBaues in der Union hat jedoch die sizilianische Kultur ebenso schnell wieder vernichtet wie sie gekommen war. Die deutsche Kolonie Neuguinea erzeugt eine höchst wertvolle B, jedoch scheint der Anbau nicht rentabel genug zu sein, da der Flächenertrag sehr gering ist. Am günstigsten für den BBau dürfte von den deutschen Kolonien Togo sein, wo die B vorzüglich gedeiht und auch die Arbeitskräfte billig sind (1909 500 000 kg).

Tabelle 34.

Baumwolle in Millionen kg.

	im Jahre	Produktion	Export	ℳ per kg	Anbaufläche
Verein. Staaten	1790	1			1000 ha
	1800	20		2,5	
	1820	80		1,5	
	1840	320		0,85	
	1860/62	920		1,1	
	1871/80	930			7000
	1881/90	1435	970	0,95	8200
	1891/1900	2200	1390	0,70	9600
	1901/05	2500	1720	0,75	10 000
	1906/10	2760	1800	0,80	10 200
Indien	1896/90	500	260		
	1904/06	900	330		
	1909—10	1125	675		9000
Aegypten..........	1881/90	140	133		
	1897/98	300	240		
	1904/06	304	240		630
	1909/10	292			
Russ. Centralasien..	1896/98	66			
	1904/06	80			300
	1909/12	130			450

Textilrohstoffe.

A. Ramie.

Ramie oder Chinagras ist eine Nesselart, die für die Zukunft eine immer größere Aufmerksamkeit beanspruchen wird. Sie bietet der B gegenüber ganz gewaltige Vorzüge: größere Festigkeit, weißer seidenähnlicher Glanz. Auch dem Lein gegenüber ist es ganz außer Frage, daß die Chinagras- oder Nesseltücher bei annähernd gleichem Preise scharfe Konkurrenz bereiten werden, wenn nicht gar die Leinwand aus dem Felde schlagen werden. Zurzeit ist sie noch zu teuer, R gewährt hohe Massenerträge, auch ist die Ernte ständiger, die Aberntung leichter als bei Lein oder B. Sie kann mit der Maschine geschnitten werden, wobei denn naturgemäß große Mengen bewältigt werden, während ja die B- und Leinernte eine sehr mühsame ist. Jedoch ist die Entfaserung der R sehr umständlich, ebenso wie das Verspinnen, während die B hier sehr viel günstiger dasteht.

Die RAusfuhr ist bis jetzt minimal gewesen. Dies dürfte sich jedoch sehr bald ändern, so wie die Nachfrage nach der RFaser ansteigt. Bisher wird die Ausfuhr aus China wegen der minimalen Mengen R nicht angegeben. Die RProd bietet aber gerade in den feuchten Tropengebieten große Vorteile; sie kann im feuchten Klima 4—6mal im Jahre geschnitten werden. Dabei dauert ein RFeld jahrelang aus, ohne daß man Nachpflanzungen vorzunehmen braucht. Es wird behauptet, daß in 5 Jahresernten im Durchschnitt je 400—600 kg an reiner Faser, d. h. 2—3000 kg im Jahr pro ha gewonnen werden können. Es wäre dies nahezu das Zehnfache gegenüber der B. Indessen ist doch die Ausdehnung der RProd vorläufig bis zu einem gewissen Grade Zukunftsmusik.

B. Jute.

Die Jute wird bis jetzt fast ausschließlich in Ostindien, hauptsächlich in Bengalen angebaut. Es waren 1910 2,8 Mill. acres mit Jute bestellt. Die Ausfuhr Indiens betrug 1909—1911 durchschnittlich wohl 750 Mill. kg Jutefasern, im Werte von nahezu 220 Mill. ℳ, für den gleichen Preis Fertigfabrikate Jutegewebe[1]), insbesondere Säcke; somit dürfte unter Hinzunahme des einheimischen Verbrauchs die Gesamtprod von Jute 1,6 Mill. t betragen. Jute wertet bei der Einfuhr in Deutschland rd. 300—350 ℳ a. d. Tonne (Baumwolle 3mal soviel), der Preis steigt dauernd. Es ist der billigste Faserstoff, freilich auch der gröbste, der nur für Sackleinewand und grobe Teppiche und besonders in der Elektrizitätsindustrie verwandt werden kann, keine große Stärke und Festigkeit besitzt. Für grobe Gewebe, die große Festigkeit erfordern, ebenso für Seile kommt lediglich Hanf in Betracht. Bemerkenswert ist, wie schnell sich die JProd und -Ausfuhr gehoben hat. 1828 wurden aus Ostindien erst 18000 t ausgeführt. 1854/56 infolge des Krimkrieges war die Hanf- und Flachsausfuhr erschwert, und die JAusfuhr stieg im

[1]) Die Juteindustrie beschäftigte 1910 204000 Personen, beinahe ebensoviel wie in der BIndustrie, an 31000 Webstühlen und 645000 Spindeln.

schnellen Tempo. 1856 wurden ausgeführt 36000 t J im Werte von 6 Mill. ℳ. Bis 1870 war die Ausfuhr auf 168000 t gestiegen, bis 1880 auf 300000 t, 1910 waren es 3/4 Mill. t. Übrigens können die englischen Fabriken bei ihren hohen Arbeitslöhnen nur schwer mit den indischen Fertigfabrikaten konkurrieren. In Indien gab es 1910 645000 Spindeln, 31000 Webstühle und 204000 Arbeiter; der Anlagewert der Fabriken hat etwa 140 Mill. ℳ betragen.

C. Lein.

Der größte Leinproduzent ist Rußland. Auch die Niederlande erzeugen L für die Ausfuhr. In Deutschland ist der LBau seit 1883 zurückgegangen; damals war dem L eine Fläche von 44000 ha eingeräumt, seitdem sind keine neueren Aufnahmen erfolgt. Der Grund des Rückganges des LBaues ist zweifellos in dem Preissturz zu suchen, den der Flachs, das Produkt der LPflanze, gleichzeitig mit Baumwolle und Wolle durchzumachen hatte. Als Flachsexportländer blieben nur übrig Gebiete mit billigen Arbeitslöhnen, wie Rußland. Es ist hier zu beachten, daß die Herstellung von Flachs sehr viel Handarbeit erfordert. Zwar werden auch in Nordamerika und Brasilien große Flächen mit L bestellt, allein der Anbau dient da nur der Samengewinnung (Leinsaat, linseed) nicht der Bastgewinnung. Die Samengewinnung ist eben einfacher, erfordert nicht soviel Handarbeit.

In einem wie hohen Grade der LBau in Europa zurückgegangen ist, beweist ein Blick auf die englische Statistik. In Irland war im Jahre 1874 dem LBau eine Fläche von 106886 acres gewidmet, im Jahre 97/98 jedoch nur 38000 acres. In England ist der LBau von 94394 auf 900 acres zurückgegangen. In den Niederlanden wurden in den Jahren 1871/90 angebaut 18500 ha, in den Jahren 1896/97 jedoch nur 11000, 1909 kaum 10000 ha, Belgien dagegen 1908 rd. 20000 ha. Der Ertrag betrug 1909 in den Niederlanden 6000 t an reiner Faser, d. h. 600 t a. d. ha gegen 500 kg früherer Zeit. In Österreich wurden angebaut im Jahre 1898 80000, 1909 44000 ha, geerntet worden sind 40300 t, 1907—1909 durchschnittlich 36000 t. Die Hanfprod in Österreich betrug gleichzeitig unverändert 17000 t auf 35000 ha bzw. nur 24000 ha im Jahre 1909. In Ungarn waren dem Hanfbau eingeräumt 35000, 1908 59000 ha (während mit L nur 18000 ha bestanden waren), mit 52000 t Ertrag. Das größte Hanf- und Flachsproduktionsland ist Rußland. Daselbst waren 1898 mit Flachs bestanden 2,07 Mill. ha gegen nur 1,2 i. J. 1909, von welchen 600000 t bzw. 455000 t Faser und 700000 t bzw. 500000 t LSaat gewonnen wurden. Mit Hanf bestanden waren 760000 ha, 1909 etwa 460000 ha, die rd. 220000 t bzw. 270000 t Faser und 350000 bzw. 310000 t Samen lieferten. In Rußland hatte die mit Flachs bestellte Fläche in den Jahren 1880/1896 rd. 1/2 Mill. ha zugenommen, darauf wieder abgenommen. Die Ausfuhr aus Rußland betrug 1880/83 im Mittel an Flachs und Heedewerg 14 Mill. Pud[1]) = 239000 t. Sie war bis 1886/87 zurückgegangen auf 164000 t, stieg dann für 1888/93 auf rd. 223000 t, um von 1896 an auf durchschnittlich 235000 t stehen zu

---

[1]) 1 Pud = 16,38 kg.

bleiben; dazu kommen noch 37000 t Werg. Man sieht also, die Ausfuhr ist in den letzten 30 Jahren kaum gestiegen, der Geldwert derselben ist aber bedeutend zurückgegangen; er beträgt heute etwa 128 Mill. ℳ für Flachs, 14—15 Mill. ℳ für Heede, 1900/01 sogar nur 95 Mill. ℳ gegen 145 Mill. ℳ i. J. 1895. Jurascheck rechnet für 1890 die gesamte in Europa mit Lein bestellte Fläche zu nur 2 Mill. ha, den Ertrag zu 545000 t, doch dürfte er dabei den russischen Ertrag zu niedrig eingeschätzt haben. Es dürfte heute, abgesehen von der verringerten Anbaufläche, der Ertrag derselbe sein. In der Union hat bereits der Anbau 1890 ½ Mill. ha, 1909 1,1 Mill. ha eingenommen mit rd. 600000 t LSaatertrag i. J. 1909. In Argentinien, wo die Anbaufläche i. J. 1909 1,4 Mill. ha mit 960000 t LSaat Durchschnittsertrag 1907/09 betrug, wie in der Union wird L fast nur zwecks Samengewinnung angebaut. Übrigens werden auch in Rußland zwei LSorten gewonnen: der langstaplige und der kurzstaplige L. Der kurzstaplige dient in der Hauptsache der Samengewinnung. Der beste L wird in den Niederlanden und in Irland gewonnen, wo man den LSamen gar nicht reifen läßt, sondern ihn noch unreif vom Felde einfährt. In Rußland wird der beste L in den Gebieten mit kühlem Sommer, im nördlichen Livland und in Wologda, gewonnen.

D. Hanf.

Die gesamte Hanfprod berechnet Jurascheck nach Grothe für 1883/85 zu 3 Mill. t. Seitdem haben sich insofern Verschiebungen vollzogen, als der HBau in Westeuropa stark zurückgegangen ist; nur in Italien scheint er sich zu erhalten, woselbst (nach den neuesten Angaben) noch 1895 100000 ha mit H, 52000 mit Lein angebaut waren. Die Erklärung ist die, daß Italien (wie Rußland) sehr billige Handarbeit hat. Produziert sind in Italien rd. 74000 t HFaser, also 700 kg a. d. ha, woraus sich ergibt, daß Italien neben Ungarn die höchsten Flächenerträge hat. Zugleich steht die Qualität des italienischen H am höchsten. In Deutschland ist die dem HBau gewidmete Fläche seit 1883, wo sie 15000 ha betrug, zurückgegangen auf 3500 ha i. J. 1909. Frankreich hat mit H bebaut i. J. 1885 84000 ha, 1891 51000 ha, 1898 29000 ha, i. J. 1908 nur noch 15000 ha. Der gesamte HErtrag betrug 1898 20000 t; der Flachsertrag betrug gleichzeitig nur 12000 t bezw. 21000 t, dazu 18000 t Leinsamen, i. J. 1908 14000 t HFaser.

Manilahanf.

Seit den letzten Jahrzehnten werden steigende Mengen von Manilahanf ausgeführt. Dieser wird aus dem Bast einer Bananenart, der Musa textilis, gewonnen. Er vereinigt die Geschmeidigkeit des H mit einer bedeutenden Festigkeit, wodurch er sich in kurzer Zeit den Weltmarkt erobert hat und den europäischen H immer mehr zurückdrängt. 1870 wurden aus den Philippinen ausgeführt 29000 t; bis 1880 war die Ausfuhr auf 50000 t angestiegen; 1884/95, vor dem Kriege, wurden bereits über 100000 t ausgeführt. Dann fiel sie etwas, hat jetzt aber i. J. 1910 rd. 120000 t im Werte von 70 Mill. ℳ erreicht.

Sisalhanf.

Der Sisalhanf wird aus einer Agavenart gewonnen, die auf der Halbinsel Jukatan wächst. I. J. 1907/1909 sind 110000 t durchschnittlich im Werte von 54 Mill. ℳ ausgeführt worden. In Deutschland sind in den letzten Jahren eingeführt 7000 t Sisalhanf.

Aus Italien hatte Deutschland 1897/98 eingeführt 11150 t, 1909 18900 t im Werte von 9,5 bzw. 14,2 Mill. ℳ, aus Rußland 30000 t, i. J. 1909 21300 t im Werte von 13,7 bzw. nur 11,4 Mill. ℳ. Der italienische H wertete 75, der russische nur 55 ℳ a. d. dz.

E. Wolle.

Die Wolle besitzt zwar heute nicht mehr die Bedeutung wie früher, da eine Anzahl Kleidungsstoffe, für die früher W verwandt wurde, heute nach einigen Schwankungen wieder überwiegend aus B angefertigt werden. Die Schafzucht fand in Ländern mit geringer Grundrente wie Australien ein ausgedehntes Gebiet, in dem sie sich gedeihlich entwickeln konnte, und das um so mehr, als das trockene australische Klima die Prod einer hochfeinen W begünstigt. Es wird behauptet, daß sogar Schafe mit minderwertiger Wolle nach einigen Generationen eine Nachkommenschaft hervorgebracht haben, deren W der der echten Merinos nichts an Feinheit nachgab. Die ungeheuren zur Verfügung stehenden Flächen in Verbindung mit der raschen Vermehrung der Schafherden brachten es mit sich, daß Australien bereits 1890 124 Mill. Schafe zählte, d. h. auf einen Bewohner 35 Schafe kamen. Seit Anfang der neunziger Jahre ist freilich die Schafzucht infolge mehrerer trockener Jahre sehr zurückgegangen. Die Trockenheit war so groß, daß weite Weideplätze verlassen werden mußten. Um 1899 soll der Schafbestand einschließlich Neu-Seelands nur noch 92,4 Mill. Köpfe ausgemacht haben, 1910 wieder 116,8 Mill. Indessen hatten bereits einige andere Länder der südlichen Hemisphäre die Schafzucht rasch weiter entwickelt. Argentinien zählte bereits um 1888 66,7 Mill. Schafe, 1895 74,4 Mill., 1908 67,2 Mill. Uruguay besitzt heute 26,3 Mill. Schafe, das Kapland 19 Mill., Oranjekolonie und Transvaal 10,5 Mill. Der Transport der W aus überseeischen Gebieten war zunächst natürlich wegen der großen Entfernung und des bedeutenden Volumens der W ein ziemlich schwieriger. Nach und nach gingen jedoch die Frachten einerseits herunter, andererseits wurde zum Verkleinern des Volumens der WBallen die Presse angewandt, gerade so, wie man ja bei der Verladung der anderen Faserstoffe, der Baumwolle, des Flachses und Hanfes, Pressen anwendet. Immerhin nehmen die Faserstoffe trotz aller Pressen gerade dreimal soviel Raum ein wie das Getreide, so daß die Schiffe notwendig andere Stoffe als Ballast mitführen müssen, um die nötige Stabilität zu erhalten.

Mit dem Hochgehen der australischen Schafhaltung ging die europäische Schafhaltung zurück, da die Preise zu sehr gesunken waren. Deutschland hatte z. B. um 1860 noch 30 Mill. Schafe, um 1910 nur noch 7 Mill. Es betrug die überseeische Wolleproduktion nach Berichten der „Allg. Handelsgesellschaft“ in Antwerpen:

Tabelle 35.

Wollproduktion in 1000 Ballen zu je 480 lbs.

Jahr	Australien und Neuseeland	Kap	Laplata	Summe	Gewaschene Wolle Millionen kg
1894/95	1959	269	514	2743	260
1895/96	1852	288	543	2682	256
1896/97	1848	274	550	2673	265
1897/98	1719	279	555	2553	261
1898/99	1664	267	555	2486	260
1899/1900	1594	140	468	2202	225
1900/01	1609	217	536	2363	270
1901/02	1664	234	514	2413	265
1902/03	1440	234	564	2229	250
1903/04	1367	231	478	2047	235
1904/05	1596	210	480	2286	252
1905/06	1869	238	489	2596	270
1906/07	2090	287	478	2855	292
1907/08	2100	320	495	2915	295
1908/09	2288	380	596	3263	341
1909/10	2434	377	480	3291	331
1910/11	2469	376	545	3389	343
1911/12	2514	463	532	3509	348

Die gewöhnlichen Angaben in Ballen zu 480 Pfund englisch sind für die einzelnen Ausfuhrgebiete nicht gut vergleichbar, als sie sich auf Schmutzwolle beziehen, die nach der Waschung oft die Hälfte, mitunter sogar $^2/_3$ ihres Gewichtes verliert. In der neueren Zeit werden freilich bereits die Schafe selbst vor dem Scheren einer sogen. Rückenwäsche unterzogen, wodurch es dann fraglich erscheint, inwieweit die heutigen Ballenangaben der einzelnen Länder mit den früheren noch vergleichbar sind. Einen richtigen Maßstab gibt erst der Betrag in „gewaschener Wolle".

Europa produzierte um 1880 nach Jurascheck 386 Mill. kg W, 1896 jedoch nur 263 Mill. kg, 1911 232 Mill. kg, so daß also die Prod um 123 bzw. 154 Mill. kg gesunken war. Aber auch diese 232 Mill kg sind noch nicht gewaschene W. Das Quantum der letzteren dürfte noch um ein Drittel zu reduzieren sein, es dürfte vielleicht am korrektesten sein, das Gewicht der W nach der Anzahl der Schafe zu messen. Europa hatte um 1895 bzw. 1911 etwa 70 bzw. 60 Mill. Schafe, die etwa rd. 120 bzw. 100 Mill. kg gewaschener W produziert haben dürften. Nun ist aber Europa mit dieser Menge bei weitem nicht ausgekommen. Es hat noch 250—260, bzw. 348 Mill. kg gewaschener W eingeführt.

Von den Konsumländern für W kommen hauptsächlich in Betracht die Union, England, Deutschland und Frankreich. Die Union hatte 1906/10 eine Eigenproduktion an W von 300 Mill. Pfund (die rd. 45 Mill. Schafen entstammte), eine Einfuhr von 131 Mill. Pfund.

In Deutschland dagegen beträgt heute die Eigenproduktion kaum 15—16 Mill. kg, die Einfuhr das zehn- bis zwölffache: für die eingeführte W dürften 60 Mill. Schafe herangezogen sein. Günstiger in dieser Beziehung steht England, das bei einem Schafbestande von 30 Mill. noch eine Eigenproduktion von 130 Mill. Pfund (rd. 60 Mill. kg) aufweist, allerdings auch ca. 150 Mill. kg W einführen muß — den gleichen Betrag wie Deutschland. Eine noch etwas höhere Einfuhr (rd. 170 Mill. kg) hat Frankreich; die französische Eigenproduktion an W dürfte mindestens das Doppelte der deutschen betragen.

Den Preisunterschied der einzelnen WArten kann man nur an dem Preise für gewaschene W messen. Da ergibt sich denn allerdings, daß die W der norddeutschen Schäfereien um etwa ein Viertel niedriger bewertet wird als die gewaschene argentinische W. 1901 galt z. B. die erste 231 ℳ, die letzte 300 ℳ a. d. dz, 1910 war der Preis gestiegen auf 337, bzw. 434 ℳ. Im allgemeinen kann man annehmen, daß ein Schaf nicht mehr als $1^1/_3$—$1^1/_2$ höchstens $1^3/_4$ kg an gewaschener W jährlich liefert.

In bezug auf die Feinheit der W stand früher Spanien allen Ländern voran. Das hat sich jedoch im Laufe der Zeit geändert. Die Durchschnittsqualität der australischen W ist sogar besser wie die der spanischen. Auch die spanische Schafzucht hat heute keine sehr große Bedeutung für die Ausfuhr.

F. Seide.

Die Seide ist der gesuchteste und kostbarste Webstoff. Sie ist weit fester und glänzender als Flachs, Wolle oder Baumwolle. Ihre Mengen sind freilich gering. Da jedoch der Einheitspreis bei der S ein sehr hoher ist, so ist ihre Bedeutung in der Volkswirtschaft keine geringe. Ihr Konsum galt stets als Zeichen von Reichtum und Luxus und ist es bis auf unsere Tage geblieben. Das beweist schon ein kurzer Blick auf die Preise. Während nämlich ein dz der Jutefaser rd. 25 ℳ wertet, Hanf und Flachs 45—60, Baumwolle 80—100, W (gewaschen) 300—450, ist die RohS nicht unter 4000—5000 ℳ zu haben. Sie ist also ungefähr zwölf- bis siebzehnmal teurer als W. Selbst der SWerg, die Florett- oder FlockS, wertet noch 500—600 ℳ für den dz, ist also anderthalb- bis zweimal teurer als W.

Die S ist das Produkt der SRaupe, deren Zucht eine ungemeine Sorgsamkeit erfordert; die Fütterung der SRaupe mit den Blättern des Maulbeerbaumes fordert außerordentlich viel Arbeit. Unter günstigen Umständen liefert ein ha mit Maulbeerbäumen etwa 10000 kg frische Blätter, womit rd. 600 kg Kokons groß gefüttert werden können, welche ihrerseits nur 50 kg reiner RohS und ebensoviel kg FlockS abgeben. Man könnte also sagen, daß zur Prod von S kaum ein größerer Bodenkoeffizient erforderlich ist als zur Prod von W, eher umgekehrt. 1 ha mittelguter Wiese genügt kaum für die Ernährung von 10 Schafen, die nur 12—15 kg W liefern, nur beste Wiesen können 30 Schafe per ha erhalten. Natürlich kommt bei der Schafzucht auch die FleischProd in Betracht. Dagegen ist die für die SProd erforderliche Handarbeit eine außerordentlich hohe.

In Italien rechnet man, daß ein junges Mädchen etwa 6 Wochen zur Zeit der Maulbeerernte beschäftigt werden müsse, um SRaupen zu züchten, die nur 30—40 kg Kokons liefern, aus welcher Menge nur $3^1/_2$—4 kg S gewonnen werden. Auch das Abhaspeln von den Kokons ist ungemein mühsam. Der SFaden erreicht eine Länge von rd. 200—250 m, ist aber ungemein dünn; es müssen 8—12 Fädchen vereinigt werden, damit ein zur Weiterverarbeitung geeigneter Faden entsteht.

Die S ist ursprünglich in China zu Hause gewesen. China ist bis auf unsere Tage das größte SProduktions- und Exportland geblieben. Die SProd soll hier bereits im dritten und vierten Jahrhundert vor unserer Zeitrechnung betrieben worden sein. Bekannt ist, daß die S sehr früh einen ungemein wichtigen Handelsartikel abgab, der mit Gold aufgewogen wurde. Sie wird bereits in der Bibel wie bei den alten griechischen Schriftstellern, bei Herodot, Xenophon und Aristoteles erwähnt. Von den römischen Schriftstellern eifern bereits Cicero und Ovid gegen den Luxus seidener Gewänder. Zur Zeit Mark Aurels sollen bereits direkte Handelsbeziehungen mit China bestanden haben. Die SKultur der SRaupe scheint dann sehr frühzeitig nach Persien gekommen zu sein, nach der Tradition brachten griechische Mönche zur Zeit des Kaisers Justinian (527—565) in ausgehöhlten Stöcken SRaupeneier nach Europa. Auf Morea, dem antiken Peloponnes, war die erste SRaupenzucht in Europa und blieb es auch das ganze Mittelalter. Allerdings brachten die Mauren die SZucht bereits im 8. Jhd. nach Spanien, im 9. Jhd. nach Sizilien. Die SHaspel soll in Bologna um 1272 erfunden worden sein. 1535 veranlaßt Franz I. von Frankreich nach der Eroberung Mailands SArbeiter nach Lyon überzusiedeln.

Gleichzeitig scheint auch die SZucht nach Deutschland gekommen zu sein. In Lyon nahm die SKultur einen sehr schnellen Aufschwung. Die Hugenottenverfolgungen brachten sie alsdann gewaltig zurück. Die geschicktesten Arbeiter flüchteten und wurden in protestantischen Ländern gut aufgenommen. Noch Friedrich der Große begünstigte nach Kräften die SZucht. Um 1783 sollen 3 Mill. Maulbeerbäume im preußischen Staate existiert haben, die aber doch des rauheren Klimas wegen nicht so gut gediehen wie im Süden. Tatsächlich ist dann die preußische SZucht später wieder sehr zurückgegangen. Heute verarbeitet Deutschland fast ausschließlich eingeführte S. Die größte Bedeutung in Europa für die SZucht besitzt Italien, das rd. 3 Mill. kg RohS produziert, was immerhin nicht sehr hoch erscheint. Mit der Aufzucht der SWürmer waren 1895 in Italien nahezu rd. 1 Mill. Personen beschäftigt. so daß a. d. Person 5,5 kg RohS kamen. Außerdem gab es in den SFabriken rd. 173000 Arbeiter. Es ist eigentümlich, daß die Menge der in Italien produzierten RohS seit 1871—75 nicht gewachsen ist, sondern sogar noch etwas gesunken. Damals betrug die SProd 3,5—3,9, 1911: 3,5 Mill. kg. Allerdings muß bemerkt werden, daß in den sechziger Jahren zur Zeit der Raupenkrankheit die Prod. nur 1,3 Mill. kg betragen hatte.

Frankreich stand früher in bezug auf die SProd Italien gleich. 1846/53 wurden produziert 3,1 Mill. kg RohS. Seitdem ist die Prod durch die Raupenkrankheit stark verringert worden, und wenn sie sich in der letzten Zeit auch wieder gehoben hat, so erreicht sie doch erst $^3/_4$ Mill. kg. Ausschlaggebend für dieses geringe Ansteigen war offenbar die Konkurrenz der billigen chinesischen RohS.

Österreich-Ungarn hat eine GesamtProd von etwa 300000 kg.

Das Hauptproduktionsgebiet ist, wie bereits bemerkt, China. Es hat 1906/10 etwa 6,3 Mill. kg RohS im Werte von 170 Mill. ℳ ausgeführt. Die GesamtProd soll gleichzeitig 12—13 Mill. kg betragen haben.

Als zweitwichtigstes Produktionsgebiet ist Japan zu nennen mit einer Prod von 10—11 Mill. kg RohS, wovon früher rd. die Hälfte im Werte von 130—140 Mill. ℳ ausgeführt wurde; z. Zt. wohl $^3/_4$—$^4/_5$.

Ostindien soll eine SProd von etwa 1½ Mill. kg haben. Syrien, Kleinasien sollen es auf 835 000 kg bringen. Rußland mit dem Kaukasus und Kleinasien ¾ Mill. kg. Die gesamte außereuropäische Prod schätzt Jurascheck für 1896 zu 23,9 Mill. kg, die europäische zu nur 4,5 Mill. kg, die WeltProd auf 28,5 Mill. kg. 1911 betrug die WeltProd, soweit sie in den Handel gelangt, 24,7 Mill. kg. Die größten SKonsumenten sind neben Frankreich und Italien England, die Vereinigten Staaten und Deutschland. Frankreich, England, die Union und Deutschland zogen auch fast ausschließlich die japanische Ausfuhr an sich. Die Vereinigten Staaten verarbeiteten 1911 rd. 11 Mill. kg S, Deutschland 3,5 Mill. kg, ebenso Frankreich, die Schweiz verarbeitet 1½ Mill. kg RohS und FlockS. In England beträgt die Einfuhr 3½ Mill. kg. Dabei werden für 250 Mill. ℳ SWaren eingeführt, hauptsächlich aus Italien, Frankreich, der Schweiz und Deutschland. Die größte SVerarbeitung besitzt neben Frankreich Italien, doch hat auch die Union 1,4 Mill. SSpindeln.

Tabelle 36.

Seidenproduktion in Tonnen zu je 1000 kg.

Land	durchschnittlich							
	1876/80	1881/85	1886/90	1891/95	1896/00	1901/05	1906/10	1911
Oesterr.-Ungarn	—	153	265	257	272	315		355
Frankreich	510	631	692	747	650	591	5480	402
Italien	1900	2760	3311	4428	4712	4326		3490
Spanien	65	86	72	86	83	80		88
Bulgarien	—	—	—	12	47	141		
Griechenland[1]	26	19	21	38	41	64		
Europ. Türkei	81	101	134	200	162	235		
Kaukasus	—	—	—	—	276	391	2840	2815
Kleinasien	85	140	186	265	402	518		
Syrien u. Cypern	157	236	304	400	456	487		
Persien u. Turkestan[2]	290	205	94	192	168	468		
China[2]	4175	3342	4035	5403	6529	6355		7350
Japan[2]	1033	1360	20[illegible]6	3006	3459	4865	14900	9200
Brit. Indien[2]	352	406	432	261	203	256		230

Tabelle 37.

Seidenverbrauch, in Tonnen, geschätzt.

Land	durchschnittlich					
	1876/80	1881/85	1886/90	1891/95	1896/00	1901/05
China	8000	8000	8000	8000	8000	8000
Japan	5000	5000	5000	5000	5305	5118
Brit. Indien	1250	1250	1250	1250	1250	1250

Kohle.

Der Gesamtwert der Kohle übertrifft heute um ein Mehrfaches den der Gold- und SilberProd. Denken wir nur daran, daß an SteinK allein in den letzten Jahren im Mittel über 1000 Mill. t gefördert sind, die an

[1]) Mit Kreta.
[2]) Nur Ausfuhr! Der Eigenverbrauch ergibt sich aus Tabelle 37.

der Grube einen Wert von 8—10 Milliard. ℳ gehabt haben mögen. Dagegen ist der Gesamtwert der Gold- und SilberProd selbst in den letzten 10 Jahren nicht über 2—2½ Milliard. ℳ hinausgekommen. Der Wert der SilberProd hat bei den heute so sehr gesunkenen Preisen des Silbers nur etwa 500 Mill. betragen. An den Orten des Verbrauches dürfte gar der Wert der K wegen der hohen Transportkosten für solche Massenprodukte noch um 50—100% höher gewesen sein als an der Grube, während bei Gold und Silber die Transportkosten fast keine Rolle spielen. Mit dem Kohlengraben beschäftigen sich über 3½ Mill. erwachsene Arbeiter, die zusammen mit ihren Familienangehörigen wohl rd. 10 Mill. Menschen ausmachen. Das Vorhandensein und die Eduktion von K ist es ja hauptsächlich gewesen, die das Zeitalter des Dampfes ermöglicht hat. Es wäre zu keinem so schnellen Aufschwung der Technik gekommen, wenn man bei der Heizung der Dampfmaschinen lediglich auf das Holz angewiesen gewesen wäre. Ebenso wäre sicher der Fortschritt vom Dampf zur Elektrizität ein viel langsamerer gewesen, wenn nicht in den KSchätzen der Technik so gewaltige Hilfsmittel zu Gebote gestanden hätten. Die K ist so recht das Sinnbild des Fortschritts. Sie hat dem 19. Jhd. in Verbindung mit dem Eisen den Stempel gegeben. Die Bedeutung der Dampfmaschinen und der K dürfte noch eine ziemliche Weile zunehmen, späterhin freilich wieder sinken, weil eben andere Kräfte und Gewalten berufen sind, an ihre Stelle zu treten: Elektrizität, Ausnutzung von Wasser, Wind, Gezeiten und Sonnenstrahlen.

Die K hat sich aus riesigen vorzeitlichen oder, wenn man will, „vorsintflutlichen" Wäldern und Torfmooren gebildet, aus Wäldern, die in den verschiedenen Erdepochen existiert haben. Wir kennen K aus der ältesten Zeit, wenigstens aus der devonischen Formation bis zur jüngsten Diluvialzeit. Nun besteht in bezug auf die Qualität der K ein sehr wesentlicher Unterschied, je nachdem sie aus älteren oder jüngeren Formationen stammt. Die wertvollste K, der Anthrazit, entstammt meistens den ältesten Formationen. Die Hauptausdehnung aber haben die KWälder erreicht in der nach ihnen genannten Steinkohlenperiode, die auch die Hauptmengen der jetzt produzierten K liefert. K aus den allerältesten Formationen, dem Devon und Silur, sind bereits zu Graphit umgewandelt. Die jüngeren geologischen Formationen Jura, Kreide, Tertiär, liefern weniger wertvolle K, im Tertiär ist bereits nicht mehr echte SteinK, sondern nur noch Lignit, d. h. Holz- oder BraunK, vorhanden, ein Produkt, das noch nicht Zeit gehabt hat, sich vollständig zur K umzuwandeln, sondern in der noch die Holzbestandteile und Wasser eine ziemliche Rolle spielen, wodurch sie auch an Heizwert der echten SteinK gegenüber um etwa ein Drittel zurücksteht. Die echte SteinK besitzt im Durchschnitt 7000 Wärmeeinheiten, der Anthrazit bis zu 8000, während die BraunK kaum über 4000—5000 enthält, mitunter gar nur 2600—3000[1]).

Die SteinKLager und -Flöze haben die Eigentümlichkeit, daß sie im Gegensatze zu den Erzlagerstätten eine sehr geringe Neigung aufweisen, häufig sogar vollständig horizontal gelagert sind. Die Neigung übersteigt selten 10—20°. Allerdings kommen auch Verwerfungen und Faltungen vor, allein sie kommen für den Abbau kaum in Betracht. Die schwache Neigung der KLager erklärt sich aus dem Umstande, daß es weite Bassins, Landseen oder Sümpfe waren, in denen das Holz zusammengeschwemmt wurde, die später sich mit einer Erdschicht bedeckten, um dann allmählich

[1]) Eine Wärmeeinheit oder Kalorie ist diejenige Menge Wärme, die nötig ist, um 1 kg Wasser um 1° C zu erwärmen. Um also z. B. 1 kg Wasser von 0° Temperatur auf 100° zum Kochen zu bringen, sind 100 Wärmeeinheiten erforderlich.

zu versteinern. Oder aber, es bildeten sich die Lagerstätten durch jahrtausendelange Ablagerung von Baumriesen oder aus Torfmoor. Bei der Erzlagerung ist dies (abgesehen von der Eisenerzlagerung) ganz anders. Erzgänge bildeten sich in der Regel an den Bruchstellen von Gesteinsschichten; das schwerere Erz sickert bis zur Bruchfläche durch und sinkt alsdann in die Tiefe. Infolgedessen haben die Erzgänge immer starke Neigungen von 60—75 und 90°. Der Abbau ist natürlich dadurch weit mehr erschwert als der Abbau der breit aufgelagerten KSchichten.

In der heutigen KProd[1]) stehen Großbritannien und die Vereinigten Staaten allen Staaten voran, die es bereits auf 260—270 bzw. 400 bis 450 Mill. t JahresProd. gebracht haben. Die britische Insel (England, Schottland, Wales) ist überhaupt von allen Ländern Europas am reichlichsten mit K gesegnet. Die Lager umfassen dort ein Gebiet von rd. 23000 qkm. Der gesamte KVorrat bis zu 1200 m Tiefe, d. h. bis zu derjenigen Tiefe, bis zu welcher die Flöze nach der heutigen Technik noch abgebaut werden können, erreicht rd. 145 Milliard. t. In größerer Tiefe sollen noch 46 Milliard. t lagern. Die Schwierigkeit der K- und Erzgewinnung bei zunehmender Tiefe liegt weniger an der Umständlichkeit der Wasserhaltung und Förderung der Kohle an das Tageslicht als an der immer mehr zunehmenden Hitze im Erdinnern, obwohl auch die Förderung aus 1000 m Tiefe eine ganz erhebliche Kraftmenge beansprucht. Um beispielsweise 1 t K aus 1000 m Tiefe ans Tageslicht zu fördern, bedarf es eines Kraftverbrauches von einer Pferdestärke rd. 5 Stunden. Die Wasserhaltung erfordert oft noch erheblich höhere Kraftaufwendungen. Die Zunahme der Wärme beträgt im Durchschnitt in den oberen Schichten bei je 30—40 m Tiefe 1° C, ausnahmsweise erst auf 50 m 1°. Bis jetzt sind die tiefsten Gruben in England, die noch abgebaut werden, rd. 900 bis 1000 m tief, und schon in dieser Tiefe herrscht eine Temperatur von 25° C und mehr; daß schon diese Wärme die Arbeit sehr erschwert, ist klar. Bei größeren Tiefen muß, um überhaupt das Arbeiten zu ermöglichen, durch starke Ventilatoren frische Luft eingeführt werden, genau wie bei größeren Tunnelbauten. Allerdings gehen dadurch die Kosten sehr in die Höhe, da sich ja die Luft an den warmen Gesteinschichten sehr rasch erwärmt. Unter den günstigsten Umständen könnten allenfalls noch bis zu einer Tiefe von 1500 m abgebaut werden, allerdings bei stark zunehmenden Kosten. Wenn alse eine Konkurrenz von zwei gleich mächtigen Gruben besteht, von denen die eine 100, die andere aber 1000 m tief graben muß, so ist klar, daß die erstere unter viel günstigeren Verhältnissen arbeiten wird. Die Schwierigkeit für die englische, zum Teil auch die deutsche KIndustrie liegt nun eben darin, daß die K häufig in sehr großer Tiefe stecken. Im Ruhrkohlenbecken liegt sogar die Hauptmasse der K in einer Tiefe, die 1200 m überschreitet. Dagegen hat Nordamerika und China ungeheure KLager in weit geringeren Tiefen. In China tritt der vortrefflichste Anthrazit geradezu zutage.

In England ist man in der neuesten Zeit dazu gekommen, die KFelder unter dem Meere abzubauen, namentlich an der Küste von Wales, aber auch in Northumberland. Freilich ist auch schon ein Ein-

[1]) Den Namen „Eduktion" hat der Geograph Eduard Hahn geprägt und tatsächlich ist er eine viel genauere Bezeichnung für den Begriff, da ja die aus dem Innern der Erde hervorgeholte K sich nicht wieder ersetzt.

bruch von Meerwasser vorgekommen. Obgleich der englische und deutsche Gesamtvorrat ein sehr hoher ist, fehlt es doch nicht an Stimmen, die die Befürchtung aussprechen, daß bereits in 100 Jahren KMangel eintreten würde, d. h. allerdings nur ein relativer KMangel, insofern als dann die am besten und bequemsten gelegenen Lagerstätten, die heute abgebaut werden, erschöpft sein werden, so z. B. die berühmteste Schiffskesselkohle, die Cardiffkohle. Das bedeutet natürlich zunächst nur eine Erschwerung der Konkurrenz auf dritten Märkten. Deutschland und England werden dann bei der Ausfuhr nicht mit Nordamerika und China konkurrieren können. Das reichste KBecken in Deutschland liegt in Rheinland-Westfalen. Es ist das sog. Ruhrkohlengebiet, in welchem nach neueren Forschungen des Bergrats Dr. Schulz-Bochum enthalten sind

bis zu 700 m Tiefe	11	Milliarden	t Kohlen
700—1000 „	18	„	„
1000—1500 „	25	„	„
und in weiterer Tiefe	75	„	„
	127	Milliarden	t Kohlen.

Da nun in den letzten Jahren durchschnittlich 70—80 Mill. t gefördert worden sind, so dürfte bei gleichbleibender Prod die K bis zu 1500 m Tiefe, welche im ganzen 54 Milliarden t umfaßt, für rd. 700—800 Jahre reichen, bei einer Verdoppelung der Prod, die sehr wohl in einigen Jahrzehnten eintreten kann, jedoch nur 400 Jahre. Doch ist in den letzten Jahren durch Tiefbohrungen erwiesen, daß die westfälische K sich viel weiter erstreckt, als man früher angenommen hat; biz jetzt erschlossen ist ja nur ein 3000 qkm großes Becken. Im Saarbecken sollen nach Bechens Schätzung auf rd. 2900 qkm rd. 45,4 Milliarden t vorhanden sein, so daß bei der heutigen Prod von 10 Mill. t jährlich der Vorrat für mehrere Jahrtausende ausreichen würde, anders natürlich bei gesteigerter Prod. Im Saarbecken und im Ruhrkohlenbecken haben die meisten KFlöze 1—2 m Mächtigkeit und das ist gerade eine genügende abbauwürdige Mächtigkeit. Bei dünneren oder schwächeren KGebieten, von 40—50 cm, werden die Kosten des Abbaues sehr hoch. Das KVorkommen in Oberschlesien zeichnet sich dadurch aus, daß hier ein ungeheuer mächtiges Flöz von 10—14 m Mächtigkeit vorhanden ist. Die Ausdehnung desselben beträgt etwa 3400 qkm. Anfang der neunziger Jahre wurde der KVorrat nach den Ermittelungen des Oberbergamts Breslau in Oberschlesien auf etwa 43 Milliarden t berechnet. Die KReviere Sachsens sollen etwa 4 Milliarden t enthalten. Dazu kommt die BraunK in der Provinz und im Königreich Sachsen, die rd. 5 Milliarden t umfassen soll. Am ehesten dürfte daher in Deutschland bei der heutigen Förderung die BraunK zu Ende gehen, während die schlesische und die SaarK noch eine sehr lange Zeit vorhalten dürfte. Jedenfalls hat Deutschland in abbauwürdiger Tiefe weit über 150 Milliarden t K, welche bei der heutigen jährlichen Eduktion von rd. 160 Mill. t für rd. 600—700, vielleicht 1000 Jahre ausreichen. Der gesamte KVorrat Deutschlands umfaßt aber weit über 200 Milliarden t.

Die übrigen europäischen Vorkommen sind im Verhältnis zu

Deutschland und England arm zu nennen. Österreich besitzt in Böhmen ausgedehnte BraunKLager, die stellenweise die ungeheuere Mächtigkeit von 10—40 m erreichen und mitunter im Tagebau gefördert werden können. Die ganze Ausdehnung des am Fuße des Erzgebirges sich erstreckenden BraunKBeckens beträgt etwa 152 qkm. Das oberschlesische KBecken setzt sich einerseits fort nach Russisch-Polen, andererseits nach Österreichisch-Schlesien und ist nach gewiesenermaßen auch in Westgalizien außerordentlich reich.

Von Rußland glaubte man früher wegen der ungeheuren Ausdehnung der dortigen KFormation, daß es die reichsten KSchätze von ganz Europa besitze. Bei der genaueren Erforschung stellte sich jedoch heraus, daß man sich in einer grausamen Täuschung befunden hatte. Was sich da vorfand, war Kohlenkulm, d. h. die im Tiefmeer gebildete, flözlose und nicht die produktive SteinKFormation. Ein sehr ausgedehntes KLager besitzt Rußland im Donezbecken[1]), und zwar finden sich daselbst ausgedehnte Lager der echten SteinKFormation, freilich sind auch da nicht 225 Flöze übereinander vorhanden, wie man früher annahm, sondern nur 40—60; man hatte früher die mehrfach gefalteten Flöze wiederholt gezählt. Noch Mendelejeff schätzte 1891 den KVorrat im Donezgebiet auf 25 Milliarden t. Bergrat Nasse ermäßigte diese Schätzung auf 10 Milliarden t. I. J. 1900 waren nach genaueren Ausweisen der geologischen Kommission nur 3,5 Milliarden t sicher vorhanden; diese allerdings nur bis 210 m Tiefe, so daß in größerer Tiefe immer noch größere Vorräte lagern mögen. Jedenfalls sind die DonezKFlöze nicht besonders mächtig, kaum über 30—70 cm gegenüber 1—2 m der Durchschnittslager in Deutschland und England. Im Moskauer KBecken gibt es keine echte SteinK, sondern nur KreideK, die weder eine besondere Qualität aufweist, noch auch in größeren Mengen vorhanden ist. Es gibt weiter auch in Rußland einige andere kleine KBecken, namentlich im Kaukasus und Ural, aber auch sie gehören meist der Kreide und dem Tertiär an. Eine große Ausdehnung erreicht die K in Sibirien. Im Becken von Ekibastuß und Kusnezk sind die Flöze zwar sehr mächtig, stellenweise 10—15 m, aber die Qualität scheint recht mangelhaft zu sein; vor allem eignet sich die K nicht gut zum Verkoken und kommt daher für die Eisenproduktion des Ural nicht in Betracht.

Von den anderen europäischen Ländern schätzte man um 1890 in Frankreich nach Nasse einen KVorrat von 18 Milliarden t, Belgien einen solchen von 14,7 Milliarden t, Spanien von 3,5 Milliarden t; heute sind an der holländisch-belgischen Grenze in der „Campine“ weitere große Kohlenläger im Abbau.

An Qualität steht am höchsten die englische K. Aber auch die RuhrK ist im ganzen vorzüglich, während andere K meist einen hohen Aschen- und Schwefelgehalt aufweisen, der ihren Wert zur Heizung von Dampfkesseln, aber auch für die Fabrikation von Eisen stark beeinträchtigt, da der Schwefel in das Roheisen übergeht und nur sehr schwer daraus zu entfernen ist.

Von den außereuropäischen Vorkommen sind außerordentlich wichtig die KBecken der Union. Das Hauptvorkommen begründet sich

[1]) In Südrußland im Stromgebiet des Donez.

hier in den Alleghanies, in denen es rd. 135—140000 qkm kohlenführende Schichten gibt, die allein 600—700, nach neueren Schätzungen 1000 Milliarden t K enthalten sollen, was bei der jetzigen Prod von 450 Mill. t jährlich 2—3000 Jahre ausreichen könnte. Die beste K befindet sich in Pennsylvanien. Eine weniger gute, weil schwefelhaltige, in den Südstaaten. Ferner hat die Union noch gewaltige KLager in den Zentralstaaten, im Mississippi- und Missouribecken und in Kansas. Es sollen daselbst KFelder von 30—40000 qkm vorhanden sein, die aber weniger reich und mächtig sind als die Alleghanybecken. Der Gesamtvorrat der amerikanischen K dürfte $1^1/_4 - 1^1/_2$ Billionen Tonnen betragen, davon erheblich über 1 Billion t an abbauwürdiger K.

Eins der reichsten, vielleicht das reichste KVorkommen ist das chinesische, namentlich ist es da die Provinz Schensi, die mit ihren 40000 qkm ein einziges KFeld vorstellt und mehr K enthält als ganz Europa zusammengenommen. Es findet sich daselbst ein AnthrazitKFlöz von 10—15 m Mächtigkeit, das ganz dicht unter der Oberfläche liegt und in den Schluchten und Tälern zutage tritt. Dieses Anthrazitflöz dürfte allein 500 Milliarden t enthalten Auch sonst ist in China die KFormation sehr ausgedehnt und umfaßt eine halbe Mill. qkm. Der gesamte dortige KVorrat wird auf mindestens 1000 Milliarden t geschätzt. Japan soll nach früheren Schätzungen rd. 150 Milliarden t K enthalten, die allerdings größtenteils minderwertig ist. In Indien sollen bei den Bahamainseln 14 Milliarden t K lagern. Auch in Afghanistan und Persien, sowie auf Borneo findet sich K, allerdings meist TertiärK. Die übrige Erde ist vergleichsweise arm an KVorkommen, namentlich Südamerika, wo sich nur in Chile eine gute K findet. Sonst sind dort Schichten der Triasformation sehr stark verbreitet, deren K jedoch meist stark schwefelhaltig ist. Jedenfalls ist Südamerika in der Hauptsache auf die KEinfuhr angewiesen. Auch Afrika enthält nicht viel K. Lediglich in Transvaal und in Natal finden sich bedeutende Vorkommen, die aber doch nach unseren heutigen Kenntnissen lange nicht die Bedeutung der englischen KLager erreichen. Auch Australien besitzt K. Doch scheint die Ausdehnung der KFelder daselbst ebenfalls nicht sehr groß zu sein. Es wird zwar von 60000 qkm kohlenführender Schichten berichtet, jedoch scheint die K an vielen Stellen sehr dünn zu sein.

Alles in allem gerechnet, besitzen die Felder der ganzen Erde eine Gesamtausdehnung von 1—1,2 Mill. qkm mit einem Vorrat von rd. 2,6 Billionen t, d. h. sie würden bei der heutigen Prod höchstens 3000 Jahre ausreichen. Wenn jedoch die Prod, wie man vielfach erwartet, noch stark ansteigt, so dürfte die K allerdings in viel kürzerer Zeit zu Ende gehen. Es ist ja sicher, daß der zunehmende Eisenbedarf einen zunehmenden KBedarf infolge der Ausdehnung der Eisenbahnen nach sich zieht. Andererseits sind freilich Gegentendenzen vorhanden in der steigenden Erzeugung der Elektrizität durch Ausnutzung der Wasserkräfte. Einen beträchtlichen Teil der KProd verbrauchen die Dampfmaschinen, deren Ersatz bis zu einem gewissen Grade sehr wohl möglich wäre. Natürlich aber fragt man heute nicht nach der technischen Durchführbarkeit, d. h. ob die Dampfmaschine überhaupt durch Wasserkraft ersetzt werden könnte, sondern die Frage ist eine wirtschaftliche und lautet: Was ist billiger, Dampf oder Wasserkraft bzw. Elektrizität? Unter den heutigen Verhältnissen bietet der Dampf meist doch noch die billigere Kraft. Die Ausnutzung der Kraft von Wasserfällen, die allerdings außerordentlich billig kommt, ist nur an wenigen Punkten möglich; muß aber zur Gewinnung der WKraft erst kostspielige Dammbauten ausführen und Staubecken errichten, so kommt sie durchaus nicht billiger, vor allem sind die Anlagekosten unverhältnismäßig teurer als die Anschaffungskosten der Dampfmaschinen. Man wird selten eine Pferdestärke WKraft unter 1000 ℳ bekommen können, während bei großen Dampfmaschinen eine P. S. schon für 100 ℳ erhältlich ist.

Für die Zukunft kommt natürlich sehr in Betracht, daß die deutschen Flüsse allein bei mittlerem WStand von der Quelle bis zur Mündung etwa 5—10 Mill. ständig wirkende P. S. enthalten, die italienischen 4—6 Mill., die Schweiz infolge des starken Gefälles 3 Mill., noch mehr Schweden und Norwegen. Allerdings können diese Kräfte nicht alle nutzbar gemacht werden. Eine Unbequemlichkeit der WKraft liegt auch darin, daß die WMenge außerordentlich stark wechselt. Bei niedrigem WStand haben die deutschen Flüsse kaum 1,8 Mill. P. S. Man wäre also weitaus in den meisten Fällen gezwungen, Dampf als Aushilfskraft zu verwenden, d. h. Dampfmaschinen aufzustellen, die bei WMangel als Reserve dienen könnten. Vor allem aber kommt in Betracht, daß bei steigender Bevölkerung der Bedarf an Heizmaterial zunimmt; es ist erstens zu beachten, daß sich der Heizkomfort im Laufe der letzten Jahrzehnte höchstwahrscheinlich bedeutend gesteigert hat. Die Häuser werden besser beheizt als früher. Für die Zukunft dürfte der Verbrauch an Brennmaterial noch steigen, insbesondere wenn noch eine starke Volksvermehrung hinzutritt. Ein Wiederersatz durch Holz ist nur in sehr geringem Grade möglich, da die deutsche Jahresprod an Holz die verbrannte SteinK nur zu $^1/_{10}$ ersetzen könnte. Es ist somit klar, daß die Technik der Zukunft das höchste Gewicht auf die Ersparung

Tabelle 38. **Kohlenproduktion**

			1860	1876/80	1881/85	1886/90
Großbritannien	1750	2,5	85,0	138,0	161,0	170,0
	1800	10,0				
	1845	45,0				
Frankreich	1787	0,2	8,3	17,4	20,2	22,8
	1851	3,4				
Deutsches Reich	1845	3,5	12,3	52,0		65,0
„ „ (Braunkohle)	1830	1,3				17,0
Vereinigte Staaten	1840	3,0	15,2	58,0	93,0	122,0
Belgien	1845	5,0		15,0	17,0	19,0
Österreich-Ungarn			} 14,3	} 18,8	} 23,3	10,0
„ „ (Braunkohle)						21,0
Rußland	1870	0,8				5,3
Indien						1,7
Australien						4,0
Kanada						2,6
Japan						1,7
Spanien						—
Weltproduktion			136,0	306,0	395,0	462,0

von Brennmaterial für Krafterzeugung legen muß, ebenso auf die Herstellung besserer Öfen. Heute wird ja noch eine sehr starke Verschwendung getrieben, da selbst die besten Öfen die Heizkraft der K nur zu 30—40 % ausnutzen, gewöhnliche Öfen gar nur zu 15—20 %, Dampfmaschinen selbst nur zu 9—13 %.

Es ist noch auf eine Gefahr bei dem starken Verbrauch von K aufmerksam gemacht worden, die gewaltige Anreicherung der Atmosphäre mit KSäure, die für Menschen und Tiere gewiß nicht zuträglich ist, wenn wir daran denken, daß im Durchschnitt heute der KGehalt der Luft $^{4}/_{10000}$ beträgt, in großen Städten mitunter auf $^{15}/_{10000}$ steigt. Nun beträgt die gesamte Erdoberfläche 510 Mill. qkm, und bei einem mittleren Gewicht der Luft von 10000 kg per qm beträgt der KSäuregehalt 3—4 kg, welche etwa rd. 2 kg KStoff entsprechen. Mithin dürften in der Luft im ganzen nur rd. 1 Billion kg KStoff enthalten sein. Da wir nun die im Gesamtinnern der Erde fossile K zu rd. 2,6 Billionen t geschätzt haben, so dürfte bei einem Verbrennen der gesamten K der KGehalt der Luft auf das 3,6 fache ansteigen, was sicher für die heutigen Menschen zu den größten Unzuträglichkeiten führen müßte. Freilich kann man nun behaupten, daß die Menschen sich schon im Lauf der Jahrtausende an den höheren KSäuregehalt gewöhnen werden, gerade wie die Stadtmenschen, vor allem die Arbeiter, die in geschlossenen Räumlichkeiten arbeiten, sich daran bereits gewöhnt haben. Andererseits aber können wir gar nicht genau wissen, wieviel KSäure das Meer absorbiert. Wir wissen nicht einmal, ob vor Jahrmillionen diese überschüssige KSäure tatsächlich gleichzeitig in der Luft vorhanden war. Erstens produzieren nämlich die Vulkane ganz bedeutende KMengen, andererseits aber nehmen Pflanzen und Tiere KSäure auf. Ein Teil der in der Luft enthaltenen KSäure wird ständig durch das Regenwasser auf die Erde niedergeschlagen und von den Flüssen ins Meer geführt. Höchstwahrscheinlich enthält das Meerwasser mehr freie KSäure als

in Millionen Tonnen.

1891/95	1896/1900	1901/05	1906	1907	1908	1909	1910	1911	1912
182,0	209,0	233,0	255,0	272,0	266,0	260,0	269,0	276,0	
26,7	32,0	33,0	33,5	36,2	36,8	37,2	37,6	38,6	
75,0	97,0	115,0	137,0	143,0	148,0	149,0	153,2	161,0	177,1
22,0	33,0	47,0	56,0	62,0	67,0	68,0	69,0	73,0	82,3
166,0	200,0	308,0	376,0	436,0	377,0	418,0	455,0		
20,0	21,0	22,0	24,0	24,0	24,0	23,6	23,9		
11,0	13,0	15,0	15,0	15,1	15,2	20,5	15,2	14,4	15,6
25,0	28,0	30,0	33,0	32,7	33,4	32,0	32,8		
8,0	10,0	17,8	21,7	24,9	26,1	25,6	24,7		
2,7	4,7	7,8	8,8	11,3	13,0	14,0	12,4		
5,1	6,1	8,6	10,4	11,0	12,1	13,1	10,0		
3,6	4,3	6,7	8,8	9,5	9,9	9,5	11,6	10,2	
—	6,0	10,2	13,0	13,9	14,8	15,9	16,5		
—	2,5	3,0	3,2	3,7	3,9	4,1	—		
560,0	665,0	780,0	900,0	1000,0	950,0	1092,0			

Tabelle 39. **Roheisenproduktion**

			1820	1840	1850	1861/65	1866/70	1871/75	1876/80
Großbritannien	1750	10	400	1400	2250	4420	5200	6460	6640
	1780	40							
	1800	158							
Vereinigte Staaten					574	830	1490	2340	2460
Deutsches Reich				143	208	744	1245	1945	2200
Österreich-Ungarn			73	164	162	320	360	475	480
Frankreich			113	348	406	1050	1250	1250	1516
Belgien					144	400	490	590	580
Schweden				120	150	210	300	320	400
Rußland			200	228	230	300	340	400	430

die gesamte Lufthülle der Erde. Außerdem ist zu beachten, daß auf den Kalkgebirgen, die auf der Erde vorhanden sind, höchstwahrscheinlich bedeutende größere Mengen KSäure enthalten sind als an KStoff in der gesamten KFormation. Die Kalkgebirge sind ja so entstanden, daß Korallentierchen im Laufe der Zeit riesige Riffe aufbauten, die dann Hebungen erfahren haben und heute die Kalkgebirge der Erde vorstellen; außerdem können ja die Pflanzen beträchtliche Mengen KSäure binden, bzw. aufstapeln. Eine gewaltige Bindung von KSäure könnte erfolgen, wenn die tropischen Urwälder in Kulturwälder umgewandelt würden, da dann der Gehalt an Holzmasse a. d. Flächeneinheit auf ein mehrfaches ansteigt.

Zu erwähnen ist noch die Theorie des schwedischen Naturforschers Svante Arrhenius, nach dessen Berechnungen die Luftwärme der Erde mit dem KSäuregehalt in engstem Zusammenhang steht. Bei einer Verdoppelung des KSäuregehaltes müßte die Wärme um rd. 5° steigen, bei einer Reduzierung des KSäuregehaltes auf die Hälfte um rd. 4° sinken. Arrhennius hat diese seine Theorie zur Erklärung der Eiszeit verwandt, indem er sagt, daß wahrscheinlich damals der KSäuregehalt der Luft ganz gewaltig gesunken gewesen sei, worauf die Eiszeit eintrat. Nachher sei dann durch gewaltige Vulkanausbrüche, das Ausströmen ungeheurer Lavamassen der KSäuregehalt der Luft wieder bis zum heutigen Bestand erhöht worden, worauf ein Rückzug des Eises, ein Abschmelzen der ungeheuren Gletscherfelder erfolgen mußte. Wäre dies richtig, so hätte es der Mensch gewissermaßen in der Hand, die Temperatur der Erde zu regulieren, durch die Verbrennung der heute noch im Erdinnern befindlichen K den KSäuregehalt der Luft zu verdoppeln und damit die Temperatur der Erdoberfläche um 5° zu steigern, d. h. also heute unbewohnbare Polargebiete der menschlichen Kultur zugänglich zu machen. Die Schwierigkeit liegt nur darin, daß man nicht weiß, wie sich die menschlichen und tierischen Lungen mit dem verdoppelten KSäuregehalt der Luft abfinden würden.

Die Eisenproduktion.

Die Eisenproduktion gliedert sich ungezwungen an die Kohlenproduktion an, da gerade das E unserem „eisernen“ Zeitalter neben der K den Stempel aufgedrückt hat. E bildet die Grundlage unserer heutigen in Tausend Tonnen.

1881/85	1886/90	1891/95	1896/1900	1901/05	1906/08	1909	1910	1911	1912
8100	7760	7240	8900	8960	10000	9664	10216	10033	9000?
4300	7080	8140	11500	18400	22700	25795	27300	24028	30203
3400	4215	5080	7420	9500	12300	12900	14800	15500	17869
680	810	1012	1300	1480	1835	1947	1991		
1900	1700	2006	2250	2740	3436	3545	4032	4426	4827
720	785	765	1020	1140	1335	1632	1802		
435	445	470	550	530	594	440	604		
495	695	1200	2100	2730	2800	2817	2956		

Kultur und die Voraussetzung des gewaltigen technischen Fortschritts. Der Ausspruch von Chevalier[1]), daß das Ausbleiben von E ein Weltunglück wäre, mag vielleicht zu weit gehen. Immerhin besitzen wir kein anderes Metall, das in bezug auf Härte und Billigkeit das E ersetzen und die Werkzeuge aus E entbehrlich machen könnte. Das Magnalium (die Verbindung von Magnesium mit Aluminium) besitzt nahezu die Festigkeit des weichen SchmiedeE, ist aber viel zu teuer. Es wurde früher allgemein angenommen, daß dem eis. Zeitalter, bzw. dem Zeitalter mit eis. Geräten und Werkzeugen und Waffen ein Zeitalter des Kupfers und der Bronze vorausgegangen sei, daß das Erz das ältere Metall bilde. Neuerdings ist jedoch namentlich von Beck in der „Geschichte des Eisens“ dagegen geltend gemacht worden, daß zur Herstellung von Bronze eigentlich eine höhere Technik notwendig sei, als zur Herstellung von E, weil E bei 700° C. schon so weich wird, daß es sich mit dem Hammer bearbeiten läßt, zur Erzielung der Bronze dagegen das Kupfererz vollständig geschmolzen, also einer Temperatur von 1000° C. unterworfen werden muß. (Zinn schmilzt allerdings schon bei 700° C.). Als wesentlichsten Einwand führt aber Beck an, daß Kupfer und Zinn, aus denen ja die antike Bronze angefertigt worden sei, fast niemals vergesellschaftet vorkommen, sondern man sich in den meisten Fällen das eine oder das andere Metall erst auf dem Wege des Handels von fernen Völkern verschaffen mußte; außerdem seien die Funde von Eerz weit häufiger, als die von Kupfer oder Zinn. Daß so wenig E aus der grauen Vorzeit auf uns gekommen ist, liege daran, daß das E in der Erde sehr leicht roste, so daß wir es nur glücklicheu Umständen zu verdanken haben, zum Beispiel dem Einmauern von Eteilen, wenn sie überhaupt erhalten blieben. Weiter sei zu beachten, daß selbst die wilden Negervölker im Innern Afrikas sich auf das Ausbringen von E aus dem Eerz verständen. Freilich ist dies E von einer recht schlechten Qualität. Nach Beck ist es sehr wahrscheinlich, daß die Bronzegeräte einer bereits vorgeschrittenen Kultur angehören, und nur bei den Völkern, bei denen die Eerze recht schlecht und die Technik des Ausbringens sehr primitiv war, den Gebrauch der eis. Waffen und Geräte verdrängt

[1]) Michel Chevalier 1806—1879, seit 1840 Professor der Nationalökonomie am Collège de France.

haben, während der Fortschritt der Technik sofort auf das E zurückgreifen ließ. Auch haben Völker, die von vornherein reichhaltige Eerze besaßen, wie die Chalyber, die am Abhange des Taurus (am Pontus) saßen, niemals zu Bronze gegriffen. Aus jenen Gebieten fand von alters her ein schwunghafter Ehandel statt. Außer den Chalybern ist sehr früh in den norischen Alpen E produziert worden. Bereits die Etrusker unterhielten dahin Handelsverbindungen, ja man kann annehmen, daß das Wort „norops" bei Homer auf norisches Erz deutet. Späterhin wurde die Insel Elba und Spanien Hauptgebiete der Eproduktion. Das Eerz kam daselbst in vorzüglichster Qualität vor. Heute wissen wir, daß auch Griechenland sehr reich an Eerz ist; dieses Eerz hat freilich einen geringen Egehalt und konnte bei der niedrig stehenden Technik des Altertums zur Eerzeugung nicht verwandt werden. Als die Römer Britannien eroberten, haben sie sofort die bereits von den Eingeborenen begonnene Eproduktion mit Hochdruck betrieben und beträchtliche Mengen ausgeführt, wie das die großen Schlackenhalden aus der Römerzeit beweisen. Bei der primitiven Technik des Altertums waren ungeheure Mengen von Holzkohle erforderlich, zugleich fand eine nach den heutigen Begriffen gewaltige Verschwendung von menschlicher Arbeitskraft statt. Nach Versuchen, die in neuerer Zeit in Steiermark gemacht worden sind, bei denen man das E, wie es bei den römischen Schriftstellern geschildert wird, zu erzeugen versuchte, mit gewöhnlichen Blasebälgen, die mit Füßen betrieben wurden, soll sich ergeben haben, daß bei den heutigen Arbeitslöhnen und Kohlenpreisen die Erzeugung von 1 t SchmiedeE auf 4000 ℳ gekommen wäre, während tatsächlich heute SchmiedeE um wenig mehr als 100, höchstens 150 ℳ zu kaufen ist. Es hätte somit eine Zunahme der Produktivität der Arbeit um etwa das 25—40fache stattgefunden. Die Technik der Eherstellung ist bereits im Mittelalter stark verbessert worden. Man verfiel bereits sehr früh darauf, die Blasebälge statt durch Menschenkraft mit dem Wasserrade zu betreiben. Dabei konnte eine viel stärkere Glut entfaltet, und mehr und besseres E hergestellt werden. Immerhin war jene Methode, das sogenannte Herdfrischen, nämlich die Erzeugung von E am offenen Herd, bzw. in offenen Gruben mittels Kohle und Einblasen von Luft, im Vergleich zu den heutigen Methoden, ungeheuer primitiv; diejenigen Länder, in denen man sie stärker betrieben, wurden sehr schnell ihrer Wälder beraubt. Bereits im 17. Jhd. wurde in England sehr über die Verwüstungen geklagt, die die Ehütten in den Wäldern anrichteten; es mag freilich gewaltig übertrieben sein, wenn eine zeitgenössische Darstellung meldet, eine einzige Ehütte in Lamberhorst, die höchstens 5 t E wöchentlich, also jährlich 260 t erblies, habe jährlich 200000 Klafter Holz verbraucht, also 800 Klafter gleich 4800 cbm Holz a. d. t E. Das ist zweifellos um das hundertfache übertrieben. Immerhin war der Schaden recht bedeutend. Noch zu Ende des 18. Jhd., um 1796, als man bereits kleine Hochöfen mit 5 t Tagesproduktion besaß, wurden in England auf 1 t E etwa 6 t Kohlen gerechnet. 70 Jahre später 3 t, um 1880 noch etwa 2,2 t, und heute werden in den besten Hochöfen je nach der Qualität der Erze nur 0,8 bis 1 t Koks a. d. t RohE verbraucht, welche allerdings der doppelten Menge gewöhnlicher Kohle entsprechen. Der ungeheuere Verbrauch von Kohle in der früheren Zeit brachte es mit sich, daß in sehr Ereichen Gebieten die Produktion eingeschränkt werden mußte, sobald die Bevölkerung stärker angewachsen war. So erlangte Deutschland bereits im 17. u. 18. Jhd. das Übergewicht über England, weil Deutschland waldreicher war. Später traten Schweden und Rußland als gefährliche Konkurrenten auf den Emarkt. Man kann sagen, daß im Laufe der ganzen zweite Hälfte des 18. Jhd. Rußland und Schweden auf dem Emarkt dominierten. Erst die Verwendung von Koks zur Roheisendarstellung ermöglicht die Konkurrenzfähigkeit des englischen E und alsbald auch ein gewaltiges Übergewicht, welches sich von Jahr zu Jahr verstärkte, so daß die mittels Holzkohle produzierenden Länder bald vollständig am Boden lagen, bzw. nur noch etwas Qualitätsware darstellten.

Bei der früheren Edarstellung, dem Herdfrischen, wurde direkt SchmiedeE und Stahl erzeugt. In den letzten Jahrzehnten ist man jedoch im Interesse des technischen Fortschrittes zur Darstellung von RohE in Hochöfen übergegangen, das darauf durch verschiedene Manipulationen im Puddel-, Bessemer- oder Martinprozeß zu E oder Stahl umgewandelt wird. Das RohE, das direkt im Hochofen erzeugt wird, enthält etwa 2—5 % Kohlenstoff und ist für den praktischen Gebrauch meist viel zu spröde. Der Hochofen besteht in einer großen Höhlung in welche von oben hinein Kohle und Erz geschüttet werden. Kräftige Gebläse blasen von unten Luft hinein, wodurch die Kohle ständig in Glut erhalten wird, die Erze schmelzen, das geschmolzene flüssige E sich unten wie in einem Kessel ansammelt und etwa alle sechs Stunden durch Einschlagen eines mit Lehm verstopften Ofenloches abgezapft („abgestochen“) wird. Zur Erreichung der Schmelzbarkeit pflegt man den Erzen gewöhnlich etwas Kalkstein als Flußmittel hinzuzufügen.

Bei den alten Hochöfen konnten in der Regel jährlich nur etwa 1000 t RohE erzeugt werden, allmählich stieg diese Menge auch bei Hochöfen, die nach wie vor mittels Holzkohle betrieben wurden, auf das Zehnfache. Die Schwierigkeit lag darin, daß Holzkohle keine sehr großen Hochöfen gestattet, weil sie von den schweren Erzen zu leicht zerdrückt wurde. Erst die Verwendung von fast metallhartem Koks, erlaubte eine Vergrößerung der Dimensionen der Hochöfen. Nach und nach hat man die Dimension der Hochöfen so gesteigert, daß heute bereits Hochöfen von 300, ja von 500—600 t Tagesproduktion gebaut werden. In Deutschland produzierten die Hochöfen allerdings im Durchschnitt nur 44000 t pro 1909. An Brennmaterial wurde in starkem Grade angefangen zu sparen, seitdem man gelernt hatte, mit heißer Luft zu blasen, anstatt mit kalter, und trotzdem die Wind-Düsen durch zirkulierendes Wasser kalt zu halten. Nach und nach wurde die Temperatur der Gebläse gesteigert, auf 400 bis 450°, schließlich sogar auf 800 bis 900° C., also nahezu bis zur Schmelztemperatur des E (1500°). In der letzten Zeit wird namentlich, abgesehen von heißer Luft, darin zu sparen gesucht, daß man die Darstellung des E mittels einer einzigen Hitze zuwege bringt, der Hitze, die der Hochofen selbst erzeugt, während man früher das abgestochene Erz erkalten ließ, um dann zunächst die Schlacken entfernen, alsdann die RohEmassen nach dem Orte zu bringen, wo sie zur Stahl- und SchmiedeEdarstellung dienen sollten. Da wurden sie denn von neuem geschmolzen und nach der Umwandlung in Stahl und SchmiedeE von neuen erkalten gelassen, um endlich zu den Walzwerken gebracht zu werden, wo man die Stahlknüppel bis zur Rot- bzw. zur Weißglut erhitzen mußte, um sie in diesem Zustande zu verwalzen. Man ist jetzt dahin gekommen, das glühende, aus dem Hochofen abgezapfte GußE in besondere Waggons abzufüllen, diese unmittelbar an die Bessemerbirnen, Thomas- oder Martinöfen zu befördern, um sie da sofort zu Stahl oder FlußE zu verarbeiten; alsdann wird das glühend-flüssige FlußE den Walzwerken zur endgültigen Verarbeitung zugeführt. Es ist naturgemäß, daß für die großen Maschinen, die so ein Ewerk braucht, vor allem die gewaltigen Gebläse und Walzenzugmaschinen, eine enorme Menge Kraft erforderlich ist, somit bedeutende Mengen Kohle oder Gas verbraucht werden müssen. Indessen ist man schon um 1870 dahin gekommen, zur Heizung der krafterzeugenden Dampfmaschinen die aus den Hochöfen abziehenden sogenannten Gichtgase, die beim Verkoken der Kohle entstehenden und Generatorgase zu benutzen, welche jedoch bei der gewöhnlichen Feuerung unter Dampfkessel zur Inbetriebsetzung eines ganzen Ewerkes noch nicht ausreichten. Ungefähr seit 1895 hat man jedoch angefangen, in den Ewerken Gaskraft zu benutzen, wobei sich ergeben hat, daß die Hochofengase nicht nur für alle Maschinen des Ewerkes, sowohl die Gebläse als die Konvertermaschinen und die Walzwerke ausreichten, sondern noch beträchtliche Mengen Kraft übrigblieben, welche man zu anderen Zwecken verwendet, bzw. in Elektrizität umwandeln, zu Beleuchtungs- und Transportzwecken benutzen kann. Wie gewaltig die Gasmengen der Hochöfen sind, darüber folgende Berechnung:

Zu 1000 kg E sind notwendig 1000—1100 kg Koks, von denen etwa 924 kg Kohlenstoff zur Hitze- bzw. zur Gaserzeugung dienen, 42 kg werden von RohE aufgenommen. Die übrigbleibende Menge Gas beträgt 4632 cbm von etwa 900 Kalorien, und da etwa 3 cbm Gas pro Pferdekraft und Stunde benötigt werden, so entsprach diese Gasmenge 1540 Stundenpferdestärken. Mit anderen Worten, eine ursprüngliche Koksmenge von 0,8 kg genügte zum Schmelzen von 0,7 kg E und zum Erzeugen einer Energie, die einer Stundenpferdestärke gleichkommt. Ein Hochofen, der täglich 300 t E produziert, kann Gichtgase liefern, die zu einer Kraft von 15000 Stundenpferdestärken ausreichen. Nun benötigt so ein Ewerk auch wenn es als vollständiges Ewerk gedacht ist, für die Gebläsemaschinen und Walzwerksanlagen, sowie die Konverter kaum über ein Drittel, höchstens die Hälfte dieser gewaltigen Kraft, so daß mindestens die Hälfte für andere Zwecke verfügbar ist. Würde diese gesamte überschüssige Kraft zur Erzeugung von Azetylen in elektrischen Anlagen verwandt, so könnte mit einem Drittel der Gesamtkraft, die die deutschen Hochöfen abgeben könnten, soviel Azetylen erzeugt werden, das die gesamte Petroleumeinfuhr überflüssig würde. Um nämlich die 1,1 Mill. t Petroleum zu ersetzen, braucht man nur rund eine halbe Million Pferdestärken. Die Produktivität der Hochofenwerke läßt die Tabelle 40 auf S. 191 erkennen.

Die Eproduktion hat im Laufe des 19. Jhd. zweimal große Umwälzungen durchgemacht, zunächst die Umwandlung des RohE im sogenannten Puddelprozeß, der außerordentlich mühsam und schwerfällig war und an die Kraft und Gesundheit der Earbeiter große Anforderungen stellte. Die Arbeiter mußten einen offenen Ofen, der rd. 5000 kg flüssiges

Tabelle 40.

Produktion

im Jahre	bei Arbeitern	in 1000 t	t pro Arbeiter
1861/65	20963	798	38
1871/75	24906	1945	80
1881	21387	2914	140
1891	24773	4641	190
1900	34743	8520	245
1909	42227	12644	rd. 300
Ideal	—	—	500

E fassen konnte, mit langen Stangen kräftig rühren, bis die Schlacken nach oben gekommen und der Kohlenstoffgehalt auf das erforderliche Maß herabgesetzt war. Da trat nun durch das Bessemer-, Thomas- und Martin-Siemensverfahren eine gewaltige Umwälzung ein. Konnte man im Puddelofen in 24 Stunden nur 5000 kg E zu SchmiedeE oder Stahl umwandeln, so erreichte man es mit den Bessemerbirnen, daß 10 t RohE bereits in 20 Minuten in Stahl oder FlußE umzuwandeln, es gehörte dazu nur noch eine starke Gebläsevorrichtung, welche nötig war, um durch das flüssigeE mit relativ hohem Druck Luft durchzublasen, was eine schnelle Verbrennung des Kohlenstoffs bewirkte. Das BessemerE war jedoch von untergeordneter Qualität. Man klagte sehr bald, daß bei seiner Verwendung im Schiffbau schlimme Folgen eintraten, viele Schiffbrüche direkt auf die Verwendung des BessemerE zurückzuführen seien. So begann man denn bald zur Erzeugung einer besseren Stahlsorte sich des etwas umständlicheren Martinverfahrens zu bedienen, das indessen dem Puddelprozeß gegenüber auch schon einen gewaltigen Fortschritt bedeutete. Das Bessemerverfahren hatte außerdem den Mangel, daß es zwar geeignet war die Produktion zu erhöhen, allein nur unter der Bedingung, daß man phosphorfreies RohE besaß, zu deren Herstellung im Hochofen man phosphorfreie Erze brauchte. Das gab natürlich den Ländern mit phosphorfreien Erzen einen gewaltigen Vorsprung. Hauptsächlich entwickelte sich die Eindustrie in England, z. T. auch in Amerika, während Deutschland stark benachteiligt erschien, enorme Erzmengen einführen mußte. Da, in den achtziger Jahren wurde der Thomasprozeß erfunden, der darin bestand, daß man das kieselsaure Futter der Bessemerbirne durch ein Kalkfutter, welches nun während des Verbrennens des Kohlenstoffes den ganzen im E enthaltenen Phosphor an sich zog. So bildete sich denn an der inneren Kalkeinfassung eine starke Phosphorschlacke, die nach dem Ausgießen des E ausgebrochen als sogenannte „Thomasschlacke" fein zermahlen wurde und nun ein äußerst wertvolles Düngemittel für die Landwirtschaft abgab. Durch die Erfindung des Thomasprozesses bekamen plötzlich diejenigen Länder, die die vorher als gänzlich wertlos betrachteten Phosphorerze besaßen, einen Vorsprung vor den Gebieten, welche phosphorfreie, für den sogenannten saueren Prozeß geeignete Erze besaßen. Namentlich für Deutschland war die Einführung des Thomasprozesses von ungeheurer Bedeutung, da die vorher wertlose lothringisch-luxemburgische Minette, ein äußerst phosphor- und kalkreiches Eerz, das jedoch nur 25—34 % E besitzt, nunmehr recht wertvoll wurde. Gegenwärtig liegen die Dinge so, daß in Deutschland über 80 % des gesamten erzeugten Stahls im Thomasprozeß (Flußeisen) gewonnen werden, in England etwa erst 17 %, in Frankreich 20 %. Auch Nordamerika hat noch ganz überwiegend sauren Prozeß; es werden dort zum Teil sehr reiche Eerze verarbeitet.

An Eerzlagern besitzt ganz Deutschland 3,9 Milliarden t, allein in Lothringen etwa rd. 3 Milliarden t, die allerdings nur 28—35 % E enthalten und zu einer Produktion von 1 Milliarde t E ausreichen. Auch der französische Teil von Lothringen enthält mindestens die gleiche Menge. Über das Eerzvorkommen der einzelnen Länder gibt die folgende Tabelle 42 Auskunft[1]).

Deutsches Reich: 1. Reihe (leichter zugängliche und abbauwürdige Erze) etwa 2865 Mill. Tonnen
2. Reihe 1045 „ „

Zusammen 3910 Mill. Tonnen mit 1312,5 Mill. Tonnen Eisengehalt.

Dazu: Ein nach Milliarden von Tonnen zu berechnender Vorrat an Erzen von geringem Egehalt (Amberger und Hollfelder Brauneisenstein, Doggereisensteine der fränkischen Alp) die bei vervollkommneteren Konzentrationsverfahren aufgearbeitet werden können.

Tabelle 42[2]).

Land	Tatsächlicher Vorrat Erz	Tatsächlicher Vorrat Eisengehalt	Wahrscheinlicher Vorrat Erz	Wahrscheinlicher Vorrat Eisengehalt
	Millionen Tonnen		Millionen Tonnen	
Frankreich	3300,0	1140,0	beträchtlich	
Luxemburg	270,0	90,0	—	
Spanien	711,0	349,0	beträchtlich	
Portugal	—	—	75,0	39,0
Italien	6,0	3,3	2,0	1,0
Schweiz	1,6	0,8	2,0	0,8
Österreich	250,9	90,4	323,2	97,0
Ungarn	33,1	13,1	78,9	34,1
Bosnien	—	—	21,9	11,3
Griechenland	100,0	45,0	—	—
Türkei	—	—	beträchtlich	
Rußland	864,6	387,2	1056,3 + beträchtlich	424,7
Finland	—	—	45,0	16,0
Schweden	1158,0	740,0	178,0	105,0
Norwegen	367,0	124,0	1545,0	525,0
Großbritannien	1300,0	455,0	37700,0	10830,0
Belgien	62,0	25,0	—	—
Deutschland	3607,0	1270,0	enorm!	enorm!

[1]) G. Einecke u. W. Köhler, Die Eisenerzvorräte des Deutschen Reiches. 189 S. Berlin 1910. (Kgl. Preuß. Geolog. Landesanstalt).

[2]) The iron ore resources of the world. Stockholm 1910. 2 Bände. 1147 S. Resumée in der Zeitschrift „Glückauf". 1911. S. 420 ff.

Fortsetzung der **Tabelle 42.**

	Tatsächlicher Vorrat		Wahrscheinlicher Vorrat	
	Erz	Eisengehalt	Erz	Eisengehalt
	Millionen Tonnen		Millionen Tonnen	
Europa	12031,9	4732,8	41028,7 + enorm!	12084,6 + enorm!
Neu Fundland	3635,0	1961,0	enorm!	+ enorm!
Vereinigte Staaten	4258,0	2305,0	71105,0	37222,0
Kuba	1903,0	857,0	1007,0	454,0
Brasilien	—	—	5710,0	3055,0
Amerika	9855,0	5154,0	81822,0 + enorm!	40731,0 + enorm!
Australien	136,0	74,0	69,0	37,0
Asien	260,0	155,0	457,0 + enorm!	283,0 + enorm
Afrika	125,0	75,0	+ enorm!	+ enorm
Weltvorrat	22408,0	10192,0	123377,0 + ungeheuer	53136,0 + ungeheuer
Darunter: Erze von über 60 % Eisengehalt	1300,0	850,0		
Darunter Nordschweden	1035,0	673,0		

In Amerika ungeheure Vorräte von titanhaltigem Magnetit von über 65 % Eisengehalt!

Der Umstand, daß die deutschen und französischen Erze ziemlich Earm sind, nur etwa 28—36 % E enthalten, hat zur Folge, daß bei ihrer Verhüttung große Mengen Koks verbraucht werden. Außerdem kommt der Umstand in Betracht, daß bei der teuren Eisenbahnfracht zwischen Lothringen und dem Rheinland es die meisten rheinischen Hütten vorteilhafter finden, Eerz aus Schweden und Spanien einzuführen. Gellivara (Norwegen), Bilbao (Spanien) und Grängesberg (Schweden) sind die Hauptexportgebiete. England führt etwa 8 Mill. t Erz, Deutschland um 1900 4 Mill. t im Werte von 70 Mill. M ein und exportierte $2^1/_2$—3 Mill. t im Werte von 10 Mill. M, 1910 9,8 bzw. 2,9 Mill. t, Frankreich importierte 1,3 (1900 2,5) Mill. t, Belgien $2^1/_2$—3 Mill. t. Bei nur etwas niedrigerer Eisenbahnfracht könnte Deutschland viel mehr einheimisches Erz verarbeiten. Rußland hat Eerzlager im Ural, die etwa 2500 Mill. t erreichen. Meist sind es hochwertige Erze mit 60—65 % Egehalt. Außerdem sollen in der Krim bei Kertsch etwa 800 Mill. t geringwertigerer Erze lagern, deren Verhüttung vorläufig nicht zu lohnen scheint.

Im ganzen läßt sich sagen, daß die Eerzlager an Ausdehnung noch lange nicht die Kohlenlager erreichen. Freilich muß bemerkt werden, daß die Evorkommen viel weniger erforscht sind als die Kohlenvorkommen. Sicher ist, daß auch China bedeutende Mengen von leicht abbaubaren Erzen enthält, die in der Zukunft sicher noch eine große Rolle spielen werden. Weiter ist ja zu beachten, daß in der Zukunft ein Moment der Sättigung mit E eintreten kann, eine Zeit, in der in der Hauptsache nur noch der Verschleiß (Abnutzung) von altem E ins Gewicht fällt, der nur 10—20% betragen dürfte. Das gegenwärtig produzierte E wird ja in der Hauptsache für neue Anlagen, Eisenbahnen, Maschinen und im Hochbau usw. verwandt. In der Zukunft wird es nur darauf ankommen, das vorhandene alte E zu erneuern, z. B. die Eisenbahnschienen neu umzuschmelzen und zu verwalzen, wobei nur etwa 10—15% des früheren Gewichts verloren gehen.

In den statistischen Werken von Juraschek, Neuman-Spallert und Scherzer ist des öfteren als Maß der gestiegenen Produktivität der Eindustrie angenommen die Leistungsfähigkeit der einzelnen Hochöfen in verschiedenen Zeiträumen, wobei man zum Nachweis eines ganz gewaltigen Fortschritts mit Leichtigkeit gelangte. So ist doch die Leistung der englischen Hochöfen angestiegen von 1800/1860 von 500 auf 6000 t, und weiterhin bis 1905 auf 27000 t. Deutschland hatte erst 1873 6000 t Durchschnittsleistung, gegenwärtig (1912) 37500 t. Zutreffender ist natürlich nur der Vergleich der Produktion, die auf den einzelnen Arbeiter früher und heute entfiel. Auch da ist freilich seit den 1870er Jahren eine Steigerung der Produktivität um das Fünffache eingetreten[1]).

In Nordamerika sind seit den 1890er Jahren sehr viele „Trusts“ entstanden. Doch scheint deren Gründung weniger aus Gründen der Produktivität, als vielmehr um der Beherrschung des Marktes willen erfolgt zu sein. Es tritt dabei häufig eine ganz unangemessene und durch nichts gerechtfertigte Steigerung der Grundrente zutage. Ein recht typisches Beispiel bildet die Federal Steel Co., die 1898 entstand. Der Buchwert sämtlicher Liegenschaften betrug 45 Mill. Dollars, wozu 10 Mill. Kassa kamen. Nun wurden sofort 31 Millionen als Zuwachs der Grundrente gerechnet, darauf den alten Anteilseigentümern für 100 Mill. Vorzugsaktien gereicht unda dann das Aktienkapital um weitere 100 Mill. $ „verwässert“. Bei der Bildung des Riesenstahltrusts 1901 erfolgte eine weitere Verwässerung des Aktienkapitals. Man kann sagen, daß von den ganzen 1000 Mill. $ Aktien, Prioritäten usw., die der Riesenstahltrust herausgegeben hat, der wirkliche Wert der Maschinen und Gebäude keine 120 Mill. $ bei der Gründung ausmachte; selbst einschl. der Eisenbahnen und der Dampfer sowie der Kohlengruben und Eerzlagerstätten betrug der ursprüngliche Wert kaum über 250 Mill. $.

In der Eproduktion stand und steht heute (1912) allen Ländern die Union mit 24 bis 26 Mill. t Jahresproduktion voran. In zweiter Linie folgt heute Deutschland mit etwa rd. 18 Mill. t, in dritter England mit 10 Mill. t. Über die historische Entwicklung der Produktionszahlen sowie die anderen Länder gibt die Tab. 39 Auskunft.

Petroleum.

An Kohle und Eisen schließt sich an als Leucht- und Brennstoff Petroleum. Das Petroleum wird im Kaukasus Naphta genannt, es wird sonst auch als Erdöl bezeichnet. Die Alten kannten zu Leucht-

---

[1]) Vgl. Carl Ballod in Schmollers Jahrbüchern 1910, Die Produktivität der industriellen Arbeit.

zwecken nur Lampen, die mit Pflanzenöl angefüllt wurden und nicht besonders hell brannten. Noch in der neueren Zeit, bis in die sechziger Jahre, wurde vielfach Rapsöl zu Beleuchtungszwecken verwandt, bis dann das Petroleum infolge seiner größeren Billigkeit das Übergewicht gewann. In Indien gibt es an einem Zufluß des Irawaddi eine Petroleumquelle, deren Produkt seit Alters her zu Leuchtzwecken benutzt wird, und aus dem Birma seit undenklichen Zeilen mit Brennöl versorgt sein soll. Desgleichen brennen ja die heiligen Feuer von Baku schon seit dem Altertum. Indessen war es doch erst unserer Zeit vorbehalten, die Talglichte und die Pflanzenölbeleuchtung zu verdrängen, nachdem allerdings bereits zu Anfang des 19. Jhd. in England Gas verwandt worden ist.

Die moderne Petroleumproduktion nahm ihren Anfang in Amerika (Pensylvanien). 1859 wurden erst 52000 Barrels (= Faß) gewonnen, 1860 schon eine halbe Mill., 1876 5,62 Mill. Ursprünglich verwandte man nur das raffinierte Petroleum zur Beleuchtung, die Rückstände ließ man umkommen. Das ging einigermaßen gut an beim amerikanischen Petroleum, wo aus dem Rohöl 60—70 % Petroleum gewonnen werden konnte. Weit schwieriger war es jedoch bei der russischen Naphta, welche nur etwa 30 % an leichtflüssigem Öl liefert, während die Rückstände nahezu 70 % ausmachen. Seit den achtziger Jahren des 19. Jhd. hat man angefangen, die Rückstände als Heizmaterial für Dampfkessel zu verwenden und außerdem zu Schmieröl zu verarbeiten. Auch Vaselin und Paraffin werden aus Erdöl gewonnen. Das Petroleum hat eine höhere Wärmekapazität und daher besseren Heizeffekt als die Kohle. Es enthält rund 11000 Wärmeeinheiten, gegenüber 7—8000 Wärmeeinheiten, welche die Kohle liefert. Man braucht also bei der Verwendung von Petroleum bzw. Naphtarückständen zur Heizung von Dampfkesseln geringere Quantitäten, als dies bei der Heizung der Kohle der Fall ist. Namentlich bei kleinen Dampfmaschinen ist es von Wichtigkeit, daß sie sehr viel Heizmaterial verbrauchen, während die sogenannten Explosionsmotoren viel ökonomischer arbeiten. Kleine Dampfmaschinen verbrauchen pro Stunde und Pferdekraft nicht selten 3—5 kg Kohle, während kleine Explosionsmotoren mit 0,3—0,4 kg Petroleum pro Stunde und Pferdekraft auskommen. Bei großen Explosionsmotoren sinkt der Bedarf von Petroleum auf 0,2—0,16 kg pro Stunde und Pferdestärke. Freilich ist auch der Bedarf an Kohle bei großen Dampfmaschinen ganz erheblich geringer als bei kleinen; man kommt schon mit 0,6—0,7 kg pro Stunde und Pferdekraft aus.

Über die Entstehung des Mineralöls ist mit Sicherheit nichts bekannt. Es stehen sich da in der Hauptsache zwei Hypothesen gegenüber. Die eine geht davon aus, daß Petroleum aus dem Fett riesiger vorweltlicher Tiere, insbesondere großer Fischarten und Krokodilier entstanden sei. Es habe sich an bestimmten Punkten angesammelt und sei durch Spalten in unterirdische Hohlräume gedrungen.

Der berühmte russische Chemiker Mendelejeff hat eine andere Hypothese aufgestellt. Er hat versucht zu zeigen, daß aus dem Erdinnern dringende Kohlensäure in glühendem Zustande mit Wasser in Berührung geraten, sich zu Petroleum verbinden könne. Im allgemeinen wird jedoch von den meisten Theoretikern die erste Hypothese, daß das Petroleum aus vorweltlichen Tieren entstanden sei, für die richtigere gehalten. Ist sie richtig, so können wir mit großer Wahrscheinlichkeit sagen, daß keine besonders großen Petroleumvorräte auf der Erde vorhanden sein können, bzw. es mit der Petroleumproduktion sehr bald zu Ende sein wird.

Über die Größe des Petroleumvorrates ist nichts Sicheres bekannt. Die alten pennsylvanischen Petroleumvorkommen lassen seit den neunziger Jahren bedenklich an Reichhaltigkeit nach, und nur der Umstand, daß ständig neue Quellen erbohrt werden, läßt die Petroleumvorkommen in der Quantität vorläufig noch nicht zurückgehen.

Seit den achtziger Jahren ist Rußland auf dem Petroleummarkt erschienen, nachdem einige Fundstätten entdeckt worden waren. Um die Jahrhundertwende hatte die russische Petroleumproduktion die amerikanische erreicht, um darauf, seit der Revolution 1905, stark nachzulassen; heute produziert Amerika etwa 30 Millionen metrische Tonnen, Rußland 8. Außer Rußland und Amerika hat man Petroleum noch in Galizien und Rumänien in bedeutenden Mengen gefunden, es ist daselbst eine Produktion von $1^1/_2$—2 Mill. t erreicht worden. Auch die Lüneburger Heide hat, wenn auch in nicht sehr bedeutenden Mengen, Erdöl. Ist die Theorie von dem animalischen Ursprung des Petroleums richtig, so müßten davon im nördlichen Afrika ungeheure Mengen vorhanden sein, da ja Nordafrika gewaltige Mengen Phosphorite enthält, welche unzweifelhaft aus jenen vorweltlichen Tieren entstanden ist, deren Fett das Petroleumentstehen zugeschrieben wird. Tatsächlich sind jedoch die Franzosen noch nirgends in Afrika auf reiche Petroleumquellen gestoßen. Auch die nordamerikanischen Petroleumfundstätten liegen durchaus nicht in unmittelbarer Nähe der Phosphoritvorkommen.

Die Gesamtpetroleumproduktion belief sich um die Jahrhundertwende auf 20—25 Mill. t, 1910 auf 35 Mill. t, welches Quantum an Wärmekapazität einem Kohlenquantum von 50 Mill. t gleichwertig ist. Die Hauptbedeutung des Erdöls bestand bis in die neueste Zeit in seiner Brauchbarkeit für Beleuchtungszwecke, heute aber beginnt diese Bedeutung zu sinken. Dafür steigt die Nachfrage nach Erdöl für die Ölmotoren. Für die Beleuchtung ist heute das Gas billiger, bloß das elektrische Licht ist infolge irrationeller Preispolitik der Elektrizitätswerke teurer als Gas und Petroleum. In Deutschland beträgt die Erdöleinfuhr in den letzten Jahren etwa rund $1^1/_4$ Mill. t im Werte von 70—80 Mill. ℳ. Würden überall große elektrische Zentralen errichtet, und der elektrische Strom zum Selbstkostenpreise abgegeben, so würde die Elektrizität alle anderen Beleuchtungsarten schlagen. Unter den heutigen Bedingungen jedoch ist die Elektrizität zu teuer. Der Wert der Petroleumproduktion loco Fundort wird sehr verschieden berechnet. Man muß den Preis des Rohöls von dem Preise für fertiges raffiniertes Petroleum trennen. Die reinen Produktionskosten ausschließl. Grundrente berechnete man im Kaukasus um 1900 mitunter zu nur 60 Pf. per t, also weit billiger als bei der Kohle. Das raffinierte Petroleum kostete jedoch bereits mindestens das Zwanzigfache; seit 1906 ist die Preispolitik der Naphthaquellenbesitzer darauf ausgegangen, den Preis nach und nach auf 20—30 ℳ loco Fundort zu steigern.

Rohkupfer [1]).

Das Kupfer besitzt in der menschlichen Wirtschaft eine geringere Bedeutung als das Eisen, trotzdem ist es gerade in der neueren Zeit wichtig genug, namentlich seit dem Aufkommen der elektrotechnischen Industrie. Früher diente K lediglich zu Gerätschaften und als Legierung zu Schmuckgegenständen, Statuen und dergleichen; auch nachdem das eigentliche Bronzezeitalter, während dem auch Waffen aus Klegierung verfertigt wurden, längst vorbei ist. In der modernen Technik ist nun das K zu besonderer Beachtung gelangt, namentlich als Leitungsdraht für elektrische Leitungen. Zwar kann auch Eisendraht zu Leitungen verwandt werden, allein Eisen hat die schlechte Eigenschaft, daß es an der freien Luft leicht rostet, außerdem aber braucht man bei Anwendung von Eisen achtmal massivere Drähte für denselben Zweck als bei der Verwendung von K. So ist es denn gekommen, daß der Kbergbau in den letzten Dezennien einen gewaltigen Aufschwung genommen hat. Von Bedeutung ist ja freilich, daß gleichzeitig gewaltige Klagerstätten entdeckt worden sind in Amerika, Japan, Chile, die die früheren an Reichhaltigkeit ganz bedeutend übertreffen.

K war das Erz κατ' ἐξοχήν bei den Alten. Die Hauptfundorte im Altertum lagen in Spanien. Mit Zinn legiert liefert es die antike Bronze. Bei der modernen Bronze wird das Zinn meistens durch das billigere Zink ersetzt, welches zugleich mehr härtet. Messing ist bekanntlich eine Legierung, die lediglich aus K und Zink besteht. Während K und Zinn im reinen Zustande sehr weich ist, ist die aus ihnen entstandene Legierung weit härter.

Die Gesamtproduktion an K betrug um 1900 rd. 500000 t und ist bis 1910 auf 900000 t gestiegen und stellt, da das K einen Wert von 1—1¼ ℳ per kg besitzt, heute einen Gesamtwert von über 1 Milliarde ℳ vor. Die reichsten KErzlagerstätten befinden sich in Nordamerika am Oberen See (Lake Superior), woselbst die Produktion einen gewaltigen Aufschwung genommen hat. 1880 betrug sie insgesamt dort 25000 t. Heute werden in der Union rd. ½ Mill. t K produziert, von denen etwa 300000 t im Werte von 320—420 Mill. ℳ ausgeführt werden. Nordamerika besitzt heutzutage geradezu das Monopol in der Kproduktion. Allerdings besteht kein Zweifel darüber, daß auch in einigen anderen Landgebieten die Kproduktion noch einer bedeutenden Steigerung fähig ist, aber Nordamerika hat den Vorzug, daß es die reichhaltigsten KErze besitzt, die nahezu gediegenes metallisches K liefern. Es kann daher billiger produzieren als alle seine Konkurrenten. Auch Rußland besitzt in der

[1]) Die Kupferproduktion der einzelnen Länder betrug:

	Union	Spanien u. Portugal	Mexiko	Japan
1911	492 650 t	52 045 t	54 030 t	55 000 t
1910	484 935 t	50 255 t	49 800 t	46 000 t

	Afrika	Australien	Chile	Erde
1911	16 980 t	41 840 t	29 595 t	873 460 t
1910	15 205 t	40 315 t	35 235 t	855 685 t

nach Mertons Jahresstatistik.

Kirgisensteppe KErze, die 20—33% K enthalten. Fast ebenso reich sollen die chilenischen und venezoelanischen KErze sein.

In Deutschland hat die Kproduktion mit dem Ansteigen des Bedarfes bedeutende Fortschritte gemacht, obgleich die deutschen KErze im Verhältnis sehr arm genannt werden müssen, da sie nur etwa 4% K enthalten. 1900 (1910) wurden gefördert 748000 bzw. 926000 t KErze im Werte von 23,8 (23,4) Mill. ℳ. Außerdem sind in Deutschland für die Verhüttung wenige, aber reichhaltige fremde KErze eingeführt worden.

Im 18. Jhd. war das bedeutendste Kproduktionsgebiet neben Spanien England. Die aufblühende Schiffahrt und der Schiffbau benötigte bedeutende Mengen K, da die hölzernen Schiffsböden, zum Schutz gegen den Bohrwurm, mit K beschlagen werden mußten. Desgleichen wurde in früheren Zeiten für die Herstellung von Kanonen sehr viel K gebraucht, während gegenwärtig lediglich Stahl gebraucht wird. Im Laufe des 18. Jhd. war die Kproduktion in England auf 28000 t gestiegen, eine riesige Menge für die damaligen Verhältnisse. Zur Zeit der Napoleonischen Kriege, 1800—1820, stieg die Kproduktion vorübergehend sogar auf 58000 t, weil damals England die Festlandsmächte nicht nur mit Gold, sondern auch mit Waffen versorgen mußte, ihnen Kanonen lieferte, zugleich aber für seine Kriegsschiffbauten ungeheure Kmengen verbrauchte. Der Beginn der Dampfschiffs- und Eisenära ließ dann die Bedeutung des K etwas zurückgehen. Indessen stieg doch der Bedarf wiederum bald an, England verbrauchte im Durchschnitt der sechziger, siebziger und achtziger Jahre 90—100000 t K und gegenwärtig nahezu das Doppelte.

Deutschland produziert selbst um 1910 37000 t, muß aber für den Bedarf seiner elektrischen Industrie noch weitere 181000 t im Werte von 216 Mill. ℳ einführen. Allerdings führt Deutschland auch Kstangen und Kwaren (einschl. Messing) in der Höhe von 45000 t, die einen Wert von rd. 130 Mill. ℳ darstellen, aus. Immerhin ist anzunehmen, daß der innere Verbrauch von K in Deutschland etwa 160000 t beträgt, nicht ganz das Fünffache der Eigenproduktion. Einen großen Wert werden vielleicht für Deutschland die KErzfunde in Deutsch-Südwestafrika gewinnen. Es sollen daselbst nach Berichten von Sachverständigen bedeutende Mengen an reichen KErzen vorhanden sein, welche am zweckmäßigsten ausgeführt werden müßten.

Die Kpreise betrugen in den achtziger Jahren 1300—2300 ℳ a. d. t. Die großen amerikanischen Kfunde ließen alsdann den Preis bis auf 1200 und vorübergehend sogar auf 1000, ja 900 ℳ sinken. Bekannt ist der berüchtigte Kkrach im Jahre 1885. Es hatte sich ein Kring gebildet, der mit der Bontoux-Bank in Paris in Verbindung trat, um die Preise zu heben und den Weltmarkt zu beherrschen. Alles auf dem Markt angebotene K wurde zu hohen Preisen angekauft. Die Spekulation erwies sich jedoch bald als gänzlich verfehlt, da die Kbergwerksbesitzer, angelockt durch die hohen Preise, die Produktion noch rascher gesteigert hatten als der Kbedarf gestiegen war. Daher der furchtbare Rückschlag, der die Bontoux-Bank und mit ihr Tausende von kleinen Existenzen vernichtete. Erst der Aufschwung der elektrischen Industrie in den neunziger und folgenden Jahren hat die Preise wieder etwas in die Höhe gebracht, indessen doch nicht die Kproduktion so gesteigert, wie man hätte erwarten können, und das aus dem Grunde, weil gleichzeitig ein starkes Hochgehen der Eisen- und Kpreise stattgefunden hatte, da die letzteren Industrien gleich große Vorteile darboten wie die KIndustrie.

Die einzelnen Zahlen ergibt die Tabelle 44.

Blei.

Die Bleiproduktion übertrifft in bezug auf die Mengen noch die Kupferproduktion, da jährlich um 1900 über 0,87 Mill. t, 1910 über 1 Mill. t gefördert wurden; der Wert derselben ist jedoch bedeutend geringer, da 1 t Bl nur rd. 250—300 ℳ kostet. Sehr stark gefördert ist die Produktion in der letzten Zeit in den Vereinigten Staaten und in Mexiko, und dies aus dem Grunde, weil die amerikanischen und mexikanischen BlErze gleichzeitig geringe Mengen Silber enthalten, wobei sich die Ausbeute dieser Erze lohnender gestaltet.

Deutschland hat in den letzten Jahren eine Mehreinfuhr an Bl von etwa 50000 t; die innere Produktion betrug 171000 gegen 124000 t i. J. 1910. Es dürften daher im Inlande über 200000 t verbraucht worden sein, da nur Bl hauptsächlich in Bleiweiß ausgeführt wird. Der Konsum an RohBl ist in den letzten 30 Jahren von 0,9 auf etwa 3 kg a. d. Kopf gestiegen. Bl wird namentlich in der letzten Zeit in der Industrie vielfach zu Wasserleitungsröhren gebraucht, da es gegenüber dem Eisen den wesentlichen Vorteil besitzt, daß es nicht rostet und sein Preis kaum zweimal so hoch ist wie der des Eisens. Außerdem ist von Wichtigkeit, daß schadhaftgewordene Gegenstände aus Bl sich leichter ausbessern lassen als solche aus Eisen, alte Blgegenstände einen höheren Wert besitzen als alte Eisengegenstände, da das Umschmelzen und Umformen von Bl sehr leicht und billig zu bewerkstelligen ist. Auch für die chemische Industrie und für die Fabrikation von Flintenkugeln ist Bl von Bedeutung, während Granaten aus Stahlhartguß angefertigt werden.

Im Altertum war das Hauptproduktionsgebiet für Bl Spanien, das ja überhaupt das metallreichste Land des Altertums war. Namentlich haben die Römer den Blbergbau mächtig gefördert, sie besaßen auch bereits Wasserzuleitungsröhren aus Bl. Noch heute steht Spanien in Bezug auf die Blproduktion an der Spitze der europäischen Länder, obgleich es heute nur noch wenig Deutschland übertrifft. Die Produktion hat daselbst außerordentlich zugenommen. Um 1850 wurden in Spanien erst 27000 t produziert, um 1880 bereits 130000 t, seitdem ist die Produktion auf 160—183000 t angestiegen. Hauptproduktionsgebiet in Spanien ist die Provinz Murcia, wo auch gleichzeitig die reichsten Kupferminen, die Rio-Tintominen liegen. In der neuesten Zeit hat man auch angefangen, die Laurischen Schlacken wieder aufzuarbeiten, die die alten Athener zurückgelassen haben. Bei der unvollkommenen Aufbereitungsmethode des Altertums sind beträchtliche Bl- und Silbermengen in den Schlacken zurückgeblieben, die heute mit Vorteil ausgebeutet werden können. Das Hauptproduktionsland der Gegenwart ist die Union, die 1907 bereits 331000 t produzierte, während es Mexiko 1908 auf 110000 t, Australien auf 119000 t brachte.

Das Zink.

Das bedeutendste Zinkproduktionsland ist Deutschland mit 221000 t i. J. 1910, dann früher Belgien 167000 t, darauf die Vereinigten Staaten, heute hat aber die Union mit 173000 t i. J. 1908, 203000 t i. J. 1907 Belgien mit 167000 t i. J. 1909 verdrängt. Die gesamte Zproduktion betrug 1883 340000 t, 1911 895400 t, stand also mit der Kupferproduktion auf gleicher Höhe. Der Zpreis beträgt heute 500 ℳ a. d. t, also ungefähr ein Drittel des Kupferpreises. Der Gesamtwert der Zproduktion beträgt heute 320—340 Mill. ℳ. Die genaue Kenntnis des Zmetalls datiert erst aus der zweiten Hälfte des 18. Jhd., als der Chemiker Stahl die Legierung des Kupfers mit Z in Messing aufstellte. Die technische Verwendbarkeit des Z ließ lange viel zu wünschen übrig. Das ursprünglich produzierte Metall war ungeschmeidig, ließ sich nicht dehnen, walzen und hämmern, war kaum zu biegen. Es wurde früher fast ausschließlich zur Legierung des Kupfers und in den physikalischen Laboratorien zur Erzeugung des galvanischen Stromes verwandt. Erst zu Anfang der vierziger Jahre wurde die Verarbeitung des Z soweit vervollkommnet, daß es nunmehr allen Zwecken dienen konnte. Heute wird es ja in großen Massen im Dienste der Telegraphie und überhaupt aller elektrischen Strom benutzenden Gewerbe gebraucht. Z wird auch benutzt zu allerlei Gefäßen, Röhren, Dachrinnen, sowie in der Kunstindustrie, wo der Zguß eine große Bedeutung erlangt hat. Von Bedeutung ist in der neuesten Zeit auch die Zinkographie geworden.

Im Deutschen Reich sind 1900 640000 t, 1909 724000 t ZErz gefördert worden im Werte von 25,7 bzw. 42,8 Mill. ℳ. Früher betrug die ZErzproduktion über 800000 t im Werte von 22 Mill. ℳ. Es sind 1900 bzw. 1910 156000 bzw. 220000 t Z ausgeschmolzen worden. Die deutschen ZErze enthalten 22—25% Z. Diese enormen Mengen haben denn auch nicht nur den einheimischen Konsum gedeckt, sondern Deutschland hat noch bedeutende Mengen Z mehr ausführen können, und zwar i. J. 1910 75000 t, zugleich sind 18000 t Zweiß und Zgrau ausgeführt worden.

Was die übrigen Länder anlangt, so hat Großbritannien eine so geringe Zproduktion, daß es für seinen enormen Bedarf fast vollständig auf die Einfuhr angewiesen ist, indem es teils ZErze einführt, um sie zu Hause zu verhütten, teils auch fertiges Z. Die englische Zproduktion verarbeitet hauptsächlich eingeführte griechische, italienische, algerische Erze und hat in den achtziger Jahren etwa 22000 t, i. J. 1908 54000 t betragen.

Das zweitwichtigste Produktionsgebiet in Europa ist Belgien, das rd. 170000 t Z produziert und nahezu zwei Drittel dieser enormen Produktion ausführt.

Als zweites Produktionsgebiet der Erde jedoch sind in der letzten Zeit die Vereinigten Staaten aufgetreten, die i. J. 1902 bereits 203000 t Z produzierten.

Zinn.

Das bekannteste Zinnland des Altertums, aus dem bereits die alten Phönizier Zinn holten, war England. Es versorgte damals alle Mittelmeerländer mit Z. Das zreiche Cornubia des Aristoteles war wahrscheinlich das heutige Cornwall, von wo bereits die Phönizier Z holten. Im Altertum bestand die Hauptbedeutung des Z darin, daß es zur Herstellung der Bronze diente. England war auch später durch lange Jahrhunderte hindurch das einzige Zland der Erde. Erst zu Anfang des 19. Jhd. sind die reichen Zlagerstätten auf der Insel Banka in Hinterindien entdeckt worden. Die englische Zproduktion betrug von 1800—1820 im Durchschnitt 2500 t jährlich, 1820—1840 rd. 200000 t, also durchschnittlich 10000 t jährlich. 1840—1860 6200 t jährlich. Um 1883 9354 t, ist dann noch bis 12000 t gestiegen, um alsdann wieder abzusinken. Die Produktion[1]) aus inländischen Erzen betrug 1900 nur 4336, 1909 5000 metrische t, die aus ausländischen, meist aus bolivianischen i. J. 1900 erst 3575 t, i. J. 1909 dagegen 11890 t.

Sehr zreich ist die Halbinsel Malakka. Das Z von Malakka war bereits den portugiesischen und holländischen Seefahrern im 17. Jhd. bekannt. Das Z wurde hauptsächlich im Alluvial der Flüsse gefunden. Bedeutend emporgekommen ist jedoch daselbst die Zproduktion erst im Laufe des 19. Jhd. Um 1880 betrug sie rd. 10000 t. Sie ist dann allmählich bis 32000 t im Jahre 1897 gestiegen. Jedenfalls versprechen die Zvorkommen noch eine große Ausbeute. Auch auf Banka begann die Ausbeutung der Lager bereits 1820. In den siebziger Jahren betrug die Produktion daselbst 4000 t und ist dann allmählich bis 15000 t gestiegen. Die Ausbeutung der Zlager auf Banka geschieht auf Rechnung und unter Aufsicht der holländischen Regierung.

Der Gesamtwert der Zproduktion betrug 1897 erst 100 Mill. ℳ; das produzierte Gesamtquantum 80000 t, der Preis 1300 ℳ per t. Gegenwärtig beträgt die Gesamtproduktion der Erde über 117000 t. Der Preis ist auf 3200 ℳ f. d. t gestiegen.

Eine bedeutende Ausdehnung hat die Zformation in Australien. Doch hat die Produktion daselbst keinen sehr bedeutenden Aufschwung genommen, offenbar weil bei dem teuren Arbeitslohn und dem großen Reichtum an Edelmetall vorläufig nur die reichsten Lagerstätten abgebaut werden.

Die nordamerikanischen ZErze scheinen nicht sehr abbauwürdig zu sein. Nordamerika muß seinen Zbedarf hauptsächlich durch die Einfuhr decken. Der ZImport erreichte in der Union 1899/1900 einen Wert von 80 Mill. ℳ, wofür etwa 30000 t Z importiert sein müssen. Amerika verbraucht heute über ein Drittel der gesamten Zproduktion der Erde, nämlich 1900 31600 metrische t (von 81600), 1905 40800 t (von 99100), 1909 nach einigen Rückgängen 42800 t (von 109600). Schon oben ist auf die interessante Tatsache hingewiesen, daß auch England seit den letzten Jahren des 19. Jhd. Z nicht mehr exportiert, sondern importiert, da die Eigenproduktion bei weitem nicht ausreicht zur Deckung des ungeheuren Bedarfes.

Deutschland hatte i. J. 1900 einen Zimport von 12454 metrischen t, 1910 von 15—16000 t. Deutschland besitzt auch eigene ZErze, jedoch ist die Ausdehnung derselben eine sehr geringe. Es wurden z. B. 1908

---

[1]) Statistische Zusammenstellungen v. d. Metallgesellschaft usw. Frankfurt a. M. 1910.

nur 14000 t ZErz produziert im Werte von Mill. ℳ. Hauptsächlich im oberen Friedersdorfer Tal im Königreich Sachsen sollen rd. 180000 t ZErze lagern bis zu einer Tiefe von 500 m. Das Nähere ergibt die Tabelle 44.

Nickel.

Eine hohe Bedeutung hat in der letzten Zeit das Nickelmetall erlangt. In der früheren Zeit hielt man N nicht nur für völlig wertlos, sondern geradezu für eine schädliche Beimengung. Dem deutschen Bergmann war nichts verhaßter, als wenn er beim Kupferbergbau auf ein Erz stieß, welches statt des hochgeschätzten reinen Kupfers starke Nbeimengungen, „Kupfernickel", enthielt. Erst in unserem Jahrhundert hat man die edeln Eigenschaften des N kennen und schätzen gelernt. Bis zum letzten Jahrzehnt des 19. Jhd. hat man das N nur verwandt zu Gerätschaften, im Neusilber, zur Vernickelung von Eisen und anderen Metallen, sowie im Münzwesen. Bekanntlich bestehen die deutschen 5-, 10- und 25-Pfennigstücke aus N. In der neuesten Zeit, seit 1893, hat man jedoch gefunden, daß ein geringer Nzusatz zu Eisen oder Stahl das Eisen ganz bedeutend härtet, zugleich demselben eine weit größere Zähigkeit und Bruchfestigkeit verleiht. Es ist denn auch der Nstahl sowohl zu allerlei Gerätschaften, für die eine bedeutende Festigkeit gefordert wird, namentlich aber zu Geschützen und zu Panzerplatten in Aufnahme gekommen, indem man hier einen Zusatz von 3—5% N gibt. Auch die Geschosse versieht man vielfach mit einem Nstahlmantel. Daher hat denn die Nproduktion in neuerer Zeit einen starken Aufschwung genommen, wenngleich im Verhältnis zu den anderen Metallen die Bedeutung der Nproduktion sehr zurücktritt. Um 1875 betrug die gesamte Nproduktion erst 1000 t, von welcher Menge Deutschland etwa die Hälfte lieferte. Um 1875 wurden auf Neu-Kaledonien reiche Nlager entdeckt; infolgedessen verdoppelte sich die Weltproduktion sehr schnell.

Dann wurde N in Kanada gefunden. Um 1890 betrug die gesamte Nproduktion erst 2000 t, um 1897 jedoch bereits 4500 t, 1900 7600 t, 1905 12500 t, 1909 16100 t, 1911 24500 metrische t. In Kaledonien wurden 1893 5300 t NErze produziert, Kanada hatte 1897 eine Nproduktion von 3500 t, 1900 3200 t, 1908 8700 t. Der Preis für rohes Nmetall stellt sich in den letzten Jahren auf 2500 bis 3000 ℳ per t. In Europa produzierte 1909 Deutschland (Preußen) 3100 t, England 2800 t und Frankreich 1200 t; es stammt also, abgesehen hiervon und von ganz geringen Funden in der Union und in Norwegen, die gesamte Nproduktion aus neukaledonischen und kanadischen Erzen.

Quecksilber.

Das Quecksilber beansprucht eine große Bedeutung für chemische Zwecke, namentlich für die Goldabscheidung. In der Quproduktion hat Spanien bis in die neueste Zeit den Vorrang behauptet; die reichsten Fundorte liegen bei Almaden in der Provinz Mancha, wo das Qu seit den Zeiten der Phönizier ausgebeutet wird. Nächst diesen spanischen Vorkommen gewannen in neuester Zeit die österreichischen Vorkommen in Krain größere Bedeutung. Weiter sind zu nennen die peruanischen Vorkommen bei Chonta und Huncavelica. Diese Fundstätten haben jedoch für den europäischen Quecksilbermarkt wenig Belang, da sie hauptsächlich für die Edelmetallabscheidungen in Peru selbst verwandt werden.

Eine gewisse Zeit bekam Kalifornien eine große Bedeutung für die Quproduktion, überflügelte sogar Spanien. 1877 betrug die Produktion in Kalifornien 3000 t, während Spanien nur 2000 t lieferte. Seitdem ist die Produktion enorm zurückgegangen. Sie sank auf 910 t i. J. 1900 und 577 i. J. 1909. Der Grund lag allerdings zu einem Teil darin, daß in Amerika neben dem Amalgationsprozeß andere Methoden für die Abscheidung von Edelmetall in Aufnahme gekommen waren, wodurch der Qupreis sank, die Produktion also nicht mehr so lohnend war wie früher. Die für den Weltmarkt in Betracht kommende Produktion schätzt Scherzer bereits für den Anfang der achtziger Jahre auf 4500 t. Seitdem ist die Produktion nicht mehr gestiegen, sondern gesunken und betrug 1900 3300 t, 1909 3200 t, 1911 4100 t.

Der Qusilberpreis beträgt in der letzten Zeit 5000 ℳ f. d. t. Es sind auch in der letzten Zeit ganz bedeutende Preisschwankungen vorgekommen, von 3000—15000 ℳ per t, obgleich das Haus Rothschild die spanischen Bergwerke in seinen Besitz gebracht hatte, ebenso die österreichischen Fundorte und nun hoffte, die Preise diktieren zu können. Man fand jedoch, daß die Abscheidung mit Zyankali (Zyanidverfahren) vielfach billiger war als das Quecksilberverfahren.

Tabelle 43.

Quecksilberproduktion.

Land	1890	1900	1902	1905	1909	1910	1911
Union	796	980	1190	1043	683	763	740
davon Kalifornien		910	1005	837	552	631	580
Spanien	1819	1095	1425	853	1000	1114	1486
Österr.-Ungarn..	567	550	563	570	609	694	793
Italien	449	270	270	369	700	894	931
Rußland	167	304	416	318	7		
Mexiko		124	191	190	200	150	150

Preise: 1 Standardflasche zu 75 lbs. in St. Franzisko.

1900	47—52 $
1905	38—40,50 $
1909	43—51 $
1911	46 $

Aluminium.

Man hat dem Aluminium eine große Bedeutung vorausgesagt, seitdem seine Darstellung durch die Fortschritte der Elektrotechnik ganz bedeutend erleichtert worden war. Kostete doch 1 kg Al um 1855 noch

Tabelle 44. **Produktion von**

im Jahre	Blei		Kupfer		Zink		Zinn		Aluminium		Nickel		Quecksilber
	Tonnen	Mill. M	Tonnen	Mill M	Tonnen	Mill. M	Tonnen	Mill. M	Tonnen	Mill. M	Tonnen	Mill. M	Tonnen
1880			153 960										
1881			163 370		264 249								
1882			181 622		277 282								
1883	468 300		199 406		285 036		46 775						
1884	463 600		220 250		299 420		45 088						
1885	454 900		225 592		300 200		44 062		13				
1886	450 600		217 086		298 604		45 968		16				
1887	488 000		223 800		307 020		50 890		26				
1888	531 600		238 030		323 397		51 287		39				
1889	549 000	141,0	266 000	261,0	335 450		55 200	101,0	71		1 830	7,3	
1890	540 000	142,0	281 000	300,0	348 585		56 600	105,0	175		2 484	11,2	
1891	599 000	146,0	288 000	293,0	362 204		60 400	108,0	333		4 779	21,5	
1892	629 000	133,0	309 000	273,0	372 900		65 600	121,0	487		3 743	16,9	
1893	628 000	122,0	305 000	262,0	378 093		68 800	116,0	715		4 383	16,7	
1894	622 000	116,0	325 000	260,0	380 877		74 800	101,0	1 240		4 762	17,2	
1895	638 000	134,0	351 000	296,0	416 621		76 200	95,0	1 427		4 388	11,3	
1896	672 000	149,0	394 000	360,0	424 141		74 200	87,0	1 790		4 427	11,1	
1897	696 000	176,0	417 000	402,0	443 181		71 000	86,0	3 414		4 758	12,0	
1898	826 900	216,0	438 200	457,0	469 000	192,7	73 000	104,0	3 959	9,0	6 200	15,5	4200
1899	809 700	243,0	478 200	708,0	489 200	244,5	73 800	181,0	6 000	13,2	7 900	19,6	3900
1900	871 300	298,0	499 200	739,0	478 500	195,0	80 300	215,0	7 300	14,6	7 600	22,8	3300
1901	867 700	218,0	534 800	720,0	507 400	173,7	89 200	212,0	7 500	15,0	8 900	26,7	3100
1902	882 000	199,7	553 300	585,0	545 300	197,8	96 700	234,8	7 800	18,3	8 700	27,8	4100
1903	902 900	210,2	591 300	691,6	570 600	240,9	100 500	257,3	8 200	19,3	9 900	32,7	3600
1904	970 300	233,8	647 900	769,0	625 300	284,0	103 100	262,8	9 300	21,9	12 000	39,6	3800
1905	965 400	266,4	693 900	971,2	653 700	336,0	102 400	294,6	11 500	40,3	12 500	41,3	3300
1906	984 100	343,4	720 600	1266,9	702 000	382,0	104 400	379,3	14 500	50,8	14 300	54,3	3800
1907	1027 000	394,3	712 000	1246,9	738 400	353,6	102 400	355,5	19 800	69,3	14 100	49,3	3200
1908	1077 100	292,9	757 800	914,7	722 100	297,2	113 300	303,3	18 600	32,6	14 600	47,5	3300
1909	1092 000	287,3	849 200	1005,2	783 200	348,8	113 900	308,7	31 200	42,1	17 300	56,2	3700
1910	1139 700	296,8	886 000	1019,4	816 600	377,7	115 700	361,4	43 800	63,5	20 100	65,3	3600
1911	1117 800	313,8	898 400	1013,3	895 400	453,0	118 200	457,2	46 700	56,0	24 500	78,5	4100

rd. 1000 ℳ; bis 1886 war der Preis schon auf 70 ℳ gesunken; 1891, als das elektrolytische Verfahren mehr in Aufnahme gekommen war, betrug er nur noch 12 ℳ, 1895 3 ℳ, 1900 2 ℳ, 1909 1,25—1,50 ℳ. Die großen Hoffnungen, die man auf das Al wegen seiner Leichtigkeit gesetzt hatte, waren jedoch nicht erfüllt. Man machte namentlich die unliebsame Erfahrung, daß es im Seewasser schnell angegriffen und zerstört wurde. So war denn seine Verwendung hauptsächlich auf Gerätschaften und Schmuckgegenstände beschränkt geblieben, bis es ganz in der neuesten Zeit beim Bau der lenkbaren Luftschiffe nach dem starren System des Grafen Zeppelin und der Motoren für Automobile und Flugmaschinen eine ausgedehnte Verwendung fand. Neuerdings will man im Magnalium. einer Legierung von Al und Magnesium wertvolle Eigenschaften, große Härte und Widerstandsfähigkeit entdeckt haben. Es wäre unzweifelhaft von einer großen Bedeutung, wenn sich diese Hoffnungen erfüllten, da ja Al nur ein spezifisches Gewicht von 2½ hat, während Eisen, Kupfer, Zinn, Zink 7,5 bis 8 mal so schwer sind wie Wasser. Blei ist 11 mal, Quecksilber sogar 13 mal schwerer. Die Gesamtproduktion von Al betrug um 1885 erst 13 t, ist dann bis 1891 auf 71 t gestiegen, um dann rapide zu steigen auf 7300 t i. J. 1900, 11500 t i. J. 1905 und 31200 t i. J. 1909. 1910 sind 46700 t erreicht. Nach sachverständiger Schätzung betrug die Produktion in t

Tabelle 45.

in	1900	1905	1906	1907	1908	1909	1910	1911
Union u. Kanada ..	3200	4500	6000	8000	6000	9000	19600	22000
Deutschland ..... Österreich-Ungarn Schweiz	2500	3000	3500	4000	4000	5000	8000	8000
Frankreich	1000	3000	4000	6000	6000	6000	9500	10000
England	600	1000	1000	1800	2000	2800	5000	5000
Gesamtproduktion [1])	7300	11500	14500	19800	18600	24200		
Gesamtkonsum	7300	11500	14500	14800	17000	30800	43800	46700

Deutschland führt seit 1906 mehr ein 2700 t, 2800 t, 2600 t, die Union, Frankreich und die Schweiz mehr aus.

Salz und Kali.

Das Salz (Chlornatrium) bildet für den Menschen ein unentbehrliches Genußmittel, dient zum Würzen der Speisen und hat seit alters her einen bedeutenden Handelsartikel abgegeben. Ja man kann sagen, S bildete geradezu den ältesten Handelsartikel. Völker, die weit von Swerken wohnten, betrachteten es geradezu als Leckerbissen und mußten es im Wege des Handels zu teuren Preisen erlangen.

[1]) Seit 1908 Italien mit 600 t, Norwegen seit 1909 mit 600 t.

Das größte Slager bildet ja der Ozean. Das Seewasser enthält etwa 3,5% S. Wenn der Ozean verdunsten würde, so würde eine S-schicht von 140 m Mächtigkeit entstehen. Wo sich S im Binnenlande findet, da ist es in der Regel aus Relictenseen oder aber durch Auslaugung der umliegenden Landstrecken entstanden, und in Binnenseen, die keinen Abfluß nach dem Meere haben. Sowie sich das Meer von einem bestimmten Land zurückzog und das Klima trockner wurde, mußte eine Verdunstung der zurückgelassenen Wasserfläche, eine Anreicherung derselben an S stattfinden, bis schließlich reine Spfannen ausgeschieden wurden. In allen Wüsten finden sich ausgedehnte Sseen und Spfannen. Häufig werden dann solche Spfannen von Sand und Staub bedeckt und verschwinden von der Oberfläche der Erde. Der Mensch wird auf diese unterirdischen Spfannen erst aufmerksam, wenn in späteren Zeiten das Klima wieder feuchter geworden ist und Squellen und Ssolen aus der Erde dringen. Die meisten europäischen Länder sind sehr reich an SAblagerungen, wenn es stellenweise auch große Gebiete gibt, in denen sich weit und breit kein Salz findet, oder doch bis jetzt noch nicht gefunden worden ist.

In den Mittelmeerländern und auch sonst in vielen anderen südlichen Landgebieten wird SpeiseS durch Verdunstenlassen des Seewassers gewonnen. Man hebt in der Nähe des Meeres flache Gruben aus, läßt in diese das Meerwasser einlaufen, schließt sie dann ab und wartet, bis das Wasser verdunstet und auf dem Boden der Gruben eine Sschicht übrig geblieben ist. Allerdings können diese Seesalinen, wenn man sie lediglich von der Sonne trocknen läßt, nicht sehr viel S liefern. Beträgt doch die Verdunstung im heißen, sonnigen Klima Südafrikas kaum über 5 m im Jahre, wobei denn eine Sschicht von nur 15—18 cm entstehen würde. Wo Brennmaterial in ausreichender Menge vorhanden ist, wird das Seewasser auch in Kesseln verdampft, jedoch ist dies Verfahren sehr unproduktiv. In ganz Ostindien, China, Japan, Insulinde wird weitaus das meiste SpeiseS aus dem Seewasser erzeugt. In Indien findet eine starke Einfuhr von fremden S statt. Japan, das reiche SAblagerungen im Innern aufweist, hat erst seit Ende des 19. Jhd. angefangen, dieselben auszubeuten. Indien besitzt im Innern, im Pendschab, ebenfalls große Slagerstätten, Spfannen, die man auch erst angefangen hat auszubeuten. Naturgemäß ist ja die Gewinnung des SteinS, bzw. MineralS, wo solches in größeren Mengen vorkommt, bequemer und billiger, als die Gewinnung von S aus Meerwasser oder aus Ssolen. Im ganzen westlichen und inneren Asien finden sich ausgedehnte Sseen und Spfannen. Das Tote Meer ist z. B. eine einzige Ssole. Es enthält über 22% S. Im nördlichen Indien, im Pendschab, findet sich ein über 100 km weit sich erstreckendes Sgebirge, das gewaltige Smassen birgt, es ist sogar eine Straße durch festes SteinS gebrochen. Nordamerika hat ebenfalls in der wüstenartigen Trockenregion ausgedehnte Sgebiete. Berühmt ist der Groß-Salzsee in Utah. Von Deutschland wußte man im ganzen Mittelalter nicht, daß es enorme Mengen SteinS enthält, es wurde S lediglich aus Ssolen gesotten, namentlich in der Provinz Sachsen, wo sich eine ganze Anzahl von Ssolen befinden. Außerdem gibt es noch S an einigen wenigen Stellen in Süddeutschland, hauptsächlich in Berchtesgaden in Bayern, Friedrichshall und Wilhelmsglück in Württemberg. Erst den letzten Jahrzehnten des 19. Jhd. war der Nachweis vorbehalten, daß Deutschland geradezu eines der reichsten SteinSgebiete der Erde enthält und zwar, was besonders wertvoll ist, nicht nur an SteinS bezw. KochS, sondern gleichzeitig auch an Kalisalzen, die in unserer Zeit, der Zeit einer intensiven Landwirtschaft, eine gewaltige Bedeutung für die Düngung des Bodens erhalten haben. In der Provinz Sachsen, bei Staßfurt und an einigen anderen Orten finden sich Slager unter der Erde von über 1000 m Mächtigkeit, sodaß, was das KochS anlangt, für Jahrmillionen vorgesorgt zu sein scheint. Auch die oberste Kalisalzschicht hat 30 bis 50 m Mächtigkeit. Bereits in den achtziger Jahren schätzte Meitzen den Vorrat an Kali- und Magnesiasalzen auf 80 Milliarden t.

In Rußland wurde früher das meiste S aus Solen im Gouvernement Perm gewonnen, ebenso aus den Sseen aus dem Gouvernement Astrachan und dem Flachen See in der östlichen Krim. Später hat man jedoch bei Bachmut gewaltige SteinSlager entdeckt, die die Bearbeitung der Solen überflüssig gemacht und das S außerordentlich verbilligt haben.

Wie spät die deutsche SteinSproduktion hochgekommen ist, das beweist am besten die Tatsache, daß 1861/65 in Sachsen erst 69000 t SteinS und 58000 t KaliS gewonnen wurden. Bis 1881/85 war die Produktion auf 300000 t SteinS und 1 Mill. t KaliS gestiegen, 10 Jahre später 1891/92 wurden produziert 6648000 t SteinS und 1482000 t KaliS, 1909 wurden 1370000 t SteinS, KaliS sogar 7042000 t produziert. Von der enormen Produktion an KaliS dient etwa die Hälfte, 1—1,2 Mill. t, der Ausfuhr, und das ist vorläufig keine Gefahr für Deutschland, weil die Vorräte auch für KaliS außerordentlich groß erscheinen, wie auch die Vorräte an SteinS zwanzigmal größer sind. Außerdem hat man ja in der neuesten Zeit durch Bohrungen festgestellt, daß die Staßfurter Slager sich viel weiter erstrecken, als man früher angenommen hat. Ein großer Teil der Mark Brandenburg und der Provinz Sachsen ruht auf S. Von außerordentlicher Wichtigkeit ist, daß bisher, abgesehen von Österreich, Kali nirgends auf der Erde in abbauwürdigem Vorkommen erbohrt ist. Durch zahlreiche Bohrungen von der Ostseeküste bis zum Niederrhein ist das Kalivorkommen in der ganzen Norddeutschen Tiefebene festgestellt worden, auch nach Westen zu findet sich noch Kali, allerdings wohl nicht mehr in zusammenhängenden größeren Lagern. Infolge der Wichtigkeit des Kalis und seines alleinigen Vorkommens in Deutschland ist unter dem 25. Mai 1910 ein „Gesetz über den Absatz von Kalisalzen“ ergangen, das eine Kontingentierung des gesamten Absatzes bestimmt. (Eine Änderung des Gesetzes ist zu erwarten.)

Was den Skonsum anlangt, so hat den größten Konsum an SpeiseS England, wo etwa 18 kg pro Kopf SteinS konsumiert werden. Deutschland konsumiert infolge der Ssteuer, die 12 Pf. per kg beträgt, nur 7—8 kg S pro Kopf. England, das bis 1825 eine Ssteuer von 30 Pf. pro Pfund besaß, konsumierte damals dreimal weniger S, Rußland verbraucht gegenwärtig rd. 15 kg, vor 1880, zur Zeit der Ssteuer nur 10—11 kg. Frankreich hat einen Prokopfkonsum von 9 kg. Die Union dagegen einen solchen von 23 kg. Indien, welches der englischen Regierung 8 Millionen Pfund Sterling an Ssteuer einbringt, hat einen

Skonsum von nur 4,6 kg pro Kopf. Ähnlich gering ist der Speise-Skonsum in Österreich, welches ebenfalls zirka 20 Pf. per kg Ssteuer erhebt. Viehsalz wird in Deutschland steuerfrei abgegeben, ebenso das für chemische Zwecke gebrauchte S.

Salpeter.

Eine ebensolche Bedeutung wie das Kalisalz für Deutschland haben für Chile die gewaltigen Ablagerungen von Natronhydrat, sogenannter Chilesalpeter, in der Wüste Atakama im nördlichen Chile. Sie werden seit 1830 ausgebeutet und bieten der Landwirtschaft den bekannten Stickstoffdünger, der namentlich seit Beginn des Zuckerrübenanbaue bei der intensiven Landwirtschaft in großen Mengen verbraucht wird. Man schätzte Ende des 19. Jhd. den noch vorhandenen Gesamtvorrat auf nur noch 130—150 Mill. t und befürchtete, daß die gesamten Lager in etwa einem Menschenalter erschöpft werden könnten. Es sind jedoch nach der Jahrhundertwende neue Lager entdeckt, deren Vorräte auf das Mehrfache der bis dahin bekannten Lager geschätzt werden. Ausgebeutet wurden in Mill. kg in den Jahren

Tabelle 46.

		Verbrauch in Europa
1830/34	16 Mill. kg	
1860/64	321 „ „	
1890/94	985 „ „	
1894	1103 „ „	
1895	1260 „ „	
1896	1158 „ „	
1897	1148 „ „	
1898	1283 „ „	
1899	1390 „ „	
1900	1460 „ „	
1901	1274 „ „	
1902	1400 „ „	
1903	1445 „ „	
1904	1488 „ „	
1905	1670 „ „	
1906	1822 „ „	
1907	1846 „ „	
1908	1971 „ „	
1909	2102 „ „	
1910	2465 „ „	1716
1911	2521 „ „	1725
1912	2562 „ „	1960

Die Edelmetalle.

Gold.

Die Edelmetalle Gold und Silber haben seit alters her bei den Menschen in hohem Ansehen gestanden. Ihr Glanz, ihre Unangreifbarkeit an der Luft und im Wasser machten sie sehr früh zum beliebtesten Wertmesser und Schmuckgegenstand. Es gehörte im alten Griechenland zum Begriffe der Fürsten und Könige, daß sie Gold besitzen mußten. Es ist sogar anzunehmen, daß G das erste Metall war, das die Aufmerksamkeit des Menschen auf sich gezogen hat. Wir wissen, daß die Indianer auf den Karaibischen Inseln bei der Ankunft der Spanier sich mit Goldplättchen schmückten, ohne von irgendeinem anderen Metall eine Ahnung zu haben. G ist ja in den Alluvionen der Flüsse sehr weit verbreitet; es gibt wenige Flüsse, in denen es ursprünglich nicht größere oder kleinere Quantitäten G gegeben hätte, bzw. Gkörner, Gsand. G bedarf keiner schwierigen umständlichen metallurgischen Behandlung wie Silber oder Kupfer. Das reine G ist sehr weich, nur wenig härter als Blei, infolgedessen leicht formbar und hämmerbar. Unserm Münzmetall wird bekanntlich zwecks Härtung ein Zehntel Silber oder Kupfer beigemischt. Die Gsachen enthalten sogar gewöhnlich nur 58,5% G, ganz dünnes und leichtes Geschmeide sogar nur 33% Reingold. Freilich kommt G in der Natur in so geringen Mengen vor, daß es niemals eine große Bedeutung zur Verfertigung von Gerätschaften oder Schüsseln u. dgl. erlangen konnte. Die wenigsten Könige konnten sich rühmen, goldene Schüsseln zn besitzen. Meist diente es nur in ganz geringen Mengen als Schmuckgegenstand. Vor allem wurde es zu Ringen und Plättchen verarbeitet, erst auf einer höheren Kulturstufe, mit dem Moment, wo größere Staatenbildungen einsetzten, ist es in größeren Mengen zu religiösen Gefäßen, Geräten, Kunstwerken verwandt worden. Das G diente ursprünglich nicht als Tauschmittel. Für die Beurteilung des Gvorrats im Altertum muß daran erinnert werden, daß die damals in Tempeln und Schatzkammern von Fürsten und Königen als Tribut eingezogenen Mengen, am heutigen Maßstabe gemessen, keineswegs bedeutend waren. Die Legenden von der goldenen Statue der Semiramis und viele phantastische Erzählungen haben keinen historischen Wert. Die älteste zuverlässige Nachricht über einen Gtribut dürfte eine aus dem 16. Jhd. vor Christus stammende Inschrift des Tempels zu Karnak sein über die Siege des Pharao Tuthmosis III. In dieser Inschrift werden für unsere Begriffe ganz kleine Pöstchen G von 4—5 kg im Werte von 14—15000 ℳ feierlichst verzeichnet, woraus man auf die Seltenheit des Metalls zu damaliger Zeit schließen darf. G und Silber diente schon in ältester Zeit als Wertmaßstab und Wertübertragungsmittel, wenn es auch noch nicht überall allgemein als Tauschmittel angewandt wurde. Mit der Zeit wurde es zu Tauschzwecken in die Form von Ringen oder Ziegeln gebracht. Die zugrunde liegende Werteinheit war in Asien im Altertum das babylonische Talent; Babylonien war ja das älteste Kulturland, dessen Kultur wahrscheinlich älter ist als die ägyptische. Das leichte babylonische Talent, die Hälfte des schweren, wog etwa 25,2 oder 24,5 kg, würde also bei völliger Reinheit des Metalls einen Wert von rd. 70000 ℳ darstellen. Es dürfte danach wohl anzunehmen sein, daß die Erzählungen der Bibel von den Gschätzen, die König Salomon jährlich aus Ophir geholt haben soll, nämlich 666 Zentner oder Talente, die einen Wert von 45 Mill. ℳ dargestellt haben müßten, ganz gewaltig übertrieben sind. 666 war übrigens eine mystische Zahl, die überall ohne weiteres da eingesetzt wurde, wo es sich um bedeutende Mengen handelte. Betrug doch der gesamte Tribut, den der Assyrerkönig Sanherib dem jüdischen König Hiskia auferlegte, nur 30 Talente G und 300 Talente

Silber, d. h. also nur $2^1/_2$ Mill. ℳ an G. Berühmt sind im 7. Jhd. vor Christi die Gschätze des lydischen Königs Krösus, die am Tmolus durch Waschen gewonnen wurden. Es war allerdings meistens Elektron, WeißG, mit einer Silberbeimischung von etwa 20%. Die Beute des Perserkönigs Kyros soll 50000 Talente betragen haben.

Gmünzen scheinen zuerst im 7. Jhd. geprägt worden zu sein, wahrscheinlich zuerst bei den kleinasiatischen Griechen in Phokea oder in Lydien. Nach der Eroberung von Lydien durch Kyros und Übernahme seiner gewaltigen Gschätze scheint die Gprägung im Perserreiche allgemein geworden zu sein, während früher die Babylonier nur Talente, d. h. Gewichte hatten. Man kann von einer persischen Gwährung sprechen, da der persische Großkönig sich die Prägung von Gmünzen ganz allein vorbehalten hatte, während Silbermünzen auch von den Satrapen geprägt werden durften. Nach Herodot haben 20 Satrapien ihren Tribut in Silber entrichtet, nur die indische schickte jährlich 300 Talente G, was 25 Mill. ℳ ausmachen würde und zweifellos gewaltig übertrieben ist; möglicherweise aber waren unter den 300 Talenten Silbertalente gemeint. Nach Herodot hatten auch einzelne reiche Privatmänner, wie Pythias von Kelainai enorme Gschätze. Der besagte Pythias soll 3,2 Mill. Gdareiken gleich 90 Mill. ℳ besessen haben, die er dem König Xerxes für die Befreiung seines Sohnes vom Militärdienste anbot, welches Angebot Xerxes damit beantwortete, daß er den Sohn des Pythias töten ließ. Bekannt ist, daß der Spartaner König Agesilaus klagte, der Perserkönig treibe ihn mit 10000 „Bogenschützen" aus dem Lande. Gemeint waren darunter Gdareiken, welche auf der einen Seite das Bild eines Bogenschützen enthielten. Die Beute Alexanders des Großen, der die gesamten Schätze des Perserreiches erbeutete, soll sich auf 120000 Talente, nach anderen Berichten sogar auf 350000 Talente erstreckt haben. Das wären nun, wenn selbst der Wert in Silbertalenten angegeben sein sollte, rd. 500 bzw. 1620 Mill. ℳ. Geradezu Fabelhaftes berichten uns die alten Schriftsteller von den Schätzen der Ptolemäer in Ägypten. Sie sollen zur Zeit der Blüte ihres Reiches 740000 Talente besessen haben, was außerordentlich übertrieben ist. Allerdings ist es bekannt, daß in Oberägypten schon sehr früh neben dem Auswaschen von AlluvialG auch der Abbau von Gquarz üblich gewesen ist, wie Diodor erzählt. Auch Thrazien erlangte einen großen Ruf als Gfundort; so ermöglichten die Gfunde am Pangaion dem König Philipp von Mazedonien ein bedeutendes Heer zu unterhalten und in allen griechischen Städten Verräter zu besolden, die ihn über alle Vorgänge unterrichteten und die Volksstimmung zu seinen Gunsten zu beeinflussen suchten. Indessen soll doch die GAusbeute erst später unter Philipp II. einen Betrag von 1000 Talenten gleich 4,7 Mill. ℳ ausgemacht haben. Mazedonien ist auch noch zur Römerzeit und im Mittelalter ein goldreiches Land geblieben, und es ist gar nicht ausgeschlossen, daß auch in der Zukunft wieder daselbst reiche Bergwerke in Angriff genommen werden.

Ein reiches Gland war im Altertum auch Spanien. Plinius berichtet, daß zur Römerzeit 20000 Pfund G = 6800 kg jährlich gewonnen sein sollen. Eine gewaltige Gbeute hat Cäsar von seinen Feldzügen heimgebracht. Es wird berichtet, er habe $1^1/_2$ Mill. römische Pfund G und 2 Mill. Pfund Silber (= etwa $^1/_2$ Mill. kg G und $^2/_3$ Mill. kg Silber) im römischen Staatsschatz niedergelegt, was etwa 1500 Mill. ℳ ausmachen würde.

Immerhin waren die im Altertum gewonnenen Gmengen im Verhältnis zu dem, was in der Neuzeit gewonnen ist, nicht sehr bedeutend zu nennen. Lexis meint, es erscheine glaubhaft, das von 600 v. Chr. an im Durchschnitt etwa 20 Mill. ℳ G produziert worden sind. Er findet unter Zugrundelegung des für die neue Zeit annäherungsweise geschätzten Abgangskoeffiziente von $^1/_5$—$^1/_3$ % eine sekulare Abnutzung von 25 %, daß zur Römerzeit für etwa 5750 Mill. ℳ G im römischen Kaiserreich vorhanden gewesen sein müßten, was natürlich nur eine Schätzung ist. Es muß berücksichtigt werden, daß das Vergraben von Schätzen beim Beginn von Kriegen im Altertum noch weit häufiger geschah als im Mittelalter und in neuerer Zeit. Allerdings sollen sowohl Sulla als Cäsar Hunderttausende von Talente erbeutet haben. Wir können diese Erzählungen nicht nachprüfen. Sehr gefördert haben die alten Römer nach der Erschöpfung der spanischen Bergwerke die norischen im Salzburgischen und in Kärnten, die nach Lexis im 1. Jhd. etwa für 5 Mill. ℳ G abgeworfen haben sollen; im 2. Jhd. n. Chr. kamen die Gbergwerke in Dazien in Vöröspatak in Aufnahme. Jedoch geriet der Gbergbau daselbst nach den Markomanenkriegen, d. h. nach 167 ins Stocken. Doch soll nach anderen Berichten in Thrazien und Dazien der Gbergbau bis in das 5. Jhd. fortgesetzt worden sein. Lexis meint nun weiter, daß für das 2. und 3. Jhd. unserer Zeitrechnung der Gabgang durch den Zugang nicht gedeckt worden sei, indem der Zugang kaum über 5 Mill. ℳ betragen haben dürfte. Die Gründung von Konstantinopel bewirkte einen enormen GAbfluß vom Abendlande. Es ist bekannt, daß Rom bei der Erstürmung durch Alarich (410) die größte Mühe hatte, den von ihm geforderten Tribut, der ja nur 5000 Pfund G und 30000 Pfund Silber betrug, aufzutreiben. Man mußte die goldene Statue der Virtus mit einschmelzen. Jedenfalls ist es sicher, daß zu Beginn des Mittelalters das Abendland von G nahezu entleert war. Wahrscheinlich ist das meiste vergraben und durch die Kriegswirren spurlos verschwunden. Die Merovinger im alten Frankenreich hatten die größte Mühe, den römischen Gsolidus beizubehalten. Karl der Große war bereits genötigt, die Rechnung nach Silbergeld einzuführen. Man rechnete 1 Pfund (328 Gramm) Silber zu 20 Schillingen und zu 240 Pfennigen. Auch in Italien bürgerte sich Silbergeld ein. Im Osten scheint es noch Überfluß an G gegeben zu haben. Die Araber hatten jedenfalls, als sie Teile des oströmischen Reiches eroberten, reiche Gschätze eingeheimst, scheinen aber selbst keinen bedeutenden Gbergbau betrieben zu haben. Die Sassaniden nahmen den Griechen G ab, und die Araber eroberten und plünderten ihrerseits die „schätzereiche" Hauptstadt des Sassanidenreiches, Ktesiphon.

Die Beutezüge der Waräger und Russen gegen Byzanz führten hin und wieder Gschätze nach dem Norden. Im Mittelalter wurden zuerst in Böhmen und Ungarn reiche Goldfunde gemacht, die sich jedoch bald wieder erschöpften. Größere Mengen G kamen nach Westeuropa jedenfalls erst zur Zeit der Kreuzzüge, namentlich nach der Eroberung Konstantinopels und der Errichtung des lateinischen Kaisertums, ums Jahr 1204. Es sollen während der Kreuzzüge für 5—10 Mill. ℳ jährlich G nach Europa gekommen sein. Sicheres ist allerdings über diese Frage nicht bekannt, und die Schätzungen über den Gvorrat Westeuropas unmittelbar vor der Entdeckung Amerikas schwanken zwischen 240 Mill. ℳ (Chevalier) und 1900 Mill. ℳ (Lexis).

Eine einigermaßen zuverlässige Statistik über Gfunde beginnt erst seit 1500 mit der Entdeckung Amerikas. G war das Hauptlockmittel, das die spanischen Eroberer nach Amerika zog. Man suchte immerfort das fabelhafte Land Dorado (das goldene), wo G so gemein sein sollte wie Sand oder Ziegelsteine. Mittlerweile aber wurden die Indianer in Gwäschereien auf das äußerste zur Arbeit angehalten, so daß sie zu Hunderttausenden dahinstarben. Die indianische Bevölkerung der Insel Hispaniola war in wenigen Jahrzehnten völlig ausgerottet. Trotzdem betrug die gesamte Gproduktion im Cibaogebirge nicht mehr als etwa 3 Mill. ℳ jährlich. Die Gesamtproduktion an G von 1500—1521 in Amerika schätzt Lexis zu nur 100 Mill. ℳ. Mexiko, das bereits frühzeitig erobert worden war, hatte kein G, sondern führte nur Silberschätze. Größere Mengen G kamen erst nach der Eroberung von Peru nach Spanien. Doch sind da die Berichte gewaltig übertrieben. Wenn die spanischen Schriftsteller berichten (was bekanntlich Humboldt nacherzählt hat), daß der König Atahualpa für seine Befreiung ein Lösegeld in G angeboten habe, mit dem man ein Zimmer von 17 Fuß im Quadrat so hoch anfüllen könnte, als ein Mann reichen konnte, so ist das natürlich eine Fabel. Ein solcher Raum müßte mindestens 50 cbm fassen und selbst, wenn er nur mit Gerätschaften angefüllt worden wäre, die nur $^1/_{10}$ Gmasse enthalten, so würde das bei 5 cbm immerhin 100000 kg G im Werte von 279 Mill. ℳ betragen. Tatsächlich wissen wir aber aus genauen Beschreibungen bei den spanischen Schriftstellern, daß das ganze Lösegeld des Atahualpa nur 51000 ℳ Silber (20000 kg) und 1,3 Mill. Gpesos im Werte von etwa 16 Mill. ℳ umfaßte. Die vielgerühmten Gschätze von Kusko enthielten nach Sötbeer nur etwa 2,8 Mill. ℳ Gwert, trotz der goldenen Sonne und der Gplatten, mit denen das Innere des Tempels belegt war. Daß die Peruaner große Mengen G beiseite gebracht und vergraben haben, ist nicht sehr wahrscheinlich. Die Eroberung kam zu plötzlich. Die bekannte Erzählung vom Schatz des Inka ist ein hübsches Märchen. Die gesamte Beute der Spanier in Peru hatte nur etwa 20 Mill. ℳ Wert. Nach der Eroberung haben freilich die Spanier in energischer Weise die Ausbeute, namentlich in den Alluvionen der Flüsse, in Angriff genommen. Doch wird die gesamte Ausbeute von 1534—1600 auf nur 230 Mill. ℳ in Peru und 200 Mill. ℳ in Neugranada geschätzt. Im 17. Jhd. ergaben denn die peruanischen und neugranadischen Gwäschereien 1130, im 18. Jhd. 1150 Mill. ℳ. Chile ergab im 16. Jhd. 130 Mill. ℳ, im 17. Jhd. 100 Mill. ℳ, im 18. Jhd. 240 Mill. ℳ. Im ganzen haben also die Spanier bis zur Emanzipation Amerikas 2800 Mill. ℳ an G bezogen. Im Laufe des 18. Jhd. ist das reichste Gland Brasilien geworden. In der besten Periode (1761/60) lieferte Brasilien für 42 Mill. ℳ G jährlich. Um 1800 war die Produktion auf 15 Mill. ℳ gesunken, später fiel sie noch mehr; um 1900 betrug sie kaum noch 5 Mill. ℳ, um 1910 rd. $9^1/_2$ Mill. ℳ (3400 kg). Im ganzen hat Brasilien bis 1800 für 2336 Mill. ℳ G geliefert.

Es ist übrigens interessant und wenig bekannt, daß zu Anfang und in der Mitte des 16. Jhd. Österreich-Ungarn als Gproduzent eine größere Bedeutung hatte als Amerika. Es wurden daselbst etwa 2000 kg G jährlich produziert. Auch nach 1540 bis 1700 produzierte Österreich etwa 1500 kg G. Es betrug die Gproduktion i. J. 1890 2104 kg, 1900 3223 kg, 1909 2922 kg.

Seit 1759 ist auch der Ural unter die goldproduzierenden Gebiete getreten, doch wurden anfangs nur geringe Mengen G erbeutet (1/4 Mill., später 1/4—1/3 Mill. ℳ). Die gesamte Gproduktion der Erde von 1492 bis 1800 betrug nach Lexis etwa 7531 Mill. ℳ.

In den ersten Jahrzehnten des 19. Jhd. ging die Gproduktion infolge der politischen Bewegung im spanischen Amerika und der fortschreitenden Erschöpfung der brasilianischen Lagerstätten stark zurück. Die gesamte Gproduktion betrug nach Sötbeer 1801—10 496 Mill. ℳ, 1811—20 319 Mill. ℳ, 1821—30 397 Mill. ℳ, 1831—40 566 Mill. ℳ.

In den zwanziger Jahren des 19. Jhd. trat also ein Wendepunkt ein, da Sibirien mit steigenden Gmengen auftrat. Reiche Lager wurden gefunden im Ural, im Altai, später im Jennisseisk-Gebiet. Allerdings waren es nur Lagerstätten von AlluvialG, die sehr rasch abgebaut wurden. Von 1801—20 hat Rußland im ganzen nur für 37 Mill. ℳ G produziert. Alsdann aber trat eine rasche Steigerung ein; von 1820—1850 sind rd. 371000 kg G im Werte von 800 Mill. ℳ produziert worden. Seitdem hat Sibirien bis 1910 noch für 4 1/2 Milliarden G geliefert. Gegenwärtig beträgt die jährliche GAusbeute 130—140 Mill. ℳ. Die Weltproduktion war 1841—50 auf 1528 Mill. ℳ gestiegen, hatte sich also dem vorhergehenden Jahrzehnt gegenüber verdreifacht; 1848 trat nämlich in der Gproduktion eine ganz neue Phase mit der Entdeckung der kalifornischen und australischen Lagerstätten ein. Vor 1848 war die Gproduktion der Union noch geradezu Null. 1848 wurden bereits für 42 Mill. ℳ G in Kalifornien produziert, im folgenden Jahre stieg die Produktion auf 168 Mill. ℳ, in den späteren Jahren bis auf 273 Mill. ℳ, um dann allmählich wieder mit der Erschöpfung der Gseifen abzuflauen. 1862 wurden nur noch für 160 Mill. ℳ G produziert; 1883—85 gar nur für 120 Mill. ℳ. Seitdem ist jedoch durch die steigende Verarbeitung von QuarzG die Gproduktion Amerikas wieder gewaltig in die Höhe gegangen. 1900 (bzw. 1910) sind in Nordamerika rd. 175000 kg, Mittelamerika 75200 kg, Südamerika rd. 17140kg[1]) produziert worden. Wenige Jahre nach Kalifornien trat Australien auf den Platz. Bereits um 1852 hatte es eine Gproduktion von 248 Mill. ℳ. 1856 war das Maximum erstiegen mit 260 Mill. ℳ; alsdann trat wieder ein Abflauen ein. Bis in die Mitte der achtziger Jahre war die Produktion auf 120 Mill. gesunken, gerade wie in Kalifornien. Seitdem ist die Produktion wieder infolge der Verarbeitung von QuarzG enorm angestiegen. 1890 betrug sie 44851 kg im Werte von 125 Mill. ℳ, 1900 110591 kg zu 300 Mill. ℳ, 1910 100000 kg für 278 Mill. ℳ.

Der Wert der Weltproduktion betrug 1851—60 5596 Mill. ℳ, im folgenden Jahrzehnt sank er infolge der Erschöpfung der kalifornischen Funde auf 5300 Mill. ℳ, 1871—80 auf 4830 Mill. ℳ, 1881—90 gar auf 4532 Mill. ℳ. In der Zeit, zu Ende der siebziger und achtziger Jahre, wurden die lautesten Befürchtungen gehegt über die Abnahme der G-

[1]) 1 kg Feingold = 2790 ℳ nach dem deutschen Münzgesetz.

produktion und im Anschlusse daran eines eintretenden Mangels an G. Der berühmte Geologe Süß schrieb ein Buch über die Zukunft des G (1877), in welchem er darauf hinwies, daß G hauptsächlich in den Alluvionen der Flüsse, Silber dagegen auf Quarzgängen gefunden werde und die Produktion von Silber viel nachhaltiger zu sein verspreche, als die des G. Indessen hat die neuere Entwickelung Süß nicht recht gegeben. Man hat angefangen, auch das G auf Quarzgängen zu suchen und hat es tatsächlich in reichem Maße gefunden. Die Quarze werden im sog. Cyanidprozeß aufbereitet. Damit hob sich allmählich dann wieder die Gproduktion, die in den achtziger Jahren auf 153000 kg im Werte von 428 Mill. ℳ gesunken war, schnell auf die doppelte und dreifache Höhe, namentlich als Transval mit immer bedeutenderen Mengen auf dem Platz erschien. Dort wird ja das G hauptsächlich auf Quarzgänzen gefunden. 1887 hatte Transval erst eine Gproduktion von 5 Mill. ℳ, 1890 wurden schon für 50 Mill. ℳ produziert, 1895 für 180 Mill. ℳ, 1898 waren es 313 Mill. ℳ, 1899 begann der durch den Gdurst der Engländer veranlaßte Krieg, die die Gproduktion auf 2½ Jahre fast vollständig brach legte. Nach einigen Jahren stieg sie wieder und betrug 1909—11 etwa rd. 250—260000 kg jährlich im Werte von nahezu 700 Mill. ℳ, d. h. 40% der Weltproduktion, die 1891—1900 8820 Mill. ℳ, 1901—1910 15860 Mill. ℳ betrug. Seit 1848, seit der Entdeckung der kalifornischen Gminen, sind bis 1911 für über 47 Milliarden ℳ G produziert worden. Es ist bemerkenswert und interessant, daß das alte Gland Indien, das bekanntlich in den Märchen des Altertums sowie dem Märchen von 1001 Nacht eine große Rolle spielt, im Laufe des Mittelalters und gar der neueren Zeit aufgehört hatte, G zu produzieren. Neuerdings haben aber die Engländer in Mysore angefangen, auf G zu bauen und tatsächlich hat die indische Jahresproduktion bereits 40—45 Mill. ℳ erreicht.

Eine große Bedeutung hat in der neuesten Zeit die Gproduktion in Kanada gewonnen, wo sie ja am Jukonfluß unter den schwierigsten Verhältnissen stattfindet. Bereits um 1900 hatte die kanadische Gproduktion hauptsächlich am Klondykefluß eine Höhe von 110 Mill. ℳ erreicht, um jedoch bis 1909 auf etwa 42 Mill. ℳ zu sinken.

Süß hatte seinerzeit darauf hingewiesen, daß, je weiter die Durchforschung der Erdrinde gediehen sei, es desto unwahrscheinlicher werde, daß noch ausgedehnte Glager entdeckt werden könnten. Man hat aber angefangen, mit Hilfe sehr vervollkommneter Methoden, früher für wertlos gehaltene Erze abzubauen. Es wird heute schon für einträglich gehalten, Quarz zu verarbeiten, das auf 1 t Gestein 7 g FeinG enthält im Werte von 19,5 ℳ. Gsande werden bereits verwaschen, wenn sie auch nur 1 g G a. d. t Sand enthalten (d. h. 2,8 ℳ). Es ist sogar möglich, daß eine Gknappheit in noch weiterer Ferne liegt, als eine Kohlenknappheit. Bei der Kohle sind wir bei der geologischen Durchforschung soweit gekommen, daß nennenswerte Lager kaum noch zu entdecken sind. Hier ist ja die Lagerung eine horizontale. In bezug auf Gquarz ist die Erde noch nicht genügend durchforscht, um nicht der Möglichkeit Raum zu geben, daß noch unverhältnismäßig mehr reiche Gquarzgänge gefunden werden, da die Bruchflächen von Gesteinschichten nicht leicht zu finden sind.

Wenn nach einigen approximativen Schätzungen im Meerwasser

so viel G enthalten sein soll, daß jeder Erdbürger über eine Mill. ℳ an G erhalten könnte, so ist natürlich zunächst mit solchen Nachweisen nicht viel anzufangen, da ja ein Kubikmeter Meerwasser kaum für 1/10 Pf. G enthält, Indessen ist es nicht ausgeschlossen, daß mit der Zeit vervollkommnete Methoden gefunden werden, die es ermöglichen, das G auch aus dem Meerwasser zu gewinnen. Auch ist nicht unmöglich, daß die feste Erdrinde auf Quarzgängen nicht viel weniger G enthält, als das Meerwasser.

Silber.

Neben Gold ist Silber seit alters her von den Menschen sehr hoch geschätzt worden, und auch als Münzmetall im weitesten Maße benutzt worden. Silber kommt nur sehr wenig in der Natur gediegen vor. Meist finden wir es in Verbindung mit anderen Metallen. Namentlich häufig ist die Verbindung mit Blei, aber auch mit Schwefel und Antimon. Für die Gewinnung des Silbers war bereits eine fortgeschrittene Technik nötig. Es ist aus verschiedenen Gründen wahrscheinlich, das die alten Arier ursprünglich nur Gold und Kupfer gekannt haben. Auch im alten Ägypten war zunächst nur Gold und Kupfer bekannt. Silber scheint sehr selten und im Verhältnis sehr hoch geschätzt worden zu sein. In Babylonien dagegen bildete sich schon früh die Wertrelation von 1 zu 13,33 aus und im assyrischen und babylonischen Reiche war S das vorherrschende Tauschmittel. Sehr früh scheint S in Spanien entdeckt worden zu sein, wahrscheinlich schon im 2. Jhd. vor unserer Zeitrechnung. Spanien scheint im Altertum geradezu der Hauptfundort für S gewesen zu sein, aus dem es schon die Phönizier in den ältesten Zeiten holten. Wenn es natürlich auch ein Märchen ist, daß einst bei einem Waldbrande in Spanien das geschmolzene S vom Gebirge herabgeflossen sei, so ist es indes möglich, daß die Phönizier erst durch einen Waldbrand auf den Reichtum Spaniens an S aufmerksam geworden sind. Man darf nicht meinen, daß die SAusbeute im Vergleich zu unserer Zeit eine besonders große gewesen sei. Die reichen Sgruben von Babylon sollen nach Plinius zeitweilig 300 Pfund S täglich ergeben haben, jährlich also 45—50000 kg im Werte von 8—9 Mill. ℳ. Ebenfalls nach Plinius wurden im Minenbezirk von Kartagena 40000 Menschen für den römischen Staat beschäftigt, die täglich 25000 Drachmen S förderten, was auch nur einen Jahreswert von etwa 7 Mill. ℳ ausmacht. Die berühmten Sbergwerke von Laurion, in Attika sollen zur Blütezeit Athens jährlich für 3—4 Mill. ℳ S geliefert haben. Von 1870—1900 sind aus den von den alten Athenern zurückgelassenen Schlackenhalden jährlich für 5—6 Mill, ℳ S gewonnen. Zur Zeit Xenophons war der Ertrag der athenischen Sbergwerke ein geringer geworden und zu Strabos Zeiten hatte die Bearbeitung schon nachgelassen. Nach einem Verzeichnis sollen die 20 Satrapien des Perserreiches dem persischen Großkönig 9400 Talente S jährlich in den Staatsschatz entrichtet haben, was rd. 1/4 Mill. kg S repräsentiert haben müßte. Indessen bedeutet dies ja noch nicht die Jahresproduktion, sondern nur die Zirkulation, da der Hof das S zum größten Teil wieder verschwendete. Unter Alexander dem Großen begann der Übergang zur Swährung. Rom hat dagegen Smünzen erst 269 n. Chr. zum erstenmal geprägt. Lexis schätzt den

Sbestand zur Zeit des römischen Kaiserreiches auf 4,4 Milliarden ℳ, bei einer Wertrelation von 1 zu 15,5 (die erst durch Napoleon I. eingeführt worden ist). Bereits zur römischen Kaiserzeit bestand ein großer SAbfluß nach Indien. Nach Plinius sollen jährlich für 10 Mill. ℳ S für indische Waren, namentlich für Seide, nach Indien geflossen sein. Es ist bemerkenswert, daß neben der Goldausbeute auch die SAusbeute in der späteren Kaiserzeit zurückging und im 4. und 5. Jhd. nahezu zu Ende war, vielleicht aus Mangel an Sklaven. Zu Anfang des Mittelalters gab es sehr wenig S: im 8. Jhd. für $1^1/_2$ Milliarde ℳ, nach Lexis hauptsächlich im oströmischen und im Kalifenreich. Im späteren Mittelalter ist dann der Sbergbau hauptsächlich in Deutschland aufgekommen. Das bedeutendste Svorkommen des Mittelalters wurde am Rammelsberge bei Goßlar im Harz abgebaut. Heute ist der Prozentsatz an ReinS dort auf $^1/_{10}$ bis $^2/_{10}\,\%$ gesunken, die ursprünglichen Erze mögen dagegen viel reicher gewesen sein. Die Sminen bei Freiberg wurden i. J. 1167 entdeckt. Nach Sötbeer betrug jedoch die Jahresproduktion an S zu Anfang des 4. Jhd. nur 8,4 Mill. ℳ, von 1250—1450 jedoch nur 5 Mill. ℳ.

Das Wertverhältnis zwischen Gold und S schwankte im Mittelalter von 1 : 10 und 1 : 12, in Ungarn soll um das Jahr 1332 dies Verhältnis auf 1 : 20 und sogar auf 1 : 24 heruntergegangen sein. Im 16. Jhd. ging die europäische Sproduktion beträchtlich in die Höhe, gleichzeitig begann ein enormer Szufluß aus Amerika. In Bolivia wurden 1545 die Gruben von Potosi in Mexiko, 1848 die von Zacatecas entdeckt. Die Einführung des Silberamalgamationsverfahrens brachte kurz darauf eine bedeutende Steigerung der Produktion.

Nach Lexis betrug die Gesamtproduktion der Minen von Potosi

1545—1600	360 Mill. Piaster	= 1485 Mill. ℳ
1601—1700	560 „ „	= 2464 „ „
1701—1800	280 „ „	= 1232 „ „
	1200 Mill. Piaster	= 5278 Mill. ℳ

Nach Sötbeer war die Produktion etwas höher und betrug 5336 Mill., nach Humboldt sogar 1300 Mill. Piaster zu je 4,4 ℳ. Mexiko hat bis 1870 für 8828 Mill. ℳ produziert. Der Wert der gesamten Sproduktion von 1501—1800 (117 Mill. kg) betrug nach Lexis 18567 Mill. ℳ, nach Sötbeer 20945 Mill. ℳ. Jedenfalls bewirkte der gewaltige Szufluß aus Amerika im Laufe des 16. und 17. Jhd. vor allem ein beträchtliches Hochgehen der Warenpreise; S wurde das herrschende Münzmetall. Erst im Laufe des 18. Jhd. bekam Gold eine größere Wichtigkeit. Gleichzeitig mit dem Szufluß nach Europa begann freilich ein gewaltiger SAbfluß nach Indien und China. Zu Anfang 1800 standen die Dinge so, daß von all den gewaltigen Smengen mehr als die Hälfte und zwar für $7^1/_2$ Milliarden ℳ S in Münzen und Gerätschaften zurückgeblieben waren. Nach Indien und China waren ausgeführt worden hauptsächlich für Gewürze, Seide, Tee, Baumwollwaren, für 8580 Mill. ℳ S.

Von den einzelnen Ländern hatten schätzungsweise um 1800 an Smünzen Frankreich für 1400 Mill. ℳ, Österreich für 600 Mill. ℳ, Deutschland für 600 Mill. ℳ, Amerika für 400 Mill. ℳ; sonstige europäische Länder für 1200 Mill. ℳ. Somit hatte Europa für 4200 Mill. ℳ Smünzen, während 300 Jahre vorher für kaum 1200 ℳ S vorhanden gewesen waren.

England führte 1816 die reine Goldwährung ein. Die tatsächliche Goldwährung war zu Anfang des 18. Jhd. durchgeführt worden und zwar mit Hilfe des brasilianischen Goldes, das auf dem Umwege über Portugal für englische Waren nach England gelangte, da die Engländer mit den Portugiesen einen sehr vorteilhaften Handelsvertrag abgeschlossen hatten, durch welchen deren eigene Industrie in Verfall geriet und sie meist genötigt waren, englische Waren zu kaufen. Die anderen Staaten waren faktisch auf das S angewiesen, obwohl sie gesetzlich die Doppelwährung besaßen wie Frankreich und die amerikanische Union. Rußland führte 1837 gesetzlich die Swährung ein. Erst durch die großen Goldentdeckungen nach 1850 gelangte das Gold wieder mehr zur Herrschaft. Heute besitzen alle europäischen Länder, sowie die Union, faktisch die Goldwährung. Der Abfall der spanischen Kolonien bewirkte in den ersten Jahrzehnten des 19. Jhd. einen starken Rückgang der Sproduktion. Sie sank von 160 Mill. ℳ im Jahresdurchschnitt in den Jahren 1801 bis 1810, auf 82 Mill. ℳ in den Jahren 1821—30. Erst in den vierziger Jahren begann ein Ansteigen der Sproduktion bis auf 150 Mill. ℳ, in den siebziger Jahren bis auf 300 Mill. ℳ, seitdem auf 400—500 Mill. ℳ und mehr. Hauptsächlich trat dieses Ansteigen ein durch die gewaltige Förderung in Mexiko und in den Vereinigten Staaten, in welchen allein im letzten Jahrzehnt des 19. Jhd. um 1,7 Mill. kg im Nominalwerte von 306 Mill. ℳ jährlich gefördert worden ist. Während in der Union die Produktion stabil blieb, stieg sie in Mexiko mit einigen Schwankungen bis auf rd. 2,3 Mill. kg Serze i. J. 1910. Es ist möglich, daß diese Ziffer infolge der inneren Wirren etwas sinken wird. Auf Mexiko und die Union entfällt $^2/_3$ der gesamten Sproduktion, die i. J. 1901 etwa 6,9 Mill. kg (5,4 i. J. 1900) betrug. Die Produktion von Rohsilber (Reinmetall) betrug i. J. 1900, bzw. 1909 und 1910 in der Union rd. 1,7, in Mexiko 1,8 bzw. 2,2 Mill. kg, in Deutschland 0,4 bzw. 0,4 und 0,0, die der ganzen Erde 5,6 bzw. 6,6 und 7,0 Mill. kg, der Wert der Erdproduktion 468 bzw. 475 und 507 Mill. ℳ.

Es scheint tatsächlich, als ob die amerikanische Produktion keine andere Grenze haben wird, als die fortschreitende SEntwertung.

Die Produktionskosten der Minen betragen 20—24 d. per Unze = 59—70 ℳ pro kg, während der Preis seit 1900 meist auf 72—80 ℳ gestanden hat. Der Nominalpreis beträgt bei einer Wertrelation von 1 : 15,5 = 180 ℳ. Zu dieser Herabsetzung der Produktionskosten hat namentlich der Übergang von dem früheren teueren Amalgamationsverfahren mit Quecksilber zu anderen weit billigeren Verfahren beigetragen, indem z. B. die Dürrerze in Flammöfen mit Zusatz von Weißbleierzen geschmolzen werden. Auch die Gruben von Potosi sind noch lange nicht erschöpft, sondern es brauchen nur technische Verbesserungen einzusetzen, um wieder günstigere Resultate zu zeitigen. Die Hauptschwierigkeit für die Verarbeitung der SErze in jenen öden Hochebenen Perus und Bolivias besteht an dem Mangel an Brennmaterial: es ist kein anderer Brennstoff vorhanden, außer dem Dünger der Lamas.

Die Wertrelation von Gold zu S, die sich im Mittelalter von 1 : 9 und 1 : 12 hielt, war um 1800 auf 1 : 15$^1/_2$ fixiert worden, und so hielt sie sich tatsächlich durch ganze siebzig Jahre hindurch. Der Spreis stürzte erst nach 1870 durch den Übergang Deutschlands zur Goldwährung und die Einstellung der freien Sprägung in Frankreich. Das S war gleichsam vom Währungsthron gestoßen, es war nicht mehr gleichberechtigtes Münzmetall. Deutschland hat bis 1880 für rd. 1080 Mill. ℳ S, hauptsächlich Taler, eingezogen und für 567 Mill. ℳ S auf den Londoner Markt gebracht und mit einem Verlust von 73 Mill. ℳ verkauft. (Ursprünglicher Wert 640 Mill. ℳ.) Der Restbetrag von 440 Mill. ℳ diente zur Herstellung von Scheidemünzen (1-ℳ- und 50-Pfennigstücken) sowie von 5- und 2-ℳ-Stücken. Frankreich kaufte in den siebziger Jahren für 75 Mill. ℳ S. Auch die skandinavischen Staaten gingen zur Goldwährung über. Ebenso prägt Holland seit 1874 keine Smünzen mehr aus. Frankreich und die anderen Länder des lateinischen Münzbundes beschränkten 1874 die Sprägung und hoben sie 1878 ganz auf. Damit wurde dem S das Unterkommen in Europa fast unmöglich gemacht. Jetzt wurden Indien, Ostasien, sowie die Union die einzigen Sländer. Aber auch Indien schloß seine Münzstätten 1893 der Sprägung und die Union stellte auch die SEinkäufe ein. Infolgedessen ist die Relation von Gold zu S von 1 : 15,5 auf 1 : 30, ja vorübergehend wie 1 : 40 gesunken. I. J. 1910 und 1911 betrug sie 1 : 38,2. Die starke Entwertung des S bedeutet natürlich für diejenigen Länder, die sich im Besitz bedeutender Mengen von Smünzen befinden, eine enorme Gefahr. Und es hat auch nicht an Stimmen gefehlt, die sich dahin ausgesprochen haben, man müsse das S wieder auf den Thron setzen, durch Wiederherstellung der alten Währung 1 : 15,5. Namentlich von agrarfreundlicher Seite (Graf Kanitz, Arendt u. a.) wurde die SEntwertung mit dem Preissturz für landwirtschaftliche Produkte in Zusammenhang gebracht und daraufhin bemerkt, es sei völlig ungerechtfertigt, daß der Landwirt für einen Taler Schulden, die er in der früheren Zeit aufgenommen hätte, nunmehr 3 ℳ bezahlen müßte. Ein Taler S hätte ja nur einen tatsächlichen Wert von 1,30 ℳ. Man hat versucht, aus den Sauerbeckschen Indexziffern diese Ansicht noch mehr zu erhärten. Diese Indexziffern enthalten die Preise von 45, 22 und 17 wichtigen Rohstoffmitteln. Und da läßt sich denn zeigen, daß die Durchnittspreise dieser Rohstoff- und Lebensmittel in derselben Wertrelation von Gold zu S berechnet, nicht gefallen sind. Man schloß daraus, daß nicht die Preise gefallen seien, wohl aber eine Goldteuerung eingetreten sei. Man kann freilich bemerken, daß es nicht ganz genau ist, wenn nur der Durchschnitt des Preises einer Anzahl Artikel gezogen wird, ohne Rücksicht auf die Mengen. Es ist selbstverständlich, daß Getreide, Fleisch, eine größere Bedeutung beanspruchen als Reis, Tee oder Kaffee. Indessen ist gerade bei Getreide der Preissturz enorm. Von Seiten der Verteidiger der Goldwährung ist namentlich auf die ungeheure Unbequemlichkeit des S als Wertmetall verwiesen worden, da man bei unbeschränkter Verpflichtung der Entgegennahme von S für einige 1000 Taler schon ein Fuhrwerk besorgen müßte; außerdem bestehe die Schwierigkeit, daß bei freier Sprägung bei dem heutigen Stande der Technik eine Überflutung mit S eintreten würde, und man schließlich doch genötigt sein würde, die Sprägung einzustellen. Auch würde den Sgrubenbesitzern ein ganz ungerechtfertigter Vorteil zufallen. Darauf ist bemerkt worden, daß man es ja in der Hand hätte, die Sproduktion zu kontingentieren. Andererseits ist auf die Schwierigkeit einer solchen

Tabelle 47.

Gold und Silber.

		Gold Mill. ℳ	1 kg = 2790 ℳ	Silber Mill. ℳ	1 kg = 180 ℳ
Vorrat zur römischen Kaiserzeit		5750		4400	
Vorrat um 1500 in Westeuropa		250—1904		1200	
Produktion 1493—1600		2105		110	
„ 1601—1700		2545		6703	
„ 1701—1800		5301		10266	
„ 1801—1850		3306		5890	
„ 1851—1870		10898		3808	
„ 1871—1885		6911		6553	
„ 1885—1895		5660		7455	
„ 1896—1900		5408		4630	
Summa 1493—1900		42134	15,07 Mill. kg	49410	274,5 Mill. kg
1901—1911		17824		42000	233,3 „ „
Tatsächlicher Goldvorrat 1900	ca.	35500	12,65 „ „		
1912	ca.	55000	19,90 „ „		

Wert des Silbervorrats nach dem Kurs von 1900 (ca. 83 M per kg) nur ca. 19460 Mill. ℳ.

Silberpreis in Pence per Unze

1851—1860	61,2
1861—1870	61,7
1871—1875	58,15
1876—1880	52,1
1881—1885	50,1
1886—1890	44,1
1891—1895	35,15
1896—1900	28,03
1901—1905	36,20
1906—1910	35,60
1911	38,27

Produktion nach Ländern 1493—1900.

	Gold Mill. ℳ	Silber Mill. ℳ	Mill. kg
Mexiko	380	18600	103,3
Peru, Bolivia, Chile	2100	15030	83,5
Deutsches Reich, Österreich	1510	3852	21,4
Vereinigte Staaten	10027	1230	40,1
Kolumbia	3665	845	4,7
Rußland, Sibirien	5381	450	2,5
Australien	8991	1060	5,9
Brasilien	3033		
Afrika	2032		
Afrika 1901—1910	4650		

		Goldmünzen 1900 in Mill. ℳ	Silbermünzen 1895 in Mill. ℳ
England		2000	483
Frankreich		3200	2214
Italien, Belgien		800	776
Vereinigte Staaten		3600	3168
Deutsches Reich		3100	890
Österreich-Ungarn		900	605
Rußland		3380	234
China	ca.		3150
Indien	ca.		3800
Übrige Länder		3600	7000
Summa		20580	22320

Faktischer Wert d. Silberprodukt.

1871—1880	3630 Mill. ℳ
1881—1890	4340 „ „
1891—1900	4916 „ „
1901—1911	5920 „ „

Weltproduktion in 1000 kg.

	Gold	Silber
1851—1860	2000	3950
1861—1870	1950	12200
1871—1880	1750	22100
1881—1890	1618	30000
1891—1900	3160	50230
1901—1910	5684	56715

Kontingentierung hingewiesen worden, namentlich für die südamerikanischen Staaten, in denen ja die Beamtenkorruption groß ist. So wie Dinge heute liegen, ist jedenfalls keine große Aussicht vorhanden, daß die bimetallistischen Forderungen verwirklicht werden.

Die technische Betriebskraft.

Unter technischer Betriebskraft verstehen wir die motorischen Kräfte, Wasser- und Windkraft, Dampf, Gas und andere, die dazu dienen, die eigentlichen Arbeitsmaschinen in Bewegung zu setzen. Weitaus die meisten bis heute angewandten motorischen Kräfte dienen der Fortbewegung von Fahrzeugen, während für die Inbetriebsetzung der eigentlichen Arbeits- und Werkzeugmaschinen erst weniger Kraft in Betracht kommt. Als älteste Elementarkraft tritt uns bereits im grauesten Altertum das Wasserrad entgegen; es ist im Nillande wie in Mesopotamien im Gebrauch. Viel später treten erst die Windmühlen hinzu. Die im Altertum angewandten Winden, insbesondere zum Schöpfen von Wasser in Eimern, sind natürlich keine Kraftmaschinen, sie mußten ja erst durch Tiere oder gar menschliche Arbeitskraft in Bewegung gesetzt werden.

Die einfachste Vorrichtung zur Einführung einer Elementarkraft ist das Segel, das denn auch tatsächlich seit der Urzeit zur Fortbewegung von Fahrzeugen verwandt worden ist.

Man ist ferner sehr früh auf die Benutzung der Elastizität mancher fester Körper gekommen (vgl. die Wurfmaschinen der Alten!). Bekanntlich basieren auch unsere Uhren auf diesem Prinzip. Das Mißliche dabei ist nur, daß man ja immer vorher eine starke motorische Kraft aufwenden muß, um sie später nach Abzug eines gewissen Reibungsverlustes wieder zu erhalten. So muß zum Aufziehen der Uhrfeder Kraft aufgewandt werden, der Bogen muß gespannt werden, bevor er den Pfeil entsenden kann.

Einen wirklichen Fortschritt bedeutete erst die Benutzung der Wasserkraft. Die Benutzung der Wassermühlen an Stelle der Handmühlen geht auf die Römerzeit zurück. Sie wurde von Ovid als gewaltige Errungenschaft gepriesen, und tatsächlich bedeutete sie eine enorme Arbeitsersparnis gegenüber den Handmühlen; rechnete man doch damals, daß eine Arbeiterin ständig beschäftigt sein müßte, um den Kornbedarf für 20—25 Menschen zu mahlen.

Die Wasserkraft und die Windkraft bildete das ganze Mittelalter hindurch und bis in das 18. Jhd. die einzigen angewandten Naturkräfte. Es ergaben sich dabei viele Schwierigkeiten: Wind ist nicht immer vorhanden, wenn man ihn braucht. Auch die Wasserkraft ist nicht immer zu haben, auch wechselt die Menge des Wassers ungemein. Nicht selten müssen Wassermühlen im Hochsommer und im Winter stillstehen. Auch war mit den früheren Mitteln eine Kraftübertragung nicht möglich, wie sie uns heute mittels Anwendung der Elektrizität geboten wird, die Wasserkraft war an einen bestimmten Ort gebunden. Ein wesentlicher Fortschritt konnte erst eintreten, als eine neue Kraft gefunden war, die nicht an Ort und Zeit gebunden war; dies geschah durch die Benutzung des Wasserdampfes zur Krafterzeugung. Zwar hat es bereits im Altertum Versuche zur direkten Benutzung der Kraft des ausströmenden Dampfes gegeben, allein sie blieben praktisch unfruchtbar. Das richtige Prinzip der Bewegung des Kolbens in einem Zylinder kam zu Ende des 17. Jhd. in Anwendung, aber erst James Watt brachte 1759 die erste Dampfmaschine zustande, die die Grundlage für alle späteren verbesserten Konstruktionen geliefert hat. Die Dampfmaschine hat das ganze 19. Jhd. beherrscht und wird voraussichtlich noch eine geraume Zeit herrschen. Denn wenn es auch Maschinen gibt, die, wie die Explosionsmotoren, in bezug auf den Verbrauch von Brennmaterial sparsamer sind, so sind die dabei erforderlichen Brennmaterialien doch noch zu teuer, um mit der Dampfmaschine konkurrieren zu können. Erst in den großen Kraftgasmotoren der allerneuesten Zeit scheint der Dampfmaschine ein gefährlicher Gegner erwachsen zu sein. Solange man nur Leuchtgas zu erzeugen imstande war, waren die Gasmotoren nicht konkurrenzfähig. Erst mit der Benutzung der Wassergase, der Gichtgase, die beim Hochofenbetrieb erzeugt werden und früher unbenutzt die Luft verpesteten, und der Generatorgase war für die Gaskraftmaschine die Konkurrenzmöglichkeit, wenn nicht gar die Überlegenheit gesichert, namentlich im Bergwerks- und Hüttenbetriebe. Was die Elektrizität anlangt, so ist es klar, daß Batterien, in denen ein Metall oxydiert wird, immer sehr teuer kommen werden und nur für bestimmte Zwecke, Telegraphenleitungen usw., verwendet werden können. Bekanntlich wird ja die elektrische Kraft in sekundären Maschinen erzeugt, d. h. es ist erst Dampf-, Wind- oder Wasserkraft notwendig, um die primären Motoren in Bewegung zu setzen, deren Kraftleistung alsdann durch Dynamomaschinen in elektrische Energie umgewandelt wird. Bei der Umwandlung gehen selbst in den besten Dynamos 6—10 % der Leistung verloren. Außerdem ist in Betracht zu ziehen, daß für sehr viele Arbeitsmaschinen noch heute tierische Kraft verwendet wird, namentlich in der Landwirtschaft.

Diejenige Industrie, in der die mechanische Kraft am meisten mit der menschlichen Arbeitskraft in Konkurrenz tritt, ist die Textilindustrie. Sie zählte in Deutschland 1895 erst 515000 Pferdestärken[1]) (PS), 1907 880000 PS, zurzeit (1913) wohl eine Million PS, und da sind es natürlich nicht die Kraftmaschinen, welche die meiste Arbeit ersparen, sondern die Maschinenspindeln und Maschinenwebstühle. Wenn im Anschluß an die heutige Maschinenära von der einen Seite der Sieg des Großbetriebes proklamiert wird, von der anderen dagegen bemerkt wird, daß die elektrischen Maschinen wieder dem Kleinbetriebe zugute kommen, wieder die kleinen Meister konkurrenzfähig machen werden, so bemerkt zu dieser Kontroverse Lexis (im Handwörterbuch der Staatswissenschaften), daß der kleine Meister unmöglich alle die kleinen Arbeitsmaschinen benutzen könne, wie dies in einem größeren Betrieb der Fall ist, auch brauche er zu viele einzelne Maschinen. Vor allem sei die Organisation des Großbetriebes nach der kaufmännischen Seite hin überlegen, da er billiger einkaufen könnte und in bezug auf den Absatz nicht so sehr den Zwischenhändlern ausgeliefert sei. Wohl aber könne ein beträchtlicher Teil einzelner Manipulationen wieder dezentralisiert werden, ein

[1]) Als Pferdestärke PS bezeichnet man gemeinhin diejenige Kraft, die erforderlich ist, um ein Gewicht von 75 kg in einer Sekunde ein Meter hoch zu heben. 1 PS = 75 mkg/sk.

Tischler z. B. nur eine Maschine für gewisse Manipulationen benutzen und diese dann auch voll ausnutzen und amortisieren. Jedenfalls entsteht aber dann eine Abhängigkeit von der Fabrik, die ihn mit Arbeit versorgt. Dagegen haben Nähmaschinen bekanntermaßen zu einer Verschärfung der Konkurrenz und zu einer Herabdrückung der Löhne namentlich der Hausgewerbtreibenden, bes. der Heimarbeittreibenden geführt. Im großen und ganzen dient das Maschinenwesen mehr dem Großkapital und den größeren Fabriken.

Über die Statistik der Dampfmaschinen hat Ernst Engel, ein früherer Präsident (damals Direktor) des Preußischen Statistischen Landesamts (damals Bureaus) die erste Monographie geschrieben. Er gab 1880 ein Buch heraus, betitelt „Das Zeitalter des Dampfes". Engel hatte bereits 1874 auf dem Statistischen Kongreß zu Stockholm den Vorschlag einer internationalen Dampfstatistik gemacht, der aber nicht durchgeführt worden ist. In Österreich fand allerdings 1875 eine Aufnahme statt, in Preußen wurden 1878/79 amtliche Kataster für Dampfmaschinen und Dampfkessel eingerichtet, die seitdem in den einzelnen Staaten fortgeschrieben werden. In seiner Schrift legte Engel den Stand des Maschinenwesens am 1. Januar 1879 dar. Engel berechnet die Kosten einer Lokomotive von 300 PS zu 18000 ℳ jährlich, d. h. zu 60 ℳ per PS. Indessen ist dazu zu bemerken, daß das nur eine Durchschnittsziffer ist, während es für den Einfall von größter Bedeutung ist, ob eine Maschine nur 500 und 1000, oder gar 8000—9000 Stunden jährlich in Betrieb ist. Auch hat Engel selbst angeführt, daß stationäre Dampfmaschinen 300 ℳ jährlich kosteten.

1882 gab es 49511 Dampfmaschinen im Deutschen Reich, die in Gewerben oder in der Landwirtschaft verwandt wurden; jedoch war ein Teil von ihnen nicht mit Motoren verbunden, sondern diente zur Erzeugung von Kochdampf und zu andern ähnlichen Zwecken. Feststehende Masch. gab es 44447 mit 1,247 Mill. PS. Bis 1900, also im Laufe von 18 Jahren, hatte sich die Kraft dieser Motoren geradezu verdreifacht, war auf 4 Mill. PS gestiegen. I. J. 1895 waren im Deutschen Reich in gewerblichen Betrieben 3427000 PS, i. J. 1907 8827000 PS im Betriebe, darunter 1907 7278000 Dampf-PS, 868000 Wasser-PS und 1541000 Kilowatt-Elektromotoren[1]).

Interessant ist die relativ schwache Benutzung der Motoren in den einzelnen Betrieben. 1882 wurden bei den 2 Mill. gewerblichen und industriellen Betrieben überhaupt erst in 109000 Betrieben Motoren verwandt und darunter nur wieder in 9263 Betrieben Dampf, in den übrigen Wasser und Wind usw. Es gab damals in Deutschland noch 18000 Windmühlen und 33000 Wassermühlen. Von 7,3 Mill. erwerbstätigen Menschen waren erst 1,9 Mill., also nur etwas über $^1/_4$, in Motorenbetrieben tätig. Für 1895 sind die betreffenden Zahlen nicht gegeben.

Bis 1907 hatte ein starker Übergang stattgefunden. Anstatt $^1/_4$ sind heute $^2/_3$ oder mehr in Motorenbetrieben tätig. Die Angaben in PS beziehen sich auf die durchschnittliche wirkliche Leistung; mitunter wird, wie dies besonders von Lexis vorgeschlagen worden ist,

[1]) 1 Kilowatt (Kw) = etwas mehr als $1^1/_3$ PS, 1 Kw = 1,36 PS, 1 PS = 75 mkg/sk = 736 Watt.

darauf hingewiesen, daß es richtiger wäre, die maximale Leistungsfähigkeit zu nehmen, die durch unmittelbare Bestimmungen am Indikator oder mittels des Bremsdynamometers festgestellt werden kann. Ganz sicher würde man allerdings auch bei einer solchen Bestimmung nicht gehen; auch sie gibt vielfach zu Mißverständnissen Anlaß.

Wenn wir die Leistungen der Dampfmasch. auf die von Pferden oder gar Menschen zurückführen wollen, wie dies vielfach geschehen ist, so ist, wenn man korrekt verfahren will, zu unterscheiden zwischen der Gesamtstärke der Masch. und ihrer wirklichen Leistung. Optimisten berücksichtigen nur die Gesamtstärke der Masch., um daran zu beweisen, um wieviel besser die Menschen heute lebten, wie viele eiserne Sklaven sie besäßen. Solche Berechnungen beweisen in Wirklichkeit nur, wie viele eiserne Sklaven man besitzen würde, weun die Masch. voll ausgenutzt würden. Optimisten rechneten uns vor, daß, da Deutschland 1895 einschließl. der Lokomotiven 13 Mill. PS besessen habe, wenn man jede PS zu 22 Menschenkräften rechne, eine Leistung von 286 Mill. Menschenkräften herauskomme. Auf jeden Erwerbstätigen würden zwölf eiserne Sklaven entfallen. Tatsächlich aber sind die Lokomotiven nur $^1/_{10}$ des Tages in Tätigkeit, die übrigen Masch. höchstens $^1/_3$—$^1/_4$. Die wirkliche Leistung beträgt somit selbst unter Einbeziehung des Transportwesens für alle Masch. zusammengenommen höchstens 44 Mill. Menschenkräfte. Mit anderen Worten: auf jeden Erwerbstätigen kommen höchstens zwei eiserne Sklaven. Auch sind diese eisernen Sklaven nicht zufrieden mit „einigen Brocken" Oel und Kohle, wie dies namentlich Theodor Herzka (in seinen „Gesetzen der sozialen Entwicklung" 1886 und im „Freiland" 1890) weismachen will, sondern ihrem Betrieb und ihrer Produktion dient fast die ganze gewaltige Kohlenförderung, die nicht nur einige Brocken, sondern in Deutschland allein nahezu 170 Mill. t umfaßt. Es ist eigentümlich, daß selbst bei den Berechnungen der besten Fachmänner mitunter Überschätzungen vorkommen. So behauptet z. B. Lexis im Handwörterbuch, daß, wenn man die Transportleistungen der Lokomotiven in Anschlag bringe, in Vergleich setze mit menschlicher Arbeitskraft, was überhaupt nur mit sehr bedeutender Herabsetzung der Geschwindigkeiten möglich wäre, so würde man etwa dreimal mehr Pferde benötigen, als heute Preußen und Deutschland besitzen. Dies ist unzutreffend. Vielmehr würde, wenn man die 8 Mill. Lokomotiv-PS auf 800 000 wirkliche PS die 24 Stunden tätig sind, reduziert, sich ergeben, daß nur 2—2,4 Mill. wirkliche Pferde nötig wären, um bei achtstündiger Arbeitszeit die gleiche Leistung zu vollführen wie die Lokomotiven[1]). Denkt man sich aber, wie Lexis es tut, die Geschwindigkeit herabgesetzt, so ist der Kraftbetrag ein noch viel geringerer. Würden

---

[1]) Der Nachweis ist leicht zu erbringen. Es gab z. B. in Preußen im Jahre 1900 rund 1200 Lokomotiven, die zusammen 5,95 Mill. t Kohle verbrauchten. Eine jede Lokomotive verbrannte also im Jahre 1900 466 t Kohle oder im Tagesdurchschnitt 1300 kg! Da nun eine Lokomotive im Mittel zu 450 PS angenommen werden konnte und man für eine Lokomotiv-PS in der Stunde etwa $1^1/_2$ kg Kohle rechnet, so ergibt die Rechnung $450 \times 1^1/_2 = 675$ kg Kohle pro Stunde; bei 1300 kg Kohle per Tag konnten mithin die Lokomotiven knapp 2 Stunden, also $^1/_{12}$ des Tages, wirklich im Betriebe sein!

die Personen- und Schnellzüge anstatt mit einer Geschwindigkeit von 30—60 km nur eine solche von 10—12 km fahren, wie sie tatsächlich mit wirklichen Pferden erreicht werden kann, so ist die Berechnung die folgende:

Es sind geleistet 1900 und 1901 4100 und 4260 Mill. Personen-Wagenachskilometer, täglich also ca. 11 – 11,5 Mill. Rechnet man nun, daß für einen zweiachsigen Wagen zwei Pferde erforderlich sind (Straßenbahnwagen) und dabei die Tagesleistung eines Pferdes zu nur 30 km, so wären $\frac{11{,}5 \text{ Mill.}}{30} = 383\,333$ Pferde nötig, um den gesamten Passagierverkehr zu bewältigen.

Die Frachtwagen haben 1900 und 1901 ca. 14124 und 13850 Mill. Wagenachskilometer zurückgelegt, täglich also im Durchschnitt 38—40 Mill. Wagenachskilometer. Bei langsamem Fahren von etwa 4 km per Stunde reicht, wie bekannt, ein Pferd für einen zweiachsigen Güterwagen völlig aus. Die Tagesleistung eines Pferdes wie früher zu 30 km angenommen sind alsdann nötig $\frac{38-40}{30 \cdot 2} = 633\,000 - 666\,666$ Pferde. Der gesamte Fracht- und Personenverkehr wäre also mit rund einer Million wirklicher Pferde zu bewältigen gewesen, hätte also nicht das Dreifache, sondern bloß ein Drittel der 1900 in Deutschland tatsächlich vorhandenen über vier Jahre alten vollkräftigen Pferde erfordert!

Bemerkenswert ist, eine wie geringe Bedeutung z. Zt. die Wasserkraft besitzt. 1907 gab es in Deutschland neben 7,2 Mill. PS Dampfmaschinen nur 868720 PS Wasserkraft, in Amerika (U.S.A.) 14,2 Mill. PS Dampf-, 1,8 Mill. PS Wasserkraft. Wenn nun Deutschland bei Niedrigwasser im ganzen in seinen Flüssen 1,8 Mill. PS besitzt, bei Mittelwasser 10 Mill., so liegt wohl klar auf der Hand, daß die jetzige Ausnutzung der Wasserkraft nur $^1/_3$ der Gesamtkraft bei Niedrigwasser beträgt. Es könnten die gesamten in der Industrie im Betriebe befindlichen Dampfmaschinen durch Wasserkraft betrieben werden. Am stärksten ist die Wasserkraft in der Müllerei; sie betrug 1895 281000 PS 1902 301000 PS in 32600 Betrieben. Freilich sind die Mühlen selbst in neuester Zeit vielfach zu Dampfbetrieb übergegangen. Die Dampfmühlen hatten 1895 392000 PS, 1902 70000 PS. Außerdem aber gab es noch 17182 Windmühlen. In der Textilindustrie überwiegt die Dampfkraft, ebenso im Bergwerksbetriebe und in den Hüttenwerken. Eine größere Bedeutung hat die Benutzung der Wasserkraft in Deutschland, abgesehen von den Mahlmühlen, noch in der Holz- und Papierbearbeitung.

Was die Möglichkeit der Ausnutzung der Wasserkraft anlangt, so hat die kleine Schweiz darin große Vorzüge. Sie hat Wasserkräfte, die auf $1^1/_2 - 3$ Mill. PS geschätzt werden. Neben der Schweiz scheinen Schweden-Norwegen mit 8, bzw. angeblich 28 Mill. PS und ebenso Finnland mit 4—6 Mill. PS berufen zu sein, die wichtigsten Industrieländer der Zukunft zu werden, weil sie die größten Wasserkräfte besitzen. Bei der Wasserkraft kommt, wie schon bemerkt, die erste Anlage allerdings nicht billiger, sondern meist 3—10mal teurer als bei der Dampfkraft, dafür sind aber die Unterhaltungskosten geringer, und die Wasserkraft braucht zum Betriebe keine Kohle, keine Heizer und keine Maschinisten, die stets sorgfältig nach dem Sicherheitsglase sehen müssen.

In Nordamerika dürfte der Niagarafall bereits bei Niedrigwasser 4—5 Mill. PS aufweisen, von denen z. Z. kaum $^1/_{10}$ ausgenutzt sind. Es ist nachgewiesen, daß dort Elektrizität so billig erzeugt werden kann wie sonst kaum irgendwo auf der Erde. Überhaupt ist ja die Ausnutzung von Wasserfällen stets billiger und vorteilhafter als das Aufstauen von Gewässern. Möglich, daß dereinst in der Zukunft die Elektrizität selbst aus weiter Ferne hergeleitet wird. Bis vor wenigen Jahren rechnete man, daß bereits bei Entfernungen von 3—400 km die Kraftverluste so groß seien, daß die weitere Fortleitung nicht lohne, heute hat man bei Hochspannungen von 100000 Volt und mehr geringe Kraftverluste. Vielleicht kommt man in der Zukunft dahin, die gewaltigen Kongofälle auszunutzen. Der Kongo stürzt auf einer Strecke von 150 km ca. 280 m herab und führt dabei, selbst bei Niedrigwasser, ca. 7000 cbm in der Sekunde. Das würde etwa 28 Mill. PS ergeben, das 10—15fache des heutigen tatsächlichen Bedarfes Deutschlands. Die heute schon ausgenutzten Viktoriafälle des Sambesiflusses in Ostafrika repräsentieren nur etwa $^1/_2$ Mill. PS. Auch in Südamerika gibt es noch gewaltige unausgenutzte Wasserkräfte. Namentlich der Paranafluß, der Iguassu, der Uruguayfluß weisen Wasserfälle von 1–2 Mill. PS auf.

Im allgemeinen dürften wir ja bei der heutigen Entwicklung eine riesige Zunahme des Kraftbedarfes zu erwarten haben, vor allem in der Landwirtschaft, wo Kraftmotoren sich entschieden billiger stellen als Pferde- oder Ochsengespanne. Desgleichen ist eine Beschleunigung auf Eisenbahnen zu erwarten sowie eine verstärkte Anwendung von Motoren in der Industrie. Freilich kann man auch bemerken, daß bei steigender Konzentration industrieller Betriebe der Kraftbedarf wieder sinken könnte, wenn die Arbeit besser reguliert, auf das ganze Jahr gleichmäßig verteilt werden würde.

Textilindustrie.

Die Textilindustrie ist diejenige Industrie, in der die moderne Technik, hauptsächlich im Dienste immer mehr vervollkommneter Maschinen immer größere Triumphe gefeiert hat; diejenige Industrie, die einerseits von den Optimisten als das Hauptparadepferd vorgeführt wird, wenn es gilt, den ungeheuren Fortschritt zum Reichtum zu demonstrieren gegenüber den früheren Jahrhunderten, die aber andererseits den Pessimisten Stoff für die düstersten Betrachtungen über „Fortschritt und Armut" gegeben, die Hinweise ermöglicht hat, es sei mit allem Fortschritt doch nur eine Verschlimmerung der Lage der Arbeiter eingetreten; das Werkzeug sei ja vom Arbeiter getrennt (Fabrikanlagen anstatt der Handwebstühle), dadurch aber seien die Arbeiter dem Kapitalismus überantwortet, der ihnen nur das Allernotwendigste zur Fristung des Lebens lasse. Bei Betrachtungen über die Textilindustrie werden häufig die Worte des Aristoteles zitiert: „Wenn die Weberschiffchen und Spinnrädchen von selbst gehen, dann wird die Zeit gekommen sein, wo es keiner Sklaven mehr bedarf." Diese Zeit sei nun zwar gekommen, jedoch mache die Organisation der Gesellschaft die Arbeiter nach wie vor zum Sklaven. Da ist nun bemerkt worden, daß die Maschinenschiffchen und Webstühle doch nicht ganz von selbst gehen, sondern menschliche Bedienung brauchen; sie müssen von Kraftmaschinen in Bewegung gesetzt werden, die von Menschen geheizt und bedient werden: es sind viele Manipulationen da, die von Menschen ausgeführt werden müssen; reißt der Faden, so muß ihn der Mensch wieder zusammenbinden, da die Maschine nicht mit Intelligenz begabt ist.

Von allen Faserstoffen hat den größten Fortschritt der Technik und die stärkste Verbilligung die Baumwolle erfahren. In der früheren Zeit war das Verspinnen der Baumwolle wegen ihrer kurzen Faser sehr umständlich und mühsam, und man konnte nur da für den Markt arbeiten, wo die Arbeiter sehr billig und sehr genügsam waren. Es wurden Baumwollstoffe aus Indien und Vorderasien nach Europa eingeführt. Diese Stoffe mußten bar in Silber oder Gold bezahlt werden, so daß die europäischen Staaten bald in große Angst gerieten, es könnte der gesamte Edelmetallvorrat nach Asien abfließen und bald Einfuhrverbote erließen. Übrigens hat sich auch in Europa sehr früh eine Baumwollenindustrie entwickelt. Augsburg führte schon im 14. Jhd. rohe Baumwolle ein, und verarbeitete sie auf einheimischen Webstühlen. Aber die Rivalität Indiens nach der Auffindung des Seeweges brachte diese Industrie in eine große Gefahr, so daß man bereits damals die einheimische Industrie zu schützen suchte, indem man die Einfuhr indischer Gewebe verbot: Baumwolle und Seide war die gesuchteste Ladung der Indienfahrer.

Aus Flandern nach England ausgewanderte Weber brachten die Baumwollenindustrie 1328 nach Manchester. Diese kam in England bald so sehr in Blüte, daß bereits 1697 für rd 39,8 Mill. ℳ importierte Rohbaumwolle verbraucht wurde, um 1751 bereits für 58,6 Mill. ℳ. Um 1787 hielt man es in England für notwendig, einen Zoll auf baumwollene Gewebe einzuführen, der 44 £ für 100 lbs Gewebe betrug, also etwa 18 ℳ a. d. kg, was selbst bei den damaligen hohen Preisen etwa 100% vom Werte betrug. Naturgemäß mußte die ganze Baumwollenindustrie in der Hauptsache auf den einheimischen Bedarf zugeschnitten bleiben, abgesehen von der Ausfuhr nach Spanien und Portugal, solange als es keine mechanischen Hilfsmittel gab. Erst die Verdrängung des Spinnrockens, der ja seinerseits einen Fortschritt gegenüber der Handspindel bedeutete, durch die Erfindung der Spinnmaschine gab Europa, insbesondere England, das Übergewicht über die alten Produktionsgebiete Indien, Vorderasien und ermöglichte die Ausfuhr von Baumwollenwaren. Insbesondere war es die Erfindung des John Hargreaws um 1764, nämlich die Spinnjenny mit einer Spindel, dann die Verbesserung durch Richard Arkwright, die Anbringung mehrerer Spindeln an der Spinnjenny, die einen gewaltigen Fortschritt bedeuteten. 1779 konstruierte Samuel Crampton die Mulejenny mit mehreren hundert Spindeln. 1795 erfand Cartwright den mechanischen Webstuhl (power loom), der dann immerfort weiter verbessert wurde, bis 1805 der Jacquardstuhl erfunden war und 1825 die Selfactingmule durch Robert eingeführt wurde. 1807 gab es in England bereits 6,6 Mill. Maschinenspindeln, welche imstande waren, 55 Mill. kg Baumwolle (B) jährlich in Garn zu verwandeln. England beherrschte allmählich den europäischen Baumwollenmarkt, insbesondere als der englischen Industrie nach der Niederwerfung Napoleons das Festland wieder geöffnet war. Die Ausfuhr von Spinnereimasch. war bis in die vierziger Jahre hinein streng verboten, ebenso die der mechanischen Webstühle, um die Überlegenheit Englands zu wahren. Allerdings haben diese Verbote nicht sehr viel geholfen. Bereits 1798 wurde von Cockerill die erste MaschFabrik von England nach dem Kontinent, nach Belgien (Verviers), verlegt. Anstatt der Masch war der Fabrikant selbst exportiert worden. Seine Söhne begründeten nochmals in Seraing bedeutende Maschfabriken, die noch bis heute blühen. Dem Belgier Bauwens gelang es auch 1805, 70 Mulejennys heimlich einzuführen und mit 40 ebenfalls heimlich ausgewanderten englischen Arbeitern in Gent aufzustellen. Nach Deutschland kamen die ersten Masch aus Belgien. Es soll bereits 1789 die erste Jenny in Chemnitz aufgestellt worden sein. Später, in den vierziger Jahren des 19. Jhd., fand man es in England für praktischer, das Ausfuhrverbot für Masch aufzuheben. Infolge des enormen Vorsprunges, der zu einer immer weiteren Vervollkommnung der Masch geführt hatte, erlangte die MaschAusfuhr aus England alsbald eine große Bedeutung und konkurrierte erfolgreich mit den anfangs sehr zurückgebliebenen Masch des Kontinents. England blieb infolge seines industriellen Vorsprunges für lange Zeit vorherrschend auf dem MaschMarkt, ja seine Textilindustrie hat bis in die neueste Zeit einen Vorsprung behalten insofern, als sie mit den vollkommensten Masch arbeitet, und dadurch an menschlicher Arbeitskraft spart. In der Vervollkommnung der Masch ist England in der letzten Zeit von Amerika eingeholt worden, nicht aber der Billigkeit der Produktion, die es bewirkt, daß England noch heute enorme Mengen Baumwollengarn und Baumwollegewebe exportiert; sein Export an Textilwaren übertrifft den Export aller Kontinentalstaaten zusammengenommen. Der große Vorzug Englands besteht erstens in dem billigen Zinsfuß, zweitens in den billigeren Masch, drittens darin, daß England der Hauptbaumwollemarkt ist, aus Liverpool jederzeit beliebige Quantitäten zu beziehen sind. Sodann aber haben die Arbeiter, die durch mehrere Generationen hindurch mit einer und derselben Manipulation beschäftigt sind, eine große Übung erlangt; endlich kommt noch in Betracht, daß die englischen Gesellschaften, die Fabriken gründen, dieselben nicht für die Ewigkeit errichten, auch nicht auf einen Bestand von 100 Jahren rechnen, wie man das meist auf dem Kontinente tut, sondern sie werden mit Bewußtsein so eingerichtet, daß sie nur etwa 20 Jahre vorhalten können. In dieser Zeit müssen sowohl Arbeits- wie Kraftmasch amortisiert sein; das hat den Vorteil, daß alle 20 Jahre eine technische Erneuerung der Einrichtung stattfinden, man den Fortschritt der Technik in bezug auf Maschinen, Raumeinteilung usw. in vollem Maße ausnutzen kann. In Amerika ist man gar dazu gelangt, daß man nur mit einer zehnjährigen Amortisationsfrist rechnet, ja mitunter noch weniger, wodurch natürlich der technische Fortschritt ein noch rapiderer sein muß. In England war man bereits in den siebziger Jahren dahin gelangt, daß man für 1000 Spindeln nur sechs Arbeiter brauchte, während man in Westeuropa noch 20—30 Arbeiter auf 1000 Spindeln rechnete. Ende der achtziger Jahre rechnet gar von Schulze-Gaevernitz für eine neuerrichtete typische Fabrik von 70 000 Feinspindeln nur 163 Arbeiter. Auf 1000 Feinspindeln entfielen daher nur 2,3 Arbeiter. Auch die mechanische Weberei hatte solche Fortschritte gemacht, daß Ende der achtziger Jahre in Lancashire ein Weber vier Webstühle bedienen konnte, während man im übrigen Europa immer noch auf drei Webstühle zwei Weber rechnete. Nach amerikanischen Berichten hat dagegen in Massachussets ein Weber bis zu sechs Webstühle bedient. Mit Inbegriff der Arbeiter, die zur Bedienung der Dampfmasch nötig waren, brauchte allerdings eine Weberei in Nordlancashire auf 602 mechanische Webstühle 223 Arbeiter, es wurde ungemustertes Druckkaliko verfertigt. Eine Kunstweberei in Boston dagegen brauchte bereits für 500 Webstühle 450 Arbeiter. Man sieht also, daß mit der Verfeinerung der Gewebe die Arbeitsersparnis gegenüber dem Handwebstuhl sinkt.

Betrachten wir die englische BIndustrie, so betrug um 1820 die Gesamtverarbeitung der RohB 151 Pfund englisch. Der Wert der Ausfuhr aber erreichte schon 16½ Mill. £. Der Preis der BGewebe war noch um 1820 sehr hoch, 1,50 ℳ per Yard. Um 1840 betrug der Preis der ausgeführten BGewebe nur noch 0,60 ℳ per Yard, bis 1850 war der Preis auf 0,35 ℳ gesunken, um 1880 betrug er nur noch 0,28 ℳ, um 1900 nur 0,25 ℳ. Es hatte daher eine Verbilligung um das 6—7 fache im Laufe von achtzig Jahren stattgefunden. Der Verbrauch an roher B betrug in England um 1850 bereits 800 Mill. kg, 1910 etwa 800 Mill. kg. Den Höchstwert erreichte die englische Ausfuhr in den Jahren 1871/75 mit 1500 Mill. ℳ. Einen vorübergehenden Niedergang erlitt die BIndustrie in England in den Jahren des BHungers 1861/65. Der Preis der B war von 125 auf 500 ℳ für den Doppelzentner gestiegen, während er nach dem Kriege sofort wieder auf den alten Stand sank. Die BIndustrie hatte sich erst in England 1870 ganz von den Folgen des BHungers erholt, exportierte dann allerdings auch die größten Mengen B. In den letzten Jahren verarbeitet England etwa die 2 fache Menge B im Verhältnis zu Deutschland.

Man rechnet, daß aus 100 Gewichtsteilen amerikanischer B 82,5 Teile Garn gewonnen werden, aus 100 Teilen indischer oder ägyptischer B dagegen nur 78 Teile Garn. Bei der Weberei gehen nun noch weitere 2—3 Teile des Gewichts verloren, sodaß man rechnen kann, daß aus 100 Teilen B im Mittel 78—80 Teile Gewebe hergestellt werden, d. h. natürlich unbedruckte Gewebe. Durch das Bedrucken mit Farbe erhöht sich naturgemäß das Gewicht der Gewebe, wenn auch nicht sehr bedeutend. Die englische Statistik bot bis in die neueste Zeit keine Angaben über die Gesamtproduktion an Garn und Stoffen, solche waren nur für die ausgeführte Ware vorhanden. Die englische Ausfuhr an BGeweben ist gewaltig angestiegen, nicht so gestiegen ist der Preis. Mit der Verbilligung des Preises der RohB und dem Fortschreiten der Technik in der Spinnerei und Weberei ist auch der Preis für exportierte Ware ständig gesunken. 1846 wurden exportiert 140 Mill. Pfund Garn und 1157 Mill. Yards BGewebe zum Preise von 25 Mill. £. Es ist anzunehmen, daß in den BStoffen doppelt soviel Garn steckte als in dem ausgeführten Garn. Die Ausfuhr ist weiter bis 1875/80 gestiegen bis auf 250 Mill. Pfund Garn und 5000 Mill. Yards Gewebe, zu deren Herstellung sicher 360 Mill. kg B nötig waren. Das Durchschnittsgewicht von 1 Yard BZeuge dürfte kaum 72 g übersteigen, 1 m also 75—80 g wiegen. 1 kg exportierter Ware wertete 1901/10 etwa 3 ℳ.

Man könnte die folgende Preisskala aufstellen. Zu 1 kg Garn sind notwendig 1¼ kg B im Werte von rund 1 ℳ. Das Garn selbst erreicht einen Wert von 2 ℳ, das daraus verfertigte Gewebe einen solchen von 3—3 1/2 ℳ. Man kann also sagen, daß im Wert der exportierten BWaren etwa 30—50% für importiertes Rohmaterial steckt. Bezüglich Englands läßt sich sagen, daß es im Laufe der Zeit immer mehr zur Spezialisierung seiner Industrie übergegangen ist, heute feinere Garne ausführt als vor 50 Jahren.

Die Kosten einer BSpindel berechnete Schulze-Gävernitz in Oldham im Durchschnitt für 25,6 ℳ, in Deutschland nach der BEnquete von 1878 45—55 M. Ein Manchester-Webstuhl kostete in Deutschland 666—1500 ℳ, in England dagegen nur 300—500 ℳ einschl. Kraftmaschinen und Gebäuden.

Die 55 Mill. BSpindeln, die England heute besitzt, dürften daher den Wert von rund 1,1 Milliarde ℳ repräsentieren, die 750000 mechanischen Webstühle eine weitere drittel Milliarde. Der Kraftbedarf an motorischer Kraft beträgt nach Karmarsch in einer Spinnerei in Oldham 81 Feinspindeln 990 P.S. Somit müßte die englische Spinnerei 1/2 Mill. P.S. gebrauchen. Die Kraftmaschinen würden somit 1,50 ℳ pro Feinspindel kosten, wenn eine PS. 120 ℳ kostet. Die Vereinigten Staaten haben in der letzten Zeit England an Menge der verarbeiteten B um 1/3 übertroffen, und das mit nur 29 Mill. Feinspindeln. Bemerkenswert ist, daß die Union 1908—1910 für 100—120 Mill. ℳ BWaren exportiert.

Allerdings besteht daneben auch ein Import von BWaren im Werte von 250 Mill. ℳ; 1890 war der Import ebenso hoch, der Export gleich Null. Beim Vergleich der mehr als doppelten Leistung einer Feinspindel in Amerika ist zu beachten, daß in England fast nur feine Garne erzeugt werden und diese hohen Nummern dann auch exportiert werden. Man hat es bis jetzt auch in Deutschland trotz des Schutzzolles für praktischer gefunden, die höheren Garnnummern aus England zu importieren (1909 und 1910 für etwa 85—87 Mill. ℳ).

Deutschland zeigt gleichfalls eine rapide Entwicklung der BIndustrie, immerhin verarbeitet es bis heute nur 1/2 im Verhältnis zu England, 2/5 im Verhältnis zu Amerika. Die englische Ausfuhr an BWaren ist um 1909—1910 mit 1500 Mill. ℳ nahezu fünfmal so hoch wie die deutsche. Man kann also nicht sagen, daß England auf dem BMarkt zurückgedrängt ist. Es herrscht da noch immer. Dasselbe ist der Fall bei wollenen Geweben und fertigen Kleidern. Die deutsche BIndustrie ist England und Amerika gegenüber heute nicht mehr rückständig. Es gab in Deutschland 1895 32000 Baumwollwebereien und 2476 Spinnereien. 75% der Arbeiter waren beschäftigt in 926 Betrieben. I. J. 1907 gab es 401 BSpinnereien mit 9,5 Mill. Spindeln. Bei genauem Vergleichen ergibt sich, daß Deutschland nur eine halb so starke Arbeitsintensität zeigt als die amerikanische Union und England. Allerdings wird pro Spindel in Deutschland mehr produziert als in England, und zwar etwa 38—40 kg. In England werden von 55 Mill. Feinspindeln 750 Mill. kg verarbeitet, auf eine Feinspindel entfallen 14 kg. Ob diese Differenz davon herrührt, daß die Arbeitszeit in England eine kürzere ist, ist fraglich, jedenfalls wird von Schulze-Gävernitz immer die Intensität der englischen Arbeit betont, bei der man es in kürzerer Arbeitszeit zu höheren Leistungen bringe.

Recht hoch ist das Anlagekapital in Amerika, wo durch die Schutzzölle, vielleicht auch durch Preistreibereien eine starke Verwässerung des Aktienkapitals eingetreten ist. Noch 1890 wurden gerechnet $17^1/_2$ \$ pro BFeinspindel = 70 ℳ. Der Preis war also dreimal höher als in England. Ähnliche hohe Preise pro Feinspindel werden nur noch in Rußland berechnet.

Die englische BIndustrie beschäftigte nach dem ersten englischen Produktionszensus im Jahre 1907 208000 männliche und 351600 weibliche Lohnarbeiter. Darunter 50000 männliche und 89000 weibliche unter 18 Jahren, dazu 12500 Angestellte. Die Gesamtproduktion der 55 Mill. Feinspindeln an Garn belief sich auf 1487 Mill. lbs. = 673,5 Mill. kg im Werte von 78,3 Mill. £. Die Produktion an fertigen Geweben betrug 7019 Mill. Yards (zu 91 cm) im Werte von 81,3 Mill. £. Den Gesamtwert der Produkte der englischen BIndustrie finden wir zu 174,6 Mill. £ angegeben, von welchem Betrage die Materialkosten (Rohbaumwolle, Garn usw.) in der Höhe von 129,6 Mill. £ abzuziehen waren, so daß als Ergebnis der Wertvermehrung, bzw. der Veredelung der Anfangsprodukte sich die Summe von 45 Mill. £ herausstellte. Auf den Kopf eines Erwerbstätigen entfallen etwa 1606 ℳ! Der Kraftbedarf der englischen BIndustrie betrug 1239212 Pferdestärken, von welchem Betrage nur 11355 PS auf Wasserkraft und 8890 auf Gas- und andere Motoren entfielen, 8573 PS auf Dampfturbinen, dagegen 1210374 auf Kolbendampfmaschinen.

In der amerikanischen Union gab es nach dem Zensus von 1910 in der BIndustrie in 1324 Unternehmungen mit 378000 Arbeitern 28,178 Mill. Feinspindeln und 665652 mechanischen Webstühlen (1900 und 1890 nur je 19,46 und 14,38 Mill. Feinspindeln und 455752 und 324866 mechanische Webstühle). An B waren verbraucht 2335 Mill. lbs. (= 1060 Mill. kg) Rohbaumwolle im Werte von 274,7 Mill. \$ (= 1150 Mill. ℳ). Der Gesamtwert der Materialien betrug 371 Mill. \$, der Endprodukte 628,4 Mill. \$. An Geweben waren produziert 6348 Mill. □ Yards unbedruckte Gewebe im Werte von 456,1 Mill. \$; ein □ Yard BGewebe wertete 7,18 Cents = 30 ₰, ein □ Meter etwa 36 ₰. An bedruckten Geweben waren produziert 2224 Mill. □ Yards im Werte von 111,1 Mill. \$, an Shirtings 1484 Mill. □ Yards im Werte von 88 Mill. \$.

In Deutschland wurden 1907 in 396 Spinnereien mit 985000 Arbeitern (darunter 575000 weiblichen) auf 9,522 Mill. BSpindeln versponnen 407 Mill. kg B, produziert 359 Mill. kg Garn im Werte von 644,5 Mill. ℳ.

Ein Land, in welchem das europäische Kapital eine ganz bedeutende BIndustrie ins Leben gerufen hat, ist Indien. Dort war die uralte BIndustrie durch den Aufschwung der englischen BProduktion sehr ins Hintertreffen geraten. Während im 17. und 18. Jhd. Indien BGewebe ausführte, hat sich das Verhältnis im Laufe des 19. Jhd. vollständig umgekehrt; England exportiert BWaren nach Indien. Das indische Hausfleißgewerbe ist allerdings nicht ganz vernichtet worden, selbst heute noch produziert Indien $^3/_5$ seines BBedarfes im Hausfleiß, während es allerdings $^2/_5$ importiert. Seit den siebziger Jahren hat sich in Indien auch eine BGroßindustrie entwickelt, welche es bis 1912 auf 6,3 Mill. Feinspindeln gebracht hat. Freilich sind die Anlagekosten in Indien höher als in England. So erklärt es sich denn, daß trotz der billigen Arbeiter Indien noch nicht seinen ganzen Bedarf an BGeweben selbst produziert.

1909—1910 sind verarbeitet 340 Mill. kg B. In Indien entfallen 20–30 Arbeiter auf 1000 Feinspindeln. In der Hauptsache erzeugen die indischen Spinnereien grobe Garne für den Bedarf der einheimischen Bevölkerung, welche diese Garne auf Handwebstühlen verarbeitet. Daneben hat Indien enorme Mengen Garn exportiert, in den Jahren 1909/11 205 Mill. Pfund Garn, importiert 40 Mill.; an baumwollenen Zeugen hat Indien nur 96 Mill. Yards exportiert, dagegen 2251 Mill. Yards eingeführt, über ein Drittel der englischen Ausfuhr. Die aus Indien ausgeführten Garne gehen ebenfalls nach anderen asiatischen Ländern, wo sie im Hausfleiß verarbeitet werden. Die baumwollenen Gewebe, die Indien einführt, scheinen den niedrigsten Qualitäten anzugehören, da sie nur 16—17 ₰ per Yard wert sind, während im Durchschnitt die englische Ausfuhr 25 ₰ per Yard wertet. Es ist zu erwarten, daß die indische BIndustrie demnächst mehr zur Fabrikation von Geweben übergeht.

Eine rapide Entwicklung hat die BIndustrie in Italien genommen. Noch in den achtziger Jahren führte Italien enorme Menge BGewebe ein. In den neunziger Jahren hat die BIndustrie mit dem Übergange Italiens zum Schutzzoll einen so enormen Aufschwung genommen, daß nicht nur die Einfuhr überflüssig geworden ist, sondern Italien bereits angefangen hat, BWaren auszuführen, insbesondere nach den Gebieten, nach denen italienische Kolonisten ausgewandert waren, nach Amerika und Argentinien. 1912 besaß Italien 4,62 Mill. Feinspindeln, 1906/10 hatte Italien eine Mehreinfuhr von 188 Mill. kg B im Werte von 265 Mill. Lire, zugleich eine Mehrausfuhr an BWaren in der Höhe von rund 100 Mill. Lire.

Eine bedeutende BIndustrie hat auch Rußland entwickelt, die bereits imstande ist, den gesamten einheimischen Bedarf zu decken, allerdings unter dem Einfluß enormer Schutzzölle, die 100—200 % vom Werte ausmachen. Dabei hat Rußland bereits eine starke Ausfuhr nach Zentralasien, Persien und Turkistan. Den Ausgangspunkt hat die russische BIndustrie in der Hauptsache durch den Großkaufmann Knoop genommen, der sehr viele Fabriken gründete mit Maschinen, die aus England auf Kredit eingeführt waren. Die Zentren der russischen BIndustrie sind Moskau, Wladimir und Lodz. Zur Zeit (1912) zählt die russische BIndustrie 8,8 Mill. Feinspindeln, verarbeitet etwa 350 Mill. kg B, zur Hälfte eigner Produktion; die Arbeiterzahl beträgt 250000.

Über die wichtigsten der anderen Staaten möge die folgende Tabelle Auskunft geben:

Tabelle 48. **Textilindustrie.**

Land	Feinspindeln Tausend	Mehreinfuhr an Baumwolle Mill. kg 1906/10	Mehrausfuhr an BWaren 1906/10 Mill. ℳ
Frankreich	7400	220	210
Österreich	4718	185	20
Schweiz	1408	23	140[1])
Spanien	1900	83	32
Belgien	1371	59	20
Japan	2177	210	60

[1]) Bes. Spitzen.

Die Leinenindustrie.

Die LIndustrie hat mit dem Aufkommen der Baumwolle an Bedeutung sehr verloren. Lein war bis in das 18. Jhd. neben der Wolle der wichtigste Kleidungsstoff. Baumwollene und seidene Gewebe konnten nur reiche Leute tragen. Heute liegen die Dinge so, daß leinene Gewebe teurer sind als baumwollene, weil die Verarbeitungskosten beim Lein höhere sind. Bereits die Anlagekosten der LIndustrie sind bedeutend höher. Nach Karmarsch (Handbuch der mechanischen Technologie, 6. Auflage, Leipzig 1892, Band 3), betragen in Deutschland die Kosten für einen LSpindel einschließlich der Fabrikanlage und Dampfkessel 100—120 ℳ, sind damit doppelt bis dreimal so hoch wie die Anlagekosten einer Baumwollespindel. Weiter ist aber der Kraftbedarf infolge der stärkeren Faser des Leins größer. Bei Verarbeitung von Lein ist auf 25 Spindeln 1 PS notwendig, während in der Baumwolleverarbeitung für 80 Feinspindeln 1 PS genügt. Auch der Arbeitsbedarf ist um ein Mehrfaches größer: auf 1000 Baumwollespindeln kommen in England 5—6 Arbeiter, auf 1000 Leinspindeln dagegen 30—50. Allerdings ist der Flachsverbrauch pro Feinspindel ein höherer als der Verbrauch von Baumwolle. Während in England in der Baumwolleindustrie auf eine Feinspindel 18 kg Baumwolle gerechnet werden, kommen in den LSpinnereien 50 kg Flachs auf eine Feinspindel. Allein selbst unter Berücksichtigung dieses Umstandes bleibt die Verarbeitung von Lein teuerer, namentlich da die Erzeugung von hohen Garnnummern beim Lein teurer ist als bei der Baumwolle. Eine eigentliche LGroßindustrie hat sich vorläufig erst in England entwickelt. Im festländischen Europa ist die Anzahl der Handwebstühle noch eine außerordentlich große. In Deutschland waren in der Flachs- und Hanfhechelei und -spinnerei im Jahre 1882 beschäftigt 25 000 Personen in 7200 Betrieben. Die LIndustrie war also noch ganz überwiegend Kleinbetrieb. Es gab allerdings auch 108 moderne Fabrikbetriebe mit 17 724 Beschäftigten, mithin waren doch drei Viertel der Arbeiter in der Großindustrie tätig, in der LWeberei gab es 72 392 Haupt- und 29 266 Nebenbetriebe. Moderne Betriebe gab es erst 134. In diesen waren nur 2866 Arbeiter tätig. Bis 1895 war die Zahl der Betriebe in der Flachs- und Hanfhechelei und -spinnerei auf 1375 zurückgegangen. Die Zahl aller beschäftigten Arbeiter betrug 22 226, darunter 14 281 weibliche Arbeiter. Moderne Betriebe gab es 128, welche über Kraftmaschinen von 18 900 PS verfügten. In der Weberei war die Zahl der Betriebe von 72 000 auf 34 000 gesunken. Die Zahl der Nebenbetriebe von 29 000 auf 15 000. Die Zahl aller beschäftigten Personen hatte sich von 102 000 auf 67 000 vermindert. Die Zahl der Motorenbetriebe war auf 270 mit 10 000 PS gewachsen. Man kann also sagen, daß, während in der Spinnerei der Handbetrieb zwischen den zwei Berufszählungen nahezu verschwunden war, er in der Weberei sich noch aufrecht erhielt. Allerdings war er auch da auf die Hälfte zurückgegangen. Bei der dritten Zählung i. J. 1907 gab es nur 242 Spinnereien, die lediglich Flachs verarbeiteten mit 18 586 Erwerbstätigen, darunter 52 Betriebe mit 17 672 Arbeitern. 37 der größeren Betriebe besaßen zusammen 273 456 Spindeln. Dazu kamen 9 Zwirnereien mit 15 476 Spindeln. Verarbeitet wurden in diesen Großbetrieben 49 Mill. kg Rohflachs und

Flachswerg zu 31 Mill. kg LGarn im Werte von 60,2 Mill. ℳ. In der LWeberei gab es 1907 immer noch 14275 Kleinbetriebe mit 18949 Erwerbstätigen und 265 Mittelbetriebe mit 5214 Arbeitern; die 180 Großbetriebe zählten 28177 Arbeiter.

Die englisch-irische LIndustrie ist in den letzten Jahrzehnten zurückgegangen. Die schlechteren und billigeren Baumwollenstoffe haben die feinere und teurere Leinwand verdrängt. Immerhin wurden noch 1907 nach dem englischen Produktionszensus produziert:

	Leinengarn	Leinwand Mill. Yards	Wert Mill. £
in Großbritannien	52 Mill. lbs. im Werte von 1,83 Mill. £	131	3,7
in Irland	75 „ „ „ „ „ 5,50 „ „	230	6,2

Ein Yard Leinwand wertete sonach etwa 55 ₰, war also etwa zweieinhalbmal so teuer wie Baumwollegewebe.

Die Arbeiterzahl ist für Großbritannien für die L- und JuteIndustrie zusammen 1907 mit 82047 (darunter 56362 weibliche) angegeben; die irische LIndustrie beschäftigte 30000 Arbeiter. Die in diesen Industrien benutzten Kraftmaschinen besaßen in Großbritannien 102000 in Irland 25000 PS.

Die englische Ausfuhr an Leinwand ist immer noch recht bedeutend, umfaßt noch etwa 150 Mill. Yards im Werte von 70 Mill. ℳ; gegen 1870 ist freilich ein Absinken der Quantität der Ausfuhr um 40 v. H. des Geldwertes um mehr als die Hälfte zu verzeichnen.

Die Wolleindustrie.

Wolle besitzt als Kleidungsstoff in den nördlichen Ländern die größte Bedeutung, da die aus ihr verfertigten Gewänder wärmer sind als baumwollene oder leinene Zeuge. Allerdings sind wollene Gewänder in der Hauptsache nur bei den Völkern europäischer Rasse im Gebrauch, in China kleidet sich das Volk durchweg in Baumwolle, die obersten Schichten in Seide.

Die Verarbeitung der W ist schwieriger als die der Baumwolle. Der Preis einer WSpindel ist ungefähr ebenso hoch wie der einer Leinenspindel, jedoch ist die Leistungsfähigkeit der Spindeln bei der größeren Dicke des WFadens eine größere als die der Baumwollenspindel. In England werden etwa 40 kg W pro Feinspindel jährlich verarbeitet. Die Webstühle produzieren noch relativ mehr, nämlich 1200 kg Gewebe pro mechanischen Webstuhl. Nach Karmarschs Handbuch der Technologie leistet ein Webstuhl bei schweren Bukskingeweben 2500—3000 m Gewebe im Jahr, also täglich nur 8—10 m, so daß die Leistung gegenüber dem Handwebstuhle nur etwas um das Eineinhalbfache höher ist. Bei den baumwollenen Geweben allerdings ist sie in der letzten Zeit sehr gesteigert worden. Es wird angenommen, daß ein Webstuhl bei zwölfstündiger Arbeit 33—35 m leistet, etwa rund das Vierfache gegenüber der Handarbeit. In Betracht kommt allerdings, daß bei Maschinenarbeit in der Fabrik nicht so lange gearbeitet wird, wie im Handbetriebe, wo man nicht selten zwölf- bis fünfzehnstündige Arbeitszeit hat. Namentlich ist ja im Handbetriebe die Akkordarbeit sehr verbreitet, dennoch aber ist das Elend der Handweber ein sehr großes und nicht umsonst preisen verschiedene Nationalökonomen den Großbetrieb als einen sozialen Fortschritt.

An der Spitze der WIndustrie steht wiederum Großbritannien, das etwa 6 Mill. WSpindeln und 137000 mechanische Webstühle besitzt. Es ist auch der bedeutendste Exportstaat für wollene Zeuge geblieben. Sein Export an WGeweben erreicht jährlich 400—500 Mill. ℳ. 1907 verarbeitete die englische WIndustrie 347 Mill. lbs. gewaschener W (davon drei Viertel Einfuhr) zu 177 Mill. Yards glatten Geweben im Werte von 16,8 Mill. £; dazu kommen 187 Mill. Yards an Kammgarnstoffen im Werte von 15,6 Mill. £, 48 Mill. Yards Flanell und 25 Mill. Yards Teppiche im Werte von je 1,77 bzw. 3,25 Mill. £. Der Gesamtwert der Endprodukte der WIndustrie belief sich auf 44,9 Mill. £ = 917 Mill. ℳ. Die Ausfuhr betrug nicht ganz die Hälfte der Eigenproduktion. Beschäftigt waren in der englischen WIndustrie 260000 Arbeiter, darunter 150000 weibliche. Die Kraftmaschinen der englischen WIndustrie besaßen 325000 PS.

In Amerika wurden nach dem Zensus von 1910 verarbeitet 475 Mill. lbs. W, darunter 310 Mill. lbs. einheimischer für 85 Mill. $ und 164 Mill. lbs. eingeführte W im Werte von 51,6 Mill. $. Produziert wurden 323 Mill. □ Yards an reinwollenen Stoffen im Werte von 220 Mill. $; an gemischten (W mit Baumwolle) Stoffen wurden erzeugt 247 Mill. □ Yards im Werte von 76 Mill. $. Es gab in der amerikanischen WIndustrie 1909 4287640 Feinspindeln und 72532 mechanische Webstühle. Die Anzahl der Erwerbstätigen belief sich auf 177000, die benutzten Kraftmaschinen hatten 370000 PS. Das in der amerikanischen WIndustrie investierte Kapital belief sich auf 437 Mill. $, die an 170000 Arbeiter gezahlten Löhne betrugen 73,3 Mill. $ (die 5900 Angestellten erhielten 10,4 Mill. $). Die gesamten Materialunkosten beliefen sich auf 289 Mill. $, der Wert der Endprodukte auf 444 Mill. $, die Warenvermehrung sonach 155,3 Mill. $. In Deutschland gab es 1907 in der WSpinnerei 1193 Betriebe mit 58498 Arbeitern; die WWeberei zählte 10980 Betriebe mit 122769 Erwerbstätigen (darunter 630 Großbetriebe mit 87474 Arbeitern). Die 40 der größeren WKämmereien verarbeiteten 1907 141 Mill. kg W zu 62 Mill. kg Kammzeug und 12,1 Mill. kg Kämmlingen und sonstigen verwertbaren Abfällen. 105 der größeren Spinnereien mit 2,26 Mill. Feinspindeln verarbeiten 79 Mill. kg Kammzug zu 66,5 Mill. kg Kammgarn. Die WWeberei zählte 1907 92189 mechanische und 3203 Handwebstühle, sie verarbeitete 127,4 Mill. kg Garne und Zwirn (offenbar zum Teil Baumwollegarn) und stellte Waren her im Werte von 774 Mill. ℳ.

Eine große WIndustrie hat auch Frankreich. Es hatte 1906/10 eine Mehreinfuhr an Rohwolle von 195 Mill. kg im Werte von 325 Mill. Frcs., also eine größere WEinfuhr als Deutschland (Deutschland hatte 1906/10 eine Mehreinfuhr von 170 Mill. kg Wolle im Werte von 320 Mill. ℳ), wozu noch die zweieinhalbmal höhere Eigenproduktion kam (von 17,5 gegen 6—7 Mill. Schafen). Die französische Ausfuhr an WGarn und -Geweben wertete 1906/10 etwa 260 Mill. Frcs., übertraf damit noch die deutsche (Deutschland hatte 1906/10 eine Mehrausfuhr an WWaren von 187 Mill. ℳ, aber eine Mehreinfuhr an WGarn von 52 Mill. ℳ).

Seidenindustrie.

Die Seidenindustrie ist von alters her in China einheimisch. Sie soll daselbst um das Jahr 3000 vor unserer Zeitrechnung durch die Gemahlin des Kaisers Ho-Ang-Ti eingeführt worden sein. Bereits zur Römerzeit hatte sich ein schwunghafter SHandel entwickelt, und man rechnete damals, daß für 10 Mill. ℳ Gold und Silber für S nach Indien und China gingen. In Italien zog hauptsächlich im Mittelalter Venedig aus dem SHandel reiche Gewinne. Die Kenntnis der SSpinnerei wurde geheim gehalten. Verrat war mit den strengsten Strafen belegt. Im 17. und 18. Jhd. machten unter der Herrschaft des Merkantilismus fast alle Staaten große Anstrengungen zur Einführung der SZucht und der SVerarbeitung. Die SRaupenzucht ist nun zwar in den nordischen Ländern wieder verschwunden, sie ist der Konkurrenz der billigen chinesischen und japanischen RohS erlegen. Dagegen ist die SIndustrie auch in Europa sehr stark in die Höhe gegangen.

In der SIndustrie steht immer noch an der Spitze Italien. Für die SIndustrie ist sehr viel Handarbeit erforderlich. Man braucht beim Verspinnen von RohS auf 1000 Spindeln 16—40 Mädchen, beim folgenden Feinspinnen noch weitere 4—6. Die Leistung einer Seidenspindel ist dabei nur $^1/_{10}$—$^1/_{20}$ einer Baumwollspindel. Es kommen pro SSpindel nur 2—2,5 kg S jährlich, während ein Arbeiter in den englischen Baumwollefabriken jährlich 3000 kg Garn leistet, kommt die Produktion in den SFabriken nur auf 30—50 kg SGarn. In Amerika allerdings entfallen auf einen Arbeiter in den SFabriken 140 kg Garn, jedoch handelt es sich da um die Verarbeitnng von RohS, welche bereits einen fertigen Faden enthält. Die mühsamste Arbeit ist ja die des Abhaspelns von den Kokons, diese Arbeit hat der Amerikaner dem Chinesen und Japaner überlassen. Die bedeutendsten SPlätze auf dem Kontinent sind heute Lyon, Mailand, Zürich und Krefeld und zwar hat Lyon seine frühere Vormachtstellung allmählich fast eingebüßt.

Für Italien ist bemerkenswert, daß neben einer starken Einfuhr von Rohseide, die 1906/10 rd. 3,3 Mill. kg im Werte von 153 Mill. Lire betrug (dazu 5,3 Mill. kg Kokons für 57 Mill. Lire) eine starke Ausfuhr stattfindet, und zwar wurden 1906/10 ausgeführt 9,0 Mill. kg an gezwirnter S und FlorettS im Werte von 460 Mill. Lire, reinseidene Gewebe wurden dagegen nur für 66 Mill. Lire ausgeführt, halbseidene Gewebe für 15 Mill. Lire. In bezug auf die Ausfuhr von reinseidenen Geweben steht an der Spitze Frankreich. Frankreich führte 1906/10 für 350 Mill. Frks. RohS und für 52 Mill. Frks. SWaren ein, dabei aber für 185 Mill. Frks. RohS und für 316 Mill. Frks. SWaren aus. Deutschland hat eine höhere Bedeutung für die Ausfuhr von halbseidenen Stoffen. Reinseidene Zeuge werden in Deutschland mehr eingeführt, als ausgeführt. Deutschland führte 1906/10 ein für 180 Mill. ℳ RohS und für 72 Mill. ℳ SZeuge; die Ausfuhr wertete 190 Mill. ℳ hauptsächlich HalbS. Beschäftigt waren in der deutschen SIndustrie 1907 etwa 74000 Erwerbstätige. Die fabrikmäßige SIndustrie in Deutschland besaß 69950 Spinnspindeln und stellte für 146 Mill. ℳ Gespinnste und für 275,6 Mill. ℳ ganz- und halbseidene Zeuge her. Die Hausweberei stellte für weitere 38 Mill. ℳ SGewebe her. Die englische SIndustrie beschäftigte 1907

32198 Personen (darunter 22128 weibliche) und stellte SWaren her im Werte von 107 Mill. ℳ; die Materialien hatten 70 Mill. ℳ gekostet. England hat dabei eine starke Einfuhr an SWaren, die etwa 300 Mill. ℳ erreicht: offenbar ist der Arbeitslohn in England für die Verarbeitung von S zu hoch, so daß gerade hier die bemerkenswerte Erscheinung der Einfuhr an seidenen Textilwaren zu bemerken ist, während England doch bei Baumwolle, Wolle, Lein als Ausfuhrland an erster Stelle steht.

Die amerikanische Union ist heute das größte SKonsumland. Mit Hilfe eines Schutzzolles von 50% ist daselbst sehr schnell eine große SIndustrie entstanden. Die Einfuhr an SGeweben betrug in den 90er Jahren des 19. Jahrhunderts 160 Mill. ℳ, 1906/10 immer noch 130 Mill. ℳ. Die Einfuhr an RohS wertete aber 270 Mill. ℳ. Das in den amerikanischen SFabriken investierte Kapital betrug in der Union 1909 152 Mill. $. Beschäftigt waren in der SIndustrie in Amerika 105300 Arbeiter, die für 107 Mill. $ Rohmaterial verarbeitete und Waren im Werte von 196 Mill. $ herstellten, woraus sich Anlagekosten von 200 ℳ a. d. Feinspindel ergeben. Wenn mitunter behauptet wird, die Arbeit in China sei so billig, daß die Chinesen fast um denselben Preis seidene Gewebe exportierten um den sie RohS verkauften, so ist das nicht ganz richtig. Diese seidenen Gewebe enthalten einen starken Zusatz von geringwertiger Farbe. China führte übrigens 1906/10 für etwa 72 Mill. Haikwan Taels (zu etwa 3 ℳ) RohS aus und nur für 14 Mill. Haikwan Taels SWaren. Japan hatte 1906/09 neben einer Rohseideausfuhr in der Höhe von 121 Mill. Yen (à 2,09 ℳ) eine solche an SWaren im Betrage von 37 Mill. Yen aufzuweisen.

Papierindustrie.

Das bedruckte und beschriebene Papier ist der Träger des menschlichen Gedankens und von einer hervorragenden Bedeutung für die menschliche Kultur. Solange man auf Pergament schrieb, war bei der Kostspieligkeit des Materials ein starker Verbrauch undenkbar, und die Wachstäfelchen der Römer hatten den Übelstand, daß sie eben Tafeln waren, die keinen dauernden Bestand hatten. Die Erfindung des Buchdrucks wäre ohne das Papier ein totgeborenes Kind gewesen. Es hätte auch nie eine allgemeine Volksbildung entstehen können, wenn man kein Papier besessen hätte.

Der Name Papier rührt von der Papyrusstaude her, deren Blätter im alten Ägypten bereits um 1200 v. Chr. zum Aufzeichnen der Hieroglyphen benutzt wurden. Von den Ägyptern lernten die Griechen und Römer die Blätter der Papyrusstaude zu benutzen, und sie versorgten mit diesen Blättern die ganze damals bekannte abendländische Kulturwelt. Im früheren Mittelalter, als die Handelsverbindungen mit Agypten sich schwieriger gestalteten, ging allmählich der Gebrauch von Papier ein. Überhaupt versank die ganze abendländische Kultur in eine starke Barbarei. Das einzige Buch, das es noch gab, war die heilige Schrift, die auf Pergament geschrieben wurde. Aber es besaßen nicht einmal alle Kirchen und Klöster ein vollständiges Exemplar der heiligen Schrift.

P im eigentlichen Sinne ist zuerst in China bereitet worden, woselbst im Jahre 130 v. Chr. der chinesische Ackerbauminister Tsai-Lün auf den Gedanken gekommen sein soll, durch Verfilzung feiner Pflanzenfäserchen im wässerigen Aufguß und nachherige Entwässerung derselben auf geeigneten Geweben einen Beschreibstoff zu erzeugen, welcher allen früher für Beschreibung in Gebrauch gewesenen Stoffen wegen seiner großen Bequemlichkeit und Billigkeit den Rang abzulaufen bestimmt war. Das Rohmaterial dieses chinesischen P war ursprünglich Hanf, dann der Bast des PMaulbeerbaumes. Später benutzte man junge Bambussprößlinge, sowie Ramie, Chinagras, und zuletzt auch die Lumpen abgetragener Kleider. Von China verbreitet sich die Kenntnis des P zunächst nach Japan. Die Tartaren gelangten zur Kenntnis des P auf ihren Einfällen in China und bereits 751 soll ein Statthalter des Kalifen in Samarkand auf seinen Kriegszügen gegen Turkistan der PBereitung kundige Kriegsgefangenen nach dem Westen gebracht haben. Nun drang die Erfindung rasch nach Süden und Westen vor. Bereits im 8. Jhd. sollen die Araber P nach Spanien gebracht haben, doch war die Bereitung hauptsächlich im Orient konzentriert. Besonders berühmt war das Damascener Fabrikat, das viel nach dem Abendlande ausgeführt wurde. Es ist neuerdings festgestellt, daß den Rohstoff dieses P bereits leinene Hadern bildeten, die mit Drahtgeweben geschöpft sind. Die Erfindung der Wassermühlen zur Zerkleinerung der Hadern geht gleichfalls auf die Araber zurück. Im Laufe des 13. Jhd. wurde die PErzeugung in Deutschland eingeführt, fast gleichzeitig auch in Frankreich und Italien. Es handelte sich damals natürlich nur um eine mit recht primitiven Mitteln arbeitende Hausindustrie, die sich wegen des geringen Bedarfes nicht recht entwickeln konnte, da die Kunst des Schreibens nur einem sehr geringen Teil des Volkes zugängig war. Erst die Erfindung der Buchdruckerei brachte eine starke Nachfrage nach P mit sich, namentlich seit der Zeit der Reformation, zu deren Hauptforderungen ja die allgemeine Volksschule gehörte, die natürlich einen starken Buch- und PBedarf nach sich zog. Ferner trug auch das Aufblühen der humanistischen Studien bei, Nachfrage nach Büchern und dadurch Hebung der PIndustrie. Einen wesentlichen Fortschritt in der PIndustrie bedeutete die Erfindung des „Holländers" und der PMaschine durch Leistenschneider und Robert i. J. 1797, welche Maschinen soweit vervollkommnet wurden, daß sie fast alle Handarbeit vollständig ersetzten und die Möglichkeit boten, von beliebiger Länge zu erzeugen. Namentlich bietet die PMaschine die Möglichkeit, das sogenannte endlose P zu erzeugen, so daß die Produktion des HandP ganz zurückgegangen ist.

Für den gewaltig angeschwollenen Bedarf von heute genügt lange nicht mehr die PErzeugung aus Hadern und Lumpen. Man ist längst gezwungen gewesen, auch andere Stoffe, Holz, Stroh, Espartogras und anderes zu verarbeiten. Die Erfindung der Holzmasse geschah 1850 durch Friedrich Gottlob Keller. Durch Zerreiben von Holz entstand der sogenannte Holzschliff. Diese mechanische Verkleinerung des Holzes zu Holzschliff bot jedoch keine gute PMasse, sondern war nur für gröbere Sorten zu gebrauchen. 1857 erfand jedoch Hougthon die chemische Verarbeitung des Holzes, Herstellung der reinen Zellulose und ihre Verarbeitung zu P. Aus Zellulose läßt sich ein fast ebenso schönes weißes P. erzeugen wie aus Lumpen. Freilich ist es weit weniger dauerhaft; während gutes LumpenP Jahrhunderte überdauert, darauf gedruckte Schrift nach Jahrhunderten noch lesbar ist, dürften unsere Zeitungen nach wenigen Jahrzehnten zu Moder geworden sein. Aber bei dem gewaltig angestiegenen Bedarf kann man HadernP nur noch zu den feinsten Sorten nehmen. ZeitungsP wird gewöhnlich erzeugt aus einem Gemisch von Holzstoff und Zellulose: es wird meist zwei Drittel gewöhnlicher Holzschliff genommen, und nur ein Viertel bis ein Drittel Zellulose. 1897 kostete in Deutschland nach den Erhebungen des Reichsamts des Innern Holzschliff 34,3 ℳ die t, Zellulose 121 ℳ, P 263 ℳ, gewöhnliches ZeitungsP allerdings nur 210—220 ℳ.

In der Ausfuhrstatistik ist allerdings die Zellulose mit 250 ℳ angesetzt. Man sieht also, die chemische Behandlung ist dreieindrittelmal kostspieliger als das bloße Zermahlen des Holzes zu Holzschliff, Bezüglich der Produktivität der Arbeit in der PIndustrie ist zu bemerken, daß bei Holz- und ZelluloseP etwa 40 t pro Arbeiter jährlich produziert werden. Bei dem feineren HadernP jedoch nur sechs pro Arbeiter.

Die große Ausdehnung des Zeitungswesens, insbesondere die gewaltige Zunahme der Annoncen hat eine ebensolche des PBedarfes mit sich gebracht. Bereits 1897 wurden in Deutschland ³/₄ Mill. t P verbraucht rund 14 kg pro Kopf jährlich. Noch größer ist der PVerbrauch in England und Amerika. Die Statistik der PFabrikation ist im allgemeinen recht lückenhaft. Immerhin sind für die Kulturländer recht gut vergleichbare Daten vorhanden.

In manchen Staaten sind PSteuern eingeführt, aber vielfach wieder aufgehoben worden, da man mit Recht in den PSteuern ein der Volksbildung feindliches Element erkannte.

So in England seit 1860, bis zu welchem Jahre die PSteuer 27 Mill. ℳ jährlich gebracht hatte, in Frankreich, wo sie nach 1870 eingeführt wurde und 10 Mill. Frcs. abwarf, 1886 wieder aufgehoben wurde. In Rußland, wo man bis vor wenigen Jahren bemüht war, die Ausbreitung der Volksbildung zurückzudrängen, besteht zwar keine PSteuer, aber ein hoher Einfuhrzoll, der vom ZeitungsP 200% vom Werte ausmacht, wodurch die Inlandpreise um das Zweieinhalbfache höher sind, als in Westeuropa. Bezüglich der deutschen PStatistik von 1897 ist hervorzuheben, daß der Wert des gewöhnlichen P 204 Mill. ℳ betrug, für PFabrikate jedoch 272 Mill. ℳ, nämlich Karton- und BuntP 24 Mill., Tapeten 17 Mill., LuxusP 32 Mill., feine PWaren 14 Mill., grobe PWaren 21 Mill., Albums, Geschäftsbücher, Kartonagen, PMaché 76 Mill.; außerdem werden angeführt Produkte der Steindruckerei für 49 Mill. ℳ.

Tabelle 49.

Papierproduktion in England, nach dem Zensus von 1907.

Bezeichnung	1000 Cwts[1])	Wert in 1000 £
Schreib-, Zeichen- und Umschlagpapier	2366	3059
Druck- und Reklamepapier	9091	5894
Pack-, Einwickelpapier u. ä.	3764	2032
Bedrucktes und bemaltes P, (ohne Tapeten) . . .	767	975
Pappe verschiedener Arten	1354	1066
Tüten	656	462
Verschiedenes	—	133

Tabelle 50.

Papierproduktion in den Vereinigten Staaten.

Bezeichnung		im Jahre 1909	1904	1899
Zeitungspapier	1000 t	1 176	913	570
	1000 $	46 855	35 906	20 092
Buchpapier	1000 t	595	477	323
	1000 $	54 799	34 631	23 151
Pappkartons, Billets usw.	1000 t	51	39	28
	1000 $	3 352	2 764	1 720
Feines Papier	1000 t	198	147	113
	1000 $	29 077	22 249	15 896
Einwickelpapier	1000 t	764	644	535
	1000 $	42 220	30 436	25 543
Pappe	1000 t	831	521	366
	1000 $	26 145	16 960	10 353
Andere Papierprodukte	1000 t	503	367	232
	1000 $	30 319	20 692	12 255

[1]) 1 Cwt zu 50,736 kg.

Tabelle 51.

Amerikanischer Zensus 1910.

Betriebe	Erwerbstätige Menschen in 1000	Wert der Produktion Mill. $	Wertvermehrung Mill. $	Pferdestärken der Kraftmaschinen in 1000
Landwirtschaftliche Geräte und Maschinen	60	146,0	86,0	100
Automobile	85	249,2	117,6	75
Schuhwaren	216	512,8	180,1	96
Blei und Bronze	45	150,0	50,8	106
Bäckerei	144	396,9	158,8	65
Butter, Käse, kondens. Milch	32	274,6	39,0	101
Konserven	72	157,1	55,3	81
Wagen	83	159,9	77,9	126
Eisenbahnwagen (einschl. Reparaturen)	348	528,0	251,0	391
Chemische Industrie	28	117,7	53,7	209
Männerkleidung	271	568,1	270,6	43
Frauenkleidung	179	384,8	176,0	22
Konfektion	55	134,8	53,6	36
Kupfer, Zinn	87	199,8	87,2	62
Baumwollenindustrie	388	628,4	257,4	1296
Elektrische Maschinen und Apparate	106	221,3	112,7	159
Müllerei	66	883,6	116,0	853
Maschinen	615	1228,5	688,5	869
Möbelindustrie	144	239,9	131,1	221
Gas	51	166,8	114,4	128
Galanteriewaren	136	200,1	89,9	104
Hochöfen	43	391,4	70,8	1173
Eisen- und Stahlwerke	261	985,7	328,2	2101
Lederindustrie	43	104,7	44,7	148
Branntwein	8	204,7	168,7	46
Bierbrauerei	67	374,7	278,1	348
Holzindustrie	785	1156,1	648,0	2840
Marmor und sonstige Steine	77	113,1	75,7	188
Öl und Ölkuchen	21	147,9	28,0	192
Papier und Holzmasse	81	267,6	102,2	1304
Petroleumraffinerie	17	237,0	37,7	90
Buchdruckerei	388	737,8	536,1	298
Seidenindustrie	105	196,9	89,1	98
Schlachthausindustrie	109	1370,6	168,7	209
Zuckerindustrie	16	279,2	31,7	160
Tabaksindustrie	198	416,7	239,5	28
Wolle	175	436,0	153,1	362
Alle anderen Industrien	1916	4561	2084,0	3651
Zusammen:	7678	20 676	8530	18 680

Tabelle 52.

Industriezensus 1907.

Großbritannien und Irland.

Betriebe	Erwerbstätige Menschen in 1000	Wert der Produktion Mill. $	Gebrauchte Materialien Mill. $	Wertvermehrung Mill. $	Pferdestärken der Kraftmaschinen in 1000
Bergwerksindustrie	965	148,0	28,5	119,5	2 495
Stahl und Eisen, Schiffbau	1539	375,2	212,2	151,1	2 437
Andere Metalle	114	93,5	81,3	11,9	84
Textilindustrie	1253	333,6	235,0	94,3	1 988
Bekleidung	756	108,0	58,2	47,7	85
Nahrungsmittel, Getränke, Tabak	464	287,4	197,7	89,5	380
Chemische Industrie	128	75,0	53,5	21,6	215
Papier, Druckereien	325	61,3	26,6	33,7	238
Leder, Gummi	85	34,9	26,2	8,6	55
Holz- (Tischlerei usw.) Industrie	239	46,4	24,8	21,4	174
Ton, Steine, Bauindustrie	725	116,7	49,7	60,5	433
Verschiedene Industrien	47	8,3	3,8	4,5	9
Industrien für öffentl. Zwecke	342	77,0	30,8	45,9	2 060
Zusammen:	6985	1765,3	1028,3	712,1	10 755
Landwirtschaft	2324	196,4			213
Fischerei	73	11,7			

Industrie der Steine und Erden.

Der wichtigste Zweig dieser Industrie ist die Ziegelfabrikation. Ziegel wurden schon im Altertum, in Babylonien und Ägypten zu den Bauten benutzt, doch waren es meist Luftziegel, die lediglich an der Sonne getrocknete Lehmpatzen darstellten und daher natürlich auch sehr leicht zerfielen. Dieser Umstand mag die Hauptschuld tragen, daß von den riesigen Bauwerken Babyloniens sowie der Seleukiden und Sassaniden so wenig auf uns gekommen ist. Doch kannte man bereits damals das Brennen der Tonscherben und wußte auf diese Art eine größere Härte und Dauerhaftigkeit zu erreichen. Das alte Rom war bereits aus gebrannten Ziegeln erbaut.

In der neuesten Zeit ist die Ziegelfabrikation bedeutend produktiver geworden. Es sind in Gebrauch gekommen Maschinen zum Stampfen und Kneten des Tones, dann ZFormmaschinen, endlich findet durch die Anwendung von Ringöfen zum Brennen eine bedeutende Ersparnis im Brennmaterial statt. Man brauchte früher in den offenen Feldöfen nahezu dreimal so viel als heute im Ringofen. Für 1000 Z deutschen Normalformates gebraucht man im Ringofen 150—170 kg Kohle. Das deutsche

Normalformat beträgt 25 : 12 : 6,5 cm. In anderen Ländern ist das Normalformat je nachdem größer oder kleiner. Über die Produktion der Z finden wir selbst in den besten Quellen widerspruchsvolle Angaben. So sollen nach Zwick und Fischer in den 90er Jahren von allen 6000 deutschen Ziegeleien zusammen 2½ Milliarden Z produziert sein. Dies ist eine ganz unmögliche Angabe, denn da der Preis der Z loco Fabrik selten über 20 ℳ per 1000 steigt, so würde die gesamte Ziegelei nur einen Wert von 50 Mill. ℳ ausmachen, und da 1895 183000 Arbeiter in den Ziegeleien beschäftigt waren, so würde ein Arbeiter für nur 270 ℳ jährlich produziert haben. Nach Bock sollen 18,4 Milliarden Z produziert worden sein, eine Angabe, die der Wirklichkeit schon viel näher kommt, wahrscheinlich für Durchschnittsjahre schon zu hoch sein dürfte. Bekanntlich schwankt gerade der Verbrauch von Z zu Bauten ungemein stark und damit auch die Preise: es wird nicht gleichmäßig gebaut, sondern es wechseln ab Jahre fieberhafter Bautätigkeit mit Depressionsjahren. Einen gewissen Anhaltspunkt für die Beurteilung der Gesamtmenge der Produktion haben wir über die von der Eisenbahn beförderten Z. 1899 wurden auf deutschen Eisenbahnen befördert 22 Mill. t Z und Bruchsteine, 1909 und 1910 dagegen schon 35,4 bzw. 42,5 Milliarden t. Da ein Z des Normalformates 3 kg wiegt, so könnten, wenn ⅔ von diesem Quantum Z ausmachten, 5 bzw. 9—10 Milliarden Z transportiert worden sein. Zu Wasser transportiert worden sind 1909 und 1910 je 5,4 bzw. 4,5 Milliarden t Z und Dachsteine, somit etwa 1½—1¾ Milliarden Stück.

Nach den Schätzungen des Vorstandes der Ziegelei-Berufsgenossenschaft sollen bereits im Jahre 1896 in Deutschland 10,3 Milliarden Mauersteine und 442 Mill. Dachsteine angefertigt sein. Es würden also auf einen Arbeiter 60000 Z und Dachsteine entfallen im Werte von 1200 ℳ. Freilich gehören zu 60000 Steinen auch 10 t Kohle im Werte von 100 bis 200 ℳ. Gerade die Ziegelei ist eine Industrie, in der der Transport außerordentlich viel ausmacht. Die direkten Arbeitskosten für das Einsetzen in den Ofen, das Ausnehmen und Sortieren betragen nur 3,2 bis 4 ℳ per 1000, die Kosten des Brennmaterials höchstens 2—3 ℳ. Außerdem nimmt das Lehmgraben und das Heranschaffen an den Ofen kaum weniger Zeit und Mühe in Anspruch.

Genaue Angaben über die ZProduktion finden wir für die amerikanische Union. Es wurden daselbst im Jahre 1899 4654 Mill. gewöhnliche Mauerziegel hergestellt im Werte von 168 Mill. ℳ; 1909 9788 Mill. Z für 408 Mill. ℳ, an feuerfesten Z 801 bzw. 838 Mill. für 36 bzw. 68 Mill. ℳ; an Klinkern und Verblendern 1042 bzw. 1844 Mill. für 40 bzw. 86 Mill. ℳ. Beschäftigt waren 1899 62000, 1909 76528 Arbeiter und 5423 bzw. 4215 Angestellte. Das investierte Kapital betrug 344 bzw. 735 Mill. ℳ. Die Kraftmaschinen besaßen 1899 176700, 1909 341170 PS. Die Produktivität der Arbeit scheint in Amerika doppelt so hoch zu sein wie in Europa, wie denn überhaupt die maschinelle Anfertigung der Z in Amerika allgemein ist, in Deutschland ist noch vielfach Handbetrieb üblich.

Für England schätzt Mulhall die ZProduktion für 1871/80 im Durchschnitt auf 3 Milliarden jährlich, 1907 wurden nach dem Zensus 4760 Mill. Mauerziegel und 308 Mill. Klinker hergestellt im Werte von 170 Mill. ℳ. Beschäftigt waren in der Ziegelei 69000 Erwerbsfähige.

Was das Formen der Z anlangt, so leistet eine Ziegeleimaschine kleinen Formates, wie sie in Deutschland meist üblich sind, 12—16000 Z täglich. Zur Bedienung sind sieben Mann erforderlich. Im Handbetriebe leistet ein Arbeiter auch nicht unter 2—3000 Z täglich. Eine kleine Ziegeleimaschine bedeutet also keine Arbeitsersparnis, sie wird nur deswegen angewandt, weil die mit der Maschine angefertigten Z fester sind, stärker gepresst und daher leichter gebrannt werden können. Die meißten deutschen Ziegeleien liefern nur 1—1½ Mill. Z jährlich, nur die größten bis zu 20 Mill. Aus Nordamerika wird dagegen über einen Riesenbetrieb berichtet, der mit 275 Arbeitern und Maschinen von 1500 PS. jährlich 100 Mill. Z liefern soll, wobei bereits das Ausheben des Tones mittels Dampfbaggern stattfand. Das Stampfen und Formen geschah mit Maschinen größten Formates, das Heranschaffen zum Ofen auf Eisenbahnschienen, so dass wir da allerdings der erstaunlichen Leistung von 360000 Z pro Arbeiter jährlich begegnen, das 6fache der Leistung des deutschen Arbeiters. Die durchschnittliche Leistung betrug allerdings nur 130000 Ziegel.

Porzellan.

Die Produktion an Porzellan und gebrannten Tonwaren (Fayence) betrug in Deutschland i. J. 1897 78,8 Mill. kg im Werte von 52,4 Mill. ℳ. Die Ausfuhr allein wertete 35 Mill. Man kann also sagen, dass die Porzellanindustrie eine echte Ausfuhrindustrie ist. An Steingut und Majolikawaren wurden produziert 385 Mill. kg im Werte von rund 60 Mill. ℳ. Die Ausfuhr wertete 16,8 Mill. In Deutschland selbst sind an Porzellan nur verbraucht worden für 18 Mill. ℳ, gleich ⅓ der Eigenproduktion. An Platten, Steingut, Ofenfliesen sind für 46 Mill. ℳ verbraucht worden. Die Anzahl der Arbeiter, die in der Produktion feiner Tonwaren und in der Zementfabrikation beschäftigt war, betrug rund 47000, wobei auf jeden ein Produktionswert von 2200 ℳ entfiel.

In England wurden 1907 für 155 Mill. ℳ Porzellan und Steingut hergestellt mit 65000 Arbeitern und 3600 Angestellten. Die Materialwerte betrugen dabei 58,5 Mill. ℳ. In Amerika wurden 1899 für 72 Mill. ℳ, 1909 für 129 Mill. ℳ Porzellan und Steingut erzeugt.

Glasindustrie.

Die Verwendung von Glas hat sich sehr langsam Bahn gebrochen. Die Römer hielten es noch für die größte Kostbarkeit. Erst im Mittelalter wurden Glasfenster üblich. Früher begnügte man sich mit einfachen Holzläden. In den kälteren Gebieten benutzte man kleine Täfelchen von Marienglas. Man spannte auch Tierblase, hauptsächlich Fischblase über Holzrahmen.

In der Glasindustrie waren 1897 in Deutschland beschäftigt 52000 Personen, welche 524000 t Waren im Werte von 114 Mill. ℳ hervorbrachten. Die Ausfuhr wertete 27, die Einfuhr 8 Mill. ℳ, so daß der Inlandkonsum 25 Mill. ℳ an Glas und Glaswaren betrug. An Hohl- und Grünglas sind hergestellt 392000 t im Werte von 72 Mill. ℳ. Eine Tonne wertete also 180 ℳ. An Fenster-, Tafel- und Spiegelglas sind dagegen produziert worden 131000 t im Werte von 42,4 Mill. ℳ. Eine Tonne wertete also 320 ℳ. Für Glas sind nötig für je 100 Gewichtsteile 50 bis 75 Gewichtsteile Kohle, während für Ziegel für 100 Gewichtsteile nur 5 Gewichtsteile Kohle nötig sind. Außerdem erfordern 100 kg Glas 30—40 kg Soda und ebensoviel Kalk. Eine aus gewöhnlichem Glas hergestellte Flasche wiegt $^3/_4$ kg. Es müßten mithin 1897 in Deutschland 550 Mill. Flaschen angefertigt worden sein. Nach Fischer (Chemische Technologie) kann ein Meister mit Hilfe eines Motzers stündlich 50, täglich also 400—500 Flaschen anfertigen. Auf einen Jahresarbeiter kommen ungefähr 50000 Flaschen und 2500 qkm Fensterglas. Neuerdings ist eine Maschine zur Herstellung von Flaschen konstruiert, die eine große Leistungsfähigkeit besitzt und den Arbeitern auch das ungesunde Flaschenblasen abnimmt.

In der Union gab es 1890 49000 Arbeiter, die 24000 $ Lohn bezogen und für 197 Mill. ℳ Glaswaren herstellten. 1909 erzeugten daselbst 72573 Erwerbstätige für 386 Mill. ℳ Glas und Glaswaren. Darunter waren Flaschen und Gefäße für 151 Mill. ℳ, an Fensterglas 6,9 Mill. sog. „50 Fuß“-Kisten für 49 Mill. ℳ, 47 Mill. □-Fuß poliertes Spiegelglas für 51 Mill. ℳ; Glaswaren für 113 Mill. ℳ.

In England zählte 1907 die Glasindustrie rund 30000 Erwerbstätige, die für 100 Mill. ℳ Glas herstellten.

Die beiden Tabellen 51 und 52 auf Seite 240 und 241 beleuchten die Industrieverhältnisse in England und den Vereinigten Staaten nach den neuesten amtlichen Feststellungen, besonders hinsichtlich der in ihr beschäftigten Menschen, der Pferdestärken und Leistungen.

III. Finanzstatistik.

Kapitel I.

Einleitende Bemerkungen.

§ 1. Wesen und Bedeutung der Finanzstatistik.

Die Finanzstatistik zeigt zahlenmäßig den Bedarf der öffentlichrechtlichen juristischen, d. h. nicht natürlichen Personen und seine Deckung. Ihr Wert für Wissenschaft und Praxis besteht darin, daß sie vergleichende Betrachtungen der Finanzwirtschaft der einzelnen öffentlich-rechtlichen Körperschaften, vor allem der Staaten ermöglicht. In den Finanzen aber spiegeln sich fast alle Erscheinungen der politischen und kulturellen Entwicklung der Völker wieder. Ihr Zustand bedingt bis zu einem gewissen Gerade das Schicksal, Fortschritt oder Stillstand und damit Rückschritt eines politischen Gemeinwesens.

Soll die FinanzSt ihre Aufgabe, die Ermöglichung von Vergleichen, erfüllen, so darf sie sich nicht mit einer bloßen Aneinanderreihung von Zahlen begnügen, sondern muß die das Zahlenprodukt bedingende Entstehungsgeschichte berücksichtigen und danach die Resultate verschieden bewerten. Nur wenn man die verschiedenen (rechtlichen, historischen und wirtschaftlichen) Ursachen kennt und würdigt, wird man die Zahlen der FinanzSt richtig verstehen können.

„Die Zahlen sind nur die Hülle, die Ursachen dagegen bilden das Wesen der FinanzSt, durch welche jene erst Leben und Anschaulichkeit empfangen.“ (Max von Heckel, im Handwörterbuch der Staatswissenschaften, 3. Aufl., IV 267.)

Die Quellen der FinanzSt sind daher einmal die Veröffentlichungen der Finanzbehörden der betreffenden Körperschaften, sodann die maßgebenden gesetzlichen Bestimmungen über Beschaffung und Verwendung der öffentlichen Mittel sowie die Rechnungslegung hierüber. Die Grundsätze hierüber sind in den modernen konstitutionellen Staaten in der Verfassung und den dazu ergangenen Ausführungsbestimmungen niedergelegt, in früheren Zeiten und in heute noch absoluten Monarchien beruhen sie — soweit überhaupt eine Finanzwirtschaft für öffentliche Zwecke von der persönlichen des Herrschers geschieden und Zahlen veröffentlicht werden bzw. wurden — in letzter Linie lediglich auf dem Willen des Herrschers und sind nur aus seinen Erlassen oder Veröffentlichungen der diese Gebiete bearbeitenden Beamten zu erkennen.

§ 2. Der Etat.

Es bestehen nun nach den verschiedenen Zeiten und Staaten — soweit nichts anderes erwähnt, wird im folgenden nur von solchen gesprochen — bedeutende Unterschiede in den Finanzsystemen, die bei den einzelnen Posten näher erläutert werden sollen.

Hier soll vorerst nur über den Etat, den Hauptgegenstand der FinanzSt und seine Stellung in der FinanzSt gesprochen werden.

Etat oder Budget nennt man den Voranschlag, der für einen bestimmten Rechnungsabschnitt, heute meist ein Jahr, eine Übersicht des voraussichtlichen Bedarfes und seiner voraussichtlichen Deckungsmittel gibt.

Wenn nun auch der Finanzstatistiker fast durchweg nicht mit den Zahlen eines Voranschlages arbeitet, sondern mit denen der Schlußrechnung über die tatsächlich stattgehabten Ausgaben und Einnahmen, so erfolgt doch die Aufstellung dieser Schlußrechnungen nach dem Muster des verfassungsmäßig zustande gekommenen bzw. vom Alleinherrscher genehmigten Haushaltungsplanes, auf dem daher das Finanzsystem eines Staates sich gründet.

Das „Rechnungsjahr" beginnt mit dem 1. April, z. B. im Deutschen Reich (seit 1877), Preußen, Württemberg, England; mit dem 1. Januar dagegen z. B. in Bayern, Österreich, Frankreich, Rußland, Schweden; mit dem 1. Juli in den Vereinigten Staaten.

Historisch zu erklären ist bei einigen deutschen Bundesstaaten die eigentlich grundsatzwidrige Teilung des Etats. Das Reich, Preußen und Bayern haben nur einen Etat, andere Staaten dagegen deren mehrere, Braunschweig z. B. vier, Oldenburg sogar neun.

Wichtiger ist schon die Unterscheidung der Etatsposten in ordentliche und außerordentlche, was wir bei der Betrachtung der Finanzen des Deutschen Reiches sehen werden.

Von grundlegender Bedeutung aber ist der Unterschied zwischen Brutto- und Netto-Etat. Der Brutto-Etat enthält, was besonders bei den Einnahmen von Wichtigkeit ist, genau erkennbar, sämtliche Betriebs-, Verwaltungs- und Erhebungskosten; beim Netto-Etat sind sie dagegen schon abgezogen und aus dem Budget nicht mehr erkennbar. In neuerer Zeit findet man mehr und mehr den Brutto-Etat, der auch einen genaueren Einblick in die Volkswirtschaft gestattet und schon meist durch die Mitwirkung einer Volksvertretung bei der Regierung erfordert wird.

Kapitel II.

Deutsche Finanzstatistik.

§ 1. Das Deutsche Reich.

Der Etat des Deutschen Reiches zerfällt seit 1889 in zwei Hauptteile, in den ordentlichen und in den außerordentlichen Etat; in ihnen kommen zuerst die Ausgaben als Bedarf, sodann die Einnahmen als Bedarfsdeckung. Die Ausgaben des ordentlichen Etats werden weiter in fortdauernde und einmalige geteilt.

Nach den in den Denkschriften zur Erläuterung des Reichshaushaltsetats für 1901 und 1907 zum Ausdruck gebrachten Grundsätzen sollen die Ausgaben des Ordinariums aus laufenden Mitteln einschließlich der von den Bundesstaaten zu zahlenden Matrikularbeiträgen gedeckt werden, die des Extraordinariums aus den außerordentlichen Einnahmen, einschließlich Anleihen.

Zum Verständnis der Etatszahlen und zur Ermöglichung von Vergleichen ist ferner notwendig zu wissen, daß sich im Budget des Deutschen Reiches eine Reihe von Posten findet, die den Staatsbedarf weit größer erscheinen lassen, als er in Wirklichkeit ist. Es sind dies:

1. die Ausgaben der Betriebsverwaltungen (Post, Telegraph, Eisenbahn usw.), soweit sie durch die Einnahmen gedeckt werden;
2. die Einnahmen der Betriebsverwaltungen (Post, Telegraph, Eisenbahn usw.), soweit sie nicht Überschüsse sind, die zur Deckung des allgemeinen Staatbedarfs mit herangezogen werden;
3. die Matrikularbeiträge der Bundesstaaten und die Überweisungen an die Bundesstaaten, soweit sie sich gegenseitig decken;
4. die Ausgaben und Einnahmen des Reichsinvalidenfonds;
5. die Ausgaben für werbende Kapitalanlagen, soweit sie nach den heutigen, oben dargelegten Grundsätzen aus Anleihen bestritten werden; und auf der Einnahmeseite sämtliche Anleihen.

Diese sich ausgleichenden Posten sind weder als eigentliche Reichseinnahmen noch als Reichsausgaben anzusehen, sondern als sog. „durchlaufende Posten" im weiteren Sinne. Zieht man die betreffenden unter 1—5 aufgeführten Ausgaben und Einnahmen vom Brutto-Etat ab, so erhält man als Netto-Etat den eigentlichen Reichsbedarf und die wirklichen Reichseinnahmen. Für das Jahr 1907 z. B. sind vom Reichsschatzamt[1]) die eigentlichen Ausgaben als um 38,9 % niedriger festgestellt, als sie etatsmäßig erscheinen.

Es betrugen (in Mill. ℳ) auf Grundlage des Bruttoprinzips:

Tabelle 1.

Im Durchschnitt der Jahre bzw. im Jahre	die Ausgaben	die Einnahmen
1872—1875	1146,1	1920,0
1876—1880[2])	774,1	923,1
1881—1885	776,2	817,7
1886—1890	1382,7	1352,8
1891—1895	1553,0	1568,3
1896—1900	1877,5	1863,2
1900—1905	2253,1	2287,2
1906	2393,9	2378,1
1907	2809,9	2517,9
1908	2682,7	2458,9
1909	3266,4	3307,1
1910	3024,3	2943,4
1911 (Voranschlag)	2924,8	2924,8
1912 (Voranschlag)	2886,1	2886,1

[1]) In dem hier meist als Quelle mit zugrunde gelegten „Denkschriftenband zur Begründung des Entwurfes eines Gesetzes betreffend Änderungen im Finanzwesen", Berlin 1908.

[2]) Infolge Verlegung des Anfangstermins des Rechnungsjahres vom 1. Januar auf den 1. April umfaßt die Periode 1876—1880 $5^1/_4$ Jahre.

Um vergleichbare Zahlen zu erhalten, muß man ferner Ordinarium und Extraordinarium zusammenziehen, da die Grundsätze über die Etatsaufstellung mehrfach, besonders wie erwähnt in den Jahren 1901 und 1907, geändert worden sind.

Auf Grundlage des Nettoprinzips erhält man folgende von durchlaufenden Posten gereinigte („purifizierte") Etats mit den wirklichen Ausgaben und Einnahmen.

Tabelle 2.

Im Durchschnitt der Jahre bzw. im Jahre	Es betrugen in Mill. ℳ die Ausgaben[1])	Einnahmen[2])
1872—1875	397,4	246,5
1876—1880	480,9	292,2
1881—1885	478,0	409,1
1886—1890	699,2	579,6
1891—1895	832,5	737,5
1896—1900	973,7	937,1
1901—1905	1200,8	1078,9
1906	1387,0	1260,7
1907	1614,2	1385,1

Die Bedeutung dieser Unterscheidung von Brutto- und Nettoprinzip zeigt die nachstehende, sehr beliebte und in ihrer sonstigen Bedeutung vielfach überschätzte Pro-Kopf-Berechnung[3]):

Tabelle 3.

Es entfielen auf den Kopf der Bevölkerung in ℳ:

Durchschnitt der Jahre bzw. im Jahre	Nach dem Bruttoprinzip		Nach dem Nettoprinzip	
	Ausgaben	Einnahmen	Ausgaben	Einnahmen
1872—1875	27,6	43,8	9,5	5,9
1876—1880	17,5	20,9	10,9	6,6
1881—1885	16,9	17,8	10,4	8,9
1886—1890	28,5	28,1	14,5	12,0
1891—1895	30,6	30,9	16,4	14,5
1896—1900	34,5	34,2	17,9	17,2
1901—1905	38,4	39,0	20,5	18,4
1906	39,1	38,9	22,7	20,6
1907	45,2	40,6	26,0	22,3
1908	44,2	44,2	27,5	23,3

[1]) Für die Jahre 1897—1902 sind aus dem Etat der Post- und Telegraphenverwaltung die Ausgaben herausgezogen und den Einnahmen wieder zugefügt worden, die nach heutigen Grundsätzen auf Anleihen genommen werden. Es waren dies 1897: 0,1, 1898: 0,04, 1899: 1,5, 1900: 2,2 1901: 5,0 Mill. ℳ.

[2]) Eine Hinzufügung fiktiver Tilgungsbeträge, Amortisationsquoten hat hier nicht stattgefunden.

[3]) Vgl. hierzu Roscher, Finanzwissenschaft, Buch IV, Kap. 1, § 111.

Den außerordentlich gesteigerten Umfang des Etats seit der Gründung des Reiches zeigt die folgende Tabelle:

Tabelle 4.

Gesamtausgaben und -Einnahmen des Deutschen Reiches (einschließl. durchlaufender Posten)

in Mill. ℳ.

Im Rechnungsjahre	Gesamtausgaben	Gesamteinnahmen	Im Rechnungsjahre	Gesamtausgaben	Gesamteinnahmen	Im Rechnungsjahre	Gesamtausgaben	Gesamteinnahmen
1872	1512,9	1524,5	1886/87	876,8	855,4	1900	2197,4	2097,2
1873	1495,8	1558,9	1887/88	1068,6	1141,1	1901	2324,5	2416,4
1874	805,9	808,3	1888/89	1222,6	1198,3	1902	2320,6	2177,0
1875	770,0	707,1	1889/90[1])	1326,8	1422,7	1903	2357,3	2443,3
1876/77	851,0	810,9	1890/91	1591,8	1491,6	1904	2068,0	2007,0
1877/78	708,0	673,7	1891/92	1498,4	1667,5	1905	2195,1	2394,2
1878/79	923,4	911,9	1892/93	1507,5	1400,2	1906	2394,0	2378,1
1879/80	691,7	725,6	1893/94	1541,9	1561,8	1907	2809,9	2517,8
1880/81	696,2	676,8	1894/95	1622,5	1630,8	1908	2682,7	2458,9
1881/82	764,1	785,8	1895/96	1594,8	1582,0	1909	3226,4	3307,1
1882/83	762,6	760,4	1896/97	1628,8	1655,4	1910	3024,3	2943,4
1883/84	753,3	733,2	1897/98	1746,1	1733,0	1911[2])	2924,8	2924,8
1884/85	786,1	765,7	1898	1855,7	1856,9	1912	2886,1	2886,1
1885/86	815,1	793,0	1899	1960,6	1973,2			

Zergliedert man diese gewaltigen Ziffern nach dem Ursprung der Ausgaben, so hat man in ihnen ein getreues Abbild der politischen und kulturellen Entwicklung des Reiches. Die Posten „Heer“ und „Marine“ sowie „Auswärtige Angelegenheiten“ zeigen die Entwicklung zur Weltmacht, die Jahre 1896—1900, noch mehr 1901—1905 die Schaffung einer zeitgemässen Kriegsflotte. 1891—1895 zeigen den Eintritt Deutschland unter die Kolonialmächte, vor allem aber auch den Beginn einer Sozialpolitik, die für alle Länder vorbildlich geworden ist und gerade in letzter Zeit durch die Reichsversicherungsordnung ihre Krönung und einen gewissen Abschluss erfahren hat. Wie not sie tat und wie segensreich sie wirkt, zeigen in beredter Weise die Zahlen der für sie verausgabten Mittel, die nach noch nicht 20 Jahren (1891—1910) die Gesamtsumme von über einer halben Milliarde ℳ erreicht hatten. Es begreift jedoch diese Summe nur die Zuschüsse des Reiches zur Invalidenversicherung, nicht Ausgaben für andere sozialpolitische Zwecke.

Genaueres ergibt die folgende Tabelle:

[1]) Von hier ab einschließlich außerordentliche Ausgaben.

[2]) Voranschlag, daher das genaue Übereinstimmen von Ausgaben und Einnahmen!

Tabelle 5.

Tatsächliche Reichsausgaben seit 1872[1])

(in Mill. ℳ).

Jahre	Heer	Marine	Auswärtige Angelegenheiten	Kolonien	Sozialpolitik	Pensionsfonds	Schuldendienst
1872—1875	324,8	36,2	6,0			20,7	3,0
1876—1880	388,8	49,3	7,5			18,7	6,8
1881—1885	374,1	42,9	7,3			19,9	14,4
1886—1890	547,2	56,1	8,7			30,0	30,4
1891—1895	585,2	84,3	10,6	4,8	11,4	45,5	64,1
1896—1900	622,8	126,4	12,2	16,5	24,7	61,2	74,3
1901—1905	670,3	210,2	15,2	19,6	41,3	74,7	103,5
1906	752,6	246,0	17,8	20,8	48,8	94,8	133,0
1907	808,3	291,3	18,7	58,6	49,6	101,1	148,4
1908	828,9	347,4	18,0	58,2	50,5	143,6	160,3
1909	867,6	420,1	18,2	30,8	51,5	146,4	173,2
1910	851,2	434,3	17,7	25,4	52,5	149,4	169,4
1911	815,6	458,0	19,0	22,5		155,8	190,6
1912	847,7	470,5	19,3	25,5		143,4	176,6

Die Einnahmen.

Die Deckung des oben zergliederten Bedarfes hätte nach den Grundsätzen einer ordentlichen Finanzwirtschaft, soweit es sich um fortlaufende Ausgaben handelt, aus den laufenden Einnahmen zu geschehen. Dies sind vor allem die Zölle, Verbrauchssteuern (Direkte Personalsteuern wurden bisher nicht vom Reiche sondern nur von den Bundesstaaten erhoben), Verkehrsabgaben seit 1906 Erbschaftsstsuer, Ueberschüsse der Betriebsverwaltungen (Post, Telegraphie, Reichseisenbahnen, Reichsdruckerei), Anteil des Reiches am Gewinn der Reichsbank und die Banknotensteuer.

Diese laufenden Einkünfte zeigt die Tab. 6 auf Seite 251.

Auf die Herkunft der in den einzelnen Reihen der Tab. 6 interessierenden Zahlen, Erträge besonders wichtiger Zölle und Steuern wird später eingegangen werden. Hier sei vorerst im Zusammenhang der Frage „Bedarf und Bedarfsdeckung" in Tab. 7 zur Veranschaulichung eine Gegenüberstellung der tatsächlichen Ausgaben und Einnahmen bis zum Jahre 1907 gegeben, aus der erhellt, in welchem Gerade die Ausgaben die Einnahmen überschreiten, daß also von Anfang des Reiches an ein Mehrbedarf vorhanden ist.

[1]) Hierbei sind die durch besondere Ereignisse veranlaßten außergewöhnlichen Ausgaben, wie für die ostasiatische und südwestafrikanische Expedition, die Münzreform u. a. m., nicht mitgerechnet.

Tabelle 6.
Tatsächliche Reichseinnahmen
in Mill ℳ.

Jahre	Zölle	Verbrauchssteuern	Verkehrsabgaben	Erbschaftssteuer	Aversa[1]) und Ausgleichungsbeträge	Bankwesen	Überschüsse der Betriebsverwaltungen
1872—1875	108,1	116,7	5,7		18,9		5,3
1876—1880	127,0	135,1	6,6		22,1	1,8	0,4
1881—1885	196,7	142,0	19,8		26,7	2,4	9,7
1886—1890	297,1	185,4	33,6		18,9	3,0	43,5
1891—1895	364,2	270,3	42,0		11,6	5,7	42,8
1896—1900	455,6	312,1	66,3		14,6	16,3	55,0
1901—1905	523,2	324,9	92,2		17,3	13,6	67,3
1906	557,0	375,0	138,4		19,5	29,2	90,2
1907	644,7	399,8	135,9	26,3	15,4	40,1	76,0
1908	546,0	405,8	138,4	30,0	—	25,6	106,6
1909	660,1	487,4	196,5	38,4	—	16,5	84,9
1910	663,3	548,4	243,0	42,6	—	20,0	122,9
1911 } Voranschlag	638,3	573,7	217,1	39,0	—	15,6	119,2
1912 } Voranschlag	699,3	604,9	246,4	43,5	31,8	15,9	165,4

Tabelle 7.
Tatsächliche Einnahmen und Ausgaben des Reichs.
(in Mill. ℳ). 1872—1907

Jahr	Ausgaben	Einnahmen	Mehrbedarf	Jahr	Ausgaben	Einnahmen	Mehrbedarf
1872	387,4	188,0	— 199,4	1890	910,2	720,9	— 189,3
1873	369,4	270,6	— 98,8	1891	789,7	732,4	— 57,3
1874	384,5	267,8	— 116,7	1892	816,1	708,6	— 107,5
1875	448,2	259,5	— 188,7	1893	851,1	700,6	— 150,5
1876	540,7	330,7	— 210,0	1894	869,4	750,7	— 118,7
1877	478,1	263,8	— 214,3	1895	836,0	795,2	— 40,8
1878	481,2	253,7	— 227,5	1896	852,2	879,7	+ 27,5
1879	447,2	291,9	— 155,3	1897	931,1	894,6	— 36,5
1880	457,2	320,7	— 136,5	1898	975,0	957,8	— 17,2
1881	483,9	396,0	— 87,9	1899	1 026,6	976,2	— 50,4
1882	466,7	404,2	— 62,5	1900	1 083,4	977,2	— 106,2
1883	462,2	397,8	— 64,4	1901	1 147,5	986,8	— 160,7
1884	474,4	427,1	— 47,3	1902	1 174,0	1 035,8	— 138,2
1885	486,8	420,2	— 66,4	1903	1 208,3	1 059,2	— 149,1
1886	521,3	441,3	— 80,0	1904	1 193,8	1 087,3	— 106,5
1887	664,1	478,7	— 185,4	1905	1 280,2	1 225,2	— 55,0
1888	702,4	561,3	— 141,1	1906	1 387,0	1 260,7	— 126,3
1889	697,9	695,8	— 2,1	1907	1 614,2	1 385,1	— 229,1

[1]) Zu den Aversa gehören: Abfindungen für Zölle, Tabaksteuer, Brausteuer usw von den außerhalb der Grenze bzw. des Brausteuergebiets gelegenen Gebietsteilen

Zu den Ausgleichungsbeträgen gehören: Die Ausgleiche für die Brausteuer von Bayern, Württemberg, Baden und Elsaß-Lothringen sowie der Ausgleich für den Überschuß der Reichspost und Telegraphenverwaltung von Bayern und Württemberg, der Ausgleich für die eigenen Einnahmen des Reichsheeres von Bayern.

Mit Ausnahme des einzigen Jahres 1896 haben also in sämtlichen Jahren seit der Gründung des Reiches seine Ausgaben die Einnahmen überschritten, besonders erheblich in den ersten Jahren nach der Reichsgründung, sodann 1887 bis 1894 und endlich wiederum in den letzten Jahren seit dem Beginn des Jahrhunderts.

Der Mehrbedarf betrug:

in den Jahren	1872	bis	1878	insgesamt	1255,4	Mill. ℳ
„ „ „	1879	„	1899	„	1769,8	„ „
„ „ „	1900	„	1907	„	1071,1	„ „
„ „ „	1908	„				
				Zusammen	4096,3	Mill. ℳ

oder:

im Jahresdurchschnitt der	1.	Periode	um	179,3	Mill. ℳ
„ „ „	2.	„	„	84,3	„ „
„ „ „	3.	„	„	133,9	„ „

Einen Teil dieses Mehrbedarfes von etwa 4 Milliarden ℳ entnahm man in Höhe von mehreren hundert Milliarden ℳ bis zum Jahre 1877 noch der französichen Kriegsentschädigung von 4 Milliarden —, die sonst hauptsächlich benutzt wurde, um das Heer wiederherzustellen, die vorhandene Anleiheschuld zu tilgen, den Reichsinvalidenfonds und andere Fonds auszustatten, den einzelnen Staaten für ihre Ausgaben anläßlich des Krieges Entschädigungen zu gewähren, sowie die Reichseisenbahnen zu übernehmen und auszubauen. 1878 waren diese Bestände aufgezehrt und seit diesem Jahr hat man zur Deckung des Mehrbedarfes Schulden gemacht, d. h. Anleihen aufgenommen. 1875 war zum erstenmale ein Anleihekredit bewilligt worden.

In unserer heutigen Reichsschuld sind aber auch Aufwendungen für außergewöhnliche kriegerische Ereignisse, die kein Staat aus laufenden Mitteln decken kann, etwa 720 Mill. — miteinbegriffen, nämlich für die südwestafrikanischen Aufstände und die ostasiatische Expedition. Ferner sind von ihr für werbende Zwecke, d. h. für solche Anlagen, die man auch nach den Grundsätzen einer ordentlichen Finanzwirtschaft aus Anleihen bestreiten darf, wie bestimmte Eisenbahn- und Postbauten, Kanalanlagen usw. rund 700 Mill. — verwandt worden. Bei dem verbleibenden Rest der Reichsschulden, dagegen handelt es sich um solche Ausgaben, die in normalen Zeiten aus laufenden Einnahmen zu decken wären.

Als Deckung für den Bedarf des Reiches kommen neben den eigenen Einnahmen und den Anleihen noch die „Matrikularbeiträge“ der Bundesstaaten in Betracht, die bis zum Jahre 1879 fast ein Viertel des Bedarfes aufbringen mußten. Nach Artikel 70 der Reichsverfassung sollten sie nur erhoben werden, „solange Reichssteuern nicht eingeführt sind“. Die im Jahre 1879 begonnene Schutzzollpolitik sollte neben dem Schutze der nationalen Arbeit auch durch ihre finanziellen Erträge dem Reich weitere eigene Einnahmequellen verschaffen und es von den Zuschüssen der Bundesstaaten unabhängig machen. Dieser Erfolg wurde jedoch von vornherein durch die der Sorge um das Budgetrecht des Reichstages entspringende sog. clausula Franckenstein [§ 7 des Zoll-Gesetzes vom 19. Juli 1879, in Kraft seit dem 1. April 1880] vereitelt.

Die folgende Tabelle 8 gibt eine Uebersicht über die Entwicklung der Anleihen.

Tabelle 8.

Es betrug (in Mill. ℳ) der Schuldenbestand[1]):

Ende März des Jahres	zu 4 %	zu 3½ %	zu 3 %	Summe
1878	72			
1879	139			
1880	218			
1881	268			
1882	319			
1883	349			
1884	373			
1885	410			
1886	440			
1887	450	36		486
1888	450	271		721
1889	450	434		884
1890	450	668		1118
1891	450	698	170	1318
1892	450	706	530	1686
1893	450	761	530	1741
1894	450	776	690	1916
1895	450	781	851	2081
1896	450	790	885	2125
1897	450	790	901	2141
1898	— [2])	1240[2])	942	2182

Ende März des Jahres	zu 4 %	zu 3½ %	zu 3 %	Summe
1899		1240	1058	2298
1900		1240	1059	2299
1901	80[3])	1240	1076	2396
1902	80[3])	1240	1494	2814
1903	80[3])	1240	1494	2814
1904	80[3])	1240	1784	3104
1905	40[3])	{1240 134[3])	1784	3204
1906		1600 160[3])	1784	3544
1907		1860 160[3])	1784	3804
1908		1860 160[3])	1784	4004
1909	250 340[3])	1860 20[3])	1784	4254
1910	752 340[3])	2021	1784	4897
1911	861 300[3])	1982	1681	4824

Sie bestimmte:

Derjenige Ertrag der Zölle und der Tabaksteuer, welcher die Summe von 130000000 — [später 170000000 —] ℳ in einem Jahre übersteigt, ist den einzelnen Bundesstaaten nach Maßgabe der Bevölkerung, mit welcher sie zu den Matrikularbeiträgen herangezogen werden, zu überweisen. Diese Ueberweisung erfolgt vorbehaltlich der definitiven Abrechnung zwischen der Reichskasse und den Einzelstaaten auf Grund der im Art. 39 der Reichsverfassung erwähnten Quartalsextrakte bezw. Jahresabschlüsse."

Ueberwiesen wurden auch die Erträge der Reichsstempelabgaben und die Branntweinverbrauchssabgabe.

Die Zoll- und Finanzreform des Jahres 1879 ermöglichte es dem Reiche zum erstenmale, seine regelmäßigen Ausgaben aus eigenen Einkünften zu bezahlen, ja, es wurden im Lauf der nächsten beiden

[1]) Hierzu sind noch zu rechnen 120 Mill. ℳ unverzinsbare Reichskassenscheine.

[2]) Die 4% Schuldverschreibungen von 1877—1884 sind durch Gesetz vom 8. 3. 1897 (in Kraft 1. 10. 1897) auf 3½ herabgesetzt („konvertiert") worden.

[3]) Langfristige Schatzanweisungen, Inhaberpapiere von 4—6 Jahren Laufzeit, im Gegensatz zu den kurzfristigen, unverzinslichen Schatzanweisungen in Wechselform, mit einigen Monaten Laufzeit. Beide Arten von Sch.Anw. zusammen bilden die „schwebende Schuld" im Gegensatz zur „fundierten Schuld", die aus Anleihen von unbeschränkter oder mehrere Jahrzehnte umfassender Laufzeit besteht.

Jahrzehnte den Bundesstaaten auf Grund der Frankensteinschen Klausel noch bedeutende die Matr. Beitr. übersteigende Summen überwiesen. Dann aber mußte das Reich den Etat wieder mit Hilfe ungedeckter Matrikularbeiträge balanzieren.

Durch die sog. „kleine Reichsfinanzreform“ (lex Stengel vom 14. Mai 1904) wurde die Franckensteinsche Klausel eingeschränkt und etwaige Rechnungsüberschüsse in Zukunft zur Deckung des außerordentlichen Etats bestimmt, gleichzeitig aber wurden die Matrikularbeiträge entgegen der ursprünglichen Fassung des Artikels 70 der Reichsverfassung zu einer dauernden Einnahmequelle des Reiches gemacht.

Durch die sog. „große Reichsfinanzreform“ des Jahres 1909 (Gesetz vom 15. Juli 1909) wurden der bisher von den Bundesstaaten nicht gezahlte, ihnen vielmehr „gestundete“ Teil der Matrikularbeiträge auf Anleihe übernommen, im übrigen aber die Beiträge auf 0,80 — pro Kopf festgesetzt. „Ueberwiesen“ wird nur noch der Reinertrag der Branntweinsteuer nach dem Maßstab der den Matrikularbeiträgen zugrundeliegenden Bevölkerungszahl.

Die Matrikularbeiträge spielen eine unheilvolle Rolle in der deutschen Finanzgeschichte, sie verdunkeln den Reichsetat, geben ein falsches Bild von den wahren Ausgaben und Einnahmen, belasten infolge ihrer ungerechten, rein schematischen Pro-Kopf-Verteilung [1]) die einzelnen Bundesstaaten ungleichmäßig und bringen durch ihr Schwanken deren Finanzen besonders bei den Staaten mit zweijährigen Budgetperioden in Unruhe.

Eine Übersicht über die von den Bundesstaaten an das Reich gezahlten Matrikularbeiträge sowie über die Überweisungen des Reiches an die Bundesstaaten gibt die Tabelle 9.

Tabelle 9.
(In Mill. ℳ)

im Jahre	Von den Bundesstaaten an das Reich	Vom Reich an die Bundesstaaten	Mehrzahlung der Bundesstaaten	Mehrzahlung des Reiches
1872—1878	452,5	—	452,5	—
1879—1899	5 095,4	5 485,4	—	390,0
1900—1907	3 134,8	2 947,9	186,9	—
1908	220	195,4	24,6	—
1909	169,0	120,5	48,5	—
1910	228,5	180,0	48,5	—
1911	212,0	163,5	48,5	—
Summe 1872—1911	9 514,2	9 092,7	809,5 [2])	390

Zölle.

Sie bilden nebst den Verbrauchssteuern und Verkehrsabgaben die wichtigsten Einnahmequellen des Reiches und ihre in Tabelle 6 ausgewiesenen Erträge sollen daher noch etwas genauer dargelegt werden.

[1]) Die Schweiz erhebt Matrikularbeiträge nach der Steuerkraft der Bundesstaaten.

[2]) Im Jahre 1871 betrugen die Matrikularbeiträge 71,3 Mill. ℳ. Rechnet man diese hinzu, so ergibt sich als Summe der Mehrzahlung der Bundesstaaten 880,8 Mill. ℳ.

Die folgende Tabelle 10[1]) gibt, zurückgehend auf den Zollverein (dessen kleineres Gebiet gegenüber dem heutigen von 540857,6 qkm. bei Vergleichen zu beachten ist!) eine Übersicht über die Roherträge

Tabelle 10.

Ertrag der Zölle für 1834.

Für 1903—1911 nach den vom Reichsschatzamt aufgestellten vorläufigen, sonst nach dessen schließlichen Einnahmezusammenstellungen.

In Durchschnitte bzw. im Rechnungsjahre	Deutsches Zollgebiet		
	Rohertrag der Zölle[2]) (Ein-, Aus- und Durchgangszölle) abzüglich der Ausfuhrvergütungen und des Betrages der in Anrechnung genommenen Einfuhrscheine	Betrag der in Anrechnung genommenen Einfuhrscheine[3])	Auf den Kopf Roheinnahme
	1000 ℳ	1000 ℳ	ℳ
1834—35	47 544	—	2,01
1836—40	59 613	—	2,27
1841—45	75 677	—	2,67
1846—50	74 053	—	2,50
1851—55	71 508	—	2,28
1856—60	76 766	—	2,29
1861—66	74 591	—	2,11
1866—70	76 708	—	2,03
1871—75	117 850	—	2,87
1876—80	140 016	—	3,20
1881—85	216 141	—	4,74
1886—90	321 138	—	6,65
1891	406 445	—	8,11
1892	377 918	—	7,47
1893	364 430	—	7,13
1894	387 654	6 756	7,49
1895	415 394	9 124	7,94
1896	463 799	7 540	8,75
1897	472 016	14 577	8,75
1898	505 440	14 880	9,24
1899	494 097	20 130	8,89
1900	492 910	22 199	8,74
1901	523 678	15 038	9,15
1902	536 751	15 447	9,23
1903	535 682	21 644	9,11
1904	520 600	34 266	8,71
1905	643 505	33 734	10,60
1906	592 531	59 602	9,61
1907	683 779	55 445	10,93
1908	590 082	102 239	9,30
1909	704 470	100 372	10,95
1910	715 696	123 463	11,01
1911	779 069	105 566	11,82

[1]) Aus dem Stat. Jahrb. f. d. Deutsche Reich, Abschnitt XV.

[2]) Die Durchgangszölle sind am 1. März 1861, die Ausfuhrzölle (vom 1. Juli 1865 an nur noch auf Lumpen) am 1. Oktober 1873 aufgehoben worden.

[3]) Nach den vorläufigen Zusammenstellungen des Reichsschatzamts.

der Ein-, Aus- und Durchgangszölle, abzgl. der Ausfuhrvergütungen und des Betrages der in Anrechnung genommenen „Einfuhrscheine“.

Zu letzterem ist zu bemerken:

Nach § 11 des Zolltarifgesetzes v. 25. XII. 1910 (in Kraft seit 1. III. 1906) erhält man bei der Ausfuhr von Roggen, Weizen, Spelz, Gerste, Hafer, Buchweizen, Raps und Rüben „Einfuhrscheine“, die den Inhaber berechtigen, eine dem Zollwert der Einfuhrscheine entsprechende Menge einer beliebigen der vorgenannten Getreidearten zollfrei einzuführen oder sie zur Begleichung der Zollgefälle für Kaffee und Petroleum zu verwenden. Die Geltungsdauer der Scheine beträgt seit Ende 1911 drei, früher sechs Monate.

Die folgende Tabelle 11 gibt eine Übersicht über einige volkswirtschaftlich besonders interessierende Warengruppen. Den Hauptertrag bringen die Zölle auf Nahrungs- und Genußmittel mit 677 Mill. ℳ i. J. 1910, sodann die Rohstoffe für die sog. schwere Industrie und die Textilindustrie nebst den Fabrikaten der letzten.

Tabelle 11.

Zollerträge im Rechnungsjahre 1910.

(1. April 1910 bis 31. März 1911.)

Berechnet nach den dem Kaiserlichen Statistischem Amte angemeldeten Einfuhrmengen. — Die Beträge stimmen mit den Einnahmen nicht überein, weil abgerundete Mengen nachgewiesen werden.

Nr.	Warengruppen des Zolltarifs	1000 ℳ
1	Erzeugnisse der Land- und Forstwirtschaft und andere tierische und pflanzliche Naturerzeugnisse; Nahrungs- und Genußmittel	677 154
2	Mineralische und fossile Rohstoffe; Mineralöle	78 757
5	Tierische und pflanzliche Spinnstoffe und Waren daraus; Menschenhaare; zugerichtete Schmuckfedern; Fächer und Hüte	32 946
17	Unedle Metalle und Waren daraus	10 801
18	Maschinen, elektrotechnische Erzeugnisse, Fahrzeuge	4 843
10	Waren aus tierischen oder pflanzlichen Schnitz- oder Formerstoffen	4 110
4	Chemische und pharmazeutische Erzeugnisse, Farben und Farbwaren	3 720
3	Zubereitetes Wachs, feste Fettsäuren, Paraffin und ähnliche Kerzenstoffe, Lichte, Wachswaren, Seifen und andere unter Verwendung von Fetten, Oelen oder Wachs hergestellte Waren	3 175
6	Leder und Lederwaren, Kürschnerwaren, Waren aus Därmen	2 697
15	Glas und Glaswaren	2 491
11	Papier, Pappe und Waren daraus	1 885
7	Kautschukwaren	1 395
19	Feuerwaffen, Uhren, Tonwerkzeuge, Kinderspielzeug	1 291
14	Tonwaren	839
13	Waren aus Steinen oder anderen mineralischen Stoffen (mit Ausnahme der Tonwaren) sowie aus fossilen Stoffen	706
16	Edle Metalle und Waren daraus	203
8	Geflechte und Flechtwaren aus pflanzlichen Stoffen mit Ausnahme der Gespinstfasern	187
9	Besen, Bürsten, Pinsel und Siebwaren	132

Tabelle 12.

Zollerträge im Verhältnisse zum Werte der Waren.

Jahr	Wert der Einfuhr[1]) im Spezialhandel	Wert der verzollten Waren	Wert der verzollten Waren vom Werte der Einfuhr	Zollertrag	Zoll vom Werte der Einfuhr	Zoll vom Werte der verzollten Waren	Wert der Einfuhr[1]) im Spezialhandel	Wert der verzollten Waren	Wert der verzollten Waren vom Werte der Einfuhr	Zollertrag	Zoll vom Werte der Einfuhr	Zoll vom Werte der verzollten Waren
	1000 ℳ	1000 ℳ	v. H.	1000 ℳ	v. H.	v. H.	1000 ℳ	1000 ℳ	v. H.	1000 ℳ	v. H.	v. H.
	Überhaupt.						Nahrungs- und Genußmittel.					
1907	8 746 678	4 109 030	47	740 914	8	18	2 217 920	2 020 833	91	483 252	22	24
08	7 664 021	3 587 970	47	684 183	9	19	2 042 622	1 806 038	88	432 176	21	24
09	8 520 125	3 998 633	47	761 474	9	19	2 324 328	2 119 847	91	493 835	21	23
10	8 934 126	4 031 666	45	795 018	9	20	2 215 757	2 007 200	91	498 015	22	25
11	9 706 031	4 593 310	47	873 610	9	19	2 761 109	2 497 117	90	562 539	20	23
	Rohstoffe für Industriezwecke einschl. der halbfertigen Waren.						Vieh.					
1907	4 910 357	1 082 111	22	112 693	2	10	226 811	200 751	89	16 759	7	8
08	4 154 190	878 110	21	108 547	3	12	224 588	197 824	88	17 138	8	9
09	4 688 885	956 155	20	122 010	3	13	231 091	200 623	87	17 189	7	9
10	5 083 285	1 022 482	20	143 217	3	14	267 159	232 903	87	19 178	7	8
11	5 270 753	1 064 531	20	157 847	3	15	231 601	200 275	86	18 080	8	9
	Fertige Waren.											
1907	1 391 590	805 335	58	128 210	9	16						
08	1 242 621	705 998	57	126 322	10	18						
09	1 275 821	722 008	57	128 440	10	18						
10	1 367 925	769 081	56	134 608	10	18						
11	1 442 568	831 387	58	135 144	9	16						

[1]) Zollfreie und zollpflichtige Einfuhr ohne Edelmetalle.

In welchem Grade die Zölle den Verbrauch belasten oder inwieweit sie durch ihre Höhe im Verhältnis zum Wert des verzollten Gegenstandes die nationale Arbeit schützen, zeigt die Tab. 12 auf S. 257.

Wie die Zölle auf Nahrungs- und Genußmittel den Hauptertrag bringen, sind sie auch dem Werte nach mit 23—25 % am stärksten belastet; es folgen mit 16—18 % die Fertigfabrikate, mit 10—15 % Rohstoffe und Halbfabrikate, mit nur 8—9 % Vieh; die Durchschnittsbelastung beträgt für die Gesamteinfuhr 18—20 %.

Steuern und Verkehrsabgaben.

Neben den Einnahmen des Reiches aus den unmittelbaren Leistungen der Bundesstaaten, aus den reichseigenen Betrieben und Zöllen kommen als Bedarfsdeckung in Betracht die Steuern und Verkehrsabgaben.

Auf Artikel 35 der Reichsverfassung beruhen die Bier-, Branntwein-, Tabak-, Salz- und Zuckersteuer; es sind indirekte Steuern. Auf besonderen Gesetzen beruhen die übrigen Steuern, und zwar auf älteren die sog. drei speziellen Stempelsteuern: Wechsel-, Spielkarten- und Börsensteuern; auf der „kleinen Reichsfinanzreform" von 1906 die Zigaretten- („Banderole"-), Personenfahrkarten-, Automobil- und Tantiemensteuer sowie die Erbschaftssteuer; auf der „großen Reichsfinanzreform" von 1909 die Talon-, Scheck-, Schlußnoten-, Leuchtmittel-, Zündwaren- und Grundstücks-

Tabelle 13.

Steuer- und Zolleinnahmen vom Branntwein

in 1000 ℳ[1])

für 1870—86 in Rechnungsjahren, seit 1877 mit dem 1. IV. beginnend, seit 1887 in Betriebsjahren mit dem 1. X. beginnend.

im Jahre	im ganzen	auf den Kopf	im Jahre	im ganzen	auf den Kopf
1870	36 875,3	1,20	1892/93	148 617,2	2,94
1871/75 durchschnittlich	44 330,2	1,38	1893/94	151 398,5	2,96
			1894/95	142 143,8	2,74
1876	49 069,9	1,45	1895/96	149 116,3	2,84
1877	45 203,0	1,31	1896/97	148 819,6	2,79
1878	47 410,0	1,36	1897/98	149 943,3	2,77
1879	45 747,7	1,30	1898/99	162 077,2	2,95
1880	47 098,8	1,32	1899/1900	164 828,7	2,95
1881	48 510,1	1,35	1900/01	155 071,0	2,74
1882	45 966,4	1,27	1901/02	159 129,0	2,77
1883	48 911,4	1,34	1902/03	146 909,9	2,52
1884	53 082,2	1,45	1903/04	145,465,5	2,46
1885	50 092,3	1,35	1904/05	140 199,4	2,34
1886	46 005,3	1,23	1905/06	149 498,2	2,45
1887/88	118 612,8	2,52	1906/07	147 640,1	2,39
1888/89	143 120,9	2,96	1907/08	153 561,6	2,45
1889/90	152 867,2	3,12	1908/09	176 009,4	2,77
1890/91	153 966,7	3,10	1909/10	192 548,9	2,99
1891/92	139 647,0	2,79	1910/11	215 035,5	3,30

[1]) Vgl. Wirtschaftsstatistische Ausführungen und Steuergesetzgebung S. 137.

umsatzsteuer. Durch Gesetz vom 14. II. 1911 ist neu hinzugekommen die Zuwachssteuer, sog. Wertzuwachssteuer. Sie besteuert den ohne Zutun des Eigentümers gesteigerten Grundstückswert (unearned increasement), wie er beim Besitzwechsel zutage tritt.

Tabelle 14.

Steuer- und Zolleinnahmen vom Bier[1]).

(Zoll- und Steuererträge, abzüglich Steuervergütungen, zuzüglich Übergangsabgaben.)

Rechnungsjahre	Überhaupt 1000 ℳ	auf den Kopf ℳ	Steuer auf 1 hl ℳ	Überhaupt 1000 ℳ	auf d. Kopf ℳ	Steuer auf 1 hl ℳ	Überhaupt 1000 ℳ	auf den Kopf ℳ	Steuer auf 1 hl ℳ
	Brausteuergebiet			Bayern			Württemberg		
Durchschnitt 1879—83	19 195	0,56	0,83	27 701	5,22	2,45	6 587	3,34	2,08
Durchschnitt 1884—88	23 943	0,66	0,82	30 932	5,68	2,65	7 813	3,89	2,43
Durchschnitt 1889—93	30 643	0,79	0,79	31 789	5,66	2,57	8 616	4,22	2,40
1894	31 979	0,79	0,78	31 939	5,57	2,52	8 281	4,01	2,32
1895	34 633	0,85	0,76	33 794	5,83	2,51	9 180	4,41	2,30
1896	35 376	0,85	0,76	34 008	5,80	2,51	8 864	4,22	2,28
1897	37 393	0,89	0,75	35 630	6,01	2,50	9 351	4,42	2,24
1898	37 929	0,88	0,75	36 136	6,02	2,47	9 109	4,27	2,20
1999	39 009	0,89	0,75	36 024	5,93	2,44	9 112	4,25	2,17
1900	40 274	0,91	0,74	36 088	5,87	2,44	8 467	3,91	2,13
1901	40 414	0,90	0,73	35 906	5,77	2,42	8 690	3,98	2,05
1902	38 008	0,83	0,73	34 521	5,47	2,38	8 733	3,95	2,24
1903	39 034	0,84	0,73	33 854	5,29	2,34	8 571	3,84	2,22
1904	39 193	0,83	0,72	34 497	5,37	2,30	8 193	3,61	2,16
1905	40 956	0,86	0,72	34 161	5,26	2,28	8 758	3,81	2,15
1906	62 219	1,28	1,16	34 894	5,32	2,26	8 755	3,77	2,13
1907	66 009	1,33	1,34	34 596	5,20	2,21	8 665	3,69	2,13
1908	61 046	1,21	1,31	33 093	4,92	2,14	7 639	3,22	2,03
1909	98 384	1,93	2,35	32 578	4,78	2,12	9 907	4,12	2,75
1910	132 697	2,58	3,16	47 691	6,96	3,08	13 412	5,52	3,26
	Baden			Elsaß-Lothringen			Deutsch. Zollgeb. (einschl. Luxembg.)		
Durchschnitt 1879—83	3 518	2,23	.	1 683	1,07	2,21	58 756	1,31	.
Durchschnitt 1884—88	4 481	2,79	.	1 777	1,13	2,21	69 030	1,48	.
Durchschnitt 1889—93	5 520	3,32	.	2 506	1,56	2,25	79 183	1,58	.
1894	5 697	3,34	.	2 746	1,68	2,27	80 757	1,56	.
1895	6 241	3,63	.	3 193	1,95	2,27	87 181	1,66	.
1896	7 171	4,13	.	3 060	1,85	2,27	88 620	1,67	.
1897	6 522	3,71	2,34	3 145	1,89	2,27	92 198	1,71	1,38
1898	7 753	4,35	2,61	3 438	2,05	2,27	94 549	1,73	1,38
1899	8 212	4,50	2,61	3 584	2,11	2,27	96 106	1,73	1,37
1900	8 030	4,33	2,64	3 548	2,07	2,27	96 633	1,71	1,35
1901	7 676	4,07	2,51	3 584	2,07	2,27	96 501	1,68	1,32
1902	7 813	4,08	2,55	3 637	2,08	2,27	92 938	1,60	1,34
1903	7 648	3,94	2,45	3 878	2,20	2,27	93 207	1,58	1,32
1904	7 660	3,89	2,39	4 054	2,26	2,26	93 823	1,57	1,30
1905	7 493	3,75	2,39	4 219	2,33	2,27	95 812	1,58	1,28
1906	7 821	3,85	2,37	4 279	2,34	2,27	118 253	1,92	1,56
1907	7 932	3,85	2,35	4 451	2,41	2,27	121 653	1,95	1,69
1908	7 533	3,60	2,30	4 758	2,55	2,38	114 069	1,80	1,65
1909	7 110	3,34	2,28	6 258	3,33	3,43	154 489	2,40	2,32
1910	9 414	4,42	3,76	7 584	4,06	4,59	211 204	3,25	3,19

[1]) Vgl. Wirtschaftsstastitische Ausführungen S. 131 f.

Von der Erbschaftssteuer und der Zuwachssteuer fallen an den betreffenden Bundesstaat 25 % bzw. 50 %.

Zur Deckung der zurzeit (April 1913) geforderten Heeresverstärkung soll eine sog. Besitzsteuer erhoben werden, für die sich naturgemäß statistisches Material noch nicht erbringen läßt; auch ein einmaliger „Wehrbeitrag" ist vorgesehen, dessen Umfang sich ebenfalls noch nicht bestimmen läßt, er soll eine Milliarde ℳ erbringen.

Von Tab. 8 an sind Übersichten der wichtigsten Steuern gegeben, wobei der z. T. wechselnden Besteuerungsgrundsätze wegen nur die Erträge im ganzen unter Weglassung der Einzelheiten gegeben sind, welch letztere ohne Schwierigkeiten in den verschiedenen Jahrgängen des Statistischen Jahrbuches (Abt. XV Finanzwesen) bzw. Stat. Handbuches für das Deutsche Reich zu finden sind. Gleichzeitig sind der

Tabelle 15.

Steuer- und Zolleinnahmen vom Tabak[1]).

Im Jahre	Eingangszoll vom Tabak	Zusammen Steuer und Zoll	Tabakabgaben ab Ausfuhrvergütungen im ganzen	Tabakabgaben ab Ausfuhrvergütungen auf den Kopf
	1000 ℳ	1000 ℳ	1000 ℳ	ℳ
Durchschnitt 1869—1870	8 396,4	9 431,4	9 347,8	0,24
Durchschnitt 1871—1875	13 166,4	14 853,4	14 473,4	0,35
Durchschnitt 1876—1880	16 196,4	18 610,2	18 424,2	0,42
Durchschnitt 1881—1885	29 058,8	38 988,3	38 502,7	0,84
1886	36 992,3	48 085,0	47 534,5	1,02
1887	37 071,3	48 147,8	47 757,1	1,01
1888	38 741,9	49 732,0	49 311,1	1,02
1889	41 473,0	53 330,3	52 851,9	1,08
1890	43 242,1	55 270,2	54 804,6	1,10
1891	43 256,6	54 851,1	54 439,9	1,08
1892	44 575,5	56 665,3	56 270,5	1,11
1893	44 465,6	56 413,8	56 030,6	1,09
1894	46 308,9	58 039,6	57 486,9	1,11
1895	48 091,9	60 534,6	59 887,0	1,14
1896	51 394,8	63 833,9	63 294,7	1,19
1897	52 087,8	64 987,1	64 582,8	1,19
1898	53 072,2	66 095,2	65 759,7	1,20
1899	53 020,2	65 704,4	65 383,0	1,17
1900	53 796,3	66 778,8	66 361,1	1,17
1901	53 868,1	66 963,5	66 628,9	1,16
1902	55 435,8	67 790,7	67 490,4	1,16
1903	58 295,5	69 953,2	69 610,4	1,17
1904	59 004,8	70 423,1	70 059,6	1,17
1905	70 077,4	82 522,4	82 157,4	1,35
1906	59 040,2	70 286,2	69 869,4	1,13
1907	68 178,3	79 885,3	79 491,7	1,27
1908	78 739,6	89 920,1	89 521,1	1,41
1909	98 403,5	111 671,8	111 084,3	1,72
1910	110 626,7	123 253,2	122 332,3	1,88

[1]) Vgl. Wirtschaftsstatistische Ausführungen S. 159 f.

Einfachheit halber bei Branntwein, Bier, Tabak und Zucker auch die Zolleinnahmen mit aufgeführt, die strenggenommen in den vorigen Abschnitt gehören.

Zu diesen Erträgen der Tabaksteuer und -zölle treten seit dem Zigarettensteuergesetz vom 3. VI. 1906, in Kraft seit dem 1. VII. 1906, weitere Erträge von 11, 15,2, 17,1, 22 und 29 Mill. ℳ für die Jahre 1. VII. 1906 bis 31. III. 1907, 1907, 1908, 1909 und 1910, was eine Mehrbelastung von —, 24, 27, 34, 44 Pfennigen pro Kopf entspricht.

Über die Einnahmen, die der Zucker, eines der wichtigsten Nahrungsmittel, dem Reiche (bzw. dem Zollverein) liefert, gibt die folgende Tab. 11 Auskunft. Man vergleiche hierzu die Ausführungen in der Wirtschaftsstatistik S. 141 ff.

Tabelle 16.

Steuer- und Zolleinnahmen vom Zucker.

Im Jahre	Menge der verarbeiteten Rüben	Steuerertrag (Rübensteuer, Zuckersteuer und Zuschlag	Eingangszölle zu sammen	Ertrag der Steuer und des Zolls	Ab: Vergütungen (Zuschüsse) für ausgeführten Zucker	Bleiben Steuer und Zoll überhaupt	Bleiben Steuer und Zoll auf den Kopf
	Tonnen	1000 ℳ					ℳ
Im Durchschnitt:							
1844—1850	358793	1 076,4	19 381,4	20 457,8	2 578,4	17 879,4	0,61
1850—1855	985591	8 740,8	12 378,8	21 119,6	2 212,9	18 906,7	0,57
1856—1860	1549134	21 266,0	6 108,3	27 374,3	1 368,9	26 005,4	0,78
1861—1865	1868165	28 022,5	4 686,3	32 708,8	864,6	31 844,6	0,90
1866—1870	2437176	37 404,7	2 132,7	39 537,4	4 198,5	35 338,9	0,94
1871—1876	3175852	50 813,6	8 058,9	58 872,5	4 159,0	54 713,5	1,32
1876—1881	4679444	74 871,1	2 209,1	77 080,2	27 230,1	49 850,1	1,16
1881—1886	8282047	132 512,8	1 492,4	134 005,2	86 842,5	47 162,7	1,04
1886—1891	8722554	132 223,8	1 666,6	133 890,4	86 947,3	46 943,1	0,96
1891—1896	11227628	108 897,7	1 064,4	109 962,1	30 781,6	79 180,5	1,54
Im Betriebsjahr 1. Sept.—31. Aug.							
1896/97	13721601	111 946,5	510,0	112 456,5	25 562,4	86 894,1	1,63
1897/98	13697892	137 084,7	445,6	137 530,3	36 658,9	100 871,4	1,86
1898/99	12150642	143 644,1	415,8	144 059,9	34 827,4	109 232,5	1,99
1899/00	12439301	159 565,0	429,4	159 994,4	33 270,0	126 724,4	2,27
1900/01	13253909	146 685,5	455,6	147 141,1	31 449,6	115 691,5	2,04
1901/02	16012867	143 617,9	714,4	144 332,3	40 739,0	103 593,3	1,80
1902/03	11270978	154 163,0	775,8	154 938,8	37 345,5	117 593,3	2,00
1903/04	12677099	141 699,5	1 218,6	142 918,1	13 211,3	129 706,8	2,18
1904/05	10071212	121 177,2	614,9	121 792,1	58,2	121 733,9	2,02
1905/06	15733478	141 128,9	535,4	141 664,3	77,2	141 587,1	2,32
1906/07	14186536	145 900,4	481,8	146 382,2	55,5	146 326,7	2,36
1907/08	13482750		502,2			150 009,5	2,39
1908/09	11809182		425,8			157 650,3	2,47
1909/10	12892068		352,7			158 827,2	2,45
1910/11	15748981		331,5			173 594,7	2,66

§ 2. Die Bundesstaaten und Kommunen.

Der Bedarf der öffentlich-rechtlichen Körperschaften wird in Deutschland zu ziemlich gleichen Anteilen vom Reich, der Summe der Bundesstaaten und der Summe der kommunalen Körperschaften getragen[1]). Durch diese ungeheure Zersplitterung wird natürlich die zahlenmäßige Erfassung des Bedarfes und seiner Deckung bedeutend erschwert und eine nur einigermaßen erschöpfende Darstellung würde ein stattliches Buch für sich bilden. Im Rahmen dieser knappen Übersicht muß auf sie verzichtet werden, und es kann nur eine ganz allgemeine Übersicht gegeben werden.

Den Bundesstaaten und den Kommunen sind die sog. direkten Steuern vom Reiche bis jetzt überlassen worden, ob aus rechtlichen oder anderen Gründen kann hier dahingestellt bleiben. Die Verteilung der einzelnen Steuerarten zwischen Staat und Kommune regelt sich nach den einzelstaatlichen Gesetzgebungen.

In Preußen wurde das Einkommen von über 1000 Talern jährlich durch die Klassen- und klassifizierte Einkommensteuer (Gesetz v. 1. V. 1851) erfaßt, die Kapitalrente durch die Grund-, Gebäude- und Gewerbesteuer. Ferner erhob der Staat die Stempel-, Erbschafts-, Eisenbahn- und Bergwerkssteuern. In den Jahren 1891 und 1893 erfolgte unter Miquel eine großzügige Steuerreform. Es wurden (Ges. v. 14. VII. 1893) die Grund- und Gebäudesteuer, die Gewerbe- und Betriebssteuer sowie die Bergwerksabgabe den Kommunen zur Ausnutzung überwiesen, der Staat beschränkte sich auf die allgemeine Einkommensteuer und die den fundierten Besitz treffende Vermögens- (Ergänzungs-) Steuer.

Eine ähnliche Steuerverteilung ist mit mehr oder minder großen, durch die geschichtliche Entwicklung gebotenen Abweichungen auch in den meisten anderen Bundesstaaten getroffen worden. Die im Vergleich zu Frankreich und England wenig erhebliche Erbschaftssteuer ist seit 1906 dem Reich überlassen worden, das dem betr. Staate 25% des Ertrages abgibt.

Eine bedeutende Rolle in der Finanzgebarung der Einzelstaaten spielen noch die Eisenbahnen. Die Kosten für ihren Ankauf bzw. Bau erklären mit die Schuldenlast einzelner Staaten; die Betriebskosten steigern einerseits die Staatsausgaben bedeutend, die hohen Betriebseinnahmen andererseits bringen nicht nur den Staatshaushalt wieder ins Gleichgewicht, sondern ergeben auch über den Betrag der Verzinsung der Staatsschulden hinausgehende Überschüsse, in Preußen allein in den zwei letzten Jahrzehnten je 300—400 Mill. ℳ jährlich. Diese Überschüsse bedeuten eine außerordentliche Steuererleichterung gegenüber anderen Staaten, in denen der Eisenbahnbetrieb ganz oder zu einem erheblichen Teil privaten Erwerbsgesellschaften überlassen ist. Diese Überschüsse allein ermöglichten in Preußen die Miquelsche Steuerreform und die Niedrighaltung der Grund- und Gebäudesteuer, die in anderen Staaten, z. B. in Österreich und Italien, 40—60% des Reinertrages von Grund und Boden bzw. Gebäuden verschlingt (in England und Frankreich 25—35%).

In Preußen betrug die durchschnittliche Eisenbahnschuldenlast in den Jahren 1901 bis 1910 6369 Mill. ℳ, der durchschnittliche Betriebs-

[1]) O. Schwarz unter „Finanzen“ im Handwörterbuch der Staatswissenschaften.

überschuß 591,2 Mill. ℳ, Betrag der Verzinsung 215 Mill. ℳ der Nettoüberschuß somit 376 Mill. ℳ.

Die folgenden Tab. 17 bis 21 geben die wichtigsten Zahlen aus den Staatshaushalten von Preußen, Bayern, Sachsen, Württemberg und Baden.

Tabelle 17.

Preußen[1]). Rechnungen in Mill. ℳ.

A. Einnahmen.

	1910	1906/10
Gesamtsumme der Einnahmen	4194	3286
Erwerbseinkünfte	2729	2428
Darunter:		
Domänen	36	29
Forsten	134	115
Bergwerke, Hütten, Salinen	289	256
Staatseisenbahnen	2130	1895
Sonstige Betriebe	140	132
Steuern	468	368
Darunter:		
Einkommensteuer	327	257
Ergänzungssteuer	55	46
Stempelsteuer	70	55
Gebühren, Sporteln, Strafgelder	151	121
Vergütungen aus der Reichskasse	46	51
Sonstige Einnahmen:		
a) Staatsverwaltung	164	135
b) Reichskasse	127	127
B. Ausgaben.		
Gesamtsumme	4195	3286
Darunter:		
Ausgaben auf Erwerbseinkünfte	2087	1814
Darunter:		
Domänen	19	13
Forsten	77	57
Bergwerke, Hütten, Salinen	266	237
Staatseisenbahnen	1601	1391
Sonstige Betriebe	123	116
Staatsschulden	390	340
Betrag der Staatsschuld	9421	
Staatsverwaltung	1083	992
Darunter:		
Zivilliste	17,7	16,1
Provinzialfonds für Selbstverwaltung	48	48
Staatsministerium	32	28
Finanzministerium	194	244
Darunter:		
Regierungen	26	25
Pensionen für Zivilbeamte und Landgendarmen	41	55
Witwen und Waisen	19	23
Ministerium der öffentlichen Arbeiten	69	60
Ministerium für Handel und Gewerbe	19	17
Justizministerium	175	150
Ministerium des Innern	135	117
Ministerium für Landwirtschaft	57	49
Ministerium für geistige Angelegenheiten	276	217
Matrikularbeiträge	142	138

[1]) Etat für 1913: Einnahmen 4595,7 Mill. ℳ; Ausgaben: 4350,7 Mill. ℳ Ordinarium und 245 Mill. ℳ einmalige und außerordentliche.

Tabelle 18.

Bayern. Rechnungen in Mill. ℳ.

A. Einnahmen.

	1906/08	1909
Gesamtsumme	496	579,3
Direkte Steuern	44,5	48,2
Darunter:		
Grundsteuer	10,4	10,4
Haussteuer	9,6	10,2
Gewerbesteuer	12,5	14,2
Kapitalrentensteuer	7,2	7,9
Einkommensteuer	4,4	5,4
Erbschaftssteuer	2,8	3,2
Stempel	28,0	33,7
Strafen	1,0	1,1
Malzaufschlagsgefälle	40,6	46,8
Bergwerke, Hütten, Salinen	13,6	15,0
Staatseisenbahnen	213,5	224,6
Post und Telegraph	55,6	64,6
Forsten	47,8	59,2
Ueberweisungen vom Reich	22,0	15,3
Staatsschuld		2393
B. Ausgaben.		
Gesamtsumme	233,0	268,9
Dazu:		
Verwaltungs- und Betriebsausgaben	255,6	322,7
Zivilliste	5,4	5,4
Dienst der Staatsschuld	61,1	79,6
Justizministerium	23,3	26,8
Ministerium des Innern	31,7	37,9
Kirche und Schule	37,9	49,8
Finanzministerium	8,8	10,4
Pensionen	24,6	27,8
Reichszwecke	34,3	27,8

Tabelle 19.

Sachsen. Rechnungen in Mill. ℳ.

A. Einnahmen.

	1906/07	1908/09
Forsten	19,5	19,2
Staatseisenbahnen	99,9	87,7
Direkte Steuern	115,2	126,1
Indirekte Steuern	10,8	16,4
Gesamteinnahme	262,7	267,5
B. Ausgaben.		
Zivilliste	7,1	7,3
Zinsen der Staatsschuld	56,6	54,9
Tilgung der Staatsschuld	23,6	23,7
Justizministerium	10,1	13,1
Ministerium des Innern	34,2	43,2
Finanzministerium	15,4	16,5
Kultus und Unterricht	43,4	51,6
Reichszwecke	3,3	4,6
Pensionen	12,8	13,7
Dotationen	3,9	3,9
Summe der Ausgaben	216,5	239,4
Staatsschuld (1910)	893,0	

Tabelle 20.

Württemberg.

Rechnungen in Mill. ℳ.

A. Einnahmen.

	1906/08	1909
Einnahmen	215,0	229,6
Darunter ordentliche	191,8	202,3
Domänen und Forsten	19,7	21,3
Bergwerke, Hütten, Salinen	10,0	10,6
Staatseisenbahnen	75,6	78,8
Post und Telegraph	24,8	28,2
Summe der Erwerbseinnahmen	131,1	140,1
Direkte Steuern	26,9	30,2
Darunter Einkommensteuer	18,1	20,0
Weinsteuer	2,4	2,5
Biersteuer	8,4	8,3
Aus der Reichskasse	7,5	4,6

B. Ausgaben.

	1906/08	1909
Gesamtausgaben	213,0	226,8
Domänen und Forsten	7,5	7,2
Bergwerke, Salinen	9,1	9,8
Staatseisenbahnen	77,8	86,2
Post und Telegraph	18,2	19,2
Zinsen der Staatsschuld	19,8	20,9
Tilgung der Staatsschuld	4,7	3,7
Zivilliste	2,2	2,2
Pensionen	6,5	9,5
Justiz	7,4	7,7
Inneres	14,6	15,3
Kirchen und Schulen	17,7	18,3
Finanzen	7,7	7,2
Staatsschuld		584,8

Tabelle 21.

Baden.

Rechnungen in Mill. ℳ.

A. Einnahmen.

	1906/09	1910
Gesamteinnahmen	92,7	102,8
Domänen und Forsten	11,4	12,8
Salinen	1,2	1,3
Steuern	58,1	65,5

B. Ausgaben.

	1906/09	1910
Gesamtausgaben	84,3	99,0
Matrikularbeiträge	8,4	11,2
Unterricht	13,0	14,1
Forsten und Domänen	6,6	7,3
Steuererhebung	11,3	13,2
Pensionen	7,0	8,4

Aus dem Gebiet der Kommunalfinanzen seien für Preußen noch einige Zahlen gegeben über die kommunale Verschuldung. Die langfristigen Anleihen, Hypotheken- und Grundschulden sowie Restkaufgelder betrugen (nach der Stat. Corr.) am 31. März 1912 bei den Provinzial- (Bezirks- usw.) Verbänden 335629600 ℳ, desgleichen bei den Landkreisen 612681700 ℳ und bei den Städten 4532913963 ℳ, so daß sich die Verschuldung für diese Kommunalverbände zusammen auf rund 5481 Mill. ℳ belief. Im Vorjahre erreichten die entsprechenden Schulden bei den Provinzialverbänden, Landkreisen und Städten sowie diesen Kommunalverbänden zusammen Beträge von rund 310,79 bzw. 569,71, 4257,35 und 5137,84 Mill. ℳ; das bedeutet eine Zunahme um 7,99 % bei den Provinzialverbänden, um 7,54 % bei den Landkreisen, um 6,47 % bei den Stadtgemeinden und um 6,68 % bei diesen Kommunalverbänden zusammen.

Die Schuldenbelastung auf den Kopf der Bevölkerung ist bei den Provinzialverbänden von 8,25 ℳ im Vorjahre auf 8,79 ℳ, im Rechnungsjahre 1911, desgleichen bei den Landkreisen von 20,65 auf 22,33, bei den Städten von 225,08 auf 235,59 und bei diesen Kommunalverbänden zusammen von 129,18 auf 136,04 ℳ angewachsen.

Von den Provinzen zeigt die bei weitem höchste Belastung durch Provinzial-, Kreis- und Städteschulden die Rheinprovinz mit rund 1250 Mill. ℳ (1910: 1152 Mill.), demnächst Brandenburg mit 734 Mill. (1910: 672 Mill.). Die folgenden Plätze nehmen Hessen-Nassau (505 bzw. 487), Westfalen (482 bzw. 455) und Berlin (430 bzw. 431 Mill.) ein. Nächst den Hohenzollernschen Landen zeigen die absolut geringste Verschuldung mit 161 (1910: 145) und 169 (1910: 159) Mill. ℳ Westpreußen und Posen. Im Verhältnis zu ihrer Bevölkerungszahl war die Verschuldung in der Provinz Hessen-Nassau am bedeutendsten; sie stellte sich hier auf 223,65 ℳ (1910: 217,12 ℳ) pro Kopf. An zweiter Stelle steht Berlin mit 211,69 (212,21) ℳ. Dann folgen in beträchtlichem Abstande Brandenburg, die Rheinprovinz und Schleswig-Holstein mit rund 178 (168), bzw. 173 (162) und 173 (165) ℳ. Hinter dem Staatsdurchschnitt von 136,04 (1910: 129,18) ℳ blieben noch 9 Provinzen zurück, am meisten mit rund 80 (76), 77 (73) und 57 (55) ℳ Posen, Schlesien und Hohenzollern.

Kapitel III.

Internationale Finanz-Statistik.

Eine internationale Finanzstatistik aufzustellen, ist aus vielen Gründen ein schwieriges Unternehmen. Völlig einwandfreie Vergleichungen sind kaum möglich; die Grundsätze für die Einstellung der einzelnen Einnahme- und Ausgabeposten in die einzelnen Rubriken des Etats sind einerseits sehr verschieden, sodann aber auch bei denselben Staaten recht schwankend (wie wir ja schon bei der Finanzst. des Deutschen Reiches S. — gesehen haben). Die größten Schwierigkeisen bei internationalen Vergleichen ergeben sich daraus, daß in einzelnen Staaten nach Brutto-, in einzelnen nach Nettoetat gerechnet wird, daß Ausgaben für Heer und Flotte sehr oft unter das Extraordinarium gerechnet werden, wo sie gar nicht hingehören. Namentlich ist es eine sehr beliebte, theoretisch ganz unzulässige Methode, die Ausgaben für den Schiffsbau unter einmalige oder außerordentliche Ausgaben zu stellen, während sie ihrem ganzen Wesen nach zu den fortlaufenden gehören; man kann streng theoretisch genommen höchstens Gebäude, die für Jahrhunderte vorhalten sollen, unter außerordentliche Etatsposten bringen.

Diese Verschiedenheiten der Etats werden in der Regel als Ergebnisse historischer Entwicklung hingestellt, sehr oft sind sie auch bloß Ausgeburten der Laune der in Betracht kommenden Behörden.

Allerdings ist auch bei völlig einwandfreien Vergleichsziffern doch noch darauf zu achten, ob die Aufgaben des Staates in den verschiedenen Ländern dieselben sind; es macht z. B. einen großen Unterschied aus, ob der Staat Sozialpolitik treibt oder nicht, ob und inwieweit er für das Unterrichtswesen sorgt und inwieweit er diese Gebiete der privaten Fürsorge überläßt; ob er wesentliche Aufwendungen für Wissenschaft und Kunst, Handel und Gewerbe macht oder nicht.

Sehr erschwert werden die Vergleichungen auch dadurch, daß je nach der politischen und verwaltungsrechtlichen Organisation des Landes der Staat selbst für den Unterricht sorgt, ein andermal kommunale Körperschaften oder gar Privatpersonen. Bei Bundesstaaten ergibt sich eine weitere Schwierigkeit noch durch die Verteilung der Aufgaben zwischen Bund und Gliedstaaten.

Die Finanzstatistik der Gemeinden und kommunalen Verbände ist noch völlig unvollständig ausgebildet; vielfach fehlt es auch an fortlaufenden Veröffentlichungen. Selbst in Deutschland ist dies der Fall.

Am leichtesten vergleichbar sind noch die Ausgaben für Heer und Marine, weil sie nur von den Staaten selbst bzw. bei Bundesstaaten vom Bunde getragen werden und es für sie daher fortlaufende Darstellungen gibt.

Erhebliche Schwierigkeiten dagegen erwachsen schon bei Vergleichen der Leistungen für die Staatsschuld. Abgesehen davon, daß der eine Staat in starkem Maße seine Schulden tilgt, der andere weniger oder garnicht, kommt es noch sehr darauf an, in einem wie hohen Grade die Schulden für produktive Zwecke (Verkehrsmittel usw.) oder andere aufgenommen sind. Die australischen Staaten z. B. haben eine sehr hohe Staatsschuld, in Wirklichkeit jedoch eigentlich gar keine, da die aus Anleihen stammenden Mittel lediglich in produktiver Weise angelegt sind. Ein Staat mit großer Schuldenlast kann demnach viel günstiger dastehen als ein völlig unverschuldeter, dessen wirtschaftliche Hilfsquellen unentwickelt geblieben sind.

Wenn also in der Regel die Ausgaben für Heer, Flotte und Staatsschuld als unproduktive Ausgaben zusammengefaßt werden, so ist das nach dem Vorhergehenden sehr oft nicht richtig. Für den Vergleich von Deutschland, England und Frankreich, auch den Vereinigten Staaten stimmt es z. B. dagegen nicht, sobald man Italien, Oesterreich, Rußland und Japan mit vergleichen will, weil bei diesen letzten ein namhafter Betrag der Staatsschuld für Eisenbahnbauten oder -erwerb angelegt ist.

Mit diesen Vorbehalten sind die folgenden Tabellen über die Ausgaben zu betrachten.

Die Ausgaben.

Bei den Ausgaben ist es notwendig, sich auf einige Posten zu beschränken, die im wesentlichen in allen Ländern wiederkehren. Es betrugen die Ausgaben in Mill. ℳ

Tabelle 22.

für	Heer		Marine		Auswärtiges		Kolonien		Staatsschuld		Gesamtausgaben	
	1907	1911	1907	1911	1907	1911	1907	1911	1907	1911	1907	1911
Deutsches Reich	809	848	291	471	20	19	58	25	148	176	2 810	2 886
Frankreich..........	668	837	253	346	15	16	88	86	707	810	3 094	3 751
Großbritannien und Irland............	567	564	641	874	41	41	—	—	430	411	3 096	3 640
Italien..............	252	352	130	180	18	24	—	—	114	374	1 517	2 247
Japan...............	234	210	172	182	7	9	—	—	366	310	1 060	1 200
Österreich und Ungarn	387	425	55	57	11	11	—	—	536	585	3 199	4 240
Rußland............	1 047	1045	181	233	13	13	—	—	828	880	4 939	5 870
Vereinigte Staaten von Amerika......	529	682	412	507	16	—	—	—	103	90	3 200	4 050

Aus der Spalte „Gesamtausgaben" dürfen keine vergleichenden Schlüsse gezogen werden.

Die sogenannten unproduktiven Ausgaben.

Bei einer Vergleichung der sog. „unproduktiven Ausgaben" für Militärwesen sowie für den Schuldendienst in den größeren Staaten fährt Deutschland keineswegs ungünstig. Ein Vergleich für Deutschland, England und Frankreich ergibt (unter Hineinbeziehung der Militärpensionen) für 1906 bzw. 1911 das Folgende (Tab. 23).

Tabelle 23.

	Heer und Flotte Mill. ℳ		pro Kopf ℳ		Öffentliche Schuld Mill. ℳ		pro Kopf ℳ		Zusammen Mill. ℳ		Zusammen pro Kopf ℳ	
	1906	1911	1906	1911	1906	1911	1906	1911				
Deutsches Reich ..	1 160	1413	18,9	21,3	127	176	2,1	2,6	1288	1579	21,0	23,9
Frankreich........	987	1183	25,1	29,6	707	810	17,9	20,2	1695	1993	43,1	49,8
England..........	1 262	1438	29,2	31,8	430	411	10,2	9,0	1694	1849	39,4	40,8

Wir sehen also, daß Frankreich an seinen Militärausgaben noch 1911 verhältnismäßig um 36 % schwerer zu tragen hatte, England um 50 %! Die Gesamtausgabe für Militärwesen und öffentliche unproduktive Schuld

Tabelle 24.

Für eine Reihe anderer Staaten betragen die Ausgaben:

Staaten			Bevölkerung Mill. 1906/07	Ausgaben in Mill. ℳ Heer	Marine	Auswärtiges	Kolonien	Staatsschuldendienst	Gesamtausgaben Ordinarium	Belast. pro Kopf ℳ Heer und Flotte	Staatsschuldendienst	Staatsschuld Mill. ℳ	pro Kopf ℳ
1. Belgien	Etat	1908	7,24	46,2	—	3,2	—	141,1 [1]	502,8	6,32	19,28	2 766	381
2. Niederlande	„	1908	5,67	46,7	31,2	1,9	5,3 [2]	61,9	331,1	13,56	10,60	1 935	341
3. Schweden	„	1908	5,34	61,6	28,5	1,5	—	18,4	182,0	16,88	3,43	472	90
4. Norwegen	„	1908	2,32	15,0	5,6	1,0	—	12,0	118,7	8,83	5,16	381	164
5. Dänemark	„	1908/09	2,61	14,8	8,9	0,9	—	9,5	100,3	9,11	3,73	412	169
6. Spanien	„	1908	19,2	127,7	38,0	.	1,5	327,6	828,7	8,63	17,06	7 695	401
7. Rumänien	„	1907/08	6,6	39,5	—	2,4	—	68,8	201,9	6,00	10,42	1 167	177
8. Serbien	„	1908	2,8	16,6	—	1,8	—	19,2	73,2	6,36	6,98	397	141
9. Bulgarien	„	1907	4,2	23,2	—	.	.	26,1	98,6	5,52	6,21	282	67
10. Griechenland	„	1908	2,63	14,8	6,8	3,2	—	26,3	102,0	8,21	10,00	725	273
11. Portugal	„	1907/08	5,56	34,7	17,6	2,0	5,0	134,0	306,0	9,46	24,00	2 748	494
12. Kanada	Rechnung	1906	6,0	17,6	.	.	.	54,0	294,5	3,00	9,00	1 121	187
13. Mexiko	„	1908	15,0	71,4	.	6,4	—	107,1	376,6	4,76	7,16	923	61
14. Brasilien	„	1908	19,3	80	48	7,8	—	189,2	587,0	6,63	9,80	3 090	160
15. Argentinien	Etat	1908	6,0	32,4	25,8	5,2	—	128,3	379,0	10,0	22,12	1 880	313
16. Australien	. . . .		4,2	20,4	—	—	—	199,2	—	5,0	47,5	4 904	1 168

[1]) Einschl. Amortisation und Pensionen.

[2]) Das Kolonialbudget umfaßte außerdem 1908 außer 148,2 Mill. Gulden Ausgaben und 147,8 Mill. Gulden Einnahmen in den Kolonien noch 29,6 Mill. Gulden Ausgaben und 28,4 Mill. Gulden Einnahmen im Mutterlande.

zusammen aber war in Frankreich um 108, in England um 67% höher. Die Militärvorlage von 1913 wird für Deutschland freilich etwa 3—4 ℳ auf den Kopf der Bevölkerung Mehraufwendung zur Folge haben.

Für die Vereinigten Staaten finden wir für 1907 einen Gesamtausgabenbetrag für das Landheer von 529 Mill. ℳ, für die Flotte von 412 Mill. 1911 stellten sich diese Posten auf 682 u. 507 Mill. ℳ. Das würde, auf eine Bevölkerung von 85 bis 86 bzw. 92 Mill. verteilt, allerdings kaum 11—12 ℳ auf den Kopf ausmachen; einschließlich der Schuldzinsen (103 Mill. ℳ) käme man auf 12,2—14,0 ℳ. Allein die Militärpensionen (Pensionen von Kriegsveteranen) machten daneben weitere 585 bzw. 684 Mill. ℳ oder auf den Kopf etwa rund 7 bzw. 7,5 ℳ. Berücksichtigt man also die Pensionen, so ergibt sich, daß Amerika trotz seines so gut wie nicht vorhandenen Landheeres, auf den Kopf gerechnet, fast die gleichen unproduktiven Ausgaben hat wie Deutschland.

Verhältnismäßig gering sind die Militärausgaben in Italien und Österreich (im Jahre 1907 338 und 432 Mill. ℳ bzw. 10,1 und 8,0 ℳ auf den Kopf; 1911 532 und 482 Mill. ℳ bzw. 15 und 9,7 ℳ auf den Kopf). Dafür haben aber diese beiden Staaten einen recht erheblichen Betrag (411 und 536 Mill. ℳ, bzw. 12,3 und 11,2 ℳ auf den Kopf; 1911 374 und 585, also 11 und 11,7 ℳ) für die ganz überwiegend unproduktive öffentliche Schuld aufzuwenden, so daß in bezug auf die gesamten unproduktiven Aufwendungen Italien um 10% ungünstiger, Österreich um 10 v. H. günsiger dasteht als Deutschland. Die durch die Balkanwirren 1912/13 bedingten Mehraufwendungen werden auch mindestens um 20 v. H. höhere Ausgaben für die Zukunft ergeben.

Rußland und Japan hatten endlich 1907 sowie 1911 fast die gleiche Kopfquote an Militärausgaben (406 und 1228 Mill. ℳ insgesamt, bzw. 8,3 und 8,2 ℳ auf den Kopf). Recht hoch waren da die Aufwendungen für die Staatsschuld, und zwar in Japan noch höher als in Rußland (Japan 366, Rußland 828 Mill. ℳ, bzw. 7,5 und 5,5 ℳ auf den Kopf).

Bei alledem ist der sehr verschiedene Wohlstand der Bevölkerung zu berücksichtigen. Rußland und Japan mit geringeren Belastungsquoten auf den Kopf haben gleichwohl schwerer daran zu tragen als z. B. Deutschland mit einer höheren Quote, aber größerem Wohlstand.

Die „unproduktiven Ausgaben“ für Militärwesen sowie der Schuldendienst sind bei den meisten kleineren Staaten ebenfalls recht erheblich. Addiert man zu den Militärausgaben die Aufwendungen für die Staatsschuld, so sind eine ganze Reihe von kleinen Staaten sogar schlechter daran als das Deutsche Reich. Gar nicht zu reden von Spanien und Portugal, die Gesamtbeträge von 25,6 und 33,4 ℳ aufweisen, ist auch Griechenland mit 18,2 ℳ fast gleich hoch belastet, Holland, mit 24,1 ℳ, höher. Gleich stark zu tragen hat Schweden. Für Belgien (Kopfrate 25,6 ℳ) ist die höhere Last durch umfassende produktive Anlagen, Eisenbahnbesitz, mehr als reichlich ausgeglichen. Die übrigen kleinen Staaten haben eine niedrigere Belastung, wobei aber der Geldwert, die Kulturhöhe und vor allem der verhältnismäßig rückständige Zustand der Landesverteidigung eine große Rolle spielen.

Die Schulden unter Berücksichtigung der Einzelstaaten und kommunalen Körperschaften.

Um zu zeigen, um welche Beträge es sich bei den Großmächten bei der Berücksichtigung der Schulden der Einzelstaaten und kommunalen Körperschaften handelt, dient die folgende Tabelle 25.

Die Schulden der Großmächte.

a = Reich, b = Einzelstaaten und kommunale Körperschaften, c = zusammen.

Tabelle 25.

Staaten		in Mill. ℳ		auf den Kopf der Bevölkerung in ℳ
		1908	1911	1907/08
Deutschland (1908)	a	4 254	4 824	67
	b	21 782		.
	c	26 036		413
Frankreich (1908)	a	24 410		621
	b	3 756		.
	c	28 166		717
Großbritannien und Irland (1908)	a	14 596	13 770	337
	b	9 486	10 922	.
	c	24 082	24 692	557
Italien (1907)	a	10 580	10 550	318
	b	1 500		.
	c	2 080		360
Japan (1908)	a	4 782	5 240	98
	b	.		.
	c	.		.
Österreich-Ungarn (1907)		4 470	4 410	94
Österreich (1907)	a	3 846	6 001	140
	b	.		.
	c	.		.
Ungarn (1906)	a	4 040	5 340	204
	b	.		.
	c	.		.
Rußland (1907)	a	18 511	19 345	123
	b	.		.
	c	.		.
Vereinigte Staaten von Amerika (1908)	a	3 760	4 264	47
	b	7 833		.
	c	11 593		146

Österreich.

Ausgaben, in Mill. Gulden, vom Jahre 1896 ab in Mill. Kronen.

Gegenstand	1871	1872	1873	1874	1875	1876	1877	1878	1879	1880	1881	1882	1883	1884	1885	1886	1887	1888	1889	1890	1891
Beitragsleistung z. Aufwande f. d. gemeinsamen Angelegenheiten	86	77	78	80	78	82	80	148	103	81	83	108	91	88	87	89	109	123	110	101	107
Ministerium des Innern	15	17	19	21	19	19	18	17	17	18	18	18	19	19	19	20	20	20	20	20	21
Landesverteidigungsministerium	7	9	9	9	9	9	9	8	8	8	10	9	9	10	10	10	20	12	14	18	18
Ministerium f. Kultus u. Unterricht	7	9	15	17	18	18	17	17	17	17	17	18	19	19	20	20	21	21	25	22	23
Finanzministerium	67	78	87	79	75	80	80	81	88	92	108	97	111	108	122	103	116	103	89	96	99
Handelsministerium	16	24	31	26	24	23	24	26	26	25	29	54	70	106	81	85	78	77	75	85	100
Eisenbahnministerium	.	.	.	.	.	.	.	.	.	.	.	.	.	.	.	.	.	.	.	.	.
Ackerbauministerium	2	3	11	12	12	12	12	11	10	11	11	12	14	13	14	15	15	15	14	15	18
Justizministerium	15	15	16	20	21	21	21	21	21	21	21	21	20	21	21	21	21	21	21	21	21
Pensionsetat	12	12	12	13	13	13	14	14	14	14	15	15	15	16	16	16	17	17	17	17	18
Staatsschuld	98	83	93	96	91	102	109	128	117	114	137	127	119	121	120	122	131	139	147	147	145
Summe d. etatsmäßigen Ausgaben	346	353	399	400	392	416	415	504	455	432	480	507	515	543	529	522	567	567	551	560	587

Ausgaben (Fortsetzung).

Gegenstand	1892	1893	1894	1895	1896	1897	1898	1899	1900	1901	1902	1903	1904	1905	1906	1907	1908	1909	1910	1911
Beitragsleistung z. Aufwande f. d. gemeinsamen Angelegenheiten	110	109	118	112	237	252	281	251	250	268	264	270	292	292	269	353	366	419	363	407
Ministerium des Innern	22	24	23	23	48	50	54	57	62	69	69	74	75	75	76	77	47	50	53	57
Landesverteidigungsministerium	18	18	18	22	43	49	47	49	55	58	60	62	65	66	68	72	82	104	103	103
Ministerium f. Kultus u. Unterricht	24	24	25	27	59	55	57	60	73	76	79	82	84	86	87	97	105	108	105	109
Finanzministerium	101	106	106	105	210	214	256	279	269	269	290	299	286	307	290	332	335	391	374	405
Handelsministerium	110	118	121	137	98	96	102	101	116	124	136	140	144	152	178	203	213	226	233	246
Eisenbahnministerium	.	.	.	.	194	204	211	218	238	247	241	246	252	256	292	444	487	783	776	752
Ackerbauministerium	17	16	17	17	35	37	39	42	44	48	51	49	51	53	58	65	55	54	58	63
Justizministerium	22	22	22	23	46	48	57	58	67	71	73	74	76	76	77	79	89	94	88	89
Pensionsetat	18	19	19	19	43	46	49	54	58	61	63	68	71	74	77	84	92	99	109	120
Staatsschuld	147	154	156	163	333	332	339	340	341	341	353	355	357	355	368	383	397	441	485	498
Summe d. etatsmäßigen Ausgaben	611	630	640	665	1378	1417	1520	1538	1605	1667	1715	1760	1795	1830	1862	2209	2374	2884	2901	3004

Einnahmen in Mill. Gulden, von 1896 ab in Mill. Kronen.

Gegenstand	1871	1872	1873	1874	1875	1876	1877	1878	1879	1880	1881	1882	1883	1884	1885	1886	1887	1888	1889	1890	1891
Finanzministerium	319	344	346	327	327	325	329	331	335	364	385	394	412	416	416	424	423	406	441	456	461
Handelsministerium	15	16	21	18	18	19	21	21	22	24	26	48	44	63	64	69	71	75	83	91	106
Eisenbahnministerium	.	.	.	.	.	.	.	.	.	.	.	.	.	.	.	.	.	.	.	.	.
Ackerbauministerium	0,6	0,7	11	11	11	11	10	9	110	9	10	10	11	11	11	11	12	12	12	13	13
Summe d. etatsmäßigen Einnahmen	356	367	399	400	392	381	388	411	395	422	442	486	489	510	525	525	529	514	562	582	601

Einnahmen (Fortsetzung).

Gegenstand	1892	1893	1894	1895	1896	1897	1898	1899	1900	1901	1902	1903	1904	1905	1906	1907	1908	1909	1910	1911
Finanzministerium	473	498	493	515	1033	1081	1123	1175	1207	1195	1232	1275	1295	1343	1415	1496	1572	1717	1827	1927
Handelsministerium	112	125	136	150	99	100	109	107	117	122	127	132	142	143	161	169	198	187	201	215
Eisenbahnministerium	.	.	.	.	224	242	253	255	265	271	276	282	294	310	340	490	508	787	758	810
Ackerbauministerium	13	14	13	13	29	29	28	-33	33	35	35	34	36	38	42	44	27	20	20	24
Summe d. etatsmäßigen Einnahmen	618	659	660	698	1416	1482	1564	1598	1654	1687	1728	1758	1798	1882	2008	2253	2388	2796	2895	3083

Ungarn.

Ausgaben in Mill. Gulden, seit 1896 in Mill. Kronen.

Kapitel	1881	1882	1883	1884	1885	1886	1887	1888	1889	1890	1891	1892	1893	1894	1895	1896
I. Ordentliche Ausgaben.																
Gemeinsame Ausgaben	36	29	29	26	33	30	33	24	24	23	23	24	22	24	26	55
Staatsschulden	99	101	103	106	108	110	113	115	106	106	120	118	103	144	125	253
Ministerium des Innern	8	8	9	10	11	11	12	12	12	12	12	12	13	14	15	33
Finanzministerium	68	50	58	52	56	56	53	54	57	56	61	69	79	79	76	155
Handelsministerium	30	32	32	40	44	39	40	42	44	49	62	66	76	80	94	202
Ackerbauministerium	9	10	10	11	12	11	11	11	11	12	13	13	14	16	16	33
Kultus- und Unterrichtsministerium	5	5	5	6	6	6	6	7	7	7	7	8	8	9	10	22
Justizministerium	10	11	11	11	12	12	12	12	12	12	12	13	14	15	15	31
Landesverteidigungsministerium	7	7	7	7	7	8	9	8	10	10	11	12	12	14	14	30
Zusammen	310	286	300	306	327	320	324	322	319	324	364	379	381	436	430	892
II. Außerordentliche Ausgaben.																
Durchlaufende Ausgaben	177	54	64	91	131	3	11	5	470	40	17	14	83	547	38	32
Investitionen	16	29	29	29	25	21	19	16	14	19	17	17	24	36	31	95
Außerordentliche gemeinsame Ausgaben	2	14	6	5	4	4	14	19	10	5	7	8	7	7	7	14
Ausgaben zusammen	505	383	399	431	487	348	368	362	814	387	406	418	495	1026	505	1032

Ausgaben (Fortsetzung).

Kapitel	1897	1898	1899	1900	1901	1902	1903	1904	1905	1906	1907	1908	1909	1910	1912
I. Ordentliche Ausgaben.															
Gemeinsame Ausgaben	49	45	57	63	68	72	72	70	69	61	69	81	70	103	143
Staatsschulden	252	249	255	261	261	240	294	261	263	263	264	265	274	308	331
Ministerium des Innern	34	35	37	43	48	49	47	52	55	66	68	73	86	88	101
Finanzministerium	182	197	173	182	178	178	172	190	168	198	203	227	246	53	50
Handelsministerium	197	173	177	186	195	202	207	216	233	255	313	356	377	30	38
Ackerbauministerium	34	36	38	41	44	45	46	46	47	50	54	59	62	25	27
Kultus- und Unterrichtsministerium	24	26	27	31	33	35	37	42	45	47	57	66	76	77	95
Justizministerium	33	34	34	35	37	37	36	36	41	41	43	47	50	50	53
Landesverteidigungsministerium	29	32	33	34	37	39	37	39	40	38	42	44	48	48	62
Zusammen	911	905	910	957	983	981	1034	1040	1049	1112	1210	1320	1393	1451	1622
II. Außerordentliche Ausgaben.															
Durchlaufende Ausgaben	26	24	26	50	25	34	1059	65	48	33	52	60	52	59	62
Investitionen	140	89	78	64	71	72	65	87	72	60	98	200	200	149	169
Außerordentliche gemeinsame Ausgaben	19	32	13	12	23	24	20	23	23	40	40	36	77		
Ausgaben zusammen	1096	1049	1027	1084	1102	1111	2179	1215	1192	1245	1399	1616	1722	1662	1853

Ungarn.

Einnahmen in Mill. Gulden, seit 1896 in Mill. Kronen.

Kapitel	1881	1882	1883	1884	1885	1886	1887	1888	1889	1890	1891	1892	1893	1894	1895	1896
a) Ordentliche Einnahmen																
Finanzministerium	234	228	239	240	254	248	254	247	257	284	298	305	334	336	330	673
Handelsministerium	26	27	28	34	39	36	38	60	64	70	95	99	112	118	126	281
Ackerbauministerium	9	9	9	10	10	9	10	10	11	10	13	14	14	15	14	30
Zusammen....	285	280	295	300	322	312	322	335	342	373	414	425	466	475	477	1001
b) Außerordentliche Einnahmen	204	106	106	119	165	41	54	53	474	47	27	12	99	558	54	35
Zusammen....	489	386	401	420	487	353	377	388	816	420	442	437	565	1034	531	1037

Einnahmen (Fortsetzung).

Kapitel	1897	1898	1899	1900	1901	1902	1903	1904	1905	1906	1907	1908	1909	1910	1912
a) Ordentliche Einnahmen.															
Finanzministerium	705	727	702	718	711	726	678	808	628	903	913	953	953		
Handelsministerium	267	246	254	270	272	281	292	307	327	361	389	401	428		
Ackerbauministerium	33	32	35	34	36	36	38	40	41	42	41	41	44		
Zusammen....	1022	1018	1007	1042	1038	1063	1026	1177	1015	1334	1370	1409	1452		
b) Außerordentliche Einnahmen	92	24	23	140	13	22	1114	102	43	22	23	116	299		
Zusammen....	1114	1053	1030	1197	1051	1086	2141	1284	1058	1357	1396	1531	1751	1835	1853

Italien.

Ordentliche Ausgaben.

(In Mill. Lire.)

Jahr	Staatsrente	Unterricht	Heer	Marine	Post und Telegraph
1871	272,6	.	141,5	22,1	.
1872	329,3	.	150,6	26,5	.
1873	318,1	20,0	154,8	30,3	26,4
1874	320,7	19,9	164,5	31,6	26,2
1875	324,7	21,1	164,5	31,7	26,8
1876	333,1	21,1	163,6	35,4	27,8
1877	338,8	21,9	170,9	40,1	28,8
1878	342,0	24,3	169,8	39,1	29,6
1879	346,4	24,5	172,7	38,1	31,0
1880	351,8	24,8	190,4	40,2	32,5
1881	355,7	25,6	185,7	39,9	34,4
1882	428,0	25,7	188,7	44,1	36,8
1883	432,6	27,1	197,9	55,3	39,4
1884 I. Sem.	217,3	13,8	106,4	25,6	20,7
1884/85	437,8	28,4	205,2	53,0	43,2
1885/86	441,4	29,5	208,2	62,1	44,6
1886/87	441,7	32,2	216,3	68,8	46,8
1887/88	441,8	35,5	240,0	83,5	49,5
1888/89	441,8	37,6	249,7	87,7	52,2
1889/90	438,2	37,7	257,3	102,6	50,2
1890/91	441,8	38,6	253,6	95,4	51,3
1891/92	441,6	37,5	242,8	91,5	50,1
1892/93	452,9	38,4	232,9	92,0	52,5
1893/94	455,3	38,4	237,1	91,2	53,1
1894/95	463,5	38,9	216,9	87,7	54,5
1895/96	468,9	38 7	331,1 [1])	100,7 [1])	54,6
1896/97	473,4	39,4	279,6	106,4	56,4
1897/98	475,9	40,1	317,1	117,7	57,6
1898/99	476,9	40,7	304,5	127,2	58,6
1899/1900	477,7	41,8	286,6	131,2	62,1
1900/01	478,9	43,3	289,1	129,4	64,4
1901/02	479,8	44,3	290,8	128,1	67,4
1902/03	486,1	45,7	295,6	124,1	72,5
1903/04	481,0	52,2	284,9	136,4	78,5
1904/05	480,8	55,1	293,9	128,4	100,9
1905/06	479,4	20,1	295,9	141,8	94,6
1906/07	380,1	92,2	313,0	160,1	99,6
1907/08	380,1	87,4	332,0	163,3	123,8
1908/09	380,1	96,6	363,4	180,0	132,7
1909/10	380,1	107,5	401,4	171,1	135,3
1910/11	380,1	118,3	435,0	221,8	130,5

[1]) Von hier an einschließlich der außerordentlichen Ausgaben.

Italien.

Ordentliche Einnahmen.

(In Mill. Lire.)

Jahr	Einkommensteuer	Grundsteuer	Gebäudesteuer	Abgaben von Rechtsgeschäften	Erbschaftssteuer	Fabrikatsteuer[1]	Oktroi	Tabakmonopol[2]	Salzmonopol[2]	Zölle	Gesamteinnahmen
1871	140,5	128,5	51,0	115,8	20,4	49,0	61,0	72,9	74,2	81,4	945,45
1872	154,0	130,7	49,5	132,5	24,1	59,6	60,0	73,3	76,3	87,9	994,39
1873	164,0	123,6	52,5	141,9	24,4	64,3	59,7	72,4	76,4	96,7	1034,3
1874	165,0	123,6	54,7	141,0	24,1	72,0	60,0	76,2	77,7	100,5	1057,9
1875	170,0	123,7	52,6	151,1	26,3	79,7	59,9	85,7	78,5	104,3	1092,5
1876	173,5	123,8	53,1	148,1	25,1	86,0	69,9	85,3	79,9	101,0	1114,3
1877	178,0	123,7	54,3	157,7	27,0	87,9	69,7	91,1	80,6	103,3	1174,0
1878	175,2	123,9	54,5	155,1	29,1	97,7	69,7	95,5	80,6	108,0	1184,1
1879	176,3	124,0	61,4	153,6	25,8	81,6	69,7	104,2	80,3	133,9	1221,7
1880	178,5	124,1	61,5	166,8	31,7	62,6	69,8	104,9	80,3	125,6	1215,9
1881	183,6	126,4	63,5	169,0	28,5	61,3	77,5	106,5	82,0	156,8	1272,4
1882	193,1	125,7	63,7	169,4	29,4	63,4	78,7	108,1	81,8	158,8	1292,8
1883	195,1	125,5	64,1	179,1	31,0	66,9	79,3	108,6	84,2	179,3	1325,5
1884 I. Sem.	96,2	62,7	32,2	89,4	15,1	8,5	40,1	82,5	41,6	86,0	655,1
1884/85	201,5	125,5	65,3	185,7	33,1	24,7	78,9	172,9	86,2	212,1	1404,6
1885/86	206,7	120,5	66,1	192,0	33,9	25,0	79,3	181,8	72,2	202,2	1398,5
1886/87	210,6	116,1	67,0	205,8	34,2	35,0	80,7	190,0	58,9	221,5	1444,2
1887/88	216,3	106,2	67,6	218,5	36,7	30,3	81,8	186,6	59,2	245,2	1487,1
1888/89	226,3	106,2	68,7	219,8	34,0	23,1	81,9	184,6	61,8	236,9	1490,1
1889/90	230,7	106,3	70,1	220,8	36,6	22,7	81,0	186,0	62,5	275,3	1542,9
1890/91	234,3	106,4	76,1	216,5	36,8	28,0	80,6	189,3	62,9	236,1	1522,7
1891/92	233,7	106,6	84,2	219,8	37,4	31,3	67,4	190,8	62,8	224,7	1514,4
1892/93	234,1	106,5	85,7	219,2	38,0	27,3	66,7	192,3	62,6	252,0	1536,0
1893/94	234,4	106,5	86,7	215,0	37,9	30,3	61,2	192,7	66,2	221,7	1503,2
1894/95	287,3	106,5	87,7	209,5	37,0	34,6	52,2	190,2	71,3	232,7	1558,6
1895/96	289,3	106,4	88,2	211,2	37,7	41,6	51,5	189,1	72,0	261,6	1622,1
1896/97	288,3	106,6	88,4	218,9	37,6	45,2	51,9	188,2	73,4	234,1	1602,8
1897/98	286,3	107,1	88,3	218,1	37,2	47,9	52,1	188,0	72,7	243,1	1614,0
1898/99	287,1	106,9	88,6	222,7	36,7	49,1	52,6	196,1	74,0	241,4	1647,5
1899/1900	289,1	106,2	89,1	223,4	37,1	64,3	53,1	196,1	74,1	243,7	1664,4
1900/01	291,5	104,0	89,5	223,9	39,6	90,1	52,9	201,5	75,4	261,8	1716,1
1901/02	294,7	102,2	90,2	222,9	36,9	99,2	53,2	208,4	76,6	252,8	1739,0
1902/03	298,0	101,4	90,6	227,3	36,9	111,6	52,5	210,0	75,1	273,0	1786,0
1903/04	298,3	100,6	91,7	236,7	35,9	108,6	52,1	215,1	77,7	235,8	1849,0
1904/05	300,7	99,6	92,7	240,8	39,5	140,7	50,7	225,2	77,7	234,7	1891,0
1905/06	300,3	95,9	93,2	259,6	40,4	138,0	50,7	231,3	80,2	291,0	1967,8
1906/07	275,6	88,9	94,2	273,9	41,3	144,5	50,7	238,9	80,1	317,3	2004,9
1907/08	255,8	180,0			41,0	148,0	51,5	258,5	80,8	274,3	1999,4
1908/09	272,0	179,7			40,9	140,9	52,1	274,9	80,3	341,0	2171,7
1909/10	283,7	180,5			48,8	161,7	53,5	289,6	85,6	318,3	2268,1
1910/11	296,5	183,7			56,0	186,1	52,4	301,8	86,3	381,4	2432,0

[1]) Bis 1883 einschl. Mahlsteuer. [2]) Unkosten der Monopole schwanken zwischen 50—60 Mill. Lire.

Frankreich.

Ausgaben.

(Mill. Francs.)

Jahr	1869	1870	1871	1872	1873	1874	1875	1876	1877	1878	1879	1880	1881	1882	1883	1884	1885	1886	1887	1888	1889	1890
Staatsschuld und Dotationen	555	587	682	1133	1330	1191	1231	1166	1889	1206	1258	1256	1254	1298	1329	1295	1321	1345	1287	1288	1284	1284
In den Ministerien:																						
Justiz	36	35	33	34	34	35	34	35	35	35	35	36	36	36	37	39	39	39	38	37	38	37
Kultus	49	48	48	53	54	54	54	54	53	53	53	52	48	52	51	50	47	46	43	45	45	45
Auswärtiges	14	13	12	12	12	11	11	11	13	14	15	15	15	17	15	13	15	21	55	14	16	17
Inneres	60	61	60	84	112	101	82	99	87	68	157	63	77	83	69	91	83	68	67	74	72	77
Finanzen	20	34	121	145	54	30	24	24	24	23	48	24	23	24	26	25	23	24	22	23	27	26
Krieg	380	407	387	462	481	473	485	523	540	557	537	559	625	640	616	596	600	582	556	548	566	580
Marine	163	196	167	144	151	153	157	170	193	198	194	194	207	222	259	298	309	272	243	181	199	201
Oeffentlicher Unterricht	26	27	28	34	35	37	37	40	48	56	60	80	83	129	146	166	168	135	134	134	136	183
Schöne Künste	12	6	6	7	7	7	7	7	8	8	8	9	27	21	19	17	14	15	20	14	16	8
Handel und Industrie													18	20	23	27	42	23	25	34	41	26
Kolonien																				65	60	58
Landwirtschaft	12	17	21	17	22	21	17	18	32	45	34	38	10	19	22	22	21	22	22	22	22	21
Oeffentliche Arbeiten	113	84	77	139	141	189	193	216	214	226	163	173	134	119	133	132	155	115	119	231	214	216
Regie- und Erhebungskosten	222	217	215	227	247	237	240	246	237	257	260	272	308	321	334	332	345	332	328	323	326	339
Sonstige Ausgaben	11	15	32	51	18	19	20	45	18	17	17	29	15	20	20	21	22	23	23	23	22	22
Algier	15	15	14	38	28	26	35	28	26	28	29	26										
Summe des ordentl. Budgets	1688	1760	1900	2579	2725	2583	2628	2680	3416	2790	2869	2827	2881	3022	3101	3120	3203	3064	2984	3060	3084	3142
Außerordentliches Budget	119	1388	1143						16	318	285	480	701	664	615	417	264	229	275	160	163	146
Liquidationsfonds				141	143	198	306	351	295	239	168	59	34									
Budget d. 429 Millionenanleihe	97	25	4	3	7	1	3															
Summe der ordentlichen und außerordentlichen Ausgaben	1904	3173	3047	2723	2874	2782	2937	3031	3727	3348	3322	3365	3616	3686	3716	3537	3464	3294	3259	3221	3247	3288

(Fortsetzung.)

Frankreich.

Ausgaben.

(Mill. Francs.)

Jahr	1891	1892	1893	1894	1895	1896	1897	1898	1899	1900	1901	1902	1903	1904	1905	1906	1907	1908	1909	1910	1911
Staatsschuld und Dotationen	1254	1282	1269	1335	1218	1215	1251	1252	1248	1255	1249	1260	1187	1219	1219	1232	1220	1253	1254	1257	1265
In den Ministerien:																					
Justiz	37	35	35	35	35	35	35	35	35	36	36	37	37	38	38	38	39	40	40	57	58
Kultus	44	43	43	43	43	43	43	43	43	43	43	43	42	42	41	1	1				
Auswärtiges	17	16	17	17	16	19	17	17	16	17	22	18	17	17	18	18	21	20	23	20	24
Inneres	82	67	72	74	74	73	74	75	74	79	79	77	80	81	86	80	107	120	141	156	132
Finanzen	26	39	28	32	29	29	30	29	29	29	30	31	29	26	26	50	49	52	66	60	58
Krieg	709	678	650	648	637	646	684	659	664	673	727	732	706	702	764	860	822	835	871	915	915
Marine	230	252	253	274	268	265	261	290	322	373	344	299	305	293	316	306	316	331	348	364	419
Oeffentlicher Unterricht	177	167	173	192	191	194	201	199	204	205	206	209	217	224	236	251	259	267	272	279	297
Schöne Künste	8	8	9	9	14	15	15	16	17	12	17	16	15	14	14	17	18	17	22	21	20
Handel und Industrie	23	24	26	26	29	35	41	48	74	92	60	64	53	61	51	87	57	60	68	59	54
Kolonien	69	81	78	82	79	85	107	112	104	117	124	112	103	105	102	103	96	84	92	95	99
Landwirtschaft	20	27	38	32	31	31	36	31	32	37	38	36	35	38	39	39	45	46	47	55	59
Oeffentliche Arbeiten	205	240	273	291	287	265	233	217	206	213	246	276	265	268	251	241	240	271	305	338	354
Regie- und Erhebungskosten	334	334	365	369	368	378	378	385	403	426	434	442	452	462	469	493	507	528	544	556	580
Sonstige Ausgaben	21	22	48	48	42	42	44	43	42	46	46	44	47	44	43	44	47	48	50	54	54
Algier		61	72	73	73	74	73	76	74	71											
Summe des ordentl. Budgets	3258	3380	3451	3580	3434	3445	3524	3528	3589	3726	3702	3699	3597	3639	3707	3852	3880	4021	4186	4321	4548
Summe der ordentlichen und außerordentlichen Ausgaben	3258	3380	3451	3580	3434	3445	3524	3528	3589	3726	3702	3699	3597	3639	3707	3852	3880	4021	4186	4321	4548

Budgetrubriken	1869	1870	1871	1872	1873	1874	1875	1876	1877	1878	1879	1880	1881	1882	1883	1884	1885	1886	1887	1888	1889	1890
a) Abgaben.																						
Direkte Steuern	332	336	324	335	389	380	384	388	392	395	398	377	376	388	394	398	401	406	410	415	418	461
Kleine, d. dir. zugesellt. Steuern	7	7	7	11	20	24	24	25	26	76	26	94	25	26	26	27	27	27	28	28	28	28
Registrierung	368	286	337	434	422	431	453	471	470	488	520	550	571	559	549	524	524	522	517	514	506	54
Stempel	89	75	82	138	140	152	154	154	156	159	147	147	155	159	159	159	159	160	162	164	165	170
Börsensteuer																						
Steuer auf Wertpapiere				6	32	34	35	35	34	34	37	39	45	48	48	47	46	47	49	51	49	51
Zölle	74	82	106	111	162	157	182	200	196	218	238	262	285	289	300	291	294	309	325	362	351	355
Getränkesteuer	250	224	245	290	328	347	385	399	398	411	421	439	415	408	422	427	416	412	417	418	430	449
Transportsteuer	38	29	39	78	70	81	111	105	99	100	81	87	92	94	95	92	92	93	93	93	106	98
Verschied. Verbrauchssteuern	29	24	33	59	66	88	107	104	104	101	92	89	88	89	91	93	·90	85	79	80	81	65
Zucker	114	103	139	107	173	152	181	190	170	190	200	179	136	148	148	171	172	138	132	159	144	172
Salz	33	31	30	32	36	28	35	37	34	33	33	33	32	33	34	33	33	32	32	33	33	32
b) Monopole und gewerbliche Staatsunternehmungen.																						
Zündhölzer[1])																						15
Tabak	255	243	217	269	291	299	312	323	329	332	335	344	354	363	372	377	375	369	369	370	373	373
Schießpulver	13	10	9	10	12	12	14	14	13	13	14	13	15	16	15	15	15	14	13	12	12	11
Post	95	73	92	109	111	114	119	114	120	102	105	113	124	128	134	135	140	142	145	151	159	162
Telegraph	11	10	11	14	15	16	18	19	19	21	23	26	29	29	30	31	31	32	32	34	37	41
Telephon																						
Verschiedenes[2])																				9	10	10
c) Domänen.																						
Nichtforstliche Domänen	11	9	22	18	16	15	17	14	16	13	15	14	14	14	17	16	20	17	22	18	19	17
Forsten	41	10	53	45	36	34	39	41	36	34	34	36	30	29	29	29	27	25	26	26	26	27
d) Versch. Erträge d. Budgets	74	60	55	57	79	105	91	100	122	136	79	68	71	74	76	78	86	82	84	29	29	25
e) Einmalige Einnahmen		22	182	341	244	6	2			1	120	66	81	64	76	65	84	4	9	14	5	8
f) Bes. Einnahmen (recettes d'ordre)	15	15	15	17	18	18	18	19	20	20	21	22	22	23	23	24	24	24	25	128	128	129
Summe d. ordentl. Einnahmen	1865	1662	2014	2497	2680	2519	2705	2778	2780	2853	2966	2957	2988	2980	3038	3032	3056	2940	2969	3108	3108	2752
Außerordentliche Einnahmen		1438	1202						16	318	285	480	701	664	615	417						
Liquidationskonto				562		89	162	409	100	257	239	94	96				264	29	275	160	163	146
Budget d. 429 Millionenanleihe	97	25	4	3	7	1	3															
Summe der ordentlichen und außerordentlichen Einnahmen	1962	3124	3220	3062	2691	2609	2870	3187	2896	3427	3490	3531	3786	3644	3653	3449	3319	3169	3244	3268	3271	2899

[1]) Das Zündholzmonopol ist seit 1890 in staatlicher Verwaltung. Die bis dahin von der den Vertrieb ausübenden Aktiengesellschaft zu zahlende Pacht ist in der Zahl der Rubrik „Verschiedene Verbrauchssteuern" enthalten.

[2]) Staatseisenbahnen, das Journal officiel, Staatsdruckerei, Münze. Bis 1887 waren diese Einnahmen in Rubrik „d. Verschiedene Erträge des Budgets" enthalten.

Frankreich.

Einnahmen. (Mill. Francs.)

Budgetrubriken	1891	1892	1893	1894	1895	1896	1897	1898	1899	1900	1901	1902	1903	1904	1905	1906	1907	1908	1909	1910	1911
a) Abgaben.																					
Direkte Steuern	444	437	464	468	471	475	479	467	479	484	489	489	495	499	505	508	514	522	530	536	547
Kleine, d. dir. zugesellt. Steuern	31	31	33	34	36	38	39	38	38	40	44	44	47	50	50	52	46	48	48	50	59
Registrierung	445	551	522	529	529	508	522	533	543	573	550	567	592	592	626	609	646	643	686	690	805
Stempel	171	159	162	163	163	174	176	193	181	177	177	181	192	190	188	202	207	197	240	240	229
Börsensteuer			4	11	10	5	6	5	7	7	6	7	7	7	8	8	8	10	13	12	12
Steuer auf Wertpapiere	71	70	67	66	66	63	69	70	74	79	82	80	80	84	86	86	101	100	103	108	116
Zölle	385	410	431	446	387	407	426	470	430	425	384	376	424	415	418	454	509	494	526	586	768
Getränkesteuer	457	476	468	456	465	464	474	499	501	529	407	387	406	439	414	416	413	429	431		
Transportsteuer	102	61	54	56	57	59	61	63	64	72	68	69	71	72	74	72					
Verschied. Verbrauchssteuern	65	64	64	65	66	74	76	71	73	58	101	91	92	92	89	91	}181	179	}623	645	680
Zucker	196	204	195	196	190	193	186	182	200	184	155	180	162	152	136	146	156	159	}165	167	186
Salz	33	33	32	32	33	35	35	34	32	34	34	34	35	35	34	34	10	10			
b) Monopole und gewerbliche Staatsunternehmungen.																					
Zündhölzer	27	25	27	27	27	29	29	30	31	32	32	34	35	35	35	37	39	40	40	42	41
Tabak	372	377	374	376	381	394	396	405	413	415	414	421	434	447	451	458	471	478	487	498	509
Schießpulver	10	10	11	11	12	12	12	12	13	12	13	13	13	15	16	19	18	18	19	20	23
Post	165	166	167	170	178	180	186	193	201	210	212	220	232	246	262	246	247	254	257	274	278
Telegraph	37	35	35	36	38	38	38	39	42	44	42	43	42	44	47	49	51	50	52	57	57
Telephon			8	9	10	12	11	13	14	16	18	20	22	22	23	25	26	24	31	31	36
Verschiedenes	10	11	10	13	12	14	16	19	19	17	15	16	20	34	30	31	30	28	27	28	23
c) Domänen.																					
Nichtforstliche Domänen	19	18	15	17	19	17	28	23	21	18	19	20	21	31	22	24	25	26	27	29	31
Forsten	28	28	28	27	29	30	31	31	31	33	34	35	29	31	31	33	35	35	32	35	34
d) Versch. Erträge d. Budgets	23	23	25	56	59	59	62	60	60	62	65	58	70	72	84	60	70	74	73	70	70
e) Einmalige Einnahmen	61	21	8	39	33	5	2	7		78	76	68	12	12	11	36	108	57			
f) Bes. Einnahmen (recettes d'ordre)	114	115	113	109	99	101	111	107	129	157	136	130	129	121	122	130	139	142	157	154	187
Einnahmen aus Algier		45	51	51	49	54	60	58	61	62	4	4	4	5	4	6	4	2			
Summe d. ordentl. Einnahmen	3265	3371	3366	3459	3416	3436	3528	3621	3657	3815	3576	3582	3668	3739	3776	3837	3968	3966	4141	4274	4689

England. [illegible]

Jahre	Einnahmen: Zölle	Akzise	Stempel	Nachlaß-steuer	Haus- und Landsteuer	Ein-kommen-steuer	Post und Telegraph	Kron-land	Gesamte Brutto-einnahme	Ausgaben: Zivilliste und Zivil-verwaltung	Armee	Marine	Steuererhebung einschl. Post: Post	Steuererhebung einschl. Post: Zölle, Akzis.	Schulden-dienst	Brutto-ausgaben	Fundierte Schuld	Annuitäten-schuld	Unfundierte Schuld
1881	19,2	25,3	11,9		2,7	10,6	8,3	0,39	84,0	17,3	16,7	10,7	5,4	2,8	29,6	83,1	709,1	37,5	22,1
1882	19,3	27,2	12,3		2,7	9,9	8,6	0,38	84,0	18,0	15,7	10,6	5,7	2,8	29,7	83,6	709,5	33,2	18,0
1883	19,7	27,0	11,7		2,8	11,9	9,0	0,38	87,4	18,9	15,1	10,3	6,1	2,9	29,7	87,3	712,7	27,6	14,2
1884	19,7	27,0	11,7		2,9	10,7	9,5	0,38	86,2	18,7	16,1	10,7	6,9	2,8	29,7	86,0	640,6	91,7	14,1
1885	20,6	26,5	11,9		2,9	12,0	9,6	0,38	88,0	19,0	18,6	11,4	7,1	2,7	29,7	89,0	640,2	86,1	14,0
1886	19,7	25,4	11,6		2,9	15,2	9,9	0,38	89,6	19,2	17,0	12,7	7,3	2,8	23,4	92,2	638,8	85,8	17,6
1887	20,1	25,2	11,5		3,0	15,9	10,3	0,37	90,8	19,3	18,4	13,2	8,1	2,7	28,0	90,0	637,6	81,1	17,5
1888	19,6	25,6	13,0		3,0	14,4	10,6	0,39	89,8	19,7	18,2	12,3	8,0	2,7	26,2	87,4	609,7	78,4	17,4
1889	19,9	25,5	12,2		3,0	12,7	11,1	0,43	88,5	19,4	15,9	13,0	8,3	2,7	26,2	87,7	607,1	75,3	16,0
1890	20,4	24,1	13,0		3,0	12,8	11,8	0,43	89,3	17,1	17,3	13,8	8,3	2,6	25,2	86,1	585,9	71,7	32,3
1891	19,5	24,7	13,4		2,6	13,2	12,2	0,43	89,5	17,7	17,6	14,1	8,7	2,6	25,2	87,7	579,5	68,5	36,1
1892	19,8	25,7	13,7		2,5	13,8	12,6	0,43	91,0	19,0	17,3	14,1	9,4	2,8	25,2	89,9	577,9	64,4	35,3
1893	19,6	25,3	13,8		2,4	13,5	12,8	0,43	90,4	19,3	17,5	14,3	9,8	2,6	25,2	90,4	589,5	60,8	20,8
1894	19,7	25,3	12,8		2,5	15,2	13,0	0,42	91,1	19,8	17,9	14,1	10,1	2,7	25,2	91,3	587,6	57,1	21,4
1895	20,1	26,0	5,7	8,7	2,4	15,6	13,3	0,41	94,7	20,4	17,9	17,6	10,3	2,7	25,0	93,9	586,0	52,5	17,4
1896	20,8	26,8	7,3	11,6	2,5	16,1	14,2	0,41	102,0	21,2	18,5	19,7	10,5	2,7	25,0	97,7	589,1	49,2	10,0
1897	21,3	27,5	7,3	10,8	2,4	16,6	14,8	0,41	102,2	21,4	18,3	22,2	10,8	2,7	25,0	101,5	587,7	45,2	8,1
1898	21,8	28,3	7,6	11,1	2,4	17,2	15,2	0,41	106,0	22,9	19,3	20,9	11,5	2,8	25,0	112,3	585,8	41,2	8,1
1899	20,8	29,2	7,6	11,4	2,4	18,0	15,9	0,43	107,8	23,4	20,0	24,0	12,1	2,8	25,0	117,1	583,2	36,7	8,1
1900	23,8	32,1	8,5	14,0	2,5	18,7	16,6	0,45	129,8	23,9	43,5	26,0	12,7	2,8	23,2	143,7	552,6	60,2	16,1
1901	26,3	33,1	7,8	13,0	2,5	26,9	17,2	0,50	140,1	24,8	91,5	29,5	13,3	2,8	19,8	193,6	551,2	60,2	78,1
1902	31,0	31,6	7,8	14,2	2,5	34,8	17,8	0,45	152,7	31,9	92,3	31,0	13,8	2,9	21,7	205,5	609,6	60,3	75,1
1903	34,4	32,1	8,2	13,8	2,5	38,8	18,4	0,45	161,7	37,6	69,0	31,1	14,3	3,0	27,3	194,5	640,1	55,6	75,1
1904	33,8	31,5	7,5	13,0	2,6	30,8	19,2	0,46	151,3	28,3	36,5	35,4	14,8	3,1	27,0	187,0	637,6	51,4	73,6
1905	35,7	30,7	7,7	12,3	2,7	31,3	19,9	0,47	153,2	28,8	29,2	36,8	15,3	3,1	27,0	151,8	635,7	47,8	71,6
1906	34,4	30,3	8,1	13,0	2,7	31,4	21,0	0,48	153,9	29,8	28,8	33,3	15,6	3,2	28,0	150,5	634,0	43,5	65,7
1907	32,9	30,4	7,9	14,4	2,6	31,6	21,4	0,52	155,0	30,6	27,8	31,4	16,1	3,2	28,5	149,6	631,9	40,9	51,7
1908	32,5	35,7	8,0	19,1	2,7	32,4	22,3	0,52	156,5	32,2	27,1	31,1	17,5	3,2	29,5	151,8	625,6	39,4	46,5
1909	29,2	33,7	7,8	18,4	2,6	33,9	22,3	0,53	151,6	34,0	26,8	32,2	18,1	3,2	28,0	152,3	621,8	38,0	42,8
1910	30,3	31,0	8,1	21,8	0,7	13,3	23,0	0,48	131,7	41,7	27,2	35,8	18,7	3,3	21,8	157,9	614,9	35,9	62,5
1911	33,1	40,0	9,8	24,5	4,3	61,9	24,4	0,50	203,8	44,7	27,4	40,4	19,7	3,9	24,5	172,0	610,3	34,4	40,5
1912	33,6	38,4	9,5	25,4	2,9	44,8	25,7	0,53	185,1	46,0	27,6	42,9	20,5	4,0	24,5	178,5	602,3	33,0	39,5

England. Einnahmen und Ausgaben in Mill. £.

Fiskaljahre (endigend 31. März)	Kommunalsteuern usw. Einnahmen im Vereinigten Königreich: Kommunalsteuern in England	Kommunalsteuern in Schottland	Kommunalsteuern in Irland	Gas und Wasser in England	Gas und Wasser in Schottland	Tramways im Vereinigten Königreich	Staatszuschuß im Vereinigten Königreich	Gebühren, Strafgelder usw.	Anleihen	Zinsen	Verschiedenes	Summe der Einnahmen einschl. Anleihen	Darunter staatliche Überweisungen aus Zuschlägen zu Zöllen, Akzisen, Lizenzen	Darunter staatliche Überweisungen aus Zuschlägen zur Erbschaftssteuer	Ausgaben des Staates für Schulen
1881	22,8	2,9	2,6	3,5			3,3	6,5	14,4	1,0	5,9	63,8			3,7
1882	23,8	3,1	2,7	3,6			3,6	6,5	16,5	1,1	6,0	67,7			3,8
1883	24,4	3,1	2,8	5,2			4,0	6,8	11,6	1,1	3,7	64,0			3,9
1884	24,9	3,3	2,9	5,4			4,2	6,4	9,3	1,8	3,1	62,8			4,0
1885	25,6	3,3	3,0	5,3			4,4	6,6	13,3	1,5	3,0	67,4			4,4
1886	26,1	3,4	3,0	5,4			4,6	6,6	13,9	1,8	2,3	68,2			4,6
1887	26,6	3,4	2,8	5,5			4,8	6,8	10,9	1,7	2,6	66,3			4,7
1888	27,2	3,5	2,9	5,8			5,2	6,7	10,2	1,7	2,7	66,8			4,8
1889	27,4	3,5	2,9	6,1			5,7	7,2	8,2	1,9	2,8	67,0		1,4	5,0
1890	27,7	3,6	3,0	6,4			7,7	7,0	8,1	2,3	2,4	69,3	2,9	2,2	5,1
1891	27,8	3,2	2,8	6,8	0,5	0,1	8,5	6,0	8,5	1,7	2,7	70,0	4,5	2,4	5,2
1892	28,5	3,3	2,8	7,0	0,5	0,1	9,7	6,0	12,5	1,8	2,7	76,1	4,7	2,7	6,2
1893	30,2	3,3	2,9	7,1	1,6	0,1	10,6	5,4	14,8	1,9	2,8	82,1	4,8	2,4	7,9
1894	32,2	3,4	3,0	7,3	1,7	0,2	10,9	5,0	17,0	2,0	2,9	87,7	4,8	2,3	8,4
1895	33,9	3,4	3,0	7,6	1,8	0,4	10,9	5,7	18,2	2,1	3,1	91,7	4,8	2,1	8,9
1896	35,9	3,7	3,0	7,7	1,8	0,6	11,3	5,8	14,8	2,0	3,1	91,5	4,9	2,4	9,3
1897	37,5	3,8	3,1	8,0	1,9	0,7	11,7	5,9	17,3	2,1	3,4	97,8	5,1	3,1	9,8
1898	37,6	3,8	3,1	8,4	2,0	1,0	13,2	6,1	17,4	2,1	3,6	101,1	5,1	4,0	10,6
1899	38,6	4,0	3,2	8,9	2,2	1,4	14,2	6,3	23,3	2,3	3,6	110,7	5,3	4,1	11,0
1900	40,7	4,2	2,5	9,7	2,3	2,1	15,8	6,3	28,0	2,5	4,1	121,4	5,5	4,1	11,2
1901	43,0	4,5	3,2	10,7	2,6	2,5	16,0	6,4	35,5	2,7	4,2	134,9	5,4	4,2	11,5
1902	46,4	4,9	2,9	11,0	2,6	3,5	16,0	6,6	39,9	2,8	4,4	145,1	5,4	4,2	11,8
1903	50,3	5,0	3,0	11,2	2,7	4,6	16,2	6,8	39,8	2,8	4,9	152,3	5,5	4,2	12,1
1904	52,9	5,3	3,0	11,7	2,6	5,7	19,2	7,0	36,4	3,1	5,7	158,1	5,5	4,3	13,3
1905	56,1	5,5	3,0	11,6	2,6	6,3	23,3	7,7	38,3	3,4	5,7	168,3	5,5	4,2	14,2
1906	58,2	5,7	3,1	11,5	2,7	7,2	23,6	7,4	29,8	3,4	5,7	164,0	5,5	4,3	14,9
1907	59,6	5,9	3,2	11,8	2,8	8,4	25,0	7,6	24,4	3,6	5,9	163,6	5,6	4,7	15,4
1908	59,6	6,1	3,0	12,4	3,1	9,3	24,5	7,7	25,4	3,7	5,8	167,1	5,5	4,5	
1909	61,3	6,4	3,1	12,4	2,9	9,5	25,4	7,8	24,0	3,7	5,6	168,7	4,3	4,4	
1910	63,3	6,6	3,3	12,5	3,0	9,9	25,2	10,4	42,2	4,0	5,8	195,8	3,6	4,6	

Vereinigte Staaten von Amerika.

Rechnungsjahre endigend 30. Juni	Einnahmen in Mill. $				Ausgaben in Mill. $							
	Zölle	Steuern	Andere Einnahmen	Summe	Krieg	Marine	Indianer	Pensionen	Schuldzinsen	Verschiedenes	Summe	Staatsschuld
1866	179,0	309,2	31,7	519,9	283,1	43,3	3,29	15,6	133,1	40,6	519,0	2773
1867	176,4	266,0	20,4	462,8	95,2	31,0	4,64	20,9	143,8	51,1	346,7	2678
1868	164,5	191,1	20,9	376,4	123,2	25,8	4,10	23,8	140,4	53,0	370,3	2612
1869	180,0	158,3	18,8	357,2	58,5	20,0	7,04	28,5	130,7	56,5	321,2	2489
1870	194,5	184,9	16,5	395,9	57,6	21,8	3,41	28,3	129,2	53,2	293,6	2386
1871	206,3	143,1	25,1	374,4	35,8	19,4	7,43	34,4	125,6	60,5	283,2	2292
1872	216,4	130,6	16,7	364,7	35,4	21,2	7,06	28,5	117,4	61,0	270,6	2191
1873	188,1	113,7	20,4	322,2	46,3	23,5	7,95	29,4	104,8	73,3	285,2	2148
1874	163,1	102,4	34,4	299,9	42,3	30,9	6,96	29,0	107,1	85,1	301,2	2143
1875	157,2	110,0	16,8	284,0	41,1	21,5	8,38	29,5	103,1	71,1	274,6	2129
1876	148,1	116,7	25,3	290,1	38,0	19,0	5,97	28,3	100,2	73,6	265,1	2099
1877	130,9	118,6	31,4	281,0	37,1	15,0	5,28	28,0	97,1	58,9	241,3	2060
1878	130,2	110,6	16,7	257,4	32,1	17,4	4,63	27,1	102,5	58,2	237,0	2036
1879	137,2	113,6	21,5	272,3	40,4	15,1	5,21	35,1	105,3	63,7	266,9	2027
1880	186,5	124,0	23,0	333,5	38,1	13,6	5,94	56,8	95,7	54,7	264,8	1942
1881	198,2	135,3	27,4	360,8	40,5	15,7	6,51	50,1	82,5	64,4	259,6	1840
1882	220,4	146,4	36,6	403,5	43,6	15,0	9,73	61,3	71,1	57,2	258,0	1689
1883	214,7	144,7	38,9	398,3	48,9	15,3	7,36	66,0	59,2	68,7	265,4	1551
1884	195,1	121,6	31,9	348,5	39,4	17,3	6,47	55,4	54,6	70,9	244,1	1450
1885	181,5	112,5	29,7	323,7	42,7	16,0	6,55	56,1	51,4	87,5	260,2	1387
1886	192,9	116,8	26,7	336,4	34,3	13,9	6,10	63,4	50,6	74,2	242,5	1277
1887	217,3	118,8	35,3	371,4	38,6	15,1	6,19	75,0	47,7	85,2	267,9	1218
1888	219,1	124,3	35,9	379,3	38,5	16,9	6,25	80,3	44,7	72,9	259,6	1088
1889	223,8	130,9	32,3	387,0	44,4	21,4	6,89	87,6	41,0	80,7	282,0	1008
1890	229,7	142,6	30,8	403,1	44,6	22,0	6,71	106,9	36,1	81,4	297,7	934
1891	219,5	145,7	27,4	392,6	48,7	26,1	8,5	124,4	37,5	110,0	355,4	852
1892	177,4	154,0	23,5	354,9	46,9	29,2	11,2	134,6	23,4	99,8	345,0	842
1893	203,3	161,0	21,4	385,8	49,6	30,1	13,3	159,3	27,3	103,7	383,5	839
1894	131,8	147,1	18,8	297,7	54,6	31,7	10,3	141,2	27,8	101,9	367,5	899
1895	152,2	143,4	17,8	313,4	51,8	28,8	9,9	141,4	31,0	93,3	356,2	902
1896	160,0	146,8	20,2	327,0	50,8	27,1	12,2	139,4	35,4	87,2	352,2	955
1897	176,6	146,7	24,5	347,7	48,9	34,6	13,0	141,0	37,8	90,4	365,8	987
1898	149,6	170,9	84,8	405,3	92,0	58,8	11,0	147,5	37,6	96,5	443,4	1027
1899	206,1	273,4	36,4	516,0	229,8	63,9	12,8	139,4	39,9	119,2	605,1	1155
1900	233,2	295,3	38,7	567,2	134,8	55,9	10,2	140,9	40,2	105,8	487,7	1108
1901	238,6	307,1	41,9	587,7	144,6	60,5	10,9	139,3	32,3	122,3	510,0	1045
1902	254,4	271,9	36,1	562,5	114,7	68,3	8,1	138,5	29,1	113,5	471,2	969
1903	284,5	230,8	45,1	560,4	121,7	83,1	11,3	138,4	28,6	124,9	506,1	925
1904	261,3	232,9	46,4	540,5	117,5	103,5	8,7	142,6	24,6	186,8[1]	582,4	967
1905	261,8	234,1	48,4	544,3	124,5	118,2	12,2	141,8	24,6	146,9	567,3	990
1906	300,2	249,1	45,0	594,4	120,4	111,2	11,1	141,0	24,3	162,3	568,8	964
1907	332,2	263,7	67,0	663,1	125,8	97,8	15,2	139,3	24,5	180,2	578,9	879
1908	286,1	251,7	63,4	601,1	139,9	118,8	14,6	153,9	21,4	213,5	621,1	938
1909	300,7	246,2	66,7	603,6	163,3	116,3	15,7	161,7	21,8	217,9	662,3	1024
1910	333,7	289,9	52,0	675,5	158,2	124,0	18,5	160,7	21,3	214,0	659,7	1046

[1]) Von 1904 an für den Panamakanal: 50,0, 3,9, 19,4, 27,2, 38,1, 31,4, 33,9.

Rußland. Einnahmen (in Mill. Rubel).

Jahr	Ordentliche Einnahmen											Außerordentliche Einnahmen		Gesamteinnahme
	Abgaben	Recht, Handel zu treiben	Getränkesteuer	Akzise auf Tabak, Zucker, Naphtha	Zölle	Staatsforsten	Staatseisenbahnen	Ablösungszahlungen	Sonstige Einnahmen	Rückzahlungen	Gesamteinnahme	Anleihen	Summe	
1881	117	23	225	16	86	15	19		125	25	652	91	155,16	806
1882	115	20	253	23	94	15	21		142	20	704		28,01	731
1883	111	21	254	28	97	13	26		144	5	699	54	70,94	769
1884	105	21	244	33	97	13	41		146	5	705	221	223,57	928
1885	105	26	231	34	95	13	52	47	156	4	762	51	71,62	833
1886	97	28	237	35	112	13	52	49	153	4	781	150	177,51	958
1887	53	29	258	47	107	14	53	89	176	4	830	132	144,54	974
1888	52	32	265	55	141	15	77	92	167	2	899	51	55,37	953
1889	56	33	275	60	138	17	83	92	171	3	927	41	62,90	989
1890	55	34	268	65	142	17	88	88	183	4	944	72	103,69	1 047
1891	53	34	247	64	128	16	99	69	178	3	892	2	37,20	928
1892	56	35	269	75	131	19	111	77	197		970	166	198,68	1 168
1893	60	40	261	85	166	22	120	99	193	[1]	1046	164	174,37	1 220
1894	60	42	297	100	184	26	155	93	196		1154	53	78,93	1 232
1895	63	43	298	110	179	29	218	101	205	11	1256	157	162,27	1 418
1896	54	45	294	106	182	34	312	97	216	28	1369	33	43,50	1 412
1897	55	47	280	121	196	38	293	89	247	52	1416	40	42,59	1 458
1898	56	48	290	126	219	41	363	86	253	102	1585	83	87,82	1 672
1899	60	61	310	139	219	48	358	96	270	111	1673	182	183,85	1 857
1900	62	70	317	137	204	56	374	96	270	118	1704	32	32,57	1 736
1901	62	69	313	154	220	57	392	90	278	163	1799	160	163,68	1 962
1902	64	66	35	147	206	63	409	86	262	463	1801	202	202	2 107
1903	68	68	34	156	241	62	453	89	318	542	2031	170	171	2 203
1904	68	67	30	162	219	60	455	82	332	543	2018	384	385	2 404
1905	65	62	30	165	213	52	432	55	341	609	2025	792	793	2 818
1906	84	82	39	199	241	58	491	35	348	698	2272	1078	1084	3 424
1907	89	99	41		260	59	510	aufgehoben		707	2342		143	2 530
1908	94	105	39		279	61	513			709	2418		201	2 651
1909	98	104	40		274	64	568			719	2526		163	2 712
1910	96	118	44		301	72	626			767	2781		24	2 713
1911		115	43		289	73	601				2708			2 830

[1]) Von hier ab staatlicher Branntweinverkauf.

Jahr	Staats-schulden-dienst	Kaiserl. Kabinett	Geistlich-keit	Ministerium (des, der) Kaiserl. Hofes	Aus-wärtig.	Krieges	Marine	Finanz.	Landw. und Domän.	Innern	Unter-richts	Ver-kehrs	Justiz	Handel	Reichs-kon-trolle	Summe	Eisen-bahnen, Kauf, Bau	Konvers. Amortis. Staats-schulden	Außerord. Kriegs-bedarf	Verstärkung des Einlös-fonds	Summe
1881	196	2	10	10	4	226	30	109	20	67	17	12	17		2	732	28	50	30	158	108
1882	201	2	10	11	4	202	31	101	20	68	18	11	17		2	709	27	50	2	118	79
1883	201	2	10	12	4	202	32	101	21	70	19	21	18		3	724	30	50		31	80
1884	210	2	11	11	4	200	35	97	22	71	19	22	20		3	728	38	50		75	88
1885	264	2	11	11	4	207	39	108	23	71	20	23	20		3	807	57	50		50	107
1886	264	2	11	11	4	212	45	116	22	73	21	26	20		3	832	63	50		50	115
1887	281	2	11	11	5	211	40	109	22	73	21	26	20		3	836	45	50			95
1888	279	2	11	11	5	212	41	108	22	73	21	30	21		3	840	37	50			87
1889	271	2	11	11	5	226	41	108	24	76	22	36	22		4	858	37	68			105
1890	263	2	12	11	5	228	41	109	24	76	23	56	23		4	878	114	52	13		179
1891	248	3	11	11	5	226	45	113	25	80	23	56	24		4	876	44	94	27		24
1892	251	3	11	11	5	236	48	120	24	82	22	67	25		4	911	101		26		215
1893	267	2	12	11	5	237	51	124	25	83	22	76	26		4	947	63	13	37		114
1894	271	2	13	12	5	239	51	132	28	85	22	98	26		5	991	78	1	43		164
1895	285	2	14	13	5	285	57	141	30	86	24	163	26		5	1138	102	124			383
1896	268	3	18	14	5	294	60	189	32	90	25	196	28		6	1229	132	5			255
1897	259	3	20	13	5	294	85	204	33	80	26	227	42		7	1300	131	33			195
1898	274	3	20	13	5	303	67	214	36	80	27	265	42		7	1358	114	64	90		414
1899	276	3	21	13	6	334	84	237	37	82	29	288	45		7	1464	103	100			322
1900	267	3	24	13	5	334	89	281	41	87	34	323	46		8	1555	131		62		334
1901	276	3	24	13	5	326	94	315	41	88	34	383	46		7	1657	53	6	19		188
1902	286	3	28	16	6	326	98	335	43	93	37	436	47		8	1764	166				365
1903	290	4	28	16	6	355	114	351	34	100	39	449	50		8	1883	181		677		225
1904	291	4	29	15	6	377	113	741	32	106	43	449	51		9	1883	99		1137		831
1905	207	4	29	17	6	382	117	331	34	113	43	449	50		9	1907	73		468		1280
1906	357	6	29	16	6	395	112	368	37	137	44	474	53	32	10	1925	41				1151
1907	374	6	29	17	6	406	88	429	47	140	46	508	56	32	10	2076					387
1908	398	8	30	18	7	463	93	432	58	147	53	521	61	33	10						269
1909	395	8	32	16	7	473	92	460	71	155	64	551	74	39	10	2451					156
1910	409	9	34	17	7	485	96	409	86	160	80	537	76	39	10	2473					124
1911	399	8	37	17	7	498	121	403	104	168	98	543	79	42	11	2536					193
1912[1]	405	8	40	16	7	493	159	427	147	172	117	554	83	48	11	2669					180
1913[1]	403	9	44	16	7	545	230	455	136	182	137	650	89	60	12	2988					221

[1]) Voranschlag.

Tabelle 1. Österreich-Ungarn.

Jahr	Kohle- u. Koks-einfuhr	Kohle-ausfuhr (Braun-kohle)	Kaffee-einfuhr	Baum-wolle-einfuhr	Baum-wolle-garn-einfuhr	Wolle- ein-fuhr	Wolle- aus-fuhr	Wol-len-garn	Wollene Gewebe	Seide- einfuhr	Seiden-waren- einfuhr	Hä… u… Fe… einf…
	1000 t		Mill. kg	Mill. kg	Mill. kg	Mill. kg		Mill. kg	Mill. Gulden	Mill. Gulden		Mil…
1861			20,2	44,1	10,0	11,3	11,0	1,88	2,94	6,3	6,2	9…
1862			18,8	19,3	6,0	10,7	16,3	1,90	3,60	4,4	7,3	7…
1863			20,4	16,7	5,1	10,7	17,8	1,84	4,42	3,2	8,4	6…
1864			20,3	21,3	5,2	12,6	18,4	1,62	4,44	2,2	7,9	6…
1865	366	386	21,2	25,5	7,3	11,0	18,7	1,54	4,66	2,8	5,7	6…
8166	287	481	19,3	28,0	5,9	10,9	16,6	1,34	3,78	3,2	5,1	6…
1867	394	731	21,6	40,3	10,1	16,2	14,0	2,94	9,09	8,3	13,2	9…
1868	587	809	23,4	43,9	10,3	14,7	14,9	3,46	15,7	10,4	19,5	12…
1869	687	820	23,9	42,9	8,4	13,2	12,3	3,26	16,3	10,4	21,3	12…
1870	927	825	26,4	46,7	8,6	10,8	9,7	3,44	13,6	11,3	20,2	13…
1871	1364	1046	30,7	60,2	12,1	9,1	13,6	4,30	18,6	16,2	26,5	15…
1872	1588	1167	32,1	48,9	12,7	9,2	10,8	3,56	22,2	13,4	32,5	12…
1873	1785	1681	34,3	44,3	10,3	5,4	15,2	2,80	21,3	11,1	31,6	6…
1874	1627	2161	32,6	49,2	10,8	7,8	12,2	3,41	18,7	11,6	28,3	6…
1875	1629	2716	31,7	53,8	12,0	6,3	10,9	3,41	26,7	11,1	16,4	7…
1876	1576	2750	32,7	59,3	11,3	9,3	10,6	2,76	21,9	14,8	14,7	8…
1877	1500	2772	33,8	59,2	13,7	9,2	10,2	3,42	15,8	12,8	15,1	9…
1878	1666	2936	39,9	60,6	14,8	9,6	8,4	3,56	20,1	14,0	17,4	9…
1879	2273	3295	19,3	69,8	11,2	9,8	7,8	3,85	19,6	16,5	15,3	15…
1880	2242	3738	31,6	69,6	11,5	9,8	12,4	3,67	21,0	15,6	16,2	14…
1881	2202	3574	35,6	79,7	11,4	11,0	9,7	3,87	21,4	16,9	18,6	16…
1882	2146	3469	37,8	77,7	12,8	23,8	9,7	4,3	22,3	17,8	17,1	16…
1883	2368	4046	33,6	103	14,3	24,4	12,2	4,2	19,3	18,4	15,1	16…
1884	2478	4103	35,5	94,9	13,0	25,5	11,3	4,9	18,0	17,7	14,7	18…
1885	2507	4102	36,7	87,3	9,4	21,9	9,2	4,7	13,8	14,8	12,6	17…
1886	2664	4489	37,6	97,6	11,2	20,7	12,9	4,8	13,3	19,6	11,9	19…
1887	2755	4722	31,9	115	11,0	24,1	6,6	5,2	12,0	19,5	12,4	20…
1888	3122	6089	34,5	104	9,8	22,6	9,0	5,6	9,8	15,8	10,4	20…
1889	3229	6501	34,7	110	11,2	28,7	12,7	6,0	10,1	20,7	12,8	18…
									Mill. Kronen			M… ein…
1890	3616	7336	35,1	122	9,3	26,0	9,8	5,5	19,2		24,5	6…
1891	3921	7613	35,5	111	9,3	26,7	7,0	6,1	23,9	34,8	24,2	1…
1892	3606	7402	36,7	114	10,2	28,1	6,3	7,2	25,5	36,8	25,1	22…
1893	4150	7411	36,0	116	8,8	28,1	8,0	6,2	27,1	37,5	25,4	22…
1894	4485	7532	37,3	126	14,0	31,1	7,3	7,8	26,4	33,3	25,0	20…
1895	5036	7784	38,0	128	14,0	31,5	7,7	8,1	25,1	34,1	28,3	[illegible]
1896	5665	8221	39,5	123	8,7	31,7	8,1	7,4	22,6	32,9	28,7	12…
1897	5654	8810	41,0	129	6,9	30,9	8,0	6,5	22,7	32,8	28,5	1…
1898	6003	9176	43,6	148	6,7	31,9	7,8	5,6	21,8	37,1	32,3	10…
1899	5860	9542	41,8	139	6,5	32,8	9,9	6,4	24,1	43,0	36,8	[illegible]
1900	6863	8679	42,4	133	6,1	29,7	8,0	6,1	26,3	38,0	31,6	1…
1901	6440	8825	44,9	144	6,2	34,7	7,9	5,9	23,9	38,0	29,4	1…
1902	6314	8580	45,1	154	7,9	40,9	9,9	6,6	26,9	44,6	29,5	[illegible]
1903	6427	8783	47,3	161	6,9	38,0	10,2	6,5	27,0	44,9	30,6	[illegible]
1904	6738	8404	49,3	167	6,6	40,0	9,6	6,4	27,0	46,2	33,6	1…
1905	6972	8939	48,5	175	6,0	38,1	11,3	5,6	29,5	46,4	33,1	[illegible]
1906	8015	9351	51,2	178	6,2	40,9	11,3	6,8	33,3	52,3	48,1	2…
1907	10516	9819	59,8	217	11,8	43,4	10,3	7,7	37,4	57,4	52,4	1…
1908	10953	9464	55,2	190	8,6	44,7	9,0	7,0	39,3	55,3	41,0	4…
1909	11232	8986	57,6	204	6,9	50,6	10,3	8,3	41,9	55,2	49,1	1…
1910	10935	8241	59,8	186	6,8	50,0	9,5	9,8	47,7	58,9	60,0	[illegible]
1911	11633	7808	57,7	214	6,6	50,6	9,5	8,4	50,9	58,3	60,3	1…

Österreich-Ungarn. Tabelle 1.

der- nd der- ren- fuhr	Maschinen-einfuhr	Manufakturwarenausfuhr in Mill. Gulden: Baumwolle	Wolle	Leinen	Leder und Lederwaren	Glas und Glaswaren	Papier und Papierwaren	Eisen und Eisenwaren	Getreide-ausfuhr	Getreide-einfuhr	Mehlausfuhr	Jahr
Mill. Gulden									1000 t		1000 t	
,2			17,6	9,3	12,7	12,8		13,8	437		39	1861
,1			17,2	8,1	9,7	12,6		10,2	419		44	1862
,0			17,6	8,9	9,3	12,1		7,7	223		36	1863
,2			19,2	11,8	10,4	12,3		8,9	215		40	1864
,2	3,7		18,0	9,2	10,7	12,9	7,2	7,7	487	119	59	1865
,2	2,4		15,6	10,6	7,7	12,9	7,0	6,7	528	104	66	1866
,4	4,2		14,7	16,0	9,0	15,5	8,9	8,4	1029	105	108	1867
2,2	8,3		14,7	15,4	10,0	17,7	6,9	8,6	1379	121	139	1868
,3	11,1		17,3	16,4	12,7	18,6	7,9	10,8	846	110	163	1869
,2	11,4		17,2	15,0	14,4	17,6	7,5	10,7	465	156	147	1870
,7	15,0		18,7	19,1	17,1	19,4	9,4	12,5	679	191	178	1871
,2	17,7		16,1	18,8	16,5	15,8	8,2	13,2	294	465	71	1872
,8	14,9		15,3	15,3	11,9	14,9	9,2	12,0	356	624	43	1873
,1	9,7		15,9	19,3	11,5	24,2	11,2	16,4	465	756	63	1874
3,2	9,5		20,7	18,2	14,7	19,2	9,4	17,4	638	204	84	1875
7,3	6,6		21,3	18,1	15,7	15,4	10,1	14,9	700	291	113	1876
,5	6,9		20,8	11,8	16,2	13,7	9,6	12,1	975	531	163	1877
,5	8,3		25,1	9,8	19,5	13,6	10,1	15,0	906	492	232	1878
,3	9,4		27,6	10,5	15,1	15,3	9,0	15,6	1039	528	245	1879
9,5	10,9	7,3	24,4	11,1	17,3	18,0	7,8	18,2	734	799	133	1880
,6	13,8	8,6	30,3	19,4	18,9	16,8	8,8	22,0	781	661	174	1881
2,6	19,7	7,9	30,0	9,1	21,2	20,1	7,9	16,7	Malz	Eier	Hopfen	1882
7,8	15,9	9,9	26,2	5,7	21,2	21,5	8,5	11,7	Mill. kg	Mill. kg	Mill. kg	1883
6,8	17,1	8,7	26,6	5,2	20,5	21,6	10,0	11,6		Ausfuhr		1884
3,6	11,8	8,1	21,8	3,8	21,4	19,9	11,4	11,1	95	38	3,2	1885
3,2	9,7	7,9	27,3	3,9	25,1	19,4	12,8	11,9	104	45	2,6	1886
6,6	11,2	7,8	25,1	4,1	23,9	20,4	12,7	14,7	113	46	2,9	1887
5,2	14,2	7,1	24,9	4,5	25,0	17,0	14,1	11,5	111	48	3,2	1888
5,6	20,8	6,3	25,3	4,5	26,6	14,8	14,5	13,8	132	56	3,1	1889
				Mill. Kronen								
3,7	36,2	12,5	45,0	8,3	44,5	30,8			128	61	2,7	1890
,4	35,3	11,1	33,8	12,1	59,3	37,9	25,6	31,4	119	56	3,3	1891
3,4	37,4	12,3	34,5	13,3	55,7	36,6	25,5	22,0	122	65	2,4	1892
6,2	38,0	13,4	37,4	13,5	62,6	36,6	25,6	22,1	137	66	3,8	1893
0,8	45,5	13,1	35,8	10,3	58,1	38,6	24,4	22,2	129	90	3,6	1894
3,3	45,3	11,9	35,6	12,7	69,5	46,1	23,7	24,8	141	92	2,8	1895
3,3	42,7	13,7	37,2	14,0	78,5	48,6	25,4	21,2	154	89	4,8	1896
3,8	39,3	13,8	36,9	14,1	53,7	44,7	25,9	21,8	168	94	3,7	1897
6,7	43,5	14,0	41,5	12,8	53,0	43,4	26,6	24,8	165	96	3,8	1898
5,4	46,0	14,0	42,4	14,4	49,4	49,9	29,2	26,6	182	104	5,0	1899
,8	52,1	15,3	41,1	18,0	52,4	52,7	34,7	30,2	185	108	4,4	1900
,2	42,3	14,6	44,0	15,2	50,7	49,1	30,7	29,7	169	106	10,1	1901
3,7	44,1	17,3	46,7	16,5	50,6	46,5	32,8	24,6	173	120	5,2	1902
1,6	48,6	21,5	50,0	20,2	54,1	54,1	35,0	34,0	204	113	2,6	1903
3,0	52,6	29,7	58,3	19,0	47,6	56,9	35,7	44,5	189	114	4,5	1904
9,5	63,4	36,5	63,3	19,3	51,6	59,7	38,2	41,0	186	103	8,5	1905
0,0	73,6	55,5	69,4	22,8	55,1	77,6	46,3	49,6	188	118	5,6	1906
1,1	110,7	68,8	76,0	31,2	49,9	72,5	48,0	46,5	196	132	8,1	1907
3,3	122,3	41,7	63,7	23,2	44,3	63,8	40,9	28,0	176	124	7,0	1908
9,0	112,0	44,6	63,6	25,1	46,9	70,7	39,7	24,7	155	110	8,1	1909
9,4	132,0	60,1	67,9	26,6	49,6	73,6	42,7	28,0	175	111	8,4	1910
1,4	149,5	71,3	71,1	28,2	46,9	70,7	39,8	36,6	174	116	5,3	1911

Tabelle 2.

Schweden.

Jahr	Einfuhr												
	Kohle Koks	Kaffee	Baumwolle roh	Baumwolle Garn	Baumwolle Waren	Roggen	Weizen	Roggenmehl	Weizenmehl	Zucker	Wolle	Wollengarn	Wollenwaren
	Mill. Kubikfuß	Mill. Skalpund	Mill. Skalpund	Mill. Skalpund	Mill. Skalpund	Kubikfuß 1000	1000 t	1000 Tonen	1000 Tonen	Mill. Skalpund	Mill. Skalpund	Mill. Skalpund	Mill. Skalpund
1861	15,3	15,8	18,1	0,87	0,86	3125		15,0	3,2	42,8	3,2		1,09
1862	15,6	15,9	3,0	0,46	0,86	1981		4,6	6,7	38,5	2,7		1,24
1863	15,6	16,0	1,7	0,47	0,58	1981		6,2	7,5	43,5	3,5		1,29
1864	16,5	15,6	4,1	0,46	0,57	2614		6,5	7,5	38,9	2,5		1,07
1865	17,0	16,8	7,6	1,12	0,88	613		5,3	9,3	43,5	3,3		1,12
1866	17,5	15,2	11,0	1,35	0,91	4360		8,8	9,3	41,5	2,7		1,11
1867	16,1	18,7	13,5	1,05	0,75	3124		4,0	15,1	42,6	3,2		0,90
1868	18,9	15,9	11,4	0,47	0,70	4786		30,4	13,3	44,2	2,9		0,90
1869	16,5	16,9	13,1	0,57	0,87	3942		33,3	16,0	42,0	3,1		1,32
1870	21,1	18,6	15,1	1,30	1,16	1065		27,4	12,4	49,4	4,2		1,78
						1000 cbm							
1871	22,5	20,7	23,9	2,30	1,36	16		14,8	7,0	53,0	4,4		2,69
	1000 cbm		Mill. kg							Mill. kg			
1872	715	8,3	5,7	0,9	0,84	52		19,2	11,5	18,5	2,23	0,43	1,57
1873	713	11,3	8,2	1,7	1,09	59		31,6	14,4	30,0	1,69	0,50	1,67
1874	766	9,1	9,6	2,5	1,45	166		50,4	22,6	27,5	1,58	0,58	2,04
1875	938	9,9	6,0	2,0	1,15	106		25,7	24,1	29,6	1,39	0,52	1,57
1876	990	11,3	10,1	2,3	0,93	85		34,2	21,3	23,9	1,86	0,60	1,75
1877	1036	10,8	8,8	2,0	1,04	183		76,3	35,0	27,9	1,85	0,60	1,98
1878	861	10,6	7,0	1,3	0,67	208		22,7	31,5	28,2	0,86	0,49	1,36
1879	861	10,3	6,8	1,3	0,66	156		27,4	25,9	27,2	0,91	0,55	1,28
1880	1141	11,3	9,2	2,0	0,84	109		18,4	32,5	28,0	1,29	0,55	2,05
1881	1080	12,3	10,4	2,3	0,92	169		11,0	18,7	31,4	1,62	0,63	2,16
1882	1230	13,5	10,4	2,0	0,93	184		14,9	22,5	35,6	1,57	0,80	2,09
1883	1249	14,2	12,7	2,4	1,13	235		22,9	33,9	40,7	1,84	0,92	2,38
1884	1377	14,1	9,9	2,0	1,17	212		20,8	39,1	41,6	2,11	1,00	2,31
						Mill. kg							
1885	1491	15,4	11,3	1,7	1,09	189		32,9	39,3	38,2	2,07	1,31	2,28
1886	1456	16,2	10,6	1,6	1,03	131		34,9	38,5	39,7	1,84	1,29	2,10
1887	1480	11,5	10,9	1,4	1,09	154		37,5	34,8	40,1	1,96	1,21	1,93
1888	1682	12,3	12,1	1,7	1,15	130		16,9	21,0	38,4	2,10	1,50	2,23
	1000 t												
1889	1956	17,3	12,2	1,9	1,39	132		16,4	20,5	40,5	2,60	1,79	2,68
1890	1972	14,8	12,9	1,9	1,44	118		12,9	15,4	41,5	2,38	1,55	2,58
1891	2092	16,0	14,9	1,8	1,31	87	74	10,2	15,6	31,7	2,10	1,41	2,46
1892	2078	15,8	13,3	1,94	1,27	76	118	11,7	21,8	31,2	2,27	1,43	2,29
1893	2079	16,4	11,3	1,69	1,47	80	121	17,5	31,9	31,2	2,46	1,72	2,62
1894	1984	17,1	17,6	2,26	1,70	135	154	24,0	37,0	21,3	2,33	2,24	2,78
1895	1968	18,1	13,6	2,97	1,95	122	108	7,5	9,2	4,4	2,83	2,60	2,73
1896	2050	19,7	13,9	2,38	1,87	91	120	9,6	9,9	4,8	2,33	2,70	2,48
1897	2300	25,6	17,8	2,95	2,11	45	111	6,6	5,2	0,9	2,85	2,99	2,81
1898	2458	25,1	18,9	4,49	1,85	93	132	2,6	5,6	0,7	3,41	2,72	2,10
1899	2135	25,1	15,8	3,78	1,81	144	157	6,3	14,2	12,6	4,12	2,76	2,08
1900	3130	25,5	17,1	1,81	1,62	132	158	6,2	8,7	12,7	4,10	2,16	1,73
1901	2870	31,1	16,6	1,22	1,50	48	172	1,8	7,7	0,7	3,86	1,92	1,61
1902	2984	26,1	18,0	1,33	1,63	158	204	2,5	8,7	0,7	4,45	2,04	1,53
1903	3288	31,0	18,0	0,79	1,62	133	224	3,5	8,3	1,1	4,61	1,92	1,53
1904	3481	27,5	17,4	1,02	1,70	143	220	6,6	7,2	5,2	4,75	1,84	1,53
1905	3411	30,1	19,3	1,15	1,75	93	197	4,3	5,1	23,4	4,69	1,75	1,52
1906	3856	35,2	20,7	1,38	1,95	49	213	0,4	7,5	4,8	5,03	1,63	1,65
1907	4402	32,3	20,7	1,57	2,29	40	154	0,4	11,2	0,7	5,44	1,77	1,88
1908	4693	30,4	21,2	1,35	1,76	54	207	4,3	10,7	3,0	5,59	1,55	1,48
1909	4341	41,9	17,3	0,95	1,87	83	192	11,8	6,3	1,4	5,16	1,74	1,47
1910	4453	29,6	20,7	1,05	2,11	71	185	18,9	7,9	0,9	4,98	2,35	1,58
1911	4288	32,6	20	0,96	2,21	46	173	5	7,0	1,7	5,07	2,14	1,60

1 Skalpund = 420 gr. 1 Kubikfuß = 0,0285 cbm.

Tabelle 2.
Schweden.

Ausfuhr												
Gerste	Hafer	Butter	Eisen roh	Eisen Barren	Erze	Papier	Holzstoff	Bretter und Planke	Bretter und Planke	Maschinen Einf.	Maschinen Ausf.	Jahr
Mill. Kubikfuß	Mill. Kubikfuß	Mill. kg	1000 Zentner	1000 Zentner	Mill. t.	1000 Tonnen	1000 Tonnen	Mill. Kubikfuß	Mill. Kr.	Mill. Kr.	Mill. Kr.	
1,6	7,4		257	1665								1861
1,1	6,3		313	2099								1862
1,0	9,8	0,3	235	2176								1863
1,3	9,0	0,3	403	2267				46,0				1864
1,8	11,8	0,5	376	2105				58,1				1865
1,6	10,1	0,4	356	2721				56,2				1866
0,85	15,3	0,4	556	3316				63,7		3,0		1867
0,86	8,6	1,7	490	2823				71,1		2,2		1868
1,43	11,2	1,4	482	3169				71,9		1,6		1869
2,55	20,2	2,7	939	3177				77,4		2,2		1870
2,49	20,2	3,0	966	3370				80,8		3,4		1871
1000 cbm	1000 cbm			Mill. kg				1000cbm				
58	440	3,6	81	132				2375	62,6	4,4		1872
44	433	3,0	58	95				2313	75,1	7,0		1873
42	450	3,0	42	88				2172	80,5	12,9		1874
51	399	3,3	49	106				2149	69,0	15,8	1,3	1875
45	551	3,5	26	98				2533	79,4	13,5	1,0	1876
40	390	3,7	29	114				2752	90,4	9,8	0,9	1877
51	537	3,8	28	113				2401	56,0	5,7	1,0	1878
62	640	4,6	34	110				2678	54,2	3,9	1,2	1879
54	566	5,3	61	131				2732	73,1	5,2	2,5	1880
30	420	5,1	55	188				2854	74,9	7,1	2,8	1881
59	515	5,8	56	208				3348	87,8	7,9	2,6	1882
44	556	8,1	52	195				3454	79,4	9,4	2,6	1883
34	361	9,5	54	197				3134	73,1	9,9	2,4	1884
Mill. kg	Mill. kg											
15	233	11,4	47	184				3388	75,6	9,9	2,0	1885
35	245	12,0	58	173				3223	59,9	8,3	2,7	1886
37	248	13,7	49	202				3453	68,6	7,3	2,3	1887
25	165	15,0	49	197				3980	88,8	9,3	2,7	1888
4	114	14,7	79	210	0,1			4032	95,4	12,3	2,6	1889
4	68	15,0	60	194	0,2			4087	88,2	14,8	3,0	1890
6	176	16,7	63	183	0,2			4372	91,7	14,2	3,2	1891
4	107	17,1	57	187	0,3			3936	87,1	10,9	3,2	1892
5	212	20,1	60	167	0,5			4137	92,7	7,1	3,6	1893
4	135	22,3	67	156	0,8			4170	96,8	11,0	4,5	1894
—	75	24,1	86	186	0,8			4229	94,8	11,5	5,5	1895
—	62	24,8	71	190	1,2			4813	111,8	16,6	7,6	1896
—	21	23,9	72	170	1,4			5120	129,3	19,9	8,0	1897
—	40	23,1	92	172	1,4			5145	137,3	28,8	8,6	1898
—	40	20,7	94	180	1,6			5134	118,4	28,3	9,9	1899
—	13	19,2	84	176	1,6	50	229	5116	130,1	23,1	11,6	1900
—	31	18,8	85	149	1,8	58	231	4623	113,4	19,1	12,8	1901
—	13	20,1	73	184	1,7	80	287	4692	122,7	17,8	13,8	1902
—	3	20,3	71	189	2,8	93	359	4858	143,4	19,2	15,2	1903
—	1	20,0	88	181	3,1	102	392	4291	112	23,1	15,8	1904
—	3	18,9	110	203	3,3	122	383	4535	118,2	23,7	15,5	1905
—	6	16,9	113	207	3,7	138	415	4749	140,4	27,1	20,6	1906
—	13	18,5	130	200	3,5	146	531	4215	132,9	34,2	25,5	1907
—	9	18,6	107	168	3,7	143	564	3928	109	27,9	25,8	1908
—	9	19,3	106	153	3,2	137	564	3536	108,9	24,2	27,6	1909
—	3	21,8	134	208	4,4	166	763	4321	143,2	26,1	34,8	1910
5	28	22,2	150	198	5,1	176	847	4348	138,8	28,8	42,2	1911

Tabelle 3.

Vereinigte Staaten von Amerika.

Wirtschaftsjahr endig. 30. Juni	Zuckereinfuhr Mill. lbs	Zuckereinfuhr Mill. $	Zuckereinfuhr Zoll Mill. $	Produktion Rohrzucker Mill. Pfd.	Kaffeeinfuhr Mill. Pfd.	Kaffeeinfuhr Mill. $	Teeinfuhr Mill. Pfd.	Teeinfuhr Mill. $	Spirituskonsum Mill. proof. Gall.	Weinkonsum Einheim. Mill.	Weinkonsum Einfuhr Gall.	Bier Mill. Gall.	Baumwolle Ernte Mill. lbs	Baumwolle Ausfuhr Mill. lbs	Ausfuhr von Weizen Mill. Bushels	Ausfuhr von Mais Mill. Bushels
1851													1207	990		
1852													1563	1222		
1853				386	186	14,4	19,3	7,0					1708	1264		
1854				525	150	13,4	19,2	4,9					1538	1160		
1855				415	175	15,5	19,8	4,9					1491	1122		
1856	545	22,5	6,4	277	224	20,3	18,2	5,2					1882	1477		
1857	777	22,8	12,5	87	217	19,8	16,5	4,3					1547	1126		
1858	519	23,4	4,5	322	174	16,8	28,8	5,9					1628	1295		
1859	656	30,6	6,8	433	247	23,3	23,1	4,9					2009	1510		
1860	695	31,1	6,9	267	182	19,6	26,3	6,9					1930	307		
1861	810	30,6	6,5	275	178	19,8	21,0	5,4					2245	5		
1862	558	20,3	11,6	540	113	12,8	23,3	5,9					800	11		
1863	519	19,1	11,1	103	75	9,3	27,0	7,0					225	12		
1864	632	29,7	14,3	85	128	15,3	35,8	10,0					150	9		
1865	652	27,3	17,6	11	84	5,5	16,8	3,0					1046	650		
1866	1000	40,7	27,3	21	176	19,6	41,5	10,5					974	700		
1867	849	35,9	28,6	50	181	19,8	39,4	12,2					1172	751	13	16
1868	1121	49,5	30,4	52	241	24,4	35,6	10,4					1100	650	25	12
1869	1248	60,4	30,9	101	243	23,5	40,8	12,7					1204	994	30	8
1870	1197	56,9	36,8	105	231	23,8	42,5	12,5					2012	1461	54	2
1871	1277	64,6	30,7	178	313	30,5	44,9	15,3					1378	912	53	11
1872	1509	81,2	28,9	156	295	37,5	59,4	21,7					1825	1235	39	36
1873	1568	82,7	29,8	135	286	43,0	63,7	21,0					1936	1341	52	40
1874	1701	81,9	32,5	109	282	54,3	54,1	20,2					1764	1252	91	36
1875	1797	73,3	34,6	142	311	49,3	63,3	22,0					2151	1518	73	30
1876	1494	58,1	39,4	172	331	55,2	61,1	18,7					2059	1420	75	51

1877	1655	85,0	35,3	199	322	52,1	56,8	15,5					2247	1599	57	72
1878	1537	73,1	37,0	159	297	49,8	63,1	14,9					2372	1645	92	87
1879	1834	72,1	38,1	251	363	45,0	58,9	14,2	54,3	19,8	4,5	345	2733	1881	150	88
1880	1829	80,1	39,7	208	440	59,4	69,9	19,0	63,5	23,3	5,0	414	3173	2225	180	100
1881	1947	86,7	46,3	285	423	52,4	79,1	20,2	70,6	18,9	5,2	444	2568	1683	186	94
1882	1990	90,4	46,7	171	436	42,8	77,2	19,0	73,5	19,9	5,6	526	3416	2246	122	44
1883	2138	91,6	44,6	319	479	38,2	69,6	16,3	78,4	17,4	8,4	552	2760	1867	148	42
1884	2756	98,2	47,5	303	509	47,0	60,0	12,3	81,1	17,4	3,1	590	2738	1865	112	45
1885	2718	72,7	50,9	226	539	43,4	66,4	13,1	70,6	17,4	4,5	596	3184	2100	133	53
1886	2690	80,8	50,3	303	537	40,1	78,8	15,5	72,2	20,9	4,7	643	2157	2151	95	65
1887	3136	78,4	56,5	191	501	53,4	87,5	16,4	71,1	27,7	4,6	718	3442	2260	154	41
1888	2700	74,2	50,6	376	409	58,7	83,9	13,1	75,8	31,7	4.6	768	3162	2365	120	25
1889	2762	88,5	54,9	345	561	72,1	79,2	12,6	80,6	29,6	4,5	780	3736	2464	89	70
1890	2934	96,1	54,0	306	490	76,7	83,5	12,2	87,8	23,9	5,1	856	4281	2925	109	103
1891	3483	105,7	32,3	497	511	94,6	82,4	13,6	91,1	23,7	5,3	977	4470	2918	106	32
1892	3551	104,4	0,1	371	630	126,4	89,6	14,3	98,3	23,0	5,4	987	3329	2213	225	77
1893	3766	116.2	0,2	463	551	78,4	88,1	13,6	101,2	26,4	5,6	1074	3716	2654	192	47
1894	4345	126,9	0,2	611	547	89,6	91,8	13,9	90,5	18,0	3,2	1036	5013	3481	164	66
1895	3574	76,5	15,3	729	643	94,6	96,4	13,0	77,8	16,6	3,0	1043	3573	2381	145	29
1896	3896	89,2	29,8	544	573	83,5	93,3	12,6	71,0	14,6	4,1	1081	4258	3063	126	101
1897	4919	99,1	41,2	644	726	79,9	112,9	14,7	73,2	33,9	4,6	1069	5493	3920	145	179
1898	2690	60,5	29,4	708	852	62,6	67,7	9,6	81,5	17,5	3,1	1164	5717	3828	217	212
1899	3980	95,0	61,4	558	802	52,4	72,8	9,5	87,3	22,8	3,5	1135	4730	3011	223	177
1900	4018	100,2	57,4	334[1])	749	48,8	83,3	10,3	97,2	26,5	3,9	1221	5133	3430	186	213
1901	3975	90,5	62,7	622	809	58,7	88,5	10,8	103,1	24,0	4,8	1258	4838	3464	216	181
1902	3032	55,0	52,0	1098	1057	68,2	74,3	9,2	107,7	44,7	5,0	1382	5414	3180	235	28
1903	4200	72,1	63,6	1183	874	56,3	104	15,2	117,7	32,6	5,6	1450	5013	3145	203	77
1904	3588	71,9	58,2	1007	964	66,9	110	17,8	121,1	37,5	5,8	1499	6840	4560	121	58
1905	3568	97.6	51,4	1268	1009	81,1	102	16,1	120,9	29,4	5,7	1539	5402	3488	44	90
1906	3980	85,5	52,6	1392	835	71,6	93	14,4	127,8	39,8	6,6	1700	6798	4413	98	120
1907	4440	92,8	60,3	1512	975	77,1	85	13,7	140,1	50,1	7,7	1822	5687	3890	147	86
1908	3371	80,3	50,2	1716	875	66,3	93	16,1	125,4	44,4	7,7	1828	6794	4445	163	55
1909	4190	96,6	56,4	1680	1037	77,8	114	18,4	121,1	53,6	8,2	1752	5157	3246	114	38
1910	4094	106,3	53,1	1775	860	68,0	83	13,3	133,1	50,7	9,9	1851	6002	4013	87	38
1911	3937	96,7	52,8	1717	870	89,9	99	17,2	138,6	56,7	7,2	1967			69	66

[1]) Von 1900 ab einschließl. Rübenzucker.

Fortsetzung von Tabelle 3.

Vereinigte Staaten von Amerika. (Wirtschaftsjahre, endend 30. Juni.)

Jahr	Wolle		Wollwaren-einfuhr		Baumwollwaren-		Seidenwaren-einfuhr		Eisen, Stahl- u. Eisenwaren		Maschinenausfuhr Mill. $			Tabak-ausfuhr	Lebendes Vieh	Speck u. Schinken	Rindfleisch	Schmalz	Käse	Butter
	Produktion	Mehreinfuhr	Wert	Zoll	einfuhr	ausfuhr		Zoll	Einfuhr	Ausfuhr	landwirtschaftl.	Nähmaschinen	andere Maschinen							
	Mill.	Pfd.	Mill. $	Mill. $	Mill. $	Mill. $	Mill. $	Mill. $	Mill. $	Mill. $				Mill. Pfd.	Mill. $	Mill. Pfund			Mill. Pfund	
1851																				
1852																				
1853																				
1854																				
1855																				
1856																				
1857																				
1858																				
1859																				
1860	60,2	26,1																		
1861			29		25,4	7,9	23,6		17,1				0,01			50		48	32	
1862			17,2		8,9	2,9	7,6		8,6				0,04			141		118	34	
1863	106,0	74,4	21,0		14,1	2,9	12,9		12,7				0,01			218		155	42	
1864	123,0	91,0	36,3		14,3	1,4	20,6		18,7				2,31			111		97	48	
1865	142,0	43,7	21,0		7,3	3,4	8,4		14,6				3,51			46		44	53	
1866	155,0	70,4	57,3		27,6	1,8	28,5		19,0				0,04	190		37	19	30	36	
1867	160,0	37,5	44,7		22,8	4,6	18,3		25,3				2,31	184		25	14	46	52	
1868	168,0	22,7	29,9		11,9	4,8	16,9		23,4				2,60	206		44	23	64	51	
1869	180,0	39,0	34,1		16,5	5,8	22,3		33,4				2,95	181		49	27	42	40	
1870	162,0	47,5	34,0		18,6	3,8	23,8		32,6				2,35	176		39	27	36	57	
1871	160,0	66,7	38,3		24,8	3,6	32,1		36,9		1,07	1,9	2,16	216	1,0	71	44	30	64	4,0
1872	150	124,1	42,4		29,8	2,3	36,3		48,1		1,55	2,4	3,75	235	1,8	246	26	200	66	7,8
1873	158	78,4	56,1		35,2	2,9	29,8		66,5		2,59	2,1	4,4	214		395	32	230	80	4,5
1874	170	36,1	45,4		33,0	3,1	29,9		36,8		3,10	1,6	4,7	318		347	36	205	90	4,5
1875	181	51,3	44,3		27,7	4,1	24,3		21,9		2,62	1,8	5,1	224		250	48	169	101	6,3
1876	192	43,1	33,2		22,7	7,7	23,7		15,5		2,26	1,7	3,5	218	2,4	328	36	168	98	4,6

1877	200	39,1	25,6		18,9	10,2	21,8		8,5		1,82	1,6	3,4	282	3,3	460	88	235	107	21
1878	208	42,5	25,2		19,1	11,4	19,8		8,1		2,57	1,7	5,1	284	5,8	593	93	343	124	22
1879	211	34,9	26,0		19,9	10,8	24,0		8,3		2,93	1,6	4,2	322	11,4	732	92	327	142	38
1880	232	124,5	34,8		21,9	10,0	32,2		51,6		2,25	1,7	4,2	216	15,9	760	130	375	128	39
1881	240	50,5	31,1		31,2	13,6	32,0		43,6		2,40	2,0	5,2	227	16,4	746	147	378	148	32
1882	272	64,0	37,3	25,4	31,3	13,2	38,3	22,6	70,5		2,98	2,6	7,2	224	9,7	468	116	250	128	14,8
1883	290	66,5	42,5	29,1	32,3	12,9	33,3	19,6	57,5		3,88	3,1	8,8	236	10,7	340	123	225	99	12,3
1884	300	76,0	41,5	27,5	28,6	11,9	38,9	19,0	42,9		3,44	3,6	8,6	207	20,2	389	164	265	113	20,6
1885	308	67,5	36,2	24,3	27,2	11,8	28,1	14,0	33,9		2,56	2,9	4,9	230	14,5	460	164	283	112	21,7
1886	302	122,5	40,5	27,3	29,2	14,0	28,0	13,9	38,6		2,37	2,6	4,5	293	12,5	420	159	294	92	18,9
1887	285	107,3	44,2	29,7	29,1	14,9	31,2	15,5	50,6		2,14	2,2	5,5	305	10,5	420	120	321	81	12,5
1888	269	109,2	47,1	32,2	28,7	13,0	32,9	16,3	51,1		2,64	2,2	5,4	263	12,8	375	143	298	88	10,5
1889	265	123,2	52,7	35,4	27,1	10,2	34,9	17,3	43,5		3,62	2,2	8,8	224	12,9	400	192	318	85	15,5
1890	276	102,1	54,1	37,4	29,3		38,2	18,9	43,5		3,86	2,8	11,4	256	31,6	608	353	471	Mineralöl	Holz
																			Ausfuhr Millionen $	
1891	285	126,7	43,2	34,8	29,1		37,2	19,4	55,9		3,22	2,8	13,4	249	32,0	599	394	498	52,7	20,3
1892	295	145,7	35,8	34,3	28,7	13,2	31,4	17,0	29,8		3,8	3,1	16,3	255	27,5	583	378	460	48,8	19,7
1893	303	168,2	37,0	36,4	33,3	11,8	37,9	20,3	34,8		4,6	2,5	15,8	266	35,7	494	344	366	46,5	20,6
1894	298	49,2	19,6	19,1	21,6	14,3	24,1	12,8	20,6		5,0	2,4	15,1	291	35,7	503	310	448	45,4	20,9
1895	310	203,7	36,5	20,7	33,6	13,8	31,0	14,7	24,0		5,4	2,2	16,9	301	41,8	558	318	475	50,2	20,9
1896	272	224,9	48,3	23,1	32,2	16,8	26,6	12,5	25,9		5,2	3,1	21,6	296	43,6	554	359	509	66,4	24,5
1897	259	347,4	48,9	22,7	35,5	21,0	26,5	12,4	16,4		5,2	3,3	29,4	315	46,2	666	367	568	67,5	30,7
1898	267	130,3	13,2	10,1	26,7	17,0	22,6	12,2	12,8		7,6	3,1	34,0	263	39,7	850	356	709	61,2	28,4
1899	272	64,3	14,0	13,3	31,7	23,6	25,0	13,5	11,8		12,4	4,1	44,3	347	39,7	784	416	690	71,2	35,4
1900	289	150,2	15,6	14,3	39,8	24,0	30,4	15,8	20,8	66,4	16,1	4,5	55,5	326	43,6	709	432	662	71,9	39,4
1901	302	100,0	14,7	13,4	39,8	20,3	26,8	14,2	18,3	67,5	16,3	4,1	49,8	326	52,1	673	460	511	64,8	41,3
1902	316	163	17,4		44,5	32,1	32,9		27,2	51,0	16,3	4,0	47,6	313	44,8	611	417	557	68,3	36,2
1903	287	174	19,5		52,5	32,2	36,2		51,6	45,6	21,0	5,1	51,0	375	34,8	421	380	491	62,8	44,7
1904	292	171	17,7		49,5	22,4	32,2		27,0	55,7	22,7	5,6	56,2	319	48,0	445	414	561	73,3	52,4
1905	295	247	17,9		48,9	49,7	32,8		23,5	71,7	20,7	6,1	63,1	342	46,7	466	357	610	70,1	45,4
1906	299	196	23,1		63,0	52,9	33,1		29,0	84,1	24,6	7,3	76,9	320	49,1	566	414	741	70,0	55,4
1907	298	201	22,3		73,7	32,3	38,9		40,6	91,5	26,9	8,1	90,1	349	41,2	460	360	628	71,9	69,5
1908	311	120	19,4		68,4	25,2	33,0		27,6	94,5	24,3	7,7	89,5	338	34,1	463	272	603	86,0	67,0
1909	328	262	18,1		62,0	31,9	30,7		22,4	77,7	25,7	5,9	67,2	294	22,6	467	180	529	83,6	56,1
1910	321	260	23,5		66,5	33,4	32,9		39,8	99,2	28,1	7,5	79,9	363	17,4	299	127	363	75,5	64,9
1911	319	129	18,6		72,0	40,8	32,1		36,0	126,2	36,0	9,0	104,5	362	19,0	314	93	476	70,2	76,3

Tabelle 4.
Belgien.

Jahr	Kohle 1000 Tonnen		Koks Ausfuhr	Getreide		Flachs Einfuhr Millionen		Flachs Ausfuhr Millionen		Baumwolle Einfuhr Mill. kg	Wolle Einfuhr Mill. kg
	Ausfuhr	Einfuhr	1000 T.	Einfuhr	Ausfuhr	kg	Frks.	kg	Frks.		
1861	3379		8	264				17,1	27,4	14,7	16,4
1862	2892		397	261				17,7	32,0	5,4	18,6
1863	2891		437	270				18,2	32,8	7,4	14,4
1864	3324		459	231				24,3	43,8	6,9	20,8
1865	3568		503	236	33			33,7	57,7	11,7	27,9
1866	3972		548	231	42			20,5	49,2	14,7	29,9
1867	3564		517	272	40			21,4	38,5	16,0	35,1
1868	3755		540	285	30			21,4	51,3	16,2	47,4
1869	3581		688	322	22			17,5	35,2	16,3	47,0
1870	3176		576	333	27			22,9	50,4	16,3	41,7
1871	3678		508	728	39			37,0	83,4	25,5	52,5
1872	4608		749	423	161			32,4	80,9	23,6	53,4
1873	4158		801	697	203			33,4	75,2	18,0	53,4
1874	3902		599	757	247			37,2	81,9	20,5	51,0
1875	4064		646	687	185			30,2	90,8	18,2	45,8
1876	3828		571	926	320			20,8	58,4	19,2	51,9
1877	3515		576	822	280			32,9	75,8	20,3	48,9
1878	3889		577	1088	398			29,8	67,1	21,9	46,5
1879	4236	728	596	1326	570	36,0	57,8	32,8	65,5	21,8	43,3
1880	4525	917	850	1215	457	40,8	69,3	28,2	67,7	23,4	49,3
1881	4477	1016	915	1184	495	36,8	60,8	27,2	62,5	29,6	45,5
1882	4292	1044	1095	1315	523	36,6	56,7	31,7	69,7	25,2	57,0
1883	4441	1263	997	1283	458	36,0	55,8	28,7	63,2	23,8	48,3
1884	4619	1224	854	1301	507	39,3	60,9	34,8	76,5	24,7	36,4
1885	4338	1238	849	1171	377	34,4	34,4	40,1	56,1	17,3	43,8
1886	4273	1003	908	1096	304	36,9	36,9	46,0	64,4	21,0	39,2
1887	4591	1017	927	1296	361	50,1	50,0	41,2	57,6	22,8	44,4
1888	4467	1035	1061	1516	406	54,0	54,0	37,5	52,4	21,3	38,1
1889	4597	1006	1220	1434	432	65,0	45,5	43,8	61,8	14,5	44,1
1890	4851	1721	1065	1632	503	63,9	44,7	39,4	55,2	32,3	35,0
1891	5109	1625	934	2029	697	64,7	32,3	35,2	45,8	34,3	42,2
1892	4891	1492	991	1536	612	73,5	36,7	40,9	53,2	20,5	32,8
1893	5339	1294	942	1705	595	58,3	23,3	31,7	46,0	35,4	44,9
1894	5113	1381	879	1891	542	54,1	21,6	23,6	30,7	34,6	37,8
1895	5121	1534	871	1985	472	73,4	29,3	38,2	49,6	21,6	48,5
1896	5110	1695	863	2075	485	65,5	26,2	36,5	47,5	29,2	49,3
1897	5064	2018	909	1946	543	58,8	23,5	36,5	47,4	37,7	41,8
1898	5246	2204	878	2167	626	64,2	32,1	36,9	51,7	43,4	46,2
1899	5095	2855	1009	2266	602	66,3	36,5	33,4	48,4	35,3	62,4
1900	5866	3310	1073	1999	452	72,9	51,0	27,9	51,6	34,8	41,9
1901	5535	2948	829	2232	543	72,8	58,2	28,4	53,9	33,0	53,4
1902	5750	3266	824	2301	521	102,4	92,1	41,1	80,1	44,7	55,1
1903	5547	3598	841	2562	546	128,8	135,2	48,0	102,3	53,5	53,9
1904	5606	3747	880	2692	623	126,5	150,6	37,3	83,9	40,4	52,8
1905	5184	4303	977	2980	699	138,4	142,6	47,5	85,5	47,7	63,9
1906	5432	5506	856	2923	694	146,7	151,0	56,6	101,8	54,0	61,2
1907	5158	5438	863	2888	782	161,6	145,4	59,3	106,7	62,2	67,2
1908	5244	5589	917	2723	889	158,2	62,0	54,8	82,1	49,0	59,5
1909	5636	6022	1015	2990	860	174,7	83,4	60,1	96,1	66,9	59,6
1910	5508	6713	1044	3277	875	165,1	105,3	60,6	121,1	62,9	161,3
1911	5700	7710	1027	3581	936	172,5	97,2	62,5	109,4	126,3	154,2

Tabelle 4.
Belgien.

Baumwollwaren		Wollenwaren		Wollengarn	Leinengarn	Leinenwaren	Leinengarn	Wollengarn	Jahr
Einfuhr	Ausfuhr	Einfuhr	Ausfuhr	Ausfuhr	Ausfuhr	Ausfuhr	Ausfuhr	Ausfuhr	
Mill. Frks.		Mill. Frks.		Mill. Frks.	Mill. Frks.	Mill. Frks.	Mill. kg	kg	
	13,9	10,0	28,4	6,3	12,8	28,3	2,7	0,7	1861
	16,0	15,4	38,6	7,8	15,1	29,1	2,9	0,8	1862
	16,2	21,3	41,9	13,5	19,1	33,1	3,3	1,3	1863
	20,4	27,1	43,1	23,4	24,7	41,1	3,7	2,3	1864
14,9	13,9	41,1	54,3	23,5	23,5	18,9	3,3	2,4	1865
13,5	25,6	15,6	43,7	22,7	29,2	40,3	4,2	2,3	1866
9,4	15,9	16,3	31,7	15,2	20,1	25,5	3,3	2,0	1867
10,1	11,7	17,3	28,2	25,5	36,4	25,7	5,2	3,5	1868
9,7	11,6	19,1	30,7	29,2	31,5	24,4	5,1	4,6	1869
7,4	10,7	18,5	30,4	30,6	32,5	21,1	5,7	5,2	1870
10,0	18,3	23,0	38,8	45,4	43,3	31,1	7,6	6,4	1871
10,7	19,1	23,8	44,8	64,5	31,2	37,2	5,3	6,3	1872
13,7	16,1	26,6	39,6	71,6	28,1	29,6	4,8	7,6	1873
14,0	15,9	26,3	42,4	49,4	36,9	22,3	7,1	4,9	1874
15,0	17,8	26,8	41,6	47,8	56,4	21,7	9,9	4,6	1875
12,5	16,0	25,7	38,9	39,5	45,2	17,4	8,7	3,7	1876
10,8	17,4	23,0	34,2	48,9	45,0	19,8	9,4	4,9	1877
11,3	18,7	21,9	39,0	67,5	42,6	20,5	10,0	6,4	1878
11,2	16,0	19,3	25,7	63,5	55,8	18,8	12,3	6,5	1879
13,6	28,2	23,5	27,9	78,5	51,3	19,4	11,4	7,7	1880
13,9	23,9	22,7	31,3	74,0	55,1	21,8	12,3	7,8	1881
13,8	22,6	22,2	30,4	42,0	59,4	20,8	14,3	6,8	1882
15,1	20,8	20,8	25,2	55,2	16,2	20,8	16,2	9,0	1883
14,0	20,9	21,0	26,5	53,2	72,2	23,0	18,4	8,9	1884
14,0	16,4	21,9	28,5	46,8	84,8	26,2	19,7	9,4	1885
14,7	16,5	20,1	22,5	56,0	75,1	25,7	17,5	11,2	1886
17,3	20,8	20,3	23,4	54,6	73,8	19,5	20,4	11,6	1887
17,1	20,0	19,8	25,3	55,7	75,1	17,6	20,7	12,0	1888
16,1	19,7	19,6	26,6	62,7	74,5	14,0	21,7	12,7	1889
18,1	23,5	20,9	29,0	54,5	72,2	14,0	20,1	11,0	1890
18,5	23,2	23,0	26,2	65,8	73,9	17,3	20,5	11,0	1891
21,1	24,4	22,9	21,4	58,3	58,9	16,0	19,6	11,6	1892
21,0	21,2	24,3	21,8	50,3	51,1	14,2	17,8	11,0	1893
20,4	19,5	24,7	17,2	38,5	49,4	14,9	19,4	8,9	1894
27,0	27,6	25,4	23,0	43,7	2,5	6,7	3,8	10,1	1895
29,1	26,9	23,4	16,9	46,0	57,7	11,2	21,6	10,8	1896
28,9	22,4	21,7	16,2	37,6	62,2	12,2	23,8	8,9	1897
27,8	23,2	21,1	15,4	38,2	59,6	13,9	23,3	8,5	1898
31,8	25,4	22,1	15,6	50,1	79,6	16,4	27,4	9,4	1899
37,1	30,8	21,0	13,9	32,5	79,4	16,0	23,8	8,4	1900
30,4	29,7	20,4	13,7	29,2	78,7	14,1	22,4	7,7	1901
31,5	32,5	20,0	15,0	38,8	87,2	16,0	26,7	9,0	1902
31,4	37,5	19,3	15,3	43,5	88,5	15,9	26,0	9,7	1903
30,4	44,4	19,1	14,6	43,0	93,7	16,0	26,7	9,4	1904
34,2	49,4	20,0	14,5	50,4	69,4	17,4	26,6	10,3	1905
35,7	55,6	19,4	13,6	50,6	81,9	17,2	27,2	9,5	1906
38,7	59,4	20,4	15,2	56,7	93,2	22,5	28,2	10,7	1907
33,7	54,9	20,6	13,6	36,1	77,7	18,1	27,7	8,2	1908
37,0	65,3	22,0	14,8	48,7	97,3	19,4	32,4	9,9	1909
41,0	78,5	22,7	12,4	57,1	95,4	18,0	30,3	11,3	1910
38,6	79,2	22,3	10,4	49,3	103,3	20,1	32,3	10,1	1911

Fortsetzung von Tabelle 4.

Belgien.

Jahr	Glas Ausfuhr Mill. Frcs.	Maschin. Ausfuhr Mill. Frcs.	Eisen Ausfuhr Millionen kg	Eisen Ausfuhr Millionen Frcs.	Rohe Häute Mehreinfuhr Mill. kg	Kaffee Einfuhr Millionen kg	Kaffee Einfuhr Millionen Frcs.	Stahl Ausfuhr Millionen kg	Stahl Ausfuhr Millionen Frcs.	Eisenerz u. Roheisen Einfuhr Millionen kg	Eisenerz u. Roheisen Einfuhr Millionen Frcs.
1861	10,2	15,7	65	12		20,6	34,8				
1862	10,8	19,3	80	14		19,0	35,7				
1863	12,5	22,1	98	17		17,8	33,2				
1864	14,0	21,6	150	25		19,2	30,4				
1865	16,3	12,4	118	20	2,7	20,7	35,3				
1866	16,4	14,6	139	24	5,4	19,3	33,0				
1867	15,3	12,9	149	24	4,4	21,5	36,6				
1868	14,5	16,9	156	26	9,4	23,6	32,2				
1869	16,8	23,8	240	39	3,4	20,5	27,9				
1870	15,7	23,1	219	36	9,7	22,4	31,2			670	21,9
1871	12,6	24,9	187	35	8,8	23,4	38,3			678	22,8
1872	17,0	39,5	210	52	8,2	22,3	42,6			927	35,7
1873	31,5	48,4	182	57	16,8	22,6	54,2			885	38,8
1874	39,2	47,0	227	60	9,3	19,0	45,2			897	32,2
1875	40,1	47,5	183	49	10,2	21,9	53,7			951	32,2
1876	38,5	44,1	166	45	5,5	26,5	61,5			878	36,2
1877	37,8	65,6	174	47	10,4	20,4	48,8			967	35,9
1878	39,6	39,5	193	54	7,3	23,1	48,1			1041	39,5
1879	43,2	41,3	211	59	6,7	24,9	45,1			806	33,4
1880	49,6	43,6	228	39	14,0	22,7	45,3			1144	25,5
1881	54,4	56,3	238	41	3,7	25,3	43,6			1371	27,1
1882	52,9	77,4	268	46,0	10,2	28,2	38,3			1392	27,0
1883	56,6	72,4	276	47,6	16,6	28,5	37,6			1800	31,6
1884	48,4	54,7	283	38,2	8,6	20,2	28,0			1628	25,6
1885	48,9	42,7	272	34,0	10,5	26,2	31,2			1511	22,8
1886	48,9	41,3	283	33,0	8,0	26,8	33,6			1367	21,5
1887	54,5	40,4	336	39,0	12,7	18,5	39,1			1611	26,3
1888	45,3	28,1	310	39,0	3,9	25,5	44,4			1983	34,3
1889	46,1	43,1	355	45,5	5,0	23,0	47,6			2860	36,8
1890	44,8	105	356	68	10,7	21,9	52,5	110	29,0	1908	36,9
1891	45,1	108	359	61	13,1	24,9	55,0	87	22,6	1740	27,3
1892	44,3	96	338	54	9,3	24,2	56,8	99	25,9	1854	25,8
1893	49,4	70	317	46	15,4	23,6	53,6	114	38,1	1871	26,5
1894	50,3	68	325	51	9,8	23,7	54,5	156	56,6	2195	31,8
1895	50,9	62	334	52	10,7	24,0	55,2	199	47,9	2104	30,4
1896	78,3	65	415	68	7,2	24,3	52,3	219	62,3	2438	41,2
1897	76,1	75	432	73	10,2	29,0	60,9	222	63,1	2887	44,4
1898	80,6	89	465	81	12,0	30,9	46,3	211	57,7	2622	43,8
1899	87,8	107	465	89	12,4	32,8	39,4	188	54,8	3042	58,7
1900	76,8	136	362	82	12,9	26,3	31,6	176	50,2	2896	58,3
								Eisen-u Stahlwar.			
1901	80,6	89	604 [1])	130 [1])	3,2	32,6	36,6		58,3	1983	33,1
1902	92,4	63	778	166	11,3	31,6	32,2		78,7	2897	45,6
1903	89,4	100	893	172	17,0	23,5	22.8		68,8	3437	50,7
1904	75,4	111	863	179	14,6	70,0	72,0		88,1	3744	53,6
1905	91,3	121	1002	197	16,0	45,4	48,6		78,0	3936	65,0
1906	106,5	199	1062	227	18,0	54,0	56,2		86,3	4328	86,8
1907	84,4	261	1063	230	18,3	113,5	109,4		84,5	4329	82,0
1908	68,9	192	984	192	17,5	61,1	65,2		70,7	3819	55,2
1909	77,8	141	1148	209	25	57,3	56,1		72,0	4912	67,8
1910	84,4	177	1300	241	26	50,1	63,7		87,6	5960	92,5
1911	87,8	188	1368	258	28	42,3	72,8		88,9	6446	94,7

[1]) Einschließl. Stahl.

Fortsetzung von Tabelle 4.

Belgien.

Bauholz Einfuhr Millionen cbm	Bauholz Einfuhr Millionen Frcs.	Lebend. Tiere einschließlich Pferde Einfuhr Mill. Frcs.	Lebend. Tiere einschließlich Pferde Ausfuhr Mill. Frcs.	Fleisch Einfuhr Mill. kg	Fleisch Ausf. Mill. kg	Zucker Ausfuhr Mill. kg	Fisch Einfuhr Millionen kg	Fisch Einfuhr Millionen Frcs.	Öl-haltige Samen Einfuhr Mill. kg	Bitumen- u. Mineralöl Einfuhr Mill. kg	Jahr
201	18,6	23,9				0,7			64	23,5	1861
208	15,3	21,5				3,7			60	24,2	1862
236	17,8	18,9				14,0			47	30,0	1863
235	17,7	18,7				13,3			61	28,5	1864
311	21,8	17,2				18,0			81	34,5	1865
273	20,8	13,3				26,9			51	62,8	1866
276	17,5	15,0				25,9			59	42,0	1867
296	19,0	24,6				27,1			57	38,0	1868
323	21,1	25,4				36,1			82	48,1	1869
292	18,8	31,4	5,5	1,2		37,5			63	45,1	1870
379	25,7	34,2	9,9	4,3		67,8			99	47,6	1871
476	41,4	44,9	8,6	12,8		63			72	68	1872
477	47,6	47,5	6,5	29,8		63			67	70	1873
479	48,8	38,3	6,3	10,5		72			63	64	1874
475	45,9	44,1	8,2	4,8		69			87	57	1875
451	43,9	44,0	7,1	12,9		58			103	50	1876
418	38,8	63,6	6,8	17,6		47			77	74	1877
441	41,6	56,3	5,7	30,4		59			86	83	1878
463	44,9	54,5	6,6	37,1		57			100	73	1879
512	51,5	70,5	7,5	38,6		70,9			122	102	1880
495	49,6	60,7	7,7	23,4		75,2			140	120	1881
536	52,9	61,2	8,5	11,0		77,0			139	102	1882
507	48,3	72,7	8,1	14,4		105,2			180	100	1883
491	45,3	63,0	9,2	9,4		67,8			159	112	1884
511	47,2	65,0	10,2	11,8		71,0			162	104	1885
472	43,2	71,4	13,6	14,0		98,3			146	170	1886
556	51,5	59,0	15,5	14,3		111,5			141	154	1887
649	61,3	66,4	13,9	10,6		88,0			186	200	1888
574	56,8	53,6	15,2	19,2		127,3			202	190	1889
645	62,3	53,5	13,5	27,6		161	43,6	13,3	173	187	1890
646	60,9	51,2	24,0	25,4	17,5	133	43,6	15,0	213	197	1891
672	58,8	36,6	21,7	27,2	18,3	131	40,1	17,7	156	232	1892
756	67,7	50,9	18,9	12,9	12,3	208	42,0	21,1	230	251	1893
779	68,6	35,5	23,6	21,1	19,8	123	47,3	22,5	221	250	1894
752	66,4	37,8	27,3	25,1	22,8	172	45,6	22,0	247	280	1895
907	78,7	56,5	31,3	22,5	23,4	180	48,7	22,0	231	260	1896
1023	89,9	44,8	35,1	26,2	21,7	236	48,2	21,3	199	278	1897
1047	91,8	44,2	34,9	24,3	20,0	173	50,7	19,9	260	303	1898
1105	105,4	46,1	32,9	19,7	19,0	235	47,9	20,5	271	293	1899
1175	114,1	43,1	29,4	17,0	17,7	300	51,2	20,1	186	292	1900
1140	112,0	41,0	23,2	17,0	13,0	233	51,7	23,7	240	406	1901
1233	118,1	40,0	26,0	14,0	10,4	134	57,5	27,4	272	489	1902
1259	119,5	47,4	28,0	14,0	10,0	117	60,1	26,5	370	496	1903
1396	130,1	42,0	29,8	15,1	10,4	185	62,0	25,5	373	500	1904
1325	126,0	40,4	33,7	16,4	11,4	138	60,3	24,2	344	519	1905
1408	134,0	51,2	35,5	20,1	9,4	209	62,1	25,0	333	529	1906
1469	139,0	55,0	33,0	18,2	9,4	172	66,8	28,7	451	565	1907
1486	140,5	53,0	30,0	14,0	11,0	123	68,3	32,4	373	611	1908
1574	145,1	48,1	33,0	12,4		145	73,1	34,4	495	670	1909
1594	150,1	53,3	42,6	12,2		120	73,7	26,0	503	644	1910
1631	141,0	51,2	39,7	15,9		164	77,4	27,6	491	687	1911

Tabelle 5.

England[1]).

Jahr	Weizen Einfuhr 1000 Quartos	Mittl. Preis f. bestimmt. Weizen s. d.	Fleischpreise per Stone St. Thomas Hospital Fouthwark Rind s. d.	Hammel s. d.	Zucker 1000 Zentner	Thee Einfuhr Mill. Pfund	Kaffee Mill. Pfund	Wein Mill. Gallons	Malz Mill. Bushels	Spirituosen einheim. Mill. Gallons	Spirituosen Eingef. Mill. Gallons	Tabak Mill. Pfund	Baumwolle einfuhr z. Konsum Mill. Pfund	Baumwollwaren ausfuhr inkl. Garn Mill. Pfund $
					für den einheimischen Konsum									
1801	1396	115. 11	5. 8	5. 8	2773	23,7	0,75	7,00	19,74	3,20		16,9	54,2	7,05
1802	498	67. 9	5.	5. 4	2250	24,7	0,83	6,35	34,76	9,34		18,4	56,6	7,62
1803	297	57. 1	4. 8	5.	1492	24,9	0,90	8,18	34,71	11,92		17,9	52,2	7,08
1804	398	60. 5	4. 8	4. 10	2144	21,8	1,06	4,84	24,75	9,11	10 jährig. Durchschnitt	18,0	61,4	8,15
1805	843	87. 1	4. 5	4. 5	2076	24,3	1,20	4,56	25,57	10,24		16,8	58,9	9,53
1806	281	76. 9	4. 9	4. 10	2801	22,9	1,16	5,93	30,71	9,76		17,5	57,5	10,49
1807	379	73. 1	4. 8	5. 0	2277	22,8	1,17	5,92	27,79	12,99	5,75	16,9	72,7	10,31
1808		78. 11	4. 9	4. 10	2843	24,6	1,07	6,41	25,37	11,64		18,7	42,0	12,99
1809	425	94. 5	5. 4	5. 2	2504	23,3	9,25	5,81	25,85	7,87		20,0	88,5	19,45
1810	1491	103. 3	5. 8	5. 6	3489	22,0	5,31	6,80	26,90	8,41		20,3	123,7	18,95
1811	238	92. 5	5. 8	5. 8	3227	24,2	6,39	5,86	29,68	11,07		21,4	90,3	12,01
1812	244	122. 8	6.	6.	2604	23,8	8,12	5,14	21,23	8,95	3,97	20,9	61,3	16,52
1813	426	106. 6	6. 4	6. 4	2209	22,8	8,79	4,72	25,35	7,04		19,6	51,0	angegebener Wert
1814	681	72. 1	6.	6. 6	1998	22,6	6,32	4,94	29,74	10,92	4,37	15,5	53,8	20,03
1815		63. 8	4. 11	5.	2211	25,8	6,11	5,97	30,21	11,38	4,16	17,9	92,5	20,62
1816	225	76. 2	4.	4. 8	2530	23,2	7,56	4,42	24,20	9,22	3,20	17,5	86,8	15,58
1817	1021	94.	3. 8	4. 4	3299	23,9	8,69	5,61	23,33	9,63	3,15	18,4	116,7	16.01
1818	1593	83. 8	4. 4	4. 10	1727	26,2	8,31	6,14	26,20	10.23	3,28	18,0	162,1	18,77
1819	122	72. 3	4. 10	5. 8	2821	25,9	7,79	4,98	25,81	8,77	3,46	16,5	133,2	14,70
1820	34	65. 10	4. 8	5. 4	2902	25,6	7,10	5,02	26,86	8,30	3,45	15,7	152,8	16,52
1821	2	54. 5	3. 10	4. 4	3056	26,4	7,59	5,02	29,39	8,70	3,34	15,0	137,4	16,10
1822		43. 3	2. 8	3. 5	2989	27,7	7,70	4,97	29,85	8,75	3,35	16,3	132,4	17,22
1823	12	51. 9	2. 11	3. 7	3229	27,1	8,95	5,29	28,16	9,10	4,54	17,2	186,3	16,33

1824	16	62.	3. 4	3. 8	3367	27,2	8,26	5,48	31,51	15,11	3,87	16,9	141,0	18,45
1825	525	66.	4. 2	4. 8	3080	28,7	11,08	8,65	36,20	18,68	3,51	18,8	202,5	18,36
1826	316	56. 11	4.	4. 6	3574	29,0	13,20	6,45	32,47	18,23	5,85	18,4	162,9	14,10
1827	573	56. 9	4.	4. 4	3341	29,9	15,56	7,26	29,61	19,68	4,66	18,8	249,8	17,64
1828	842	60. 5	3. 8	4.	3601	29,3	17,12	7,58	36,85	23,41	4,66	18,6	209,0	17,24
1829	1364	66. 3	3. 5	3. 11	3540	29,5	19,48	5,42	29,15	22,69	4,71	18,9	209,1	17,53
1830	1702	64. 3	2. 10	3. 4	3722	30,5	22,67	5,68	32,96	22,74	4,96	19,3	269,6	19,43
1831	1402	66. 4	3. 4	4. 2	3731	30,0	22,71	5,45	39,25	21,55	4,88	19,5	373,2	17,26
1832	325	58. 8	3. 2	4.	3655	31,5	24,26	5,26	37,39	20,78	5,15	20,3	259,4	17,40
1833	82	52. 11	3. 4	4.	3652	31,8	22,74	6,21	40,07	21,87	4,88	20,8	293,7	18,49
1834	65	46. 2	3.	3. 8	3742	34,9	23,78	6,48	41,14	23,22	4,87	21,3	308,6	20,51
1835	28	39. 4	3.	3. 3	3856	36,6	23,29	6,42	42,89	24,76	4,76	21,1	333,0	22,13
1836	30	48. 6	3. 5	3. 9	3488	49,1	24,95	6,81	44,38	26,74	4,62	22,3	363,7	24,63
1837	244	55. 10	3. 4	4.	3955	30,6	26,39	6,56	40,55	24,49	4,41	22,6	368,4	20,60
1838	1848	64. 7	3. 2	3. 8	4373	32,3	25,82	7,20	40,55	26,48	4,36	23,5	455,0	24,15
1839	2712	70. 8	3. 6	3. 10	3826	35,1	26,83	7,24	39,93	25,19	4,02	23,2	352,0	24,55
1840	2401	66. 4	3. 6	3. 10	3607	52,2	28,72	6,84	42,41	29,87	3,63	23,0	528,1	24,67
1841	2649	64. 4	3. 10	4. 2	4658	36,7	28,37	6,18	36,16	20,64	3,46	22,1	437,0	23,50
1842	2977	64.	3. 4	3. 8	4868	37,3	28,52	9,81	35,87	18,84	3,20	22,2	474,0	21,68
1843	982	54. 4	2. 10	3. 2	4028	40,3	29,98	6,07	35,69	18,86	3,16	22,7	581,3	23,45
1844	1022	51. 5	2. 8	3. 2	4130	41,4	31,35	6,84	37,18	20,61	3,24	24,3	554,2	25,80
													Gesamteinf.	
1845	313	49. 2	3.	3. 8	4857	44,2	34,29	6,74	36,55	23,12	3,60	26,2	722,0	26,12
1846	2944	53. 3	3. 6	4. 2	5231	46,7	36,78	6,97	42,10	23,53	4,25	27,0	467,7	25,60
1847	4766	59.	3. 9	4. 5	5792	46,3	37,47	6,31	35,71	20,08	4,89	26,7	473,6	23,34
1848	3182	51. 10	3. 8	4 4	6163	48,7	37,10	6,37	37,54	22,23	4,62	27,3	712,5	22,70
1849	4802	39. 5	3,	3. 8	5922	50,0	34,43	6,48	38,93	22,96	5,26	27,7	755,5	26,89
1850	4856	40. 4	2. 8	3. 4	6112	51,2	31,22	6,68	40,74	23,86	4,79	27,7	664,7	28,25
1851					6254	53,9	32,56	6,55	40,34	24,54	4,76	28,0	757,4	30,09
1852					6929	54,9	35,05	6,61	41,07	25,27	4,85	28,6	928,2	29,96

[1]) Aus T. G. Darton, Statistical tables 1801 to 1851, London 1854.

Fortsetzung von Tabelle 5.

England.

Jahr	Wolle-einfuhr Mill. Pfund	Preis von South-down Wolle s. d.	Ausfuhr v. Wollen-waren Mill. Pfund $	Leinen-Ausfuhr Mill. Pfund $	Seide Einfuhr Mill. Pfund $	Seide Ausfuhr Mill. Pfund $	Einfuhr fremder u. kolonialer Waren. Offizielle Werte Mill. £	Ausfuhr fremder u. kolonialer offizieller Wert	Ausfuhr heimischer Produkte offizieller Wert	Ausfuhr Angegebener Wert Mill. £	Mineralien: Durchschnittsproduktion an Roheisen	Mineralien: Zinn 1000 Tonnen	Mineralien: Kupfer 1000 Tonnen
1801	7,4	7. 1	7,32	1,00	10 jährig.	0,28	31,8	10,3	24,9	39,7		2,3	5,3
1802	7,7	1. 7	6,48	0,89	Durch-	0,23	21,8	12,7	25,6	45,1		2,6	5,2
1803	5,9	1. 8	5,29	0,56	schnitt	0,15	26,6	8,0	20,5	36,1		2,9	5,6
1804	7,9	1. 10			0,96		27,8	8,9	22,7	37,1		3,0	5,4
1805	8,1	2. 3					28,6	7,6	23,4	38,1	258	2,7	6,2
1806	6,8	1. 10					26,9	7,7	25,9	40,9		2,8	6,9
1807	11,5	2. 0					26,7	7,6	23,4	37,2	15. £ 105	2,4	6,7
1808	2,3	1. 9					26,8	5,8	24,6	37,3	pro Tonne	2,3	6,8
1809	6,7	3. 0					31,7	12,7	33,5	47,4		2,5	6,8
1810	10,9	2. 4					39,3	9,3	34,1	48,4		2,0	5,7
1811	4,7	1. 5	5,77		Durch-		26,5	6,1	22,7	32,9		2,4	5,9
1812	7,0	1. 8	4,37		schnitt 1,13		26,2	9,5	29,5	41,7		2,4	7,2
1813		1. 11	5,02									2,3	8,2
1814	15,5	2. 2	angegebener Wert		2,11		33,7	19,3	34,2	45,5		2,6	7,9
1815	13,6	1. 11	9,38	angegebener Wert	1,47		33,0	15,7	42,9	51,6	400	2,9	6,6
1816	7,5	1. 6	7,84	1,45	1,09	0,48	27,4	13,5	35,7	41,6		2,3	7,0
1817	14,1	2. 7	7,17	1,70	1,67	0,41	30,8	10,3	40,1	41,8	£ 13. 45	4,1	6,6
1818	24,7	2. 6	8,14	1,95	1,92	0,50	36,9	10,9	42,7	46,6	pro Tonne	3,7	6,7
1819	16,1	1. 7	5,98	1,39	1,85	0,38	30,8	9,9	33,5	35,2		3,1	7,2
1820	9,8	1. 5	5,58	1,65	2,02	0,37	32,4	10,5	38,4	36,4		2,8	7,3
1821	16,6	1. 3	6,46	1,98	2,33	0,37	30,8	10,6	40,8	36,6		3,1	8,2
1822	19,1	1. 3	6,49	2,19	2,44	0,38	30,5	9,2	44,2	37,0		3,1	9,3
1823	19,4	1. 3	5,64	2,09	2,47	0,35	35,8	8,6	34,8	35,4		4,0	7,9

1824	22,6	1. 3	6,04	2,44	4,01	0,44	37,6	10,2	48,7	38,4		4,8	7,8
1825	43,8	1. 4	6,18	2,13	3,60	0,30	44,1	9,2	47,2	38,9	628	4,2	8,2
1826	16,0	0. 10	7,97	1,49	2,25	0,17	37,7	10,1	41,9	31,5		4,5	9,0
1827	29,1	0. 9	5,24	1,89	4,21	0,24	44,9	9,8	52,2	37,2	£ 9. 45	5,3	10,3
1828	30,2	0. 8	5,07	2,00	4,55	0,25	45,0	9,9	52,8	36,8	pro Tonne	4,7	9,9
1829	21,5	0. 6	4,58	1,88	2,89	0,27	44,0	10,6	56,2	35,8		4,4	9,6
1830	32,3	0. 10	4,73	1,93	4,69	0,52	46,2	8,5	61,1	38,3		4,2	10,7
1831	31,6	1 1	5,23	2,30	4,31	0,58	49,7	10,7	60,7	36,2		4,1	12,0
1832	28,1	1. 0	5,24	1,65	4,39	0,53	44,6	11,0	65,0	36,4		4,0	11,9
1833	38,1	1. 5	6,29	2,24	4,76	0,74	45,9	9,8	70,0	39,7		3,8	11,2
1834	46,4	1 7	5,74	2,58	4,52	0,64	49,4	11,6	73,8	41,6		4,2	11,2
1835	42,6	1. 6	6,84	3,21	5,79	0,97	48,9	12,8	78,4	47,4	1200		12,3
1836	64,2	1. 8	7,64	3,64	6,27	0,92	57,0	12,4	85,2	53,4			11,6
1837	48,4	1. 3	4,68	2,61	4,82	0,50	53,2	12,2	72,3	42,1	£ 9. 25		10,8
1838	52,6	1. 4	5,79	3,57	4,88	0,78	59,9	12,7	92,1	50,1	pro Tonne		11,5
1839	57,4	1, 4	6,27	4,23	4,75	0,87	60,3	12,8	96,9	52,2			12,4
1840	49,9	1. 3	5,33	4,13	4,89	0,79	65,9	13,8	102,3	51,4			11,1
1841	52,9	1. 0	5,75	4,32	4,76	0,79	62,7	14,7	101,8	51,6			10,0
1842	44,0	0. 11½	5,18	3,37	5,64	0,59	63,6	13,6	99,9	47,4			10,0
1843	46,4	0. 11½	6,79	3,70	5,37	0,67	68,5	13,9	117,6	52,3			10,9
1844	63,1	1. 2	8,20	4,07	6,08	0,74	73,5	14,4	131,3	58,6			12,2
1845	76,8	1. 4	7,69	4,10	6,33	0,77	83,3	16,3	134,4	60,1	1700		12,9
1846	65,2		6,33	3,71	5,73	0,84	73,0	16,3	132,0	57,5			11,8
1847	62,1		6,89	3,62	6,59	0,98	82,9	20,0	125,9	58,7	£ 6. 105		12,7
1848	70,9		5,73	3,29	6,49	0,58	89,2	18,4	132,6	52,8	pro Tonne		12,9
1849	76,8		7,34	4,10	5,62	1,00	99,8	25,6	164,3	63,3			
1850	74,3		8,58	4,85	5,43	1,26	100,4	21,9	175,4	71,4			
1851	81,3		8,38	5,07	4,61	1,33	100,7	23,7	190,6	74,4			
1852	91,0		8,72	5,37	5,83	1,45	109,3	23,3	196,2	78,0			

[1]) Der offizielle im Jahre 1694 festgesetzte Preis ist unverändert bis 1814 u. s. w. festgehalten.

Fortsetzung von Tabelle 5.

England.

Jahr	Weizen	Weizenmehl	Anderes Getreide	Hafer	Mais	Zucker	Kaffee	Tee	Tabak	Wein	Spirituosen	Baumwolle	Baumwollewarenausfuhr				Wolle
	Mehreinfuhr	Einfuhr		Einfuhr		Einfuhr		Einfuhr		Einfuhr		Mehreinfuhr	Garne	Garne	Zeuge	Gesamtwert	Mehreinfuhr
	Qrs. 1000	Mill. Ztr.	Qrs. 1000			Mill. Ztr.	Mill. Pfd.	Mill. Pfd.		Mill. Gallons		Mill. Pfd.	Mill. Pfd.	Mill. £	Mill. Yards	Mill. £	Mill. Pfd.
1851	3778	5,24	4266			6,56	32,5	53,9	27,9	6,28	4,78	645	144	6,6	1543	30,1	74,8
1852	3050	3,80	3573			7,17	35,0	54,7	28,4	6,35	4,86	818	145	6,6	1524	29,9	80,0
1853	4826	4,50	3908			7,48	37,0	58,8	29,6	6,81	5,14	746	147	6,9	1595	32,6	112,7
1854	3346	3,58	3382			8,33	37,3	61,9	30,4	6,78	5,13	764	147	6,7	1693	31,7	93,2
1855	2635	1,78	3016			7,54	35,8	63,4	30,3	6,30	4,79	767	165	7,2	1938	34,8	83,1
1856	3982	3,87	4087			7,07	35,0	63,3	32,4	7,00	5,00	877	181	8,0	2035	38,2	101,8
1857	3371	2,09	5014			7,42	34,3	69,1	32,7	6,60	4,73	837	177	8,7	1979	39,1	114,6
1858	4236	3,84	5929			8,75	35,2	73,2	33,9	6,27	4,58	884	200	9,6	2324	42,0	113,3
1859	3990	3,13	5205			8,88	34,3	76,3	34,6	6,78	4,93	1050	192	9,5	2563	48,2	124,2
1860	5875	5,08	7122			8,76	35,5	76,8	35,2	6,72	5,52	1140	197	9,9	2776	52,0	137,2
	Mill. Zentner		Mill. Zentner: Gerste	Hafer	Mais												
1861	24,93	5,86	5,0	5,11	13,24	9,18	35,2	77,9	34,8	10,70	5,19	959	178	9,3	2563	46,9	131,5
1862	41,00	7,17	6,6	4,43	11,69	9,38	34,5	78,8	35,4	9,76	5,20	309	93	6,2	1681	36,7	161,7
1863	24,26	5,17	7,38	6,50	12,74	9,45	32,8	85,2	37,3	10,42	5,57	428	74	8,1	1711	47,4	169,1
1864	23,10	4,47	4,92	5,56	6,28	11,18	31,4	88,6	38,0	11,40	5,30	649	76	9,1	1752	54,9	150,5
1865	20,92	3,88	7,82	7,71	7,10	10,37	30,5	97,8	38,9	11,99	6,72	676	103	10,3	2014	57,2	129,7
1866	23,10	4,95	8,43	8,84	14,32	10,78	30,6	102,3	40,5	13,24	7,80	989	139	13,7	2576	74,6	172,8
1867	34,42	3,57	5,68	9,41	8,54	11,04	31,3	111,0	40,7	13,67	8,34	912	169	14,9	2832	70,8	142,8
1868	32,35	3,07	7,48	8,11	11,47	12,00	30,3	106,8	41,0	15,06	8,40	1006	174	14,7	2977	67,7	147,7
1869	37,62	5,39	8,05	7,92	17,66	11,53	28,8	111,8	41,4	14,73	8,17	947	169	14,1	2869	67,1	141,8
1870	29,81	4,43	7,22	10,83	16,76	13,52	30,2	117,5	41,4	15,08	8,44	1101	186	14,7	3267	71,4	117,7
1871	38,75	3,63	8,57	10,91	16.83	12,63	30.6	123,4	42,3	16,14	8,93	1416	194	15,1	3417	72,8	188,2
1872	41,92	4,38	15,05	11,54	24.53	14,63	31,2	127,7	43,6	16,76	9,07	1136	212	15,7	3538	80 2	168,9
1873	42,83	6,65	9,24	11,91	18,82	15,64	31,8	131,9	45,3	17,90	10,26	1308	215	15,9	3484	77,4	194,8
1874	40,81	6,12	11,33	11,38	17,70	15,26	31,2	137,3	46,6	17,17	10,68	1309	221	14,5	3607	74,2	200,2

1875	51,80	6,12	11,05	12,43	20,44	18,37	32,0	145,3	47,8	17,24	11,85	1220	216		3562	71,8	193
1876	42,65	5,95	9,77	11,21	39,96	16,92	32,9	149,1	48,5	18,54	11,55	1285	232		3669	61,6	217
1877	53,35	7,36	12,96	12,91	30,48	19,40	31,3	151,1	50,1	17,56	10,73	1190	228		3837	69,2	223
1878	49,05	7,76	14,16	12,77	41,67	17,75	32,9	157,4	48,9	16,17	10,54	1194	251		3619	65,9	200
1879	59,09	10,65	11,55	13,47	36,15	20,20	34,1	160,4	48,1	14,80	9,58	1280	236		3725	64,0	174
1880	54,30	10,46	11,70	13,83	37,22	19,60	31,8	158,3	49,2	15,75	8,53	1400	216		4496	75,5	226
1881	56,35	11,31	9,80	10,32	33,48	21,00	31,3	160,0	49,3	15,55	8,34	1471	255		4777	79,1	184
1882	63,10	12,90	15,54	13,64	18,27	22,10	31,3	165,0	50,0	14,34	8,34	1519	238		4349	75,7	225
1883	64,75	16,18	16,46	15,14	31,74	22,81	31,6	170,8	50,5	14,28	8,29	1487	265		4539	76,4	219
1884	46,13	14,97	12,95	12,92	24,78	23,17	32,2	175,0	51,6	13,99	8,16	1498	271		4417	72,7	249
1885	60,82	15,71	15,37	13,96	31,52	24,10	32,6	182,4	52,5	13,77	8,01	1220	246		4374	67,0	238
1886	46,35	14,53	13,71	13,48	30,74	21,62	31,6	178,8	52,3	13,17	8,63	1517	254	11,5	4850	68,8	284,4
1887	55,18	17,89	14,24	14,46	31,09	24,23	29,3	183,6	53,2	13,59	8,69	1499	251	11,4	4904	70,9	258,7
1888	56,87	16,72	21,30	18,77	25,32	23,41	30,5	185,4	54,4	13,42	9,10	1457	256	11,6	5038	72,0	300
1889	58,20	14,50	17,40	15,99	35,86	25,62	28,3	185,6	55,0	14,07	9,66	1660	252	11,7	5001	70,5	337
1890	60,14	15,62	16,68	12,73	42,96	24,50	28,0	193,9	58,1	14,92	8,96	1579	258	12,3	5125	74,4	292
1891	65,82	16,54	17,46	16,60	26,58	27,05	28,6	202,4	60,9	14,78	8,40	1813	245	11,2	4912	71,4	336
1892	64,10	21,90	14,28	15,66	35,15	26,48	28,2	207,0	62,6	14,54	8,11	1542	233	9,7	4873	66,0	312
1893	64,80	20,19	22,84	13,95	32,83	27,06	26,6	268,0	62,4	14,08	7,83	1192	206	9,0	4652	63,7	332
1894	69,77	18,94	31,24	14,98	35,24	27,72	26,6	214,3	64,5	13,78	7,61	1548	236	9,3	5312	66,6	360
1895	81,46	18,13	23,62	15,53	33,88	30,78	27,3	221,7	65,2	14,55	8,21	1554	252	9,3	5033	63,7	370
1896	69,75	20,91	22,48	17,58	51,16	30,05	27,2	227,7	68,2	15,78	8,17	1571	246	10,0	5218	69,3	384
1897	62,54	18,47	18,96	16,12	53,05	28,76	27,2	231,3	69,8	15,78	8,30	1499	253	9,9	4792	64,0	369
1898	64,78	20,61	24,46	15,58	56,13	30,56	27,5	235,3	73,5	16,54	7,97	1925	247	8,9	5216	64,9	416
1899	65,91	22,48	17,19	15,63	61,98	30,53	29,0	242,5	76,7	16,58	8,64	1342	213	8,1	5439	67,5	376
1900	68,42	21,15	17,05	20,11	53,62	32,03	29,1	249,7	80,1	15,82	8,76	1544	158	7,7	5032	68,7	363
1901	69,40	22,25	21,87	22,47	51,37	34,45	31,5	251,9	79,5	15,51	11,10	1624	170	8,0	5365	73,7	398
1902	80,83	19,32	25,21	15,86	44,49	31,45	62,4	247,3	119,4	15,42	13,10	1545	166	7,4	5331	72,4	358
1903	87,97	20,57	26,57	16,28	50,10	31,13	51,0	260,1	78,4	13,85	8,86	1489	151	7,4	5157	73,6	319
1904	97,49	14,67	27,17	14,20	42,90	32,17	39,5	270,0	102,2	11,54	8,49	1702	164	8,9	5592	83,9	314
1905	97,27	11,86	21,46	17,09	42,60	29,21	0,4	267,4	79,8	11,95	6,41	1915	205	10,3	6197	92,0	342
1906	92,58	14,04	19,93	15,29	48,68	33,16	8,4	265,5	111,7	12,24	6,85	1758	207	11,8	6261	99,6	378
1907	96,66	13,24	19,63	10,48	53,38	34,56	57,8	270,7	94,7	12,37	7,48	2060	241	15,4	6298	110,4	451
1908	90,34	12,88	18,14	14,27	33,84	33,12	35,8	281,9	114,7	11,18	6,52	1770	215	12,8	5531	95,0	398
1909	97,62	10,99	21,56	17,84	39,36	35,11	26,5	289,8	122,1	11,64	7,08	1915	215	11,8	5722	93,4	418
1910	104,98	9,83	18,28	17,49	36,24	33,46	26,1	286,9	100,0	12,67	5,22	1716	192	13,3	6018	105,9	468
1911	97,69	9,94	24,54	18,27	38,00	37,23	25,2	293,3	119,0	11,22	5,45	2194	224	15,7	6654	120,1	495

Fortsetzung von Tabelle 5.

England.

Jahr	Wollenwarenausfuhr: Garn Mill. Pfd.	Wollenwarenausfuhr: Zeuge Mill. Yards	Wollenwarenausfuhr: Wert Mill. £	Flachseinfuhr Mill. Ztr.	Leinenwarenausfuhr: Garn Mill. Pfd.	Leinenwarenausfuhr: Zeuge Mill. Yards	Leinenwarenausfuhr: Wert Mill. £	Eisen- u. Stahlausfuhr: 1000 t	Eisen- u. Stahlausfuhr: Mill. £	Maschinenausfuhr Mill. £	Kohleausfuhr: Mill. t	Kohleausfuhr: Mill. £	Schinken, Speck (Einfuhr Mill. Zentner)	Butter (Einfuhr Mill. Zentner)	Käse (Einfuhr Mill. Zentner)	Eier Mill. Stück Einfuhr	Rosinen u. Korinthen (Einfuhr Mill. Zentner)	Reis (Einfuhr Mill. Zentner)	Malz-Konsum Mill. Bushels	Spirituosen-Konsum (britische) Mill. Gall.
1851	14,7	151	9,8	1,2	18,8	129	5,1	919	5,83	1,16	3,47	1,30	0,19	0,35	0,34	116	0,98	0,35	40,34	23,9
1852	14,2	165	10,2	1,4	23,9	133	5,4	1036	6,68	1,25	3,64	1,37	0,08	0,28	0,29	108	0,69	0,54	41,07	25,2
1853	14,0	170	11,6	1,9	22,9	134	5,9	1261	10,84	1,98	3,93	1,60	0,20	0,40	0,40	123	0,71	0,88	42,0	25,0
1854	15,7	153	10,7	1,30	17,7	112	5,0	1197	11,67	1,93	4,31	2,13	0,42	0,48	0,39	122	0,40	0,54	36,8	25,9
1855	20,4	133	9,7	1,29	18,2	118	5,0	1093	9,46	2,24	4,98	2,45	0,24	0,45	0,38	98	0,46	1,49	34,4	22,0
1856	27,3	156	12,4	1,69	25,1	146	6,2	1439	12,97	2,72	5,88	2,83	0,37	0,51	0,40	117	0,62	2,59	41,6	23,3
1857	24,6	177	13,6	1,87	28,8	134	6,2	1532	13,60	3,88	6,74	3,21	0,37	0,44	0,39	127	0,72	2,18	44,5	24,1
1858	24,1	166	12,7	1,28	32,0	122	5,9	1349	11,20	3,60	6,53	3,04	0,20	0,39	0,36	135	0,96	2,49	45,1	23,2
1859	22,8	193	15,1	1,43	27,3	138	6,3	1465	12,31	3,73	7,00	3,27	0,11	0,42	0,40	149	0,98	0,29	47,7	23,9
1860	27,5	190	16,0	1,30	31,2	144	6,6	1502	13,69	3,84	7,32	3,32	0,33	0,84	0,58	168	0,92	0,35	41,7	21,4
1861	27,5	164	14,7	1,13	28,0	116	5,5	1359	10,26	4,21	7,85	3,60	0,52	0,99	0,71	203	0,90	1,58	46,6	19,7
1862	27,8	177	17,0	1,52	32,6	157	7,0	1557	12,96	4,11	8,30	3,75	1,34	1,04	0,70	232	0,98	2,64	43,7	19,1
1863	32,5	216	20,6	1,22	38,5	182	9,0	1702	14,89	4,36	8,27	3,71	1,88	0,98	0,76	267	1,08	1,45	49,1	19,4
1864	30,9	241	23,8	1,56	40,2	211	11,2	1559	15,05	4,85	8,90	4,22	1,07	1,05	0,83	335	1,03	1,50	51,8	20,5
1865	30,4	279	25,2	1,64	36,8	247	11,7	1687	15,44	5,22	9,28	4,50	0,71	1,08	0,85	364	1,09	0,54	51,7	21,0
1866	26,6	281	26,4	1,28	33,6	255	11,9	1762	17,18	4,76	10,14	5,22	0,63	1,16	0,87	439	1,07	0,96	54,4	22,5
1867	36,9	249	25,9	1,26	34,0	211	9,9	1968	17,56	4,97	10,56	5,49	0,54	1,14	0,90	398	1,07	1,58	50,4	21,6
1868	42,8	268	25,8	1,55	32,8	210	9,4	2042	17,63	4,72	10,97	5,44	0,64	1,10	0,87	384	1,15	2,70	52,7	21,3
1869	37,2	302	28,2	1,23	34,6	215	9,1	2675	22,34	5,12	10,74	5,16	0,74	1,26	0,98	442	1,15	3,50	52,6	21,9
1870	35,5	292	26,6	2,00	37,2	226	9,5	2826	24,04	5,29	11,70	5,64	0,57	1,16	1,04	431	1,11	1,85	56,8	22,9
1871	43,7	368	33,3	2,14	36,2	216	9,7	3169	26,12	5,96	12,75	6,25	1,09	1,33	1,21	400	1,23	2,12	54,2	24,6
1872	39,7	412	38,5	1,70	31,2	245	10,4	3383	36,00	8,20	13,20	10,44	2,00	1,14	1,06	532	1,35	3,89	61,6	27,3
1873	34,7	346	30,7	1,92	28,7	208	9,3	2958	37,13	10,01	12,62	13,19	2,98	1,28	1,36	660	1,22	3,26	63,5	29,3
1874	35,0	326	28,4	2,03	27,2	194	8,8	2188	31,19	9,79	13,93	11,98	2,54	1,62	1,48	680	1,30	2,90	62,8	30,3
1875	31,7	317	26,7	1,46	27,8	204	9,3	2457	25,74	9,06	14,54	9,66	2,41	1,44	1,60	741	1,25	3,41	63,0	30,6

1876	10,8	282	23,0	1,10	22,3	163	7,07	2224	20,74	7,21	16,30	8,90	2,80	1,64		1,49	753	1,39	3,03	66,2	30,5
1877	27,0	261	20,9	1,76	19,2	178	7,12	2346	20,11	6,72	15,42	7,84	2,39	1,59		1,60	751	1,25	3,82	64,2	30,4
1878	31,2	257	21,6	1,28	18,5	161	6,74	2297	18,40	7,50	15,49	7,33	3,80	1,75		1,92	783	1,36	2,26	64,7	29,9
1879	33,4	251	19,6	1,43	17,4	160	6,54	2883	19,41	7,28	16,44	7,21	4,52	2,00		1,75	766	1,31	3,57	56,2	28,5
1880	26,5	262	20,6	1,54	16,5	165	6,81	3793	28,40	9,26	18,72	8,37	4,91	2,28		1,74	747	1,21	4,35	Bier-Barrels Mill.	29,0
1881	29,7	273	21,3	1,41	18,2	174	6,90	3820	27,60	9,96	19,59	8,78	4,34	1,98		1,80	756	1,35	5,09	26,9	29,3
1882	31,8	265	22,1	1,64	18,2	176	7,00	4353	31,60	11,93	20,93	9,56	2,79	2,11		1,64	811	1,36	4,25	27,0	29,2
1883	33,5	256	21,6	1,26	17,7	162	6,50	4043	28,60	13,43	22,77	10,64	3,48	2,28		1,75	940	1,41	3,16	26,8	29,4
1884	39,3	290	24,0	1,34	19,5	155	6,31	3497	24,50	13,07	23,35	10,85	3,24	2,40		1,88	992	1,41	3,14	27,6	28,7
1885	43,5	273	23,2	1,37	16,6	149	5,95	3131	21,71	11,08	23,77	10,63	3,72	2,32		1,78	1001	1,33	2,46	27,1	27,3
														Butter	Marg.						
1886	45,6	280	24,1	1,00	15,9	164	6,19	3388	21,82	10,13	23,28	9,84	3,91	1,48	0,87	1,68	1032	1,32	3,52	27,1	26,7
1887	40,1	289	24,5	1,34	16,4	164	6,39	4143	24,99	11,12	24,46	10,17	3,74	1,44	1,25	1,78	1089	1,43	2,55	27,7	26,7
1888	42,6	271	24,0	1,59	14,7	177	6,44	3967	26,42	12,94	26,97	11,34	3,43	1,61	1,12	1,86	1123	1,45	3,27	27,9	26,8
1889	45,4	276	25,6	1,59	13,9	181	6,62	4186	29,14	15,27	28,95	14,67	4,21	1,86	1,21	1,85	1129	1,36	3,56	29,8	28,2
1890	41,1	246	24,5	1,58	15,3	184	6,57	4001	31,56	15,5	30,14	19,02	4,53	1,95	1,06	2,08	1234	1,57	3,14	31,2	29,4
1891	41,4	222	22,4	1,47	14,8	159	5,92	3240	26,88	15,1	31,08	18,89	4,42	2,07	1,22	1,98	1273	1,63	2,99	31,7	30,7
1892	44,8	212	22,0	1,47	15,5	171	6,05	2739	21,76	13,3	30,45	16,81	4,80	2,12	1,29	2,17	1335	1,56	3,03	31,5	31,3
1893	50,1	214	20,9	1,24	16,2	158	5,78	2856	20,59	13,2	29,03	14,37	4,03	2,26	1,28	2,01	1322	1,73	2,93	31,6	29,9
1894	53,0	167	18,7	1,24	15,5	156	5,44	2650	18,69	13,4	33,07	17,37	4,60	2,51	1,10	2,21	1422	1,70	2,51	31,7	29,9
1895	61,1	241	25,1	1,76	17,0	203	6,32	2835	19,68	14,1	33,10	15,43	5,11	2,77	0,93	2,07	1525	1,73	2,79	32,2	30,8
1896	62,2	217	23,9	1,52	18,4	174	6,07	3550	23,80	16,0	34,26	15,15	5,60	2,98	0,91	2,19	1588	1,74	2,29	33,9	31,9
1897	57,1	200	20,8	1,60	13,6	164	5,75	3686	24,64	15,2	37,10	16,65	6,38	3,15	0,92	2,55	1682	1,71	3,06	34,7	32,6
1898	58,8	159	18,3	1,64	17,3	148	5,28	3244	22,63	17,2	36,56	18,13	7,14	3,15	0,89	2,28	1730	1,75	2,71	35,6	33,7
1899	62,1	171	19,0	1,62	18,1	174	5,98	3717	28,10	18,3	43,11	23,10	7,30	3,34	0,94	2,33	1937	1,65	3,19	36,8	35,8
1900	57,1	173	20,2	1,17	16,3	155	6,16	3541	31,99	18,1	46,10	38,62	7,16	3,33	0,90	2,65	2024	1,36	3,73	36,1	37,1
1901	48,5	156	21,1	1,09	13,0	150	5,84	2812	25,01	16,3	43,77	30,33	7,37	3,65		2,53	2049	1,52	4,24	35,5	36,4
1902	52,7	166	28,6	1,07	14,4	163	6,27	3474	28,88	16,9	44,90	27,58	6,41	3,93		2,49	2276	1,78	6,81	35,2	35,3
1903	59,8	174	24,6	1,42	14,1	155	6,38	3565	30,40	18,0	46,62	27,26	6,18	4,00		2,64	2382	1,70	5,42	34,9	33,7
1904	54,4	189	26,9	1,19	14,7	162	6,64	3263	28,07	18,8	48,25	26,86	6,58	4,15		2,50	2393	1,70	5,54	34,2	33,6
1905	49,6	197	29,1	1,46	14,7	183	7,27	3721	31,83	21,3	49,36	26,06	6,07	4,08		2,39	2258	1,78	6,12	33,2	32,6
1906	55,3	207	31,8	1,29	15,0	191	8,01	4682	39,84	25,2	57,79	31,50	6,68	4,26		2,58	2265	1,88	6,84	33,9	32,3
1907	58,1	202	34,1	1,62	16,4	185	8,59	5152	46,56	29,9	66,06	42,12	6,35	4,13		2,32	2228	1,95	6,11	33,8	32,7
1908	50,9	162	28,9	1,55	13,7	152	6,70	4096	37,41	29,4	65,18	41,62	6,79	4,16		2,25	2185	1,82	3,89	32,9	31,4
1909	58,3	178	30,9	1,39	15,5	224	8,50	4211	38,19	26,2	65,69	37,13	5,75	4,06		2,39	2125	1,94	3,59	32,3	25,5
1910	67,9	207	37,5	1,39	18,5	221	9,60	4588	42,98	29,3	64,52	37,81	4,58	4,32		2,46	2201	1,86		32,8	24,0
1911	65,4	192	37,2	1,25	18,0	194	9,20	4516	43,73	31,0	67,28	38,45	5,82	4,30		2,35	2287	1,98		34,2	25,2

Tabelle 6.

Holland.

Jahr	Reis Mill. Pfund Mehreinfuhr		Seidenwaren Einfuhr Mill. Gulden	Eisen u. Eisenwaren Einfuhr Mill. Gulden	Eisen u. Eisenwaren Ausfuhr Mill. Gulden	Butter Ausfuhr Mill. Pfund	Käse Ausfuhr Mill. Pfund	Butter Ausfuhr Mill. Gulden	Käse Ausfuhr Mill. Gulden
1861	35,3		5,1	16,9	9,7	18,1	29,0	14,4	10,2
1862	15,7		6,3	18,8	13,8	15,3	26,3	12,2	9,2
1863	24,3		4,3	20,5	10,2	14,5	27,8	11,6	9,7
1864	25,3		3,3	20,4	15,1	16,7	8,6	13,3	10,0
1865	2,0		3,2	23,1	14,5	17,8	32,3	14,2	11,3
1866	30,2		3,3	20,9	13,8	18,4	31,0	14,7	10,8
1867	28,2		2,8	20,2	12,2	16,2	26,0	12,9	9,1
1868	44,0		2,4	22,5	15,6	16,7	26,3	13,4	9,2
1869	43,5		2,4	17,0	17,1	20,4	50,8	16,3	10,7
1870	23,0		5,6	24,4	17,0	21,7	30,1	17,4	10,5
	Mill. kg					Mill. kg	Mill. kg		
1871	38,7		7,7	30,4	24,8	20,2	27,1	16,2	9,8
1872	42,9			54,7	38,0	15,2	26,8	12,2	9,4
1873	55,7			62,6	44,0	16,9	24,9	13,5	8,7
1874	51,1			56,7	40,0	18,5	28,0	14,8	9,8
1875	60,3			66,5	51,1	18,6	30,6	14,9	10,7
	Einfuhr	Ausfuhr							
1876	77	30		55,2	40,2	22,9	22,8	18,8	10,4
1877	59	24		64,7	52,3	23,1	30,6	18,5	10,7
1878	82	32		68,6	52,1	26,2	29,6	20,9	10,4
1879	99	31		74,3	52,7	36,5	25,4	29,2	8,9
1880	79	34		71,7	67,8	36,0	28,1	28,8	9,8
1881	14	36		120	89	41,1	25,4	32,9	8,9
1882	68	41		138	95	48,3	26,0	38,7	9,1
1883	95	41		113	73	37,7	23,6	30,2	8,2
1884	124	37		101	70	57,4	29,4	45,9	10,3
1885	110	42		88	62	63,5	34,4	50,8	12,0
1886	118	41		83	58	70,9	29,9	56,7	10,5
1887	118	38		75	62	78,0	30,5	62,4	10,7
1888	137	47		82	64	59,8	30,2	47,8	10,5
1889	128	53		82	60	59,6	32,0	47,6	11,2
1890	133	41		76	58	39,5	30,3	31,6	10,6
1891	136	41		83	58	13,2	30,5	13,2	10,7
1892	126	39		75	52	12,0	25,5	9,6	10,3
1893	154	43		70	48	13,0	30,1	13,0	10,5
1894	119	45		76	60	13,7	32,7	13,7	11,4
1895	158	49		78	63	14,0	33,2	14,0	11,6
1896	132	53		96	65	17,2	33,5	17,2	11,7
1897	150	70	Stahl u. -waren Mehreinf. Mill. Guld.	98	71	17,6	38,1	17,6	13,3
1898	178	80		100	69	19,9	39,4	19,5	13,8
1899	191	89		117	76	20,4	45,5	20,4	15,9
1900	160	90	19	125	95	22,6	45,9	22,6	16,1
1901	183	90	24	126	79	22,1	47,3	22,1	16,5
1902	221	112	43	156	114	22,9	47,5	22,9	16,6
1903	222	116	29	180	127	23,4	49,4	23,4	17,3
1904	235	135	41	126	104	23,6	46,7	23,6	16,4
1905	221	128	67	162	115	23,2	44,6	23,2	15,6
1906	252	134	64	186	133	25,6	47,5	25,6	16,6
1907	253	143	60	160	112	29,4	51,5	29,4	18,0
1908	299	170	55	172	121	33,1	53,6	33,1	18,8
1909	331	175	59	176	126	31,2	56,3	31,2	19,7
1910	351	225	63	196	152	32,9	55,7	32,9	19,5
1911	333	216	57	242	168	30,2	51,5	30,2	18,0

Tabelle 6.
Holland.

Tabak Einfuhr (Mill. Pfund)	Tabak Ausfuhr (Mill. Pfund)	Tabak Einfuhr (Mill. Gulden)	Tabak Ausfuhr (Mill. Gulden)	Flachs Ausfuhr Millionen Pfund	Flachs Ausfuhr Millionen Gulden	Wein Einfuhr Millionen Ltr.	Wein Einfuhr Millionen Gulden	Rindvieh Ausfuhr Mill. Gulden	Jahr
26,6	18,5	13,3	9,2	15,3	10,8	13,3	5,6	8,6	1861
20,2	14,5	10,1	7,2	14,7	10,4	14,8	6,2	7,8	1862
21,5	14,3	10,8	7,1	20,3	14,3	16,8	6,7	10,5	1863
20,6	13,5	10,3	6,7	29,1	20,4	16,2	6,5	14,6	1864
21,8	17,1	10,9	8,5	22,6	15,8	19,5	7,8	12,5	1865
21,9	13,8	11,0	6,9	10,9	7,7	21,2	8,5	3,3	1866
27,7	18,9	13,7	9,5	13,7	9,7	16,2	6,5	2,4	1867
21,9	14,0	10,9	7,0	15,3	10,8	17,4	7,0	7,0	1868
21,6	18,0	10,8	9,1	20,1	14,3	21,8	8,7	8,8	1869
21,0	16,4	10,5	8,2	28,9	16,8	20,5	8,2	9,6	1870
Mill. kg				Mill. kg				lebd. Tiere u. kl. Pferde	
12,1	4,2	6,0	2,1	23,2	16,4	11,3	4,5	28,7	1871
12,2	3,5	6,1	1,7	17,3	2,3	11,5	4,6	16,2	1872
13,4	3,6	6,7	1,8	20,2	14,3	11,0	4,4	17,4	1873
12,8	3,5	6,4	1,8	21,8	16,1	10,0	4,0	18,5	1874
12,3	3,2	6,1	1,6	21,3	16,3	12,4	4,9	19,5	1875
15,1	3,6	7,6	1,8	15,8	11,3	13,8	5,1	17,8	1876
13,3	3,0	6,7	1,5	18,4	13,4	12,7	5,1	15,1	1877
14,6	3,8	7,3	1,9	14,7	10,8	13,1	5,2	13,4	1878
14,0	3,9	7,0	1,9	16,2	11,8	12,9	5,2	13,2	1879
14,1	2,5	7,1	1,3	15,4	11,0	12,8	5,1	13,1	1880
13,3	2,4	6,7	1,2	16,7	11,9	12,2	4,9	12,5	1881
13,5	2,7	6,7	1,4	15,9	11,4	13,4	5,4	14,7	1882
15,7	1,9	7,8	0,9	14,3	10,0	12,1	4,8	11,9	1883
21,2	1,8	10,6	0,9	13,4	3,4	12,1	4,8	11,3	1884
13,3	2,6	6,6	1,3	16,5	11,7	11,0	4,4	11,7	1885
13,7	1,5	6,8	0,8	20,9	15,4	10,6	4,3	13,6	1886
15,4	2,0	7,7	1,0	23,0	16,7	11,6	4,6	13,3	1887
15,5	2,0	7,8	1,0	25,5	18,6	11,5	4,6	13,0	1888
15,9	2,1	7,5	1,0	28,4	20,4	11,3	4,5	10,6	1889
14,9	1,8	7,4	0,9	27,8	20,2	10,9	4,8	13,8	1890
17,4		8,7		27,1	19,1	11,8	4,4	18,6	1891
12,3		7,6		26,1	18,4	11,1	4,7	11,3	1892
17,4		8,7		24,4	17,3	11,1	4,5	11,0	1893
17,3		8,7		25,9	18,2	11,7	4,4	5,8	1894
17,7		8,8		28,5	20,6	10,8	4,7	4,0	1895
18,3		9,1		23,7	16,9	10,9	4,3	9,0	1896
18,0		9,0		20,1	14,4	11,0	4,3	3,1	1897
19,2		9,6		20,2	14,3	11,3	4,4	3,8	1898
18,6		9,3		18,3	13,2	10,9	4,5	4,5	1899
20,9		10,5		24,0	17,2	12,4	4,4	4,8	1900
20,6		10,3		29,6	21,2	11,4	4,6	4,2	1901
21,3		10,6		38,6	27,6	11,1	4,4	4,8	1902
23,7		11,8		32,6	23,3	10,8	4,3	4,9	1903
22,8		11,4		61,9	44,0	10,1	4,0	4,1	1904
19,2		9,5		38,8	27,7	11,2	4,5	10,5	1905
21,0		10,5		35,9	25,1	10,5	4,2	10,6	1906
22,7		11,3		44,5	31,1	10,3	4,1	24,5	1907
22,0		11,0		43,5	30,5	9,5	3,8	22,7	1908
23,7		11,8		35,6	24,9	9,9	4,0	20,8	1909
25,0		12,4		31,6	22,1	12,3	4,9	15,2	1910
26,0		12,9		40,2	28,1	10,5	4,2	14,2	1911

Fortsetzung von Tabelle 6.

Holland.

Jahr	Holz Einfuhr Mill. Gulden	Kohle 1000 t	Kaffee Mill. Pfund Mehreinfuhr	Kaffee	Zucker Einfuhr Mill. Pfund	Zucker Ausfuhr Mill. Pfund	Baumwolle Einfuhr Mill. Pfund	Baumwolle Ausfuhr Mill. Pfund
1861	9,5	1058	10,8		115	84	31,5	34,1
1862	10,5	1052	14,6		105	108	19,7	21,2
1863	9,2	1049	13,7		119	99	21,8	17,1
1864	10,5	1273	15,3		117	99	22,7	21,3
1865	12,0	1443	7,4		132	102	23,9	25,6
1866	12,2	1579	12,6		132	100	32,1	29,6
1867	10,2	1676	20,9		126	99	30,0	25,7
1868	12,1	1674	22,0		147	112	33,9	29,5
1869	12,4	1691	21,5		143	130	36,4	33,3
1870	11,2	1872	17,5		157	119	39,6	34,5
			Mill. kg Einfuhr	Ausfuhr	Mill. kg		Mill. kg	
1871	11,9	1891	104	84	158	130	69,8	57,0
1872	12,0	2017	79	68	120	97	63,7	46,0
1873	11,0	2083	105	69	108	85	43,8	41,6
1874	12,5	1851	84	60	103	82	45,1	39,3
1875	14,1	2138	110	68	92	78	44,3	38,8
1876	20,4	2390	84	74	91	74	49,5	39,7
1877	22,0	2425	111	76	93	63	39,3	34,2
1878	29,5	2586	93	68	95	65	43,3	31,3
1879	21,1	2762	96	70	104	69	42,0	33,1
1880	21,1	3081	97	67	95	66	46,3	32,8
1881	23,4	3110	94	62	99	63	39,4	29,3
1882	23,2	3143	96	64	95	63	41,0	31,8
1883	26,3	3432	129	67	116	72	46,7	28,9
1884	26,5	3404	104	66	123	92	43,2	29,7
1885	22,4	3557	102	71	111	81	39,3	22,6
1886	21,9	3584	84	74	87	75	27,4	18,3
1887	24,6	3650	94	58	100	89	38,3	26,3
1888	25,1	4056	72	68	99	86	33,7	25,1
1889	25,6	4059	83	59	90	82	30,4	22,3
1890	26,4	3883	73	54	111	107	28,5	16,3
1891	23,6	4511	78,6	46,4	92	105	30,4	16,7
1892	28,0	4272	72,1	43,5	116	118	26,9	15,1
1893	26,5	4442	79,6	45,3	100	106	26,4	15,2
1894	30,3	4333	77,5	50,8	106	107	23,2	12,2
1895	33,9	4338	85,6	49,3	95	112	24,7	12,7
1896	35,5	4718	92,9	55,5	67	125	28,0	11,8
1897	48,8	4952	108,9	56,3	58	125	32,1	16,9
1898	47,5	5146	110,9	61,6	54	130	40,0	20,2
1899	56,6	5220	118,3	72,9	42	122	41,8	23,0
1900	54,0	5963	114,3	75,5	42	172	42,0	24,0
1901	50,7	5363	118,8	74,4	79	144	42,0	21,8
1902	48,8	5620	132,4	76,4	62	130	39,5	17,9
1903	56,7	6333	117,7	82,2	81	125	43,3	24,0
1904	70,4	7026	87,9	75,5	86	150	44,0	22,6
1905	62,0	8122	93,5	67,5	68	90	45,5	21,4
1906	80,3	8119	116,0	73,3	46	125	45,2	22,9
1907	77,6	9146	117,8	80,3	79	114	53,1	24,1
1908	96,8	8135	119,0	81,4	55	107	52,7	23,5
1909	74,6	9405	130,8	87,6	62	108	51,6	21,3
1910	84,8	10347	120,1	78,8	57	97	50,7	30,6
1911	96,7	11356	131,2	88,9	86	129	58,6	29,7

Fortsetzung von Tabelle 6.

Holland.

Getreide Einfuhr 1000 hl	Getreide Ausfuhr 1000 hl	Baumwolle Waren Einfuhr Mill. Gulden	Baumwolle Garn Einfuhr Mill. Gulden	Baumwolle Waren Ausfuhr Mill. Gulden	Baumwolle Garn Ausfuhr Mill. Gulden	Wollen-Waren Einfuhr Mill. Gulden	Wollen-Garn Einfuhr Mill. Gulden	Wollen-Waren Ausfuhr Mill. Gulden	Wollen-Garn Ausfuhr Mill. Gulden	Jahr
		18,2	26,4	22,4	16,9	15,9	12,1	4,4	10,5	1861
		16,8	14,2	22,7	9,3	16,1	14,1	4,5	13,1	1862
		16,4	8,2	15,6	4,9	12,2	10,5	4,1	10,9	1863
4046	1251	17,6	9,4	20,2	5,7	13,5	10,5	4,9	10,1	1864
3693	1829	20,7	13,8	22,8	7,5	13,3	11,0	5,4	10,6	1865
3903	1775	26,8	20,8	42,1	5,3	12,9	12,0	5,9	10,5	1866
6071	2273	24,2	20,2	36,9	12,3	12,9	14,2	5,8	12,9	1867
4713	2372	20,8	21,6	28,3	13,8	13,3	15,9	5,5	14,2	1868
4815	2322	17,1	19,5	24,5	13,7	14,8	15,8	7,0	14,3	1869
6190	2880	21,8	23,2	30,1	16,4	19,7	15,9	11,8	14,1	1870
9304	3984	24,9	29,9	31,4	23,4	19,3	22,9	10,5	16,9	1871
		11,6	24,8	18,0	16,1	11,4	13,3	3,3	7,0	1872
		8,7	27,5	16,4	17,5	11,6	15,1	4,0	6,9	1873
		12,0	28,6	17,1	16,4	11,6	17,4	4,5	10,9	1874
		12,0	26,6	17,2	14,0	11,6	14,5	4,5	9,5	1875
		11,2	28,1	16,3	14,0	11,3	14,5	4,3	10,6	1876
		10,5	21,8	15,1	12,7	11,5	12,5	4,3	5,7	1877
		10,9	24,6	15,2	15,5	10,8	13,9	4,6	6,5	1878
		9,8	25,7	10,5	15,7	10,0	15,5	3,8	7,1	1879
		10,3	22,0	16,5	11,6	10,3	10,8	5,9	6,1	1880
		9,8	23,0	16,7	13,9	10,0	12,0	5,6	6,6	1881
		9,7	23,9	15,8	14,4	9,9	13,4	5,6	8,1	1882
		9,0	31,3	15,7	19,4	9,1	11,9	5,2	9,3	1883
		9,8	31,6	17,0	18,6	7,8	12,8	4,9	7,1	1884
		8,3	29,0	21,2	15,9	7,1	12,8	3,8	8,7	1885
		7,9	29,2	23,2	17,7	6,6	12,2	5,5	7,6	1886
		8,4	27,9	25,2	15,6	6,4	10,9	4,4	7,1	1887
		8,5	28,9	27,4	14,6	6,1	11,5	4,9	10,1	1888
		8,4	26,3	29,0	12,9	6,0	12,5	5,5	11,1	1889
1552	760	8,7	27,0	29,4	11,7	5,6	10,5	6,0	10,5	1890
1690	776	8,5	26,2	39,3	10,1	5,8	11,3	7,6	10,4	1891
1354	642	8,9	27,0	36,5	11,3	5,7	9,8	6,0	10,7	1892
1150	772	10,1	25,8	35,8	10,9	5,7	14,6	7,4	13,1	1893
2182	957	11,0	31,6	25,6	13,5	5,6	11,9	8,6	5,4	1894
2200	1194	11,6	33,4	26,8	15,0	7,1	9,7	10,4	3,0	1895
2714	1390	12,7	29,7	28,3	9,5	9,7	7,0	13,1	2,5	1896
2750	1420	12,9	29,8	32,8	9,3	9,9	5,9	11,1	2,6	1897
2818	1540	14,3	29,8	33,3	8,2	9,8	5,4	12,7	2,9	1898
2690	1231	13,2	29,3	32,7	6,4	10,5	5,9	11,8	2,6	1899
2752	1435	15,0	28,3	34,3	6,0	10,7	5,5	10,8	2,3	1900
2938	1616	15,0	26,8	34,9	4,2	10,5	4,6	10,1	1,1	1901
3024	1681	14,8	27,3	37,0	5,0	10,7	5,1	10,8	1,1	1902
3334	1786	14,9	29,9	42,4	5,0	10,7	5,1	11,5	1,3	1903
3128	1682	14,7	28,5	41,2	5,5	10,8	4,7	13,2	0,9	1904
3781	2293	17,2	33,8	49,9	5,0	11,2	4,9	10,0	1,1	1905
3358	1570	18,8	37,1	52,2	5,2	11,9	5,4	11,0	1,1	1906
3450	1790	16,9	43,5	52,6	11,0	11,6	5,7	13,6	1,8	1907
3054	1317	16,4	39,0	53,4	8,6	11,0	4,9	14,5	1,7	1908
3814	1970	17,3	40,5	58,2	5,6	11,7	6,2	14,7	1,3	1909
4260	2386	17,5	40,3	59,9	5,7	11,5	7,3	18,5	1,5	1910
4353	2140	18,1	45,4	65,3	6,4	11,4	7,6	18,3	1,7	1911

Tabelle 7.

Italien.

Jahr	Kohleneinfuhr 1000 t	Kohleneinfuhr Mill. Lire	Kaffee-einfuhr Mill. kg	Baumwolleeinfuhr roh Mill. kg	Baumwolleeinfuhr Garn Mill. kg	Butter Käse Mehrausfuhr Mill. Lire	Eier Mehrausfuhr Mill. Lire	Marmor-ausfuhr Millionen kg	Marmor-ausfuhr Millionen Lire	Baumwollen-waren-einfuhr kg	Baumwollen-waren-einfuhr Mill.
1862	446	17,8	9,3	2,70	6,00						
1863	390	15,6	10,8	2,40	4,42					7,60	
1864	555	22,2	14,6	0,23	3,65					6,90	
1865	456	12,2	7,6	— 1,70	6,90					8,00	
1866	524	20,9	12,6	+ 3,74	7,31					7,20	
1867	516	20,6	11,6	8,05	8,10					8,40	
1868	580	23,2	12,3	10,53	8,73					8,60	
1869	650	26,0	12,7	12,08	9,71					10,80	85,2
1870	942	37,7	12,6	11,37	7,56					8,50	66,8
1871	791	23,7	13,1	10,50	8,58					9,60	74,2
1872	1037	51,9	12,4	12,46	7,78					9,40	70,0
1873	959	48,0	13,0	21,6	10,9					9,1	75
1874	1031	41,2	10,7	23,2	10,7					9,7	66
1875	1060	40,2	13,6	16,6	11,9					11,8	79
1876	1454	46,5	14,9	19,6	13,6					11,4	72
1877	1329	39,8	12,2	23,4	12,9					10,2	62
1878	1325	39,7	12,7	22,5	8,9					10,2	57
1879	1524	45,7	15,5	25,1	6,5					9,0	45
1880	1738	57,3	10,7	29,2	5,8		35	109	15	8,9	44
1881	2073	62,2	14,1	31,8	11,9		28	97	16	13,0	60
1882	2180	61,0	14,1	48,3	9,1		33	110	17	11,6	52
1883	2351	65,8	15,3	45,1	9,0		31	116	24	13,7	54
1884	2605	67,7	16,3	45,8	8,0		39	114	22	12,8	53
1885	2957	71,0	23,6	59,4	7,7		38	112	19	12,6	50
1886	2927	67,3	10,8	50,6	6,3		29	108	17	12,3	47
1887	3583	82,4	14,3	63,1	4,7		24	110	13	15,4	59
1888	3873	89,1	14,0	61,6	3,4		23	106	13	6,9	27
1889	3999	107,9	13,5	74,0	3,6		18	125	16	8,5	34
										Ausfuhr	
1890	4355	121,9	13,9	101,7	2,9	4	20	127	15	1,4	6,3
1891	3917	101,8	13,8	92,5	2,3	5	23	123	17	1,6	6,7
1892	3878	95,0	13,8	97,4	1,6	6	23	136	15	2,6	10,7
1893	3724	93,1	12,6	98,7	1,2	12	31	129	15	3,4	14,8
1894	4696	110,3	12,2	119,6	1,0	13	40	124	13	4,4	16,8
1895	4305	86,0	11,9	107,4	1,4	12	32	134	14	5,6	20,4
1896	4081	85,7	12,6	112,7	0,9	12	29	150	15	6,8	25,4
1897	4260	97,9	12,9	120,2	0,9	15	33	148	14	6,7	23,3
1898	4431	137,3	13,9	132,8	0,7	21	38	157	16	11,9	38,8
1899	4860	150,6	14,1	130,8	0,8	24	44	181	18	13,9	42,4
1900	4947	207,7	14,0	122,6	0,8	26	50	164	18	13,8	49,6
1901	4839	150	15,9	131		25	48	170	19	16,3	53,0
1902	5406	140	16,3	141		30	43	197	23	15,2	49,8
1903	5547	141	17,7	147		32	41	218	23	19,0	67,4
1904	5905	151	17,7	147		28	42	215	23	24,4	90,3
1905	6438	164	18,7	157		35	56	228	24	24,9	83,6
1906	7673	215	20,4	175		44	56	249	25	28,0	107,6
1907	8300	257	21,5	211		44	40	279	28	26,8	116,0
1908	8452	241	22,8	200		39	53	259	26	23,6	91,5
1909	9304	260	24,1	181		38	43	260	25	31,8	112,9
1910	9339	252	25,3	167		54	41	294	30	36,3	139,1
1911	9596	259	26,5	182		61	44	317	32	49,3	178,5

Tabelle 7.

Italien.

Wolleeinfuhr roh Mill. kg	Wolleeinfuhr roh Mill. Lire	Wolleeinfuhr Garn Mill. Lire	Wolleeinfuhr Waren Mill. Lire	Rohseide Millionen kg Einf.	Rohseide Millionen kg Ausf.	Rohseide Millionen Lire Einf.	Rohseide Millionen Lire Ausf.	Seidenwaren Einf. Mill. Lire	Seidenwaren Ausf. Mill. Lire	Weizenmehreinfuhr Mill. kg	Reisausfuhr Mill. kg	Weinausfuhr Mill. Liter	Weinausfuhr Mill. Lire	Jahr
3,7				1,20	2,38	103	205	5,7	6,0	301		21	11	1862
3,5			49,4	1,24	2,60	108	224	7,6	5,2	364	45	46	23	1863
4,9			54,7	1,08	2,10	93	181	6,7	2,5	744	46	22	11	1864
4,8			55,2	1,13	1,52	98	131	6,6	3,0	407	49	26	13	1865
4,5			61,6	0,54	1,86	43	149	8,9	3,8	360	52	35	9	1866
6,6			63,9	0,60	2,05	58	199	7,8	5,5	163	86	28	14	1867
4,5			44,0	0,75	2,20	72	211	11,8	9,0	135	83	23	11	1868
6,6			54,5	0,20	2,29	19	222	19,7	4,0	178	70	27	14	1869
4,5			40,0	0,34	2,16	33	210	14,3	11,3	109	87	22	11	1870
4,3			47,1	0,58	3,26	56	316	21,0	15,6	112	84	22	11	1871
5,8			56,0	0,73	3,08	62	345	31,7	23,5	250	75	58	23	1872
4,9				0,63	3,33	41	351	31,6	24,6	163	66	29	20	1873
6,0				0,59	2,90	38	249	25,8	20,0	324	69	26	16	1874
6,5				0,69	3,43	35	248	26,7	11,6	251	73	35	18	1875
8,0				1,52	3,61	122	361	31,0	15,4	254	53	50	25	1876
8,0				0,71	2,37	39	178	22,5	10,4	137	44	35	11	1877
6,5				1,11	3,13	58	225	14,1	11,2	287	72	52	10	1878
8,5			41,8	1,35	3,04	70	234	13,3	9,7	465	75	106	26	1879
7,3			48,6	1,10	3,50	53	245	10,3	10,3	150	76	219	66	1880
9,5			58,3	0,72	4,37	34	306	12,0	11,2	52	84	174	61	1881
7,5			50,0	0,87	4,12	39	268	20,1	13,4	58	80	131	43	1882
9,5			53,8	0,87	4,14	37	248	20,8	13,4	152	77	261	78	1883
10,0			58,0	0,99	4,01	39	241	20,8	17,5	319	71	236	78	1884
11,1			53,4	0,73	4,17	29	230	23,2	14,8	710	69	146	56	1885
12,1			51,3	1,12	4,56	50	273	26,6	15,9	928	70	233	84	1886
11,1			60,3	0,93	4,49	40	256	28,1	16,1	1010	54	358	107	1887
9,4			37,3	0,70	5,08	28	254	13,3	14,6	666	9,8	180	54	1888
9,7			46,1	1,11	5,27	50	295	12,8	16,9	872	1,6	141	48	1889
8,2	57	9,9	48,8	0,97	4,78	42	268	20,2	18,2	644	8,5	90	34	1890
9,0	25	7,6	43,5	1,09	5,07	43	243	16,8	15,3	464	28	116	37	1891
9,8	25	7,3	35,8	1,75	5,40	75	296	18,6	16,0	697	29	241	56	1892
8,9	25	7,9	33,6	1,73	4,58	74	251	18,4	17,1	861	33	233	53	1893
9,4	25	8,4	28,8	1,75	5,48	64	267	16,2	20,9	487	39	191	44	1894
12,4	30	7,4	29,4	2,40	5,83	87	296	18,6	25,5	658	40	167	43	1895
10,8	32	5,8	25,0	1,92	5,72	66	258	17,1	26,3	698	32	161	47	1896
10,9	31	5,5	23,1	2,38	6,00	81	270	11,9	27,2	456	22	234	58	1897
10,2	30	4,7	21,3	2,21	6,79	80	316	12,7	32,6	914	40	246	67	1898
13,4	52	4,1	22,8	3,13	7,38	136	419	14,6	51,0	517	39	238	67	1899
12,7	43	3,1	18,9	2,62	6,74	106	349	12,4	57,4	732	46	183	57	1900
14,4	46	2,5	19,6	3,18	7,98	122	395	13,6	62,2	1046	52	131	43	1901
16,7	61	3,1	23,6	3,71	8,57	153	445	15,7	59,1	1177	44	136	43	1902
15,3	57	2,7	23,6	3,17	7,47	142	418	15,1	51,3	1173	37	213	74	1903
15,6	60	2,9	24,1	3,10	7,98	131	417	16,5	59,9	806	48	118	40	1904
15,8	64	2,9	27,4	3,27	9,14	148	486	19,5	59,8	1171	63	95	37	1905
16,3	69	3,7	34,2	3,22	10,42	154	583	25,0	66,3	1373	69	77	36	1906
18,5	80	4,3	37,6	3,16	8,37	166	518	28,3	72,4	933	72	99	41	1907
21,2	80	5,0	35,8	3,31	8,39	144	417	21,4	65,5	790	66	142	43	1908
22,0	91	5,0	42,5	3,34	9,06	146	468	26,2	58,2	1332	59	153	45	1909
23,3	91	5,5	42,3	3,53	8,36	155	410	30,1	70,0	1442	48	198	88	1910
23,2	89	4,4	38,9		6,84		335	31,7	68,5	1391	75	111	57	1911

Fortsetzung der Tabelle 7.

Italien.

Jahr	Hanfausfuhr	Orangen- und Zitronenausfuhr		Olivenöl-mehrausfuhr		Schwefelausfuhr		Eiseneinfuhr		Maschineneinfuhr	Zuckereinfuhr	Mandelnausfuhr	
	Mill. kg	Mill. kg	Lire	Mill. kg	Lire	Mill. kg	Lire	Mill. kg	Lire	Mill. Lire	Mill. kg	Mill. kg	Lire
1862	10,6	46	26	46	64	143		36			55	2,5	4,8
1863	9,6	69	34	36	50	147		43			60	8,0	15,1
1864	13,0	64	32	43	60	140		38			58	5,6	10,6
1865	19,3	69	35	34	89	138		40			62	3,4	6,5
1866	15,7	90	22	63	102	179		31			65	7,8	12,4
1867	24,7	67	50	31	47	192		39			56	3,2	6,0
1868	25,3	71	18	49	73	175		43			65	5,8	11,0
1869	26,0	88	22	73	110	170		54		10,7	68	5,7	10,8
1870	21,3	78	19	53	80	173		48		5,2	68	3,1	5,9
1871	43,7	89	22	81	121	171		52		4,6	71	6,6	12,5
1872	24,0	87	8	65	85	182		41		8,6	70	5,1	7,7
1873	24,9	83	24	55	91	202		41		15,0	81	5,9	8,8
1874	25,0	70	20	44	81	173		49		14,3	80	6,5	9,8
1875	28,8	94	33	84	137	215		48		13,3	86	4,8	7,2
1876	23,0	89	31	79	119	195		48		11,6	80	8,5	14,0
1877	18,7	97	34	56	93	209		49		12,6	85	2,4	4,0
1878	33,5	96	24	50	86	218		43			78	8,6	13,7
1879	36,4	99	27	84	135	242		55		17,8	102	5,1	10,8
1880	23,1	93	23	56	85	287		62		26,0	51	5,7	11,1
1881	28,1	128	31	59	84	289		84		31,0	76	6,3	11,4
1882	27,3	119	27	80	95	273		87		38,8	81	7,5	11,3
1883	35,7	158	32	69	88	288		106		39,9	92	6,3	11,7
1884	34,0	173	35	44	52	277		114		40,1	96	9,3	13,5
1885	31,6	152	30	18	37	289		124		43,7	152	8,6	13,3
1886	30,3	124	25	59	72	301		154		37,2	56	7,9	11,8
1887	31,0	229	41	60	75	279		220		47,7	140	11,1	15,0
1888	38,4	164	30	49	60	324		119		39,6	41	8,0	11,6
1889	34,9	194	35	50	60	332		109		43,5	78	6,7	10,8
1890	36,9	190	34	38	45	328	26	158	28	39,4	91	7,3	13,1
1891	33,1	134	24	57	62	269	29	130	20	27,8	84	10,4	19,8
1892	36,8	170	30	57	60	291	29	119	18	26,6	84	7,8	14,8
1893	35,2	197	30	43	47	311	25	133	19	26,4	81	13,0	22,1
1894	39,8	214	30	60	63	299	21	137	19	28,3	75	11,7	16,3
1895	47,5	220	33	44	46	318	21	150	19	35,5	73	11,3	15,3
1896	48,6	237	33	58	55	356	27	138	19	28,2	77	16,4	20,6
1897	58,1	224	25	57	58	359	34	179	25	35,4	76	11,1	14,4
1898	44,1	196	24	33	36	406	42	195	28	39,1	73	11,2	16,4
1899	48,5	237	24	42	51	424	43	222	39	56,2	63	13,7	25,2
1900	50,5	199	22	23	28	479	47	192	40	80,0	54	8,0	16,5
1901	38,5	243	24	33	40	414	41	191	35	68,6	38	16,8	32,2
1902	45,6	318	26	35	41	439	45	190	35	63,9	21	10,0	19,3
1903	44,7	302	26	28	34	461	47	164	32	68,9	6	17,4	29,0
1904	54,6	347	29	36	46	437	45	185	33	83,6	2	10,3	16,2
1905	46,7	309	26	27	36	381	38	175	36	100	5	19,0	29,0
1906	46,9	346	32	49	61	336	33	233	56	162	14	15,2	26,1
1907	44,4	380	35	39	50	297	29	320	81	234	24	16,5	30,6
1908	43,0	366	34	37	55	330	33	354	85	251	5	20,5	34,6
1909	59,9	367	34	18	34	329	34	328	80	187	12	11,7	22,0
1910	53,1	379	43	28	55	344	35	289	74	159	6	20,6	41,8
1911	44,0	387	44	25	48	399	41	320	74	159	9	18,3	37,3

Tabelle 8.

Spanien.

Einfuhr												Jahr
Kohle		Kakao	Baumwolle	Häute und Felle	Eisen	Maschinen	Eisenbahnmaterial	Manufakturwaren in Mill. Eskudos				
1000 t	Mill. Eskudos	Mill. kg	Mill. kg	Mill. kg	Mill. Eskudos		Mill. Pesetas	Baumwolle	Lein	Seide	Wolle	
	3,48				3,86	3,24		4,26	1,88	3,18	7,54	1861
	3,50				3,84	—		3,06	2,22	3,15	7,06	1862
285	3,10	7,14	16,5	6,8	3,37	3,35		2,63	1,56	4,06	8,91	1863
332	3,62	8,34	13,8	6,8	3,08	2,10		2,62	1,62	3,61	8,39	1864
313	3,40	5,78	14,6	7,2	2,45	2,04		2,18	1,18	2,85	6,86	1865
331	3,60	7,35	19,0	5,6	2,04	1,68		2,18	1,11	2,16	6,35	1866
361	3,91	7,08	20,5	5,4	1,99	1,53		2,40	1,18	2,34	5,69	1867
377	3,66	6,85	22,4	3,7	2,72	1,60		2,38	1,39	2,89	5,88	1868
	Pesetas				Pesetas			Pesetas		Pesetas		
390	12,30	6,35	19,6	2,9	8,8	2,9	4,7	4,3	2,8	5,1	13,0	1869
512	17,90	4,26	26,8	6,7	2,7	5,3	8,8	6,4	3,1	5,7	15,1	1870
				Mehreinfuhr								
501	17,5	5,90	35,1	5,75	13,6	6,1	6,8	7,6	4,0	6,8	15,9	1871
445	18,9	6,60	28,1	6,74	15,3	7,8	9,7	6,3	3,2	5,0	11,4	1872
428	18,2	7,00	27,2	7,65	10,8	8,6	10,7	5,0	2,4	2,7	7,8	1873
409	15,3	6,65	37,8	7,50	14,3	6,8	14,1	5,0	2,5	2,9	10,2	1874
473	16,6	4,27	33,8	7,62	11,1	9,7	14,6	6,9	3,1	3,7	9,9	1875
654	20,9	5,70	39,2	6,57	13,7	12,1	19,7	10,3	4,4	5,6	18,9	1876
766	19,1	6,39	33,9	6,1	11,4	15,0	22,9	9,9	3,8	5,5	19,0	1877
759	18,9	5,32	35,9	6,5	11,9	13,1	25,2	10,2	3,8	7,3	26,5	1878
872	21,8	6,00	38,4	6,4	14,8	17,8	18,6	9,6	3,9	6,4	23,4	1879
882	22,1	8,54	45,5	4,1	17,9	25,3	24,2	9,1	4,2	6,6	25,7	1880
982	22,8	5,50	45,1	6,5	25,4	28,4	23,0	10,3	4,3	8,4	27,7	1881
1108	23,3	6,86	46,4	5,5	23,0	32,5	22,8	10,2	4,4	12,5	29,8	1882
1262	29,0	6,05	54,3	5,5	22,3	28,2	34,8	10,2	4,8	9,5	27,5	1883
1342	26,8	7,46	52,6	5,0	21,3	29,2	25,7	11,4	4,3	9,3	30,8	1884
1317	25,0	7,20	48,8	8,6	15,5	21,9	15,1	11,3	4,3	9,4	28,9	1885
1407	26,0	6,88	45,8	8,9	17,3	20,9	15,0	11,4	4,6	11,4	27,6	1886
1382	25,6	6,67	46,3	5,7	16,9	20,1	14,1	11,3	4,4	9,6	24,9	1887
1488	31,2	6,40	42,9	4,2	19,2	21,6	13,5	11,2	4,5	12,5	24,7	1888
1615	40,3	6,45	63,7	5,8	26,6	33,6	3,0	13,3	4,6	14,8	29,8	1889
1718	44,6	7,52	49,8	8,1	33,9	41,1	8,9	11,6	4,6	9,6	22,4	1890
1863	50,3	4,99	60,7	8,7	27,6	38,8	5,0	12,1	5,4	11,3	26,3	1891
1870	50,4	6,84	61,4	9,4	25,2	42,7	6,4	9,5	4,0	10,0	19,5	1892
1765	49,4	5,98	58,5	7,6	17,4	20,4	5,0	6,3	1,3	10,6	10,3	1893
1841	49,7	6,72	68,1	8,0	18,7	24,8	3,6	8,2	2,8	11,6	15,6	1894
1725	46,5	6,53	71,4	8,4	18,5	24,5	3,2	6,7	2,4	14,1	14,0	1895
1883	50,8	6,70	59,3	8,1	22,1	26,9	3,4	5,4	2,1	10,7	8,8	1896
1853	51,8	5,33	75,9	8,6	20,8	30,4	2,5	4,3	1,8	10,0	8,1	1897
1441	43,2	5,13	65,3	5,1	5,0	24,6	2,9	3,4	1,4	8,8	4,7	1898
1783	62,4	6,58	86,4	10,2	26,7	39,9	5,4	6,6	2,8	17,5	14,4	1899
1992	19,6	4,75	66,2	13,0	41,7	66,6	7,5	7,7	2,9	15,5	11,9	1900
2163	69,2	5,94	78,3	10,7	30,8	58,8	19,0	6,6	2,1	14,1	11,3	1901
2309	71,6	6,04	85,2	12,2	30,8	60,0	12,8	7,0	1,8	15,0	11,6	1902
2206	70,2	6,02	79,9	10,8	35,3	56,9	26,2	7,5	1,7	16,6	11,6	1903
2307	71,5	5,83	70,5	8,5	28,4	67,1	10,6	7,6	1,8	13,0	9,3	1904
2352	72,9	6,12	76,4	6,9	26,7	57,3	12,3	8,0	1,8	10,9	7,9	1905
2427	72,0	5,66	87,0	8,3	33,3	58,8		10,5	2,6	12,7	11,4	1906
2136	69,9	5,67	91,6	8,4	33,2	56,4		13,5	1,3	11,0	8,4	1907
2219	72,7	6,3	94,9	8,9	32,8	65,7		14,3	1,4	10,8	7,7	1908
2353	77,1	6,0	70,6	8,2	28,4	64,6		11,6	1,0	9,1	6,0	1909
2315	75,3	5,3	72,6	9,1	30,4	66,7		12,0	1,1	10,0	5,8	1910
2372	64,4	6,4	90,4	9,7	31,0	78,6		14,0	0,8	12,7	6,6	1911

Tabelle 8.

Spanien.

Jahr	Einfuhr: Leinengarn	Einfuhr: Zucker	Einfuhr: Tabak	Ausfuhr: Orangen		Ausfuhr: Mandeln		Ausfuhr: Rosinen		Ausfuhr: Kupfer	Ausfuhr: Blei
	Mill. Eskudos	Mill. kg	Mill. Eskudos	Mill.	Mill. Eskudos	Millionen kg	Millionen Eskudos	Millionen kg	Millionen Eskudos	Millionen kg	Millionen kg
1861	5,02		5,22								
1862	9,47		6,04								
1863	14,09	43,8	7,15	156				20,7		1,89	
1864	15,90	39,8	9,33	101				19,1		2,21	
1865	12,91	41,0	12,69	134	1,20	1,94	1,08	25,4	6,2	2,96	46,7
1866	12,37	35,6	6,05	190	1,43	1,67	0,97	24,6	4,7	2,27	40,5
1867	11.21	29,5	6,16	298	3,10	1,38	0,88	23,2	4,5	2.45	69,8
1868	9,50	32,6	7,98	188	1,79	2,02	0,08	25,7	4,6	3,09	74,6
	Pesetas		Pesetas		Pesetas				Pesetas		
1869	24,2	32,1	19,3	272	5,54			20,9	10,8	1,84	68,2
1870	28,5	40,8	12,5	228	3,43	1,11	1,33	35,8		0,98	39,8
							Pesetas				
1871	35,7	39,6	16,8	445	6,67	4,9	6,97	32,1	24,1	1,42	90,5
1872	28,1	34,8	17,0	462	7,40	3,8	4,44	44,7	35,8	0,37	95,9
1873	22,2	41,2	20,4	507	8,11	4,0	5,10	34,0	23,8	1,30	71,0
1874	28,2	35,2	27,9	590	9,44	2,3	2,70	38,8	27,1	0,08	87,5
1875	26,4	29,0	26,0	501	7,05	3,5	4,58	32,4	22,7	0,06	92,0
1876	26,4	41,6	23,7	627	10,03	3,9	3,02	42,5	29,7	0,36	89,6
1877	26,8	31,0	27,6	677	10,08	4,3	4,31	37,8	26,4	0,12	111,2
1878	22,1	29,8	26,0	637	9,56	2,6	2,60	43,0	28,0	0,99	108,6
1879	16,3	33,4	19,6	582	9,90	6,2	7,44	32,1	21,2	20,83	100,3
1880	17,7	28,5	21,9	745	11,17	3,8	4,07	30,8	20,0	20,94	92,4
1881	20,1	33,9	23,9	629	9,44	3,2	3,87	36,0	25,3	17,70	105,8
				kg							
1882	21,1	35,0	26,1	117	29,2	4,1	4,4	41,8	27,1	22,7	115
1883	20,9	44,5	34,4	98	21,7	3,3	4,5	35,9	21,5	24,0	129
1884	16,7	54,0	21,4	105	23,0	3,3	4,0	30,1	16,6	19.3	118
1885	13,3	53,1	29,9	71	14,3	3,7	4,6	33,2	19,9	26,9	118
1886	13,3	57,6	43,1	82	16,3	2,8	3,5	38,4	23,1	27,0	115
1887	13,4	52,8	30,3	86	15,4	4,3	5,7	40,4	22,2	29,9	63
1888	15,1	48,8	21,4	94	18,9	4,3	5,9	31,0	17,1	29,7	130
1889	14,7	54,6	28,8	98	19,5	5,2	8,5	28,9	17,3	37,6	138
1890	13,7	76,2	33,6	101	18,2	4,0	5,6	50,8	28,4	38,9	140
1891	14,6	50,3	31,2	65	10,4	6,3	10,5	28,9	14,5	32,3	146
1892	14,8	76,5	30,8	89	14,3	5,7	10,7	37,3	18,6	36,8	145
1893	11,6	25,5	34,5	91	14,6	6,4	10,3	27,3	16,4	28,6	159
1894	11,2	42,6	37,9	160	25,6	4,9	8,9	32,4	19,4	31,8	160
1895	12,2	46,9	40,9	235	42,2	6,5	11,8	29,1	16,0	33,8	154
1896	8,7	37,8	32,8	215	40,9	6,3	10,2	29,9	15,0	34,0	168
1897	8,4	28,1	19,4	277	58,1	8,7	12,9	31,8	15,9	36,1	172
1898	8,3	8,7	23,2	238	23,8	9,4	13,0	33,8	16,9	32,9	180
1899	11,2	9,3	31,8	311	46,6	7,8	11,8	35,7	17,8	29,5	163
1900	8,1	0,5	24,8	260	39,0	4,9	8,0	36,8	23,9	30,3	154
1901	6,6	0,1	25,3	285	42,8	7,0	11,1	31,6	20,5	28,1	153
1902	8,0	0,1	25,2	369	55,4	8,0	14,7	28,1	18,3	28,6	172
1903	7,2	0,1	23,7	395	59,3	12,0	21,3	31,0	21,7	30,4	164
1904	5,9	0,1	26,6	409	61,3	13,0	24,6	26,7	18,7	30,4	178
1905	5,7	0,0	24,7	314	47,0	9,9	18,1	30,2	21,2	33,7	182
1906	4,3	0,0	17,4	393	58,9	8,6	15,9	20,1	14,1	32,1	182
1907	4,7	0,0	24,8	469	70,4	10,9	19,5	27,3	19,1	29,0	186
1908	3,5		21,1	466	55,9	10,2	19,0	26,4	18,5	34	183
1909	3,3		22,7	468	56,2	24,7	26,2	29,4	16,2	35	184
1910	3,7		23,5	497	59,7	11,7	20,3	25,6	14,1	31	192
1911	3,5		22,7	442	53,0	14,6	26,2	28,3	15,6	33	175

Tabelle 8.
Spanien.

Ausfuhr												Jahr
Kupfererz		Eisenerz	Olivenöl	Wein in Mill. Liter			Wein Mill. Pesetas			Quecksilber		
Millionen kg	Pesetas	Mill. kg	Mill. kg	gewöhnl.	Sherry	anderer besserer	gewöhnl.	Cherry	anderer besserer	1000 kg		
												1861
												1862
			20,2	82	31,6	6,7						1863
			20,5	96	32,5	7,1						1864
			31,6	89	24,1	5,3				818		1865
			12,1	77	29,3	5,9				276		1866
			22,5	94	30,7	6,3				141		1867
			17,1	137	37,5	7,1				33		1868
			18,5	137	35,8	13,3	45,1					1869
			6,1	108	33,7	8,4	32,5	84,4	9,2	1390		1870
247	20	391	12,2	121	36,8	10,4	11	91,2	9,6	585		1871
271	22	746	20,7	140	46,8	9,40	20	117,0	6,1	1374		1872
255	20	800	52,3	205	50,1	9,60	18	117,2	6,1	1218		1873
239	23	700	26,4	168	33,0	10,7	32	74,2	6,7	1376		1874
357	28	335	5,6	169	28,0	10,1	69	62,9	6,4	1716		1875
454	36	681	5,0	143	31,1	9,24	43	62,2	13,9	966		1876
513	41	1258	9,6	187	29,6	9,72	56	59,2	14,6	1776		1877
438	33	1356	24,7	254	24,8	11,4	76	49,6	17,0	1370		1878
451	32	1061	13,3	368	21,0	17,0	110	42,0	25,7	2100		1879
515	36	2822	13,0	567	17,5	25,5	170	34,9	35,3	1099		1880
453	32	3122	23,4	635	26,2	15,8	190	52,5	23,6	1779		1881
571	40	4025	13,7	723	28,3	15,7	253	56,6	23,6	1067		1882
564	20	4226	26,5	725	27,2	13,7	239	54,5	15,4	517		1883
618	18	3967	21,3	616	24,4	11,0	222	36,6	12,3	1193		1884
786	20	3797	42,6	689	18,8	10,0	276	28,1	10,0	1015		1885
672	19	4187	15,6	698	28,7	12,6	279	43,1	12,6	541		1886
766	31	5216	10,4	797	26,3	9,4	239	34,2	8,5	1335		1887
825	33	4464	12,0	872	25,4	9,7	262	23,6	8,8	1105		1888
762	29	5051	30,4	840	18,3	7,1	252	23,8	6,4	1971		1889
680	26	5709	14,6	920	22,0		276	28,6		989		1890
662	25	4344	11,0	1108	22,5		277	29,3		1886		1891
511	19	4800	15,7	654	19,2		118	23,1		1644		1892
575	26	4785	26,2	502	14,5		75	17,4		1560		1893
541	24	4976	13,6	397	15,4		63	18,5		870		1894
504	23	5175	16,8	520	14,6		104	17,5		1330		1895
630	21	6272	22,9	656	10,6		131	12,7		1558		1896
839	28	6885	11,4	525	9,3		115	11,2		1753		1897
899	32	6558	24,6	631	10,4		126	12,4		1741		1898
949	34	8613	21,6	497	7,9		96	7,7		3221		1899
1029	37	7823	32,9	382	5,3		76	5,9		1101		1900
1006	36	6893	19,8	223	10,5		45	4,0		864		1901
934	37	7559	58,6	181	15,4		38	6,2		1177		1902
1039	41	7692	49,6	229	13,8		73	8,3		970		1903
1012	40	7291	54,6	216	12,2		69	7,5		1200		1904
1017	41	8590	34,2	192	15,3		61	10,5		1341		1905
1151	34	9272	18,9	129	16,7		41	12,1		1491		1906
1212	34	8635	10,8	112	26,1		34	16,4		1510		1907
1105	32	7253	31,5	128	28		30	17		1515		1908
1082	31	8180	26,5	114	20		30	12		1502		1909
1013	29	8284	39,3	231	20		98	13		1310		1910
		7345	38,3	284	14		74	10		1486		1911

Tabelle 9.
Frankreich.

Jahr	Kohleeinfuhr		Kaffee Einfuhr	Kupfer Einfuhr	Getreide		Baumwolle Mehreinfuhr	Wolle Mehreinfuhr	Flachs Einfuhr	Häute u. Felle Mehreinfuhr
	1000 t	Mill. frcs.	Mill. kg	Mill. kg	Einfuhr 1000 t	Ausfuhr 1000 t	Mill. kg	Mill. kg	Mill. kg	Mill. kg
1861	5 090	104	37,6	16,5	1135	390	120	58,8	25,1	30,9
1862	5 478	102	37,8	14,1	517	157	29	36,6	20	27,1
1863	5 338	100	39,7	17,2	216	53	45	52,8	23,0	45,0
1864	5 909	115	40,5	19,2	127	23	60	51,0	35,2	44,3
1865	5 456	118	43,5	16,6	102	18	70	65,0	50,2	37,0
1866	7 408	146	44,8	21,2	216	50	114	76,2	32,6	37,5
1867	6 562	147	47,3	25,6	985	319	74	79,6	43,2	34,0
1868	7 247	132	52,3	25,3	1143	338	99	99,0	53,1	48,8
1869	7 458	119	50,3	22,8	265	56	96	92,0	44,3	51,5
1870	5 480	97	76,0	20,8	788	186	61	66,8	73,9	34,5
1871	5 545	87	40,1	14,5	1461	335	100	72,1	63,8	15,2
1872	7 139	149	16,7	15,7	520	1028	79,0	85	55,8	39,4
1873	7 461	242	44,8	21,0	775	608	53,6	101	63,6	41,5
1874	6 885	180	38,7	24,7	1121	498	91,8	93	60,2	50,1
1875	7 656	183	48,5	17,0	598	769	99,5	106	71,9	58,1
1876	7 867	173	53,5	29,8	997	578	103,4	102	41,0	49,8
1877	7 512	160	47,8	23,8	859	648	95,2	113	80,2	49,6
1878	7 751	143	54,1	25,1	2155	237	80,0	123	63,3	50,4
1879	8 422	145	56,8	24,9	3086	190	89,6	99	69,9	49,0
1880	9 365	170	57,7	25,5	2905	267	88,7	116	67,1	42,2
1881	9 267	171	64,7	29,0	1996	425	109,0	109	76,6	49,2
1882	9 935	189	63,8	26,1	1985	276	111	111	84,0	49,5
1883	10 556	167	68,2	31,4	1697	305	116	126	68,2	46,8
1884	10 613	168	67,9	23,9	1788	243	96	133	75,9	45,1
1885	9 943	146	68,3	24,1	1320	190	108	130	72,7	53,5
1886	9 325	125	68,2	23,2	1429	168	111	144	56,4	54,3
1887	9 540	126	63,8	28,7	1661	108	121	133	60,0	50,3
1888	9 404	143	68,0	47,2	2102	72	95	128	82,8	37,6
1889	8 961	212	65,2	15,1	2089	107	124	126	71,4	53,2
1890	10 375	248	67,9	29,9	2058	98	125	135	79,3	88,4
1891	10 542	190	70,1	33,2	2332	230	154	154	70,7	86,2
1892	10 357	185	71,8	27,6	2080	316	179	160	86,1	67,9
1893	10 229	164	69,0	29,7	1845	61	136	174	83,4	71,6
1894	10 266	172	69,8	30,4	2365	66	156	178	61,1	67,3
1895	10 161	167	72,3	38,3	1028	72	140	159	87,5	60,1
1896	10 180	173	75,1	46,9	842	63	134	201	87,9	54,6
1897	10 457	189	77,4	54,6	1382	42	189	171	79,2	53,5
1898	10 459	207	79,4	53,2	3085	91	175	189	84,2	58,6
1899	11 898	258	81,4	58,0	933	82	175	185	80,4	48,8
1900	14 602	406	81,9	61,9	798	89	159	134	82,2	56,4
1901	13 926	343	84,3	47,3	1095	79	185	191	64,1	5,4
1902	13 641	282	85,8	55,0	865	68	188	160	82,2	9,5
1903	13 342	250	111,6	55,4	1032	49	220	174	115,3	17,2
1904	13 069	224	76,3	66,2	675	67	177	142	53,0	11,5
1905	12 538	218	91,0	67,4	885	54	204	158	91,0	15,0
1906	17 113	361	97,8	78,3	1288	56	207	181	93,7	13,8
1907	17 740	429	101,6	79,3	1220	89	232	185	91,4	4,6
1908	17 565	391	102,8	89,6	530	105	234	164	105,5	6,0
1909	18 378	442	107,9	86,3	811	107	261	201	91,4	11,0
1910	18 146	401	111,8	93,5	1605	48	160	200	80,8	19,6
1911	19 741	453	110,1	104,7		37	253	204	75,0	10,6

Tabelle 9.

Frankreich.

Lederausfuhr	Wollenwareneinfuhr	Mannufakturwarenausfuhr in Mill. frcs.							Jahr
		Wollen-		Baumwollewaren	Seidewaren	Lederwaren	Galanteriewaren	Chemikalien	
Mill. frcs.	Mill. frcs.	garn	waren						
32	21		188	56	333	59			1861
39	41	12,5	222	63	363	66			1862
52	33	15	294	88	370	78			1863
62	32	19	356	94	408	90			1864
61	38	21	303	93	428	87			1865
67	43	24	302	86	468	95			1866
68	52	31	237	57	423	71			1867
69	54	25	225	55	452	53			1868
81	64	28	268	70	447	99			1869
71	58	25	232	61	485	80			1870
61	76	41	254	55	497	86			1871
109	100	31	314	68	438	144			1872
96	60	31	325	77	478	156			1873
102	66	37	328	73	416	147			1874
89	78	40	346	81	377	173			1875
78	79	29	316	66	296	157			1876
82	68	27	325	62	259	151			1877
85	68	37	313	56	253	160			1878
96	68	44	309	63	227	148			1879
92	79	49	370	79	234	164	185	57	1880
100	77	38	361	88	245	169	180	58	1881
103	84	40	402	98	290	156	130	66	1882
106	92	35	370	90	301	142	131	63	1883
110	89	32	334	91	237	131	118	63	1884
104	75	36	330	102	222	134	118	52	1885
97	71	44	376	107	242	133	125	48	1886
94	64	40	350	118	210	126	128	48	1887
92	65	37	323	106	223	135	129	46	1888
108	68	55	364	116	261	135	145	49	1889
112	67	35	361	110	274	146	155	49,6	1890
107	75	22	327	102	246	139	152	51,8	1891
112	56	21	328	95	249	112	157	58,1	1892
97	63	21	279	100	232	96	154	53,4	1993
81	44	18	242	113	223	80	154	56,7	1894
105	42	31	323	118	271	83	154	61,9	1895
83	45	29	294	131	247	82	160	62,5	1896
103	40	24	265	119	271	69	160	75,4	1897
109	38	29	223	128	251	74	140	75,3	1898
130	51	37	264	180	279	76	139	83,7	1899
114	52	35	227	175	258	71	154	88,3	1900
110	37	24	214	176	267	68	154	86,9	1901
116	43	34	220	175	311	62	162	90,1	1902
117	41	35	218	180	296	61	170	95,7	1903
118	36	31	212	209	287	63	163	101,5	1904
133	39	41	193	254	275	65	175	114,7	1905
123	42	53	224	306	308	90	184	120,3	1906
106	44	70	245	352	356	76	222	132,5	1907
102	39	48	196	281	271	67	184	122,0	1908
102	42	65	212	331	317	77	178	148	1909
112	45	76	213	327	333	85	173	159	1910
133	45	75	191	333	292	75	183	170	1911

Fortsetzung von Tabelle 9.

Frankreich.

Jahr	Butter Einfuhr (Mill. kg)	Butter Ausfuhr (Mill. kg)	Weinausfuhr (Millionen) Liter	Weinausfuhr (Millionen) frcs.	Weineinfuhr (Millionen) Liter	Weineinfuhr (Millionen) frcs.	Rohseide, Florettseide, Kokons (1000 kg) Einfuhr	Rohseide, Florettseide, Kokons (1000 kg) Ausfuhr	Rohseide, Florettseide, Kokons (Mill. frcs.) Einfuhr	Rohseide, Florettseide, Kokons (Mill. frcs.) Ausfuhr
1861			186	196			4 720	790	184	37
1862			190	210			5 650	1170	236	50
1863			208	230			7 520	2390	262	96
1864			233	234			6 230	2470	286	101
1865			287	260			6 670	2590	355	143
1866			327	258			6 310	2050	307	107
1867			301	245			6 990	2650	345	115
1868			300	234			7 220	2960	435	146
1869			306	261			8 480	3060	412	156
1870			286	223			6 310	3500	285	181
1871			332	278	15	6,7	8 900	2410	416	108
1872			343	273	52	19,4	9 210	3130	423	134
1873			398	281	64	28,8	9 060	2670	352	100
1874			323	229	68	29,7	9 700	2950	322	96
1875			373	247	29	13,8	10 650	3920	330	133
1876			333	212	67	25,3	13 060	3790	543	172
1877			310	221	70	29,5	6 740	3290	226	120
1878			279	201	160	59,2	10 570	3840	321	130
1879			305	258	294	121	10 890	4740	316	158
1880			249	245	722	314	11 430	4930	322	157
1881			257	253	784	364	13 000	6000	391	197
1882			262	247	754	315	11 505	6346	318	205
1883			254	236	898	376	11 785	5077	306	147
1884			247	237	813	344	11 199	5716	268	155
1885			260	256	818	389	9 563	4441	211	121
1886			260	260	1104	518	12 963	5537	293	147
1887			240	234	1228	444	12 014	5267	575	141
1888			212	242	1206	438	10 050	4888	192	117
1889			217	251	1047	384	13 185	5599	291	139
1890	6,4	39,7	216	269	1083	350	11 605	4885	240	125
1891	6,4	31,5	204	246	1228	401	12 092	5009	241	109
1892	4,9	30,4	185	214	940	306	13 460	6131	249	132
1893	4,7	25,4	157	189	589	183	13 774	5344	261	126
1894	5,1	24,6	172	233	450	145	11 130	5135	183	89
1895	5,6	26,0	170	222	634	212	12 679	6227	226	136
1896	5,9	27,0	178	242	841	294	10 812	4990	180	93
1897	6,3	27,9	177	232	753	280	14 840	6382	266	117
1898	6,8	25,0	164	218	860	310	13 876	6269	234	119
1899	6,1	22,3	172	210	847	267	17 570	3635	371	135
1900	6,1	20,2	190	228	522	155	13 563	6302	248	136
1901	6,1	19,5	202	228	371	85	15 174	6240	273	117
1902	5,5	24,4	205	232	465	111	18 169	7688	312	213
1903	4,6	27,1	173	224	633	181	16 466	7499	321	147
1904	4,6	22,6	164	210	680	160	15 543	7634	298	135
1905	4,6	22,6	260	248	530	109	16 063	7519	267	148
1906	5,2	17,8	211	197	591	102	17 112	7568	345	172
1907	6,6	15,7	279	228	610	104	20 063	7664	441	197
1908	5,6	19,9	227	197	703	116	17 081	6954	280	134
1909	4,9	23,2	228	214	626	124	19 414	7627	332	164
1910	4,8	22,0	229	243	810	297	19 832	8441	346	184
1911	9,0	12,8	157	188	928	302	19 489	8279	317	163

Fortsetzung von Tabelle 9.

Frankreich.

Zucker Einfuhr (Mill. kg)	Zucker Ausfuhr (Mill. kg)	Baumwolle Mehreinfuhr (Mill. frcs.)	Wolle Mehreinfuhr (Mill. frcs.)	Häute u. Felle Mehreinfuhr (Mill. frcs.)	Flachs Einfuhr (Mill. frcs.)	Kaffee-einfuhr (Mill. frcs.)	Branntwein-ausfuhr Millionen Liter	Branntwein-ausfuhr Millionen frcs.	Jahr
							15,9	50,1	1861
							13,4	56,5	1862
							22,4	63,3	1863
							25,3	72,1	1864
							22,7	55,5	1865
							36,3	76,9	1866
							32,1	67,3	1867
							29,1	63,3	1868
							28,3	56,2	1869
189	180	144	131		108	115	46,8	81,8	1870
157	192	197	181		96	65	41,6	69	1871
166	240	191	223		78	31	59,0	75	1872
177	224	118	240		75	100	52,3	92	1873
158	299	168	207		68	88	41,3	69	1874
203	310	170	243		91	105	47,6	79	1875
179	221	150	202		51	108	52,7	106	1876
185	221	125	239		97	99	30,0	62	1877
167	221	117	245		68	101	32,7	73	1878
159	173	137	172		69	101	36,5	103	1879
211	154	146	238		65	98	30,2	81	1880
226	153	161	198		70	98	30,2	77	1881
239	158	168	208		70	85	26,8	68	1882
206	170	166	235		54	95	29,7	73	1883
221	124	133	236		64	83	29,4	73	1884
277	74	146	185		68	80	29,5	76	1885
160	139	130	255		54	103	30,6	74	1886
159	159	158	216		52	132	28,6	67	1887
210	162	124	210		69	132	28,4	65	1888
161	273	175	220		57	145	30,4	67	1889
146	354	175	235	138	58	156	33,6	71	1890
154	286	178	244	142	49	149	33,7	75	1891
162	226	183	213	77	61	145	28,4	66	1892
143	270	154	222	88	70	145	27,8	56	1893
170	297	142	209	54	52	146	28,0	54	1894
138	216	134	170	44	60	177	29,4	48	1895
158	237	141	237	42	62	175	29,7	49	1896
125	484	179	187	42	51	105	30,3	52	1897
99	311	144	222	46	52	107	29,9	48	1898
106	387	154	225	5	56	89	22,5	40	1899
95	587	204	247	40	82	92	36,4	53	1900
101	662	208	222	17	65	91	32,6	40	1901
100	365	223	117	28	74	88	28,8	46	1902
131	212	319	186	58	122	113	30,0	42	1903
81	289	278	151	41	55	78	28,0	36	1904
81	299	265	233	52	80	95	30,6	46	1905
101	280	305	298	60	87	102	30,5	41	1906
108	332	373	353	40	83	104	32,1	46	1907
115	245	323	256	45	79	104	28,0	43	1908
108	243	399	332	70	81	112	29,8	46	1909
142	192	298	358	92	82	126	27,7	50	1910
175	133	432	351	68	86	144	30,8	54	1911

Tabelle 10.

Rußland[1]).

Jahr	Ausfuhr												Einfuhr					
	Weizen	Roggen	Gerste	Hafer	Lein-saat	Hanf-saat	Pflan-zenöl	Lein	Hanf	Fett u. Talg	Eisen	Hede	Tee	Kaffee	Tabak	Zucker	Baumwolle Roh-	Garn
	in 1000 Tschetwert						1000 Pud	1000 Pud			1000 Pud		1000 Pud					
1801	683		824															
1802	385		1169															
1803	1524		1308															
1804	989		775															
1805	1739		1690															
1806	344		573				219	1,59	3,34	1,89	2250		73	49	26	513	111	
1807	47		1268				138	1,69	3,44	1,58	1619		82	37	9,7	575	56	
1808	230		118															
1809	90		11															
1810	173		124															
1811	422		312															
		Roggen	Gerste	Hafer														
1812	462	394	142	33			65	1,31	3,26	1,50	1299		48	192	26	660	85	96
1813	527	250	89	59			174	1,15	1,87	1,51	979		88	174	33	941	42	164
1814	511	548	108	26			533	1,64	2,41	2,19			65	53	39	542	33	133
1815	639	254	83	237			257		3,47				96	24	24	461	46	132
1816	1441	497	126	9			423	0,92	2,08	2,01			73	93	19	648	33	136
1817	2338	2359	246	260			526	1,25	2,31	2,23			124	89	29	831	50	205
1818	1775	793	153	498			142	1,11	3,25				116	63	31	932	68	177
1819	1709	508	318	824	270	8	256	1,32	2,48				132	114	31	926	99	188
1820	1387	436	221	397	380	19	519	1,44	2,43				144	140	34	1526	37	250
1821	865	164	108	70	347	20	350	1,81	2,29				139	81	48	1184	59	178
1822	683	30	57	10	224	0,8	164	1,53	2,93				115	119	46	1172	99	158

1823	962	90	134	29	300	4,8	449	1,04	2,93				130	122	46	881	77	223
1824	726	27	59	31	142	8	222	1,86	2,80	2,48	1213	246	154	108		828	55	336
1825	973	94	93	28	417	9	311	2,45	2,82	3,78	1491	264	134	107		1122	62	286
1826	1054	173	179	175	372	5	145	2,18	2,59	2,91	1253	196	131	95		1074	105	390
1827	1680	745	213	889	527	8	266	2,56	2,75	3,94	1571	282	162	151		1023	68	377
1828	310	867	191	108	572	15	340	2,41	2,64	4,04	1216	330	153	157	61	1216	92	420
1829	1186	819	190	495	606	23	536	2,40	1,81	4,51	1569	382	154	134	60	1459	134	525
1830	2549	963	287	229	678	65	676	2,32	2,22	4,12	1368	539	155	128	63	1380	116	450
1831	1799	1155	250	605	634	29	250	1,85	2,32	4,06	1431	493	142	124	75	1489	105	607
1832	1965	1255	317	138	545	21	320	2,20	2,82	4,26	1667	469	179	128	94	1394	127	544
1833	710	362	97	54	535	85	303	2,52	2,83	4,68	1300	536	166	132	86	1574	139	538
1834	177	123	65	50	407	33	343	1,56	2,85	4,66	1119	498	174	119	85	1604	152	543
1835	713	119	41	56	619	71	130	1,48	3,07	3,39	1694	525	200	98	98	1427	222	568
1836	1487	149	69	27	658	60	245	3,01	2,90	3,96	1637	726	216	114	100	1415	259	606
1837	1946	509	133	282	754	110	341	2,32	2,86	4,26	1350	364	194	129	108	1867	263	662
1838	2305	824	261	114	984	24	101	3,42	3,24	4,99	1167	664	201	102	98	1717	327	612
1839	2920	1084	264	539	902	94	381	2,24	3,60	4,02	1078	590	210	126	85	1658	355	540
1840	1809	156	181	325	897	48	39	2,71	3,08	3,98	866	709	219	153	86	1889	398	523
1841	1551	111	93	95	1104	98	192	3,01	2,55	3,80	955	660	248	148	110	1777	314	563
1842	1853	209	127	118	960	114	45	3,04	2,43	3,42	825	548	264	177	117	2023	513	607
1843	2061	553	178	107	1123	94	101	3,64	2,35	3,52	788	631	229	131	136	1878	472	569
1844	2516	744	344	164	1243	149	261	3,73	3,00	3,41	783	717	264	150	86	2227	588	601
1845	2797	291	80	266	1248	147	147	2,69	2,86	3,32	818	779	331	160	142	1779	750	603
1846	3209	1756	101	376	911	19	45	2,50	2,72	3,61	693	812	353	197	165	1831	728	493
1847	5987	2734	305	1579	1340	40	25	2,35	2,75	4,04	883	814	362	193	160	1652	862	415
1848	3307	307	168	245	1188	16	20	3,73	2,43	4,07	693	509	384	238	146	1868	1231	391
1849	2413	486	332	410	1211	17	21	4,68	3,00	3,52	701	760	305	231	135	2259	1555	284
1850	2617	622	249	447	1029	82	96	4,31	2,74	3,46	762	740	317	185	178	2100	1201	173

[1]) 1 Tschetwert = 209 l; 1 Pud = 16,38 kg; 61 Pud = 1 t.

Fortsetzung von Tabelle 10.

Rußland.

Jahr	Ausfuhr: Weizen	Roggen	Gerste	Hafer	Mais	Hülsenfrüchte	Mehl u. Gries	Kleie	Getreide überhaupt	Holz	Leinsaat	Hanfsaat	Leinöl	Ölkuchen	Fett u. Talg	Flachs	Hanf
	Tausende Tschetwert									Mill. Rubel	1000 Tschetwert		1000 Pud		Mill. Pud	Mill. Pud	
1851	2496	922	309	730	194	15	460				1076	29	21		3,00	3,03	3,05
1852	4542	1685	287	499	453	27	453				1288	9	46	86	2,34	3,89	2,74
1853	7276	1462	413	639	594	20	492				1684	62	163	47	2,92	4,30	3,58
1854	1295	718	170	304	334	23	423				1291	2	101	10	1,40	1,48	1,25
1855	346	178	44	71	63	10	414				424	4	287		1,01	1,34	1,12
1856	4187	1322	361	704	344	10	932				1932	29	151		3,95	4,46	3,35
1857	3112	1621	653	1431	703	56	965				1449	15	370		3,51	4,61	2,94
1858	3346	1317	1042	2541	467	88	458				1207	107	167		3,64	3,88	2,87
1859	4229	1676	872	2299	417	70	422				1424	9	57		2,83	3,32	3,50
1860	4191	2250	809	1700	282	81	352				1642	11	18	749	3,68	3,97	3,15
1861	5116	2107	747	985	407	70	472				1232	5	59	440	2,58	3,42	2,99
1862	4396	1744	671	487	374	51	607				1375	24	321	620	2,05	4,21	3,16
1863	4177	1273	415	645	391	56	630				1122	14	43	271	2,47	4,21	2,74
1864	5264	1298	678	1415	586	104	546				1579	171	271	359	2,12	4,28	3,03
1865	6114	1232	628	1444	435	53	750				1447	105	432	329	2,99	6,51	3,70
1866	6968	1606	763	2477	78	42	776				1638	54	269	500	3,28	4,82	3,28
1867	8618	3508	634	1980	167	32	1385				1792	156	456	236	3,02	4,97	2,90
1868	6767	1969	758	2362	215	71	854				2624	39	177	380	2,49	7,27	2,72
1869	6372	1251	679	1636	233	84	982				2591	133	83	329	1,71	5,98	3,15
1870	9472	3053	1889	4194	1157	241	1032				2265	129	19	669	1,42	10,38	3,32
1871	11551	3913	1476	4766	648	116	1140				2399	23	18	710	0,99	9,02	3,68
1872	9880	2752	1107	1428	528	64	514				2253	49	30	915	0,72	7,24	3,81
1873	6963	7404	1168	3450	785	175	1091				2436	66	23	854	0,83	9,06	3,84
1874	8143	9760	2193	5384	473	379	1026				2859	97	72	910	0,62	9,99	3,84
1875	9537	5767	1488	4920	293	183	1147				2567	35	31	1103	0,50	9,46	3,37
1876	9244	8114	1505	5244	482	114	1255				2128	104	29	1542	0,70	6,83	2,71

	Millionen Pud										Millionen Pud			Mill. Pud			
1877	86,6	90,3	21,7	45,8	5,1	3,2	16,4	1,2	271,7		15,4	0,95	18	1,4	1,16	11,22	3,42
1878	172,7	90,6	36,7	45,9	11,2	2,7	15,0	2,0	378,3		24,1	1,21	25	1,5	0,65	9,74	3,06
1879	139,2	108,4	23,2	46,8	17,0	2,9	13,4	0,7	353,7		26,7	1,12	16	1,7	0,35	11,26	3,70
1880	61,4	53,8	14,0	43,3	14,5	2,1	7,5	1,7	201,0		22,4	1,78	44	1,7	0,43	9,60	3,87
1881	82,3	39,3	20,8	39,2	15,8	1,9	6,8	0,8	207,9		21,3	0,89	11	1,8	0,29	12,98	4,77
1882	128,3	51,3	27,5	56,4	18,5	5,4	10,5	1,4	301,6		26,9	1,39	26	2,8	0,39	12,16	3,79
1883	141,2	69,8	40,1	60,3	13,0	4,3	8,6	3,7	343,5		20,3	0,38	14	4,1	0,24	10,97	3,78
1884	114,5	69,9	34,3	61,1	23,0	3,6	8,9	2,6	320,4		15,1	0,70	19	5,9	0,21	11,11	2,88
1885	155,0	76,0	39,0	39,2	14,1	3,2	10,2	3,8	343,9		6,1	1,11	49	5,7	0,18	9.35	3,07
1886	91,5	65,8	42,2	34,8	25,4	2,2	8,5	4,4	278,4		10,3	0,80	47	4,8	0,28	7,11	2,36
1887	135,2	78,1	59,1	61,2	34,1	5,2	9,5	6,5	392,9		19,9	1,06	70	5,5	0 22	8,59	3,86
1888	214.7	107,0	80,0	88,1	22,1	7,7	11,3	13,1	547,9		22,1	1,93	74	7,2	0,19	11,30	3,32
1889	190,5	84,1	65,8	70,1	26,9	5,3	8,9	12,2	466,4		24,0	1,75	74	8,8	0,23	11,22	4,08
1890	182,1	76,4	60,7	51,8	20,6	4,9	8,0	10,6	417,9		24,3	0,91	71	7,9	0,24	12,13	3,31
1891	176,4	67,9	46,0	45,9	28,2	8,5	7,2	7,8	391,2		16,6	1,11	81	10,1	0,21	11,33	3,43
1892	81,6	12,1	44,9	20,5	21,6	3,5	7,0	4,7	196,4		11,9	0,56	71	11,5	0,14	12,05	2,93
1893	156,2	32,0	111,2	56,8	15,9	6,3	8,5	13,5	403,8		13,0	1,02	60	13,7	1,17	12,27	2,72
1894	204,7	81,1	153,1	94,4	58,2	12,2	9,1	21,6	639,5		14,6	0,76	137	15,4	0,09	8,80	2,94
1895	237,1	91,3	108,3	66,7	25,6	13,4	8,9	19,6	574,7		26,1	1,35	177	16,0	0,12	13,78	3,37
1896	219,6	79,3	81,6	67,5	12,9	12,1	8,6	22,4	506,8		32,0	0,89	69	17,5	0,10	12,60	3,00
1897	213,3	73,6	89,4	43,6	21,1	13,9	9,5	21,8	489,1		33,1	0,63	159	20,0	0,10	12,48	2,35
1898	177,5	66,9	106,3	25,3	46,3		8,6	15,9	459,0	57,5	15,7			20,8		13,7	2,3
1899	107,1	60,7	74,5	28,5	28,6		9,6	22,7	345,8	53,7	13,5			24,4		14,0	2,4
1900	116,9	93,2	53,7	80,0	19,1		14,3	30,7	420,2	58,4	16,9			22,3		10,6	2,4
1901	138,6	82,7	77,6	80,3	29,7		13,0	32,4	466,6	57,3	4,6			23,6		8,5	2,6
1902	186,0	98,2	104,2	63,3	68,5		13,5	29,9	579,7	55,7	6,2			23,5		10,7	2,1
1903	255,0	82,2	145,6	59,5	39,3		16,4	36,4	652,0	66,3	5,8			28,5		15,7	2,6
1904	280,9	60,0	151,8	54,1	28,9		18,4	38,0	648,8	73,2	4,3			30,0		9,1	2,5
1905	293,8	59,7	138,3	127,3	11,4		13,0	35,6	697,5	76,9	6,6			27,1		14,8	2,7
1906	220,9	65,4	148,8	69,5	15,3		13,7	39,5	590,8	98,2	7,3			32,0		13,8	2,8
1907	141,7	45,2	132,7	26,1	59,9		10,4	36,0	470,4	107,8	5,3			32,2		13,6	3,2
1908	89,8	24,9	161,4	29,4	36,5		9,4	31,8	404,9	111.2	9,4			40,4		14,5	3,0
1909	314,5	35,5	219,2	74,7	41,1		12,8	39,0	761,9	126,6	6,0			38,0		14,4	2,5
1910	374,6	40,5	244,7	83,9	27,4		12,3	37,7	848,6	138,2	9,0			35,1		13,3	2,2

Fortsetzung von Tabelle 10.

Rußland.

Jahr	Ausfuhr				Einfuhr												
	Hede	Naphtha und Naphtha-produkte	Butter	Eier	Tee	Kaffee	Tabak	Zucker Einfuhr	Zucker Ausfuhr	Roh-wolle	Wollen-garn u. -waren	Baum-wolle roh	Garn- u. Bw.-Ge-webe	Maschinen landwirt-schaftl.	Maschinen andere	Eisen-, Stahl- usw. Waren	Kohle und Koks
	1000 Pud	Mill. Pud	Mill. Pud	Milliard. Stück	1000 Pud			1000 Pud		1000 Pud	in Mill. Rubel	Mill. Pud	Wert in Millionen Rubel				Mill. Pud
1851	712				355	248	187	1994									
1852	732				387	253	211	2024									
1853	963				170	257	166	1393									
1854	735				284	237	128	1170									
1855	481				282	293	123	1027									
1856	1205				328	274	166	1398									
1857	1163				438	296	207	1723									
1858	733				471	315	200	1352	17								
1859	1110				454	271	153	1033	71								
1860	646				461	377	161	1056	163								
1861	897				509	359	185	1162	136								
1862	913				722	342	166	1345	129								
1863	956				716	344	159	2283	25								
1864	948				618	287	158	1743	52								
1865	836				668	337	161	301	30								
1866	853				617	346	177	1509	27								
1867	602				865	411	200	682	33								
1868	990				886	322	213	168									
1869	1173				942	470	230	139									
1870	1217				1070	442	218	63									
1871	1042				1107	494	231	24	21								
1872	888				1296	449	273	562									
1873	678				1424	411	259	161									
1874	771				1358	445	253	404									
1875	755				1502	460	274	1508									
1876	1667	0,093			1717	504	545	526	502								

1877	1735	0,073			1042	288	90	4151								
1878	1219	0,090			1548	450	96	364								
1879	1384	0,271			1712	474	113	245								
1880	1721	0,205			2145	501	153	279								
1881	2137	1,1			1525	425	80	107								
1882	1668	1,1			1759	510	103	132								
1883	1647	3,6			1814	388	92	36								
1884	1847	6,9			2067	508	90	118								
1885	2214	10,8			1734	472	87	4231								
1886	1728	15,0			2075	458	84	3779								
1887	2170	19,0			2021	319	81	4555								
1888	2175	34,9			1921	389	60	5551								
1889	1590	44,8			1915	359	67	4887								
1890	1676	48,1			1917	391	67	3173								
1891	1923	54,2	0,43	0,83	1965	350	54	7489			7,6	9,2	2,1		13,4	106,6
1892	1865	57,2	0,34	0,74	2142	396	49	2863			10,1	7,7	3,8		12,8	101,8
1893	1678	60,1	0,37	0,80	2201	418	50	2129			8,3	8,0	5,2		17,2	122,4
1894	1806	53,7	0,32	0,95	2469	403	50	5265			12,1	8,5	7,6		27,1	138,2
1895	2181	64,6	0,29	1,41	2404	402	55	5687			8,2	8,2	7,5		23,8	137,0
1896	2492	64,6	0,31	1,48	2614	408	57	13602			9,3	8,2	7,1	20,9	27,7	143,4
1897	2548	63,8	0,53	1,73	2731	465	56	8186			10,0	8,9	5,6	13,9	28,4	154,3
	Mill. Pud							Mill. Pud								
1898	1,7	68,0	0,62	1,83	2995	497	58	7,3			12,1	9,2	9,6	23,1	32,9	182,8
1899	2,3	64,9	0,63	1,69	2901	511	56	7,7			10,2	12,3	12,2	30,6	36,4	273,4
1900	2,0	88,0	1,2	1,78	3493	503	57	12,6	927	17,8	10,3	10,1	13,9	16,0	30,6	274,6
1901	2,0	95,0	2,0	2,0	3487	562	52	7,8	1409	25,5	10,4	12,7	15,9	7,4	28,5	224,0
1902	1,7	93,6	2,3	2,23	3755	589	53	8,9	1601	24,1	10,9	11,6	18,5	5,1	27,5	206,1
1903	2,5	108,8	2,5	2,78	3674	584	65	14,9	1786	24,4	14,9	11,4	25,6	4,3	28,0	213,6
1904	1,6	112,1	2,4	2,75	3369	575	60	11,0	1390	15,8	12,0	10,4	18,8	3,7	29,0	237,4
1905	1,8	57,7[1]	2,4	3,00	3254	595	49	6,1	1757	20,5	10,5	11,8	18,9	4,2	34,5	252,9
1906	2,2	40,3	3,2	2,83	5747	653	50	5,9	1796	25,0	10,0	28,3	18,4	5,0	43,8	268,1
1907	2,3	44,7	3,7	2,61	5669	694	48	11,0	2213	31,3	10,9	21,6	20,9	7,5	39,3	249,7
1908	2,4	48,6	3,1	2,60	5320	704	59	18,2	2006	29,4	14,6	25,3	25,6	9,3	39,3	269,5
1909	2,4	48,6	3,5	2,84	4496	713	47	12,5	2651	30,4	11,2	21,3	37,6	8,3	38,7	266,2
1910	2,3	52,4	3,4	3,00	4284	708	37	9,1	3090	37,0	12,1	24,9	38,9	9,9	47,2	287,3

[1]) Revolution, Zerstörung der Naphthawerke in Baku.

Tabelle 11.
Deutsches Reich.

Jahr	Eisenerz		Jute	Flachs	Holz		Häute u. Felle	Leder		Kaffee
	Ausfuhr	Einfuhr	Einfuhr		Einfuhr		Mehreinfuhr	Einfuhr	Ausfuhr	Einfuhr
	Mill. t		Mill. kg		1000 t	Mill. ℳ	Mill. ℳ	Mill. ℳ		Mill. kg
1872				39					67	93
1873				48					55	98
1874				55					59	90
1875				48					67	100
1876				33					69	106
1877				69					75	96
1878				58					74	99
1879				55					76	111
1880	1,26	0,60	18	36					95	94
1881	1,44	0,63	19	50					122	104
1882	1,62	0,78	24	74					123	107
1883	1,89	0,80	33	68					149	114
1884	1,90	0,98	34	65					150	111
1885	1,77	0,85	42	57					140	118
1886	1,83	0,81	44	42					152	124
1887	1,74	1,04	57	52					158	102
1888	2,21	1,16	58	63					152	115
1889	2,18	1,23	64	59					136	113
1890	2,21	1,52	70	61	3280	144			132	118
1891	1,98	1,41	82	58	2841	134			128	126
1892	2,28	1,66	54	57	3296	157			113	122
1893	2,35	1,57	82	59	3077	158			118	122
1894	2,56	2,09	72	54	2769	133			112	122
1895	2,48	2,02	106	65	2944	150			140	122
1896	2,64	2,58	89	54	3385	187	43	53	121	130
1897	3,23	3,18	89	49	4081	250	56	56	123	136
1898	2,93	3,52	143	50	4773	309	58	61	126	153
1899	3,12	4,16	99	50	4818	290	46	60	144	156
1900	3,25	4,08	97	43	5046	241	61	54	153	161
1901	2,39	4,37	118	40	4468	186	35	56	137	172
1902	2,87	3,96	141	47	3932	186	48	64	153	171
1903	3,34	5,22	112	64	4797	221	70	69	173	182
1904	3,44	6,06	139	44	5049	238	81	70	183	180
1905	3,70	6,08	127	67	5311	267	68	74	200	180
1906	3,85	7,63	145	70	6328	316	132	87	244	186
1907	3,90	8,48	155	72	6248	287	128	81	234	190
1908	3,07	7,73	154	74	5528	245	144	77	242	213
1909	2,82	8,37	173	73	5606	253	214	80	247	193
1910	2,95	9,82	129	72	5746	276	196	91	271	171
1911	2,58	10,82	143	74	6132	303	154	93	287	183

Tabelle 11.
Deutsches Reich.

Schmalz	Eier	Lebendes Vieh	Pferde	Zucker	Wein	Musik. Instr.	Papier	Glas	Jahr
Einfuhr	Einfuhr	Einfuhr	Einfuhr	Ausfuhr	Einfuhr	Ausfuhr			
Mill. kg	Mill. kg	Mill. ℳ	Mill. ℳ	Mill. kg	Mill. ℳ	Millionen ℳ			
29		87	36	13	44				1872
43		124	46	13	66				1873
33		105	50	20	57				1874
24		140	55	20	61				1875
33		160	70	66	58				1876
36		189	36	54	60				1877
46		163	53	118	50				1878
54		118	66	125	107				1879
55	15	69	60	250	36		29	32	1880
38	15	131	49	307	35	28	35	33	1881
26	18	143	58	350	38	33	38	38	1882
31	18	161	61	513	40	36	42	38	1883
24	20	109	63	639	44	36	44	35	1884
36	24	83	60	529	37	34	51	32	1885
42	27	94	69	568	34	33	51	34	1886
40	35	81	72	619	32	36	61	38	1887
32	40	71	75	522	35	37	57	41	1888
68	49	92	79	522	48	39	53	37	1889
91	54	140	72	796	44	45	58	43	1890
88	57	159	73	784	47	40	55	38	1891
99	63	183	63	608	48	36	58	38	1892
72	66	157	49	706	42	35	56	41	1893
79	80	201	62	829	40	36	55	43	1894
78	84	112	75	894	41	36	64	47	1895
92	89	66	73	989	49	38	67	43	1896
118	100	67	85	1141	42	37	59	44	1897
142	106	59	92	1033	42	38	59	39	1898
133	112	63	89	939	44	34	59	43	1899
125	118	68	78	1006	49	41	74	47	1900
125	116	76	79	1088	40	46	61	49	1901
106	128	109	92	1074	41	43	60	48	1902
110	125	128	93	1020	43	49	69	51	1903
119	129	121	91	780	41	51	70	56	1904
141	131	131	104	742	45	54	75	57	1905
157	151	124	110	1217	48	56	79	100	1906
190	149	91	93	922	51	65	101	115	1907
175	139	95	85	841	54	57	98	104	1908
169	137	95	88	860	47	55	107	90	1909
149	151	104	109	710	72	63	121	100	1910
191	157	76	106	867	68	72	130	108	1911

Fortsetzung von Tabelle 11.

Deutsches Reich.

Jahr	Kohle		Koks	Baumwolle	Baumwollengarn		Baumwollenwaren		Maschinen	
	Einfuhr	Ausfuhr	Ausfuhr	Mehreinfuhr	Einfuhr	Ausfuhr	Einfuhr	Ausfuhr	Einfuhr	Ausfuhr
	Mill. t		Mill. t	Mill. kg	Mill. ℳ		Mill. ℳ		Mill. ℳ	
1872	2,26	3,82		110			15,5		28,5	39,0
1873	1,46	4,02		118			17,4		53,4	38,6
1874	1,80	4,19		128			16,9		28,8	28,0
1875	1,88	4,52		112			17,0		22,3	29,7
1876	2,10	5,03		130			14,6		16,0	29,2
1877	2,03	5,00		115			13,3		22,5	33,6
1878	1,93	5,82		111			11,4		23,1	47,9
1879	1,89	6,01		123			15,0		18,0	39,0
1880	2,06	7,23	0,35	136			14,2	54,5	16,5	43,1
1881	1,95	7,46	0,43	140	43,5	33,0	17,7	59,2	18,1	45,6
1882	2,09	7,63	0,48	160	51,8	32,3	21,3	73,1	22,2	62,4
1883	2,18	8,70	0,60	168	57,2	25,6	21,5	73,2	22,7	65,6
1884	2,30	8,82	0,67	159	57,9	22,6	22,8	80,3	24,5	56,6
1885	2,38	8,96	0,63	156	50,4	18,5	22,0	79,6	23,1	49,9
1886	2,56	8,66	0,64	161	52,2	18,2	19,3	98,7	18,8	48,1
1887	2,67	8,78	0,72	200	51,3	17,7	15,3	118,7	21,8	52,8
1888	3,25	9,46	0,92	183	55,0	17,4	12,3	186,4	26,5	56,7
1889	4,56	8,85	0,81	230	58,1	19,2	13,0	162,3	32,0	61,8
1890	4,16	9,15	1,07	233	52,3	19,9	12,0	168,1	41,8	66,2
1891	5,03	9,54	1,35	246	42,3	22,2	11,6	146,8	31,1	66,5
1892	4,44	8,97	1,72	230	41,6	20,9	9,2	157,4	26,4	61,6
1893	4,66	9,68	1,90	240	47,2	18,2	10,4	154,5	25,8	63,3
1894	4,81	9,74	2,26	264	45,3	15,6	11,7	142,1	27,2	78,2
1895	5,12	10,36	2,29	283	56,7	16,7	14,2	184,3	30,8	89,6
1896	5,48	11,60	2,29	257	56,8	16,2	19,1	166,7	36,8	107,1
1897	6,07	12,39	2,16	288	59,2	21,0	40,6	177,7	43,3	119,6
1898	5,82	13,99	2,13	343	53,9	19,7	31,3	181,6	52,5	136,0
1899	6,22	13,94	2,14	316	55,6	22,9	32,6	206,8	65,7	176,2
1900	7,38	15,28	2,23	308	62,9	29,1	35,3	245,2	96,8	215,9
1901	6,30	15,27	2,09	337	48,6	28,5	31,5	220,3	60,5	184,8
1902	6,43	16,10	2,18	335	51,2	31,7	34,7	259,8	45,3	180,8
1903	6,77	17,39	2,58	370	60,1	32,5	36,4	302,3	53,0	212,3
1904	7,30	18,00	2,72	383	66,8	29,8	40,6	337,5	63,9	231,2
1905	9,40	18,16	2,76	394	65,3	34,1	45,1	381,0	73,4	269,9
1906	9,26	19,55	3,42	378	82,4	32,1	56,0	393,1	91,8	346,0
1907	13,72	20,06	3,79	451	140,1	37,8	57,8	432,0	85,2	438,3
1908	11,66	21,19	3,58	421	87,8	36,5	46,9	350,2	70,9	466,7
1909	12,20	23,35	3,45	430	89,5	48,9	53,5	321,7	64,7	425,4
1910	11,20	24,26	4,13	376	102,1	54,8	56,6	365,1	66,1	514,9
1911	10,92	27,41	4,56	433	98,9	59,2	59,5	391,5	73,2	604,9

Fortsetzung von Tabelle 11.

Deutsches Reich.

Eisen und Stahl		Chemikalien, Drogen usw.		Rohwolle	Wollengarn		Wollengewebe		Seide	Seidenwaren		Jahr
Einfuhr	Ausfuhr	Einfuhr	Ausfuhr	Mehreinfuhr	Einfuhr	Ausfuhr	Einfuhr	Ausfuhr	Einfuhr	Einfuhr	Ausfuhr	
Mill. ℳ		Mill. ℳ		Mill. kg	Mill. ℳ		Mill. ℳ		Millionen ℳ			
							91,0		110			1872
							81,6		96			1873
							78,6		86			1874
							80,4		109			1875
							74,4		131			1876
							60,3		114			1877
							49,0		105			1878
							66,2		105			1879
							21,3	171,2	103		205	1880
				65	85,0	29,6	20,0	187,1	114,9		195,7	1881
				75	83,6	34,0	14,3	177,6	126,3		170,0	1882
				78	80,5	30,7	12,4	180,1	131,5		160,3	1883
				94	93,3	32,1	11,9	185,1	139,2		170,9	1884
				87	95,8	36,2	11,7	158,4	111,0		148,7	1885
				95	110,5	44,8	11,5	172,3	150,5		179,2	1886
				101	94,4	40,0	10,8	180,0	145,1		195,9	1887
				118	92,8	42,8	10,2	180,7	144,4		183,4	1888
				129	112,6	43,2	12,5	172,6	171,3		197,0	1889
				120	92,8	39,4	13,1	181,4	153,2		186,3	1890
				137	85,3	36,5	12,6	165,8	129,1		146,5	1891
				151	94,1	38,5	11,3	165,5	125,2		142,0	1892
				140	117,3	37,9	12,3	157,4	133,5		152,6	1893
				152	100,6	42,8	10,6	129,9	106,8		103,8	1894
				172	119,3	46,8	9,5	163,2	132,2		128,1	1895
44	338	284,2	360,7	161	114,1	44,8	13,1	160,9	111,3		122,1	1896
55	328	285,1	358,6	153	99,1	44,6	9,5	155,8	115,5		112,6	1897
55	365	281,2	377,8	168	92,2	44,9	10,7	143,9	130,2		128,8	1898
92	424	316,3	409,9	168	113,4	57,3	12,2	155,5	159,2		142,7	1899
114	480	331,4	397,6	130	110,6	56,8	15,7	178,3	134,4	35,5	139,5	1900
54	517	331,6	408,4	140	82,9	56,3	11,2	163,0	128,6	37,7	137,3	1901
41	603	322,9	430,4	151	86,6	62,5	12,6	175,1	147,0	41,1	146,2	1902
43	634	350,8	448,2	155	91,0	59,1	13,9	190,1	154,6	38,6	162,1	1903
45	582	377,6	473,5	149	89,7	65,7	13,6	192,3	143,6	35,9	146,0	1904
48	640	430,8	542,3	154	93,4	63,5	15,9	215,9	161,1	34,2	149,4	1905
89	715	437,7	590,2	162	122,0	59,1	21,7	199,2	169,5	65,2	191,5	1906
112	852	380,5	588,5	173	139,0	75,3	23,8	223,5	194,1	78,8	215,9	1907
73	773	354,2	554,0	168	97,5	66,1	22,9	208,2	157,4	64,4	176,0	1908
69	781	377,6	624,5	179	119,6	60,2	23,8	207,1	193,9	69,5	174,7	1909
83	921	426,9	711,0	182	119,9	77,5	25,5	209,6	181,8	81,5	194,3	1910
92	1090	439,9	712,5	183	113,8	88,1	27,6	205,0	168,3	80,9	202,8	1911

Tabelle 12.

Deutsches Reich (Getreide, Futtermittel usw.).

Jahr	Mehreinfuhr in 1000 t										
	Weizen	Roggen	Mehlausfuhr	Sa. Brotgetreide	Gerste	Malz	Hafer	Kleie, Malzkeime usw.	Mais	Ölkuchen	Hülsenfrüchte
1872	— 100	471	40	331	42	42	28		17		
1873	+ 24	621	17	662	170	24	64		26		
1874	+ 15	780	14	809	195	16	197		54		
1875	— 71	544	— 12	461	122	26	107		92		
1876	+ 297	1000	— 64	1293	185	21	223		178		
1877	205	1014	— 21	1240	246	37	208		157		
1878	275	749	— 12	1036	169	40	155		94		
1879	310	1324	— 35	1669	61	56	206		185		
1880	50	663	+ 18	695	48	25	119	51	340	11	— 10
1881	309	564	— 24	897	229	38	231	85	430	35	14
1882	675	643	+ 40	1278	292	43	248	62	96	49	20
1883	560	765	75	1250	238	47	218	51	177	64	24
1884	718	956	85	1590	403	56	348	79	192	82	48
1885	558	765	108	1215	414	60	216	116	196	85	36
1886	265	562	116	711	296	62	65	156	169	105	18
1887	544	635	111	1070	491	73	159	145	159	103	19
1888	338	650	140	848	421	62	179	303	94	128	38
1890	516	1059	131	144	626	79	258	318	314	185	62
1890	672	880	102	1450	729	72	187	279	561	170	64
1891	905	842	90	1657	721	64	119	363	408	203	96
1892	1296	547	78	1765	574	71	87	321	717	257	99
1893	703	224	119	808	843	76	242	460	761	256	70
1894	1074	604	182	1496	1078	72	380	414	583	255	126
1895	1268	929	152	2045	880	71	187	371	324	221	114
1896	1577	992	118	2451	1008	78	465	585	821	204	120
1897	1008	750	153	1605	1045	83	526	643	1266	307	144
1898	1343	784	37	2090	1040	91	409	557	1580	359	123
1889	1174	438	136	1475	1090	92	191	677	1627	340	107
1900	999	817	115	1701	751	100	356	814	1382	359	102
1901	2042	772	71	2743	862	89	256	840	1193	399	99
1902	1992	872	91	2773	1093	91	366	723	900	338	103
1903	1759	605	125	2240	1544	97	384	985	953	332	130
1904	1862	116	162	1816	1401	82	142	996	773	360	130
1905	2123	252	183	2192	1606	86	864	1104	928	403	130
1906	1809	406	111	2103	2095	75	401	1245	1140	437	129
1907	2359	375	124	2610	2113	77	— 26	1680	1252	533	160
1908	1829	— 247	203	1380!	1992	68	— 195	1424	670	475	184
1909	2223	— 376	257	1590	2568	50	227	1457	707	536	212
1910	2062	— 436	340	1326!	3000	43	21	1402	573	508	244
1911	2178	— 154	403	1621	3634	26	334	1688	743	535	323
1912	1991	— 474	376	1141!	2970	27	282	2005	1142	531	483

Tabelle 12.

Deutsches Reich (Getreide, Futtermittel usw.).

Reis	Buchweizen, Hirse usw.	Sa. Getreide u. Futtermittel	Leinsamen	Rapssamen	Andre Ölfrüchte	Sa. Ölfrüchte	Eigenproduktion: Weizen (abzüglich Saat)	Eigenproduktion: Roggen (abzüglich Saat)	Eigenproduktion: 4 Hauptarten (abzüglich Saat)	Eigenproduktion: Kartoffeln ab Saat	Jahr
		460									1872
		946									1873
		1271									1874
		820									1875
		1900									1876
		1880									1877
		1500									1878
		2177					2365	4729	12 560	12 577	1879
		1290					2175	4120	11 290	13 686	1880
		1945					2422	4666	12 630	19 778	1881
		2068					2655	5578	14 180	12 219	1882
		2049					2412	4804	12 220	19 003	1883
		2749					2578	4476	12 670	13 192	1884
77	18	2511		54		220	2685	4846	13 300	22 040	1885
73	23	1774	46	52		221	2719	5099	14 140	19 210	1886
83	27	2325	53	53		230	2898	5381	13 910	19 378	1887
89	25	2175	63	52		270	2480	4534	13 050	15 987	1888
50	28	3400	75	100		334	2266	4376	11 908	20 729	1889
95	25	3640	88	108		347	2918	4878	14 070	17 530	1890
133	37	4001	100	105		398	2319	3851	12 970	12 924	1891
136	28	4155	132	80		370	3252	5862	15 486	22 696	1892
135	22	3583	121	143		466	3526	7719	16 850	34 652	1893
109	21	4535	132	133		521	3436	7316	19 292	27 558	1894
121	25	4360	168	110		510	3247	6722	18 164	31 686	1895
127	25	5885	200	85		542	3453	7517	18 825	26 230	1896
300	30	5980	267	114		531	3334	7156	17 927	27 642	1897
200	27	6477	242	115		560	3721	8021	20 487	30 560	1898
253	26	5880	262	98		560	3916	7677	20 626	32 224	1899
161	28	5644	250	130		607	3896	7538	20 652	34 128	1900
162	48	6691	228	162		619	2597	7174	19 218	42 050	1901
262	46	6596	239	143		671	3997	8447	22 159	36 980	1902
188	52	6906	321	109		777	3635	8882	22 832	36 427	1903
192	44	5930	449	122		910	3870	9025	21 915	29 513	1904
184	48	7598	348	154		825	3798	8560	20 910	41 691	1905
186	36	7850	375	52		800	4016	8588	23 184	36 332	1906
183	40	8633	434	152		900	3560	8730	23 940	38 940	1907
372	44	6416	460	63		972	3840	9700	23 310	39 780	1908
137	40	7365	430	137	489	1056	4260	10 330	26 200	40 058	1909
246	40	7300	310	180	790	1280	4360	9380	23 740	36 875	1910
204	54	9372	270	126	855	1241	4300	9824	23 980	27 731	1911
254	52	8888	325	119	980	1424	4580	10 535	26 110	43 600	1912

Tabelle 13.

Außenhandels-Übersichten.

Spezial-Warenhandel in Mill. ℳ.

Jahr	Deutsches Reich		Großbritannien		Frankreich		Verein. Staaten		Österreich		Italien		Belgien		Rußland	
	Einfuhr	Ausfuhr	Einfuhr	Ausfuhr	Einfuhr	Ausfuhr	Einfuhr	Ausfuhr	Einfuhr	Ausfuhr	Einfuhr	Ausfuhr	Einfuhr	Ausfuhr	Einfuhr	Ausfuhr
1910	8934	7475	11 723	8784	5408	4805	6396	7182	2417	2034	2563	1607	3412	2726	2059	2989
1909	8527	6594	10 880	7715	4997	4574	5406	6881	2334	1971	2489	1493	2870	2163	1697	2953
1908	7664	6399	10 472	7693	4512	4041	4905	7706	2038	1917	2331	1383	2662	2005	1642	2028
1907	8747	6845	11 299	8691	4978	4477	5946	7785	2127	2089	2305	1559	3019	2278	1515	2143
1906	8020	6359	10 665	7662	4502	4213	5096	7215	1990	2023	2012	1525	2763	2235	1349	2164
1905	7129	5731	9 940	6728	3823	3893	4566	6265	1824	1907	1612	1364	2455	1867	1372	2327
1904	6354	5223	9 806	6134	3602	3561	4123	6028	1741	1775	1502	1258	2226	1747	1407	2174
1903	6003	5015	9 650	5932	3841	3402	4232	5847	1595	1810	1451	1194	2125	1688	1472	2162
1902	5631	4678	9 437	5782	3515	3402	3799	5693	1462	1627	1379	1155	1904	1540	1294	1858
1901	5421	4431	9 265	5712	3495	3210	3388	6134	1405	1603	1375	1100	1777	1463	1281	1645
1900	5765	4611	9 382	5940	3758	3287	3489	5757	1442	1651	1360	1071	1773	1538	1353	1547
1899	5483	4207	8 568	5396	3615	3322	2869	5056	1362	1582	1205	1145	1808	1559	1405	1354
1898	5080	3756	8 374	4768	3623	2844	2465	5083	1394	1373	1131	963	1636	1430	1340	1590
1897	4681	3635	7 990	4785	3204	2914	3315	4334	1284	1303	953	873	1498	1301	1215	1577
1896	4307	3525	7 877	4906	3077	2755	3191	3625	1200	1316	941	842	1421	1174	1280	1494
1895	4121	3318	7 293	4620	3013	2733	3071	3332	1228	1261	950	830	1344	1108	1185	1516
1894	3938	2961	7 162	4413	3118	2493	2674	3651	1190	1352	876	821	1260	1043	1231	1471
1893	3961	3092	7 064	4459	3121	2621	3547	3490	1140	1369	953	771	1260	1085	987	1276
1892	4018	2954	7 342	4642	3392	2803	3417	4266	1058	1229	938	766	1229	1096	928	975
1891	4150	3175	7 632	5051	3862	2891	3589	3663	1043	1337	901	701	1410	1215	853	1592
1890	4146	3326	7 273	5384	3594	3040	3249	3550	1038	1311	1056	717	1338	1150	978	1657
1889	3989	3165	7 375	5086	3496	3000	3114	3067	1002	1302	1113	760	1245	1167	935	1639
1888	3265	3207	6 611	4792	3327	2630	2991	2872	906	1239	940	713	1227	995	738	1500
1887	3109	2938	6 188	4534	3261	2630	2870	2953	967	1144	1284	804	1145	992	712	1127
1886	2873	2974	5 999	4346	3409	2632	2626	2797	917	1188	1166	823	1068	946	868	967
1885	2922	2867	6 387	4354	3312	2501	2434	3052	948	1142	1168	760	1078	960	890	1104

1884	3261	3205	6 682	4761	3518	2618	2739	3045	1041	1176	1069	868	1155	1083		
1883	3264	3272	7 380	4899	3892	2796	2955	3378	1062	1274	1043	961	1258	1088		
1882	3129	3190	8 530¹)	4992	3910	2895	2935	3080	1005	1335	982	920				
1881	2963	2977	8 260¹)	4432	3944	2885	2625	3712	1095	1250	992	932				
1880	2821	2895	7 940	4582	4078	2805	2754	3462	1040	1150	950	883				
1879	3773	2776	7 260	3904	3720	2612	1818	2933	937	1140	1000	859				
1878	3514	2887	7 336	3934	3380	2574	1774	2860	938	1112	848	800				
1877	3774	2762	7 890	4055	2972	2770	1840	2480	944	1132	914	746				
1876	3804	2548	7 503	4053	3230	2895	1874	2207	908	1003	1048	967				
1875	3531	2496	7 480	4562	2865	3135	2078	2100	933	937	966	818				
1874	3605	2353	7 402	4886	2842	2977	2302	2392	964	764	1036	782				
1873	3756	2302	7 425	5204	2882	3047	2624	2121	990	720	1009	905				
1872	3262	2320	7 510	5126	2896	3026	2561	1794	1040	660	944	931				

Fortsetzung von Tabelle 13.

Jahr	Canada		Australien		Rumänien		Schweden		Schweiz		Niederlande		Spanien	
	Einfuhr	Ausfuhr	Einfuhr	Ausfuhr	Einfuhr	Ausfuhr	Einfuhr	Ausfuhr	Einfuhr	Ausfuhr	Einfuhr	Ausfuhr	Einfuhr	Ausfuhr
1910	1553	1173	1193	1374	295	372			1371	957			796¹)	770¹)
1909	1210	1019	1023	1137	331	303	693	532	1282	878	5284¹)	4163¹)	766	741
1908	1478	1037	996	983	344	443	685	542	1190	831	4777	3692	785	717
1907	1049	758	1019	1240	337	393	767	590	1350	922	4486	3738	752	743
1906	1189	989	865	1061	271	365	725	567	1175	857	4283	3533	839	746
1905	1057	802	751	919	249	210	655	506	1104	775	4361	3382	862	785
1904	1056	844	731	810	216	285	651	466	992	713	4083	3371	756	744
1903	982	903	746	594	227	300	602	497	957	711	3858	3306	770	740
1902	852	830	830	896	233	283	568	441	903	699	3668	3100	727	686

¹) Generalhandel.

V. Anhang, Verschiedenes.

Tabelle 1.

Bankstatistik.

Jahr	Bank von Frankreich					Deutsche Reichsbank					Bank von England			Österr.-Ung. Bank			Bank von Italien			Russ. Staatsbank		
	Diskontsatz	Metallbestand		Notenumlauf		Diskontsatz	Metallbestand		Notenumlauf		Diskontsatz	Metallbestand	Notenumlauf	Diskontsatz	Metallbestand	Notenumlauf	Diskontsatz	Metallbestand	Notenumlauf	Diskontsatz	Metallbestand	Notenumlauf
	Mittel %	Max. Mill. frcs.	Min. Mill. frcs.	Max. Mill. frcs.	Min. Mill. frcs.	Mittel %	Max. Mill. ℳ	Min. Mill. ℳ	Max. Mill. ℳ	Min. Mill. ℳ	Mittel %	Mittel Mill. £	Mittel Mill. £	Mittel %	Mill. Kronen	Mill. Kronen	Mittel- %	Mill. £	Mill. £	Mittel %	Mill. Rubel	Mill. Rubel
1890	3	2593	2361	3260	2893		759		1102		4,54	23,5	24,9		439	892						
1891	3	2642	2358	3288	2923		902		1122		3,32	22,3	25,6		442	910						
1892	2,7	2983	2587	3336	3037		838		1140		2,52	21,4	25,5		544	956						
1893	2,5	3005	2786	3590	3256	4,07	929	739	1110	905	3,05	24,5	25,5		527	973						
1894	2,5	3305	2951	3675	3315	3,12	1076	809	1211	893	2,11	32,5	25,7		589	1016						
1895	2	3394	3176	3750	3325	3,14	1112	853	1320	968	2	43,6	26,3	4,30	741	1240						
1896	2	3335	3155	3456	3764	3,66	965	804	1258	973	2,48	34,2	26,7	4,09	856	1319		364	773			
1897	2	3265	3129	3542	3872	4,81	940	748	1320	948	2,64	30,5	27,3	4	974	1400		357	789	6	1202	919
1898	3	3170	3034	3923	3460	4,27	984	726	1358	990	3,25	29,3	27,3	4,16	967	1475		367	831	5,57	1036	683
1899	3,27	3131	3007	4044	3632	5,04	929	687	1383	1013	3,75	29,3	28,3	5,04	998	1458		354	882	5,61	909	517
1900	3,28	3458	3011	4210	3891	5,33	890	718	1410	1006	3,96	28,5	29,8	4,58	1158	1494		351	820	5,56	776	556
1901	3	3589	3431	4463	3885	4,10	1004	761	1466	1045	3,72	32,1	30,2	4,08	1388	1585		375	848	5,16	750	553
1902	3	3750	3534	4402	3934	3,32	1107	786	1517	1076	3,33	29,8	29,7	3,55	1405	1635		402	855	4,56	773	561
1903	3	3692	3481	4586	4120	3,84	978	794	1566	1110	3,75	28,9	28,8	3,50	1402	1770		568	899	4,50	798	579
1904	3	3940	3437	4520	4106	4,22	1026	789	1600	1138	3,30	29,9	28,2	3,50	1448	1751		562	914	5,38	942	845
1905	3	4089	3742	4666	4240	3,82	1148	732	1683	1164	3,01	28,5	29,4	3,70	1365	1847		720	1005	5,64	770	1193
1906	3	4053	3707	4905	4405	5,15	1054	665	1776	1200	4,28	29,1	28,8	4,33	1394	1982		848	1188	7,27	928	1190
1907	3,45	3797	3556	5093	4585	6,03	984	679	1886	1275	4,93	30,7	29,5	4,90	1381	2028	5,07	1021	1412	7,12	1103	1167
1908	3,04	4385	3586	5116	4656	4,76	1166	759	1975	1314	3,00	20,7	29,8	4,28	1476	2113	5,04	1046	1389	5,99	1149	1102
1909	3	4613	4371	5415	4875	3,93	1152	910	2071	1333	3,10	32,6	28,8	4	1653	2188	5,00	1059	1442	4,99	1252	1188
1910	3	4384	4108	5531	4922	4,35	1183	908	2073	1425	3,72	31,3	28,6	4,19	1609	2376	5,10	1064	1524	4,50	1296	1248
1911	3,13	4110	3907	5574	4957	4,40	1238	989	2295	1372	3,47	32,4	29,2	4,39	1576	2541	5,19	1116	1694	4,50	1321	1339

Tabelle 2.

Schiffsbau in 1000 t.

Jahr	Frankreich	Deutsches Reich	Vereinigte Staaten	Großbritannien
1891	43	71[1]	369	809
1892	32	49	200	799
1893	33	47	212	582
1894	27	72	131	667
1895	35	68	111	643
1896	57	42	227	723
1897	78	86	232	635
1898	58	181	180	864
1899	95	234	300	931
1900	130	257	394	933
1901	141	253	483	973
1902	234	244	469	950
1903	85	277	436	758
1904	119	236	379	882
1905	75	278	330	1038
1906	59	367	419	1149
1907	76	338	471	1037
1908	163	241	614	593
1909	70	306	238	621
1910	80	221	342	698
1911		357	291	1108

[1]) Im Jahre 1882 62; 1885 22; 1890 72.

Tabelle 3.

Bestand der Handelsmarinen

in 1000 Registertonnen netto.

Staaten	1901	1911	darunter Segler
Deutsches Reich	1942	2903	506
Rußland	633	723	260
Finnland	333	392	321
Schweden	613	770	176
Norwegen	1508	1573	702
Dänemark	408	547	121
Großbritannien und Irland	9280	11 538	1101
Britische Besitzungen	1447	1806	880
Niederlande	346	537	46
Belgien	113	191	3
Frankreich	1038	1452	636
Spanien, brutto	775	790	45
Italien	945	1071	440
Oesterreich-Ungarn	280	489	21
Vereinigte Staaten, brutto	3341	4459	2208
China	38	103	14
Japan, brutto	864	1647	413

Tabelle 4.

Eisenbahnstatistik.

Staaten		Länge km	Anlage-kapital Mill. ℳ	Personen Mill.	Personen Millionen km	Güter Millionen Tonnen	Güter Millionen Tonnen km	Einnahmen Millionen ℳ Personen	Einnahmen Millionen ℳ Güter und andere	Ausgaben Mill. ℳ	Lokomotiven	Personenwagen	Güterwagen 1000	Millionen Zugkilometer Personen	Millionen Zugkilometer Güter
Deutsches Reich	1910	59 031	17 348	1 541	17 825	575		871	2170	2 068	27 498	57 644	582	434	247
Rußland, europäisches	1909	53 540	14 040	155	3 940	201	54 760	297	1404	1 155					
„ asiatisches	„	12 472		18,8	570	15,5	9 920	27	221	249					
Finnland	1910	3 355	326	14,5	370	3,8	456	15	20	36				8,8	4,5
Norwegen	1911	3 051		14,3	1 575	5,8	336	13	15	21					
Schweden	1910	13 689	1 200	58,3	958	37,0	2 664	55	104	116					
Dänemark	1911/12	3 691		31,7	1 387	7,8	533	67		56					
Niederlande	1910	3 623		47,7	4 810	16,7	1 486	52	55	87				32	13
Belgien	1910	4 720	2 036	193	16 880	77,7	6 200	90	186	178				47	34
Frankreich	1910	40 484	15 326	509	370	173	21 990	657	828	892				251	136
Algier und Tunis	1910	4 507	638	7,1	2 310	5,5	635	17	31	32				9,0	3,8
Schweiz	1910	4 716	1 310	110		17	1 246	78	102	112				45	
Portugal	1910	2 360		14,6		4,3		17	26	23					
Spanien	1909	14 607		51				275		135					
Italien	1909	13 300	3 997	79		31,4		143	267	325				64	41
Oesterreich	1910	22 565	7 030	254		138		206	629	641	7 190	14 073	157		
Ungarn	1910	20 646	3 774	140		68,8		109	291	260	3 832	8 590	93		
Rumänien	1910	3 474	851	10,2		8,3		31	51	49					
Bulgarien	1909	1 692	180	2,8	196	1,6	210	7	10	11					
Aegypten	1910	2 340		28		4,3		35	37	40				20	15
Vereinigte Staaten	1910	386 400	77 350	972	52 090	1850	408 000	11 550		7 652	58 947	47 095	2 135	880	1012
Argentinien	1910	27 989	3 672	59		33,6		447		265					
Japan	1910	8 500	1 207	165	5 100	28	3 470	104	92	95					
Großbritannien u. Irland	1910	37 500	26 288	1 326		523		1092	1473	1 588				435	253

Tabelle 5.
Telegraph 1910.

Staaten	Länge der Linien	Länge des Drahtes	Einnahmen	Ausgaben
	1000 km		Millionen ℳ	
Rußland	257	683	57	
Norwegen	20	154	7	4,6
Schweden	29	32	18	11,5
Dänemark	7	39	3,4	
Deutsches Reich	188	581	46	
Bayern	22	118	2,7	
Württemberg	7,8	180	0,9	
Niederlande	7,6	38	4,2	7,0
Belgien	7,7	42	15	9
Frankreich	185	693	48	
Schweiz	7,2	26	3,8	3,8
Portugal	9,3	22	2,8	
Spanien	48	100	9	10
Italien	52	302	18	
Oesterreich	47	237	14	
Ungarn	25	150		
Rumänien	7,3	21	14	10
Bulgarien	5,9	13	5	5,2
Aegypten	6,2	21	2,5	2,2
Vereinigte Staaten	352	2 400	156	126
Japan	31	160		

Tabelle 6.
Post 1910.

Staaten	Postkarten u. Briefe	Postpakete	Geldsendungen	Zeitungen	Einnahmen	Ausgaben
	Millionen		Mill. ℳ	Millionen	Millionen ℳ	
Finnland	43	8,5	100	61	6,2	5,2
Norwegen	103	1,4	733	100	10	9,2
Schweden	188	67		196	27	23
Dänemark	185	12,7	220	150	19,2	18
Deutsches Reich	4 991	230	28 055			
Niederlande	272		630	285	28	24
Belgien	379		448	442	33	18
Frankreich	2 001		2 447	1 780	226	
Schweiz	301	37,7	652	85	49	46
Italien	405	30	653	635	80	
Oesterreich	1 908	80	12 100	308	161	156
Ungarn	922	37	10 800		79	63
Bulgarien	40		60	22		
Rumänien	80	3,6		78		
Aegypten	49		120	30	6,5	5,7
Vereinigte Staaten	17 676		2 901		952	952
Japan	1 140		560	183		

Landwirtschaftliche Betriebe.

Tabelle 7.
Deutsches Reich.

Größenklassen ha	Anzahl Tausende 1882	1885	1907	Areal 1000 ha 1882	1895	1907
0—2	3061	3285	3378	1825	1807	1731
2—5	981	1016	1006	3090	3285	3304
5—20	926	989	1065	9158	9721	10421
20—100	281	282	262	9908	9868	9322
über 100	25,9	25,1	23,5	7786	7829	7055

Tabelle 8.

Größenklassen ha	Personal 1907 ständige Arbeitskräfte männliche Tausende	weibliche Tausende	auf 100 ha zusammen	davon männliche	Viehhaltung 1907 Kühe Tausende	Schweine Tausende
0–2	817	1332	125	48	1025	4383
2—5	1013	1066	63	31	2030	3107
5—20	1882	1618	33	18	3989	6334
20—100	919	634	17	10	2285	3655
über 100	542	292	12	8	1008	1386

Tabelle 9.
Bayern, Baden, Württemberg, Elsaß-Lothringen.

Größenklassen ha	Anzahl Tausende 1882	1895	1907	Areal 1000 ha 1882	1895	1907
0—2	697	661	715	522	464	465
2—5	368	372	368	1198	1219	1214
5—20	330	344	352	3050	3970	3323
20—100	60	58,7	53,3	1863	1831	1630
über 100	1,212	1,301	1,123	189	216	182

Tabelle 10.
Deutsches Reich.

Größenklassen ha	Bestellte Fläche in 1000 ha: Weizen	Roggen	Gerste	Hafer	Menggetreide	Getreide Sa.	Zuckerrüben	Kartoffeln	Futterpflanzen
0—2	49	293	65	116	17	540	10	500	89
2—5	170	649	157	371	52	1400	19	447	262
5—20	620	2106	543	1473	205	4948	77	949	842
20—100	576	1795	476	1384	274	4507	126	610	720
über 100	497	1263	380	866	355	3361	282	668	671
Sa.	2012	6106	1621	4210	902	14452	514	3173	2585

Tabelle 11.
Vereinigte Staaten.

Größenklassen ha	Anzahl Tausende 1870	Anzahl Tausende 1890	Anzahl Tausende 1900	Areal 1000 ha 1900
1,2—4	4178	150	227	560
4—8	1142 (4—20)	266	407	2 280
8—20		903	1258	16 609
20—40	754	1121	1366	39 540
40—200	565	2009	2390	140 600
200—400	19,6 (200—über 400)	84	102	26 120
über 400		31,5	47	80 130

Tabelle 12.
Großbritannien.

Größenklassen ha	Anzahl Tausende 1895	Anzahl Tausende 1908	Areal 1000 ha 1895
0,4—2	118	108	147
2—8	150	232 (2—20)	657
8—20	86		1146
20—40	66,6	151 (20—120)	1948
40—120	81,2		5550
120—200	13,6	17,7 (120—über 400)	2045
200—400	4,6		1200
über 400	0,6		320
Sa.	520,0	508,7	13031

Tabelle 13.
Frankreich 1892.

Größenklassen ha	Anzahl Tausende	Areal 1000 ha	davon landwirtschaftlich genutzt
0—1	2235	1 327	1 103
1—10	2617	11 244	10 376
10—40	711	14 313	13 050
über 40	138	22 893	14 300
Sa.	5701	49 377	38 869
Eigenbetrieb	4190	18 324	
Pachtbetrieb	1078	12 628	
Teilbetrieb	349	3 767	

Tabelle 14.
Österreich 1902.

Größenklassen ha	Anzahl Tausende
0—1	713
1—5	1354
5—20	625
20—50	128
50—100	17,3
über 100	17,8

Tabelle 15.
Ungarn 1895.

Größenklassen ha	Anzahl Tausende	Areal 1000 ha
0—2,85	1460	1 467
2,85—57,5	1311	11 574
57,5—575	20,8	3 399
über 575	4,0	7 451

Tabelle 16.
Belgien 1895.

Größenklassen ha	Anzahl Tausende
0—1	544
1—5	191
5—20	78
20—50	12,9
über 50	3,6

Tabelle 17.
Niederlande 1904.

Größenklassen ha	Anzahl Tausende
0—5	92,7
5—10	34,8
10—20	29,8
20—50	22,0
50—100	3,1
über 100	0,184

Tabelle 18.
Schweden 1905.

Größenklassen ha	Anzahl Tausende
0—2	88,8
2—20	223,2
20—100	33,5
über 100	3,257

Tabelle 19.

Anbau und Bodenbenutzung um 1905.

Staaten	Acker 1000 ha	Acker %	Wiese 1000 ha	Wiese %	Wald 1000 ha	Wald %	Garten[2]) 1000 ha	Garten[2]) %	Vom Acker waren bestellt 1909/10 mit Weizen	Roggen	Gerste	Hafer	Mais	Kartoffeln
Deutsches Reich.... 1900	26 257	48	5 956	10,9	14 000	25,8			1 942	6 186	1 570	4 289		3 324
Oesterreich	10 645	37,6	7 159[3])	25,3	9 792	34,6	609	2,1	1 213	2 060	1 101	1 833	310	1 250
Ungarn	13 015	54,5	3 091	12,9	4 268		738	3,1	3 854	1 230	1 251			662
Frankreich	28 507	53,3	5 963	11,0	8 397	15,6	1 744	3,3	6 596	1 238	745	3 914		1 545
Italien	17 832[1])	62,7	3 162	11,1	4 156	14,6			4 709	121	248	503	1 515	
Rußland, europ.	122 985	25,3	73 000	15,0	196 530	40,4			28 758	28 753	11 514	19 162	1 482	4 257
Norwegen	656	2,1	376	1,2	6 822	22,1			5	15	36	106		
Belgien	1 576	53,5	412	14,0	521	17,7			152	258	36	255		141
Holland	1 030	31,6	1 193	36,6	257	7,9			51	221	28	140		160
Dänemark	2 627	69,1	238	6,3	283	7,4			41	275	233	403		54
Schweden	3 634	8,8	1 394	3,4	21 210	51,6			90	390	193	807		152
Rumänien	6 088	47,0	2 032	15,7	2 282	17,6			1 689	174	549	447		
Großbritannien	8 133	26,1	11 482	36,8	1 162	3,7			751		767	1 657		467
Spanien	11 429	22,7	7 012	13,4	8 484	16,8			3 782	821	1 348	508	453	
Vereinigte Staaten	167 800	22,4	30 000	4,0	200 000	26,7			19 913	821	2 936	14 281	46 136	1 426

[1]) Einschließlich Weide.

[2]) Einschließlich Wein.

[3]) Einschließlich Garten-Wein.

Tabelle 20.

Berufsstatistik.

Die Erwerbstätigen in 1000.

Staaten	Jahr	Land- u. Forstwirtschaft und Fischerei	Industrie und Bergbau	Handel und Verkehr	Armee und Marine	Sonstiger öffentlicher Dienst	Häusliche Dienstboten	Sonstige Erwerbstätige
Deutsches Reich	1907	9883	11256	3477	651	1087	1265	472
	1895	8293	8281	2338	631	795	1339	431
	1882	8236	6396	1570	452	579	1325	398
Österreich......	1900	8205	3138	723	229	388	479	313
	1890	8469	2880	578	187	312	456	267
Ungarn	1900	6055	1184	363	132	214	385	356
	1890	5425	943	262	114	165	376	350
Rußland	1897	18245	5597	2219	1132	1174	1617	1286
Italien.........	1901	9666	3990	1137	204	641	482	93
	1881	8580	4185	593	160	499	596	537
Frankreich	1906	8861	6580	2956	594	782	946	
	1901	8248	6400	2712	597	785	954	19
England und Wales	1901	1258	6877	3299	168	784	1408	533
	1881	1383	6373					
	1851	2084	4143					
Verein. Staaten..	1900	10512	7039	4778	127	1265	5565	
	1890	8626	5478	3326	31	913	4361	
Belgien	1900	697	1372	385	33		812	
Niederlande	1899	593	651	332	20	104	198	33
Schweiz........	1900	482	699	202	2	70	86	15
Dänemark......	1901	531	277	130	8	41	91	23
Schweden	1900	983	413	148	39	46	238	121
Norwegen......	1900	360	242	122	6	30	98	18

Index.

Absolute und Relativzahlen 6.
Achenwall 1.
Alkoholkonsum 63.
Altersgliederung der Bevölkerung 29ff.
Aluminium 203ff.
Anbauflächen 343.
Anchersen 1.
Anleihen 248.
Anthrazit 179f.
Antialkoholbewegung 132, 137.
Apfelsinen 157f.
Arbeitsleistung von Maschinen und Menschen 223.
Aristoteles 225.
Athen, Bevölkerung 10.
Ausgleichungsbeträge 251.
Aushungerung Deutschlands 79.
Außenhandel, siehe Handel und 334f.
Aversa 251.

Bankstatistik 336.
Banksteuer 251.
Baumwolle 163ff.
Bayerisches Bier 131.
Beloch 10ff.
Berlin 15f.
Berufssterblichkeit 63f.
Bessemer-Verfahren 190f.
Betriebskraft, technische 220ff.
Bevölkerungszahlen, moderne 18—22.
Bewegung der Bevölkerung 34ff.
Bier 131ff.
Biersteuern und -Zölle 259.
Bimetallismus 218.
Bismarck 2.
Blei 199, 204.
Bodenbenutzung 343.
Bodenfaktor, Verteilung des 73f.
Bodio 3.
Bontoux-Bank 198.
Branntwein 132ff.
Branntweinsteuer 258.
Bronze 187, 197.
Brennmaterialien 161ff., 184f.
Brutto-Etat 246.
— -Prinzip 246.
Büsching 1.
Butter 126.

Campine, Kohlenfelder 182.
Cardiffkohle 181.
Chilesalpeter 208.
Chinagras 171.
clausula Franckenstein 252f.
Cobden-Bewegung 109.
Conring 1.
Crome 1.

Dampfmaschinen 184f., 195, 222.
Demtschinsky-Kultur 76.
Deparcieux 2.
Diskontsatz 336.
Donezbecken 182.
Düngungsversuche 75ff.
Durchlaufende Posten 247ff.
Dynamomaschinen 221.

Edelmetalle 71, 208ff.
Eheschließungen 38ff.
Einfuhrscheine 256.
Einkommensteuer 262.
Eisenbahnstatistik 338.
Eisenbahnen, finanzielle Bedeutung 262.
Eisenerze 192f.
Eisenproduktion 186ff.
Elektrische Auszählung 18.
Elektrizität 190, 196, 198, 221ff.
Engel, Ernst 67f.
England, Industrie-Zensus von 1907 241.
Erbschaftssteuer 251, 260, 262.
Erden, Industrie der Steine und 241ff.
Erdöl 194ff.
Ergänzungssteuer 262.
Ernteschwankungen 78f., 97ff.
Erntestatistik, Methode 68f., 97f.
Etat 246.
Extraordinarium 247f., 266f.

Familienstand 32ff.
Finanzen.
Allgemeines 245.
Argentiniens 269.
Australiens 269.
Badens 265.
Bayerns 264.
Belgiens 270.
Brasiliens 269.
Bulgariens 269.
der Bundesstaaten 262, 267.
Dänemarks 269.
Deutschlands 246ff.
Englands 283ff.
Frankreichs 279f.
Griechenlands 269.
internationale 266ff.
Italiens 277.
Japans 270.
Kanadas 269.
Kommunale 262, 266.
Mexikos 269.
der Niederlande 269.
Norwegens 269.
Österreichs 272ff.
Portugals 269.
Preußens 263.
Rußlands 270, 286f.
Sachsens 264.
Schwedens 269.
Serbiens 269.
Spaniens 269.
Ungarns 274f.
der Vereinigten Staaten 285.
Württembergs 265.
Finanzreformen 253f., 258.
Fischverbrauch 123.
Fleischkonsum 123ff.
— -preise 126.
— -produktion 118ff.
Flußeisen 192.
Fourier 2.
Franckensteinsche Klausel 252.
Fruchtbarkeitsziffern 43.

Gas 196.
Geburten 37ff., 40ff., 44ff.
— uneheliche 44, 46.
Generatorgase 190.
Gerste 95, 110 118,, 131.
Geschlecht der Bevölkerung 27f.
Gesetz der großen Zahlen 7.
Getreideerzeugung 75ff., 92ff.
— -fracht 114f.
— -handel 85ff., 100, 105ff.
— -preise 107ff.
Getreideverbrauch 104ff.
— -vorräte 79.
— -zölle 88.
Gewicht der Schlachttiere 124.
Gichtgase 190.
Glas 243f.
Gleitende Skala 109.
Gold 71, 203, 208ff., 219.
Goldwährung 217.
Göttinger Schule 1.
Große Zahlen, Gesetz der 7.
Großstädte 25f., 48f., 54, 57.
Grundrente 103, 105, 112, 196.
Gummi 158f.

Haferproduktion 95.
Handel, Außen-
Belgiens 296ff.
Deutschlands 328ff.
Englands 300ff.
Frankreichs 318ff.
Hollands 308.
Italiens 312.
Österreich-Ungarns 288ff.
Rußlands 322ff.
Schwedens 290f.
Spaniens 315.
Vereinigte Staaten 292ff.
Handelsmarine 337.
Hanf 173f.
Haushaltungsplan 246.
Heereskosten 249f., 267.
Heiraten 38ff.
Herdfrischen 188.
Hochöfen 188ff.
Holzproduktion 161ff., 184.
Holzkohle 161, 188.
Hüttenwesen 188ff.

Indexziffern, Sauerbecks 218.
Invalidenfonds 247.
Invalidenversicherung 249f.
Jute 171f.

Kaffee 146ff.
— -valorisation 150.
Kakao 135ff.
Kalidüngung 76ff.
Kalisalze 77f., 207.
Kalkgebirge 186.
Kartoffel 115f.
Käse 126.
Kautschuk 158f.
Kersseboom 2.
Kinderreichtum 42ff.
Kirschen 130.

Klima 83, 96.
Klinker 242.
Knabengeburten 46.
Knoop 231.
Kohle 178 ff., 188.
Kohlensäuregehalt der Luft 185 f.
Koks 188 ff., 193.
Kommunalfinanzen 262 ff., 266.
Kongresse, statistische 2 f.
Konverter 190.
Kraftübertragung 220.
Kriegsmagazine 79.
Kupfer 187, 197 ff., 204.

Landwirtschaftliche Betriebe verschiedener Länder 340 ff.
Landwirtschaft, Intensivierung der 96 f.
Laplace 2.
Lebensdauer, mittlere 58 ff., 65 f.
Lein 172 f.
Liebesgabe 137.
Lokomotiven 223.
Lüder 1 f.
Luft, Zusammensetzung 185 f.

Magnalium 187, 205.
Mais 110, 117 f.
Mandeln 157 f.
Manilahanf 173.
Martin-Öfen 190 f.
Maschinen-Zeitalter 221.
Mäßigkeitsbewegung 132, 137.
Matrikularbeiträge 247, 252 ff.
Mauerziegel 242.
Mehrgeburten 45.
Menschenkräfte 223.
Messing 198.
Metallbestand der Banken 336.
Milch 126 f.
Militärkosten 249 f., 267.
Minette 77, 191 ff.
Miquel 262
Motoren 220 ff.
Mühlen 220 ff.

Naphta 195.
Netto-Etat 246.
— -Prinzip 246, 248.
Nickel 202, 204.

Öl 195.
Ölmotoren 196.
Ordinarium 246, 248, 266 f.
Orangen 157 f.

Petroleum 194 ff.
Phosphor-Düngung 76 f.
Phosphorerze 191.
— -säure 77.
Porzellan 243.
Poststatistik 339.
Preise der Lebensmittel 106 ff.
Produktionskosten für Baumwolle 167.
— Getreide 106, 111 ff.
— Kaffee 151.
— Zucker 144.
Produktions-Statistik, Methode 70.
Produktivität 71.
Puddelprozeß 190 f.

Quecksilber 202 f., 204.
Quetelet 2.

Ramie 171.
Rechnungsjahr 246.
Reichsfinanzreform 253 f., 258.
Relativzahlen 6.
Rieselfelder 78.
Ringöfen 241.
Rio Tinto 199.
Roggenproduktion 95.
Rohrzucker 139 ff.
Rom, Bevölkerung 10 ff.
Rosinen 129, 157 f.
Rübenzucker 138 ff.
Ruhrkohlengebiet 181.

Saarbecken 181.
Salinen 206.
Salpeter 208.
Salz 205 ff.
Sauerbecks Indexziffern 218.
Säuglingssterblichkeit 46 ff., 49.
Schafzucht 120, 174.
Schiffbau 337.
Schlözer 1.
Schmeitzel 1.
Schmiedeeisen 189.
Schutzzölle 107 ff., 168, 231, 257 f.
Seide 176 ff.
Siemens-Martin-Öfen 190.
Silber 71, 215.
Sisalhanf 174.
Skala, gleitende 109.
Sklavenbefreiung in Amerika 165.
Sozialpolitik 249 f.
Spiritus 133, 137.
Staatsschulden 267 f., 271.
Städte, mittelalterliche 15.
Stadt und Land 23, 48 f., 54, 57.
Stahl 189.
Steingut 243.
Stempelsteuern 258.

Sterbefälle 37ff., 40ff., 44ff.
Sterbetafeln 47ff.
Sterblichkeits-Statistik 2.
Steine, Industrie der 241ff.
Steinsalz 206f.
Steuern 250ff.
Steuern, deutsche 258.
Steuerreform 262.
Südfrüchte 157f.
Svante Arrhenius 186.

Tabak 159f.
Tabaksteuern und -zölle 260.
Technische Betriebskraft 220ff.
Tee 153ff.
Telegraphen-Statistik 339.
Textilindustrie 225ff.
Textilrohstoffe 171ff.
Thomasschlacke 77, 191.
Thomas-Verfahren 190f.
Thünens „isolierter Staat" 106.
Totes Meer, Salzgehalt 206.
Trauben 157f.
Trusts 194.

Uneheliche 44, 46, 49.
Unproduktive Ausgaben 268f.
Urwälder 162.

Valorisation des Kaffees 150.
Verbrauchssteuern 250f.
Vereinigte Staaten, Industrie-Zensus von 1910 240.
Verkehrsabgaben 251.
Vermögenssteuer 262.
Verwässerung von Aktienkapital 194.
Viehstand 120f.
Voit-Pettenkofer, Ernährungsnormen 115.
Volksdichtigkeit 22—29.
Volkszählungen 15ff.
Voranschlag 246.

Währungsfragen 218.
Wasserkräfte 183f., 224f.
Wassermühlen 220ff.
Wein 127ff.
Weizenhandel 85ff.
— -produktion 78—85.
Werbende Zwecke 252.
Windmühlen 220ff.
Wirtschafts-Statistik, Definition 7, 66f.
Wolle 174ff.

Zählverfahren 17f.
Ziegelfabrikation 241ff.
Zigarren 160.
Zink 200.
Zinn 200ff., 204.
Zölle 107, 110, 250ff.
Zollerträge in Deutschland 254ff.
Zollverein 255, 261.
Zigaretten 160.
Zucker 138ff.
— -Konferenz zu Brüssel 142.
— -steuern und -zölle 261.
Zyanidverfahren 203.

Berichtigungen.

S. 32. Die Angaben für die Vereinigten Staaten waren nicht zu beschaffen.

S. 58. In Tabelle 33, Spalte Sterbetafel, ist „Tausende" zu streichen; in die freie Spalte „weibl." sind folgende Zahlen einzutragen: 8,25; 7,89; 7,76; 7,63; 7,48; 7,23; 7,08; 6,85; 6,60; 6,32; 5,98; 5,52; 4,90; 4,07; 3,03; 1,92; 0,95; 0,33; 0,06; 100; in die Spalte „weibl." Abteilung „Wirkliche Bevölkerung" derselben Tabelle folgende Zahlen: 12,86; 11,45; 10,45; 9,46; 8,39; 7,99; 6,96; 6,17; 5,46; 5,01; 4,11; 3,57; 3,00; 2,31; 1,53; 0,87; 0,41; 0,13; 0,02; 100.

S. 68 ist zu Zeile 19 zu bemerken, daß man in Deutschland in fortschreitendem Maße zur Selbstdeklaration übergeht.

S. 157 ist vor „Orangen" das „A" zu streichen.

Druck von C. Schulze & Co., G. m. b. H., Gräfenhainichen.

Kolibri 360 GmbH
Ferdinand-Jühlke-Straße 7
99095 Erfurt, Deutschland
produktsicherheit@kolibri360.de